여러분의 합격을 응원하는

해커스공두 별 혜택

KB093618

FREE 공무원 국어 동영상강의

해커스공무원(gosi.Hackers.com) 접속 후 로그인 ▶ 상단의 [무료강좌] 클릭 ▶ 좌측의 [교재 무료특강] 클릭

온라인 단과강의 20% 할인쿠폰

F28D39CEBC3F6ULD

해커스공무원(gosi.Hackers.com) 접속 후 로그인 ▶ 상단의 [나의 강의실] 클릭 ▶
좌측의 [쿠폰등록] 클릭 ▶ 쿠폰번호 입력 후 이용

* 쿠폰 이용 기한 : 등록 후 7일간 사용 가능
* 단과강의에만 적용 가능

해커스 회독증강 5만원 할인쿠폰

D24DC73429E3FFD5

해커스공무원(gosi.Hackers.com) 접속 후 로그인 ▶ 상단의 [나의 강의실] 클릭 ▶
좌측의 [쿠폰등록] 클릭 ▶ 쿠폰번호 입력 후 이용

* 쿠폰 이용 기한 : 등록 후 7일간 사용 가능
* 월간 학습지 회독증강 행정학/행정법총론 개별상품은 할인쿠폰 할인대상에서 제외
* 특별 할인상품 적용 불가

해커스 매일국어 어플 이용권

6OY1INK0AQ91E50U

구글 플레이스토어/애플 앱스토어에서 [해커스 매일국어] 검색 ▶
어플 다운로드 ▶ 어플 이용 시 노출되는 쿠폰 입력란 클릭 ▶ 쿠폰번호 입력 후 이용

* 해당 자료는 [해커스공무원 국어 기본서] 교재 내용으로 제공되는 자료로, 공무원 시험 대비에 도움이 되는 유용한 자료입니다.
* 쿠폰 이용 기한 : 등록 후 30일간 사용 가능

단기 합격을 위한
해커스 커리큘럼

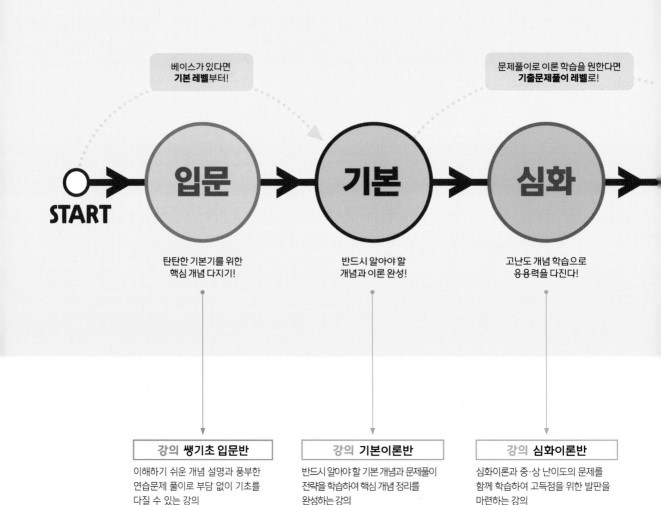

베이스가 있다면
기본 레벨부터!

문제풀이로 이론 학습을 원한다면
기출문제풀이 레벨로!

입문

START

기본

심화

탄탄한 기본기를 위한
핵심 개념 다지기!

반드시 알아야 할
개념과 이론 완성!

고난도 개념 학습으로
응용력을 다진다!

강의 쌩기초 입문반

이해하기 쉬운 개념 설명과 풍부한
연습문제 풀이로 부담 없이 기초를
다질 수 있는 강의

강의 기본이론반

반드시 알아야 할 기본 개념과 문제풀이
전략을 학습하여 핵심 개념 정리를
완성하는 강의

강의 심화이론반

심화이론과 중·상 난이도의 문제를
함께 학습하여 고득점을 위한 발판을
마련하는 강의

레벨별 교재 확인 및
수강신청은 여기서!
gosi.Hackers.com

* 커리큘럼은 과목별·선생님별로 상이할 수 있으며, 자세한 내용은 해커스공무원 사이트에서 확인하세요.

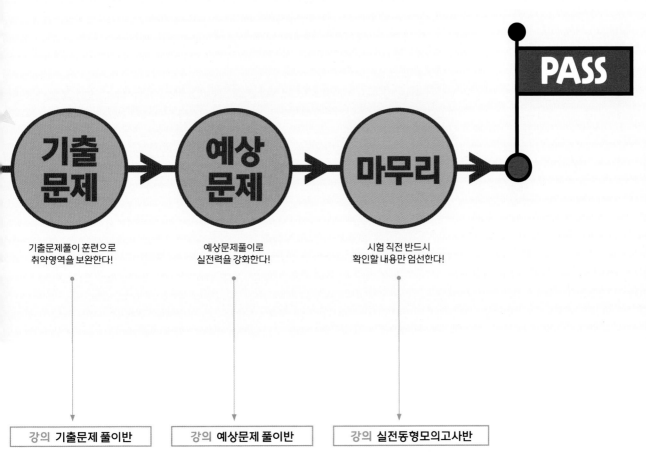

PASS

기출 문제

기출문제풀이 훈련으로
취약영역을 보완한다!

예상 문제

예상문제풀이로
실전력을 강화한다!

마무리

시험 직전 반드시
확인할 내용만 엄선한다!

강의 **기출문제 풀이반**

기출문제의 유형과 출제 의도를 이해
하고, 본인의 취약영역을 파악 및 보완
하는 강의

강의 **예상문제 풀이반**

최신 출제경향을 반영한 예상 문제들을
풀어보며 실전력을 강화하는 강의

강의 **실전동형모의고사반**

최신 출제경향을 완벽하게 반영한 모의고사를
풀어보며 실전 감각을 극대화하는 강의

강의 **봉투모의고사반**

시험 직전에 실제 시험과 동일한 형태의
모의고사를 풀어보며 실전력을 완성하는 강의

해커스공무원

단권화
핵심정리

국어

🏛 해커스공무원

이론서이면서 알차게 얇다!
핵심 이론을 모두 담은 단권화 교재!

필수과목에 선택과목까지, 공부해야 할 과목 수도 많고

각 과목별로 꼭 암기해야 할 개념도 많아 시간이 부족한 수험생 여러분,

어떻게 하면 핵심을 완벽히 정리하고 학습 시간도 단축할 수 있을지…

그 고민으로부터 [해커스공무원 단권화 핵심정리 국어]가 출발하였습니다.

[해커스공무원 단권화 핵심정리 국어]는

최근 공무원 시험에 출제되었던 **핵심 이론**은 물론, **최신 기출 문제**까지

단 한 권에 담아냈습니다.

시험에 꼭 나오는 개념을 한 번 더 정리하여 확실히 암기하고 싶은 수험생은 물론,

문제풀이를 하면서 부족한 부분의 개념을 여러 번 복습하고 싶은 수험생,

그리고 시험 직전 빠르고 완벽하게 최종 마무리를 하고 싶은 모든 수험생의 바람이

[해커스공무원 단권화 핵심정리 국어] 단 한 권으로 이뤄집니다.

빠른 핵심정리를 위한 단 한 권의 교재!
[해커스공무원 단권화 핵심정리 국어]가
수험생 여러분과 함께합니다!

이 책의 **차례**

I 이론 문법

II 국어 규범

01 시험에 반드시 나오는 개념을 **단 한 권에 압축 정리!**

[해커스공무원 단권화 핵심정리 국어]는 최근 국가직·지방직·서울시 7·9급, 사회복지직*, 소방직, 국회직, 경찰직, 군무원 기출문제를 철저히 분석하여 시험에 꼭 나오는 개념을 뽑아내고, 이를 단 한 권으로 압축하였습니다. 이러한 [압축개념]을 통해 영역별로 반드시 알아 두어야 할 주요 내용을 체계적으로 학습할 수 있습니다.

* 사회복지직 시험은 2018년부터, 서울시 시험은 2020년부터 지방직과 동일하게 인사혁신처에서 출제됩니다.

압축개념 —

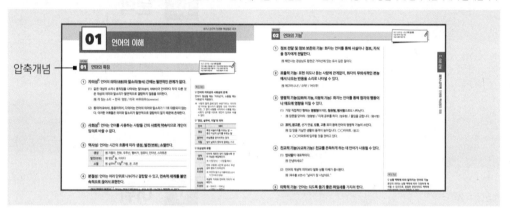

02 특별히 자주 출제되는 개념은 **빈출 정보까지 제공!**

[해커스공무원 단권화 핵심정리 국어]는 공무원 국어 시험에 자주 나오는 개념들을 좀 더 집중적으로 학습할 수 있도록 출제 빈도와 빈출 정보를 제공하였습니다. 특히 공무원 국어 시험에 자주 출제되는 내용에는 빈출 마크를 표시하여 우선 순위 학습이 가능합니다.

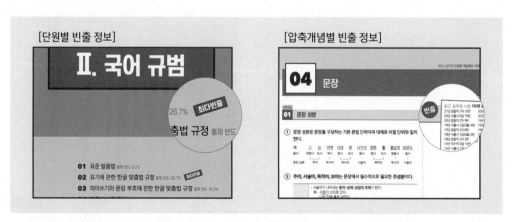

03 암기해야 할 중요 개념을 확실하게 잡아 주는 구성!

[해커스공무원 단권화 핵심정리 국어]는 반드시 암기해야 할 필수 내용을 형광펜으로 강조함으로써, 시험 직전에 강조된 부분만 보며 전체 내용을 빠르게 복습할 수 있도록 하였습니다. 또한 시험 직전까지도 헷갈리기 쉬운 문법과 국어 규범 지식을 정리하여 쉽게 암기할 수 있도록 하였습니다.

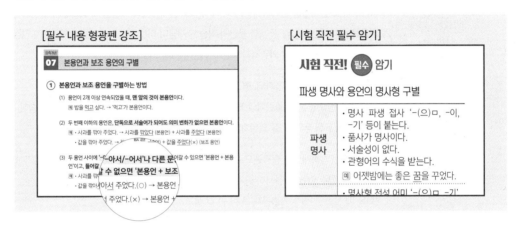

[필수 내용 형광펜 강조]

[시험 직전 필수 암기]

04 확실히 이해하고 암기했는지 확인하는 기출문제 제공!

[해커스공무원 단권화 핵심정리 국어]는 기출문장 또는 기출어휘로 구성된 [기출로 출제포인트 점검] 문제를 제공함으로써 압축개념의 내용을 확실히 이해하고 암기했는지 확인할 수 있도록 하였습니다. 또한 학습한 개념을 실제 문제에 적용해 보는 연습을 하도록 [필수 기출문제]도 제공하였습니다.

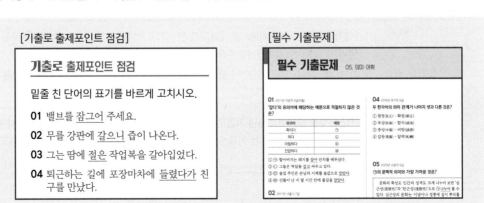

[기출로 출제포인트 점검]

[필수 기출문제]

이 책을 200% 활용하는 **학습 방법**

■ 단계별 학습 방법

● 개념 정리부터 완벽 암기까지 3회독으로 **[해커스공무원 단권화 핵심정리 국어]**를 학습하면 시험에 나오는 핵심만 확실히 정리하고 암기할 수 있습니다.

개념정리 단계 (1회독)	1. 처음부터 모든 내용을 완벽하게 외우려 하지 말고 압축개념의 내용을 쭉 읽으면서 1회독 시작하기 2. '기출로 출제포인트 점검' 문제를 풀면서 학습한 개념이 머릿속에 확실히 정리되었는지 점검하기 3. 어휘는 매일 암기하되 잘 외워지지 않는 어휘는 체크박스에 표시하기
집중학습 단계 (2회독)	1. 전체 개념을 한 번 더 학습하되, 형광펜으로 강조된 필수 내용은 반드시 암기하기 2. '필수 기출문제'를 풀고, 틀렸거나 찍어서 맞힌 문제는 그에 해당하는 압축개념으로 복습하기 3. 1회독 때 체크해 두었던, 잘 외워지지 않는 어휘 위주로 암기하기
완벽암기 단계 (3회독)	1. 빈출 표시된 압축개념과 형광펜으로 강조된 부분을 보면서 핵심만 빠르게 정리하고 암기하기 2. '시험 직전 필수 암기'를 철저히 암기하여 헷갈리기 쉬운 문법 지식을 완벽 정리하기 3. 2회독 때 틀렸던 '필수 기출문제'를 한 번 더 풀기

■ 기본서 및 문제집 연계 학습 방법

● 기본서로 개념을 정리하고 문제집으로 최종 마무리하는 모든 학습 단계에서 **[해커스공무원 단권화 핵심정리 국어]**를 연계하여 학습하면 효과를 극대화할 수 있습니다.

기본서 연계 학습 방법	1. **[해커스공무원 국어]** 기본서로 국어 과목 전 범위의 개념을 먼저 익히고, **[해커스공무원 단권화 핵심정리 국어]**를 활용하여 압축개념별 주요 내용을 정리하고 암기하기 2. 기본서에 수록된 부가 설명이나 고난도 시험을 대비한 지엽적인 내용은 **[해커스공무원 단권화 핵심정리 국어]**의 빈 공간에 필기하기
문제집 연계 학습 방법	**[해커스공무원 단원별/6개년 기출문제집 국어]** 또는 **[해커스공무원 실전동형모의고사 국어 1, 2]** 교재의 문제를 풀고, 틀렸거나 모르는 문제는 **[해커스공무원 단권화 핵심정리 국어]**의 압축개념으로 복습하여 완벽히 암기하기

■ 시험 직전 최종 마무리 학습 방법

● **[1단계] 영역별 집중 암기 단계**에서는 틀리기 쉬운 영역순으로 학습하며, 어휘 영역은 반복 출제되는 경우가 많은 한자 성어를 집중적으로 암기합니다. 이때 여전히 헷갈리거나 정확히 정리되지 않은 개념을 완벽히 암기하기 위해 형광펜으로 강조된 부분을 위주로 학습합니다.

● **[2단계] 최종 핵심 암기 단계**에서는 중요한 핵심 이론을 중심으로 암기합니다. 이때 빈출 표시된 압축개념을 우선적으로 암기하며, 최다빈출 단원은 한 번 더 복습합니다. 또한 압축개념에서 시험 직전 꼭 외워야 할 내용들로 구성된 **시험 직전!** 필수 암기를 찾아 최종 암기합니다.

단계	학습 내용		페이지
[1단계] 영역별 집중 암기	Ⅱ. 국어 규범	**형광펜**으로 강조된 부분 집중 암기	p. 68 ~ 157
	Ⅰ. 이론 문법		p. 10 ~ 67
	Ⅲ. 비문학		p. 158 ~ 175
	Ⅳ. 문학		p. 176 ~ 201
	Ⅴ. 어휘 05. 한자 성어		p. 232 ~ 249
[2단계] 최종 핵심 암기	빈출 표시가 된 압축개념 암기		
	최다빈출 단원 복습		
	모든 압축개념의 **시험 직전!** 필수 암기 학습		

공무원시험전문 해커스공무원
gosi.Hackers.com

해커스공무원 **단권화 핵심정리 국어**

I. 이론 문법

* 출제 빈도: 최근 국가직·지방직·서울시 7·9급 시험 기준
('한문법' 문제 비중은 제외함)

01 언어의 이해

최근 공무원 시험 **6회 출제!**
19년 서울시 9급(6월)12번 19년 군무원 9급(2차)18번
18년 소방직 9급(10월)1번 17년 사복직 9급 7번
16년 지방직 9급 6번   16년 경찰직 1차 4번

① 자의성: 언어의 **의미(내용)**와 **말소리(형식)** 간에는 필연적인 관계가 없다.

(1) 같은 대상의 소리나 움직임을 나타내는 말(의성어, 의태어)이 언어마다 각각 다른 것은 대상의 의미와 말소리가 필연적으로 결합하지 않음을 의미한다.
예 개 짖는 소리 → 한국: 멍멍 / 미국: 바우와우(bowwow)

(2) 동의어(유의어), 동음이의어, 다의어는 언어의 의미와 말소리가 1:1로 대응되지 않는다. 이러한 어휘들은 의미와 말소리가 필연적으로 결합하지 않기 때문에 존재한다.

② 사회성: 언어는 언어를 사용하는 사람들 간의 **사회적 약속**이므로 개인이 임의로 바꿀 수 없다.

③ 역사성: 언어는 시간의 흐름에 따라 **생성, 발전(변화), 소멸**한다.

생성	예 자동차, 전화, 우주선, 햄버거, 컴퓨터, 인터넷, 스마트폰
발전(변화)	예 영감, 놈, 어리다
소멸	예 살우비, 지달, 가람, 온, 즈믄

④ 분절성: 언어는 여러 단위로 나뉘거나 결합할 수 있고, **연속적 세계를 불연속적으로 끊어서 표현**한다.

언어 형태의 분절성	언어는 여러 단위(형태소, 음운 등)로 나뉘거나 결합할 수 있다.
언어 의미의 분절성	언어는 연속적인 세계를 불연속적인 것처럼 끊어서 표현한다. 예 연속되어 있는 무지개의 색깔을 7가지 색으로 표현

⑤ 추상성: 언어는 개별적·구체적인 대상에서 **공통적인 요소를 뽑아 개념을 형성**한다.

예 꽃: 다양한 종류의 꽃들로부터 공통 속성만을 뽑아내는 과정을 통해 개념이 형성된다.

⑥ 이외에도 언어는 다음의 특징을 가지고 있다.

도상성	언어의 내용과 형식 간에는 유사성이 존재한다. (자의성과 대립됨)
기호성	언어는 음성과 뜻이 결합하여 나타나는 기호 체계이다.
규칙성	언어에는 구조가 있으며, 그 구조는 일정한 규칙으로 짜여 있다.
창조성	언어는 상황에 따라 새로운 말들을 만들어 표현할 수 있다.

확장개념

♀ 언어의 자의성과 사회성의 관계
언어가 형성될 때는 '자의성'이, 소통될 때는 '사회성'이 적용된다.
예 '사람의 팔목 끝에 달린 부분'이라는 의미와 '손'이라는 말소리가 결합한 것은 자의적이지만, 그 말이 사람들 사이에서 사용될 때는 사회적 성격을 띠므로 개인이 임의로 바꿀 수 없다.

♀ '영감, 살우비, 지달'의 의미

단어	의미
영감	특정 벼슬아치를 이르는 말 → 중년 이상의 남자를 부르는 말
살우비	화살통을 덮어씌우는 덮개
지달	말이 날뛰지 못하게 얽매는 기구

♀ 도상성의 유형

양적 도상성	언어적 재료의 양이 많을수록 언어 개념은 복잡해진다. 예 사람(단수) – 사람들(복수)
순서적 도상성	언어 구조에 시간적 순서나 우선성의 정도가 드러난다. 예 여닫다(열고 난 다음에 닫는 순서가 언어에 반영됨)
거리적 도상성	개념적 거리와 언어적 거리가 비례한다. 예 • 아버지 – 아버님 • 어머니 – 어머님

기출로 출제포인트 점검

다음 내용과 관련된 언어의 특징을 쓰시오.

01 사과, 감, 바나나 등을 과일이라고 부른다.

02 '어리다'는 '어리석다'의 의미에서 '나이가 적다'의 의미로 바뀌었다.

03 '멍멍'은 의성어로 의미와 음성의 관계가 매우 밀접하다. 그런데 한국인들이 보편적으로 인식하는 개 짖는 소리 '멍멍'은 일본인들에게는 '왕왕'으로 인식된다.

04 매년 송구영신이라 하면서 묵은해가 가고 새해가 온다고 생각하지만, 사실은 12월 31일과 1월 1일 사이의 시간의 흐름에 어떤 분명한 경계가 있는 것은 아니다.

[답]
01 추상성   02 역사성
03 자의성   04 분절성

02 언어의 기능

① 정보 전달 및 정보 보존의 기능: 화자는 언어를 통해 **사실**이나 **정보, 지식**을 청자에게 **전달**한다.

> 예 해인사는 경상남도 합천군 가야산에 있는 유서 깊은 절이다.

② 표출적 기능: 표현 의도나 듣는 사람에 관계없이, 화자의 **무의식적인 본능**에서 **나오는 반응을 소리로 나타낼** 수 있다.

> 예 에구머니나! / 으악! / 어이쿠!

③ 명령적 기능(감화적 기능, 지령적 기능): 화자는 언어를 통해 **청자의 행동이나 태도에 영향을 미칠** 수 있다.

(1) 가장 직접적인 형태는 **명령형**이지만, **청유형, 평서형**으로도 나타난다.

> 예 창문을 닫아라. (명령형) / 이제 공부를 하자. (청유형) / 출입을 금합니다. (평서형)

(2) **표어, 광고문, 선거 연설, 법률, 교통 표지** 등에 언어의 명령적 기능이 쓰인다.

> 예 집 앞을 거닐면 생활의 품격이 높아집니다. ○○아파트. (광고)
> ▶ ○○아파트에 입주할 것을 권하고 있다.

④ 친교적 기능(사교적 기능): **친교를 돈독하게 하는** 데 언어가 사용될 수 있다.

(1) **인사말**이 대표적이다.

> 예 안녕하세요?

(2) 언어의 개념적 의미보다 발화 상황 자체가 중시된다.

> 예 (폭우를 보면서) "날씨가 참 사납네요."

⑤ 미학적 기능: 언어는 되도록 **듣기 좋은 짜임새**를 가지려 한다.

언어의 미학적 기능은 **문학에서 특히 두드러지게** 사용된다.

> 예 내 마음은 호수요. (비유법 사용)

⑥ 관어적 기능: 언어를 통해, **언어와 언어가 서로 관계를 맺고 있음**을 보여줄 수 있다.

> 예 영어의 'mother'는 우리말의 '어머니'와 같다.
> ▶ 문장을 통해 'mother'라는 새로운 어휘를 습득할 수 있으므로, 언어의 관어적 기능은 새로운 어휘 습득·지식의 체계화와 관계된다.

⑦ 표현적 기능: 화자는 현실 세계에 대한 자신의 **판단**과 섬세한 **감정** 등을 언어를 통해 **표현**한다.

> 예 철수는 공부를 하지 않은 것 같다. (자신의 판단을 표현)

확장개념

📍 **상황 맥락에 따라 달라지는 언어의 기능**
문장의 의미는 상황 맥락에 따라 다양하게 해석될 수 있으므로, 동일한 문장이라도 맥락에 따라 언어의 기능이 달라질 수 있다.

예 오늘 날씨가 정말 좋다.
· 오늘의 날씨 정보를 알려줄 때
→ 정보 전달의 기능
· 특별한 의미 없이 친근함을 나타낼 때
→ 친교적 기능

기출로 출제포인트 점검

다음 문장과 관련된 언어의 기능을 쓰시오.

01 (넘어지면서) 아이쿠!

02 이 제품은 만 명이 넘는 소비자들이 선택한 상품입니다. (광고)

03 같은 말이라도 그 말을 어떻게 꾸미는가에 따라 느낌이 달라진다.

[답]
01 표출적 기능
02 명령적(감화적, 지령적) 기능
03 미학적 기능

03 국어의 특질

① 음운상 특질

특질	예
예사소리, 된소리, 거센소리의 음운 대립이 존재한다. (파열음 계열의 삼중 체계)	–
마찰음의 수가 3개로(ㅅ, ㅆ, ㅎ) 타 언어에 비해 **적다.**	–
파열음은 음절 끝에서 파열되지 않고 닫힌 상태로 발음된다.	집[집], 잎[입]
음절의 끝소리에서는 하나의 자음만 발음되며, 모음과 모음 사이에 3개 이상의 자음이 올 수 없다.	값도[갑또]
단어의 첫소리에는 하나의 자음만 올 수 있고, 'ㄹ, ㄴ' 소리가 오는 데 제약이 있다. (두음 법칙)	• 로인(×) – 노인(○) • 녀자(×) – 여자(○)
양성 모음은 양성 모음끼리, 음성 모음은 음성 모음끼리 모이려는 성질이 있다. (모음 조화)	반짝반짝, 번쩍번쩍

② 어휘상 특질

특질	예
'고유어, 한자어, 외래어'의 **삼중 체계**를 이룬다.	–
의미 폭이 넓은 **고유어**와 의미가 세분화된 **한자어**는 일대다(一對多) 대응 관계가 성립한다.	• 생각(고유어) • 사고, 고려, 숙고(한자어)
상징어(의성어, 의태어), **감각어**가 발달하였다.	• 달캉달캉, 멍멍 • 뾰족뾰족, 흔들흔들 • 노랗다, 노르스름하다
친족 관계어가 발달하였다.	이모, 고모, 숙모 등
상하 관계를 중시하던 사회 구조의 영향으로 **높임말**이 발달하였다.	• 생일 – 생신, 밥 – 진지 • 먹다 – 드시다/잡수시다

③ 문법상 특질

	특질	예
형태적	조사·어미·접사가 발달하였다. (교착어)	• 네가 나를 불렀니?(조사) • 잡다, 잡아, 잡아서(어미) • 들국화, 부채질(접사)
	단어 형성법(파생법, 합성법)이 발달하였다.	• 햇곡식, 맨손(파생어) • 돌다리, 논밭(합성어)
	단위성 의존 명사가 발달하였다.	김 한 톳, 북어 한 쾌
통사적	문장이 대체로 '주어-목적어-서술어' 순이나, 조사가 발달하여 **어순이 비교적 자유롭다.**	나는 밥을 먹는다. → 나는 먹는다, 밥을.
	수식어가 피수식어 앞에 위치한다.	예쁜 꽃
	문장 성분의 생략이 가능하다.	(너는) 뭐 해?(주어 생략)
	주어와 목적어가 중복되어 나타날 수 있다.	• 윤지가 키가 작다. → 주어 중복 • 물을 두 컵을 줬다. → 목적어 중복

확장개념

♀ 파열음
폐에서 나오는 공기를 일단 막았다가 그 막은 자리를 터뜨리면서 내는 소리. 'ㅂ/ㅃ/ㅍ', 'ㄷ/ㄸ/ㅌ', 'ㄱ/ㄲ/ㅋ'이 있다.

♀ 감각어
외부 또는 내부의 자극에 의해 일어나는 느낌을 표현하는 단어이다. 색채어, 미각어, 온도어 등을 포함한다.
예 • 파랗다, 새파랗다, 푸르스름하다 (색채어)
 • 씁쓰름하다, 씁쓸하다, 씁쓰름하다 (미각어)
 • 따스하다, 뜨끈하다, 뜨뜻하다 (온도어)

♀ 영어와 국어의 친족 관계어 비교

예	
영어	uncle
국어	삼촌, 큰아버지, 작은아버지, 숙부 등

▶ 국어의 친족 관계어는 다양하게 발달되어 있다.

♀ 교착어(膠着語)
실질적인 의미를 가진 단어 또는 어간에 문법적인 기능을 가진 요소(조사, 어미, 접사 등)가 차례로 결합함으로써 문장 속에서의 문법적인 역할이나 관계의 차이를 나타내는 언어. '첨가어'라고도 한다..

④ **화법상 특질**

특질	예
상황에 따라 **문장 성분을 생략하거나 중요한 것만 강조해도 의사소통이 가능**하다. (담화 및 상황 중심 언어)	청소.(주어, 서술어 생략)
개인보다 공동체를 우선시하여, '**나**'보다 '**우리**'를 즐겨 사용한다.	<u>우리</u> 오빠는 듬직해.
보조사나 보조 용언을 통해 화자의 심리를 알 수 있다.	• 너마저 이러기냐? → 보조사를 통한 서운함 표출 • 방을 청소해 줄게. → 보조 용언을 통한 선심 표출
수행하고자 하는 화행을 직접적으로 말하는 것이 아니라 **간접적으로 돌려 말함으로써 수행**되도록 하는 경우가 많다. (청자 중심 언어)	• 밥 주세요. (직접 화행) • 밥 주실 수 있나요? (간접 화행)

기출로 출제포인트 점검

다음 문장에서 틀린 부분을 찾아 밑줄을 긋고 고치시오.

01 조사가 발달하여 어순에 따른 제약이 전혀 없다.

02 가족 관계를 나타내는 친족어가 발달하지 못했다.

03 담화 중심의 언어로서 주어, 목적어 등을 생략할 수 없다.

04 음절 초에 'ㄲ, ㄸ, ㅃ' 등 둘 이상의 자음이 함께 올 수 있다.

[답]
01 어순에 따른 제약이 전혀 없다. → 어순이 비교적 자유롭다.
02 발달하지 못했다. → 발달해 있다.
03 등을 생략할 수 없다. → 등이 흔히 생략된다.
04 둘 이상의 자음이 함께 올 수 있다. → 하나의 자음만 이 올 수 있다.

압축개념

04 언어와 사고 간의 관계

최근 공무원 시험 **2회 출제!**
21년 국가직 9급 12번
16년 지방직 9급 6번

언어와 사고 간의 관계는 언어와 사고 중 어떤 것이 우위에 있느냐에 따라 '**언어 우위론**'과 '**사고 우위론**'으로 나뉜다.

구분	주장	근거
언어 우위론	• 언어가 사고보다 우위에 있다. • 언어가 사고를 유도하며 지배한다.	직전에 보여 준 색종이를 색이 다른 120개의 색종이 중에서 찾아보라고 했을 때, 이름을 잘 알고 있는 기본 색, 이름을 붙이기 쉬운 색, 이름을 붙이기 어려운 색 순으로 색종이를 분별한다.
사고 우위론	• 사고가 언어보다 우위에 있다. • 언어가 사고에 의존한다. • 언어 없이도 사고가 가능하다.	• 색깔을 지칭하는 말이 없다고 해서 그 색을 인식하지 못하는 것은 아니다. • 떠오르는 생각을 표현할 말이 없는 경우가 있다.

확장개념

○ **언어 우위론과 관련된 견해**
1. 인간은 객관적인 세계에서 살고 있는 것이 아니라, 언어를 매개로 한 세계에서 살고 있다.
2. 언어는 우리의 행동과 사고 양식을 주조한다.

기출로 출제포인트 점검

다음 문장이 언어 우위론과 사고 우위론 중 어떤 관점을 취하고 있는지 쓰시오.

> 무지개 색이 일곱 가지라고 생각하는 것은 우리가 색깔을 분류하는 말이 일곱 가지이기 때문이다.

[답] 언어 우위론

01 2018년 소방직 9급(10월)

다음 글의 내용이 나타내고 있는 언어의 특성으로 적절한 것은?

> 영미는 모두가 사물을 하나의 이름으로 부르는 게 싫어서 사물의 이름을 자신이 정한 다른 단어로 바꿔 부르기로 결심하였다. 영미는 '침대'를 '사진'이라 부르기로 결심하고는 "침대에 누울 거야."가 아닌, "사진에 누울 거야."라고 말하였으며, '의자'를 '시계'라 부르면서 "시계에 앉아 있다."라고 이야기하였다. 영미 주변의 친구들은 영미의 말을 좀처럼 알아들을 수 없었다.

① 언어의 창조성　　② 언어의 사회성
③ 언어의 역사성　　④ 언어의 자의성

02 2015년 국회직 9급

언어의 특성 차원에서 다음 글을 이해할 때, 가장 적절한 것은?

> <표준국어대사전>에서는 '너무'라는 단어를 '일정한 정도나 한계에 지나치게'라는 의미로 풀이해 두고 있었다. 그래서 그동안 "너무 크다/너무 늦다/너무 먹다/너무 가깝다"처럼 '너무'를 부정적인 의미로 쓰도록 제한해 왔다. 그런데 2015년 상반기에 이의 뜻풀이를 '일정한 정도나 한계를 훨씬 넘어선 상태로'라고 수정하게 되었다. 따라서 이제 그동안 쓰던 부정적인 의미는 물론 '너무 좋다/너무 예쁘다/너무 반갑다' 등처럼 긍정적인 의미에도 쓸 수 있게 되었다.

① 언어의 창조성 측면에서 보면, 드디어 '너무'라는 말이 생겨난 거야.
② 언어의 체계성을 생각해 보면, '너무'가 부정적인 의미가 있었으니 긍정적인 의미도 있어야겠지.
③ 언어의 분절성을 생각해 보면, 한번 정해진 표준어의 용법도 바뀔 수 있는 거야.
④ 언어의 역사성에 따르면, 정해진 의미는 100년이든 200년이든 똑같아야 하는 거 아니야?
⑤ 언어의 사회성 측면에서 볼 때, 많은 사람들이 그렇게 사용하니까 인정된 거겠지.

03 2016년 사회복지직 9급

밑줄 친 표현에서 주로 나타나는 언어적 기능은?

> 나흘 전 감자 쪼간만 하더라도, 나는 저에게 조금도 잘못한 것은 없다.
> 계집애가 나물을 캐러 가면 갔지 남 울타리 엮는 데 쌩이질을 하는 것은 다 뭐냐. 그것도 발소리를 죽여 가지고 등 뒤로 살며시 와서
> "얘! 너 혼자만 일하니?"
> 하고 긴치 않은 수작을 하는 것이었다.
> 어제까지도 저와 나는 이야기도 잘 않고 서로 만나도 본척만척하고 이렇게 점잖게 지내던 터이런만, 오늘로 갑작스레 대견해졌음은 웬일인가. 항차 망아지만 한 계집애가 남 일하는 놈보구……
> "그럼 혼자 하지 떼루 하디?"
> 　　　　　　　　　　　　　　－ 김유정, '동백꽃'

① 미학적 기능　　② 지령적 기능
③ 친교적 기능　　④ 표현적 기능

04 2017년 사회복지직 9급

다음 중 괄호 안에 들어갈 말로 가장 적절한 것은?

> '·'가 현대 국어에서 더 이상 사용되지 않고, '믈[水]'이 현대 국어에 와서 '물'로 형태가 바뀌었으며, '어리다'가 '어리석다[愚]'로 쓰이다가 현대 국어에 와서 '나이가 어리다[幼]'의 뜻으로 바뀌어 쓰이는 것 등과 같은 예에서 알 수 있는 언어의 특성을 언어의 (　　　)이라고 한다.

① 사회성　　② 역사성
③ 자의성　　④ 분절성

05 2015년 서울시 9급

다음 중 국어의 '형태적' 특징은?

① 수식어는 반드시 피수식어 앞에 온다.
② 동사와 형용사의 활용이 유사하다.
③ 문장 성분의 순서를 비교적 자유롭게 바꿀 수 있다.
④ 언어 유형 중 '주어-목적어-동사'의 어순을 갖는 SOV형 언어이다.

06 2019년 서울시 9급(6월)

<보기 1>의 사례와 <보기 2>의 언어 특성이 가장 잘못 짝지어진 것은?

보기 1

(가) '방송(放送)'은 '석방'에서 '보도'로 의미가 변하였다.

(나) '밥'이라는 의미의 말소리 [밥]을 내 마음대로 [법]으로 바꾸면 다른 사람들은 '밥'이라는 의미로 이해할 수 없다.

(다) '종이가 찢어졌어'라는 말을 배운 아이는 '책이 찢어졌어'라는 새로운 문장을 만들어 낸다.

(라) '오늘'이라는 의미를 가진 말을 한국어에서는 '오늘[오늘]', 영어에서는 'today(투데이)'라고 한다.

보기 2

ⓙ 규칙성　　　　ⓛ 역사성
ⓒ 창조성　　　　ⓔ 사회성

① (가) - ⓛ　　　　② (나) - ⓔ
③ (다) - ⓒ　　　　④ (라) - ⓙ

07 2015년 경찰직 3차

국어의 특성으로 옳지 않은 것은?

① 국어는 '아름다운 고향'과 같이 수식어가 피수식어 앞에 오는 특징이 있다.

② 일반적으로 국어의 단모음은 'ㅣ, ㅔ, ㅐ, ㅏ, ㅓ, ㅗ, ㅜ, ㅡ, ㅚ, ㅟ' 열 개가 인정되고 있다.

③ 국어는 단어 형성법이 발달되어 '작은집, 벗어나다' 등과 같은 파생어와 '군소리, 날고기' 등과 같은 합성어가 많다.

④ 국어는 다른 언어에 비해 높임법이 상당히 발달되어 있는데, 크게 주체를 높이는 주체 높임법, 상대방을 높이는 상대 높임법, 문장의 객체를 높이는 객체 높임법으로 구분된다.

08 2016년 지방직 9급

밑줄 친 부분의 예로 가장 적절한 것은?

　생각은 큰 그릇이고 말은 생각 속에 들어가는 작은 그릇이어서 생각에는 말 외에도 다른 것이 더 있다. 그러나 아무리 생각이 말보다 범위가 넓고 큰 것이라고 하여도 그것을 말로 바꾸어 놓지 않으면 그 생각의 위대함이나 오묘함이 다른 사람에게 전달되지 않는다. 그 때문에 생각이 형님이요, 말이 동생이라고 할지라도 생각은 동생의 신세를 지지 않을 수가 없게 되어 있다.

① '사과'는 언제부터 '사과'라고 부르기 시작했는지 알 수 없어.

② 동일한 사물을 두고 영국에서는 [triː], 한국에서는 [namu]라 표현해.

③ 이 소설은 정말 감동적이야. 내가 받은 감동은 말로는 설명이 안 돼.

④ 시간의 흐름을 초, 분, 시간 단위로 나눠 사용해 온 것은 인간의 사회적 약속이야.

09 2021년 국가직 9급

다음 글의 사례로 적절하지 않은 것은?

　인간은 언어를 사용하며 언어는 인간의 사고, 사회, 문화를 반영한다. 인간의 지적 능력이 발달하게 된 것은 바로 언어를 사용하기 때문이다.

　언어와 사고는 기본적으로 상호작용을 한다. 둘 중 어느 것이 먼저 발달하고 어떻게 영향을 주는지는 알 수 없다. 그러나 언어와 사고가 서로 깊은 관계를 맺고 있다는 사실은 여러 가지 근거를 통해서 뒷받침된다.

① 영어의 '쌀(rice)'에 해당하는 우리말에는 '모', '벼', '쌀', '밥' 등이 있다.

② 어떤 사람은 산도 파랗다고 하고, 물도 파랗다고 하고, 보행 신호의 녹색등도 파랗다고 한다.

③ 일상생활에서 어떠한 사물의 개념은 머릿속에서 맴도는데도 그 명칭을 떠올리지 못할 때가 있다.

④ 우리나라는 수박(watermelon)은 '박'의 일종으로 보지만 어떤 나라는 '멜론(melon)'에 가까운 것으로 파악한다.

정답 및 해설 p. 272

02 말소리

최근 공무원 시험 **12회 출제!**
20년 경찰직 1차 5번 / 19년 지방직 9급 8번
19년 서울시 9급(2월) 1번 / 19년 서울시 7급(2월) 3번
19년 소방직 9급 16번 / 18년 경찰직 3차 2번
17년 국가직 9급(4월) 19번 / 17년 국가직 7급(10월) 4번
17년 지방직 7급 6번 / 17년 사복직 9급 3번
16년 서울시 7급 4번 / 16년 경찰직 2차 1번

압축개념

01 음운

① **음운의 개념**: 말의 뜻을 구별해 주는 기능을 가진 소리의 가장 작은 단위

② **음운의 종류**

(1) **자음(19개)**: 자음은 조음 기관의 어떤 부분이 목, 입, 혀 등의 발음 기관에 의해 **장애를 받아 나오는 소리**이다. 자음은 조음 위치와 조음 방법에 따라 아래와 같이 구분된다.

조음 방법		조음 위치	입술소리	혀끝소리	센입천장소리	여린입천장소리	목청소리
안울림소리	파열음	예사소리	ㅂ	ㄷ		ㄱ	
		된소리	ㅃ	ㄸ		ㄲ	
		거센소리	ㅍ	ㅌ		ㅋ	
	파찰음	예사소리			ㅈ		
		된소리			ㅉ		
		거센소리			ㅊ		
	마찰음	예사소리		ㅅ			ㅎ
		된소리		ㅆ			
울림소리	비음		ㅁ	ㄴ		ㅇ	
	유음			ㄹ			

(2) **모음(21개)**: 모음은 폐에서 나오는 공기가 **장애를 받지 않고 나오는 소리**로, 단모음과 이중 모음으로 나뉜다.

① **단모음(10개)**: 발음할 때 입술이나 혀가 고정되어 움직이지 않는 모음

혀의 앞뒤	앞(전설 모음)		뒤(후설 모음)	
입술의 모양 / 혀의 높이	둥글지 않은 입술 모양 (평순 모음)	둥근 입술 모양 (원순 모음)	둥글지 않은 입술 모양 (평순 모음)	둥근 입술 모양 (원순 모음)
높음(고모음)	ㅣ	ㅟ	ㅡ	ㅜ
중간(중모음)	ㅔ	ㅚ	ㅓ	ㅗ
낮음(저모음)	ㅐ		ㅏ	

② **이중 모음(11개)**: 발음할 때 입술이나 혀가 움직이는 모음. 반모음과 단모음이 결합하여 이루어진다.

상향 이중 모음	ǐ[j] + 단모음	ㅑ, ㅕ, ㅛ, ㅠ, ㅒ, ㅖ
	ㅗ/ㅜ[w] + 단모음	ㅘ, ㅙ, ㅝ, ㅞ
하향 이중 모음	단모음 + ǐ[j]	ㅢ

확장개념

음운의 기능
예) 공 : 종 → 초성 'ㄱ'을 'ㅈ'으로 바꾸었을 뿐인데 말의 뜻이 달라졌다. 이를 통해 음운은 말의 뜻을 구별해 주는 기능을 하는 것을 알 수 있다.

조음 위치에 따른 소리의 명칭
어법에서 조음 위치에 따른 소리는 한자어 명칭으로도 종종 쓰이므로 고유어 명칭과 함께 알아 두어야 한다.
1. 입술소리 – 양순음
2. 혀끝소리 – 설단음, 치조음
3. 센입천장소리 – 경구개음
4. 여린입천장소리 – 연구개음
5. 목청소리 – 후음

파열음, 파찰음, 마찰음
1. 파열음: 폐에서 나오는 공기를 일단 막았다가 그 막은 자리를 터뜨리면서 내는 소리
2. 파찰음: 파열음과 마찰음의 두 가지 성질을 다 가지는 소리. 폐에서 나오는 공기를 막았다가 서서히 터뜨리면서 마찰을 일으켜 내는 소리
3. 마찰음: 입 안이나 목청이 좁혀진 사이로 공기가 비집고 나오면서 마찰하여 나는 소리

초성에 오는 'ㅇ'의 음가
초성에 오는 'ㅇ'은 음가가 없으므로 음운으로 취급하지 않는다.

반모음
음성의 성질로 보면 모음과 비슷하지만 반드시 다른 모음에 붙어야 발음될 수 있는, 홀로 쓰이지 못하는 모음으로 'ǐ[j]'와 'ㅗ/ㅜ[w]'가 있다.

(3) **소리의 길이(장단)**: 동일한 형태의 모음이라도 길게 발음하여 의미를 변별해준다는 점에서 자음, 모음과 같이 음운으로 인정된다.

> 예 눈[眼] – 눈:[雪], 밤[夜] – 밤:[栗], 솔[松] – 솔:[刷]
> 말[말:] – 한국말[한:궁말], 눈눈[눈:] – 함박눈[함방눈], 솔[솔:] – 구둣솔[구두쏠/구둗쏠]

③ 음운의 개수

(1) 음운의 개수를 따질 때는 실제 음성 실현형을 기준으로 한다. 이때 처음에 나오는(초성) 'ㅇ'은 실제 음가가 없으므로 개수에 포함시키지 않는다.

> 예 총알이 창을 깨고 날아갔다. → 실제 음성 실현형인 [깨고나라갇따]를 기준으로 음운의 개수를 파악하면, 'ㄲ, ㅐ, ㄱ, ㅗ, ㄴ, ㅏ, ㄹ, ㅏ, ㄱ, ㅏ, ㄷ, ㄸ, ㅏ'로 총 13개이다.

(2) 다만, 문법가의 견해 차이로 인해 음운의 개수를 따질 때 표기에 따라 판단하는 경우도 있을 수 있다는 점에 유의하여, 문제를 보고 선별적으로 답을 판단하도록 한다.

확장개념

📍 **소리의 길이의 특징**
긴소리는 일반적으로 단어의 첫째 음절에서 나타나며, 본래 길게 발음되던 것도 둘째 음절 이하에 오면 짧은소리로 발음되는 경향이 있다.

기출로 출제포인트 점검

밑줄 친 부분을 바르게 고치시오.

01 'ㅁ'은 비음이지 양순음은 아니다.

02 파찰음에는 'ㅂ, ㅃ, ㅍ, ㅁ' 등이 있다.

03 양순음은 파열음과 마찰음이 골고루 발달되어 있다.

04 우리말의 자음 체계에서 '비음'과 '유음'의 분류는 조음(調音) 위치에 따른 것이다.

[답]
01 비음이자 양순음이다.   02 양순음
03 비음   04 조음 방법

압축개념

02 음운의 변동° – 교체(대치) ①

빈출

최근 공무원 시험 **13회 출제!**
19년 국가직 9급 5번   19년 국가직 7급 5번
19년 지방직 9급 8번   19년 서울시 7급(2월) 3번
19년 서울시 7급(2월)14번 19년 소방직 9급 6번
18년 국가직 9급 14번   18년 지방직 7급 5번
18년 서울시9급6월) 7번 17년 서울시 9급 18번
16년 사복직 9급 7번   16년 경찰직 1차 3번
16년 경찰직 2차 2번

① 음절의 끝소리 규칙: 'ㄱ, ㄴ, ㄷ, ㄹ, ㅁ, ㅂ, ㅇ'의 7자음만 음절의 끝소리 (받침소리)로 발음된다. [관련 내용: 압축개념 03 (72p)]

받침	발음	예	받침	발음	예
ㄱ, ㄲ, ㅋ	[ㄱ]	죽[죽], 낚시[낙씨], 키읔[키윽]	ㄹ	[ㄹ]	살[살]
ㄴ	[ㄴ]	논두렁[논뚜렁]	ㅁ	[ㅁ]	몸[몸]
ㄷ, ㅌ, ㅅ, ㅆ, ㅈ, ㅊ, ㅎ	[ㄷ]	돋다[돋따], 낱[낟:], 갓[갇], 샀다[삳따], 낮[낟], 닻[닫], 히읗[히읃]	ㅂ, ㅍ	[ㅂ]	밥[밥], 짚[집]
			ㅇ	[ㅇ]	옹이[옹이]

② 구개음화: 실질 형태소의 끝소리 자음 'ㄷ, ㅌ'은 모음 'ㅣ'나 반모음 'ㅣ'로 시작되는 형식 형태소를 만나면 구개음 [ㅈ], [ㅊ]으로 교체된다.

[관련 내용: 압축개념 04 (74p)]

(1) 구개음화는 **실질 형태소와 형식 형태소 사이**에서 일어난다.

> 예 해돋이[해도지]: 용언 '돋다'의 어근 '돋-'과 접사 '-이' 사이에서 일어난다.

(2) 구개음화가 일어나는 조건이 충족되지 않으면 구개음화는 일어나지 않는다.

'실질 형태소 + 형식 형태소'의 조건을 충족하지 못한 경우	• 한 형태소 안에서 'ㄷ, ㅌ'과 'ㅣ', 반모음 'ㅣ'가 만난 경우 예 견디다[견디다], 느티나무[느티나무] → 구개음화 ✕ • 합성어(실질 형태소 + 실질 형태소)에서 'ㄷ, ㅌ'과 'ㅣ', 반모음 'ㅣ'가 만난 경우 예 밭이랑[반니랑] → 구개음화 ✕
'ㄷ, ㅌ' 다음에 오는 모음의 조건을 충족하지 못한 경우	'ㄷ, ㅌ' 뒤에 'ㅣ'나 반모음 'ㅣ'가 아닌 다른 모음이 온 경우 예 겉으로[거트로] → 구개음화 ✕

확장개념

📍 **음운 변동의 유형**

교체	음절의 끝소리 규칙, 자음 동화, 구개음화, 모음 동화, 된소리되기
축약	자음 축약, 모음 축약
탈락	자음 탈락, 모음 탈락
첨가	사잇소리 현상

③ **된소리되기(경음화 현상):** 안울림 예사소리는 특정 환경에서 된소리로 바뀌는데, **안울림소리와 안울림소리가 만날 때 나타나는 된소리되기가 대표적이다.** [관련 내용: 압축개념 05 (75p)]

(1) **안울림소리와 안울림 예사소리가 만날 때,** 뒤의 예사소리가 된소리로 바뀐다.
   예 극성[극썽], 옷고름[옫꼬름], 옆집[엽찝], 조각달[조각딸]

(2) **용언 어간의 끝소리가 'ㄴ, ㅁ'일 때,** 뒤 어미의 예사소리가 된소리로 바뀐다.
   예 껴안다[껴안따], 얹다[언따], 삼고[삼ː꼬], 젊지[점ː찌]

(3) **용언 어간의 받침이** 자음 앞에서 [ㄹ]로 발음되는 '**ㄼ, ㄾ'이거나,** 용언 어간의 끝소리에 관형사형 '**-(으)ㄹ'이 결합할 때는** 뒤의 예사소리가 된소리로 바뀐다. '**-(으)ㄹ'로 시작되는 어미가 결합하는 경우에도 이에 준한다.**
   예 떫지[떨ː찌], 핥다[할따], 할 바를[할빠를], 할걸[할껄](어미 '-ㄹ걸'이 결합)

(4) **한자어에서 'ㄹ' 받침 뒤에 연결되는 자음 'ㄷ, ㅅ, ㅈ'은 된소리로 바뀐다.**
   예 발동[발똥], 몰상식[몰쌍식], 물질[물찔]

확장개념

📍 **첫 음절에서의 된소리되기**
첫 음절에서는 된소리되기가 일어나지 않는다.
예 세다[쎄ː다 ✕ / 세ː다 ○]

기출로 출제포인트 점검

다음 단어에 나타나는 음운 변동 현상을 쓰시오.

01 굳이
02 무릎
03 입고
04 쇠붙이

[답]
01 구개음화
02 음절의 끝소리 규칙
03 된소리되기
04 구개음화

빈출

최근 공무원 시험 **14회 출제!**
20년 경찰직 2차 1번	19년 국가직 9급 5번
19년 지방직 9급 8번	19년 서울시 7급(2월) 3번
19년 서울시 7급(2월)14번	19년 소방직 9급6번
18년 국가직 9급 14번	18년 지방직 7급 5번
18년 서울시 9급(6월) 7번	18년 서울시 7급(3월) 1번
17년 국가직 9급 18번	17년 경찰직 1차 3번
16년 경찰직 1차 3번	16년 경찰직 2차 2번

① **자음 동화:** 자음과 자음이 만날 때, 어느 한쪽 또는 양쪽이 영향을 받아 비슷하거나 같은 소리로 교체되는 현상을 자음 동화라 하는데, **비음화와 유음화가 있다.** [관련 내용: 압축개념 04 (74p)]

(1) **비음화**

   비음 아닌 자음이 비음을 만나 비음 'ㅇ, ㄴ, ㅁ'으로 발음되는 현상
   [ㄱ, ㄷ, ㅂ] + [ㄴ, ㅁ] → [ㅇ, ㄴ, ㅁ] + [ㄴ, ㅁ]
   예 국민[궁민], 맏며느리[만며느리], 겁나다[검나다], 학력[항녁], 강릉[강능]

(2) **유음화**

   ① **'ㄴ'이 유음 'ㄹ'의 앞이나 뒤에서 'ㄹ'로 변하는 현상**
      예 · 광한루[광ː할루], 권력[궐력], 난로[날ː로], 천리[철리], 신라[실라]
         · 칼날[칼랄], 물난리[물랄리], 실눈[실ː룬], 줄넘기[줄럼끼], 찰나[찰라]

   ② **유음화의 예외:** 'ㄹ'을 첫소리로 가진 '란, 량, 력, 론, 료, 례, 령' 등이 한자어에 접사처럼 붙은 말들은 유음화가 적용되지 않는다.
      예 의견란[의ː견난], 임진란[임ː진난], 생산량[생산냥], 결단력[결딴녁], 이원론[이ː원논], 입원료[이붠뇨], 상견례[상견녜], 동원령[동ː원녕]

(3) **표준 발음으로 인정되지 않는 자음 동화**

연구개음화	연구개음이 아닌 소리(ㄷ, ㅂ, ㄴ, ㅁ)가 연구개음(ㄱ, ㄲ, ㅋ, ㅇ)에 동화되어 연구개음으로 발음되는 현상이다. 예 옷감[옫깜 → 옥깜 ✕], 밥그릇[박끄륻 ✕], 한강[항ː강 ✕]
양순음화	양순음이 아닌 소리(ㄴ, ㄷ)가 양순음(ㅂ, ㅃ, ㅍ, ㅁ)에 동화되어 양순음으로 발음되는 현상이다. 예 문법[뭄뻡 ✕], 꽃밭[꼳빧 → 꼽빧 ✕]

확장개념

📍 **동화의 방향에 따른 분류**
1. 순행 동화: 앞의 소리의 영향을 받아 뒷소리가 앞의 소리를 닮는 것
   예 강릉[강능], 찰나[찰라]
2. 역행 동화: 뒷소리의 영향을 받아 앞의 소리가 뒷소리를 닮는 것
   예 겉문[건문], 입는[임는]
3. 상호 동화: 앞의 소리와 뒷소리가 서로 닮는 것
   예 국립[궁닙], 색연필[생년필]

📍 **'ㄹ'의 비음화**
'ㄹ'을 제외한 자음 뒤에서 'ㄹ'이 'ㄴ'으로 바뀌는 현상
1. [ㅁ, ㅇ] + [ㄹ] → [ㅁ, ㅇ] + [ㄴ]
   예 담력[담녁], 종로[종노]
2. [ㄱ, ㄷ, ㅂ] + [ㄹ] → [ㄱ, ㄷ, ㅂ] + [ㄴ]
   → [ㅇ, ㄴ, ㅁ] + [ㄴ]
   예 · 백로[백노 → 뱅노]
      · 몇 리[멷리 → 멷니 → 면니]
      · 섭리[섭니 → 섬니]

② **모음 동화**: 모음과 모음이 만날 때 **한 모음이 다른 모음을 닮는 현상**을 모음 동화라 하는데, **'ㅣ' 모음 순행 동화**와 **'ㅣ' 모음 역행 동화**가 있다.

(1) **'ㅣ' 모음 순행 동화(이중 모음화)**

　① 앞에 오는 'ㅣ'의 영향을 받아 [ㅓ, ㅗ]가 [ㅕ, ㅛ]로 변하는 현상

　　[예] 기어 → [기여], 미시오 → [미시요], 당기시오 → [당기시요]

　② 'ㅣ' 모음 순행 동화가 적용된 발음은 표준 발음으로 인정되지 않는다.

　　[예] 먹이어 → [머기여](표준 발음 ×)

　③ 단, '되어, 피어, 이오, 아니오'의 경우에 한해 [되여], [피여], [이요], [아니요]로 발음하는 것도 허용한다. (순행 동화가 일어나지 않은 발음도 표준 발음임)

(2) **'ㅣ' 모음 역행 동화(움라우트)**

　① 뒤에 오는 'ㅣ'의 영향을 받아 [ㅏ, ㅓ, ㅗ, ㅜ]가 [ㅐ, ㅔ, ㅚ, ㅟ]로 변하는 현상

　　[예] 가랑이 → [가랭이], 아지랑이 → [아지랭이], 먹이다 → [메기다]

　② 'ㅣ' 모음 역행 동화가 적용된 표기나 발음은 **대부분 표준어나 표준 발음으로 인정되지 않는다. 단, 아래의 단어는 표준어로 인정**된다.

　　[예] 냄비, 서울내기, 시골내기, 신출내기, 풋내기, 소금쟁이, 담쟁이덩굴, 멋쟁이, 골목쟁이, 발목쟁이, (불을) 댕기다, 동댕이치다

---

04 음운의 변동 – 축약과 탈락

 빈출

① **음운의 축약**: 이어지는 두 음운은 합쳐져서 한 음운으로 소리 나기도 한다.

(1) **자음 축약(유기음화, 거센소리되기)**

　'ㄱ, ㄷ, ㅂ, ㅈ'과 'ㅎ'이 만나 'ㅋ, ㅌ, ㅍ, ㅊ'이 되는 현상으로, **발음상에만 나타난다.**

　　[예] 낙하산[나카산], 좋다[조ː타], 법학[버팍], 앉히다[안치다]

(2) **모음 축약**

　두 모음이 줄어들어 한 음절이 되는 현상으로, **실제 표기에 반영된다.**

　　[예] 되 + 었다 → 됐다, 두 + 었다 → 뒀다, 조이 + 어 → 죄어/조여, 쓰 + 이어 → 씌어/쓰여

② **음운의 탈락**: 이어지는 두 음운 중 하나가 완전히 사라져 소리 나지 않는다.

(1) **자음 탈락**

　① **자음군 단순화**: 음절의 끝에 두 개의 자음이 오면, 그중의 하나는 탈락한다.

받침	발음	예
ㄳ, ㄵ, ㄼ, ㄾ, ㅀ, ㅄ	첫째 자음을 발음한다.	삯[삭], 얹고[언꼬], 외곬[외/웨골], 훑지[훌찌], 싫소[실쏘], 값[갑]
ㄻ, ㄿ	둘째 자음을 발음한다.	닭다[담ː따], 읊지[읍찌]
ㄺ	둘째 자음을 발음한다. 단, 용언의 어간 말음 'ㄺ'은 'ㄱ'의 앞에서 [ㄹ]로 발음한다.	• 읽지[익찌], 늙지[늑찌] • 맑게[말께], 묽고[물꼬]

ㄼ	첫째 자음을 발음한다. 단, '밟-'의 'ㄼ'은 자음 앞에서 [ㅂ]으로 발음하고, '넓-'의 'ㄼ'은 파생어나 합성어일 때 [ㅂ]으로 발음한다.	· 얇다[얄:따], 여덟[여덜], 넓다[널따] · 밟다[밥:따], 밟소[밥:쏘] · 넓죽하다[넙쭈카다], 넓적하다[넙쩌카다], 넓둥글다[넙뚱글다], 넓적다리[넙쩍따리]

② 'ㄹ' 탈락

환경	현상	예
용언 활용의 과정	어간의 끝소리 'ㄹ'이 어미의 첫소리 'ㄴ, ㅂ, ㅅ' 및 '-(으)오, -(으)ㄹ' 앞에서 탈락한다.	살다: 사니, 산, 삽니다, 사시다, 사오, 살
파생과 합성의 과정	자음 'ㄴ, ㄷ, ㅅ, ㅈ' 앞에서 'ㄹ'이 탈락한다.	딸 + 님 → 따님, 달 + 달이 → 다달이, 말 + 소 → 마소, 쌀 + 전 → 싸전

③ 'ㅎ' 탈락: 용언 어간의 끝소리 'ㅎ'은 모음으로 시작하는 어미나 접미사 앞에서 탈락한다. 예 넣어서[너어서], 놓을[노을], 쌓으면[싸으면]

(2) 모음 탈락

① 'ㅡ' 탈락: 어간의 끝소리 'ㅡ'는 'ㅏ/ㅓ'로 시작하는 어미 앞에서 탈락한다.

　예 담그 + 았다 → 담갔다, 끄 + 어라 → 꺼라

② 동음 탈락: 동일한 모음이 연속되면 그중 하나가 탈락한다.

　예 가 + 아서 → 가서

기출로 출제포인트 점검

다음 단어에 나타난 음운 변동 현상을 쓰시오.

01 되 + 어 → 돼

02 두 + 었다 → 뒀다

03 가 + 아서 → 가서

04 쓰 + 이어 → 씌어

[답]
01 축약(모음 축약)
02 축약(모음 축약)
03 탈락(동음 탈락)
04 축약(모음 축약)

압축개념

05 음운의 변동 - 첨가

최근 공무원 시험 **8회 출제!**
20년 서울시 9급 1번　　19년 국가직 9급 5번
19년 서울시 7급(2월) 3번　19년 소방직 9급 6번
18년 서울시 9급(6월) 7번　18년 서울시 7급(3월) 7번
17년 서울시 9급 18번　　17년 경찰직 1차 3번

① 두 개의 형태소 또는 단어가 합쳐져서 합성어가 될 때, 뒤의 예사소리가 된소리로 변하거나 'ㄴ' 또는 'ㄴㄴ' 음이 첨가되는 경우가 있는데, 이를 '**사잇소리 현상**♀'이라고 한다. [관련 내용: 압축개념 06 (76p)]

(1) 사잇소리 현상은 **합성어 안에서 앞뒤 음운 중 최소한 하나는 울림소리일 때** 일어난다.

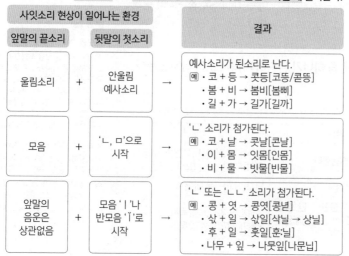

사잇소리 현상이 일어나는 환경		결과
앞말의 끝소리	**뒷말의 첫소리**	
울림소리	+ 안울림 예사소리 →	예사소리가 된소리로 난다. 예 · 코 + 등 → 콧등[코뜽/콛뜽] · 봄 + 비 → 봄비[봄삐] · 길 + 가 → 길가[길까]
모음	+ 'ㄴ, ㅁ'으로 시작 →	'ㄴ' 소리가 첨가된다. 예 · 코 + 날 → 콧날[콘날] · 이 + 몸 → 잇몸[인몸] · 비 + 물 → 빗물[빈물]
앞말의 음운은 상관없음	+ 모음 'ㅣ'나 반모음 'ㅣ'로 시작 →	'ㄴ' 또는 'ㄴㄴ' 소리가 첨가된다. 예 · 콩 + 엿 → 콩엿[콩녇] · 삯 + 일 → 삯일[삭닐 → 상닐] · 후 + 일 → 훗일[훈:닐] · 나무 + 잎 → 나뭇잎[나문닙]

확장개념

♀ 'ㄴ' 첨가와 사잇소리 현상

'ㄴ' 음이 첨가되는 현상을 모두 사잇소리 현상으로 인정할 수 있는가에 대해서는 다양한 의견이 존재한다. '사잇소리 현상'은 합성어 안에서 나타나는 것으로 규정하는데, 'ㄴ' 첨가는 합성어뿐 아니라 파생어, 단어 경계 사이 등 다양한 영역에서 발생하기 때문이다. 학교 문법에서는 'ㄴ' 첨가를 사잇소리 현상의 일부로 보지만, 국립국어원에서는 'ㄴ' 첨가와 '사잇소리 현상'을 별개의 현상으로 보고 있다.

(2) **두 단어를 한 마디로 이어서 발음할 때**도 사잇소리 현상이 일어나는 경우가 있다.

> 例 한 일[한닐], 옷 입다[온닙따], 먹은 엿[머근녇]

(3) 사잇소리 현상에 따른 사이시옷의 표기

표기 ○	• 고유어를 포함하고 있는 합성어 • 6개 한자어: 곳간(庫間), 툇간(退間), 찻간(車間), 숫자(數字), 횟수(回數), 셋방(貰房)
표기 ×	• 한자어 (위 6개 한자어 제외) • 외래어를 포함하고 있는 합성어

② 사잇소리 현상은 **수의적 현상**이므로, 같은 환경에서 나타나기도 하고 나타나지 않기도 한다.

사잇소리 현상 ○	사잇소리 현상 ×	사잇소리 현상 ○	사잇소리 현상 ×
빨랫줄[빨래쭐/빨랟쭐]	고무줄[고무줄]	아침밥[아침빱]	볶음밥[보끔밥]
머릿돌[머리똘/머릳똘]	머리글자[머리글짜] 머리기사[머리기사]	횟수(回數)[회쑤/휃쑤]	회수(回收)[회수/훼수]
야옹야옹[야옹냐옹]	이기죽이기죽[이기주기기죽]	술잔[술짠] 소주잔[소주짠] 맥주잔[맥쭈짠]	유리잔[유리잔]
노랫말[노랜말] 혼잣말[혼잔말]	인사말[인사말] 예사말[예:사말] 나라말[나라말] 머리말[머리말]		

③ 아래 단어들은 사잇소리 현상이 일어난 발음과 일어나지 않은 발음이 모두 표준 발음이다.

> 김밥[김:빱/김:밥], 검열[검:녈/거:멸], 이죽이죽[이중니죽/이주기죽], 금융[금늉/그뮹], 야금야금[야금냐금/야그먀금], 욜랑욜랑[욜랑뇰랑/욜랑욜랑]

④ 아래 단어들은 사잇소리 현상이 나타나는 것으로 착각하기 쉬운 단어이다.

(1) 된소리가 나지 않는 단어

> 간단, 고가도로, 고래기름, 기와집, 등기, 말방울, 반창고, 밤송이, 방법, 불장난, 예스럽다, 오리발, 은돈, 참기름, 창구, 콩밥

(2) 'ㄴ' 소리가 덧나지 않는 단어 📍

> 간염, 강요, 굴욕, 금연, 금요일, 김유신(인명), 농사일, 밀약, 분열, 선열, 송별연, 월요일, 절약, 촬영, 탈영, 함유, 활약, 활용

⑤ 아래 단어들은 사잇소리 현상이 일어나는지 여부에 따라 단어의 의미가 달라진다.

머리 + 방	머리방[머리방]	미용실
	머릿방[머리빵/머릳빵]	안방 뒤에 딸린 작은 방
안개 + 속	안개 속[안:개속]	안개가 낀 속
	안갯속[안:개쏙/안:갣쏙]	어떤 일이 어떻게 이루어질지 모르는 상태를 비유적으로 이르는 말

확장개념

📍 '횟수(回數)'와 '회수(回收)'의 뜻
1. 횟수(回數): 돌아오는 차례의 수효
2. 회수(回收): 도로 거두어들임

📍 'ㄴ' 소리가 덧나지 않는 단어의 발음
'ㄴ' 소리가 덧나지 않을 때는 자연히 앞의 자음을 연음하여 발음한다.

기출로 출제포인트 점검

다음 단어에 나타나는 음운 변동 현상이 된소리되기인지 사잇소리 현상인지 쓰시오.

01 술잔

02 옆집

03 발동

04 봄비

05 콩엿

[답]
01 사잇소리 현상   02 된소리되기
03 된소리되기   04 사잇소리 현상
05 사잇소리 현상

01 2016년 경찰직 1차

다음 중 음운 변동과 그 예로 적절하지 않은 것은?

① 교체: 부엌[부억]
② 축약: 붙여[부쳐]
③ 탈락: 담가도[담가도]
④ 첨가: 피어도[피여도]

02 2017년 사회복지직 9급

주어진 단어의 자음 두 개를 <보기>의 조건에 따라 순서대로 나타낼 때, 모두 옳은 것은?

> 보기
>
> 하나의 음운이 가진 조음 위치의 특성을 +라고 하고, 가지고 있지 않은 특성을 −로 규정한다. 예컨대 'ㅌ'은 [+치조음, −양순음, −경구개음, −연구개음, −후음]으로 나타낼 수 있다.

① 가로: [+경구개음], [−후음]
② 미비: [−경구개음], [+후음]
③ 부고: [+양순음], [−치조음]
④ 효과: [−후음], [−연구개음]

03 2020년 국회직 9급

다음 중 음소의 개수가 나머지 넷과 다른 하나는?

① 닭장
② 맨입
③ 쥐덫
④ 값어치
⑤ 웅덩이

04 2018년 서울시 9급(6월)

<보기>의 단어에 공통으로 적용된 음운 변동은?

> 보기
> • 꽃내음[꼰내음]
> • 바깥일[바깐닐]
> • 학력[항녁]

① 중화
② 첨가
③ 비음화
④ 유음화

05 2019년 지방직 9급

다음에 대한 설명으로 적절한 것은?

> ㉠ 가을일[가을릴]
> ㉡ 텃마당[턴마당]
> ㉢ 입학생[이팍쌩]
> ㉣ 흙먼지[흥먼지]

① ㉠: 한 가지 유형의 음운 변동이 나타난다.
② ㉡: 인접한 음의 영향을 받아 조음 위치가 같아지는 동화 현상이 나타난다.
③ ㉢: 음운 변동 전의 음운 개수와 음운 변동 후의 음운 개수가 서로 다르다.
④ ㉣: 음절 끝에 'ㄱ, ㄴ, ㄷ, ㄹ, ㅁ, ㅂ, ㅇ' 이외의 자음이 오면 이 7개의 자음 중 하나로 바뀌는 규칙이 적용된다.

06 2019년 서울시 7급(2월)

<보기>의 음운 변동 사례 중 옳은 것은?

> 보기
>
> 교체, 탈락, 축약, 첨가의 음운 변동이 일어나는 경우 음운 개수의 변화가 나타나기도 한다. 먼저 ㉠'집일[짐닐]'은 첨가 및 교체가 일어나 음운의 개수가 늘었다. 그런데 ㉡'닭만[당만]'은 탈락만 일어나 음운의 개수가 줄었고, ㉢'뜻하다[뜨타다]'는 축약만 일어나 음운의 개수가 줄었다. 한편 ㉣'맡는[만는]'은 교체가 두 번 일어나 음운의 개수가 2개 증가하였다.

① ㉠
② ㉡
③ ㉢
④ ㉣

07 2016년 서울시 7급

다음 설명 중 가장 옳지 않은 것은?

① 평음, 경음, 유기음과 같은 삼중 체계를 보이는 것은 파열음과 마찰음이다.
② 한국어의 단모음에는 'ㅔ, ㅐ, ㅟ, ㅚ'도 포함된다.
③ 'ㅈ, ㅊ, ㅉ'을 발음할 때에는 파열음의 특성도 확인된다.
④ 'ㅑ'와 'ㅟ'에서 확인되는 반모음은 각각 [j](혹은 [y]), [w]이다.

08 2017년 서울시 7급

밑줄 친 부분이 <보기>에 해당하지 않는 것은?

> 보기
>
> 국어에는 동일한 모음이 연속될 때 하나가 탈락하는 현상이 나타난다.

① 늦었으니 어서 <u>자</u>.
② 여기 잠깐만 <u>서서</u> 기다려.
③ 조금만 천천히 <u>가자</u>.
④ 일단 <u>가</u> 보면 알 수 있겠지.

09 2016년 서울시 9급

다음 중 음운 변동의 성격이 나머지 셋과 가장 다른 것은?

① '옳다'는 [올타]로, '옳지'는 [올치]로 발음된다.
② '주다'와 어미 '-어라'가 만나 '줘라'가 되었다.
③ '막혀'는 [마켜]로, '맞힌'은 [마친]으로 발음된다.
④ '가다'와 어미 '-아서'가 만나 '가서'가 되었다.

10 2020년 경찰직 1차

<보기>의 조건에 따라서 국어의 단모음을 나눈다면 가장 맞지 않는 것은?

> 보기
>
> 국어의 단모음은 '혀의 앞뒤(앞, 뒤)'와 '혀의 높낮이(높음, 중간, 낮음)', '입술의 둥긂(둥긂, 안 둥긂)'에 따라 나눈다.

① ㅣ: 앞, 높음, 안 둥긂
② ㅓ: 뒤, 중간, 둥긂
③ ㅜ: 뒤, 높음, 둥긂
④ ㅚ: 앞, 중간, 둥긂

11 2016년 사회복지직 9급

표준 발음에서 축약 현상이 나타나는 것은?

① 놓치다
② 헛웃음
③ 똑같이
④ 닫히다

12 2017년 경찰직 1차

다음 중 국어의 음운 현상에 대한 설명으로 가장 적절하지 않은 것은?

① 탈락: 자음군 단순화는 겹받침을 가진 형태소 뒤에 모음으로 시작하는 문법 형태소가 결합할 때 일어나는 현상이다.
② 첨가: 'ㄴ' 첨가는 자음으로 끝나는 말 뒤에 'ㅣ'나 반모음 'ㅣ [j]'로 시작하는 말이 결합할 때 'ㄴ'이 새로 덧붙는 현상이다.
③ 축약: 유기음화는 'ㅎ'과 'ㄱ, ㄷ, ㅂ, ㅈ' 중 하나가 만날 때 이 두 자음이 하나의 음으로 실현되는 현상이다.
④ 교체(대치): 유음화는 'ㄴ'이 앞이나 뒤에 오는 'ㄹ'의 영향을 받아 'ㄹ'로 동화되는 현상이다.

13 2020년 지방직 7급

㉠~㉣의 음운 변동에 대한 설명으로 옳지 않은 것은?

> ㉠ 식용유   ㉡ 헛걸음
> ㉢ 안팎일   ㉣ 입학생

① ㉠과 ㉢은 각각 음운의 첨가가 나타난다.
② ㉠과 ㉣은 각각 음운 변동 전과 후의 음운 개수가 같다.
③ ㉡과 ㉢은 각각 음운의 대치가 나타난다.
④ ㉡과 ㉣은 같은 유형의 음운 변동이 있다.

정답 및 해설 p. 273

03 단어

최다빈출

압축개념 01 형태소와 단어의 의미

최근 공무원 시험 **6회 출제!**
19년 서울시 7급(2월) 8번   18년 서울시 9급(3월)16번
18년 소방직 9급(10월)14번 17년 서울시 7급 1번
17년 경찰직 1차 5번   16년 서울시 7급 11번

① **형태소는 최소 의미 단위**로, 더 나누면 뜻을 잃어버리는 가장 작은 말의 단위이다. 형태소는 자립성 유무·의미 유형에 따라 아래와 같이 구분된다.

(1) 자립성의 유무에 따른 형태소 구분

자립 형태소	홀로 쓰일 수 있는 형태소 (체언, 수식언, 감탄사)
의존 형태소	홀로 쓰일 수 없는 형태소 (조사, 용언의 어간과 어미, 접사)

(2) 의미의 유형에 따른 형태소 구분

실질 형태소	실질적인 뜻을 지닌 형태소 (체언, 수식언, 감탄사, 용언의 어간)
형식 형태소	문법적인 뜻을 지닌 형태소 (조사, 용언의 어미, 접사)

② **단어는 최소 자립 단위**로, 문장 내에서 자립하여 쓰일 수 있는 말, 또는 자립할 수 있는 형태소에 붙어서 쉽게 분리될 수 있는 말(조사)을 가리킨다.

[확장개념]

♀ **형태소 간의 관계**
모든 형식 형태소는 의존 형태소이지만, 용언의 어간은 실질 형태소이자, 의존 형태소이다. 즉, 모든 실질 형태소가 자립 형태소인 것은 아니다.

기출로 출제포인트 점검

다음 문장을 형태소 단위로 나누시오.

하늘이 맑고 푸르다.

[답]
하늘, 이, 맑-, -고, 푸르-, -다

압축개념 02 품사의 구분

품사는 형태, 기능, 의미에 따라 아래와 같이 구분된다.

형태에 따라	기능에 따라	의미에 따라		예
불변어	체언	명사	대상의 이름을 나타냄	연필, 선생님, 일기, 개
		대명사	대상의 이름을 대신 나타냄	그, 이것, 여기, 우리
		수사	대상의 수량이나 순서를 나타냄	하나, 둘, 셋, 넷, 둘째
가변어	관계언	조사	체언, 부사, 어미 등에 붙어 문법적 관계를 나타내거나, 두 단어를 같은 자격으로 이어 주거나, 특별한 뜻을 더해 줌	이/가, 을/를, 와/과, 하고, 도, 만
				서술격 조사 '이다' ♀
	용언	동사	대상의 동작이나 작용을 나타냄	가다, 주다
		형용사	대상의 성질이나 상태를 나타냄	예쁘다, 아프다
불변어	수식언	관형사	체언 앞에서 체언의 내용을 꾸밈	새, 헌, 한
		부사	용언, 관형사, 다른 부사, 문장 앞에 놓여 그 뜻을 분명하게 함	그리고, 갑자기, 몰래, 빨리, 매우
	독립언	감탄사	놀람, 느낌, 부름, 응답을 나타냄	앗, 아이코

[확장개념]

♀ **서술격 조사 '이다'의 분류**
'이다'는 다른 조사들과 달리 문장에서 '이니, 이면, 이어서' 등과 같이 그 형태가 변하므로 가변어에 속한다.

03 체언(명사, 대명사, 수사)

최근 공무원 시험 **6회 출제!**
19년 지방직 7급 1번 | 18년 서울시 7급(6월)17번
18년 경찰직 1차 2번 | 17년 지방직 9급(12월)17번
16년 지방직 9급 13번 | 16년 서울시 9급 4번

① 명사

(1) 자립 명사: 관형어가 꾸미지 않아도 쓰일 수 있는 명사

> 예 하늘, 사랑, 학교

(2) **의존 명사**: 반드시 **관형어의 꾸밈을 받아야만 쓰일 수 있는 명사**

> 예 바, 것, 줄, 수, 적

② 대명사

(1) 인칭 대명사: 사람의 이름을 대신 가리키는 말

구분		높임말	예사말(예사 낮춤)	낮춤말(아주 낮춤)
1인칭			나, 우리(들)	저, 저희(들)
2인칭		그대, 당신, 여러분	자네	너, 너희(들)
3인칭	근칭(이)	이분	이이	이자
	중칭(그)	그분	그이	그자
	원칭(저)	저분	저이	저자
미지칭			누구	
부정칭			누구, 아무, 아무개	
재귀칭		당신	자기	저, 저희(들)

(2) 지시 대명사: 사물이나 장소를 대신 가리키는 말

사물	이것, 그것, 저것, 무엇 등
장소	여기, 거기, 저기, 어디 등

▶ 방향을 나타내는 '이리, 그리, 저리'는 대명사가 아닌 부사이다.

③ 수사

(1) 수사는 사물의 수량을 나타내는 '양수사'와 사물의 차례나 순서를 나타내는 '서수사'로 나뉜다.

구분	양수사	서수사
고유어 계열	1~99까지 가능하다. 예 • 하나, 마흔, 여든, 아흔아홉 • 한둘, 서넛, 예닐곱, 일고여덟	'-째'를 붙인다. 예 • 첫째, 둘째, 셋째, 넷째 • 한두째, 서너째, 너덧째, 대여섯째
한자어 계열	1~99 이외에도 모두 가능하다. 예 • 일, 이, 삼, 백, 천 • 일이, 이삼, 삼사, 사오	'제(第)-'를 붙인다. 예 제일, 제이, 제삼, 제사

(2) '하루, 이틀' 등은 의미상 수를 나타내지만 수사는 아니다.

> 예 • 하루는 24시간이다. (명사)
> • 이틀을 꼬박 굶었다. (명사)

시험 직전! 필수 암기

대명사 '당신'의 쓰임

1. 2인칭 대명사
   • 듣는 이를 가리키는 2인칭 대명사(하오체 종결형에 씀)
   > 예 그 일을 한 사람이 당신이오?
   • 부부 사이에서 상대편을 높여 이르는 2인칭 대명사
   > 예 당신에게 좋은 아내가 될게요.
   • 맞서 싸울 때 상대편을 낮잡아 이르는 2인칭 대명사
   > 예 당신이 뭔데 참견이야.

2. 재귀칭 대명사
   '자기'를 아주 높여 이르는 말
   > 예 할아버지께서는 당신의 물건을 매우 소중히 하셨다.

확장개념

♀ '우리'와 '우리들'의 차이
'우리'는 1인칭 대명사인 반면, '우리들'은 대명사 '우리'에 복수의 접미사 '-들'이 결합한 것이다.

기출로 출제포인트 점검

다음 문장에 나타난 명사의 개수를 쓰시오.

01 타율에 관한 한 독보적인 기록도 깨졌다.

02 친구 외에는 다른 사람에게 항상 못되게 굴군.

03 저 모퉁이에서 얼굴이 하얀 이가 걸어오고 있다.

[답]
01 4개(타율, 한, 독보적, 기록)
02 3개(친구, 외, 사람)
03 3개(모퉁이, 얼굴, 이)

04 관계언(조사)

조사는 기능과 의미에 따라 격 조사, 접속 조사, 보조사로 나뉜다.

(1) 격 조사: 체언이나 체언 구실을 하는 말 뒤에 붙어, 그 말이 문장 안에서 일정한 자격을 갖추도록 하는 조사

구분	종류	예
주격 조사	이/가, 께서, 에서, 서 · '께서'는 선행 체언을 높일 때, '에서'는 선행 체언이 단체나 집단일 때 쓴다. · '서'는 '혼자, 둘이, 셋이'처럼 사람의 수를 나타내는 말 뒤에 쓴다.	· 내가 간다. · 아버지께서 신문을 보신다. · 정부에서 실시한 조사 결과가 발표되었다. · 아이 혼자서 집을 지키고 있다.
목적격 조사	을/를	음식을 먹다.
보격 조사	이/가 (이때 '이/가'는 '되다', '아니다' 앞에 오는 것으로, 주격 조사와 구별됨)	나는 더 이상 소녀가 아니에요.
서술격 조사	이다 (다른 조사와 달리, 활용함)	나는 공무원이다.
관형격 조사	의 (체언과 체언을 이어 줌)	나의 열정
부사격 조사	에, 에게, 로서, 로써, 라고, 고, 에서 등 · '에'는 무정물 명사에, '에게'는 유정물 명사에 사용한다. · '로서'는 지위·신분·자격을 의미할 때 사용하고, '로써'는 재료나 수단, 도구를 의미할 때 사용한다. · '라고'는 직접 인용에, '고'는 간접 인용에 사용한다.	· 문화재 반환을 프랑스에 요청했다. 대통령에게 편지를 썼다. · 지도자로서 책임을 지겠다. 칼로써 무를 자른다. · 그는 나에게 "똑바로 가!"라고 말했다. 민희는 배가 많이 고프다고 말했다. · 공원에서 만나자.
호격 조사	아, 야, 이여	민영아, 철호야, 하늘이여

(2) 접속 조사: 두 단어를 같은 자격으로 이어 주는 조사

예 · 선생님과 나는 끝까지 함께하기로 했다.

· 누나하고 나하고 만든 꽃밭

· 오늘 나는 영희랑 철수랑 영수를 우리 집에 초대했다.

(3) 보조사: 앞의 말에 붙어서 특별한 의미를 더해 주는 조사

구분	의미	예
은/는	대조	인생은 짧고, 예술은 길다.
만	한정, 단독	한 가지만 먹지 말고, 골고루 먹어야 한다.
도	첨가	소설만 읽지 말고, 시도 읽어라.
까지, 마저	극단	· 이 작은 마을에서 판사까지 나오다니. · 브루투스 너마저!
부터	출발점	그는 처음부터 끝까지 말썽이다.
마다	보편	사람마다 자기 나름의 꿈이 있다.
라도	차선	특별한 계획 없으면 극장에라도 갑시다.
야말로	강조, 확인	어린이야말로 나라의 희망이다.
요/이요	높임	오늘은 일기를 썼어요.

시험 직전! 필수 암기

서술격 조사 '이다'와 접미사 '-이다'의 차이

1. 서술격 조사 '이다'
 체언 뒤에 붙어 서술어 자격을 가지게 하는 격 조사이다. 다른 조사들과는 달리 활용을 하는 특성을 지닌다.
 예 이것은 책이다. / 책이고 / 책이지만
2. 접미사 '-이다'
 동작 또는 상태를 나타내는 어근 뒤에 붙어 동사를 만든다.
 예 · 반짝이다.
  · 속삭이다.

확장개념

◎ 조사의 결합 대상

조사는 주로 체언과 결합하지만, 체언 외의 품사에도 두루 붙을 수 있다.
(단, 관형사와 감탄사에는 붙지 않음)
예 · 나는 책을 읽어도 보았다.
  ▶ 동사 뒤에 조사 결합
 · 잠시도 가만히를 못 있는다.
  ▶ 부사 뒤에 조사 결합

◎ 부사격 조사의 다양한 의미

1. 대상: 에/에게, 한테, 께, 더러, 보고
2. 장소: 에, 에서
3. 도구: (으)로/로써
4. 자격: 로서
5. 비교: 과/와, 처럼, 만큼, 보다
6. 공동: 과/와, 하고

기출로 출제포인트 점검

밑줄 친 조사의 종류를 쓰시오.

01 개는 늑대와 비슷하게 생겼다.

02 할아버지께서 작은형을 부르신다.

03 민족자존의 정권을 영유케 하노라.

04 늘 푸른 소나무는 낙엽수가 아니다.

05 나는 거칠 것 없는 바다의 사나이다.

06 고등학교 때 수학과 영어를 무척 좋아했다.

[답]
01 부사격 조사	02 주격 조사
03 관형격 조사	04 보격 조사
05 보조사	06 접속 조사

05 수식언(관형사, 부사)과 독립언(감탄사)

최근 공무원 시험 **4회 출제!**
19년 경찰직 1차 7번	18년 서울시 7급(6월)17번
18년 경찰직 2차 10번	16년 서울시 9급 4번

① 관형사와 부사

구분	관형사	부사
차이점	· **체언을 수식**한다. · 조사와 결합할 수 없다.	· 용언, 관형사, 다른 부사, 문장 전체를 수식한다. · 격 조사와는 결합할 수 없지만, **보조사와는 결합**할 수 있다. 예 빨리도 간다.
공통점	다른 성분을 수식하며, 형태가 고정되어 있어 활용하지 않는다.	

② 감탄사

말하는 이의 **놀람, 느낌, 부름이나 대답**을 나타내는 단어로, 조사가 붙지 않고 활용하지 않으며 문장에서의 위치가 비교적 자유롭다.

예 아차, 아하, 아이코, 자, 에라, 글쎄, 천만에, 여보, 여보세요, 예, 그래, 뭐, 아, 저, 응

[확장개념]

📍 **체언을 수식하는 부사**

부사는 일반적으로 용언을 수식하지만 '겨우, 다만, 단지, 바로, 아주, 특히' 등의 일부 부사들은 체언을 수식하기도 한다.

예 · 겨우 <u>그만큼</u>을 얻자고 내가 그 고생을 한 줄 아느냐?
· 내가 사랑하는 사람은 바로 <u>너</u>이다.

기출로 출제포인트 점검

밑줄 친 단어의 품사를 차례대로 쓰시오.

> 그 혜택을 가장 <u>풍성히</u> 아낌없이 내리는 시절은 봄과 여름이요.

[답]
부사, 부사, 부사

---

06 용언(동사, 형용사)의 구별

최근 공무원 시험 **8회 출제!**
19년 국가직 9급 1번	19년 서울시 9급(6월)14번
19년 서울시 7급(10월)7번	18년 경찰직 3차 6번
17년 국가직 7급(8월)16번	17년 지방직 9급 14번
16년 사복직 9급 16번	16년 서울시 7급 8번

① 동사와 형용사의 구별 방법

구별 방법	동사	형용사
단어의 의미	주어의 **동작이나 작용**	주어의 **상태나 성질**
현재 시제 선어말 어미 '-는-/-ㄴ-'과의 결합	결합 가능 예 먹는다(○), 간다(○)	결합 불가능 예 작는다(×), 예쁜다(×)
의도의 어미 '-려'나 목적의 어미 '-러'와의 결합	결합 가능 예 먹으려(○), 먹으러(○)	결합 불가능 예 예쁘려(×), 예쁘러(×)
명령형 어미 '-아라/-어라', 청유형 어미 '-자'와의 결합	결합 가능 예 먹어라(○), 먹자(○)	결합 불가능 예 예뻐라(×), 예쁘자(×)

② 구별하기 어려운 동사와 형용사의 예

(1) 동사: 늙다, 자다, 맞다, 모자라다, 쪼들리다, 닮다, 쑤시다, 붐비다, 잘생기다, 삼다

(2) 형용사: 알맞다, 걸맞다, 건강하다, 급급하다, 없다, 젊다

(3) 동사와 형용사로 모두 쓰이는 단어: 크다, 밝다, 있다, 늦다, 감사하다

단어	동사 예	형용사 예
크다	키가 몰라보게 컸구나. 커서 무엇이 되고 싶니?	반에서 키가 제일 크다. 실망이 크다. 책임이 크다.
밝다	새벽이 밝아 온다.	조명이 밝다. 눈이 밝다.
있다	집에 있을 예정이다. 까불지 말고 얌전히 있어라.	외계인은 있다. 잘할 수 있다. 지금 서울에 있다. 이유가 있다.
늦다	시간에 늦어 가지 못했다.	늦은 시간에 출발 했다.
감사하다	그에게 진심으로 감사했다.	나와 주시면 감사하겠습니다.

[확장개념]

📍 **형용사의 활용**

형용사는 현재 시제 관형사형 어미 '-(으)ㄴ'이 결합된다.

예 · 맛이 단 과일
· 훌륭한 선생님

기출로 출제포인트 점검

밑줄 친 단어가 동사인지 형용사인지 쓰시오.

01 비 온 뒤에 땅이 <u>굳는</u> 법이다.

02 옥수수는 가만 두어도 잘 <u>큰다</u>.

03 내일 날이 <u>밝는</u> 대로 떠나겠다.

04 박사는 이제 그를 조수로 <u>삼았</u>네.

05 저 기차는 정말 번개처럼 <u>빠르</u>네.

06 성격이 <u>다른</u> 사람끼리는 함께 살기 어렵다.

07 이 규칙을 중시하지 <u>않은</u> 사람은 아무도 없었다.

08 새해에는 으레 <u>새로운</u> 마음이 생기기 마련이다.

09 쓰러져 가는 집에서 <u>늙은</u> 아버지가 홀로 기다리고 계셨다.

[답]
01 동사	02 동사	03 동사
04 동사	05 형용사	06 형용사
07 동사	08 형용사	09 동사

07 본용언과 보조 용언의 구별

① 본용언과 보조 용언을 구별하는 방법

(1) 용언이 2개 이상 연속되었을 때, **맨 앞의 것이 본용언**이다.

　예 밥을 <u>먹고</u> 싶다. → '먹고'가 본용언이다.

(2) 두 번째 이하의 용언은, **단독으로 서술어가 되어도 의미 변화가 없으면 본용언**이다.

　예 • 사과를 깎아 주었다. → 사과를 <u>깎았다</u> (본용언) + 사과를 <u>주었다</u> (본용언)

　　 • 값을 깎아 주었다. → 값을 <u>깎았다</u> (본용언) + 값을 <u>주었다</u>(×) (보조 용언)

(3) 두 용언 사이에 **'-아서/-어서'나 다른 문장 성분이 들어갈 수 있으면 '본용언 + 본용언'**이고, **들어갈 수 없으면 '본용언 + 보조 용언'**이다.

　예 • 사과를 깎<u>아서</u> 주었다.(○) → 본용언 + 본용언

　　 • 값을 깎<u>아서</u> 주었다.(×) → 본용언 + 보조 용언

② 보조 용언의 품사를 구별하는 방법

(1) **'동사와 형용사의 구별 방법'**을 적용하여, **동사처럼 활용하면 보조 동사**이고 **형용사처럼 활용하면 보조 형용사**이다.

(2) 보조 용언 중에서 **'아니하다(않다), 못하다, 하다, 보다'**는 보조 동사, 보조 형용사로 두루 쓰이는데, **'동사와 형용사의 구별 방법'**에 따라 품사를 구분해야 한다.

　예 • 밥을 먹지 <u>않는다</u>.: 현재 시제 선어말 어미 '-는-' 결합 가능 → 보조 동사

　　 • 날씨가 맑지 <u>않다</u>.: 현재 시제 선어말 어미 '-는-/-ㄴ-' 결합 불가능
　　　　→ 보조 형용사

(3) 주요 보조 동사

의미	형태	의미	형태
완료	• (-고) 나다 예 책을 보고 나서 잤다. • (-어/-아) 내다 예 허락을 얻어 내었다. • (-어/-아) 버리다 예 사과를 먹어 버렸다.	부정	• (-지) 아니하다(않다) 예 울지 않는다. • (-지) 못하다 예 끝내지 못했다. • (-지) 말다 예 떠나지 말아라.
진행	• (-어/-아) 가다 예 일이 다 끝나 간다. • (-어/-아) 오다 예 날이 밝아 온다. • (-고) 있다/계시다 예 편지를 쓰고 있다/계신다.	보유	• (-어/-아) 두다 예 책을 서가에 꽂아 두었다. • (-어/-아) 놓다 예 책을 책상에 얹어 놓았다. • (-어/-아) 가지다 예 책을 읽어 가지고 와라.
당위	(-어야/-아야) 하다 예 약을 먹어야 한다.	봉사	(-어/-아) 주다/드리다 예 빵을 만들어 주었다/드렸다.
사동	(-게) 하다 예 옷을 입게 하였다.	피동	(-어/-아)지다 예 글씨가 잘 써지는 펜
시행	(-어/-아) 보다 예 새 옷을 입어 보았다.	강세	(-어/-아) 대다 예 그가 나를 놀려 댔다.
상태 지속	(-어/-아) 있다 예 계속 방에 누워 있다.	반복	(-어/-아) 대다 예 매일같이 놀려 대다.

確장개념

📍 '아니하다, 못하다, 하다, 보다'의 품사

1. '아니하다, 못하다'는 앞에 오는 본용언이 동사이면 '보조 동사', 앞에 오는 본용언이 형용사이면 '보조 형용사'이다.

　예 • 회사에 가지 아니하다. (보조 동사)
　　 • 날씨가 맑지 아니하다. (보조 형용사)

2. '하다'가 앞말이 뜻하는 상태를 긍정하거나 강조할 때는 '보조 형용사', 나머지는 '보조 동사'이다.

　예 • 과일이 참 싱싱하기도 하다. (보조 형용사)
　　 • 몸을 깨끗하게 하다. (보조 동사)

3. '보다'가 추측, 의도, 걱정, 우선, 원인의 의미로 쓰이면 보조 형용사이고, 구체적인 동작이 전제된 시험 삼아 해 보기·시행, 동작의 결과에 대한 확인·지각·경험의 뜻으로 쓰이면 보조 동사이다.

구분	예
보조 형용사	• 그 가수는 인기가 많은가 보다. (추측) • 멀리 떠나 버릴까 보다. (의도) • 야단맞을까 봐 얘기도 못 했어. (걱정) • 무엇보다 건강하고 볼 일이다. (우선) • 돌이 워낙 무겁다 보니 혼자서 들 수가 없었다. (원인)
보조 동사	• 원산지를 꼼꼼히 따져 보다. (시험 삼아 해 보기) • 오래 살다 보니 이런 좋은 일도 있네. (동작의 결과에 대한 확인) • 마구 때리고 보니 너무 했다는 생각이 들었다. (지각) • 그런 책을 읽어 본 적이 없다. (경험)

(4) 주요 보조 형용사

의미	형태	의미	형태
희망	(-고) 싶다 예 집에 가고 싶다.	시인	(-기는) 하다 예 꽃이 예쁘긴 하다.
추측	• (-ㄴ가/-는가/-나) 보다 예 저곳이 한강인가 보다. • (-는가/-나/-(으)ㄹ까) 싶다 예 내 잘못이 아닌가 싶다.	부정	• (-지) 아니하다(않다) 예 날이 춥지 않다. • (-지) 못하다 예 편안하지 못하다.

압축개념

08 용언의 구성 요소

최근 공무원 시험 **4회 출제!**
20년 경찰직 2차 2번   19년 서울시 7급(10월) 3번
17년 지방직 9급(12월) 16번 16년 경찰직 2차 10번

① 용언은 활용할 때 변하지 않는 부분인 어간과 변하는 부분인 어미로 구성되며, 어미는 위치에 따라 선어말 어미와 어말 어미로 나뉜다.

② 선어말 어미와 어말 어미는 기능에 따라 다시 세부적으로 종류가 나뉜다.

(1) 선어말 어미

기능		어미	예
시제 선어말 어미	현재	-는-/-ㄴ-	책을 읽는다. / 공부를 한다.
	과거	-았-/-었-	멀리서 지켜 보았다. / 연필을 집었다.
	회상	-더-	아기들은 예쁘더라. / 말도 없이 가더라.
	추측/미래	-겠-	산에 불이 붙었겠다. / 밥을 먹었겠다.
	의지	-리-	꿈을 이루리라. / 꼭 시험에 합격하리라.
높임 선어말 어미	주체 높임	-(으)시-	교수님께서 오시었다. / 크게 말씀하셨다.
	공손법	-삽-/-옵-	밥을 먹삽고. / 조심히 가시옵소서.

(2) 어말 어미

종류		어미	예
종결 어미	평서형	-다, -네, -(으)오, -습니다	어머니가 오셨다.
	의문형	-니, -느냐, -(으)ㅂ니까	희영이는 어디로 갔니?
	명령형	-아라/-어라, -(으)십시오	어서 앉아라.
	청유형	-자, -세, -(으)ㅂ시다	여기 앉자.
	감탄형	-(는)구나, -(는)구려	경치가 좋구나.
연결 어미	대등적	• -고, -(으)며 • -(으)나, -지만	• 봄이 가고 여름이 온다. • 생긴 건 밉지만 맛있다.
	종속적	• -아서/-어서, -(으)므로 • -(으)러, -(으)려고 • -더라도, -(으)ㄴ들	• 날씨가 좋아서 산책을 했다. • 야구를 하러 공원에 갔다. • 내가 떠난들 널 잊겠느냐.
	보조적	-아/-어, -게, -지, -고	마음껏 노래하고 싶다.
전성 어미	명사형	-(으)ㅁ, -기	먹음, 먹기
	관형사형	-(으)ㄴ, -는, -(으)ㄹ, -던	달린 곳, 놀 것
	부사형	-게, -도록, -(아)서	느리게, 쉬도록

확장개념

📍 **전성 어미의 개념**
용언이 명사, 관형사, 부사의 역할을 할 수 있도록 용언의 서술 기능을 다른 기능으로 바꾸어 주는 어미

📍 **명사형 표기 관련 유의 사항**
명사형 전성 어미 '-ㅁ'이 'ㄹ' 받침인 용언의 어간 뒤에 붙을 때에는 어간의 'ㄹ'이 탈락하지 않는다. 이는 명사 파생 접미사 '-ㅁ'이 결합할 때도 마찬가지이다.

예 • 활용형: 많이 베풂(○) - 많이 베품(×)
　　 • 파생 명사: 삶, 앎(○) - 삼, 암(×)

최근 공무원 시험 **5회 출제!**
20년 국가직 7급 1번   19년 서울시 9급(2월) 8번
19년 서울시 9급(2월)12번 19년 서울시 7급(2월)14번
18년 서울시 9급(6월)13번

규칙 활용(자동적 교체): 용언이 활용할 때, 어간과 어미의 형태가 유지되거나 형태가 변하더라도 보편적 음운 규칙으로 설명되는 활용을 규칙 활용이라고 한다.

종류	활용 양상
'—' 탈락 규칙	두 개의 모음이 이어질 때, 어간의 모음 '—'가 탈락한다. 예 • 담그 + 아 → 담가, 담그 + 았다 → 담갔다 　　• 따르 + 아 → 따라, 따르 + 았다 → 따랐다 　　• 치르 + 어 → 치러, 치르 + 었다 → 치렀다
'ㄹ' 탈락 규칙	• 어간의 끝 받침 'ㄹ'이 어미의 첫소리 'ㄴ, ㅂ, ㅅ' 및 '-(으)오, -(으)ㄹ' 앞에서 탈락한다. 예 • 갈 + 니 → 가니 　　• 놀 + ㅂ니다 → 놉니다 　　• 살 + ㄹ수록 → 살수록 (어간의 끝소리 'ㄹ' 탈락) • 어간 끝 받침 'ㄹ'은 'ㄷ, ㅈ, ㅏ' 앞에서는 줄지 않는 것이 원칙인데, 관용상 'ㄹ'이 탈락한 형태가 굳어져 쓰이는 '마지못하다, 마지않다, (하)다마다, (하)자마자, (하)지 마라, (하)지 마(아)'는 탈락한 대로 적는다.
모음 조화 규칙	어간 끝 음절의 모음이 'ㅏ, ㅗ'(양성 모음)일 때는 어미를 'ㅏ' 계열로 적고, 'ㅐ, ㅓ, ㅚ, ㅜ, ㅟ, ㅡ, ㅢ, ㅣ'(음성 모음)일 때는 'ㅓ' 계열로 적는다. 예 • 잡아라, 보았다 　　• 먹어라, 세어라, 외웠다(← 외우었다), 씌어(← 쓰이어)
매개 모음 '으' 첨가	두 개 이상의 자음이 이어지면, 매개 모음인 '으'를 사이에 첨가한다. 예 적 + ㄴ → 적은

빈출

최근 공무원 시험 **11회 출제!**
21년 국가직 9급 5번　　20년 지방직 9급 7번
19년 국가직 7급 9번　　19년 서울시 9급(2월) 8번
19년 국가직 9급(2월)12번 19년 서울시 7급(2월)14번
18년 서울시 9급(6월)13번 18년 서울시 7급(6월) 1번
18년 서울시 7급(6월)12번 17년 국가직 9급(10월)8번
17년 사복직 9급 11번

① **불규칙 활용**(비자동적 교체): 용언이 활용할 때, 어간이나 어미의 기본 형태가 달라져 보편적 음운 규칙으로 설명할 수 없는 형태 변화를 하는 활용을 불규칙 활용이라고 한다.

(1) 어간이 바뀌는 경우

종류	활용 양상	불규칙 예	규칙 예
'ㅅ' 불규칙	어간의 끝소리 'ㅅ'이 모음 어미 앞에서 탈락한다.	긋 + 어 → 그어	벗 + 어 → 벗어
'ㅂ' 불규칙	어간의 끝소리 'ㅂ'이 모음 어미 앞에서 '오/우'로 바뀐다.	돕 + 아 → 도와	잡 + 아 → 잡아
'ㄷ' 불규칙	어간의 끝소리 'ㄷ'이 모음 어미 앞에서 'ㄹ'로 바뀐다.	듣 + 어 → 들어	얻 + 어 → 얻어
'르' 불규칙	어간의 끝소리 '르'가 모음 어미 앞에서 'ㄹㄹ'로 바뀐다.	• 가르 + 아 → 갈라 • 이르 + 어 → 일러	따르 + 아 → 따라
'우' 불규칙	어간의 끝소리 '우'가 모음 어미 앞에서 탈락한다.	푸 + 어 → 퍼 ('푸다'만 '우' 불규칙 활용을 함)	주 + 어 → 주어

(2) 어미가 바뀌는 경우

종류	활용 양상	불규칙 예	규칙 예
'여' 불규칙	'하-' 뒤에 오는 어미 '-아/-어'가 '-여'로 바뀐다.	공부하 + 어 → 공부하여	파 + 아 → 파
'러' 불규칙	어간이 '르'로 끝나는 일부 용언에서 어미 '-어'가 '-러'로 바뀐다.	푸르 + 어 → 푸르러	치르 + 어 → 치러
'오' 불규칙	'달-/다-'의 명령형 어미가 '오'로 바뀐다.	달 + 아 → 다오 (기본형 '달다')	주 + 어라 → 주어라

▶ '오다'와 '오다'로 끝나는 합성 동사의 어간에 명령형 어미 '-아라/-어라'가 결합할 경우 '-너라'로 바뀌었으나('너라' 불규칙 활용), 2017년 표준국어대사전의 '-너라' 뜻풀이가 수정되어 '오다'와 '오다'로 끝나는 합성 동사의 어간에 '-아라/-어라/-너라'가 모두 결합할 수 있게 됨에 따라 '너라' 불규칙 활용을 인정하지 않게 되었다.

(3) 어간과 어미가 모두 바뀌는 경우

종류	활용 양상	불규칙 예	규칙 예
'ㅎ' 불규칙	• 'ㅎ'으로 끝나는 어간에 모음으로 시작하는 어미가 오면 어간의 'ㅎ'이 탈락하고 어미도 바뀐다. • 어간 끝에 'ㅎ' 받침을 가진 형용사 중 '좋다' 이외의 형용사에서 모두 일어난다. 동사에서는 일어나지 않는다.	• 하양 + 아 → 하얘 • 퍼렇 + 어 → 퍼레	• 좋 + 아 → 좋아 • 넣 + 어 → 넣어

▶ 일부 형용사에서 어간의 끝 'ㅎ'이 'ㄴ'이나 'ㅁ'으로 시작하는 어미 앞에서 탈락하는 활용도 'ㅎ' 불규칙 활용에 포함된다. 단, 이때는 어간만 바뀐다.
예 파랑 + 니 → 파라니, 노랑 + 면 → 노라면

② 틀리기 쉬운 용언의 활용형

기본형	맞는 표기	틀린 표기	기본형	맞는 표기	틀린 표기
크다	컸다 ○	크었다 ×	부풀다	부푼 ○	부풀은 ×
치르다	치러 ○	치뤄 ×	악물다	악문 ○	악물은 ×
잠그다	잠가 ○	잠궈 ×	둥글다	둥그오 ○	둥글오 ×
담그다	담가 ○	담궈 ×	붇다	부오 ○	붙오 ×
들르다	들러 ○	들려 ×	살다	살아라 ○	살어라 ×
늘다	는 ○	늘은 ×	얇다	얇아서 ○	얇어서 ×
날다	나는 ○	날으는 ×	눋다	눌어 ○	눋어 ×
절다	전 ○	절은 ×	붇다	불어 ○	붇어 ×
걸다	건 ○	걸은 ×	싣다	실어 ○	싣어 ×
녹슬다	녹슨 ○	녹슬은 ×	굽다	구운 ○	군 ×
거칠다	거친 ○	거칠은 ×	깁다	기운 ○	긴 ×
낯설다	낯선 ○	낯설은 ×	어둡다	어두운 ○	어둔 ×
다물다	다문 ○	다물은 ×	-스럽다	-스러운 ○	-스런 ×

I. 이론 문법

해커스공무원 단권화 핵심정리 국어

확장개념

♀ 'ㅎ'으로 끝나는 형용사 어간에 어미 '-습니다'가 결합하는 경우
어간의 'ㅎ'이 탈락하는 환경이 아니므로 'ㅎ'이 탈락하지 않은 '노랗습니다, 하얗습니다, 동그랗습니다, 퍼렇습니다, 그렇습니다, 까맣습니다' 등으로 활용한다. (노랍니다×, 하얍니다×, 동그랍니다×, 퍼럽니다×, 그럽니다×, 까맙니다×)

♀ 'ㅎ' 불규칙 용언이 어미 '-네'와 결합하는 경우
'ㅎ' 불규칙 용언이 어미 '-네'와 결합할 때는 어간 끝의 'ㅎ'이 탈락하기도 하고 탈락하지 않기도 한다.
예 생각보다 훨씬 노랗네/노라네.

♀ 눋다
누런빛이 나도록 조금 타다.

♀ 붇다
1. 물에 젖어서 부피가 커지다.
2. 분량이나 수효가 많아지다.
3. 살이 찌다.

기출로 출제포인트 점검

밑줄 친 단어의 표기를 바르게 고치시오.

01 오래되어 분 국수는 맛이 없다.
02 아주 곤혹스런 상황에 빠졌다.
03 집에서 학교까지 거리가 가까왔다.
04 거칠은 나무를 대패로 말끔하게 다듬었다.

[답]
01 불은 02 곤혹스러운 03 가까웠다 04 거친

최근 공무원 시험 **16회 출제!**
21년 경찰직 1차 3번	21년 경찰직 1차 4번
20년 경찰직 1차 6번	20년 군무원 9급 9번
19년 국가직 9급 1번	19년 서울시 7급(10월)13번
18년 서울시 9급(3월)18번	18년 서울시 9급(6월)8번
18년 서울시 9급(3월)14번	18년 서울시 7급(6월)15번
18년 소방직 9급(10월)8번	18년 군무원 9급 2번
17년 국가직 9급(10월)4번	17년 국가직 7급(8월)16번
17년 군무원 9급 1번	16년 서울시 9급 4번

① **관형사인지 용언의 관형사형인지 구별할 때에는 활용할 수 있는지와 서술성이 있는지를 확인한다.**

관형사는 형태가 고정되고 서술성이 없으나, 용언의 관형사형은 다양한 형태로 활용을 하고 서술성이 있다. 그리고 용언의 관형사형의 품사는 용언, 즉 동사나 형용사이다.

단어	품사	예
헌	관형사	헌 양복을 걸치고 집을 나섰다.
	동사	단층집을 헌 자리에 새 건물이 들어섰다.
다른	관형사	다른[他] 사람은 다 가고 나만 남았다.
	형용사	나이가 드니 몸이 예전과 다른[異] 것이 느껴진다.

② **명사/대명사, 관형사, 부사를 구별할 때에는 조사와 결합할 수 있는지와 뒤에 수식하는 성분이 무엇인지를 확인한다.**

조사와 결합할 수 있으면 명사/대명사, 조사 없이 뒤의 체언을 수식하면 관형사, 뒤의 용언을 수식하면 부사이다.

단어	품사	예
오늘, 어제, 그저께, 내일, 모레, 지금	명사	오늘/어제/그저께/내일/모레/지금의 날씨
	부사	• 오늘/어제/그저께 한 일 • 내일/모레/지금 가기로 했다.
진짜, 정말, 참말	명사	• 마치 진짜처럼 잘 만들었다. • 내가 지금까지 한 말은 정말/참말이다.
	부사	연극이 진짜/정말/참말 지루하다.
가로, 세로	명사	줄을 가로/세로로 그었다.
	부사	• 고개를 가로 내젓다. • 창살이 높직하게 세로 쳐져 있다.
접미사 '-적'이 붙은 말	명사	비교적인 관점에서 대상을 살펴보는 것이 중요하다.
	관형사	고대와 중세 건축 양식의 비교적 고찰
	부사	16번은 비교적 쉬운 문제였다.
지시의 뜻을 나타내는 어휘	대명사	• 이것은 연필이다. • 그는 착한 사람이다. • 저기가 경치가 가장 좋은 곳이다.
	관형사	이/그/저 사람은 성격이 착하다.
	부사	이리/그리/저리 보내.

③ **의존 명사인지 접사인지 구별할 때에는 앞말의 나열 여부를 확인한다.**

'들'이 여러 대상을 나열한 다음에 쓰이면 의존 명사, 셀 수 있는 명사나 대명사 바로 뒤에 붙으면 복수의 뜻을 더하는 접사이다.

예 • 과일에는 사과, 배, 감 들이 있다. (의존 명사)

　　• 사람들, 그들, 너희들, 사건들 (접사)

확장개념

♀ **명사 '진짜'의 사용**

'진짜'는 조사 없이 뒤의 체언을 수식하는 명사로 쓰이는 경우가 있다는 점에 유의한다.

예 진짜 보물, 진짜 보석

④ **의존 명사, 조사, 어미를 구별할 때에는 앞말의 품사나 성분을 확인한다.**

관형어 뒤에 쓰이면 의존 명사, 체언 뒤에 쓰이면 조사, 어간 뒤에 쓰이면 어미이다.

단어	품사	예
대로	의존 명사	아는 대로 말해라.
	조사	처벌하려면 법대로 해라.
만큼	의존 명사	노력한 만큼 좋은 결과가 있을 것이다.
	조사	더도 덜도 말고 딱 형만큼만 해라.
뿐	의존 명사	시간만 흘렀을 뿐이지 한 것은 없다.
	조사	• 믿을 것은 실력뿐이다. • 집에서뿐만 아니라 직장에서도 성실한 사람이다. (조사 '뿐'은 부사어 뒤에 붙어 쓰이기도 함)
데	의존 명사	일이 어려워도 할 수 있는 데까지는 해 보자.
	어미	비가 오는데 우산이 없다.
듯	의존 명사	탑이 무너질 듯 말 듯 위태롭다.
	어미	구름에 달 가듯 가는 나그네
든지	조사	사과든지 배든지 다 좋다.
	어미	여기로 오든지 저기로 가든지 둘 중 하나만 해라.

⑤ **조사인지 부사인지 구별할 때에는 체언과 결합하는지와 용언을 수식할 수 있는지를 확인한다.**

체언과 결합하면 조사이고, 뒤의 용언을 수식하면 부사이다.

단어	품사	예
같이	조사	• 얼음장같이 찬 방바닥 • 매일같이 반복되는 일상에서 벗어나고 싶다.
	부사	• 예상한 바와 같이 상황이 흘러간다. • 모임에 여자 친구와 같이 가기로 했다.
보다	조사	내가 너보다 노래는 잘한다.
	부사	보다 빠르게 뛰어라.

⑥ **명사인지 수사인지 구별할 때에는 단어의 의미를 확인한다.**

'첫째, 둘째, 셋째'가 사람을 가리키면 명사이고, 순서나 차례를 나타내면 수사이다.

예 • 나는 세 형제 중 첫째이다. (명사)
　• 둘째, 친환경적 생활 습관을 기르겠습니다. (수사)

⑦ **수사인지 수 관형사인지 구별할 때에는 조사가 붙을 수 있는지와 뒤의 체언을 수식하는지를 확인한다.**

수사는 뒤에 조사가 붙을 수 있고 체언을 수식하지 않으나, 수 관형사는 조사가 붙지 않고 뒤의 체언을 수식한다.

예 • 여기 모인 사람은 모두 여덟이다. (수사)
　• 여덟 사람이 모여서 농구를 했다. (수 관형사)

[확장개념]

♀ **연결 어미 '-ㄴ데/-는데'의 쓰임**
뒤 절에서 어떤 일을 설명, 질문, 명령, 제안하기 위하여 그 대상과 상관되는 상황을 미리 말할 때 연결 어미 '-ㄴ데/-는데'를 쓴다.

♀ **보조 용언 '듯하다', '듯싶다'**
'듯'에 접사 '-하다', '-싶다'가 결합한 형태인 '듯하다', '듯싶다'는 보조 용언이다. '양, 척, 체, 만, 법'에 '-하다', '-싶다'가 결합한 경우도 동일하다.

기출로 출제포인트 점검

밑줄 친 단어의 품사를 쓰시오.

01 원하는 대로 공부를 했다.
02 그곳은 비교적 교통이 편하다.
03 내일 날이 밝는 대로 떠나겠다.
04 보다 나은 내일을 위해 노력해라.
05 그는 헌 신문지를 바닥에 깔았다.
06 그는 하루에 책 다섯 권을 읽었다.
07 많은 사람이 우리 의견에 동조했다.
08 두 사람은 서로 다투다가 화해했다.

[답]
01 의존 명사　02 부사　03 의존 명사
04 부사　05 관형사　06 관형사
07 형용사　08 관형사

12 파생어와 합성어의 형성

빈출

최근 공무원 시험 **12회 출제!**
20년 군무원 9급 23번   19년 소방직 9급 1번
19년 경찰직 2차 6번   19년 군무원 9급(2차)9번
18년 서울시 9급(3월)13번 18년 경찰직 3차 1번
17년 국가직 9급(10월)14번 17년 서울시 9급 7번
17년 서울시 7급 6번   16년 지방직 9급 1번
16년 서울시 9급 9번   16년 경찰직 2차 2번

① 단어는 단일어와 복합어로 나뉘는데, 이 중 복합어는 **어근과 접사가 결합한 파생어, 어근끼리 결합한 합성어**로 나뉜다.

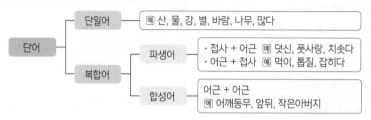

(1) 파생어와 합성어의 구성 단위인 어근·접사는, 용언의 활용과 관련된 단위인 어간·어미와 차이가 있다.

어근·접사	어근은 단어의 실질적인 의미를 나타내는 부분이고, 접사는 그에 붙어 그 뜻을 한정하는 부분이다.
어간·어미	어간은 용언이 활용할 때 변하지 않는 부분이고, 어미는 변하는 부분이다.

(2) 어간은 어근과 접사가 합쳐진 단위이다.

예 · 웃다: 어간과 어근이 모두 '웃-'으로 일치한다.
· 먹이다: 어간 '먹이-'는 어근 '먹-'과 접사 '-이-'가 합쳐진 단위이다.

② 파생어나 합성어를 이루는 구성 요소가 3개 이상일 때에는 **구성 성분을 두 개씩 나누어 구조를 파악**한다.

예 싸움꾼: 싸우 + ㅁ + 꾼
　　　　　어근 접사 접사
　　　　　└─파생어─┘
　　　　└─────파생어─────┘

놀이터: 놀 + 이 + 터
　　　　 어근 접사 어근
　　　　 └─파생어─┘
　　　　 └─────합성어─────┘

확장개념

♀ 단일어와 복합어
1. 단일어: 하나의 어근만으로 이루어진 말
2. 복합어: 파생어와 합성어를 묶어 이르는 말

기출로 출제포인트 점검

다음 단어가 합성어인지 파생어인지 쓰시오.

01 온갖
02 끝내
03 여남은
04 마음껏
05 어느덧
06 불호령
07 한겨울
08 날강도
09 게을러빠지다

[답]
01 합성어　　02 파생어　　03 합성어
04 파생어　　05 합성어　　06 파생어
07 파생어　　08 파생어　　09 합성어

---

13 주요 접두사의 쓰임

최근 공무원 시험 **4회 출제!**
18년 경찰직 1차 3번   17년 국가직 9급(4월) 7번
16년 지방직 7급 2번   16년 군무원 9급 24번

접두사는 단어의 뜻을 더해 주는 **한정적 접사로만 쓰인다.** 따라서 접두사가 결합하여 만들어진 파생어의 품사는 어근의 품사와 일치한다.

접두사	의미	예
강-¹	1. 다른 것이 섞이지 않은	강밥, 강굴, 강술, 강소주
	2. 마른, 물기가 없는	강기침, 강모, 강서리, 강더위
	3. 억지스러운	강울음, 강호령
강(強)-²	매우 센, 호된	강추위, 강행군, 강타자, 강염기
개-	1. 야생의, 질이 떨어지는	개살구, 개철쭉, 개떡
	2. 헛된, 쓸데없는	개꿈, 개죽음, 개수작
	3. 정도가 심한	개망나니, 개잡놈

확장개념

♀ 강모
가물 때 마른논에 억지로 호미나 꼬챙이 등으로 땅을 파서 심는 모

건-	말린, 마른	건어물, 건과자, 건포도
군-	1. 쓸데없는	군말, 군불, 군살, 군기침, 군침
	2. 가외로 더한, 덧붙은	군식구, 군사람
날-	1. 말리거나 익히거나 가공하지 않은	날것, 날김치, 날고기, 날두부
	2. 다른 것이 없는	날바늘, 날소일♀, 날장구
	3. 장례를 다 치르지 않은	날상가♀, 날상제♀, 날송장
	4. 지독한	날강도, 날건달, 날도둑놈
	5. 경험이 없어 어떤 일에 서투른	날뜨기, 날짜♀
늦-	1. 늦은	늦공부, 늦가을, 늦더위♀, 늦바람
	2. 늦게	늦되다, 늦들다, 늦심다
덧-	거듭된, 겹쳐 신거나 입는	덧니, 덧버선, 덧신, 덧저고리
막-¹	1. 거친, 품질이 낮은	막과자, 막국수, 막담배, 막고무신
	2. 닥치는 대로 하는	막말, 막일, 막노동, 막벌이
막-²	마지막	막차, 막판
맨-	다른 것이 없는	맨손, 맨발, 맨다리, 맨주먹
생(生)-	1. 익지 않은	생김치, 생나물, 생쌀
	2. 물기가 아직 마르지 않은	생가지, 생나무, 생장작
	3. 가공하지 않은	생가죽, 생맥주
	4. 직접적인 혈연관계인	생부모, 생어머니, 생아버지
	5. 억지스러운, 공연한	생고생, 생사람, 생이별, 생떼, 생트집
	6. 지독한, 혹독한	생급살, 생지옥
선-¹	서툰, 충분하지 않은	선무당, 선잠
선(先)-²	이미 죽은	선대인, 선대왕
설-	불충분한	설듣다, 설보다, 설익다
숫-¹	더럽혀지지 않아 깨끗한	숫처녀, 숫총각
숫-²	새끼를 배지 않는	숫양, 숫염소, 숫쥐
시-	남편의	시아버지, 시어머니, 시동생, 시누이
알-	1. 겉을 덮은 것이나 딸린 것을 제거한	알감, 알몸, 알바늘, 알밤, 알토란
	2. 작은	알바가지, 알요강, 알항아리
	3. 진짜, 알짜	알가난, 알건달, 알거지, 알부자
엿-	몰래	엿보다, 엿듣다
올-	생육 일수가 짧아 빨리 여무는	올밤, 올콩, 올벼
치-	위로 향하게, 위로 올려	치뜨다, 치닫다, 치받다, 치솟다
풋-	1. 덜 익은, 처음 나온	풋고추, 풋나물
	2. 미숙한, 깊지 않은	풋사랑, 풋잠
한-¹	1. 큰	한걱정, 한길, 한시름
	2. 정확한, 한창인	한가운데, 한겨울, 한밤중
한-²	바깥	한데
	끼니때 밖	한동자♀, 한음식, 한저녁
헛-	1. 이유 없는, 보람 없는	헛걸음, 헛고생, 헛웃음, 헛수고
	2. 보람 없이, 잘못	헛살다, 헛디디다, 헛보다
홀-	짝이 없이 혼자뿐인	홀몸, 홀아비, 홀시아버지
홑-	한 겹으로 된, 하나인, 혼자인	홑바지, 홑이불, 홑몸

확장개념

♀ 날소일
하는 일 없이 하루하루를 보냄

♀ 날상가, 날상제
1. 날상가: 아직 초상을 다 치르지 않은 초상집
2. 날상제: 아직 초상을 다 치르지 않은 상제
(상을 치르는 사람)

♀ 날뜨기, 날짜
1. 날뜨기: 아직 기생 교습을 받지 않은 기녀
2. 날짜: 어떤 일에 익숙하거나 숙련되지 못한 것 또는 그런 사람을 낮잡아 이르는 말

♀ '늦더위'의 파생어, 합성어 여부
'늦더위'는 '늦더위'의 어근 '더위'에 접사 '늦-' 이 결합한 파생어로 볼 수도 있고, 용언과 체언 이 연결될 때 관형사형 전성 어미가 생략된 것 으로 보아 비통사적 합성어로 볼 수도 있다. 국 립국어원은 표준국어대사전을 기준으로 분석 하여 '늦더위'를 파생어로 보고 있다.

＊ 참고로 2017년 국가직 7급(10월), 2015년 국회직 9급 등의 시험에서는 '늦더위'가 비 통사적 합성어로 출제되었다.

♀ 한동자
끼니를 마친 후에 새로 밥을 짓는 일

기출로 출제포인트 점검

다음 중 접두사의 의미가 다른 하나에 밑줄 을 그으시오.

01 군침, 군불, 군살, 군식구

02 막벌이, 막국수, 막담배, 막고무신

[답]
01 군식구 ('군식구'의 '군-'은 '덧붙은'을 뜻하고 '군침, 군 불, 군살'의 '군-'은 '쓸데없는'을 뜻함)
02 막벌이 ('막벌이'의 '막-'은 '닥치는 대로 하는'을 뜻하 고 '막국수, 막담배, 막고무신'의 '막-'은 '거친', '품질 이 낮은'을 뜻함)

압축개념

14 주요 접미사의 쓰임

최근 공무원 시험 **5회 출제!**
19년 국가직 7급 2번   18년 서울시 9급(3월)13번
18년 경찰직 2차 4번   17년 지방직 9급(12월)16번
16년 지방직 7급 2번

① 접미사는 단어의 뜻을 더해 주는 **한정적 접사**와 품사를 바꾸는 **지배적 접사** 모두로 쓰인다.

② 한정적 접미사: 어근에 붙어 단어의 뜻을 더해 주는 접미사로, 한정적 접미사가 결합한 파생어의 품사는 어근의 품사와 일치한다.

접미사	의미	예
-간(間)	1. 동안	이틀간, 한 달간
	2. 장소	대장간, 외양간
-거리	주기적으로 일어나는 동안	하루거리, 달거리, 해거리
-기(氣)	기운, 느낌, 성분	바람기, 소금기, 웃음기, 장난기
-꾼	1. 어떤 일을 전문적으로 하거나 잘하는 사람	살림꾼, 소리꾼, 심부름꾼
	2. 어떤 일을 습관적으로 하거나 즐겨 하는 사람	낚시꾼, 난봉꾼, 노름꾼, 말썽꾼, 잔소리꾼, 주정꾼
	3. 어떤 일 때문에 모인 사람	구경꾼, 일꾼, 장꾼, 제꾼📍
	4. 어떤 일을 하는 사람을 낮잡아 이름	건달꾼, 도망꾼, 뜨내기꾼, 모사꾼
	5. 어떤 사물이나 특성을 많이 가진 사람	덜렁꾼, 만석꾼, 천석꾼, 재주꾼
-님	높임	선생님, 사모님, 회장님
-들	복수	나무들, 학생들, 너희들
-뜨리다 -트리다	의미의 강조	넘어뜨리다, 떨어트리다
-보¹	그것을 특성으로 지닌 사람	꾀보, 잠보, 털보
-보²	그것이 쌓여 모인 것	심술보, 울음보, 웃음보
-배기	1. 그 나이를 먹은 아이	네 살배기
	2. 그것이 들어 있거나 차 있음	나이배기
	3. 그런 물건	진짜배기, 공짜배기
-새	모양, 상태, 정도	걸음새, 생김새, 쓰임새
-씨¹	태도, 모양	말씨, 마음씨, 바람씨📍, 발씨📍
-씨(氏)²	그 성씨 자체, 그 성씨의 가문이나 문중	김씨, 이씨, 박씨 부인, 최씨 문중
-장이	그것과 관련된 기술을 가진 사람	미장이, 땜장이, 칠장이
-쟁이	그것의 속성을 많이 가진 사람	멋쟁이, 고집쟁이, 겁쟁이
-질	1. 그 도구로 하는 일	가위질, 부채질, 걸레질
	2. 그 신체 부위를 활용한 어떤 행동	곁눈질, 손가락질, 뒷걸음질
	3. 직업이나 직책을 비하함	선생질, 목수질
	4. 주로 좋지 않은 행위를 비하함	계집질, 노름질, 서방질
	5. 그것을 갖고 하거나 그것과 관계된 일	물질, 풀질, 낚시질
	6. 그런 소리를 내는 행위	딸꾹질, 뚝딱질, 수군덕질
-째¹	그대로, 전부	통째, 송두리째, 껍질째
-째²	1. 차례, 등급	몇째, 두 잔째, 셋째
	2. 동안	사흘째, 며칠째, 다섯 달째

확장개념

📍**제꾼**
제사를 지내기 위하여 모인 사람

📍**바람씨, 발씨**
1. 바람씨: 바람이 불어오는 모양
2. 발씨: 길을 걸을 때 발걸음을 옮겨 놓는 모습

-쯤	정도	얼마쯤, 중간쯤, 내일쯤, 이쯤
-치-	의미의 강조	닫치다, 밀치다, 부딪치다
-치¹	물건	날림치, 당년치, 중간치
-치(値)²	값	기대치, 최고치, 평균치, 한계치
-히-¹	1. 사동	굽히다, 묵히다, 읽히다, 젖히다
-히-²	2. 피동	뽑히다, 얽히다, 닫히다, 막히다

③ **지배적 접미사**: 어근에 붙어 단어의 품사를 바꾸는 접미사로, 지배적 접미사가 결합한 파생어의 품사는 어근의 품사와 다르다.

구분	접미사	예
명사 파생	-ㅁ	꿈, 삶, 앎, 잠, 춤, 기쁨, 슬픔
	-음	믿음, 죽음, 웃음, 걸음, 젊음, 수줍음
	-이	길이, 높이, 먹이, 벌이, 때밀이, 젖먹이, 재떨이, 옷걸이, 목걸이, 가슴앓이, 절름발이, 애꾸눈이, 멍청이, 딸랑이
	-기	굵기, 달리기, 돌려짓기, 모내기, 사재기, 줄넘기, 크기
	-개	날개, 덮개, 지우개, 오줌싸개, 코흘리개
동사 파생	-거리다	까불거리다, 반짝거리다, 방실거리다, 출렁거리다
	-대다	까불대다, 반짝대다, 방실대다, 출렁대다
	-이다	끄덕이다, 망설이다, 반짝이다, 속삭이다, 움직이다, 출렁이다
	-추-	곧추다, 낮추다, 늦추다
	-하다	공부하다, 생각하다, 사랑하다, 빨래하다, 덜컹덜컹하다, 소곤소곤하다, 달리하다, 빨리하다, 흔하다, 체하다, 척하다, 기뻐하다
	-되다	가결되다, 사용되다, 형성되다
	-이-	높이다, 깊이다
	-히-	괴롭히다, 붉히다, 넓히다, 밝히다, 좁히다
	-애-	없애다
형용사 파생	-답다	너답다, 꽃답다, 사람답다, 정답다, 남자답다
	-롭다	명예롭다, 신비롭다, 자유롭다, 풍요롭다, 향기롭다, 감미롭다, 위태롭다
	-스럽다	복스럽다, 걱정스럽다, 자랑스럽다, 거북스럽다, 조잡스럽다
	-나다	맛나다, 별나다
	-되다	거짓되다, 참되다, 어중되다, 숫되다, 막되다, 못되다, 안되다
	-맞다	궁상맞다, 능글맞다, 방정맞다, 쌀쌀맞다, 익살맞다, 청승맞다, 앙증맞다
	-지다	값지다, 기름지다, 세모지다, 멋지다
	-쩍다	수상쩍다, 의심쩍다, 미심쩍다, 겸연쩍다
	-하다	건강하다, 순수하다, 정직하다, 진실하다, 행복하다, 반짝반짝하다, 돌연하다, 착하다, 따뜻하다, 뻔하다, 듯하다, 법하다
부사 파생	-이	깊숙이, 수북이, 끔찍이, 많이, 같이, 높이, 집집이, 나날이, 다달이, 일일이, 낱낱이, 겹겹이, 곳곳이
	-히	조용히, 무사히, 나란히, 영원히
	-껏	마음껏, 정성껏, 힘껏
	-내	봄내, 여름내, 저녁내, 마침내, 끝내

확장개념

📍 **날림치**
정성을 들이지 않고 대강대강 아무렇게나 만든 물건

📍 **'기뻐하다'의 파생어, 합성어 여부**
'기뻐하다'는 '기쁘다'의 어근 '기쁘-'에 동사 파생 접사 '-하다'가 결합한 파생어이다. 그러나 국립국어원에서는 '기뻐하다'를 형용사 '기쁘다'에 보조 용언 '하다'가 결합한 합성어로 보고 있다.
* 참고로 2018년 서울시 9급(3월) 시험에서는 '기뻐하다'가 파생어로 출제되었다.

📍 **어중되다, 숫되다**
1. 어중되다: 이도 저도 아니어서 어느 것에도 알맞지 않다.
2. 숫되다: 순진하고 어수룩하다.

📍 **돌연하다**
생각지도 못한 일이 갑자기 일어난 상태에 있다.

기출로 출제포인트 점검

밑줄 친 단어에 쓰인 접미사의 종류를 쓰시오.

01 그 남자가 미간을 좁혔다.

02 청년이 여자의 어깨를 밀쳤다.

03 춤을 추는 것은 정신 건강에 매우 좋다.

[답]
01 지배적 접미사
　(형용사 '좁다' + 지배적 접미사 '-히-' → 동사 파생)
02 한정적 접미사
03 지배적 접미사
　(동사 '추다' + 지배적 접미사 '-ㅁ' → 명사 파생)

15 대등·종속·융합 합성어의 구분

최근 공무원 시험 **1회 출제!**
18년 경찰직 1차 3번

① **대등 합성어는 어근이 대등하게 결합하여 본래의 뜻을 유지한다.**

  예) 한두, 오가다, 팔다리, 서넛, 대여섯, 여닫다, 뛰놀다

② **종속 합성어는 한쪽의 어근이 다른 한쪽의 어근을 수식한다.**

  예) 손수건, 책가방, 손수레, 물걸레, 가죽신, 쇠못, 소고기, 쇠사슬

③ **융합 합성어는 어근들이 하나로 융합하여 새로운 의미를 나타낸다.**

밤낮	항상, 종일	춘추(春秋)	나이, 연세
피땀	노력	쑥밭	엉망이 되어 버린 곳
빈말	실속 없이 헛된 말	실마리	일이나 사건을 풀어 나갈 수 있는 첫머리
강산	자연의 경치 혹은 나라의 영토를 이르는 말	바늘방석	앉기에 몹시 어색하고 불편한 자리
집안	가족을 구성원으로 하여 살림을 꾸려 나가는 공동체	보릿고개	농촌의 식량 사정이 가장 어려운 때를 이르는 말
종이호랑이	겉보기에는 힘이 셀 것 같으나 사실은 아주 약한 것을 이르는 말	쥐뿔	아주 보잘것없거나 규모가 작은 것을 비유적으로 이르는 말

기출로 출제포인트 점검

다음 합성어의 종류를 쓰시오.

01 논밭
02 앞뒤
03 춘추
04 손수건
05 책가방

[답]
01 대등 합성어   02 대등 합성어
03 융합 합성어   04 종속 합성어
05 종속 합성어

16 통사적·비통사적 합성어의 구분

최근 공무원 시험 **7회 출제!**
21년 경찰직 1차 2번   19년 서울시 7급(2월)12번
18년 서울시 7급(3월) 6번   18년 경찰직 1차 3번
17년 국가직 7급(8월)12번   16년 지방직 9급 1번
16년 서울시 7급 16번

① **통사적 합성어는 우리말의 일반적인 단어 배열법과 일치한다.**

형성	예
명사 + 명사	논밭, 소나무, 손목, 눈물, 이슬비, 밤낮, 산나물, 돌다리, 손수건, 할미꽃, 살코기, 안팎, 어깨동무, 얼룩소
어간 + 연결 어미 + 용언	들어가다, 알아보다, 살펴보다, 잡아먹다, 알아듣다, 돌아가다, 돌아오다, 가져오다, 게을러빠지다, 그러모으다
관형어 + 명사	새해, 작은집, 첫사랑, 큰형, 된서리, 첫눈, 볼거리, 젊은이, 어린이, 늙은이, 길짐승, 새언니, 작은아버지
주어 + 서술어 (조사 생략 인정)	바람나다, 수많다, 철들다, 힘들다, 기차다, 맛나다, 빛나다, 손쉽다, 시름없다
목적어 + 서술어 (조사 생략 인정)	본받다, 수놓다, 용쓰다
부사어 + 서술어 (조사 생략 인정)	남다르다
부사 + 용언	가로눕다, 그만두다, 잘생기다, 앞서다, 가로막다
부사 + 부사	이리저리, 비틀비틀
감탄사 + 감탄사	얼씨구절씨구

② **비통사적 합성어는 우리말의 일반적인 단어 배열법과 일치하지 않는다.**

형성	예
어간 + 명사 (관형사형 어미 생략)	곶감, 먹거리, 접칼, 흔들바위
어간 + 연결 어미 + 명사	섞어찌개♥
어간 + 용언 (연결 어미 생략)	굳세다, 검붉다, 날뛰다, 여닫다, 오르내리다, 짙푸르다
부사 + 명사	부슬비, 산들바람, 척척박사, 촐랑개, 살짝곰보, 딱딱새
한자어 어순이 우리말과 다른 경우	독서(讀書), 등산(登山)

③ **통사적 · 비통사적 합성어의 품사별 예**

구분	품사	예
통사적 합성어	명사	새마을, 헌옷, 칠손, 군밤, 안팎, 길짐승♥, 볶음밥, 디딤돌, 고추장, 손짓, 장군감, 일몰, 필승, 고서, 섞어찌개
	대명사	이것, 여러분, 누구누구, 여기저기
	수사	한둘, 두셋, 열하나, 예닐곱, 하나하나
	동사	들고나다, 쉬이보다, 갈아입다, 힘쓰다, 앞서다, 쳐다보다, 스며들다, 철들다, 좋아하다, 가로막다, 빛나다, 값나가다, 그러모으다, 가만있다, 못나다, 못생기다
	형용사	낯설다, 깎아지르다, 희디희다, 머나멀다, 기나길다, 맛있다, 힘들다, 대중없다, 맛나다, 힘차다, 다시없다, 기차다, 게을러빠지다
	관형사	한두, 두세, 온갖, 여남은
	부사	곧잘, 부슬부슬, 이른바, 온종일, 하루빨리, 제각각, 가끔가다, 가다가다, 오락가락, 더듬더듬, 느릿느릿, 오나가나, 붉으락푸르락
	감탄사	아이참, 웬걸, 여보(여기 보오)
비통사적 합성어	명사	늦잠♥, 늦더위, 꺾쇠, 감발, 덮밥, 검버섯, 흔들바위, 묵밭♥, 곶감, 급수(給水), 척척박사, 살짝곰보
	동사	우짖다, 뛰놀다, 잡쥐다, 오르내리다, 굶주리다, 돌보다, 나가다, 오가다, 보살피다
	형용사	짙푸르다, 높푸르다, 굳세다

♥ **'섞어찌개'의 통사적·비통사적 합성어 여부**
1. 통사적 합성어로 보는 경우: 연결 어미가 생략되지 않았고, 우리말 어순에 맞게 앞말이 뒷말을 수식하는 구조
   ▶ 섞-(용언의 어간) + -어(연결 어미) + 찌개(체언)
2. 비통사적 합성어로 보는 경우: 우리말의 일반적인 단어 배열법과 달리 부사어가 체언을 수식하는 구조
   ▶ 섞-(용언의 어간) + -어(부사형 어미) + 찌개(체언)

♥ **'길짐승'의 형성**
'길짐승'의 '길'은 동사 '기다'의 어간에 관형사형 어미 '-ㄹ'이 결합한 것이다. 따라서 '길짐승'은 관형어가 명사를 꾸미는 구성이므로 통사적 합성어이다.

♥ **'늦잠'의 합성어, 파생어 여부**
1. 학교 문법의 관점: 합성어
   ▶ 늦-(용언의 어간) + 잠(명사)
2. 표준국어대사전의 관점: 파생어
   ▶ 늦-(접사) + 잠(명사)
* 참고로 2015년 경찰직 3차 시험에서는 '늦잠'이 비통사적 합성어로 출제되었다.

♥ **묵밭**
오래 내버려 두어 거칠어진 밭

기출로 출제포인트 점검

다음 합성어의 종류를 쓰시오.

01 덮밥

02 곶감

03 밤낮

04 부슬비

05 젊은이

06 앞서다

07 가로막다

08 짙푸르다

09 살짝곰보

10 돌아가다

[답]
01 비통사적 합성어	02 비통사적 합성어
03 통사적 합성어	04 비통사적 합성어
05 통사적 합성어	06 통사적 합성어
07 통사적 합성어	08 비통사적 합성어
09 비통사적 합성어	10 통사적 합성어

01 2019년 서울시 9급(2월)

형태소의 개수가 가장 많은 것은?

① 떠내려갔다

② 따라 버렸다

③ 빌어먹었다

④ 여쭈어봤다

02 2017년 서울시 7급

<보기>의 문장을 바탕으로 국어의 형태소를 이해한 것으로 가장 옳지 않은 것은?

> **보기**
>
> 선생님께서 우리들에게 숙제를 주신다.

① '선생님께서'의 '께서', '우리들에게'의 '들', '주신다'의 '주'는 모두 의존 형태소에 해당하는 것들이다.

② '선생님께서'의 '께서', '숙제를'의 '를', '주신다'의 '다'는 모두 형식 형태소에 해당하는 것들이다.

③ '선생님께서'의 '님', '숙제를'의 '숙제', '주신다'의 '주'는 모두 실질 형태소에 해당하는 것들이다.

④ '선생님께서'의 '선생', '우리들에게'의 '우리', '숙제를'의 '숙제'는 모두 자립 형태소에 해당하는 것들이다.

03 2017년 지방직 9급(6월)

밑줄 친 말의 품사가 같은 것으로만 묶은 것은?

> 개나리꽃이 ㉠흐드러지게 핀 교정에서 친구들과 ㉡찍은 사진은, 그때 느꼈던 ㉢설레는 행복감은 물론, 대기 중에 ㉣충만한 봄의 기운, 친구들과의 악의 ㉤없는 농지거리, 벌들의 잉잉거림까지 현장에 있는 것과 다름없이 느끼게 해 준다.

① ㉠, ㉢, ㉣

② ㉠, ㉣, ㉤

③ ㉡, ㉢, ㉤

④ ㉢, ㉣, ㉤

04 2016년 국가직 9급

밑줄 친 보조사의 의미를 설명한 것으로 옳지 않은 것은?

① 그렇게 천천히 가다가는 지각하겠다.

　　– 는: 어떤 대상이 다른 것과 대조됨을 나타냄

② 웃지만 말고 다른 말을 좀 해 보아라.

　　– 만: 다른 것으로부터 제한하여 어느 것을 한정함을 나타냄

③ 단추는 단추대로 모아 두어야 한다.

　　– 대로: 따로따로 구별됨을 나타냄

④ 비가 오는데 바람조차 부는구나.

　　– 조차: 이미 어떤 것이 포함되고 그 위에 더함을 나타냄

05 2019년 국가직 7급

밑줄 친 부분이 ㉠의 예에 해당하는 것은?

> 어근의 앞이나 뒤에 파생 접사가 결합된 것을 파생어라 한다. 파생 접사는 그 위치에 따라 접두사와 접미사로 나누는데 접두사는 어근의 품사를 바꿀 수 없지만, ㉠접미사는 어근의 품사를 바꾸기도 한다.

① 그곳은 낚시질하기에 가장 좋은 자리였다.

② 옥수수 알이 크기에는 안 좋은 날씨이다.

③ 세 자매가 정답게 앉아 있다.

④ 황금을 보기를 돌같이 하라.

06 2017년 사회복지직 9급

짝지어진 두 문장의 밑줄 친 부분이 모두 보조 용언인 것은?

① ┌ 이 책도 한번 읽어 보거라.
　└ 밖의 날씨가 매우 더운가 보다.

② ┌ 야구공으로 유리를 깨 먹었다.
　└ 여름철에는 음식물을 꼭 끓여 먹자.

③ ┌ 이것 좀 너희 아버지께 가져다 드리렴.
　└ 나는 주말마다 어머니 일을 거들어 드린다.

④ ┌ 이것 말고 저것을 주시오.
　└ 게으름을 피우던 그가 시험에 떨어지고 말았다.

07 2021년 국가직 9급

㉠, ㉡의 사례로 옳은 것만을 짝 지은 것은?

> 용언의 불규칙활용은 크게 ㉠어간만 불규칙하게 바뀌는 부류, ㉡어미만 불규칙하게 바뀌는 부류, 어간과 어미 둘 다 불규칙하게 바뀌는 부류로 나눌 수 있다.

	㉠	㉡
①	걸음이 빠름	꽃이 노람
②	잔치를 치름	공부를 함
③	라면이 불음	합격을 바람
④	우물물을 품	목적지에 이름

08 2019년 국가직 9급

밑줄 친 단어의 품사를 같은 것끼리 묶은 것은?

> • 쌍둥이도 서로 성격이 ㉠다른 법이다.
> • 날씨가 건조하면 나무가 잘 ㉡크지 못한다.
> • 남부 지방에 홍수가 ㉢나서 많은 수재민이 생겼다.
> • 그 사람이 농담은 하지만 ㉣허튼 말은 하지 않는다.
> • 상대에게 자유를 주는 것이 진정한 사랑이 ㉤아닐까?

① ㉠, ㉡   ② ㉡, ㉢

③ ㉢, ㉣   ④ ㉣, ㉤

09 2017년 서울시 9급

다음 <보기>에 제시된 단어들과 단어 형성 원리가 같은 것은?

> **보기**
> 개살구, 헛웃음, 낚시질, 지우개

① 건어물(乾魚物)   ② 금지곡(禁止曲)

③ 한자음(漢字音)   ④ 핵폭발(核爆發)

10 2017년 국가직 9급(4월)

밑줄 친 접두사가 한자에서 온 말이 아닌 것은?

① 강염기   ② 강타자

③ 강기침   ④ 강행군

11 2017년 국가직 7급(8월)

밑줄 친 단어가 같은 품사로 묶인 것은?

① 이것 말고 다른 물건을 보여 주세요.
   질소는 산소와 성질이 다른 원소이다.

② 나 보기가 역겨워 가실 때에는 말없이 보내 드리겠습니다.
   철수는 떡국을 떠먹어 보았다.

③ 그 사과는 크고 빨개서 먹음직스럽다.
   아이가 크면서 점점 총명해졌다.

④ 김홍도의 그림은 한국적이다.
   이 그림은 한국적 정취가 물씬 풍긴다.

12 2016년 서울시 7급

다음 중 비통사적 합성어끼리 묶인 것은?

① 소나무, 빛나다, 살코기, 나가다

② 접칼, 굶주리다, 부슬비, 검붉다

③ 감발, 묵밭, 오가다, 새해

④ 큰집, 늦더위, 안팎, 촐랑새

13 2017년 국회직 9급

다음 밑줄 친 부분의 단어의 수는?

> 서로의 마음과 마음을 / 이어서 길어지는
> 또 하나의 기차가 되어 / 먼 길을 가요

① 7개   ② 8개   ③ 10개

④ 12개   ⑤ 14개

정답 및 해설 p. 276

04 문장

압축개념

01 문장 성분

최근 공무원 시험 **19회 출제!**
21년 경찰직 1차 10번	20년 서울시 9급 14번
20년 서울시 9급 19번	20년 경찰직 1차 8번
20년 경찰직 2차 9번	19년 서울시 9급(6월) 1번
19년 서울시 7급(2월) 4번	19년 경찰직 1차 6번
19년 경찰직 2차 8번	18년 서울시 9급(3월) 20번
18년 서울시 7급(6월) 6번	18년 경찰직 1차 4번
18년 경찰직 2차 3번	17년 군무원 9급 18번
16년 국가직 9급 16번	16년 서울시 9급 14번
16년 서울시 7급 10번	16년 서울시 7급 12번
16년 경찰직 1차 18번	

① **문장 성분은 문장을 구성하는 기본 문법 단위이며 대체로 어절 단위와 일치한다.**

예

그	는	어제	시내	로	나가서	영화	를	즐겁게	보았다.
품사: 대명사	조사	부사	명사	조사	동사	명사	조사	형용사	동사
문장 성분: 주어		부사어	부사어		서술어	목적어		부사어	서술어

② **주어, 서술어, 목적어, 보어는 문장에서 필수적으로 필요한 주성분이다.**

주어	• 서술어가 나타내는 **동작·상태·성질의 주체**가 된다. 예 • 지효가 산으로 간다. 　• 나만 집에 홀로 남았다. 　• 둘이서 영화를 보러 가기로 했다. • 주어가 생략되거나 아예 없는 문장도 있다. • 다른 성분에 영향을 미치기도 한다. 예 할머니께서 말씀하셨다. (주어로 인해 서술어가 하십시오체로 변함)
서술어	• 주어의 **동작·상태·성질을 서술**한다. 예 • 기차가 목적지를 향해 출발했다. 　• 돌고래는 포유류이다. 　• 의자에 앉아 있다. • 서술어의 자릿수에 따라 필요한 문장 성분의 수가 달라진다. <table><tr><td>한 자리 서술어</td><td>주어 하나만 필요한 서술어 (자동사, 형용사) [주어] + [서술어] 예 새가 운다. / 꽃이 붉다. / 날씨가 맑다.</td></tr><tr><td>두 자리 서술어</td><td>주어 이외에 또 하나의 필수적 문장 성분을 요구하는 서술어 (타동사, 되다/아니다) [주어] + [목적어 or 보어 or 부사어] + [서술어] 예 그녀는 책을 읽었다. / 그는 의사가 되었다.</td></tr><tr><td>세 자리 서술어</td><td>주어 이외에 두 개의 필수적 문장 성분을 요구하는 서술어 (수여 동사, '삼다'류 등) [주어] + [목적어] + [부사어] + [서술어] 예 • 할아버지께서 우리들에게 세뱃돈을 주셨다. 　• 부인은 친구의 딸을 며느리로 삼았다.</td></tr></table>
목적어	**타동사 서술어의 동작이나 행동의 대상을 나타낸다.** 예 • 그녀의 손을 잡았다. 　• 당분간 채소만 먹을 생각이다.
보어	서술어 **'되다'**, **'아니다'**가 필수적으로 요구하는 문장 성분으로 **조사 '이/가'**를 취한다. 예 물이 얼음이 되다. / 나는 배신자가 아니다.

확장개념

♀ 서술어 자릿수의 변화

같은 동사라도 문맥에 따라 자릿수가 달라질 수 있다.

예 • 차가 멈추었다. (한 자리 서술어)
　• 경찰이 차를 멈추었다. (두 자리 서술어)

♀ 자동사와 타동사

1. 자동사: 동사가 나타내는 동작이나 작용이 주어에만 미치는 동사
2. 타동사: 동작의 대상인 목적어를 필요로 하는 동사

③ **관형어, 부사어는 주성분을 꾸며서 뜻을 더하여 주는 부속 성분이다.**

관형어	• 체언으로 된 주어, 서술어, 목적어, 보어 앞에 위치하여 이를 **수식한다.** 예 • <u>도시의</u> 풍경이 황량하다. / 그 가방은 <u>나의</u> 것이다. 　　• <u>새</u> 친구를 사귀었다. / 그는 <u>착한</u> 학생이 아니다. • 체언 앞에 놓이며, 체언 없이 단독으로 쓰일 수 없다.
부사어	• **용언, 관형어, 부사어, 문장 전체 등을 수식한다.** 예 • 벚꽃이 <u>아름답게</u> 피었다. / 이후로 그는 <u>아주</u> 새 사람이 되었다. 　　• 연이 <u>매우</u> 높이 날았다. / <u>설마</u> 그가 거짓말을 했겠어? • **체언이나 문장을 이어 주는 기능을 하기도 한다. (접속 부사)** 예 <u>및</u> / <u>그러나, 그리고, 그러므로</u> • 부사어는 부속 성분이지만 서술어에 따라 부사어가 필수적으로 요구되기도 한다. (필수적 부사어) 예 지혜는 <u>어머니와</u> 닮았다. / <u>비겁하게</u> 굴지 마라.

④ **독립어는 독립 성분이다.**

독립어	• 문장 내의 다른 성분들과 직접적인 관련이 없다. 예 • <u>이크</u>, 이거 큰일 났다! / <u>지현아</u>, 여기 좀 봐. 　　• <u>청춘</u>, 듣기만 해도 가슴 설레는 말이다. • **'체언 + 호격 조사**(예 지현아)'는 독립어로 독립 성분에 해당하며, **감탄사에는 속하지 않는다.**

시험 직전! 필수 암기

필수적 부사어를 필요로 하는 서술어
'같다, 비슷하다, 다르다, 닮다, 생기다, 다니다'
와 같은 두 자리 서술어나, '넣다, 두다, 주다,
삼다'와 같은 세 자리 서술어는 필수적 부사어
를 필요로 한다.

기출로 출제포인트 점검

밑줄 친 부분의 문장 성분을 쓰시오.

01 목련은 소리도 <u>없이</u> 진다.

02 5월에 <u>예쁜</u> 꽃을 보러 가자.

03 어느덧 벚꽃이 <u>활짝</u> 피었다.

04 사람들은 <u>그곳에서</u> 봄을 즐겼다.

05 4월이면 매년 <u>시에서</u> 나무를 심었다.

06 지금도 나는 <u>어머니의</u> 말씀이 기억난다.

[답]
01 부사어　02 관형어　03 부사어
04 부사어　05 주어　06 관형어

---

02 문장 종결 표현

① **국어의 문장은 문장을 종결하는 형태에 따라 평서문, 의문문, 명령문, 청유
문, 감탄문으로 나뉜다.**

② **의문문은 의문사 유무와 묻는 목적에 따라 설명 의문문, 판정 의문문, 수사
의문문으로 구분된다.**

구분	의문사 유무	묻는 목적
설명 의문문	있음	의문을 갖는 점에 대한 설명을 요구한다. 예 누가/언제 식사를 준비하기로 했니?
판정 의문문	없음	긍정이나 부정의 대답을 요구한다. 예 이 펜은 네 것이니?
수사 의문문 (반어 의문문)	있기도 하고 없기도 함	직접적인 대답을 요구하지 않고, 화자가 이미 알고 있는 상황을 확인 또는 강조한다. 예 • 시험인데 일찍 일어나야 하지 않겠니? (명령) 　• 원하는 대로만 된다면 얼마나 좋을까? (강조) 　• 지난번에 만났을 때는 정말 즐거웠지? (확인)

③ **명령문은 직접 명령문과 간접 명령문으로 구분된다.**

직접 명령문	대면 상황에서 특정인에게 하는 명령으로, 명령형 종결 어미 **'-아라/-어라'** 를 사용한다.　예 성공하고 싶다면 실력을 쌓<u>아라</u>.
간접 명령문	신문, 방송과 같은 대중 매체를 통해 불특정 다수를 대상으로 하는 명령으로, 명령형 종결 어미 **'-(으)라'**를 사용한다.　예 성공하고 싶다면 실력을 쌓<u>으라</u>.

확장개념

♀ 문장 종류별 종결 표현

구분	종결 표현
평서문	-ㅂ니다, -네, -(ㄴ)다, -아/-어
의문문	-ㅂ니까, -는가, -(느)냐
명령문	-십시오, -구려, -게, -아라/-어라
청유문	-ㅂ시다, -세, -자
감탄문	-구려, -구먼, -구나

기출로 출제포인트 점검

다음 의문문의 종류를 쓰시오.

01 윤태가 나쁜 짓을 보고 가만히 있을 것 같
아?

02 우리 여름에 유럽 여행 가서 정말로 재미
있었지?

03 아까 중국 음식점에서 짬뽕하고 군만두
시키셨어요?

[답]
01 수사 의문문(반어 의문문)
02 수사 의문문(반어 의문문)
03 판정 의문문

최근 공무원 시험 **17회 출제!**
21년 소방직 9급 6번	21년 경찰직 1차 8번
20년 국가직 9급 1번	20년 국가직 7급 19번
20년 소방직 9급 7번	20년 군무원 9급 1번
19년 서울시 7급(10월)2번	19년 소방직 9급 2번
19년 경찰직 1차 8번	18년 소방직 9급(10월)10번
18년 경찰직 2차 8번	17년 사복직 9급 2번
17년 경찰직 1차 9번	16년 국가직 9급 16번
16년 지방직 7급 16번	16년 서울시 9급 14번
16년 경찰직 1차 17번	

① 문장은 짜임에 따라 홑문장과 겹문장으로 나뉘고, 겹문장은 안은문장과 이어진문장으로 나뉜다.

② 일반적으로 서술어의 개수가 한 개면 홑문장, 두 개 이상이면 겹문장으로 판단한다. 그러나 **서술절을 안은 문장은 겹문장이지만, 표면적으로 서술어가 하나만 나타난다.**

예 토끼는 앞발이 짧다.

▶ 표면적으로는 서술어가 '짧다' 하나이지만, 서술절 '앞발이 짧다'가 전체 문장에 안겨 있는 구조이므로 겹문장이다.

③ 한 문장이 다른 문장의 성분처럼 쓰이면 안은문장, 두 문장이 연결 어미로 이어져 있으면 이어진문장이다.

안은문장	예 내가 그 일을 하기는 쉽지 않다. ▶ '내가 그 일을 하기'가 문장 속에 들어가 주어로 쓰인 안은문장이다.
이어진문장	예 봄이 되니 꽃이 핀다. ▶ '봄이 되다'와 '꽃이 핀다'가 연결 어미 '-니'로 이어지므로 이어진문장이다.

④ 안은문장은 아래와 같이 구분된다.

명사절을 안은 문장	명사형 어미 '-(으)ㅁ, -기'와 '-는 것'이 붙어서 만들어진다. 예 • 그녀가 야무진 사람임을 모르는 사람은 없다. • 아직은 집에 가기에 이른 시간이다. • 그는 그녀가 눈물을 흘리는 것을 보았다.
관형절을 안은 문장	관형사형 어미 '-(으)ㄴ, -는, -(으)ㄹ, -던'이 붙어서 만들어지며, 관계 관형절과 동격 관형절로 나뉜다. • 관계 관형절: 관형절의 수식을 받는 체언이 관형절의 한 성분이 되는 경우로, 수식을 받는 체언과 관형절 내의 성분이 동일하여서 관형절 내의 성분이 생략된다. 예 민준이가 만든 음식을 먹었다. ▶ 관형절 '민준이가 (음식을) 만든'에서 수식을 받는 체언과 동일한 요소인 '음식'은 생략된다. • 동격 관형절: 관형절과 관형절의 수식을 받는 체언이 동일한 의미이므로, 관형절에 생략되는 성분이 없다. 예 그가 합격했다는 소식을 들었다. ▶ '그가 합격했다'에 생략되는 성분이 없다. (수식을 받는 '소식'이 관형절의 성분이 되지 않음)
부사절을 안은 문장	'-이, -게, -도록, -(아)서'가 붙어서 만들어진다. 예 소리도 없이 비가 내린다.
서술절을 안은 문장	앞에 나오는 **주어를 제외한 나머지 부분**이 서술절에 해당한다. 예 할아버지는 인정이 많으시다.
인용절을 안은 문장	직접 인용에는 조사 '라고', 간접 인용에는 조사 '고'가 붙는다. 예 • 그는 나에게 "날씨가 좋네요."라고 말했다. (직접 인용) • 그는 나에게 날씨가 좋다고 말했다. (간접 인용)

시험 직전! 필수 암기

문장의 이어짐(겹문장)과 단어의 이어짐(홑문장) 구별

1. 두 문장으로 분리할 수 있는 이어진문장

예 서울과 부산은 넓다.
→ 서울은 넓다. + 부산은 넓다.

2. 문장을 서로 분리할 수 없는 홑문장

예 철수와 영희가 골목에서 마주쳤다.
→ 철수가 골목에서 마주쳤다. + 영희가 골목에서 마주쳤다.(×)

확장개념

♀ 종결 어미로 끝나는 명사절

'-느냐/(으)냐, -는가/(으)ㄴ가, -는지/(으)ㄴ지, -(으)ㄹ지' 등의 종결 어미로 끝난 문장도 그대로 명사절로 쓰일 수 있다.

예 이제부터 우리가 무엇을 할 것이냐/할 것인가/할 것인지/할지(명사절)가 문제이다.

⑤ **이어진문장은 아래와 같이 구분된다.**

대등하게 이어진 문장	앞 절과 뒤 절의 의미 관계가 대등하다. 예 비가 오고, 바람이 분다. / 그녀는 아름답지만, 성격은 좋지 않다.
종속적으로 이어진 문장	앞 절과 뒤 절의 의미 관계가 대등하지 않고, 종속적이다. 예 네가 착한 일을 하면, 선물을 줄게. / 책을 빌리려고 지현이는 도서관에 갔다.

⑥ **대등하게 이어진 문장과 종속적으로 이어진 문장의 앞 절과 뒤 절의 순서를 바꾸어 보았을 때 의미 차이가 거의 없으면 대등하게 이어진 문장이고, 문장의 의미가 완전히 달라지면 종속적으로 이어진 문장이다.**

대등하게 이어진 문장	예 나는 집에 있지만 너는 밖에 있다. → 너는 밖에 있지만 나는 집에 있다. ▶ 두 문장 간에 의미 차이가 없으므로 대등하게 이어진 문장이다.
종속적으로 이어진 문장	예 봄이 오면, 꽃이 핀다. → 꽃이 피면, 봄이 온다. ▶ 두 문장의 의미가 완전히 다르므로 종속적으로 이어진 문장이다.

압축개념
04 시간 표현

최근 공무원 시험 **2회 출제!**
20년 경찰직 1차 7번
16년 경찰직 2차 10번

① **시제를 나타내는 어미는 결합하는 품사에 따라 달라진다.**

구분	동사와 결합	형용사, 서술격 조사와 결합
과거	선어말 어미 '-았-/-었-/-였-', '-더-', '-았었-/-었었-/-였었-' 사용 예 · 갔다, 가더라, 갔었다 (동사와 결합) · 예뻤다, 예쁘더라, 예뻤었다 (형용사와 결합) · 꽃이었다, 꽃이더라, 꽃이었었다 (서술격 조사와 결합)	
	관형사형 어미 '-(으)ㄴ' 사용 예 간, 먹은	관형사형 어미 '-던' 사용 예 예쁘던, 꽃이던
현재	· 선어말 어미 '-는-, -ㄴ-' 사용 예 먹는다, 간다 · 관형사형 어미 '-는' 사용 예 가는	· 현재 시제 선어말 어미가 결합하지 않음 · 관형사형 어미 '-(으)ㄴ' 사용 예 예쁜, 꽃인
미래	· 선어말 어미 '-겠-, -(으)리-', '-(으)ㄹ 것-(관형사형 어미와 의존 명사의 결합형)' 사용 예 · 가겠다, 가리라, 갈 것이다 (동사와 결합) · 예쁘겠다, 예쁘리라, 예쁠 것이다 (형용사와 결합) · 꽃이겠다, 꽃이리라, 꽃일 것이다 (서술격 조사와 결합) · 관형사형 어미 '-(으)ㄹ' 사용 예 갈, 예쁠, 꽃일	

② **절대 시제와 상대 시제는 대부분 문장의 종결형 또는 관형사형이나 연결형의 시제로 파악할 수 있다.**

절대 시제	· 발화시를 기준으로 결정되는 시제 · 문장의 종결형에 주로 표시된다.	예 민희는 어제 청소하시는 어머니를 도와 드렸다. → 절대 시제: 과거 상대 시제: 현재
상대 시제	· 사건시를 기준으로 결정되는 시제 · 관형사형이나 연결형에 주로 표시된다.	

05 높임 표현

① **상대 높임법**: 말하는 이가 **듣는 이**를 높이거나 낮추어 말하는 방법으로, **종결 표현**으로 실현된다.

구분		평서법	의문법	명령법	청유법	감탄법
격식체	아주 높임 (하십시오체)	· 갑니다 · 가십니다	· 갑니까? · 가십니까?	가십시오	가십시다	–
	예사 높임 (하오체)	가(시)오	가(시)오?	· 가(시)오 · 가구려	갑시다	가는구려
	예사 낮춤 (하게체)	· 가네 · 감세	· 가는가? · 가나?	가게	가세	가는구먼
	아주 낮춤 (해라체)	간다	· 가냐? · 가니?	· 가(거)라 · 가렴 · 가려무나	가자	가는구나
비격식체	두루 높임 (해요체)	가요	가요?	가(세/셔)요	가(세/셔)요	가(세/셔)요
	두루 낮춤 (해체)	· 가 · 가지	· 가? · 가지?	· 가 · 가지	· 가 · 가지	· 가 · 가지

② **주체 높임법**: 서술의 주체를 높이는 방법으로, **선어말 어미 '-(으)시-'나 일부 특수 어휘**로 실현된다.

(1) 일반적인 주체 높임법의 실현

용언의 어간 + -(으)시- + 어말 어미 예 오시다, 가시다
　　　　주체 높임 선어말 어미

일부 특수 어휘 사용 예 계시다, 잡수시다, 주무시다, 편찮으시다

(2) 특수한 상황에서의 주체 높임법 실현

압존법	· 문장의 주체가 말하는 이보다는 높으나 듣는 이보다 낮을 때는 그 주체를 높이지 않는다. 예 할아버지, 아버지가 왔습니다. · 압존법은 가족 간이나 사제 간처럼 사적인 관계에서 적용된다.
간접 높임	· 높여야 할 주체와 밀접한 연관이 있는 대상(신체 부분, 소유물 등)을 높일 때는, '-(으)시-'를 붙여 간접적으로 주체를 높인다. 예 · 할머니께서는 귀가 밝으십니다. · 과장님, 넥타이가 멋있으십니다. · '있다'의 높임 표현인 '있으시다'는 간접 높임에만 쓰인다. 예 아버지께서 말씀을 하지 않는 것을 보니 걱정거리가 있으시다.

③ **객체 높임법**: 목적어나 부사어가 지시하는 대상, 즉 **서술의 객체**를 높이는 방법으로, **특수 어휘(드리다, 모시다, 여쭙다, 뵙다, 찾아뵙다 등)**로 실현된다.

예 · 선생님께 편지를 <u>드리다</u>.
· 할머니를 편안한 곳으로 <u>모시다</u>.
· 아버지께 문안을 <u>여쭙다</u>.
· 선생님을 <u>뵙게</u> 되어 영광입니다.
· 주말에 댁으로 <u>찾아뵙겠습니다</u>.

확장개념

♦ **격식체와 비격식체의 사용**

1. 격식체: 말하는 이와 듣는 이 간의 심리적 거리가 먼 경우나 공적(公的)인 자리에서 사용한다.
2. 비격식체: 말하는 이와 듣는 이 간의 심리적 거리가 가까운 경우나 사적(私的)인 자리에서 사용한다.

♦ **직장에서 '압존법'의 사용**

압존법은 직장에서 사용하지 않는다. 직장에서는 윗사람을 그보다 윗사람에게 지칭하는 경우, 예를 들어 평사원이 사장에게 과장을 서술할 경우 '과장님'이라 하고 서술어에 주체를 높이는 '-시-'를 넣어 '과장님이 이 일을 하셨습니다.'처럼 높여 말하는 것이 언어 예절에 맞다.

예 · 국장님, 과장님이 외부에 나갔습니다. (×)
· 국장님, 과장님이 외부에 <u>나가셨습니다</u>. (O)

♦ **'있다'의 주체 높임 표현**

'있다'의 주체 높임 표현에는 간접 높임에 쓰이는 '있으시다'와 직접 높임에 쓰이는 특수 어휘 '계시다'가 있다.

예 · 아버지께서는 걱정거리가 <u>있으시다</u>. (간접 높임)
· 아버지께서는 안방에 <u>계신다</u>. (직접 높임)

♦ **'말씀'의 사용**

'말씀'은 낮춤말과 높임말 모두로 사용할 수 있는 어휘이다. '말씀'이 자신의 말을 가리킬 때에는 낮춤말로 쓰고, 그 외에는 높임말로 쓴다.

예 · 제 <u>말씀</u> 좀 들어 보세요. (낮춤)
· 아버님의 <u>말씀</u>을 귀 기울여 들었다. (높임)

기출로 출제포인트 점검

밑줄 친 부분이 높이고 있는 대상을 쓰시오.

01 형님이 선생님을 <u>모시고</u> 집으로 왔다.

02 할아버지께서 네 방으로 오라고 <u>하셨어</u>.

03 할머니, 아버지가 고모에게 전화하는 것을 <u>들었어요</u>.

[답]
01 선생님　　02 할아버지　　03 할머니

06 부정 표현

부정 표현은 '안' 부정문, '못' 부정문, '말다' 부정문으로 구분된다.

구분	의미	쓰임	예
'안' 부정문	의지 부정	주로 평서문, 의문문에 사용	• 나는 숙제를 안 했다. (짧은 부정문) • 나는 숙제를 하지 않았다. (긴 부정문)
'못' 부정문	능력 부정		• 너는 숙제를 못 했니? (짧은 부정문) • 너는 숙제를 하지 못했니? (긴 부정문) • 그 꽃은 아름답지 못하다. ▶ 형용사에는 '못' 부정문을 쓰지 않는 것이 원칙이나, 기대에 못 미쳐 아쉬워할 때는 예외적으로 '못' 부정문을 쓰기도 한다.
'말다' 부정문	금지	주로 명령문, 청유문에 사용	• 장난치지 마라(말아라). • 무단 횡단을 하지 말자. • 내일은 비가 오지 말기를 바랐다. ▶ 소망을 나타내는 동사가 오면 명령문, 청유문이 아니어도 '말다' 부정문을 쓸 수 있다.

시험 직전! 필수 암기

'안 되다', '안되다'의 띄어쓰기

1. 부정문에 쓰인 경우 띄어 쓴다.
   예 이제 다시는 그를 안 만나겠다.
2. 부정이 아닌 특수한 의미로 쓰인 경우 붙여 쓴다.
   예 • 그가 잘 안되기를 바랐다.
   • 아프더니 얼굴이 안됐다.

07 피동문과 사동문

빈출

최근 공무원 시험 9회 출제!
20년 군무원 9급 7번 | 19년 서울시 7급(2월) 16번
19년 경찰직 2차 9번 | 19년 군무원 9급(2차) 4번
18년 국가직 7급 8번 | 18년 지방직 9급 2번
18년 지방직 7급 15번 | 16년 서울시 9급 12번
16년 서울시 7급 7번

① 피동문: 주어가 다른 주체에 의해서 **동작을 당하게 되는** 것을 나타낸다.

파생적 피동문 (단형 피동)	능동사의 어간에 피동 접미사 '-이-, -히-, -리-, -기-'나 '-되다'를 붙여서 만든다. 예 쌓이다, 먹히다, 찔리다, 안기다, 사용되다
통사적 피동문 (장형 피동)	능동사의 어간에 '-어지다', '-게 되다'를 붙여서 만든다. 예 만들어지다, 드러나게 되다

② 사동문: 주어가 다른 대상에게 **동작을 하도록 시키는** 것을 나타낸다.

(1) 사동문의 종류

파생적 사동문 (단형 사동)	주동사의 어간에 사동 접미사 '-이-, -히-, -리-, -기-, -우-, -구-, -추-'를 붙여서 만든다. 예 녹이다, 굽히다, 살리다, 웃기다, 깨우다, 달구다, 늦추다
통사적 사동문 (장형 사동)	주동사의 어간에 '-게 하다'를 붙여서 만든다. 예 드러나게 하다

(2) 파생적 사동문과 통사적 사동문의 의미 차이

일반적으로 파생적 사동문은 주어의 직접 행위와 간접 행위를 모두 나타내고, 통사적 사동문은 주어의 간접 행위만을 주로 나타낸다.

파생적 사동문	예 어머니가 딸에게 옷을 입혔다. ▶ 어머니가 직접 옷을 입힌 경우, 딸이 스스로 옷을 입도록 한 경우에 모두 해당됨
통사적 사동문	예 어머니가 딸에게 옷을 입게 하였다. ▶ 딸이 스스로 옷을 입도록 한 경우로만 해석됨

확장개념

♀ 이중 피동

이중 피동은 한 용언에 피동법이 두 번 쓰인 표현을 말한다. 피동 접사와 통사적 피동을 겹쳐 쓰는 것은 문법에 어긋나므로 지양해야 한다. 참고로 '밝혀지다', '알려지다'는 이중 피동형이 아닌 표준어이다.

예 • 쥐가 고양이에게 잡혀지다.(×) (잡히어지다: 피동 접미사 '-히-' + 통사적 피동 '-어지다')
• 곧 사실이 드러나게 되어진다.(×) (통사적 피동 '-게 되다' + 통사적 피동 '-어지다')

기출로 출제포인트 점검

밑줄 친 동사가 피동사인지 사동사인지 쓰시오.

01 비가 와서 땅이 깊이 패었다.

02 목동이 양들에게 풀부터 뜯겼다.

03 아이들은 종이비행기만 하늘로 날렸다.

04 태희는 반지마저 유진에게 보여 주었다.

05 소영의 양손에 무거운 보따리가 들려 있다.

[답]
01 피동사　　02 사동사　　03 사동사
04 사동사　　05 피동사

01 2019년 서울시 7급(2월)

밑줄 친 부분의 문장 성분이 다른 하나는?

① 지금도 나는 <u>어머니의</u> 말씀이 기억난다.
② 그 학생이 <u>아주</u> 새 사람이 되었더라.
③ <u>바로</u> 옆집에 삼촌이 사신다.
④ 5월에 <u>예쁜</u> 꽃을 보러 가자.

02 2018년 서울시 9급(3월)

밑줄 친 부분 중에서 목적어가 아닌 것은?

① 우리는 <u>그의 제안을 수용할지를</u> 결정하지 못했다.
② 사공들은 <u>바람이 불기를</u> 기다렸다.
③ 아이들이 <u>건강하지를</u> 않아 걱정이다.
④ 나는 <u>일이 어렵고 쉽고를</u> 가리지 않는다.

03 2016년 서울시 7급

다음 중 국어의 문장 성분에 관한 설명이 옳은 것끼리 묶인 것은?

> ㉠ 주어는 성격에 따라 필요로 하는 문장 성분의 숫자가 다르다.
> ㉡ 주어, 서술어, 목적어, 부사어는 주성분에 속한다.
> ㉢ '물이 얼음으로 되었다.'의 문장 성분은 주어, 부사어, 서술어이다.
> ㉣ 부사어는 관형어나 다른 부사어를 수식하기도 한다.
> ㉤ 체언에 호격 조사가 결합된 형태는 독립어에 해당된다.
> ㉥ 문장에서 주어는 생략될 수 있지만 목적어는 생략될 수 없다.

① ㉠, ㉡, ㉢
② ㉡, ㉢, ㉣
③ ㉢, ㉣, ㉤
④ ㉣, ㉤, ㉥

04 2020년 서울시 9급

밑줄 친 부분의 문장 성분이 나머지 셋과 다른 하나는?

① 이 물건은 <u>시장에서</u> 사 왔다.
② 고마운 <u>마음에서</u> 드리는 말씀입니다.
③ <u>이에서</u> 어찌 더 나쁠 수가 있겠어요?
④ <u>정부에서</u> 실시한 조사 결과가 발표되었다.

05 2016년 국가직 9급

안긴문장이 주성분으로 쓰이지 않은 것은?

① 그 학교는 교정이 넓다.
② 농부들은 비가 오기를 학수고대했다.
③ 아이들이 놀다 간 자리는 항상 어지럽다.
④ 대화가 어디로 튈지 아무도 몰랐다.

06 2020년 국가직 7급

밑줄 친 부분의 문법적 성격이 다른 하나는?

① 내가 어제 책을 산 서점은 우리 집 옆에 있다.
② 저는 제가 직접 그분을 만난 기억이 없습니다.
③ 그 화가는 붓을 놓고 이마에 <u>흐르는</u> 땀을 씻었다.
④ <u>횃불을 추켜든</u> 사람들이 골짜기를 샅샅이 뒤졌다.

07 2020년 경찰직 1차

<보기>는 국어의 시제에 대한 설명이다. 밑줄 친 부분의 예로 가장 적절한 것은?

> **보기**
> 절대 시제란 발화시를 기준으로 한 시제이고, 상대 시제란 발화시가 아닌 다른 시점을 기준으로 한 시제이다.

① 공원에는 <u>운동하는</u> 사람들이 많이 보였다.
② 철수는 다음 달에 유학을 <u>간다</u>.
③ 넌 이제 큰일 <u>났다</u>.
④ 내일은 비가 <u>오겠다</u>.

08 2016년 서울시 7급

다음 중 피동과 사동에 대한 설명으로 가장 옳지 않은 것은?

① 동사에 따라서는 사동사와 피동사의 형태가 같은 경우도 있다.

② 사동 접사는 타동사뿐 아니라 자동사나 형용사와도 결합할 수 있다.

③ 사동문과 피동문 각각에 대응하는 주동문과 능동문이 없는 경우도 있다.

④ 일반적으로 단형 사동은 사동주의 직접 행위는 물론 간접 행위도 나타내는데, 장형 사동은 사동주의 직접 행위를 나타낸다.

09 2019년 서울시 7급(2월)

<보기>를 참고하여 문장에 실현되는 높임법을 분석할 때, 다음 중 옳지 않은 것은?

> **보기**
>
> 국어의 높임법에는 주체 높임법, 객체 높임법, 상대 높임법이 있다. 이처럼 다양한 높임법을 체계적으로 살펴보기 위해서 아래의 예와 같이 이들 높임법이 문장에 나타날 때와 그렇지 않을 때를 '+'와 '−'로 표시할 수 있을 것이다.
>
> 예 영수가 동생에게 과자를 주었습니다.
>   (− 주체, − 객체, + 상대)

① 어머니께서 영희에게 과자를 주셨다.
  (+ 주체, − 객체, − 상대)

② 영희가 할머니께 과자를 드렸다.
  (− 주체, + 객체, + 상대)

③ 어머니께서 영희에게 과자를 주셨습니다.
  (+ 주체, − 객체, + 상대)

④ 어머니께서 할머니께 과자를 드리셨습니다.
  (+ 주체, + 객체, + 상대)

10 2019년 서울시 7급(10월)

밑줄 친 절의 성격이 나머지 셋과 다른 것은?

① 나는 영수가 만든 음식이 정말 맛있다.

② 영수가 한 질문이 너무 어려웠다.

③ 나는 영수가 애쓴 사실을 알고 있다.

④ 영수가 들은 소문은 헛소문이었다.

11 2019년 국가직 9급

다음 글의 괄호 안에 들어갈 문장으로 적절한 것은?

> 국어의 높임법에는 말하는 이가 듣는 이에 대하여 높이거나 낮추어 말하는 상대 높임법, 서술어의 주체를 높이는 주체 높임법, 서술어의 객체를 높이는 객체 높임법 등이 있다. 이러한 높임 표현은 한 문장에서 복합적으로 실현되기도 하는데, (   )의 경우 대화의 상대, 서술어의 주체, 서술어의 객체를 모두 높인 표현이다.

① 아버지께서 할머니를 모시고 댁에 들어가셨다.

② 제가 어머니께 그렇게 말씀을 드리면 될까요?

③ 어머니께서 아주머니께 이 김치를 드리라고 하셨습니다.

④ 주민 여러분께서는 잠시만 제 이야기에 귀를 기울여 주시기 바랍니다.

12 2020년 서울시 9급

밑줄 친 서술어의 자릿수가 다른 하나는?

① 그림이 실물과 <u>같다</u>.

② 나는 학생이 <u>아니다</u>.

③ 지호가 종을 <u>울렸다</u>.

④ 길이 매우 <u>넓다</u>.

정답 및 해설 p. 278

05 의미·어휘

압축개념
01 동음이의어와 다의어의 구별

최근 공무원 시험 **14회 출제!**
21년 국가직 9급 2번	20년 국가직 7급 2번
20년 서울시 9급 7번	20년 소방직 9급 5번
19년 지방직 9급 11번	18년 국가직 7급 7번
18년 서울시 7급(3월) 3번	18년 경찰직 2차 2번
18년 경찰직 3차 7번	17년 국가직 9급(4월) 5번
17년 국가직 7급(8월) 9번	17년 서울시 7급 3번
16년 서울시 9급 17번	16년 군무원 9급 13번

① **동음이의어**는 두 개 이상의 단어가 소리는 같으나 의미상 관련이 없는 것이고, **다의어**는 하나의 단어가 두 가지 이상의 관련된 의미로 쓰이는 것이다.

> 예 · 배¹: 신체의 일부 / 배²: 사람이나 짐을 싣고 물 위로 떠다니도록 만든 물건
>
> ▶ '배¹'과 '배²'는 의미상 서로 관련이 없으므로 동음이의어이다.
>
> · 다리: ① 사람이나 동물의 몸통 아래 붙어 있는 신체의 부분 ② 물체의 아래쪽에 붙어서 그 물체를 받치거나 버티어 놓은 부분
>
> ▶ '다리'는 뜻 ①과 ②가 '몸이나 물체의 아래쪽에 붙은 부분'이라는 점에서 관련성이 있으므로 다의어이다.

② **동음이의어와 다의어는 의미의 유사성과 사전에서 한 단어로 처리하는지에 따라 구별한다.**

③ **동음이의어와 다의어의 예시**

(1) 동음이의어의 예시

살다	살다¹ 图 생명을 지니고 있다. 살다² 图 크기가 기준이나 표준보다 약간 크다.
쓰다	쓰다¹ 图 붓, 펜, 연필과 같이 선을 그을 수 있는 도구로 종이 등에 획을 그어서 일정한 글자의 모양이 이루어지게 하다. 쓰다² 图 모자 등을 머리에 얹어 덮다. 쓰다³ 图 어떤 일을 하는 데에 재료나 도구, 수단을 이용하다. ⋮
갈다	갈다¹ 图 이미 있는 사물을 다른 것으로 바꾸다. 갈다² 图 날카롭게 날을 세우거나 표면을 매끄럽게 하기 위하여 다른 물건에 대고 문지르다. 갈다³ 图 쟁기나 트랙터 등의 농기구나 농기계로 땅을 파서 뒤집다. ⋮
벌어지다	벌어지다¹ 图 갈라져서 사이가 뜨다. 벌어지다² 图 어떤 일이 일어나거나 진행되다.
배다	배다¹ 图 스며들거나 스며 나오다. 배다² 图 배 속에 아이나 새끼를 가지다. 배다³ 휑 물건의 사이가 비좁거나 촘촘하다.
들다	들다¹ 图 밖에서 속이나 안으로 향해 가거나 오거나 하다. 들다² 图 비나 눈이 그치고 날이 좋아지다. 들다³ 图 날이 날카로워 물건이 잘 베어지다.

차다	차다¹ 图 일정한 공간에 사람, 사물, 냄새 등이 더 들어갈 수 없이 가득하게 되다.
	차다² 图 발로 내어 지르거나 받아 올리다.
	차다³ 图 물건을 몸의 한 부분에 달아매거나 끼워서 지니다.
	⋮
타다	타다¹ 图 불씨나 높은 열로 불이 붙어 번지거나 불꽃이 일어나다.
	타다² 图 탈것이나 짐승의 등에 몸을 얹다.
	타다³ 图 다량의 액체에 소량의 액체나 가루 등을 넣어 섞다.
	⋮

(2) 다의어의 예시

살다	「1」 생명을 지니고 있다.
	¶ 그는 백 살까지 살았다.
	「2」 마음이나 의식 속에 남아 있거나 생생하게 일어나다.
	¶ 어렸을 때 배운 노래 한 구절이 머릿속에 아직도 살아 있다.
	「3」 움직이던 물체가 멈추지 않고 제 기능을 하다.
	¶ 그렇게 세게 부딪혔는데도 시계가 살아 있다.
	「4」 경기나 놀이 등에서, 상대편에게 잡히지 않고 제 기능을 하다.
	¶ 포는 죽고 차만 살아 있다.
	⋮
쓰다	「1」 붓, 펜, 연필과 같이 선을 그을 수 있는 도구로 종이 등에 획을 그어서 일정한 글자의 모양이 이루어지게 하다.
	¶ 연습장에 붓글씨를 쓰다.
	「2」 머릿속의 생각을 종이 혹은 이와 유사한 대상 등에 글로 나타내다.
	¶ 그는 조그마한 수첩에 일기를 써 왔다.
	「3」 원서, 계약서 등과 같은 서류 등을 작성하거나 일정한 양식을 갖춘 글을 쓰는 작업을 하다.
	¶ 그는 지금 계약서를 쓰고 있다.
	「4」 머릿속에 떠오른 곡을 일정한 기호로 악보 위에 나타내다.
	¶ 그는 노래도 부르고 곡도 쓰는 가수 겸 작곡자이다.
갈다	「1」 날카롭게 날을 세우거나 표면을 매끄럽게 하기 위하여 다른 물건에 대고 문지르다.
	¶ 기계로 칼을 갈다.
	「2」 잘게 부수기 위하여 단단한 물건에 대고 문지르거나 단단한 물건 사이에 넣어 으깨다.
	¶ 고기를 갈다.
	「3」 먹을 풀기 위하여 벼루에 대고 문지르다.
	¶ 벼루에 먹을 갈다.
	「4」 윗니와 아랫니를 맞대고 문질러 소리를 내다.
	¶ 자면서 뽀드득뽀드득 이를 갈다.
벌어지다	「1」 갈라져서 사이가 뜨다.
	¶ 입이 벌어지다.
	「2」 가슴이나 어깨, 등 등이 옆으로 퍼지다.
	¶ 어깨가 벌어진 사내들
	「3」 식물의 잎이나 가지 등이 넓게 퍼져서 활짝 열리다.
	¶ 가지가 벌어지다.
	「4」 그릇 등이 속은 얕고 위가 넓게 되다.
	¶ 벌어진 사발에 국수를 말아 먹었다.
	⋮
배다	「1」 스며들거나 스며 나오다.
	¶ 옷에 땀이 배다.
	「2」 버릇이 되어 익숙해지다.
	¶ 일이 손에 배다.
	「3」 냄새가 스며들어 오래도록 남아 있다.
	¶ 담배 냄새가 옷에 배었다.
	「4」 느낌, 생각 등이 깊이 느껴지거나 오래 남아 있다.
	¶ 농악에는 우리 민족의 정서가 배어 있다.

들다	「1」 밖에서 속이나 안으로 향해 가거나 오거나 하다. ¶ 숲속에 드니 공기가 훨씬 맑았다. 「2」 빛, 볕, 물 등이 안으로 들어오다. ¶ 꽃은 해가 잘 드는 데 심어야 한다. 「3」 방이나 집 등에 있거나 거처를 정해 머무르게 되다. ¶ 하숙집에 든 지도 벌써 삼 년이 지났다. 「4」 길을 택하여 가거나 오다. ¶ 컴컴한 골목길에 들고부터는 그녀의 발걸음이 빨라졌다. ⋮
차다	「1」 발로 내어 지르거나 받아 올리다. ¶ 제기를 차다. 「2」 발을 힘껏 뻗어 사람을 치다. ¶ 그는 상대편 선수를 발로 찼다. 「3」 혀끝을 입천장 앞쪽에 붙였다가 떼어 소리를 내다. ¶ 혀를 끌끌 차다. 「4」 발로 힘 있게 밀어젖히다. ¶ 선수들은 출발선을 차며 힘차게 내달렸다. ⋮
타다	「1」 도로, 줄, 산, 나무, 바위 등을 밟고 오르거나 그것을 따라 지나 가다. ¶ 원숭이는 나무를 잘 탄다. 「2」 어떤 조건이나 시간, 기회 등을 이용하다. ¶ 아이들은 야밤을 타 닭서리를 했다. 「3」 바람이나 물결, 전파 등에 실려 퍼지다. ¶ 연이 바람을 타고 하늘로 올라간다. 「4」 바닥이 미끄러운 곳에서 어떤 기구를 이용하여 달리다. ¶ 스케이트를 처음 탈 때는 엉덩방아를 찧게 마련이다. ⋮

기출로 출제포인트 점검

밑줄 친 단어가 동음이의 관계인지 다의 관계인지 쓰시오.

01 · 새로 구입한 의자는 <u>다리</u>가 튼튼하다.
　 · 박물관에 가려면 한강 <u>다리</u>를 건너야 한다.

02 · 그 영화는 <u>뒤</u>로 갈수록 재미가 없었다.
　 · 너의 일이 잘될 수 있도록 내가 <u>뒤</u>를 봐 주겠다.

03 · 지수는 빨래를 할 때 합성세제를 <u>쓰지</u> 않는다.
　 · 이 일은 인부를 <u>쓰지</u> 않으면 하기 어렵다.

[답]
01 동음이의 관계　02 다의 관계　03 다의 관계

압축개념
02 단어 간의 의미 관계

빈출

최근 공무원 시험 11회 출제!
20년 경찰직 1차 10번　20년 군무원 9급 16번
19년 지방직 9급 1번　19년 서울시 7급(2월) 2번
18년 국가직 9급 16번　18년 지방직 7급 11번
18년 지방직 9급 1번　17년 지방직 9급 16번
17년 서울시 9급 6번　17년 군무원 9급 12번
16년 국가직 9급 9번

① **유의 관계:** 말소리는 다르지만 **의미가 서로 비슷한 관계**를 유의 관계라 한다. 예 낯 – 얼굴, 금성 – 샛별, 머리 – 모발 – 헤어, 식사 – 진지 – 끼니 – 맘마

② **반의 관계: 의미상 서로 짝을 이루어 대립하는 관계**를 반의 관계라 한다.

상보 반의어(모순 관계)	정도 반의어(반대 관계)	방향 반의어(대칭 관계)
중간 항이 없는 반의 관계 예 남자 ↔ 여자, 　살다 ↔ 죽다, 　기혼 ↔ 미혼, 참 ↔ 거짓	중간 항이 있는 반의 관계 예 늙다 ↔ 젊다, 　작다 ↔ 크다, 　쉽다 ↔ 어렵다	맞선 방향을 전제로 하여 관계나 이동의 측면에서 대립을 이루는 반의 관계 예 남편 ↔ 아내, 시작 ↔ 끝

③ **상하 관계: 한쪽이 의미상 다른 쪽을 포함하거나 다른 쪽에 포함되는 관계**를 상하 관계라 한다. 예 (상위어) 새 – (하위어) 참새, 까치, 독수리, 앵무새, 올빼미 …

④ **부분 관계: 한 단어의 지시 대상이 다른 단어의 지시 대상의 일부분인 관계**를 부분 관계라 한다. 예 손가락 – 손, 코 – 얼굴, 자판 – 노트북 컴퓨터

확장개념

♀ **유의어 간의 관계**
단어 간에 다음과 같은 관계가 나타나는 경우도 의미가 서로 비슷하면 유의 관계에 해당한다.

1. 고유어 – 한자어 – 외래어
　 예 가운데 – 중앙 – 센터
2. 일상어 – 전문어 예 별똥별 – 유성(流星)
3. 금기어 – 완곡어 예 변소 – 뒷간

기출로 출제포인트 점검

다음 단어 간의 관계를 쓰시오.

01 항용 – 늘
02 오다 – 가다
03 미소 – 웃음
04 남자 – 여자
05 예술 – 문학

[답]
01 유의 관계　　02 반의 관계　　03 상하 관계
04 반의 관계　　05 상하 관계

압축개념
03 전제와 함의의 구별

① **전제와 함의는 모두 문장 안에 들어 있는 또 다른 정보를 가리키는 말이다.**

[예] 나는 네가 어제 늦게 잤음을 알고 있다.

▶ 문장 안에 '너는 어제 늦게 잤다'라는 정보가 들어 있다.

② **전제는 주문장이 그대로 있든 부정이 되든 상관없이 참이지만, 함의는 주문장을 부정하면 포함된 정보도 참이 아니게 된다.**

[예] • 나는 수정이가 예쁘다는 것을 기억하고 있다. (긍정)

→ 나는 수정이가 예쁘다는 것을 기억하지 못한다. (부정)

▶ 긍정의 의미든 부정의 의미든, 문장 안에 포함된 '수정이가 예쁘다'라는 정보는 언제나 참이 된다. 따라서 '수정이가 예쁘다'는 제시된 문장의 전제이다.

• 내 컴퓨터가 고장 났어. (긍정)

→ 내 컴퓨터가 고장 나지 않았어. (부정)

▶ 문장 안에 '나는 컴퓨터를 가지고 있다'라는 정보가 포함되어 있는데, 이는 주문장을 부정할 경우 참인지 거짓인지 알 수 없게 된다. 따라서 '나는 컴퓨터를 가지고 있다'는 제시된 문장의 함의이다.

기출로 출제포인트 점검

다음의 두 문장 간의 관계에서, 뒤의 문장이 앞 문장의 전제인지 함의인지 쓰시오.

> 철수는 아직 장가를 가지 않았다. < 철수는 남자다.

[답]
전제

압축개념
04 의미 변화의 유형

최근 공무원 시험 **3회 출제!**
19년 국가직 9급 19번   19년 서울시 7급(2월)17번
19년 서울시 7급(10월) 11번

단어의 의미는 변화 양상에 따라 의미의 확대, 축소, 이동으로 나뉜다.

의미 확대 (의미의 일반화)	어떤 단어의 의미 범주가 넓어지는 것 [예] • 손[手]: 손 → 손 + 노동력 • 장인(匠人): 기술자 → 예술가 • 겨레: 종친(宗親) → 민족, 동포 • 세수(洗手): 손을 씻다 → 손과 얼굴을 씻다 • 다리: 생물의 다리 → 생물 + 무생물의 다리 • 선생: 교육자 → 교육자 + 존경받을 만한 사람 • 지갑(紙匣): 종이로 만든 것 → 종이, 가죽, 비닐로 만든 것 • 영감(令監): 정3품과 종2품의 벼슬아치 → 중년이 지난 남자
의미 축소 (의미의 특수화)	어떤 단어의 의미 범주가 축소되는 것 [예] • 얼굴: 형체 → 안면 • 놈: 사람 전체 → 남자의 낮춤말 • 뫼(메): 밥, 진지 → 제사 때의 밥 • 계집: 일반적인 여성 → 여성의 낮춤말 • 미인(美人): 남자와 여자에게 다 씀 → 예쁜 여인에게만 씀 • 짐승['즁싱(衆生)'에서 온 말]: 생물 전체 → 사람을 제외한 동물
의미 이동 (의미의 전성)	어떤 단어의 의미 자체가 달라지는 것 [예] • 어엿브다: 불쌍하다 → 예쁘다 • 어리다: 어리석다 → 나이가 적다 • 인정(人情): 뇌물 → 사람 사이의 정 • 두꺼비집: 두꺼비의 집 → 전기 개폐기 • 감투: 벼슬아치가 머리에 쓰는 모자 → 벼슬 • 방송(放送): 죄인을 풀어 주다 → 전파를 내보내다 • 씩씩하다: 장엄하다, 엄숙하다 → 굳세고 위엄스럽다

기출로 출제포인트 점검

다음 단어의 의미 변화 유형을 쓰시오.

01 놈

02 짐승

03 얼굴

04 인정

05 겨레

06 어리다

[답]
01 축소   02 축소   03 축소
04 이동   05 확대   06 이동

① **고유어**는 대개 의미의 폭이 넓어 **다의어로 사용되는 경우가 많다.**

예 쓰다¹: ① 선을 그을 수 있는 도구로 획을 그어서 일정한 글자 모양이 이루어지게 하다.
② 머릿속의 생각을 종이 등에 글로 나타내다. ③ 서류 등을 작성하거나 글을 쓰는 작업을 하다. ④ 머릿속에 떠오른 곡을 일정한 기호로 악보 위에 나타내다.

② **한자어**는 고유어에 비해 좀 더 **정확하고 분화된 의미**를 가지고 있어 고유어를 보완하는 역할을 한다. 보통 추상어나 개념어가 많다.

예 말 – 대화(對話), 회화(會話), 언어(言語), 언변(言辯), 화술(話術) 등

③ **외래어**는 외국에서 들어온 말로 국어처럼 쓰이며, **차용어라고도 한다.**

예 햄버거, 핸드폰, 주스, 라디오, 컵, 컴퓨터, 버스, 택시, 콜라 등

④ **은어**는 어떤 특정한 집단 안에서 내부의 **비밀을 유지**하기 위해 사용하는 말로 암호의 성격을 띠며, **속어**는 **비속하고 천박한 어감**을 준다.

예 • 은어: 채약꾼(산삼을 캐는 사람), 짭새(경찰), 꼰대(선생님)
　• 속어: 골 때린다(어이없다), 쪽팔리다(창피하다), 토끼다(도망가다)

⑤ **관용어**와 **속담**은 둘 이상의 단어가 결합하여 특별한 의미로 사용되므로, 하나의 단어와 동일하게 취급한다.

예 • 관용어: 미역국을 먹다(시험에 떨어지다)
　• 속담: 돌다리도 두들겨 보고 건너라
　▶ 속담 '돌다리도 두들겨 보고 건너라'는 돌다리를 두들겨 보는 행위에 빗대어, 잘 아는 일이라도 세심하게 주의를 해야 한다는 교훈을 전하므로 관용어에 비해 비유성, 교훈성이 강하게 드러난다.

⑥ **금기어**는 입 밖에 내기를 꺼려 하는 말이며, **완곡어**는 금기어 대신에 만들어 사용하는 말이다.

예 후진국, 청소부(금기어) / 개발 도상국, 환경미화원(완곡어)
　▶ 금기어 대신 완곡어를 사용하면 불쾌감을 줄일 수 있다.

⑦ **전문어**는 **정확한 개념**을 가리키므로 의미의 다의성이 적고, 의미가 문맥의 영향을 적게 받는다. 전문가 집단에서만 쓰이므로 전문어를 잘 모르는 사람과 대화를 할 때 의사소통이 어려운 단점이 있다.

예 주두, 풋집, 도리, 장부, 충량, 사모턱
　▶ 건축업에서 쓰는 전문어로, 일반인들은 뜻을 알기 힘든 단어들이다.

확장개념

♦ **고유어와 한자어**
1. 고유어는 다의어로서의 의미 특성이 있고 한자어는 의미가 세분화되어 있으므로, 고유어와 한자어는 일대다(一對多)의 대응 관계가 만들어지기도 한다.
2. 유의 관계에 있는 고유어와 한자어들은 의미가 비슷하더라도 쓰이는 영역이 다르다.

고유어	한자어
주로 일상어, 예사말에 사용됨	주로 전문어, 높임말에 사용됨
예 피[血], 이[齒]	예 혈액[血], 치아[齒牙]

♦ **은어와 전문어의 공통점과 차이점**
1. 공통점: 특정 집단이 아닌 사람과는 의사소통이 어렵다.
2. 차이점: 전문어는 전문 분야의 일을 효과적으로 수행하기 위해 사용하는 반면, 은어는 비밀 유지를 목적으로 하여 사용한다.

♦ **속어**
속어는 '비속어(卑俗語)' 또는 '비어(卑語)'라고도 한다.

기출로 출제포인트 점검

설명에 해당하는 어휘의 분류를 쓰시오.

01 산삼 캐는 사람을 '심마니'라 하는 것
02 '미역국을 먹었다'처럼 관습적으로 굳어진 말
03 사람들이 불쾌감이나 공포 때문에 사용하기를 꺼려 하는 말
04 전문 분야의 일을 효과적으로 수행하기 위하여 사용하는 어휘

[답]
01 은어　　　02 관용어
03 금기어　　04 전문어

① 고유어로 착각하기 쉬운 한자어와 혼종어

물건	의자(椅子), 걸상(-床), 모자(帽子), 양말(洋襪/洋韤), 주전자(酒煎子), 깡통(-筒), 나팔(喇叭), 반지(半指/斑指), 벽(壁), 벽돌(甓-), 보자기(褓--), 옹기(甕器)
먹거리	귤(橘), 사과(沙果/砂果), 총각무(總角-), 포도(葡萄), 과자(菓子), 미음(米飮), 사탕(沙糖/砂糖), 설탕(雪糖/屑糖), 잡채(雜菜), 야자(椰子), 즙(汁), 죽(粥), 양파(洋-)
동물	기린(麒麟), 사자(獅子), 순록(馴鹿), 악어(鰐魚), 호랑이(虎狼-), 하마(河馬), 낙타(駱駝/駱駝), 독수리(禿--)
색상	분홍(粉紅), 연두(軟豆), 자주(紫朱), 주황(朱黃), 초록(草綠)
감정, 태도, 성격	창피(猖披), 미안(未安), 발랄(潑剌), 겁(怯), 고집(固執), 구차하다(苟且--), 늠름하다(凜凜--), 당당하다(堂堂--), 만끽하다(滿喫--), 세련되다(洗練--/洗鍊--), 솔직하다(率直--), 유야무야(有耶無耶), 칠하다(漆--), 막무가내(莫無可奈), 언감생심(焉敢生心), 고자질(告者-)
사람	건달(乾達), 깡패(-牌), 토박이(土--)
부사	급기야(及其也), 도대체(都大體), 무려(無慮), 물론(勿論), 설령(設令), 별안간(瞥眼間), 심지어(甚至於), 어차피(於此彼), 점점(漸漸), 하여간(何如間), 하필(何必), 약간(若干), 금방(今方), 도저히(到底-), 보통(普通), 본디(本-), 부득이(不得已), 비단(非但), 설사(設使), 시방(時方), 결코(決-), 어언(於焉), 어중간(於中間), 여간(如干), 역시(亦是), 진짜(眞-), 정말(正-), 각각(各各), 과연(果然)
기타	당장(當場), 동네방네(洞-坊-), 만신창이(滿身瘡痍), 무진장(無盡藏), 사이비(似而非), 수염(鬚髥), 완벽(完璧), 장미(薔薇), 가지각색(--各色), 매사(每事), 모골(毛骨)

확장개념

♀ 혼종어
서로 다른 언어에서 유래한 요소의 결합으로 이루어진 단어. 예를 들어 '고자질(告者＋-질)' 과 같이 한자어와 순우리말이 결합한 단어는 혼종어에 속한다.

② 우리나라에서 만들어진 한자어

예 감기(感氣), 고생(苦生), 식구(食口), 행차(行次), 복덕방(福德房), 편지(便紙)

기출로 출제포인트 점검

밑줄 친 단어가 고유어인지 한자어인지 쓰시오.

01 설마 그가 나를 벌써 잊지는 않았겠지?

02 대부분 국경이 있는지도 모르고 순식간에 넘는다.

03 유럽을 여행할 때면 국경을 넘는 일이 자연스럽게 다가온다.

04 거미줄처럼 유럽 주요 도시를 이어 주는 국제선 열차를 탄다.

[답]
01 고유어　　02 한자어
03 한자어　　04 한자어

귀화어는 유입된 지 오래되어 외래어라는 인식이 희박해진 외래어이다.

만주어, 여진어	호미, 수수, 메주
몽골어	• '말'에 관한 말: 가라말, 간자말, 가리온, 고라말, 구렁말, 서라말 • '매'에 관한 말: 갈지개, 궉진, 도롱태, 송골매, 보라매 • 그 밖의 말: 수라, (눈)보라, 오랑캐
중국어	붓[筆], 먹[墨], 고추[苦椒]
일본어	고구마(koukoimo), 냄비(nabe), 구두(kutsu[靴]), 가마니(kamasu[叺])
서구어	담배(tabaco), 빵(pão), 고무(gomme), 망토(manteau), 루주(rouge), 남포(lamp), 가방(kabas)
산스크리트 어 (범어)	달마(達磨, dharma), 탑(塔, stūpa), 열반(涅槃), 찰나(刹那), 만다라(曼陀羅/曼茶羅, maṇḍala), 보살(菩薩), 불타(佛陀, buddha), 사리(舍利, śarīra), 석가(釋迦), 가사(袈裟)

기출로 출제포인트 점검

다음 중 서구어에서 차용된 어휘를 2개 쓰시오.

> 빵, 구두, 붓, 미르, 고무

[답]
빵, 고무

01 2017년 지방직 9급(6월)

'잡다'의 유의어에 해당하는 예문으로 적절하지 않은 것은?

유의어	예문
죽이다	㉠
쥐다	㉡
어림하다	㉢
진압하다	㉣

① ㉠: 할아버지는 돼지를 잡아 잔치를 베푸셨다.

② ㉡: 그들은 멱살을 잡고 싸우고 있다.

③ ㉢: 술집 주인은 손님의 시계를 술값으로 잡았다.

④ ㉣: 산불이 난 지 열 시간 만에 불길을 잡았다.

02 2017년 서울시 7급

"이렇게 된 터에 더 이상 참을 수만은 없다."의 '터'와 같은 문맥적 의미로 쓰였다고 보기 가장 어려운 것은?

① 첫 출근 날이라 힘들었을 터이니 어서 쉬어.

② 자기 앞가림도 못하는 터에 남 걱정을 한다.

③ 이제야 후회한다고 해도 너무 늦은 터였다.

④ 이틀을 굶은 터에 찬밥 더운밥 가릴 겨를이 없다.

03 2019년 지방직 9급

다음에 제시된 단어의 의미에 맞게 쓴 문장으로 적절하지 않은 것은?

단어	의미	문장
살다	경기나 놀이에서, 상대편에게 잡히지 않고 제 기능을 하다.	㉠
	어떤 직분이나 신분의 생활을 하다.	㉡
	마음이나 의식 속에 남아 있거나 생생하게 일어나다.	㉢
	움직이던 물체가 멈추지 않고 제 기능을 하다.	㉣

① ㉠: 장기에서 포는 죽고 차만 살아 있다.

② ㉡: 그는 벼슬을 살기 싫어 속세를 버렸다.

③ ㉢: 옷에 풀기가 아직 살아 있다.

④ ㉣: 그렇게 세게 부딪혔는데도 시계가 살아 있다.

04 2016년 국가직 9급

두 한자어의 의미 관계가 나머지 셋과 다른 것은?

① 광정(匡正) – 확정(廓正)

② 부상(扶桑) – 함지(咸池)

③ 중상(中傷) – 비방(誹謗)

④ 갈등(葛藤) – 알력(軋轢)

05 2020년 소방직 9급

㉠의 문맥적 의미와 가장 가까운 것은?

> 문화의 특성도 인간의 성격도 크게 나누어 보면 '심근성(深根性)'과 '천근성(淺根性)'으로 ㉠나누어 볼 수 있다. 심근성의 문화는 이념이나 정통에 깊이 뿌리를 박고 있는 대륙형 문화이며, 천근성의 문화는 이식과 수용·적응이 잘되는 해양성 섬 문화이다. 소나무 가지는 한번 꺾이고 부러지면 재생 불가능이지만 버들은 아무데서나 새 가지가 돋는다. 이렇게 고지식하고 융통성이 없는 깐깐한 소나무 문화와는 달리 버드나무는 뿌리가 얕으므로 오히려 덕을 본다.

① 우리는 그 문제에 대해서 의견을 나누었으나 결론을 내지는 못했다.

② 학생들은 청군과 백군으로 나누어 편을 갈랐다.

③ 형제란 한 부모의 피를 나눈 사람들이다.

④ 이 사과를 세 조각으로 나누자.

06 2021년 국가직 9급

㉠의 단어와 의미가 같은 것은?

> 친구에게 줄 선물을 예쁜 포장지에 ㉠싼다.

① 사람들이 안채를 겹겹이 싸고 있다.

② 사람들은 봇짐을 싸고 산길로 향한다.

③ 아이는 몇 권의 책을 싼 보퉁이를 들고 있다.

④ 내일 학교에 가려면 책가방을 미리 싸 두어라.

07 2017년 서울시 9급

다음 중 반의 관계의 성격이 다른 하나는?

① 살다 - 죽다   ② 높다 - 낮다

③ 늙다 - 젊다   ④ 뜨겁다 - 차갑다

08 2019년 서울시 7급(2월)

의미 관계와 단어들의 연결이 옳지 않은 것은?

① 동의 관계(synonymy) - 근심 : 시름

② 반의 관계(antonymy) - 볼록 : 오목

③ 상하 관계(hyponymy) - 할아버지 : 손자

④ 부분 관계(meronymy) - 코 : 얼굴

09 2019년 국가직 9급

글의 내용을 구체적으로 설명하기 위한 예로 적절하지 않은 것은?

> 하나의 개념에 두 개 이상의 단어가 필요한 것은 아니다. 따라서 동의어는 서로 경쟁을 통해 하나가 없어지거나 각기 다른 의미 영역을 확보하는 등의 다양한 양상을 보인다. 현실 언어에서 동의어로 공존하면서 경쟁을 계속하는 경우가 있으며, 한쪽은 살아남고 다른 쪽은 소멸하는 경우가 있다. 동의 충돌의 결과 의미 영역이 바뀌는 경우도 있다. 이는 의미 축소, 의미 확대, 의미 교체 등으로 구분된다.

① '가을걷이'와 '추수'는 공존하며 경쟁하고 있다.

② '말미'는 쓰지 않고 '휴가'라는 말을 사용하고 있다.

③ '얼굴'은 '형체'의 뜻에서 '안면'의 뜻으로 의미가 축소되었다.

④ '겨레'는 '친척'의 뜻에서 '민족'의 뜻으로 의미가 확대되었다.

10 2014년 서울시 7급

다음 중 두 문장의 의미 관계가 같은 것끼리 짝지어진 것은?

> ㉠ 철수는 영희에게 돈을 갚았다. < 철수는 영희에게 돈을 빌렸다.
> ㉡ 우리 이제 디저트로 커피 한잔해요. < 우리 방금 밥 먹었잖아요.
> ㉢ 그의 집을 산 사람은 바로 그의 원수다. < 그의 집은 팔렸다.
> ㉣ 영희는 아직 시집을 가지 않았다. < 영희는 여자다.
> ㉤ 나는 동생과 남매지간이다. < 동생은 여자다.

① ㉠ - ㉡   ② ㉠ - ㉢   ③ ㉡ - ㉢

④ ㉡ - ㉣   ⑤ ㉣ - ㉤

11 2016년 서울시 7급

다음 중 혼종어로만 나열된 것은?

> 혼종-어(混種語)[혼:--] 「명사」『언어』
>
> 　서로 다른 언어에서 유래한 요소의 결합으로 이루어진 단어

① 각각, 무진장, 유야무야   ② 과연, 급기야, 막무가내

③ 의자, 도대체, 연감생심   ④ 양파, 고자질, 가지각색

12 2016년 서울시 9급

다음 설명 중 옳지 않은 것은?

① 하늘, 바람, 심지어, 어차피, 주전자와 같은 단어들은 한자로 적을 수 없는 고유어이다.

② 학교, 공장, 도로, 자전거, 자동차와 같은 단어들은 모두 한자로도 적을 수 있는 한자어이다.

③ 고무, 담배, 가방, 빵, 냄비와 같은 단어들은 외국에서 들어온 말이지만 우리말처럼 되어 버린 귀화어이다.

④ 눈깔, 아가리, 주둥아리, 모가지, 대가리와 같이 사람의 신체 부위를 점잖지 못하게 낮추어 부르는 단어들은 비어(卑語)에 속한다.

정답 및 해설 p. 280

06 옛말의 문법

01 고대 국어의 차자 표기 방법

① 한자를 차용하여 고유 명사를 표기: 중국에서 들여온 **한자의 음이나 뜻을** 빌려 고유 명사와 같은 단어를 국어식으로 표기하였다.

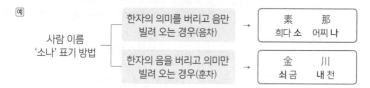

[예]

사람 이름 '소나' 표기 방법
- 한자의 의미를 버리고 음만 빌려 오는 경우(음차) → 素 那 / 희다 소 어찌 나
- 한자의 음을 버리고 의미만 빌려 오는 경우(훈차) → 金 川 / 쇠 금 내 천

② **이두의 사용**: 이두는 **한자를 우리말 어순에 맞게 배열한 것**으로, 후기의 이두는 **조사와 어미까지** 표기하였다.

[예] · 壬申年六月十六日 二人幷誓記 天前誓(임신년유월십육일 이인병서기 천전서): 임신년 6월 16일에 두 사람이 함께 맹세하여 기록한다. 하늘 앞에 맹세한다.

▶ '天前誓(천전서)'는 원래 중국어 어순대로라면 '맹세한다'라는 뜻의 '誓'가 먼저 와 '誓天前(서천전)'이 되어야 하지만, 우리말 어순에 맞게 배열하였다.

· 戊戌中立在之(무술중립재지): 무술에 세우시니라.

▶ '中'으로 조사 '에', '之'로 종결 어미를 표기하였다.

③ **구결**: 구결은 한문 원전을 읽는 데 이해를 돕기 위한 수단으로, **토를 다는 데에만 사용**되고, 한자를 그대로 차용하거나 한자의 약체(略體)를 만들어 사용했다.

[예] 天地之間矣(ㅿ, 의): 하늘과 땅 사이의

▶ 조사가 들어갈 만한 자리에 '矣(의)'를 사용하여 원전을 읽는 데 도움을 주었다.

④ **향찰**: 향찰은 국어 문장 전체를 적을 수 있는 가장 종합적인 표기 체계로, 향가를 기록하는 데 쓰였다.

향찰은 **한자를 우리말 어순에 따라 표기**했으며, 대체로 실질적인 의미를 가진 부분은 한자의 뜻을(**훈차**), 형식적인 의미를 가진 부분은 한자의 소리를 빌려 와(**음차**) 우리말 문장을 표기하였다[훈주음종(訓主音從)].

[예] 善化公主主隱 他密只嫁良置古(선화공주주은 타밀지가량치고): 선화공주님은 남 그스지(몰래) 열어 두고(결혼하고)

▶ 실질적 의미를 가진 부분은 '主(님 주), 他(남 타), 密(그윽할 밀), 嫁(얼다/시집갈 가), 置(둘 치)'의 뜻을 빌려 오고, 나머지 부분은 형식적 의미를 가진 부분이므로 한자의 음을 따 왔다.

[확장개념]

♀ 차자 표기
한글이 없던 시기에 한자의 음과 뜻을 빌려 우리말을 기록하던 표기법으로, 한자를 빌려 쓰는 방법에는 음독(音讀)과 석독(釋讀) 두 가지가 있었다.
1. 음독: 한자의 뜻을 버리고 소리만 이용하는 것
   [예] '古(옛 고) 자를 그 뜻과 상관없이 '고'라는 소리를 표기하기 위해 사용
2. 석독: 한자의 소리를 버리고 뜻만 이용하는 것
   [예] '水(물 수)' 자를 써 놓고 '물'이라고 읽음

♀ 토(吐)
우리말의 조사나 어미가 들어갈 만한 자리에 다는 것으로, 이해를 돕기 위한 수단으로 사용된다. 따라서 토를 빼도 의미를 전달하는 데에는 문제가 없다.

♀ '얼다'의 의미
'얼다(얼우다)'는 '남녀가 정을 통하다, 혼인하다'라는 의미의 옛말로, '어른'의 어원이기도 하다.
(얼-+-우-+-ㄴ>얼운>어룬>어른)

기출로 출제포인트 점검

다음 문장에서 틀린 부분을 찾아 밑줄을 긋고 고치시오.

01 '모래내'를 석독하면 '사천(沙川)'이 되겠군.

02 향찰은 대체로 음주훈종 원리가 적용되었다.

03 광해군 때의 상궁 '김개시(金介屎)'가 있었는데 그 '개시'가 바로 '개똥'이야. '개똥'은 음독자로 이해해야 하는군.

[답]
01 '모래내'를 → '사천(沙川)'을, '사천(沙川)'이 → '모래 내'가 ['사천(沙川)'을 석독하면 '모래내'가 되겠군.]
02 음주훈종 → 훈주음종
03 음독자 → 음독과 석독이 섞인 글자(개: 음독, 똥: 석독)

02 훈민정음의 제자 원리

① 초성 17자는 상형(象形)과 가획(加劃)의 원리에 따라 만들어졌다.

상형의 원리에 따라 'ㄱ, ㄴ, ㅁ, ㅅ, ㅇ'의 다섯 글자(기본자)가 만들어지고, 나머지 글자는 기본자에 획을 더하거나(가획자) 모양을 약간 바꾸어서(이체자) 만들어졌다.

소리의 명칭	상형	초성(17자)		
		기본자	가획자	이체자
아음 (牙音)	혀뿌리가 목구멍을 닫는 형상을 본떴다. ▶ 象舌根閉喉之形(상설근폐후지형)	ㄱ	ㅋ	ㆁ
설음 (舌音)	혀끝이 윗잇몸에 닿는 형상을 본떴다. ▶ 象舌附上齶之形(상설부상악지형)	ㄴ	ㄷ, ㅌ	ㄹ
순음 (脣音)	입의 형상을 본떴다. ▶ 象口形(상구형)	ㅁ	ㅂ, ㅍ	
치음 (齒音)	이의 형상을 본떴다. ▶ 象齒形(상치형)	ㅅ	ㅈ, ㅊ	ㅿ
후음 (喉音)	목구멍의 형상을 본떴다. ▶ 象喉形(상후형)	ㅇ	ㆆ, ㅎ	

② 중성 11자는 상형(象形)과 합성(合成)의 원리에 따라 만들어졌다.

천지인(天地人)의 모양을 본떠서(상형) **기본자 'ㆍ, ㅡ, ㅣ'**를 만들고, 기본자를 합하여(합성) **초출자와 재출자**를 만들었다.

상형	중성(11자)		
	기본자	초출자	재출자
둥근 모양은 하늘을 본떴다. ▶ 形之圓 象乎天(형지원 상호천)	ㆍ		
편평한 모양은 땅을 본떴다. ▶ 形之平 象乎地(형지평 상호지)	ㅡ	ㅗ, ㅏ, ㅜ, ㅓ	ㅛ, ㅑ, ㅠ, ㅕ
일어선 모양은 사람을 본떴다. ▶ 形之立 象乎人(형지립 상호인)	ㅣ		

③ 상형과 합성의 원리에 따라 만들어진 중성 11자를 서로 합하여(합용) 모음을 추가로 만들기도 하였다.

예 · 二字合用字(이자합용자): ㅘ, ㆇ, ㅝ, ㆊ
· ㅣ相合字(ㅣ상합자): (1자 중성) ㆎ, ㅢ, ㅚ, ㅐ, ㅟ, ㅔ, ㆉ, ㅒ, ㆌ, ㅖ
　　　　　　　　　　(2자 중성) ㅙ, ㅞ, ㅙ, ㆋ

④ 종성은 별도로 글자를 만들지 않고 초성 글자를 다시 쓰도록 했다. [종성부용초성(終聲復用初聲)]

[원문]
· 乃:냉終즁ㄱ소·리·ᄂᆞᆫ 다·시·첫소·리·ᄅᆞᆯ·쓰·ᄂᆞ니·라　　　　　－《훈민정음언해》
　▶ 나중의 소리(종성)는 다시 첫소리(초성)를 쓴다.
· ㄱㆁㄷㄴㅂㅁㅅㄹ八字可足用也(팔자가족용야)　　　　　－《훈민정음해례》
　▶ (종성은) 'ㄱ, ㆁ, ㄷ, ㄴ, ㅂ, ㅁ, ㅅ, ㄹ'의 8자만으로도 충분히 쓸 수 있다.

확장개념

⚲ 초성 17자 소리의 고유어 명칭
소리의 명칭을 고유어로 정리하면 다음과 같다.
1. 아음 – 어금닛소리
2. 설음 – 혓소리
3. 순음 – 입술소리
4. 치음 – 잇소리
5. 후음 – 목소리

⚲ 이자합용자와 ㅣ상합자
1. 이자합용자: 중성 두 글자를 합용한 글자
2. ㅣ상합자
· 1자 중성: 한 글자로 된 중성으로서 ㅣ와 서로 어울린 글자
· 2자 중성: 두 글자로 된 중성으로서 ㅣ와 서로 어울린 글자

기출로 출제포인트 점검

다음 문장에서 틀린 부분을 찾아 밑줄을 긋고 고치시오.

01 자음 가운데 'ㅇ'은 입모양을 본떠 만들었다.

02 한글 창제 당시 초성 17자에는 'ㅸ'이 포함되어 있었다.

03 훈민정음 중 발음 기관의 모양을 본떠 만들어진 글자는 ㄱ, ㄴ, ㅂ, ㅅ, ㅇ이다.

04 음절을 초성, 중성, 종성의 3분법으로 분석하였으나 종성 글자는 따로 만들지 않고 중성 글자를 그대로 다시 썼다.

[답]
01 입모양 → 목구멍의 모양
02 포함되어 있었다 → 포함되지 않았다
03 ㅂ → ㅁ
04 종성 → 초성

압축개념

03 훈민정음의 글자 운용

최근 공무원 시험 **3회 출제!**
18년 서울시 7급(3월) 11번 16년 서울시 9급 18번
16년 경찰직 1차 2번

① 훈민정음은 이어쓰기[연서], 나란히쓰기[병서], 붙여쓰기[부서] 원칙에 따라 글자를 표기하였다.

원칙	표기 방법	《훈민정음언해》 풀이
이어쓰기[연서]	순음(ㅁ, ㅂ, ㅍ, ㅃ) 아래에 'ㅇ'을 이어 쓴다. 예 ㅱ, ㅸ, ㆄ	ㅇ를 입시울쏘리 아래 니ᅀᅥ 쓰면 입시울 가ᄇᆡ야ᄫᆞᆫ 소리 ᄃᆞ외ᄂᆞ니라 ▶ ㅇ을 입술소리(순음) 아래에 이어 쓰면 입술가벼운소리(순경음)가 된다.
나란히쓰기[병서]	둘 또는 세 글자를 결합할 때 옆으로 나란히 쓴다. • 각자 병서: 같은 두 글자를 나란히 쓴다. 예 ㄲ, ㄸ, ㆅ • 합용 병서: 서로 다른 글자를 나란히 쓴다. 예 ㅺ, ㅶ, ㅴ	첫소리를 어울워 ᄡᅳᆯ디면 ᄀᆞᆯᄫᅡ 쓰라 乃냉終즁ㄱ소리도 ᄒᆞᆫ가지라 ▶ 첫소리(초성)를 합하여 쓰려면 나란히 쓴다. 끝소리(종성)도 마찬가지이다.
붙여쓰기[부서]	초성과 중성을 한 글자로 합해서 쓸 때, 중성의 위치를 초성의 밑이나 오른쪽으로 규정한다. 예 ᄀᆞ롬, 쇼아지, 빅셩	• ᆞ와 ㅡ와 ㅗ와 ㅜ와 ㅛ와 ㅠ와란 첫소리 아래 브텨 쓰고 ㅣ와 ㅏ와 ㅓ와 ㅑ와 ㅕ와란 올ᄒᆞᆫ녀긔 브텨 쓰라 ▶ 'ᆞ, ㅡ, ㅗ, ㅜ, ㅛ, ㅠ'는 첫소리(초성) 아래에 붙여 쓰고 'ㅣ, ㅏ, ㅓ, ㅑ, ㅕ'는 (초성) 오른쪽에 붙여 쓰라.

② 모든 글자는 서로 어울려야 음절을 이룰 수 있다는 성음법(成音法) 규정에 따라, 초성이나 중성 단독으로는 음절을 이루지 못하였다.

[원문]
믈읫 字·ᄍᆞㅣ 모·로·매 어·우러·ᅀᅡ 소·리 :이ᄂᆞ니 -《훈민정음언해》
▶ 무릇 글자[字]는 모름지기 어울려야(합해져야) 소리가 이루어지니

③ 중세 국어는 현대 국어와 달리 성조(聲調)가 있었는데, 성조는 방점을 찍어서 표기하였다.

구분	성격	방점	예
평성(平聲)	낮고 짧은 소리(低調)	없음	활[弓], 비[梨]
거성(去聲)	높고 짧은 소리(高調)	1점	·갈[刀], ·말[斗]
상성(上聲)	낮은음에서 높은음으로 올라가는 소리	2점	:돌[石], :말ᄊᆞᆷ
입성(入聲)	급하게 닫는 소리	없음, 1점, 2점	긷[柱], ·입[口], :낟[穀]

▶ 입성은 음의 높낮이와 아무 관련이 없으며, 종성이 'ㄱ, ㄷ, ㅂ, ㅅ'으로 끝나는 음절을 묶은 것이다. 입성은 평성, 거성, 상성 셋 중의 한 성조를 취한다.

확장개념

연서자와 병서자

1. 연서자: ㅸ, ㆄ, ㅹ, ㅱ
2. 병서자
   - 각자 병서: ㄲ, ㅥ, ㄸ, ㅃ, ㅆ, ㆀ, ㅉ, ㆅ
   - 합용 병서: ㅺ, ㅼ, ㅽ, ㅳ, ㅄ, ㅶ, ㅷ, ㅴ, ㅵ

▶ 각자 병서 'ㅥ, ㆀ'은 훈민정음 초성 체계에 없던 글자이나, 15세기 문헌에 나타난다.

성조

음절 안에서 나타나는 소리의 높낮이로, 단어의 뜻을 분화하는 기능을 가진다.

기출로 출제포인트 점검

다음 내용에 해당하는 중세 국어의 표기법을 쓰시오.

01 첫소리를 어울워 ᄡᅳᆯ디면 ᄀᆞᆯᄫᅡ 쓰라
02 믈읫 字ᄍᆞㅣ 모로매 어우러ᅀᅡ 소리 이ᄂᆞ니
03 ㅣ와 ㅏ와 ㅓ와 ㅑ와 ㅕ와란 올ᄒᆞᆫ녀긔 브텨 쓰라

[답]
01 나란히쓰기(병서)
02 성음법
03 붙여쓰기(부서)

04 중세 국어의 표기법

① 종성은 '**8종성가족용(八終聲可足用)' 규정에 따라 'ㄱ, ㆁ, ㄷ, ㄴ, ㅂ, ㅁ, ㅅ, ㄹ'의 8자만 사용**하였다. (8종성법)

이때 'ㄷ'과 'ㅅ'은 엄격히 구별해 사용하였으며, 발음도 각각 달랐다.

② 한자음을 표기할 때는 **동국정운식 표기**를 채택하였다.

(1) 최대한 **중국의 원음에 가깝게 표기**하였다. 예 中듕國귁

(2) 초성, 중성, 종성을 모두 갖추기 위해, 종성이 없는 경우에는 종성 자리에 음가가 없는 형식 종성 'ㅇ, ㅱ'을 사용하였다. 예 大땡愛힝道똘

(3) **이영보래(以影補來) 원칙**에 따라, 'ㄹ' 종성의 한자음에 'ㆆ'을 나란히 적어 그 발음이 입성임을 표시하였다. 예 佛뿛

(4) 동국정운식 표기는 현실음이 아닌 이상적 한자음이었으므로, 널리 통용되지 못하고 성종 때 폐지되었다.

③ **띄어쓰기를 하지 않았다.** 예 나랏말ㅆ미듕귁에달아문ㅉㅇ와로서르ㅅ못디아니홀씨

④ 중세 국어에서는 **이어적기[연철]**가 주로 나타났다. 참고로, 근대~현대로 가면서는 거듭적기[중철], 끊어적기[분철]의 비중이 점점 늘어났다.

이어적기 [연철]	• 앞말의 종성을 뒷말의 초성에 내려 적는 방법이다. • **표음주의 표기법**으로 주로 15~16세기에 나타났다. 예 사룸 + 이 → 사ᄅ미
거듭적기 [중철]	• 앞말에 종성을 적고 뒷말의 초성에도 내려 적는 방법이다. • 이어적기와 끊어적기의 중간 단계 표기법(과도기)으로 주로 17~19세기에 나타났다. 예 사룸 + 이 → 사룸미
끊어적기 [분철]	• 앞말에 종성을 적고 뒷말의 초성에는 'ㅇ'을 적는 방법이다. (여러 형태소가 연결될 때 그 각각은 음절, 성분 단위로 밝혀 적음) • **표의주의 표기법**으로, 현대 국어에서 사용하는 표기법이다. 예 사룸 + 이 → 사룸이

⑤ 일부 체언('ㆆ' 종성 체언, 'ㄱ' 곡용 체언)은 조사와 결합할 때 'ㆆ', 'ㄱ'이 덧붙었다.

'ㆆ' 종성 체언	'돌[石], 하늘[天], 바다[海], 나라[國], 안[內], 암[雌]' 등의 체언은 조사와 결합할 때 'ㆆ'이 덧붙는다. 예 돌 – 돌히, 돌홀, 돌ㅎ로, 돌콰, 돌ㅎ, 돌토
'ㄱ' 곡용 체언	'구무[穴], 나모[木], 불무[冶], 녀느[他]' 등의 체언은 모음으로 시작되는 조사 앞에서 명사의 마지막 모음이 탈락하고 'ㄱ'이 덧붙는다. 예 나모(나무) – 남기, 남ᄀᆞᆫ, 남기, 남ᄀᆞᆯ

확장개념

♀ 8종성 예외 표기
8종성법은 중세 국어의 모든 문헌에서 거의 예외 없이 지켜졌으나, 《용비어천가》와 《월인천강지곡》 두 문헌에서만은 8종성 예외 표기가 발견된다.
예 곳, 맞나, 낱, 좇거늘, 븦, 높고

♀ 동국정운식 표기
한자음의 표준화를 위해 세종 30년에 간행한 《동국정운(東國正韻)》에 규정된 한자음의 표기 방법이다.

♀ 이영보래(以影補來)
'ㆆ'으로 'ㄹ'를 보충한다는 의미이다.

♀ 표음주의 표기법
기본 형태를 밝혀 적지 않고 발음되는 모습 그대로 적는 표기(소리를 반영한 표기법)

♀ 표의주의 표기법
뜻을 쉽게 파악할 수 있도록 단어나 형태소의 모양을 한 가지로 고정시키는 방법(의미 단위를 반영한 표기법)

기출로 출제포인트 점검

다음 문장에서 틀린 부분을 찾아 밑줄을 긋고 고치시오.

01 '됴ᄒᆞᆫ(좋은), 기프니(깊으니)'에는 끊어적기가 쓰였다.

02 종성 표기에는 원칙적으로 'ㄱ, ㆁ, ㄷ, ㄴ, ㅂ, ㅁ, ㅅ, ㄹ'의 8자만 쓰였다.

[답]
01 끊어적기 → 이어적기
02 중성 → 종성

05 중세 국어의 문법적 특징

최근 공무원 시험 **7회 출제!**
20년 소방직 9급 2번   19년 경찰직 2차 10번
18년 국가직 9급 17번   18년 국가직 7급 19번
18년 군무원 9급 18번   17년 서울시 7급 11번
17년 경찰직 1차 7번

① **판정 의문문은 '-아/-어' 계열, 설명 의문문은 '-오' 계열의 조사나 어미와 결합한다. 단, ᄒᆞ라체 2인칭 의문문에는 어미 '-ㄴ다' 등이 결합한다.**

예 · 이 ᄹᆞ리 너희 죵가, 그 ᄠᅳ디 흐가지아 아니아 (판정 의문)
· 얻논 藥이 무스것고, 뉘 이 靑雲 서리옛 器具오 (설명 의문)
· 네 엇뎨 안다, 네 信흐 ᄂᆞᆫ다 아니 흐 ᄂᆞᆫ다 (ᄒᆞ라체 2인칭 의문)

② **높임 선어말 어미는 높임법의 유형에 따라 다르게 나타난다.**

구분	기본 형태	이형태	사용 조건	예
주체 높임	-시-	-시-	자음 앞	가시고, 사ᄆᆞ시니(삼- + -ᄋᆞ시- + -니)
		-샤-	모음 앞	가샴(가- + -샤- + -옴), 펴샤ᄂᆞᆯ(펴- + -샤- + -아ᄂᆞᆯ)
객체 높임	-ᄉᆞᆸ-	-ᄉᆞᆸ-	ㄱ, ㅂ, ㅅ, ㅎ 뒤	막ᄉᆞᆸ고, 돕ᄉᆞᆸ고
		-ᄌᆞᆸ-	ㄷ, ㅈ, ㅊ, ㅌ 뒤	듣ᄌᆞᆸ게, 같ᄌᆞᆸᄂᆞ니라
		-ᅀᆞᆸ-	ㄴ, ㄹ, ㅁ, 모음 뒤	말이ᅀᆞᆸ거늘, 보ᅀᆞᆸ게
상대 높임	-이-	-이-	평서형	잇ᄂᆞ이다, 흐ᄂᆞ이다
		-잇-	의문형	흐ᄂᆞ잇가, 흐시ᄂᆞ니잇고

확장개념

♀ 판정 의문문
상대방에게 '예', '아니요'의 대답을 요구하는 의문문이다.
예 숙제 했니?

♀ 설명 의문문
상대방에게 구체적인 설명을 요구하는 의문문으로 '어디', '언제', '누구', '무엇', '어떻게', '왜'와 같은 의문사를 쓴다.
예 언제 만날까?

♀ -ᄋᆞ시-
자음 뒤에서 매개 모음 'ᄋᆞ'가 쓰인 형태이다.

기출로 출제포인트 점검

다음 문장이 판정 의문문인지, 설명 의문문인지 쓰시오.

01 서경(西京)은 편안흐가 몯흐가

02 이도곤 ᄀᆞ준 ᄃᆡ 또 어듸 잇닷 말고

[답]
01 판정 의문문
02 설명 의문문

---

06 중세 국어와 근대 국어의 비교

최근 공무원 시험 **5회 출제!**
17년 사복직 9급 13번   17년 서울시 9급 3번
17년 서울시 7급 16번   16년 국가직 7급 9번
16년 서울시 7급 9번

구분		중세 국어(15~16세기)	근대 국어(17~19세기)
표기 및 음운		대부분 이어적기 방식	끊어적기 방식 확대, 19세기 말 띄어쓰기가 나타남
		8종성법	7종성법
		'ㆁ' 사용	'ㆁ' 대신 'ㅇ' 사용
		'ㆆ, ㅿ, ㅸ' 존재	'ㆆ, ㅿ, ㅸ' 소멸
		방점 사용(성조 존재)	방점 소멸(성조 소멸)
		어두 자음군 존재	어두 자음군이 된소리로 바뀜
		'ㆍ'의 음가와 표기 존재	'ㆍ'의 음가의 소실
		모음 조화가 잘 지켜짐	모음 조화가 혼란스러워짐
		받침 'ㄷ'과 'ㅅ'을 구별하여 발음하고 표기함	받침 'ㄷ'과 'ㅅ'을 구별하여 발음하지 않고, 받침 'ㄷ'을 'ㅅ'으로 표기함
		원순 모음화가 나타나지 않음 (믈[水], 블[火], 플[草] 등)	원순 모음화가 나타남 (물[水], 불[火], 풀[草] 등)
문법		주격 조사로 '이'만 사용	주격 조사 '가'의 등장
		과거 시제 선어말 어미 존재하지 않음	과거 시제 선어말 어미 '-앗-/-엇-' 등장
		선어말 어미 '-오-/-우-'의 사용	선어말 어미 '-오-/-우-'의 소멸
		명사형 어미 '-옴/-움'이 주로 사용됨	명사형 어미 '-기'의 사용 확대

확장개념

♀ 띄어쓰기의 규범화
1933년 조선어 학회에서 '한글 맞춤법 통일안'을 발표하여 띄어쓰기를 규범화하였다.

♀ 'ㆆ, ㅿ, ㅸ, ㆍ'의 소멸 시기

ㆆ, ㅸ	세조 이후(15세기 중엽)
ㅿ	임진왜란 이후(16세기 말)
ㆍ	· 음가가 'ㅡ'나 'ㅏ'로 변화함 예 ᄒᆞ믈며 > ᄒᆞ믈며 > 하믈며 　(16세기)　(18세기) · 1933년 한글 맞춤법 통일안에서 'ㆍ'의 표기를 전면 폐지함

기출로 출제포인트 점검

다음 문장에서 틀린 부분을 찾아 밑줄을 긋고 고치시오.

01 주격 조사 '가'는 고대 국어에서부터 등장한다.

02 'ㅸ'은 15세기 중반까지 사용되다가 'ㅃ'으로 변하였다.

[답]
01 고대 국어 → 근대 국어
02 'ㅃ'으로 변하였다 → 'ㅗ/ㅜ'로 변하였다.

훈민정음 해례본	• '훈민정음'이라 부르기도 한다. • 1446년 훈민정음을 세상에 반포할 때 찍어 낸 책으로, 한자로 기록되었다. • '세종 어제 서문 + 예의편(例義篇) + 해례편(解例篇) + 정인지 서문'으로 구성되었다. • 훈민정음 창제의 취지, 훈민정음(새 글자)의 음가와 제자 방법, 운용법 등이 실려 있다. • 1997년 유네스코 세계 기록 유산으로 지정되었다.
훈민정음 언해본	• 한자로 기록된《훈민정음해례본》의 어제 서문과 예의편(例義篇)만을 한글로 풀이한 책이다. • 해례본에 없는 치두음과 정치음에 대한 내용이 제시되어 있다.
동국정운 (東國正韻)	• 1448년 세종 30년에 편찬된 우리나라 최초의 음운서이다. • 최초로 한자음을 우리의 음으로 표기하였다. • 중국 운서의 체계에 맞지 않는 조선 한자음을 바로잡고 표준음을 정하려는 의도로 편찬된 책이다. • 훈민정음의 초성 차례에 따라 글자들을 배열하였다. • 중국의 운서인《홍무정운(洪武正韻)》에 대비된다.
사성통해 (四聲通解)	• 1517년 조선 중종 12년에 편찬한, 최세진이 엮은 운서(韻書)이다. • 신숙주 등이 편찬한 한자 발음 사전인《사성통고》에 표제자의 뜻풀이가 없어 불편한 점을 보완하여 새로 편찬한 책이다. • 한자의 해석은 주로 한문으로 하였으나, 당시의 우리말을 금속호(今俗呼)라 하여 표기한 어휘가 450여 개가 있어, 국어 연구에 귀중한 자료가 된다.
훈몽자회 (訓蒙字會)	• 1527년 조선 중종 22년에 최세진이 지은 한자 학습서이다. • 책의 앞머리에서 〈언문자모(諺文字母)〉라는 제목으로 훈민정음의 자모에 대해 설명하고 있다. • 자모의 이름은 한자를 빌려 나타내었다. 예 ㄱ-其役(기역) • 훈민정음의 28 자모에서 'ㆆ'자가 없어진 27자로 자음을 정리하였다. • 실린 한글 자모의 순서가 현대 한글 맞춤법의 자모 순서와 다르다. 현대: ㄱㄴㄷㄹㅁㅂㅅㅇㅈㅊㅋㅌㅍㅎ / ㅏㅑㅓㅕㅗㅛㅜㅠㅡㅣ 훈몽자회: ㄱㄴㄷㄹㅁㅂㅅㆁㅋㅌㅍㅈㅊㅿㅇㅎ / ㅏㅑㅓㅕㅗㅛㅜㅠㅡㅣㆍ

확장개념

♀ **훈민정음**
'훈민정음'은 세종대왕이 창제한 우리나라 글자를 가리키기도 하고, 책《훈민정음해례본(訓民正音解例本)》을 가리키기도 한다.

♀ **치두음과 정치음**
치두음은 혀끝을 윗니 뒤에 가까이 하고 내는 치음이고, 정치음은 혀를 말아 아래 잇몸에 가까이 하고 내는 치음으로, 모두 중국어에 있는 음이다.

기출로 출제포인트 점검

밑줄 친 부분을 바르게 고치시오.

01 한글은 유네스코에서 세계 기록 문화유산으로 지정되었다.

02 한글 자모(字母)의 순서와 자음의 명칭이 정해지는 데에 가장 중요한 역할을 한 문헌은 《동국정운》이다.

[답]
01 훈민정음해례본/훈민정음
02 훈몽자회

압축개념

08 주요 근대 국어학자

주시경	호는 한힌샘. 국문 동식회를 조직하여 한글 기사체의 통일과 연구에 힘썼고, 국문 연구소의 연구 위원이 되어 국어학을 중흥하는 데 선구적 역할을 하였다. 저서에《국어문법》,《국어문전음학》,《말의 소리》등이 있다.
지석영	호는 송촌. 의학자이자 국어학자. 1905년에 〈신정국문(新訂國文)〉 6개조를 상소하였고, 국문 연구소를 설치하였으며《자전석요》를 편찬하였다.
최현배	호는 외솔. 1942년에 조선어 학회 사건으로 옥고를 겪었다. 한글 학회 이사장, 연세 대학교 교수·학장·부총장을 지냈으며 국어 연구에 크게 이바지하였다. 저서에《우리말본》,《한글갈》,《나라 사랑의 길》,《글자의 혁명》등이 있다.
이윤재	호는 환산, 한뫼. 3·1 운동에 참가하여 3년간 복역하였으며 1934년 진단 학회 설립에 참여하고 1942년 조선어 학회 사건으로 수감되어 옥사하였다. 저서에《표준 조선어 사전》등이 있다.

기출로 출제포인트 점검

다음 설명에 해당하는 국어학자를 쓰시오.

1894년 '국문 동식회'를 독립신문사 내에 결성하였다.

[답]
주시경

01 2017년 국가직 7급(10월)

다음을 분석한 것으로 옳지 않은 것은?

> 이랑이 소리를 놉히 ᄒ야 나를 불러 져긔 믈밋츨 보라 웨거늘 급히 눈을 드러 보니 믈밋 홍운을 헤앗고 큰 실오리 ᄀᆞᆺ흔 줄이 붉기 더옥 긔이ᄒ며 긔운이 진홍 ᄀᆞᆺ흔 것이 ᄎᆞᄎᆞ 나 손바닥 너빅 ᄀᆞᆺ흔 것이 그믐밤의 보는 숫불빗 ᄀᆞᆺ더라. ᄎᆞᄎᆞ 나오더니 그 우흐로 젹은 회오리밤 ᄀᆞᆺ흔 것이 붉기 호박 구술 ᄀᆞ고 ᄆᆞᆰ고 통낭ᄒ기는 호박도곤 더 곱더라.

① 혼철 표기가 발견된다.
② 명사형 어미 '-기'가 사용된다.
③ 원순 모음화를 반영한 표기가 나타나지 않는다.
④ '의'가 현대 국어와 다른 용법으로 사용되기도 하였다.

02 2017년 경찰직 1차

다음 밑줄 친 차자 표기의 차용 방식이 나머지와 다른 것은?

吾肹 不喩慚肹伊賜等 　　　　⑦	나를 안디 붓그리샤ᄃᆞᆫ
花肹 折叱可獻乎理音如 　⑥⑥　　⑧	고즐 것거 바도림다

① ⑦　　② ⑥　　③ ⑥　　④ ⑧

03 2019년 서울시 9급(6월)

<보기>의 밑줄 친 ⑦에 해당하는 글자가 아닌 것은?

> **보기**
> 한글 중 초성자는 기본자, 가획자, 이체자로 구분된다. 기본자는 조음 기관의 모양을 상형한 글자이다. ⑦가획자는 기본자에 획을 더한 것으로, 획을 더할 때마다 그 글자가 나타내는 소리의 세기는 세어진다는 특징이 있다. 이체자는 획을 더한 것은 가획자와 같지만 가획을 해도 소리의 세기가 세어지지 않는다는 차이가 있다.

① ㄹ　　② ㄷ　　③ ㅂ　　④ ㅊ

04 2017년 국가직 9급(4월)

훈민정음의 28 자모(字母) 체계에 들지 않는 것은?

① ㆆ　　② ㅿ　　③ ㅠ　　④ ㅸ

05 2019년 서울시 7급(10월)

<보기>의 밑줄 친 부분에 대한 예로 가장 옳은 것은?

> **보기**
> 훈민정음이 체계적이고 과학적이라고 말할 수 있는 근거로 소리의 체계에 따라 문자의 모양도 체계적으로 구성하고 있다는 점을 들 수 있다. 특히 자음에서 조음 위치가 동일한 소리가 비슷한 글자 모양을 가지도록 기본자와 가획의 원리에 따라 문자 체계를 만들었다.

① 목청, 'ㅇ'과 'ㅎ'
② 윗잇몸, 'ㄴ'과 'ㄷ'
③ 센입천장, 'ㄱ'과 'ㅋ'
④ 여린입천장, 'ㅅ'과 'ㅈ'

06 2018년 국회직 8급

다음 <보기> 중 중세 국어의 특징으로 옳지 않은 것을 모두 고르면?

> **보기**
> ㄱ. 된소리가 등장하기 시작하였다.
> ㄴ. 성조가 사라지고 방점의 기능이 소멸되었다.
> ㄷ. 아래아(ㆍ)의 음가가 완전히 소실되었다.
> ㄹ. 중세 특유의 주체 높임법, 객체 높임법 등이 있었다.
> ㅁ. 몽골어, 여진어 등 외래어가 들어오기도 하였다.

① ㄱ, ㄷ　　② ㄴ, ㄷ　　③ ㄷ, ㄹ
④ ㄱ, ㄴ, ㄷ　　⑤ ㄴ, ㄹ, ㅁ

07 2016년 서울시 7급(4월)

다음 중 중세 국어에 대한 설명으로 가장 옳지 않은 것은?

① 'ㅿ'은 'ㅸ'보다는 오래 쓰였지만 16세기 후반에 가서는 거의 사라졌다.

② 대략 10세기부터 16세기 말까지의 국어를 말한다.

③ 중세 국어 전기에 새로운 주격 조사 '가'가 사용 폭을 넓혀 갔다.

④ 중세 국어의 전기에는 원나라의 영향으로 몽골어가 많이 유입되었다.

08 2016년 경찰직 2차

다음 자료에 대한 설명으로 바르지 않은 것은?

> 불·휘 기·픈 ㉠남·ᄀ ᄇᆞᄅ·매 아·니 :뮐·ᄊᆡ
> ㉡곶 :됴·코 여·름 ·하ᄂᆞ·니
> :ᄉᆡ·미 기·픈 ·므·른 ㉢ᄀᆞᄆᆞ·래 아·니 그·츨·ᄊᆡ
> ㉣:내·히 이·러 바·ᄅᆞ·래 ·가ᄂᆞ·니

① ㉠에는 주격 조사와 만나 형태가 변한 명사가 포함되어 있다.

② ㉡은 소리 나는 대로 적는 당시의 표기법에는 어긋난다.

③ ㉢에는 현대 국어의 명사 '가물'의 옛 형태가 포함되어 있다.

④ ㉣에서 조사가 생략되었다면 '내'의 형태로 쓰였을 것이다.

09 2018년 서울시 9급(3월)

다음은 중세국어의 표기법에 대한 설명이다. 이에 따른 표기로 가장 옳지 않은 것은?

> 중세국어 표기법의 일반적 원칙은 표음적 표기법으로, 이는 음운의 기본 형태를 밝혀 적지 않고 소리 나는 대로 적는 표기를 말한다. 이어적기는 이러한 원리에 따른 것으로 받침이 있는 체언이나 받침이 있는 용언 어간에 모음으로 시작하는 조사나 어미가 붙을 때 소리 나는 대로 이어 적는 표기를 말한다.

① 불휘 기픈   ② ᄇᆞᄅ매 아니 뮐ᄊᆡ

③ 쟝긔판ᄂᆞᆯ 밍ᄀᆞ러ᄂᆞᆯ   ④ 바ᄅᆞ래 가ᄂᆞ니

10 2017년 서울시 7급

다음 중 17세기부터 19세기 말까지의 근대 국어에 대한 설명으로 가장 적절한 것은?

① 언문일치가 이루어졌다.

② 시상법 체계에서 과거 시제가 확립되었다.

③ 유성 마찰음 계열인 'ㅸ, ㅿ'이 실제로 존재했다.

④ 의문문은 판정 의문과 설명 의문이 구별되기 시작했다.

11 2019년 서울시 9급(2월)

<보기>는 '훈민정음언해'의 한 부분이다. 이에 대한 설명으로 가장 옳은 것은?

> **보기**
>
> 　나랏 말ᄊᆞ미 中國에 달아 文字와로 서르 ᄉᆞᄆᆞᆺ디 아니ᄒᆞᆯᄊᆡ 이런 젼ᄎᆞ로 어린 百姓이 니르고져 홇 배 이셔도 ᄆᆞᄎᆞᆷ내 제 ᄠᅳ들 <u>시러</u> 펴디 몯홇 노미 하니라 <u>내</u> 이룰 爲ᄒᆞ야 어엿비 너겨 새로 스믈여듧字를 밍ᄀᆞ노니 사ᄅᆞᆷ마다 히ᅇᅧ 수ᄫᅵ 니겨 날로 ᄡᅮ매 便安킈 ᄒᆞ고져 홇 ᄯᆞᄅᆞ미니라

① <보기>는 한 문장이다.

② 밑줄 친 '시러'는 한자 '載'에 해당한다.

③ 밑줄 친 '내'는 세종대왕이 자신을 가리키는 표현이다.

④ 'ㅏ'와 'ㆍ'는 발음이 같지만 단어들을 구별하기 위해 사용했다.

12 2014년 서울시 7급

국어학자 주시경의 업적에 대한 설명으로 잘못된 것은?

① 국문 전용을 주장한 어문 민족주의자로서 현대 국어 문법의 틀을 마련하였다.

② 최초의 국문법 연구서인 『국문정리』를 지었다.

③ 1896년 '국문 동식회'를 독립신문사 내에 결성하였다.

④ 임경재, 최두선, 이규방, 장지영 등 여러 제자를 육성하여 그의 사후 '조선어 연구회' 창설에 간접적으로 기여하였다.

⑤ 국어 운동가로서 표의주의로의 체자(體字) 개혁을 주장하였다.

정답 및 해설 p. 282

해커스공무원 **단권화 핵심정리 국어**

Ⅱ. 국어 규범

* 출제 빈도: 최근 국가직·지방직·서울시 7·9급 시험 기준

01 표준 발음법

압축개념
01 모음의 발음

최근 공무원 시험 3회 출제!
19년 경찰직 1차 4번   18년 국가직 7급 1번
17년 경찰직 1차 1번

① 'ㅚ'는 단모음 [ㅚ]와 이중 모음 [ㅞ]로 발음한다.

예 금괴(金塊)[금괴/금궤], 두뇌(頭腦)[두뇌/두눼], 지뢰(地雷)[지뢰/지뤠],
가늠쇠[가늠쇠/가늠쉐], 참외[차뫼/차뭬], 범죄(犯罪)[범:죄/범:줴]

② 'ㅕ'는 [ㅕ]로 발음하나, 용언의 활용형에 나타나는 '져, 쪄, 쳐'의 'ㅕ'는 [ㅓ]로 발음한다.

[ㅕ]		견본(見本)[견:본], 영감(令監)[영:감], 편지(便紙/片紙)[편:지]
[ㅓ]	[저]	지- + -어 → 져[저], 가지- + -어 → 가져[가저]
	[쩌]	찌- + -어 → 쪄[쩌], 살찌- + -어 → 살쪄[살쩌]
	[처]	치- + -어 → 쳐[처], 다치- + -어 → 다쳐[다처], 잊히- + -어 → 잊혀[이처]♀붙이- + -어 → 붙여[부처]♀ 굳히- + 어 → 굳혀[구처]♀

③ 'ㅖ'는 [ㅖ]와 [ㅔ]로 발음한다. 단, '예, 례'의 'ㅖ'는 [ㅖ]로만 발음한다.

[ㅖ/ㅔ]	계집[계:집/게:집], 계시다[계:시다/게:시다], 계산(計算)[계:산/게:산], 시계(時計)[시계/시게], 연계(連繫)[연계/연게], 통계(統計)[통:계/통:게], 몌별(袂別)[몌별/메별], 폐단(弊端)[폐:단/페:단], 밀폐(密閉)[밀폐/밀페], 혜성(彗星)[혜:성/헤:성], 지혜(智慧)[지혜/지혜], 은혜(恩惠)[은혜/은혜]
[ㅖ]	예감(豫感)[예:감], 예금(預金)[예:금], 공예(工藝)[공예], 노예(奴隷)[노예], 가례(家例)[가례], 세례(洗禮)[세:례], 차례(次例)[차례], 해례(解例)[해:례]

④ 'ㅢ'는 [ㅢ]로 발음하나, 아래 조건에 따라 [ㅣ]와 [ㅔ]로도 발음한다.♀

자음을 첫소리로 가진 'ㅢ' → [ㅣ]로 발음	닁큼[닁큼], 무늬[무니], 오늬[오니], 유희[유히], 하늬바람[하니바람], 희망[히망], 흰무리[힌무리], 씌어[씨어/씨여], 틔어[티어/티여], 띄어쓰기[띠어쓰기/띠여쓰기]
단어의 첫음절에 나타나는 '의' → [ㅢ]로 발음	의견(意見)[의:견], 의도(義徒)[의:도], 의미(意味)[의:미], 의절(義絶)[의:절]
단어의 첫음절 이외의 자리에 나타나는 '의' → [ㅢ] 또는 [ㅣ]로 발음	성의(誠意)[성의/성이], 내의(內衣)[내:의/내:이], 문의(問議)[무:늬/무:니], 협의(協議)[혀빅/혀비]
조사 '의' → [ㅢ] 또는 [ㅔ]로 발음	우리의[우리의/우리에], 강의의[강:의의/강:이에]

확장개념

♀ 잊혀[이처], 붙여[부처], 굳혀[구처]
1. 잊혀[이처]의 [ㅊ]
   : 음운 축약 (ㅈ+ㅎ → ㅊ)
2. 붙여[부처]의 [ㅊ]
   : 구개음화 (ㅌ+ㅣ → ㅊ+ㅣ)
3. 굳혀[구처]의 [ㅊ]
   : 음운 축약 (ㄷ+ㅎ → ㅌ),
     구개음화 (ㅌ+ㅣ → ㅊ+ㅣ)

♀ '민주주의의 의의(意義)'의 발음(8가지)
1. 원칙: [민주주의 의:의]
2. 허용: [민주주의 의:이]
   [민주주이에 의:의]
   [민주주이에 의:이]
   [민주주의 의:의]
   [민주주의 의:이]
   [민주주의에 의:의]
   [민주주의에 의:이]

기출로 출제포인트 점검

표준 발음에 맞게 발음 표기를 고치시오.

01 다쳐[다쳐]

02 차례[차례]

03 희망[희망]

04 되고[돼고]

[답]
01 다쳐[다처]
02 차례[차례]
03 희망[히망]
04 되고[되고/돼고]

① 긴소리는 단어의 첫음절에서만 나타난다.

> 예 눈보라[눈ː보라], 말씨[말ː씨], 밤나무[밤ː나무], 많다[만ː타], 멀리[멀ː리]

② 긴소리를 가진 음절이라도 둘째 음절 이하에 오면 짧은소리가 난다.

> 예 · 첫눈[천눈], 참말[참말], 쌍동밤[쌍동밤], 수많이[수ː마니], 눈멀다[눈멀다]
>
> · 반반(半半)[반ː반], 간간(間間)이[간ː가니], 영영(永永)[영ː영],
> 서서(徐徐)히[서ː서히], 시시비비(是是非非)[시ː시비비]
>
> ▶ 동일한 한자어가 반복되어 두 음절이 되어 있는 경우에는 둘째 음절을 긴소리로
> 발음하지 않는다.

③ 첩어의 성격을 지닌 합성어는 둘째 음절 이하에서도 긴소리가 난다.

> 예 반신반의[반ː신바ː늬/반ː신바ː니], 재삼재사[재ː삼재ː사], 선남선녀[선ː남선ː녀]

④ 짧은소리의 용언 어간이 어미나 접사와 결합하여 축약되는 경우 긴소리가 난다.

단음절 어간과 어미 '-아/-어'가 한 음절로 축약	보아 → 봐[봐ː], 기어 → 겨[겨ː], 되어 → 돼[돼ː], 두어 → 둬[둬ː], 하여 → 해[해ː], 시어 → 셔[셔ː], 주어 → 줘[줘ː], 쇠어 → 쇄[쇄ː], 죄어 → 좨[좨ː]
피동사·사동사의 어간과 접미사가 한 음절로 축약	싸이다 → 쌔다[쌔ː다], 누이다 → 뉘다[뉘ː다], 쏘이다 → 쐬다[쐬ː다], 트이다 → 틔다[틔ː다], 펴이다 → 폐다[폐ː다]

> ▶ 1. 단, '오아 → 와, 지어 → 져, 찌어 → 쪄, 치어 → 쳐'는 긴소리로 발음하지 않는다.
> 2. '가 + 아 → 가, 서 + 어 → 서, 켜 + 어 → 켜'처럼 같은 모음끼리 만나 모음 하나가
> 탈락하는 경우에는 긴소리로 발음하지 않는다.

⑤ 긴소리의 용언 어간이 어미나 접사와 결합하는 경우 짧은소리가 난다.

'ㅣ' 음절 어간과 모음으로 시작된 어미가 결합	감다[감ː따] – 감으니[가므니], 신다[신ː따] – 신어[시너], 밟다[밥ː따] – 밟으면[발브면], 알다[알ː다] – 알아[아라], 살다[살ː다] – 살아[사라], 묻다[묻ː따] – 물어[무러], 닮다[담ː따] – 닮아[달마], 붓다[붇ː따] – 부어[부어]
'ㅣ' 음절 어간과 피동·사동 접미사가 결합	감다[감ː따] – 감기다[감기다], 신다[신ː따] – 신기다[신기다], 밟다[밥ː따] – 밟히다[발피다], 알다[알ː다] – 알리다[알리다], 살다[살ː다] – 살리다[살리다], 꼬다[꼬ː다] – 꼬이다[꼬이다], 울다[울ː다] – 울리다[울리다], 옮다[옴ː따] – 옮기다[옴기다]

> ▶ 1. 'ㅣ' 음절 어간과 모음으로 시작된 어미가 결합하더라도 긴소리를 유지하는 용언이
> 있다.
>
> 예 끌다[끌ː다] – 끌어[끄ː러], 벌다[벌ː다] – 벌어[버ː러],
> 썰다[썰ː다] – 썰어[써ː러], 없다[업ː따] – 없으니[업ː쓰니]
>
> 2. 'ㅣ'음절 어간과 피동·사동 접미사가 결합하더라도 긴소리를 유지하는 용언이 있다.
>
> 예 끌리다[끌ː리다], 벌리다[벌ː리다], 없애다[업ː쌔다]

확장개념

♀ 소리의 길이와 관련된 대표적인 단어

단음	장음
눈[目][눈] 신체의 일부인 감각 기관	눈[雪][눈ː] 얼음의 결정체
말[馬][말] 말과의 포유류	말[言][말ː] 사람의 생각, 느낌 등을 표현하는 데 쓰는 음성 기호
밤[夜][밤] 해가 진 뒤부터 날이 밝아지기 전까지의 동안	밤[栗][밤ː] 밤나무의 열매
벌[罰][벌] 죄를 지은 사람에게 주는 고통	벌[蜂][벌ː] 벌목의 곤충 가운데 개미류를 제외한 곤충
굽다[굽따] 한쪽으로 휘다	굽다[굽ː따] 불에 익히다

기출로 출제포인트 점검

표준 발음에 맞게 발음 표기를 고치시오.

01 없다[업따]

02 참말[참ː말]

03 신어[시ː녀]

04 첫눈[천눈ː]

05 없애다[업쌔다]

06 감으니[가ː므니]

[답]
01 없다[업ː따]
02 참말[참말]
03 신어[시너]
04 첫눈[천눈]
05 없애다[업ː쌔다]
06 감으니[가므니]

최근 공무원 시험 **13회 출제!**

21년 소방직 9급 2번	20년 서울시 9급 2번
20년 경찰직 1차 2번	20년 군무원 9급 22번
19년 서울시 7급(10월) 1번	19년 소방직 9급 3번
19년 경찰직 1차 4번	18년 서울시 9급(6월) 10번
18년 군무원 9급 18번	17년 사복직 9급 4번
16년 서울시 9급 8번	16년 서울시 7급 17번
16년 경찰직 1차 6번	

① **받침소리로는 'ㄱ, ㄴ, ㄷ, ㄹ, ㅁ, ㅂ, ㅇ'의 7개 자음만 발음한다.**

[관련 내용: 압축개념 02 (19p)]

예 키읔[키윽], 논개[논개], 웃다[욷ː따], 알다[알ː다], 숨다[숨ː따], 짚[집], 영역[영역]

② **겹받침은 어말 또는 자음 앞에서 앞 자음이 발음되는 것과 뒤의 자음이 발음되는 것으로 구분된다. 다만 'ㄼ'과 'ㄺ'은 두 가지의 경우가 모두 있다.**

(1) 어말 또는 자음 앞에서 **겹받침의 앞 자음이 발음되는 것**

ㄳ → [ㄱ]	넋[넉], 넋과[넉꽈]	ㄼ, ㄽ, ㄾ → [ㄹ]	여덟[여덜], 넓다[널따], 외곬[외골], 핥다[할따]
ㄵ → [ㄴ]	앉다[안따]	ㅄ → [ㅂ]	값[갑], 없다[업ː따]

(2) 어말 또는 자음 앞에서 **겹받침의 뒤 자음이 발음되는 것**

ㄺ → [ㄱ]	닭[닥], 흙과[흑꽈], 맑다[막따], 늙지[늑찌]	ㄻ → [ㅁ]	삶[삼ː], 젊다[점ː따]
ㄿ → [ㅍ → ㅂ]	읊고[읍꼬], 읊다[읍따]		

(3) **'ㄼ'과 'ㄺ'의 예외**

'ㄼ'이 뒤 자음 [ㅂ]으로 발음	어간 '밟-'과 파생어·합성어에 쓰인 '넓-'의 겹받침 'ㄼ'은 뒤 자음 [ㅂ]이 발음된다. 예 · 어간 '밟-[밥]': 밟다[밥ː따], 밟소[밥ː쏘], 밟는[밥ː는 → 밤ː는] · 파생어·합성어의 '넓-[넙]': 넓죽하다[넙쭈카다], 넓둥글다[넙 뚱글다]
'ㄺ'이 앞 자음 [ㄹ]로 발음	용언의 어간 말음 'ㄺ'은 'ㄱ' 앞에서 [ㄹ]이 발음된다. 예 맑게[말께], 묽고[물꼬], 얽거나[얼꺼나]

③ **받침 'ㅎ(ㄶ, ㅀ)'은 앞이나 뒤에 오는 자음에 따라 발음 양상이 달라진다.**

(1) **받침 ㅎ(ㄶ, ㅀ) + ㄱ, ㄷ, ㅈ → [ㅋ, ㅌ, ㅊ]으로 발음한다.**

ㅎ + ㄱ → [ㅋ]	놓고[노코], 많고[만ː코], 않고[안코]
ㅎ + ㄷ → [ㅌ]	놓던[노턴], 많던[만ː턴], 않던[안턴]
ㅎ + ㅈ → [ㅊ]	놓지[노치], 많지[만ː치], 않지[안치]

(2) **받침 ㅎ(ㄶ, ㅀ) + ㅅ → [ㅆ]으로 발음한다.**

예 닿소[다쏘], 많소[만ː쏘], 끊습니다[끈씀니다], 끊사오니[끈싸오니], 싫소[실쏘]

(3) **받침 ㅎ + ㄴ → [ㄴ]으로 발음한다.**

예 놓는[논는], 쌓네[싼네]

(4) **받침 ㄶ, ㅀ + ㄴ → 'ㅎ'을 발음하지 않는다.**

예 않네[안네], 않는[안는], 뚫네[뚤네 → 뚤레], 뚫는[뚤는 → 뚤른]

(5) **받침 ㅎ(ㄶ, ㅀ) + 모음으로 시작된 어미/접미사 → 'ㅎ'을 발음하지 않는다.**

예 낳은[나은], 많아[마ː나], 않은[아는], 닳아[다라], 싫어도[시러도]

확장개념

♀ 겹받침 'ㄿ'의 발음
겹받침 'ㄿ'은 어말 또는 자음 앞에서 뒤 자음 'ㅍ'이 발음되고, 이는 음절의 끝소리 규칙에 따라 [ㅂ]으로 바뀐다.

♀ 받침 'ㄱ(ㄺ), ㄷ, ㅂ(ㄼ), ㅈ(ㄵ)'의 발음
받침 'ㄱ(ㄺ), ㄷ, ㅂ(ㄼ), ㅈ(ㄵ)'이 뒤 음절 첫소리 'ㅎ'과 결합되는 경우에도, 역시 두 음을 합쳐서 [ㅋ, ㅌ, ㅍ, ㅊ]으로 발음한다.

· ㄱ + ㅎ → [ㅋ]
　예 각하[가카], 밝히다[발키다]
· ㄷ + ㅎ → [ㅌ]
　예 맏형[마텽]
· ㅂ + ㅎ → [ㅍ]
　예 좁히다[조피다], 넓히다[널피다]
· ㅈ + ㅎ → [ㅊ]
　예 꽂히다[꼬치다], 앉히다[안치다]

♀ '싫증'의 발음
'싫증'은 받침 'ㅀ' 뒤에 'ㅈ'이 오지만 표준 발음은 [실쯩]이다.

♀ 받침 'ㅎ'이 [ㄴ]으로 발음되는 과정
'ㅎ+ㄴ'의 경우 받침 'ㅎ'은 대표음 [ㄷ]으로 바뀌고 'ㄴ'에 동화되어 [ㄴ]으로 발음된다.

♀ 뚫는[뚤는 → 뚤른]
'ㅀ+ㄴ'의 경우 받침 'ㅀ'은 [ㄹ]로 발음되고, 뒤의 'ㄴ'은 [ㄹ]에 동화되어 [ㄹ]로 발음된다.

④ 받침소리 뒤에 모음으로 시작하는 형식 형태소(조사·어미·접미사)가 오느냐, 실질 형태소가 오느냐에 따라 연음 방식이 달라진다.

(1) **홑받침이나 쌍받침** 뒤에 모음으로 시작하는 조사·어미·접미사가 연결될 때는 홑받침, 쌍받침의 본래 음가대로 뒤 음절 첫소리로 옮겨 발음한다.

예 · 꽃아[꼬차], 덮이다[더피다], 낮이[나지], 꽃을[꼬츨], 깨끗이[깨끄시]
· 깎아[까까], 꺾어[꺼꺼], 있어[이써]

(2) **겹받침** 뒤에 모음으로 시작하는 조사·어미·접미사가 연결될 때는 첫째 받침은 그대로 받침소리로 발음하고, 둘째 받침은 다음 음절의 첫소리로 옮겨 발음한다.
(이때 'ㅅ'은 된소리로 발음함)

예 · ㄳ: 넋이[넉씨], 넋을[넉쓸], 몫이[목씨]　· ㄻ: 젊어[절머], 삶에[살메], 옮은[올믄]
· ㄾ: 핥아[할타]　　　　　　　　　　　· ㄵ: 앉아[안자]
· ㄼ: 여덟을[여덜블], 밟을[발블]　　　· ㄿ: 읊어[을퍼]
· ㄺ: 읽어[일거], 닭기[달기], 닭을[달글]　· ㄽ: 곬이[골씨], 외곬으로[외골쓰로]
· ㅄ: 값을[갑쓸], 값이[갑씨], 없어[업써]

(3) **받침(겹받침 포함)** 뒤에 모음 'ㅏ, ㅓ, ㅗ, ㅜ, ㅟ'로 시작하는 실질 형태소가 연결될 때는 받침을 대표음으로 바꾸어서 뒤 음절 첫소리로 옮겨 발음한다.

예 밭 아래[바다래], 늪 앞[느밥], 젖어미[저더미], 겉옷[거돋], 헛웃음[허두슴], 꽃 위[꼬뒤], 넋 없다[너겁따], 닭 앞에[다가페], 값어치[가버치], 값있는[가빈는]

▶ · '밭 아래'는 우선 '밭'을 독립형인 [받]으로 발음하고 그 받침소리 [ㄷ]을 연음하여 [바다래]로 발음한다.
· 겹받침의 경우도 마찬가지인데 '닭 앞에'는 '닭'을 독립형인 [닥]으로 발음하고 그 받침소리 [ㄱ]을 연음하여 [다가페]로 발음한다.

⑤ 한글 자음의 이름은 그 받침소리를 연음해 발음하되, 'ㄷ, ㅈ, ㅊ, ㅌ, ㅎ'의 경우 [ㅅ] 소리, 'ㅋ'은 [ㄱ] 소리, 'ㅍ'은 [ㅂ] 소리를 연음한다.

(1) **한글 자음의 이름을 적을 때는** 해당하는 자음이 받침으로 쓰인다. 따라서 발음할 때도 그 받침소리가 그대로 연음된다.

예 기역이[기여기], 기역을[기여글], 기역에[기여게]
니은이[니으니], 니은을[니으늘], 니은에[니으네]
리을이[리으리], 리을를[리으를], 리을에[리으레]
미음이[미으미], 미음을[미으믈], 미음에[미으메]
비읍이[비으비], 비읍을[비으블], 비읍에[비으베]
시옷이[시오시], 시옷을[시오슬], 시옷에[시오세]

(2) **'ㄷ, ㅈ, ㅊ, ㅌ, ㅎ'과 'ㅋ', 'ㅍ'의** 이름을 발음할 때는 [ㅅ, ㄱ, ㅂ] 소리를 연음한다.

예 · 디귿이[디그시], 디귿을[디그슬], 디귿에[디그세]
지읒이[지으시], 지읒을[지으슬], 지읒에[지으세]
치읓이[치으시], 치읓을[치으슬], 치읓에[치으세]
티읕이[티으시], 티읕을[티으슬], 티읕에[티으세]
히읗이[히으시], 히읗을[히으슬], 히읗에[히으세]
· 키읔이[키으기], 키읔을[키으글], 키읔에[키으게]
· 피읖이[피으비], 피읖을[피으블], 피읖에[피으베]

확장개념

◉ **연음 현상의 예외**
③의 'ㅎ' 탈락이나 구개음화, 불규칙 활용이 나타날 때는 ④에 제시된 것처럼 연음 현상이 나타나지 않을 수도 있다.

예 · 않아[아라], 끊어[끄너]: 겹받침이지만 'ㅎ'이 탈락하므로, 둘째 받침을 다음 음절의 첫소리로 옮겨 발음하지 않는다.
· 홑이다[훝다]: 구개음화가 일어나 둘째 받침을 다음 음절의 첫소리로 옮겨 발음하지 않는다.

◉ **홑받침**
하나의 자음자로 이루어진 받침(ㄱ, ㄴ, ㄷ, ㄹ, ㅅ 등)

◉ **쌍받침**
같은 자음자가 겹쳐서 된 받침(ㄲ, ㄸ, ㅃ, ㅆ, ㅉ)

◉ **겹받침**
서로 다른 두 개의 자음으로 이루어진 받침 (ㄳ, ㄵ, ㄼ 등)

◉ **'맛있다, 멋있다'의 발음**
'맛있다', '멋있다'는 다음 2가지 발음 형태를 모두 인정한다.
1. 맛있다[마딛따/마싣따]
2. 멋있다[머딛따/머싣따]

기출로 출제포인트 점검

표준 발음이 맞으면 ○, 틀리면 ×하시오.

01 꽃이[꼬시]
02 밭을[바츨]
03 넓다[넙따]
04 읊고[을꼬]
05 맑지[말찌]
06 뚫네[뚤네]
07 많고[만:꼬]
08 꽃 위[꼬 뒤]
09 'ㄷ'이[디그디]
10 'ㅌ'을[티그슬]
11 깨끗이[깨끄치]
12 낫으로[나즈로]
13 헛웃음[허두슴]

[답]
01 × 꽃이[꼬치]
02 × 밭을[바틀]
03 × 넓다[널따]
04 × 읊고[읍꼬]
05 × 맑지[막찌]
06 × 뚫네[뚤레]
07 × 많고[만코]
08 ○
09 × 'ㄷ'이[디그시]
10 × 'ㅌ'을[티으슬]
11 × 깨끗이[깨끄시]
12 × 낫으로[나스로]
13 ○

II. 국어 규범　해커스공무원 단권화 핵심정리 국어

최근 공무원 시험 **10회 출제!**
20년 경찰직 1차 2번   19년 서울시 9급(6월) 20번
19년 소방직 9급 3번   19년 군무원 9급(2차) 16번
18년 서울시 9급(6월) 10번   18년 서울시 7급(6월) 7번
17년 경찰직 1차 1번   16년 국가직 7급 2번
16년 서울시 9급 8번   16년 서울시 7급 17번

① **구개음화**: 받침 'ㄷ, ㅌ(ㄾ)'이 'ㅣ'로 시작하는 형식 형태소와 결합하는 경우, 'ㄷ, ㅌ(ㄾ)'은 각각 [ㅈ, ㅊ]으로 바뀌고 뒤 음절 첫소리로 옮겨 발음한다.

예 · 곧이듣다[고지듣따], 굳이[구지], 미닫이[미ː다지], 밭이[바치], 벼훑이[벼훌치]
   · 굳히다[구티다 → 구치다], 닫히다[다티다 → 다치다], 묻히다[무티다 → 무치다]

② **비음화**: 받침소리가 대표음 [ㄱ, ㄷ, ㅂ]인 자음은 'ㄴ, ㅁ' 앞에서 [ㅇ, ㄴ, ㅁ]으로 바뀌어 발음한다.

예 · 먹는[멍는], 깎는[깡는], 키읔만[키응만], 몫몫이[몽목씨], 긁는[긍는], 흙만[흥만]
   · 닫는[단는], 옷맵시[온맵씨], 있는[인는], 젖멍울[전멍울], 쫓는[쫀는], 붙는[분는]
   · 잡는[잠는], 밥물[밤물], 앞마당[암마당], 밟는[밤ː는], 읊는[음는], 없는[엄ː는]

③ **'ㄹ'의 비음화**: 'ㄹ'을 첫소리로 가진 한자는 받침 'ㅁ, ㅇ', 'ㄱ, ㅂ' 뒤에서 [ㄴ]으로 발음한다.

예 · 담력[담ː녁], 침략[침ː냑], 강릉[강능], 항로[항ː노], 대통령[대ː통녕]
   · 막론[막논 → 망논], 석류[석뉴 → 성뉴], 협력[협녁 → 혐녁], 법리[법니 → 범니]

④ **유음화**: 'ㄴ'은 'ㄹ'의 앞이나 뒤에서 [ㄹ]로 발음한다.

ㄴ + ㄹ → [ㄹㄹ]	난로[날ː로], 신라[실라], 천리[철리], 광한루[광ː할루]
ㄹ(ㄶ, ㄾ) + ㄴ → [ㄹㄹ]	· 칼날[칼랄], 물난리[물랄리] · 닳는[달른], 뚫는[뚤른], 핥네[할레], 앓는[알른], 앓네[알레] ▶ 대표음 [ㄹ]로 발음되는 'ㄶ, ㄾ' 다음에 'ㄴ'이 올 때도 'ㄴ'을 [ㄹ]로 발음한다.

⑤ **유음화의 예외**: 아래의 한자어는 'ㄴ'과 'ㄹ'이 연결되지만 [ㄹㄹ]로 발음하지 않고 [ㄴㄴ]으로 발음한다.

예 의견란[의ː견난], 임진란[임ː진난], 생산량[생산냥], 결단력[결딴녁], 동원령[동ː원녕], 상견례[상견녜], 횡단로[횡단노], 이원론[이ː원논], 구근류[구근뉴], 공권력[공꿘녁]

[관련 내용: 압축개념 03 (20p)]

⑥ **연구개음화, 양순음화가 적용되는 발음은 표준 발음이 아니다.**

연구개음화를 적용하여 발음하기 쉬운 단어	옷감[옫깜]○ - [옥깜]×, 있고[읻꼬]○ - [익꼬]×, 꽃길[꼳낄]○ - [꼭낄]×, 감기[감ː기]○ - [강ː기]×
양순음화를 적용하여 발음하기 쉬운 단어	젖먹이[전머기]○ - [점머기]×, 문법[문뻡]○ - [뭄뻡]×, 꽃밭[꼳빧]○ - [꼽빧]×

⑦ **모음으로 끝난 용언의 어간 뒤에서 모음 어미 '어'는 [어] 또는 [여]로 발음한다.**

예 되 + 어 → 되어[되어/되여], 피 + 어 → 피어[피어/피여]

확장개념

구개음화가 일어나지 않는 경우
구개음화는 조사나 접미사에 의해서만 일어난다. 합성어에서는 받침 'ㄷ, ㅌ' 다음에 '이'로 시작되는 단어가 결합되더라도 구개음화가 일어나지 않는다.
예 밭이랑: 밭 + 이랑 → [반니랑]
    홑이불: 홑 + 이불 → [혼ː니불 → 혼ː니불]

받침소리가 대표음 'ㄱ, ㄷ, ㅂ'인 자음
1. 받침 'ㄱ, ㄲ, ㅋ, ㄳ, ㄺ'은 대표음 [ㄱ]으로 발음한다. (단, 'ㄱ' 앞에 오는 용언의 어간 말음 'ㄺ'은 제외)
2. 받침 'ㄷ, ㅅ, ㅆ, ㅈ, ㅊ, ㅌ'은 대표음 [ㄷ]으로 발음한다. (받침 'ㅎ' 뒤에 'ㄴ'이 오는 경우 'ㅎ'은 대표음 [ㄷ]으로 바뀌고 'ㄴ'에 동화되어 [ㄴ]으로 발음함)
3. 받침 'ㅂ, ㅍ, ㄼ, ㅄ'은 대표음 [ㅂ]으로 발음한다. ('밟다'와 '넓죽하다, 넓둥글다'의 받침 'ㄼ'도 대표음 [ㅂ]으로 발음함)

'이오, 아니오'의 발음
'이오, 아니오'의 경우, ⑦에 준하여 [이오/이요], [아니오/아니요]로 발음한다.

기출로 출제포인트 점검

표준 발음이 맞으면 ○, 틀리면 ×하시오.

01 있는[인는]
02 꽃받침[꼽빧침]
03 묻히지[무치지]
04 핥이다[할티다]
05 옷맵시[온맵씨]
06 낱낱이[난나치]
07 협력하여[협려카여]

[답]
01 ○
02 × 꽃받침[꼳빧침]
03 ○
04 × 핥이다[할치다]
05 × 옷맵시[온맵씨]
06 × 낱낱이[난나치]
07 × 협력하여[혐녀카여]

압축개념
05 된소리 발음

최근 공무원 시험 **7회 출제!**
20년 소방직 9급 6번   20년 경찰직 1차 2번
19년 국가직 7급 5번   19년 경찰직 9급 3번
19년 경찰직 1차 4번   16년 서울시 9급 8번
16년 경찰직 1차 6번

① **받침소리가 대표음 [ㄱ, ㄷ, ㅂ]인 자음 뒤에 연결되는 'ㄱ, ㄷ, ㅂ, ㅅ, ㅈ'은 된소리 [ㄲ, ㄸ, ㅃ, ㅆ, ㅉ]으로 발음한다.**

예 • 국밥[국빱], 깎다[깍따], 넋받이[넉빠지], 삯돈[삭똔], 닭장[닥짱], 칡범[칙뻠]
  • 뻗대다[뻗때다], 옷고름[옫꼬름], 있던[읻떤], 꽂고[꼳꼬], 낯설다[낟썰다]
  • 곱돌[곱똘], 옆집[엽찝], 넓죽하다[넙쭈카다], 읊조리다[읍쪼리다], 값지다[갑찌다]

② **용언 어간의 받침 'ㄴ(ㄵ), ㅁ(ㄻ)' 뒤에 연결되는 어미의 첫소리 'ㄱ, ㄷ, ㅅ, ㅈ'은 된소리 [ㄲ, ㄸ, ㅆ, ㅉ]으로 발음한다.**

예 • 신고[신ː꼬], 껴안다[껴안따], 앉고[안꼬]
  • 닭고[담ː꼬], 삼고[삼ː꼬], 더듬지[더듬찌], 얹다[언따], 젊지[점ː찌]
    ▶ 단, 'ㄴ, ㅁ' 받침을 가진 용언 어간의 피동·사동형은 된소리로 발음하지 않는다.
      예 안기다[안기다], 감기다[감기다], 굶기다[굼기다], 옮기다[옴기다]

③ **어간 받침 'ㄼ, ㄾ' 뒤에 연결되는 어미의 첫소리 'ㄱ, ㄷ, ㅅ, ㅈ'은 된소리 [ㄲ, ㄸ, ㅆ, ㅉ]으로 발음한다.**

예 넓게[널께], 핥다[할따], 훑소[훌쏘], 떫지[떨ː찌]

④ **한자어에서 받침 'ㄹ' 뒤의 'ㄷ, ㅅ, ㅈ'은 된소리 [ㄸ, ㅆ, ㅉ]으로 발음한다.**

예 • 갈등[갈뜽], 발동[발똥], 절도[절또] • 갈증[갈쯩], 물질[물찔], 발전[발쩐]
  • 말살[말쌀], 불소[불쏘], 일시[일씨], 몰상식[몰쌍식], 불세출[불쎄출]

⑤ **관형사형 '-(으)ㄹ' 또는 '-(으)ㄹ'로 시작되는 어미 뒤에 연결되는 'ㄱ, ㄷ, ㅂ, ㅅ, ㅈ'은 된소리 [ㄲ, ㄸ, ㅃ, ㅆ, ㅉ]으로 발음한다. 단, 끊어서 말할 때는 예사소리로 발음한다.**

예 • 할 것을[할꺼슬], 할 도리[할또리], 할 바를[할빠를], 할 수는[할쑤는], 할 적에[할쩌게]
  • 할걸[할껄], 할밖에[할빠께], 할세라[할쎄라], 할수록[할쑤록], 할지라도[할찌라도]

⑥ **다음 단어는 뒤 단어의 첫소리 'ㄱ, ㄷ, ㅂ, ㅅ, ㅈ'을 모두 된소리 [ㄲ, ㄸ, ㅃ, ㅆ, ㅉ]으로 발음한다.**

예 • 길-가[길까], 문-고리[문꼬리], 강-가[강까], 바람-결[바람껼]
  • 눈-동자[눈똥자], 물-동이[물똥이], 초승-달[초승딸], 그믐-달[그믐딸]
  • 아침-밥[아침빱], 발-바닥[발빠닥], 신-바람[신빠람], 등-불[등뿔]
  • 창-살[창쌀], 굴-속[굴ː쏙], 산-새[산쌔]
  • 손-재주[손째주], 술-잔[술짠], 잠-자리[잠짜리], 강-줄기[강쭐기]
  ▶ 제시된 단어들은 표기상으로는 사이시옷이 없지만, 관형격 기능을 지니는 사이시옷이 있을 만한 합성어이다.

확장개념

◈ **명사형 어미 '-기'의 된소리 발음**
용언의 어간에 붙는 명사형 어미 '-기'는 용언 어간의 받침 'ㄴ, ㅁ' 뒤에 쓰일 때 된소리로 발음한다.
예 안기[안ː끼], 남기[남ː끼], 굶기[굼끼]

◈ **용언의 어간과 어미일 때 나타나는 된소리 발음**
② ③의 된소리 발음은 용언의 어간과 어미일 때 나타나는 것이다. 체언일 때는 된소리로 발음하지 않는다.
예 • 신도[신도], 신과[신과], 바람도[바람도], 바람과[바람과]
  • 여덟도[여덜도], 여덟과[여덜과]

◈ **같은 한자가 겹쳐진 단어의 된소리 발음**
한자어에서 받침 'ㄹ' 뒤에 'ㄷ, ㅅ, ㅈ'이 연결되더라도 같은 한자가 겹쳐진 단어는 된소리로 발음하지 않는다.
예 허허실실(虛虛實實)[허허실실]
  절절하다(切切-)[절절하다]

◈ **'-(으)ㄹ'로 시작되는 어미의 종류**
-(으)ㄹ거나, -(으)ㄹ세, -(으)ㄹ수록,
-(으)ㄹ지, -(으)ㄹ진대

◈ **'ㄴ' 받침의 관형사형 어미 뒤 'ㄱ, ㄷ, ㅂ, ㅅ, ㅈ'의 발음**
관형사형 어미 '-(으)ㄴ, -는, -던' 등 'ㄴ' 받침을 가진 어미 뒤에서는 된소리로 발음하지 않는다.
예 간 사람[간ː사(ː)람], 가는 사람[가는사(ː)람], 가던 사람[가던사(ː)람]
  ▶ '사람'은 [사ː람]으로 발음한다. '간 사람'을 끊어서 말할 때는 [간 사람]으로 발음하지만 이어서 말할 때는 [간사람]으로 발음한다.

기출로 출제포인트 점검

표준 발음에 맞게 발음 표기를 고치시오.

01 폭발[폭팔]

02 핥다[할타]

03 불볕더위[불별더위]

[답]
01 폭발[폭빨]
02 핥다[할따]
03 불볕더위[불볃떠위]

Ⅱ·국어 규범 해커스공무원 단권화 핵심정리 국어

06 소리의 첨가

① 한자어, 합성어 및 접두 파생어에서 앞 단어나 접두사가 자음으로 끝나고 뒤 단어의 첫 음절이 '이, 야, 여, 요, 유'인 경우 'ㄴ' 음을 첨가하여 [니, 냐, 녀, 뇨, 뉴]로 발음한다.

예 • 솜-이불[솜ː니불], 홑-이불[혼니불], 막-일[망닐], 삯-일[상닐], 맨-입[맨닙]
　• 내복-약[내ː봉냑], 야옹-야옹[야옹냐옹]
　• 한-여름[한녀름], 남존-여비[남존녀비], 신-여성[신녀성], 색-연필[생년필]
　• 담-요[담ː뇨], 눈-요기[눈뇨기], 영업-용[영엄뇽]
　• 식용-유[시굥뉴], 백분-율[백뿐뉼], 밤-윷[밤ː뉻]

　▶ 앞 요소의 받침소리 [ㄱ, ㄷ, ㅂ]은 첨가된 'ㄴ' 때문에 비음 [ㅇ, ㄴ, ㅁ]으로 발음한다.
　▶ 'ㄹ' 받침 뒤에 첨가되는 'ㄴ' 음은 [ㄹ]로 발음한다.

　예 들-일[들ː릴], 솔-잎[솔립], 설-익다[설릭따], 물-약[물략], 불-여우[불려우],
　　서울-역[서울력], 물-엿[물렫], 휘발-유[휘발류], 유들-유들[유들류들]

　▶ 두 단어를 이어서 한 마디로 발음하는 경우에도 'ㄴ' 음을 첨가하여 발음한다.
　예 한 일[한닐], 옷 입다[온닙따], 3 연대[삼년대], 먹은 엿[머근녇]

② ①의 예외로 다음 단어들은 'ㄴ' 음을 첨가하지 않고 발음한다.

예 6·25[유기오], 3·1절[사밀쩔], 8.15[파리로], 송별-연[송ː벼련], 등-용문[등용문],
　절약[저략], 월요일[워료일], 목요일[모교일], 금요일[그묘일]

③ 사이시옷 뒤에 'ㄱ, ㄷ, ㅂ, ㅅ, ㅈ'이 올 때는 'ㄱ, ㄷ, ㅂ, ㅅ, ㅈ'을 [ㄲ, ㄸ, ㅃ, ㅆ, ㅉ]으로 발음한다. 이때 사이시옷은 발음하지 않거나 [ㄷ]으로 발음할 수 있다.

예 냇가[내ː까/낻ː까], 샛길[새ː낄/샏ː낄]
　• 빨랫돌[빨래똘/빨랟똘], 콧등[코뜽/콛뜽]
　• 깃발[기빨/긷빨], 대팻밥[대ː패빱/대ː팯빱]
　• 햇살[해쌀/핻쌀], 뱃속[배쏙/밷쏙]
　• 뱃전[배쩐/밷쩐], 고갯짓[고개찓/고갣찓]

④ 사이시옷 뒤에 'ㄴ, ㅁ'이 올 때는 사이시옷을 [ㄴ]으로 발음한다.

예 콧날[콛날 → 콘날], 아랫니[아랟니 → 아랜니], 툇마루[퇻ː마루 → 퇸ː마루]
　▶ 사이시옷이 'ㅅ → ㄷ → ㄴ'의 과정을 거쳐 [ㄴ]으로 바뀐다.

⑤ 사이시옷 뒤에 '이' 또는 '야, 여, 요, 유'가 올 때는 [ㄴㄴ]으로 발음한다.

예 베갯잇[베갣닏 → 베갠닏], 뒷일[뒫ː닐 → 뒨ː닐], 깻잎[깯닙 → 깬닙],
　나뭇잎[나묻닙 → 나문닙], 뒷윷[뒫ː늋 → 뒨ː늋], 도리깻열[도리깯녈 → 도리깬녈]
　▶ 사이시옷 뒤에 '이, 야, 여, 요, 유'가 올 때는 'ㄴ' 음이 첨가되므로 사이시옷은 자연히 [ㄴ]으로 발음한다.

확장개념

♀ 'ㄴ' 음을 첨가하여 발음할 수도 있고, 표기대로 발음할 수도 있는 단어
• 검열[검ː녈/거ː멸]
• 금융[금늉/그뮹]
• 이죽-이죽[이중니죽/이주기죽]
• 야금-야금[야금냐금/야ː그먀금]
• 욜랑-욜랑[욜랑뇰랑/욜랑욜랑]

기출로 출제포인트 점검

표준 발음에 맞게 발음 표기를 고치시오.

01 해님[핸님]
02 늑막염[능마겸]
03 등용문[등농문]
04 윗잇몸[위딛몸]
05 색연필[새견필]

[답]
01 해님[해님]
02 늑막염[능망념]
03 등용문[등용문]
04 윗잇몸[윈닌몸]
05 색연필[생년필]

07 주의해야 할 표준 발음 모음

* 2010~2020년 국가직/지방직/서울시 7·9급, 경찰직 기출 단어

1	다쳐[다처]	38	끝을[끄틀]	75	금융[금늉/그융]
2	계시다[계:시다/게:시다]	39	끝이[끄치]	76	남존여비[남존녀비]
3	개폐(改廢)[개:폐/개:페]	40	무릎이[무르피]	77	내복약[내:봉냑]
4	혜택[혜:택/헤:택]	41	밭을[바틀]	78	협력[혐녁]
5	차례[차례]	42	여덟이[여덜비]	79	막일[망닐]
6	귀띔[귀띰]	43	흙과[흑꽈]	80	색연필[생년필]
7	협의[혀비/혀의]	44	흙만[흥만]	81	솜이불[솜:니불]
8	의의[의:의/의:이]	45	겉옷[거돋]	82	식용유[시굥뉴]
9	우리의[우리의/우리에]	46	꽃 위[꼬뒤]	83	직행열차[지캥녈차]
10	없애다[업:쌔다]	47	닭 앞에[다가페]	84	홑이불[혼니불]
11	묻히지[무치지]	48	밭 아래[바다래]	85	서울역[서울력]
12	몫몫이[몽목씨]	49	웃옷[우돋]	86	휘발유[휘발류]
13	맑고[말꼬]	50	헛웃음[허두슴]	87	뱃속[배쏙/밷쏙]
14	맑다[막따]	51	'ㄷ'을[디그슬]	88	윗변[위뼌/윋뼌]
15	묽고[물꼬]	52	디귿이[디그시]	89	윗잇몸[윈닌몸]
16	밝고[발꼬]	53	피읖에[피으베]	90	머리말을[머리마를]
17	읽게[일께]	54	지읒을[지으슬]	91	면허증[면:허쯩]
18	밝히다[발키다]	55	낱낱이[난:나치]	92	난치병[난치뼝]
19	늙지[늑찌]	56	꽃망울[꼰망울]	93	사기죄[사기쬐/사기쮀]
20	맑게[말께]	57	김밥만[김:밤만/김:빰만]	94	유리잔[유리잔]
21	맑지만[막찌만]	58	옷맵시[온맵씨]	95	도매금[도매끔]
22	읽다[익따]	59	결단력[결딴녁]	96	구근류[구근뉴]
23	넓다[널따]	60	공권력[공꿘녁]	97	광한루[광:할루]
24	넓둥글다[넙뚱글다]	61	동원령[동:원녕]	98	대관령[대:괄령]
25	넓죽하다[넙쭈카다]	62	상견례[상견녜]	99	찾을 도리[차즐또리]
26	얇지[얄:찌]	63	이원론[이:원논]	100	물난리[물랄리]
27	밟게[밥:께]	64	임진란[임:진난]	101	신문[신문]
28	밟다[밥:따]	65	입원료[이붠뇨]	102	한여름[한녀름]
29	밟는다[밤:는다]	66	의견란[의:견난]	103	늑막염[능망념]
30	핥다[할따]	67	김밥[김:밥/김:빱]	104	그믐달[그믐딸]
31	훑지[훌찌]	68	덮개[덥깨]	105	얽거나[얼꺼나]
32	닳는[달른]	69	불볕더위[불볃떠위]	106	숙맥[숭맥]
33	백리[뱅니]	70	웃돈[욷똔]	107	젖먹이[전머기]
34	난로[날:로]	71	할밖에[할빠께]	108	눈요기[눈뇨기]
35	뚫네[뚤레]	72	갈증[갈쯩]	109	등용문[등용문]
36	뚫는[뚤른]	73	몰상식[몰쌍식]	110	송별연[송:벼련]
37	많소[만:쏘]	74	불법[불법/불뻡]		

기출로 출제포인트 점검

표준 발음이 맞으면 ○, 틀리면 ×하시오.

01 막일[망닐]
02 김밥[김:밥]
03 끝을[끄츨]
04 밟다[밥:따]
05 넓다[널따]
06 협의[혀비]
07 맑다[말따]
08 갈증[갈쯩]
09 휘발유[휘발류]
10 결단력[결딴녁]
11 난치병[난치뼝]
12 서울역[서울력]
13 몰상식[몰쌍식]
14 면허증[면:허쯩]
15 꽃망울[꼰망울]
16 몫몫이[몽목씨]
17 닭 앞에[달가페]
18 밭 아래[바다래]
19 넓죽하다[널쭈카다]
20 직행열차[지캥녈차]
21 넓둥글다[넙뚱글다]
22 남존여비[남존녀비]

[답]
01 ○
02 ○
03 × 끝을[끄틀]
04 ○
05 ○
06 ○
07 × 맑다[막따]
08 ○
09 × 휘발유[휘발류]
10 ○
11 ○
12 × 서울역[서울력]
13 ○
14 ○
15 ○
16 ○
17 × 닭 앞에[다가페]
18 ○
19 × 넓죽하다[넙쭈카다]
20 × 직행열차[지캥녈차]
21 ○
22 ○

01 2020년 소방직 9급

㉠~㉣에 대한 예로 가장 적절한 것은?

> 특정 음운 환경에서 'ㄱ, ㄷ, ㅂ, ㅅ, ㅈ' 같은 예사소리가 'ㄲ, ㄸ, ㅃ, ㅆ, ㅉ' 같은 된소리로 바뀌는 현상이 일어나는데, 이를 된소리되기 또는 경음화라고 한다. 된소리되기의 종류로는 ㉠'ㄱ, ㄷ, ㅂ' 뒤에서 일어나는 된소리되기, ㉡어간 받침 'ㄴ, ㅁ' 뒤에서 일어나는 된소리되기, ㉢'ㄹ'로 끝나는 한자와 'ㄷ, ㅅ, ㅈ'으로 시작하는 한자가 결합할 때 일어나는 된소리되기, ㉣관형사형 어미 '-(으)ㄹ' 뒤에 있는 체언에서 일어나는 된소리되기 등이 있다.

① ㉠: 잡고 → [잡꼬]
② ㉡: 손재주 → [손째주]
③ ㉢: 먹을 것 → [머글껃]
④ ㉣: 갈등 → [갈뜽]

02 2018년 국회직 8급

<보기>의 밑줄 친 ㉠~㉤ 중 표준 발음으로 옳은 것을 모두 고르면?

> **보기**
> • 이 문제는 입주민들과의 ㉠협의[혀븨]를 통해서 해결합시다.
> • 외국인들은 한글의 복잡한 ㉡띄어쓰기[띄어쓰기]를 어려워한다.
> • 관객들이 ㉢썰물[썰:물]처럼 빠져나갔다.
> • 나라다운 나라 만들기라는 ㉣우리의[우리에] 소망이 이루어질까?
> • ㉤반신반의[반:신바:늬] 하는 분위기였다.

① ㉠, ㉡, ㉢
② ㉠, ㉢, ㉣
③ ㉠, ㉣, ㉤
④ ㉡, ㉢, ㉤
⑤ ㉡, ㉣, ㉤

03 2018년 서울시 7급(6월)

표준 발음법상 'ㄹ'의 발음이 동일한 것들을 바르게 묶은 것은?

① 상견례, 의견란, 백리
② 임진란, 공권력, 광한루
③ 대관령, 입원료, 협력
④ 동원령, 구근류, 난로

04 2018년 국가직 7급

밑줄 친 발음이 표준 발음이 아닌 것은?

① 연계[연계] 교육
② 차례[차례] 지내기
③ 충의의[충이의] 자세
④ 논의[노늬]에 따른 방안

05 2019년 국회직 8급

밑줄 친 부분의 표준 발음이 옳은 것만을 <보기>에서 모두 고르면?

> **보기**
> ㄱ. 이번 일을 계기[계:기]로 삼자.
> ㄴ. 퇴임하는 직원을 위한 송별연[송:벼련]을 열다.
> ㄷ. 그의 넓죽한[널쭈칸] 얼굴이 그리웠다.
> ㄹ. 낙엽을 밟고[밥:꼬] 지나가다.
> ㅁ. 월드컵 때문에 축구의 열병[열뼝]이 전국을 휩쓸었다.

① ㄱ, ㄴ, ㄷ
② ㄱ, ㄴ, ㄹ
③ ㄱ, ㄷ, ㄹ
④ ㄴ, ㄹ, ㅁ
⑤ ㄷ, ㄹ, ㅁ

06 2021년 국회직 8급

밑줄 친 단어의 표준 발음이 옳은 것만을 <보기>에서 모두 고르면?

> **보기**
> ㄱ. 마치 계절병[계:절뼝]을 앓는 것 같았다.
> ㄴ. 신윤복[신뉸복]은 조선 후기의 풍속화가이다.
> ㄷ. 이 신문의 논조[논쪼]는 매우 보수적이다.
> ㄹ. 참석자의 과반수[과:반쑤]가 그 안건에 찬성하였다.
> ㅁ. 정부는 수입 상품에 높은 관세[관세]를 물렸다.

① ㄱ, ㄴ
② ㄱ, ㄷ
③ ㄱ, ㅁ
④ ㄴ, ㄹ
⑤ ㄴ, ㅁ

07 2020년 서울시 9급

표준 발음으로 가장 옳지 않은 것은?

① 풀꽃아[풀꼬다]
② 옷 한 벌[오탄벌]
③ 넓둥글다[넙뚱글다]
④ 늙습니다[늑씀니다]

08 2017년 경찰직 1차

다음 중 표준 발음법에서 규정한 표준 발음이 아닌 것은?

① 시계 [시계/시게]　　② 문법 [문뻡/뭄뻡]

③ 읊고 [읍꼬]　　④ 되어 [되어/되여]

09 2018년 서울시 9급(6월)

다음 중 밑줄 친 부분의 발음으로 가장 옳지 않은 것은?

> 손　　자: 할아버지. 여기 있는 ㉠밭을 우리가 다 매
> 　　　　야 해요?
> 할아버지: 응, 이 ㉡밭만 매면 돼.
> 손　　자: 이 ㉢밭 모두요?
> 할아버지: 왜? ㉣밭이 너무 넓으니?

① ㉠: [바슬]　　② ㉡: [반만]

③ ㉢: [받]　　④ ㉣: [바치]

10 2019년 서울시 9급(6월)

밑줄 친 부분의 발음이 현행 표준 발음법에서 표준 발음으로 인정되지 않는 것은? (단, ':'은 장모음 표시임.)

① 비가 많이 내려서 물난리가 났다. - 물난리[물랄리]

② 그는 줄곧 신문만 읽고 있었다. - 신문[심문]

③ 겨울에는 보리를 밟는다. - 밟는다[밤:는다]

④ 날씨가 벌써 한여름과 같다. - 한여름[한녀름]

11 2017년 사회복지직 9급

밑줄 친 ㉠을 고려할 때 표준 발음으로 옳지 않은 것은?

> 「표준어 규정」 제2부 표준 발음법
>
> 제12항 받침 'ㅎ'의 발음은 다음과 같다.
> 4. ㉠'ㅎ(ㄶ, ㅀ)' 뒤에 모음으로 시작된 어미나 접미사
> 가 결합되는 경우에는, 'ㅎ'을 발음하지 않는다.
>
> > 낳은[나은],　　쌓이다[싸이다],
> > 많아[마:나],　　싫어도[시러도]……

① 바지가 다 닳아서[다라서] 못 입게 되었다.

② 저녁 반찬으로 찌개를 끓이고[끄리고] 있다.

③ 가지고 온 책은 책상 위에 놓아[노아] 두렴.

④ 기회를 놓치지 않은[안는] 사람이 결국에는 성공하더라.

12 2016년 서울시 9급

다음 중 단어의 발음이 옳은 것끼리 묶인 것은?

① 디귿이[디그시], 홑이불[혼니불]

② 뚫는[뚤는], 밝히다[발키다]

③ 핥다[할따], 넓죽하다[넙쭉카다]

④ 흙만[흑만], 동원령[동:원녕]

13 2020년 경찰직 1차

<보기> 중『표준 발음법』에 가장 맞지 않는 것은 모두 몇 개인가?

> 보기
> 그믐달 [그믐딸]　　늑막염 [능망념]　　맑게 [말께]
> 서울역 [서울력]　　숙맥 [쑥맥]　　식용유 [시굥뉴]
> 젖먹이 [점머기]　　직행열차 [지캥렬차]

① 2개　　② 3개

③ 4개　　④ 5개

14 2019년 소방직 9급

밑줄 친 단어의 표준 발음으로 옳지 않은 것은?

① 보름에는 달이 밝다. [박따]

② 마루에 등불이 켜져 있다. [등뿔]

③ 음식이 앞마당에 차려져 있다. [암마당]

④ 여기저기 다니며 막일이라도 하자. [마길]

15 2021년 소방직 9급

단어의 발음이 옳은 것은?

① 굵다[굴따]　　② 넓다[넙따]

③ 맑다[막따]　　④ 얇다[얍따]

정답 및 해설 p. 284

02 표기에 관한 한글 맞춤법 규정

압축개념 01 한글 맞춤법 총칙

최근 공무원 시험 **4회 출제!**
18년 소방직 9급(10월)15번 17년 국가직 9급(10월)12번
17년 국가직 7급(10월)2번 17년 지방직 7급 2번

① 한글 맞춤법은 '**표준어를 소리대로 적되, 어법에 맞도록 함**'을 원칙으로 한다.

(1) 표준어: 한글 맞춤법은 표준어를 바르게 표기하기 위한 원칙을 제시한 것이다.

(2) 소리대로 적되: 표준어의 발음 형태대로 적는다는 뜻이다. (**표음주의**)

　예 소리 나는 대로 [구름]은 '구름'으로 적는다.

(3) 어법에 맞도록 함: 의미 파악이 쉽도록 각 형태소의 본 모양을 밝혀 적는다. (**표의주의**)

　예 '꽃이'는 [꼬치]로 소리 나지만, 의미 파악이 쉽도록 본 모양을 살려 '꽃이'로 쓴다.

② 문장의 각 단어는 **띄어 씀**을 원칙으로 한다.

한글 맞춤법에서는 의미 파악이 쉽도록 단어별로 띄어 쓰는 것을 원칙으로 정했다.

확장개념

♀ **띄어 쓰지 않는 단어**
조사는 단어지만 형식·의존 형태소이므로 앞말에 붙여 쓴다.

기출로 출제포인트 점검

㉠, ㉡에 해당하는 예를 각각 3개씩 골라 쓰시오.

> 한글 맞춤법은 표준어를 ㉠소리대로 적되, ㉡어법에 맞도록 함을 원칙으로 한다.

지붕	의논	타향살이
오세요	합격률	붙이다

[답]
㉠ 지붕, 의논, 오세요
㉡ 타향살이, 합격률, 붙이다

압축개념 02 자음·모음의 이름과 사전 등재 순서

최근 공무원 시험 **1회 출제!**
20년 국가직 9급 5번

① 자음·모음의 이름

(1) 자음의 이름

ㄱ	ㄴ	ㄷ	ㄹ	ㅁ	ㅂ	ㅅ	ㅇ	ㅈ	ㅊ
기역	니은	디귿	리을	미음	비읍	시옷	이응	지읒	치읓

ㅋ	ㅌ	ㅍ	ㅎ
키읔	티읕	피읖	히읗

(2) 모음의 이름

ㅏ	ㅑ	ㅓ	ㅕ	ㅗ	ㅛ	ㅜ	ㅠ	ㅡ	ㅣ
아	야	어	여	오	요	우	유	으	이

② 사전 등재 순서

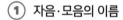

자음	ㄱㄲㄴㄷㄸㄹㅁㅂㅃㅅㅆㅇㅈㅉㅊㅋㅌㅍㅎ
모음	ㅏㅐㅑㅒㅓㅔㅕㅖㅗㅘㅙㅚㅛㅜㅝㅞㅟㅠㅡㅢㅣ
받침 글자	ㄱㄲㄳㄴㄵㄶㄷㄹㄺㄻㄼㄽㄾㄿㅀㅁㅂㅄㅅㅆㅇㅈㅊㅋㅌㅍㅎ

기출로 출제포인트 점검

사전 등재 순서대로 단어를 배열하시오.

01 우엉, 왜가리, 위상, 웬만하다

02 갸름하다, 개울, 게, 까다, 겨울

[답]
01 왜가리, 우엉, 웬만하다, 위상
02 개울, 갸름하다, 게, 겨울, 까다

03 된소리를 표기에 반영하는 경우와 반영하지 않는 경우

① 두 모음 사이에서 나는 된소리는 표기에 반영한다.

> 예 소쩍새, 어깨, 오빠, 으뜸, 아끼다, 기쁘다, 깨끗하다, 어떠하다, 해쓱하다, 거꾸로,
> 가끔, 어찌, 이따금, 꾀꼬리, 메뚜기, 부뚜막, 새끼, 가꾸다, 가까이, 부쩍

② 'ㄴ, ㄹ, ㅁ, ㅇ' 받침 뒤에서 나는 된소리는 표기에 반영한다.

> 예 단짝, 잔뜩, 번쩍, 살짝, 훨씬, 물씬, 절뚝거리다, 담뿍, 움찔, 몽땅, 엉뚱하다

③ 'ㄱ, ㅂ' 받침 뒤에서 나는 된소리는 표기에 반영하지 않는다.

맞는 표기	틀린 표기	맞는 표기	틀린 표기
깍두기 ○	깍뚜기 ×	쑥스럽다 ○	쑥쓰럽다 ×
색시 ○	색씨 ×	몹시 ○	몹씨 ×
싹둑 ○	싹뚝 ×	법석 ○	법썩 ×

④ 'ㄱ, ㅂ' 받침 뒤에서 나는 된소리더라도 같은 음절이나 비슷한 음절이 겹쳐 나는 경우에는 된소리를 표기에 반영한다.

맞는 표기	틀린 표기	맞는 표기	틀린 표기
뚝딱 ○	뚝닥 ×	짭짤하다 ○	짭잘하다 ×
뚝딱뚝딱 ○	뚝닥뚝닥 ×	쌉쌀하다 ○	쌉살하다 ×
딱따구리 ○	딱다구리 ×	씁쓸하다 ○	씁슬하다 ×

기출로 출제포인트 점검

다음 문장에서 틀린 부분을 찾아 밑줄을 긋고 고치시오.

01 여름이라 더워서 머리를 싹뚝 잘랐다.

02 벌레 한 마리 때문에 학생들이 법썩을 떨었다.

03 딱다구리는 날카로운 부리로 나무줄기에 구멍을 뚫고 그 속에 있는 유충을 잡아먹는다.

[답]
01 싹뚝 → 싹둑
02 법썩 → 법석
03 딱다구리 → 딱따구리

---

04 'ㅖ'로 적는 단어와 'ㅔ'로 적는 단어

> 최근 공무원 시험 **1회 출제!**
> 19년 서울시 9급(6월) 10번

① 'ㅖ'로 적는 단어

맞는 표기	틀린 표기	맞는 표기	틀린 표기
돼지비계 ○	돼지비게 ×	연몌 ○	연메 ×
핑계 ○	핑게 ×	폐품 ○	페품 ×

▶ '계, 례, 몌, 폐, 혜'의 'ㅖ'는 'ㅔ'로 소리 나는 경우가 있더라도 'ㅖ'로 적는다.

② 'ㅔ'로 적는 단어

맞는 표기	틀린 표기	맞는 표기	틀린 표기
게시판(揭示板) ○	계시판 ×	으레 ○	으례 ×
게양대(揭揚臺) ○	계양대 ×	인사치레 ○	인사치례 ×
휴게실(休憩室) ○	휴계실 ×	케케묵다 ○	켸켸묵다 ×

▶ 한자 '揭(높이 들 게), 憩(쉴 게)'는 본음인 'ㅔ'로 적는다.

확장개념

 연몌
나란히 서서 함께 가거나 옴. 행동을 같이함

기출로 출제포인트 점검

다음 문장에서 틀린 부분을 찾아 밑줄을 긋고 고치시오.

01 휴계실 안이 너무 시끄러웠다.

02 매점 앞 계시판에는 학생들이 원하는 과자 이름이 가득 적혀 있었다.

[답]
01 휴계실 → 휴게실
02 계시판 → 게시판

05 두음 법칙의 적용

(1) 한자음 '녀, 뇨, 뉴, 니'와 'ㄹ'로 시작하는 한자음(랴, 려, 례, 료, 류, 리/라, 래, 로, 뢰, 루, 르)이 **두음 자리(단어 첫머리)에 올 때는 두음 법칙이 적용되어 발음과 표기가 바뀐다.**

단어 첫머리에 올 때	바뀜	예
녀, 뇨, 뉴, 니	여, 요, 유, 이	연세(年歲)(○), 년세(年歲)(×)
랴, 려, 례, 료, 류, 리	야, 여, 예, 요, 유, 이	유행(流行)(○), 류행(流行)(×)
라, 래, 로, 뢰, 루, 르	나, 내, 노, 뇌, 누, 느	낙원(樂園)(○), 락원(樂園)(×)

(2) 한자음 '녀, 뇨, 뉴, 니'와 'ㄹ'로 시작하는 한자음은 **아래 조건에서도 두음 법칙이 적용**된다.

접두사처럼 쓰이는 한자 다음에 올 때	• 신-여성(新女性)(○), 신-녀성(新女性)(×) • 내-내월(來來月)(○), 내-래월(來來月)(×)
한자어 합성어이면서 뒷말의 첫소리일 때	• 남존-여비(男尊女卑)(○), 남존-녀비(男尊女卑)(×) • 남부-여대(男負女戴)(○), 남부-녀대(男負女戴)(×)
'고유어 + 한자어', '(구미) 외래어 + 한자어'에서 한자어의 첫소리일 때	• 어린이-난(欄)(○), 어린이-란(欄)(×) • 가십(gossip)-난(欄)(○), 가십(gossip)-란(欄)(×)

(3) 한자음 '녀, 뇨, 뉴, 니'와 'ㄹ'로 시작하는 한자음이 두음 자리에 오지 않으면 두음 법칙이 적용되지 않는다.

　예 신년도(新年度), 구년도(舊年度), 고랭지(高冷地), 지방뇨(脂肪尿), 가정란(家庭欄)

　▶ '신년-도, 구년-도, 고랭-지'로 분석되어 한자음 '년(年), 랭(冷)'이 단어의 첫머리에 오지 않으므로 두음 법칙이 적용되지 않는다.

(4) 준말에서 본음대로 소리 나는 것은 두음 법칙을 적용하지 않고 본음대로 적는다.

　예 국련(국제연합), 한시련(한국 시각 장애인 연합회)

(5) 사람들의 발음 습관이 본음의 형태로 굳어져 있는 것은 두음 법칙을 적용하지 않고 본음대로 적는다.

　예 소립자(素粒子), 수류탄(手榴彈), 파렴치(破廉恥)

(6) 의존 명사 '량(輛), 리(里, 理, 厘)'는 항상 '량, 리'로 적는다.

　예 2푼 5리(厘), 객차 오십 량(輛)

시험 직전! 필수 암기

접미사 '-열/-율/-렬/-률'의 표기

1. 모음(받침 없음) + 열, 율
　예 나열(羅列), 비율(比率), 내재율(內在律)
2. 'ㄴ' 받침 + 열, 율
　예 균열(龜裂), 백분율(百分率), 운율(韻律)
3. 'ㄴ'을 제외한 자음 받침 + 렬, 률
　예 행렬(行列), 능률(能率), 입학률(入學率), 법률(法律), 외형률(外形律)

확장개념

♀ 두음 법칙
일부 소리가 단어의 첫머리에서 발음되는 것을 꺼려 다른 소리로 바뀌어 발음되는 일

♀ '란(欄)'과 '릉(陵)'의 표기
'란(欄)'과 '릉(陵)'이 한자어 뒤에 결합할 때는 하나의 단어(독립적 어근)로 인식하지 않기 때문에, 두음에 위치하지 않는다고 보아 본음대로 적는다.
　예 • 독자란(讀者欄), 투고란(投稿欄)
　　 • 강릉(江陵), 태릉(泰陵)

기출로 출제포인트 점검

다음 문장에서 틀린 부분을 찾아 밑줄을 긋고 고치시오.

01 지방요는 지방 성분이 섞인 오줌을 말한다.

02 이 요리는 잡지 가정난에 있는 요리법을 따라 해본 거야.

[답]
01 지방요 → 지방뇨
02 가정난 → 가정란

최근 공무원 시험 **2회 출제!**
20년 소방직 9급 4번
18년 지방직 7급 12번

① **문장을 끝맺을 때는 종결 어미 '-오'를 쓴다.**

예 · 어서 오시오.(○) / 어서 오시요.(×)
· 건강을 지키는 것이 중요하오.(○) / 건강을 지키는 것이 중요하요.(×)

② **문장을 연결할 때는 연결 어미 '-요'가 붙은 '이요'를 쓴다.**

예 · 이것은 책이요, 저것은 붓이요, 또 저것은 먹이다.(○)
· 우리는 친구가 아니요, 형제랍니다.(○)
▶ 연결 어미 '-요'는 '이다', '아니다'의 어간 뒤에 붙으며, 어떤 사물이나 사실을 열거할 때 쓰인다.

③ **어미 뒤에 결합하여 높임의 뜻을 더할 때는 보조사 '요'를 쓴다.**

예 · 잠이 안 오는걸요.(○)
· 기차가 참 빨리 가지요.(○)
▶ '요'는 청자에게 존대의 뜻을 나타내는 보조사이므로 삭제할 수도 있다.
예 · 잠이 안 오는걸.
· 기차가 참 빨리 가지.

시험 직전! 필수 암기

'아니요'의 쓰임

윗사람이 묻는 말에 부정하여 대답할 때는 '네/예'에 상대되는 말인 '아니요'를 쓴다.
예 아니오, 제가 안 그랬어요. (×)
→ 아니요, 제가 안 그랬어요. (○)

기출로 출제포인트 점검

다음 문장에서 틀린 부분을 찾아 밑줄을 긋고 고치시오.

01 이것은 공책이오, 저것은 책이다.

02 다음 물음에 '예', '아니오'로 답하시오.

[답]
01 공책이오 → 공책이요
02 아니오 → 아니요

최근 공무원 시험 **3회 출제!**
19년 군무원 9급(1차) 3번   18년 지방직 7급 12번
16년 지방직 9급 2번

① **체언 뒤에는 '이에요/이어요/예요/여요'를 쓴다.**

받침 있는 체언 뒤 + 이에요/이어요	책 + 이에요/이어요 → 책이에요/책이어요(○)
받침 없는 체언 뒤 + 예요/여요	· 나무 + 예요/여요 → 나무예요/나무여요(○) ▶ 받침 없이 모음으로 끝난 체언 뒤에는 '이에요/이어요'의 축약형인 '예요/여요'를 쓴다. · 영숙이 + 이에요/이어요 → 영숙이이에요/영숙이이어요(○) · 영숙이 + 예요/여요 → 영숙이예요/영숙이여요(○) ▶ '영숙이'는 '영숙'에 받침 있는 사람 이름 뒤에서 어조를 고르는 접미사 '-이'가 붙은 것이다. '영숙이이에요, 영숙이이어요, 영숙이예요, 영숙이여요'로 표현할 수 있으나, 주로 '영숙이예요, 영숙이여요'와 같이 줄여 쓴다.

② **용언의 어간 뒤에는 '-에요/-어요'를 쓴다.**

용언의 어간 뒤 + -에요/-어요	아니- + -에요 → 아니에요(○) → 아녜요(○) 아니- + -어요 → 아니어요(○) → 아녀요(○) ▶ '아니다'는 용언이므로 서술격 조사 '이다'의 활용형인 '이에요/이어요'가 연결될 수 없다. 따라서 어미인 '-에요/-어요'를 써서 '아니에요(아녜요)/아니어요(아녀요)'로 적어야 한다.

시험 직전! 필수 암기

'아니예요/아니여요'는 틀린 표기

'아니다'의 어간 '아니-' 뒤에 어미 '-에요'가 붙은 '아니에요'는 '아녜요'로, '-어요'가 붙은 '아니어요'는 '아녀요'로 줄어든다. '아니예요/아니여요'로 줄어들지 않는다는 점에 유의한다.

기출로 출제포인트 점검

다음 문장에서 틀린 부분을 찾아 밑줄을 긋고 고치시오.

01 여기 있는 딸기 통틀어서 얼마예요?

02 놀이터에서 놀고 있는 두 아이는 쌍둥이에요.

03 저기서 신문을 읽고 있는 사람은 김철수 씨의 동생이에요.

[답]
01 얼마예요 → 얼마이에요, 얼마이어요, 얼마예요, 얼마여요
02 쌍둥이에요 → 쌍둥이이에요, 쌍둥이이어요, 쌍둥이예요, 쌍둥이여요
03 동생이예요 → 동생이에요, 동생이어요

Ⅱ. 국어 규범

해커스공무원 단권화 핵심정리 국어

08 접미사가 붙어서 된 말의 표기

① 원형을 밝혀 적는 경우 (단어의 어간 또는 어근을 밝혀 적음)

어간에 접미사 '-이'나 '-음/-ㅁ'이 붙어서 명사가 된 말	· 길이, 깊이, 높이, 미닫이, 먹이, 벌이 · 울음, 걸음, 묶음, 믿음, 얼음, 앎, 졸음
어간에 접미사 '-이', '-히'가 붙어서 부사가 된 말	· 실없이, 좋이, 짓궂이, 같이, 굳이 · 밝히, 익히, 작히
명사에 접미사 '-이'가 붙어서 명사 또는 부사가 된 말	· 바둑이, 삼발이, 절름발이, 육손이, 곰배팔이 (명사) · 몫몫이, 앞앞이, 집집이, 낱낱이 (부사)
명사에 자음으로 시작된 접미사가 붙어서 된 말	넋두리, 빛깔, 옆댕이, 잎사귀, 값지다, 홑지다
용언의 어간에 자음으로 시작된 접미사가 붙어서 된 말	낚시, 덮개, 뜯게질, 갉작거리다, 뜯적거리다, 굵다랗다, 굵직하다, 깊숙하다, 넓적하다, 높다랗다, 늙수그레하다, 얽죽얽죽하다
'-하다'나 '-거리다'가 붙는 어근에 접미사 '-이'가 붙어서 명사가 된 말	깔쭉이, 꿀꿀이, 눈깜짝이, 더펄이, 배불뚝이, 삐죽이, 살살이, 쌕쌕이, 코납작이, 푸석이, 홀쭉이
'-거리다'가 붙을 수 있는 시늉말 어근에 접미사 '-이다'가 붙어서 용언이 된 말	깜짝이다, 꾸벅이다, 들먹이다, 망설이다, 움직이다, 지껄이다, 퍼덕이다
'-하다'가 붙는 어근에 접미사 '-이', '-히'가 붙어서 부사가 된 말	· 깨끗이, 어렴풋이 · 꾸준히, 도저히, 딱히
부사에 접미사 '-이'가 붙어서 부사가 된 말	곰곰이, 더욱이, 생긋이, 오뚝이, 일찍이
'-하다'나 '-없다'가 붙어서 된 용언	· 딱하다, 숱하다, 착하다, 텁텁하다 · 부질없다, 시름없다, 열없다, 하염없다

시험 직전! 필수 암기

'-음/-ㅁ'의 표기

1. -음: 'ㄹ'을 제외한 받침이 있는 용언의 어간에 붙는다.
   예 믿음, 웃음, 젊음, 수줍음

2. -ㅁ: 받침이 없는(모음으로 끝나는) 용언의 어간이나 'ㄹ' 받침으로 끝나는 용언의 어간에 붙는다.
   예 꿈, 잠, 춤, 기쁨, 슬픔, 삶, 앎

② 원형을 밝혀 적지 않는 경우 (소리 나는 대로 적음)

어간에 접미사 '-이', '-음'이 결합하여 된 명사 중 어간의 뜻과 멀어진 말	굽도리, 목거리(목병), 무녀리, 고름[膿], 코끼리, 거름(비료), 노름(도박)
어간에 '-이', '-음' 이외의 모음으로 시작된 접미사가 붙어서 명사, 부사, 조사가 된 말	· 귀머거리, 까마귀, 너머, 뜨더귀, 늘그막, 마감, 마개, 마중, 무덤 (명사) · 너무, 도로, 바투, 비로소, 자주, 차마, 거뭇거뭇, 불긋불긋 (부사) · 나마, 부터, 조차, 마저 (조사)
명사에 '-이' 이외의 모음으로 시작된 접미사가 붙어서 된 말	꼬락서니(꼴+악서니), 바가지(박+아지), 바깥(밖+앝), 이파리(잎+아리), 지붕(집+웅)
겹받침의 끝소리가 드러나지 않는 말	널따랗다, 널찍하다, 알따랗다, 얄팍하다, 짤따랗다, 짤막하다, 실컷, 할짝거리다
어원이 분명하지 않거나 본뜻에서 멀어진 말	넙치, 올무, 골막하다, 납작하다
'-하다'나 '-거리다'가 붙을 수 없는 어근에 '-이'나 모음으로 시작되는 접미사가 붙어서 명사가 된 말	개구리, 깍두기, 꽹과리, 날라리, 누더기, 두드러기, 딱따구리, 매미, 부스러기, 뻐꾸기, 얼루기

확장개념

● 조사 '나마, 부터, 조차, 마저'
동사 '남다, 붙다, 좇다, 맞다'의 부사형 '남아, 붙어, 좇아, 맞아(→ 마저)'가 형식 형태소인 조사로 된 것이다.

● 얼루기
얼룩얼룩한 점이나 무늬. 또는 그런 점이나 무늬가 있는 짐승이나 물건

기출로 출제포인트 점검

다음 문장에서 틀린 부분을 찾아 밑줄을 긋고 고치시오.

01 쓰러져도 오뚜기같이 또 일어나야지.

02 새로 이사한 집이 넓직해서 시원해 보인다.

03 더우기 몹시 무더운 초여름 날씨를 예상한다.

04 구름이 넙따랗게 퍼져 도대체 아무것도 안 보여.

[답]
01 오뚜기 → 오뚝이
02 넓직해서 → 널찍해서
03 더우기 → 더욱이
04 넙따랗게 → 널따랗게

09 주의해야 할 사동·피동 접미사의 표기

최근 공무원 시험 **4회 출제!**
17년 국가직 9급(4월)15번   17년 지방직 9급(6월)1번
16년 국가직 7급1번   16년 지방직 9급2번

① 사동·피동 접미사 '-이-'를 붙여 쓰지 않도록 주의해야 하는 단어

맞는 표기	틀린 표기	맞는 표기	틀린 표기	맞는 표기	틀린 표기
개다 ○	개이다 ×	되뇌다 ○	되뇌이다 ×	데다 ○	데이다 ×
목메다 ○	목메이다 ×	설레다 ○	설레이다 ×	헤매다 ○	헤매이다 ×

② 사동·피동 접미사 '-이-'가 쓰여야 할 자리에 '-히-'를 쓰지 않도록 주의해야 하는 단어

맞는 표기	틀린 표기	맞는 표기	틀린 표기	맞는 표기	틀린 표기
덮이다 ○	덮히다 ×	녹이다 ○	녹히다 ×	높이다 ○	높히다 ×
눅이다 ○	눅히다 ×	쓰이다 ○	쓰히다 ×	짚이다 ○	짚히다 ×

③ 사동 접미사 '-우-'를 붙여 쓰지 않도록 주의해야 하는 단어

맞는 표기	틀린 표기	맞는 표기	틀린 표기	맞는 표기	틀린 표기
담그다 ○	담구다 ×	잠그다 ○	잠구다 ×	치르다 ○	치루다 ×
불리다 ○	불리우다 ×	씻기다 ○	씻기우다 ×	잘리다 ○	잘리우다 ×

④ 의미에 따라 구별해서 사동·피동 접사를 써야 하는 단어

새다	날이 밝아 오다. 예 날이 새는지 창밖이 밝아 온다.
새우다	한숨도 자지 않고 밤을 지내다. 예 밤을 새워 공부를 했다.
피다	구름이나 연기 등이 커지다. 예 먹구름이 검게 피었다.
피우다	어떤 물질에 불을 붙여 연기를 빨아들였다가 내보내다. 예 바빠서 담배 한 대 피울 시간조차 없다.

시험 직전! 필수 암기

1. '끼여들기, 띠여쓰기, 채이다'는 틀린 표기
   - 끼여들기(×) → 끼어들기(○)
   - 띠여쓰기(×) → 띄어쓰기(○)
   - 채이다(×) → 차이다(○)
   - ▶ '차이다'는 '차다'에 접사 '-이-'가 붙은 피동사이다. '채이다'는 피동사 '차이다'에 접사 '-이-'가 추가로 붙은 틀린 표기이다.

2. '부숴지다, 부숴뜨리다'는 틀린 표기
   - 부숴지다(×) → 부서지다(○)
   - 부숴뜨리다(×) → 부서뜨리다(○)

기출로 출제포인트 점검

다음 문장에서 틀린 부분을 찾아 밑줄을 긋고 고치시오.

01 건물이 부숴진 지 오래되었다.

02 실내에서 담배를 피지 맙시다.

03 한국인은 김치를 담궈 먹는다.

04 희생을 치뤄야 대가를 얻을 수 있다.

05 아침부터 오던 비가 개이고, 하늘에는 구름 한 점 없다.

[답]
01 부숴진 → 부서진
02 피지 → 피우지
03 담궈 → 담가
04 치뤄야 → 치러야
05 개이고 → 개고

---

10 주의해야 할 '-없다/-못하다'가 붙은 용언의 표기

최근 공무원 시험 **1회 출제!**
16년 사복직 9급 5번

① '주책없다', '주책이다'는 모두 맞는 표기이다.

② '안절부절못하다'는 긍정형으로 쓰지 않는다. (안절부절하다 ×)

예 합격자 발표를 기다리며 안절부절하였다.(×) → 안절부절못했다(○)

③ '어이없다', '하릴없다'는 '-없다'의 앞말 표기에 주의한다.

예 · 상관도 없는 나에게 뒷수습을 맡긴다니 어의없는 노릇이었다.(×) → 어이없는(○)
  · 잘못을 했으니 꾸중을 들어도 할일없는 일이다.(×) → 하릴없는(○)

확장개념

📍 **주책이다**

'주책이다'는 '주책(명사)+이다(조사)'의 결합형이므로 사전 표제어로는 다루지 않는다.

기출로 출제포인트 점검

다음 문장에서 틀린 부분을 찾아 밑줄을 긋고 고치시오.

01 그의 행동에 어의없다.

02 지갑을 잃어버려서 안절부절하고 있었다.

[답]
01 어의없다 → 어이없다
02 안절부절하고 → 안절부절못하고

그러고	'그렇게 하다'의 뜻을 가진 '그리하고'가 줄어든 말 예 그러고 있지만 말고 이리 와 보렴.
그리고	단어, 구, 절, 문장 등을 병렬적으로 연결할 때 쓰는 접속 부사 예 나 그리고 너
-노라고	자기 나름대로 꽤 노력했음을 나타내는 연결 어미 예 하노라고 하였다. / 쓰노라고 쓴 게 이 모양이다.
-느라고	앞 절의 사태가 뒤 절의 사태에 목적이나 원인이 됨을 나타내는 연결 어미 예 소설을 읽느라고 밤을 새웠다. / 자느라고 못 갔다.
더러	어떤 행동이 미치는 대상을 나타내는 격 조사 예 그가 나더러 누구냐고 묻더군.
에	① 앞말이 처소의 부사어임을 나타내는 격 조사 　예 큰아버지는 지금 집에 계신다. ② 앞말이 시간의 부사어임을 나타내는 격 조사 　예 개나리는 봄에 핀다. ③ 앞말이 진행 방향의 부사어임을 나타내는 격 조사 　예 형은 방금 집에 갔다. ④ 앞말이 원인의 부사어임을 나타내는 격 조사 　예 그는 시끄러운 소리에 잠을 깼다. ⑤ 앞말이 어떤 움직임을 일으키게 하는 대상의 부사어임을 나타내는 격 조사 　예 나는 그의 의견에 반대한다.
에게	① 일정하게 제한된 범위를 나타내는 격 조사. 어떤 물건의 소속이나 위치를 　나타낸다. 　예 민수에게 돈이 많다. ② 어떤 행동이 미치는 대상을 나타내는 격 조사 　예 어제 친구들에게 합격 사실을 알렸다. ③ 어떤 행동을 일으키는 대상임을 나타내는 격 조사 　예 진돗개에게 물리다.
한테	① 일정하게 제한된 범위를 나타내는 격 조사. '에게'보다 더 구어적이다. 　예 너한테 연필 있니? ② 어떤 행동이 미치는 대상임을 나타내는 격 조사. 어떤 물건의 소속이나 위치 　를 나타낸다. '에게'보다 더 구어적이다. 　예 오빠한테 보낼 물건 ③ 어떤 행동을 일으키는 대상임을 나타내는 격 조사. '에게'보다 구어적이다. 　예 민수는 친구한테 맞았다고 선생님께 일렀다.
마는	앞의 사실을 인정을 하면서도 그에 대한 의문이나 그와 어긋나는 상황 등을 나 타내는 보조사 예 집에 가고 싶다마는 지금은 갈 수 없다.
만은	보조사 '만'에 또 다른 보조사 '은'이 결합한 꼴 예 누가 뭐래도 너만은 이번 시험에 합격할 것이다.
안	부정이나 반대의 뜻을 나타내는 말인 '아니'의 준말 예 비가 안 온다.
않	'아니하-'의 준말 예 그녀는 책을 보지 않았다.
채	이미 있는 상태 그대로 있다는 뜻의 의존 명사 예 옷을 입은 채로 물에 들어간다.
체	그럴듯하게 꾸미는 거짓 태도나 모양이라는 뜻의 의존 명사 예 보고도 못 본 체 딴전을 부리다. / 모르는 체를 하며 고개를 돌린다.
-째	① '그대로' 또는 '전부'의 뜻을 더하는 접미사 　　예 그릇째 / 뿌리째 / 껍질째 / 통째 / 밭째 ② '차례'나 '등급'의 뜻을 더하는 접미사　예 몇째/두 잔째/여덟 바퀴째/둘째 ③ '동안'의 뜻을 더하는 접미사　예 사흘째/며칠째/다섯 달째

기출로 출제포인트 점검

다음 문장에서 틀린 부분을 찾아 밑줄을 긋고 고치시오.

01 알고도 모르는 채하였다.

02 껍질채 먹는 것이 몸에 좋다.

[답]
01 채 → 체
02 채 → 째

12 사이시옷 표기의 조건

최근 공무원 시험 11회 출제!
19년 지방직 9급 4번   19년 서울시 7급(10월) 8번
19년 군무원 9급(1차) 14번 18년 지방직 7급 3번
17년 국가직 7급(8월) 1번   17년 서울시 9급 2번
17년 경찰직 1차 4번   17년 군무원 9급 13번
16년 서울시 7급 5번   16년 서울시 7급 6번
16년 경찰직 1차 19번

① 사이시옷이 쓰이는 조건

(1) 사잇소리 현상이 일어나는 **명사 합성어 안에서만** 쓰인다. [관련 내용: 압축개념 05 (22p)]

예 해님(○) – 햇님(×),   나라님(○) – 나랏님(×),   낚시꾼(○) – 낚싯꾼(×)

▶ '해님, 나라님'의 '-님'과 '낚시꾼'의 '-꾼'은 접미사이다. 명사와 접미사 사이에서는 사잇소리 현상이 일어나지 않으므로 사이시옷을 쓰지 않는다.

(2) 명사 합성어이면서 **앞말에 받침이 없는 경우에만** 쓰인다.

예 냇가, 나룻배, 뱃길, 나뭇가지, 바닷가, 맷돌, 부싯돌, 잇자국, 조갯살, 햇볕, 혓바늘

(3) **합성어의 두 구성 요소 가운데 하나 이상이 순우리말일 때** 쓰인다.

예 • 순우리말 + 순우리말: 귓밥, 머릿기름, 모깃불, 아랫집, 잿더미, 쳇바퀴, 핏대

    • 순우리말 + 한자어: 귓병(-病), 아랫방(-房), 샛강(-江), 자릿세(-貰), 핏기(-氣)

    • 한자어 + 순우리말: 곗날(契-), 예삿일(例事-), 툇마루(退-), 장밋빛(薔薇-)

(4) 한자어로만 이루어진 말은 사잇소리 현상이 나타나도 사이시옷을 표기하지 않지만, **다음 6개의 한자어에는 사이시옷을 적는다.**

> 곳간(庫間), 툇간(退間), 찻간(車間), 숫자(數字), 횟수(回數), 셋방(貰房)

② 사이시옷이 쓰이지 않는 조건

(1) **사잇소리 현상이 일어나지 않는 경우에는 사이시옷을 쓰지 않는다.**

사잇소리 현상은 일어날 조건이 되어도 일어나지 않을 수 있는 수의적인 현상이다. 따라서 표준 발음을 정확히 알아야 사이시옷 표기 유무를 확실히 판단할 수 있다.

예 • 사잇소리 현상이 일어나지 않음: 머리말[머리말], 예사말[예사말], 인사말[인사말]

    • 사잇소리 현상이 일어남: 촛불[초뿔/촏뿔], 바닷물[바단물]

(2) **뒷말이 된소리나 거센소리로 시작하는 경우에는 사이시옷을 쓰지 않는다.**

합성어에서 뒷말이 된소리나 거센소리로 시작할 경우에는 사잇소리 현상이 일어나지 않으므로 사이시옷을 쓰지 않는다.

예 • 뒤뜰(○) – 뒷뜰(×),   뒤꿈치(○) – 뒷꿈치(×),   위쪽(○) – 윗쪽(×)

    • 뒤편(○) – 뒷편(×),   뒤태(○) – 뒷태(×),   뒤통수(○) – 뒷통수(×), 뒤처리(○) – 뒷처리(×),   위층(○) – 윗층(×)

(3) **합성어이면서 외래어를 포함하고 있는 경우에는 사이시옷을 쓰지 않는다.**

예 핑크빛[핑크삗](○) – 핑큿빛(×),   피자집[피자찝](○) – 피잣집(×)

(4) **①-(4)의 경우를 제외한 한자어에는 사이시옷을 쓰지 않는다.**

예 개수(個數)(○) – 갯수(×),   내과(內科)(○) – 냇과(×), 대가(代價)(○) – 댓가(×),   시가(市價)(○) – 싯가(×),   화병(火病)(○) – 홧병(×), 기차간(汽車間)(○) – 기찻간(×),   마구간(馬廏間)(○) – 마굿간(×), 전세방(傳貰房)(○) – 전셋방(×),   제사상(祭祀床)(○) – 제삿상(×)

시험 직전! 필수 암기

헷갈리기 쉬운 사이시옷 표기

사이시옷 표기 ○	사이시옷 표기 ×
예삿일(例事-)	예사말(例事-)
존댓말(尊待-)	농사일(農事-)
전셋집(傳貰-)	전세방(傳貰房)
머릿방(-房)	머리말
빨랫줄	고무줄
고양잇과(-科)	내과(內科)
귓병(-病)	화병(火病)

확장개념

♥ 사이시옷이 붙는 단어

1. 값: 나잇값, 대푯값, 전셋값, 최댓값, 최솟값
2. 국: 고깃국, 만둣국, 북엇국, 선짓국, 순댓국, 시래깃국
3. 길: 귀갓길, 등굣길
4. 날: 곗날, 제삿날, 훗날
5. 빛: 우윳빛, 무지갯빛, 연둣빛
6. 일: 가욋일, 두렛일, 뒷일, 사삿일, 훗일, 예삿일
7. 잎: 깻잎, 나뭇잎, 댓잎
8. 집: 고깃집, 잔칫집

기출로 출제포인트 점검

다음 문장에서 틀린 부분을 찾아 밑줄을 긋고 고치시오.

01 인삿말을 쓰느라 밤을 새웠다.

02 마굿간에는 말 두 마리가 있다.

03 그 집의 순대국은 아주 맛있다.

04 증권사들 1월 장미빛 전망 빗나가

05 뒷뜰에 있는 옥수수나 따서 가져오게.

06 길을 나서자 갑자기 곧 햇님이 모습을 드러냈다.

[답]
01 인삿말 → 인사말
02 마굿간(馬廏間) → 마구간
03 순대국 → 순댓국
04 장미빛(薔薇-) → 장밋빛
05 뒷뜰 → 뒤뜰
06 햇님 → 해님

압축개념

13 끝소리가 'ㄹ'인 말이 다른 말과 어울릴 때의 표기

① 파생어·합성어를 이룰 때, 앞말의 'ㄹ'을 적지 않는 단어들이 있는데, **앞말의 'ㄹ'은 주로 'ㄴ, ㄷ, ㅅ, ㅈ' 앞에서 탈락한다.**

맞는 표기	틀린 표기	맞는 표기	틀린 표기	맞는 표기	틀린 표기
따님 ○	딸님 ×	우짖다 ○	울짖다 ×	부손 ○	불손 ×
마되 ○	말되 ×	다달이 ○	달달이 ×	여닫이 ○	열닫이 ×
마소 ○	말소 ×	부삽 ○	불삽 ×	화살 ○	활살 ×
무자위 ○	물자위 ×	싸전 ○	쌀전 ×	바느질 ○	바늘질 ×

② 파생어·합성어를 이룰 때, **앞말의 'ㄹ'을 'ㄷ'으로 적는 단어들이 있다.**

맞는 표기	틀린 표기	맞는 표기	틀린 표기	맞는 표기	틀린 표기
나흗날 ○	나흘날 ×	며칟날 ○	며칠날 ×	사흗날 ○	사흘날 ×
삼짇날 ○	삼질날 ×	섣달 ○	설달 ×	이튿날 ○	이틀날 ×
반짇고리 ○	바느질고리 ×	숟가락 ○	술가락 ×	섣부르다 ○	설부르다 ×
잗주름 ○	잘주름 ×	잗다랗다 ○	잘다랗다 ×	푿소 ○	풀소 ×

③ 한자 '불(不)'은 뒷말의 첫소리가 'ㄷ, ㅈ'일 때 'ㄹ'이 탈락한 형태인 **'부'로 적는다.**

예 부득이(不得已), 부조리(不條理), 부주의(不注意)

확장개념

📍 **며칠 vs 몇일**
'며칠'과 '몇일'을 혼동하는 경우가 많은데, '며칠'이 맞는 표기이다.
예 몇 월 몇일입니까?(×)
→ 며칠(○)

기출로 출제포인트 점검

다음 문장에서 틀린 부분을 찾아 밑줄을 긋고 고치시오.

01 나는 월간지를 달달이 구독한다.

02 어느새 어머니의 이마와 눈가에 잘다랗게 주름이 잡혔다.

03 그는 다음 달 사흘날에 돌아오겠다는 말을 뒤로 하고 떠났다.

[답]
01 달달이 → 다달이
02 잘다랗게 → 잗다랗게
03 사흘날 → 사흗날

압축개념

14 'ㅂ' 첨가, 'ㅎ' 첨가 소리의 표기

① **'싸리, 쌀, 씨, 때' 등이 파생어·합성어를 이룰 때 'ㅂ' 소리가 첨가되면 'ㅂ' 소리를 표기에 반영해야 한다.**

'싸리[荊], 쌀[米], 씨[種], 때[時]' 등은 'ᄡ리, ᄡᆞᆯ, ᄡᅵ, ᄢᅢ'와 같이 표기했던 옛말의 흔적이 현대 국어에서도 드러나 'ㅂ'을 표기에 반영하는 것이다.

예 댑싸리(대ㅂ싸리), 멥쌀(메ㅂ쌀), 입쌀(이ㅂ쌀), 좁쌀(조ㅂ쌀), 햅쌀(해ㅂ쌀), 볍씨(벼ㅂ씨), 입때(이ㅂ때), 접때(저ㅂ때)

② **'머리, 살, 안, 수, 암' 등이 파생어·합성어를 이룰 때 'ㅎ' 소리가 첨가되면 'ㅎ' 소리를 표기에 반영해야 한다.**

옛말에서 'ㅎ' 종성 체언('ㅎ' 곡용어)이었던 '머리[頭], 살[肌], 수[雄], 암[雌], 안[內]' 등은 다른 단어가 결합할 때 [ㅎ] 음이 첨가되어 발음되면, 소리 나는 대로 뒤 단어의 첫소리를 거센소리로 적는다. [관련 내용: 압축개념 04 (63p)]

예 머리카락(머리ㅎ가락), 살코기(살ㅎ고기), 안팎(안ㅎ밖), 수컷(수ㅎ것), 암컷(암ㅎ것), 수퇘지(수ㅎ돼지)

기출로 출제포인트 점검

다음 문장에서 틀린 부분을 찾아 밑줄을 긋고 고치시오.

01 나라 안밖에서 피난민을 위한 성금을 모금하였다.

02 사냥꾼은 산에서 길을 잃은 숫돼지 한 마리를 발견했다.

[답]
01 안밖 → 안팎
02 숫돼지 → 수퇘지

15 준말의 표기

빈출

최근 공무원 시험 **21회 출제!**

20년 지방직 7급 2번	20년 서울시 9급 9번
20년 소방직 9급 1번	20년 경찰직 1차 3번
19년 국가직 7급 10번	19년 서울시 9급(6월)10번
19년 서울시 9급(6월)11번	19년 서울시 7급(10월) 15번
19년 경찰직 1차 1번	19년 군무원 9급(1차)3번
19년 군무원 9급(1차) 13번	19년 군무원 9급(2차)1번
18년 서울시 9급(6월)13번	17년 군무원 9급(2차)9번
17년 국가직 9급(4월)15번	17년 서울시 9급 2번
17년 군무원 9급 24번	16년 지방직 9급 2번
16년 서울시 7급 6번	16년 군무원 9급 3번
16년 군무원 9급 19번	

① 단어의 끝모음이 탈락하고 자음만 남은 경우, 남은 자음은 앞말의 받침으로 쓸 수 있다.

예 기러기야 – 기럭아, 어제그저께 – 엊그저께, 디디고 – 딛고, 가지고 – 갖고

▶ 본말과 준말 모두 맞는 표기이다.

② 'ㅐ, ㅔ'로 끝난 어간에 '-어, -었-'이 붙을 때는 줄여서 쓸 수 있다.

예 • 개어 – 개 / 개었다 – 갰다　　　　• 떼어 – 떼 / 떼었다 – 뗐다
　 • 내어 – 내 / 내었다 – 냈다　　　　• 세어 – 세 / 세었다 – 셌다
　 • 매어 – 매 / 매었다 – 맸다　　　　• 베어 – 베 / 베었다 – 벴다

③ 'ㅚ' 뒤에 '-어, -었-'이 붙을 때는 'ㅙ, ㅘ'으로 줄여서 쓸 수 있다.

예 • 되어 – 돼 / 되었다 – 됐다　　　　• 뵈어 – 봬 / 뵈었다 – 뵀다
　 • 쇠어 – 쇄 / 쇠었다 – 쇘다　　　　• 쐬어 – 쐐 / 쐬었다 – 쐤다
　 • 죄어 – 좨 / 죄었다 – 좼다　　　　• 쬐어 – 쫴 / 쬐었다 – 쬈다

④ '되-/돼-'는 구별해서 써야 한다.

(1) 돼어/돼어라/돼었다(×) → 되어/되어라/되었다/돼/돼라/됐다(○)
'돼'는 '되어'의 축약형이다. 따라서 '되-' 뒤에 '-어, -어라, -었다'가 붙은 '되어, 되어라, 되었다'는 '돼, 돼라, 됐다'로 줄여서 쓸 수 있다.

(2) 되서(×) → 되어서/돼서(○)
연결 어미 '-서'는 존재하지 않으므로 '되- + -서'의 결합은 있을 수 없다. 따라서 '되-'와 연결 어미 '-어서'가 결합된 '되어서' 또는 그것의 준말인 '돼서'를 쓴다.
예 일이 깔끔하게 되어서/돼서 다행이다.(○)

(3) 인용절의 경우, **직접 인용절에서는 '되-' 뒤에 명령형 어미 '-어라'가 결합**하므로 '되어라/돼라'를 쓰고, **간접 인용절에서는 '되-' 뒤에 명령형 어미 '-(으)라'가 결합**하므로 '되라'를 쓴다.
예 • "큰 인물이 되어라/돼라."라고 말씀하셨다. (직접 인용절)
　 • 큰 인물이 되라고 말씀하셨다. (간접 인용절)

⑤ 'ㅏ, ㅗ, ㅜ, ㅡ' 뒤에 '-이어'가 붙을 때는 'ㅣ'가 앞 음절에 올라붙거나 '-이어'가 'ㅕ'로 줄어든다. 2가지 방식을 모두 적용해 '쌔여, 뵈여, 틔여, 뉘여, 꾀여, 띄여'와 같이 줄여 쓰지는 않는다.

예 • 싸이어 – 쌔어, 싸여　　　　• 보이어 – 뵈어, 보여
　 • 트이어 – 틔어, 트여　　　　• 누이어 – 뉘어, 누여
　 • 꼬이어 – 꾀어, 꼬여　　　　• 뜨이어 – 띄어, (눈이) 뜨여

시험 직전! 필수 암기

'ㅕ' 또는 'ㅢ'로 줄지 않는 'ㅟ어'

'사귀어, 바뀌어, 나뉘어, 뛰어, 쉬어, 야위어, 쥐어, 할퀴어, 튀어, 휘어' 등의 활용형에서 'ㅟ어'가 'ㅕ' 또는 'ㅢ'로 줄지 않는다는 점에 유의한다.

예 • 너희 둘이 한번 사겨 봐.(×) → 사귀어(○)
　 • 호동이와 신발이 바꼈다/바꼈다.(×)
　　 → 바뀌었다(○)

확장개념

📍 '띄어/뜨여'의 표기

'띄어쓰기, 띄어 쓰다, 띄어 놓다' 등은 관용상 '뜨여쓰기, 뜨여 쓰다, 뜨여 놓다'의 형태로 쓰지 않는다. '뜨여'는 눈이 뜨인다는 의미로만 사용한다.

⑥ 다음 준말의 어간에는 모음 어미를 연결하여 쓸 수 없다.

아래 단어들은 본말에는 자음 어미와 모음 어미가 모두 결합할 수 있으나, 준말에는 자음 어미만 결합할 수 있다. 따라서 준말의 어간에 모음 어미가 결합한 것은 틀린 표기이다.

본말	자음 어미 결합 가능	모음 어미 결합 가능	준말	자음 어미 결합 가능	모음 어미 결합 불가능
가지다	가지고, 가지지	(가지+어 →) 가져	갖다	갖고, 갖지	갖어 ×, 갖은 ×
디디다	디디고, 디디지	(디디+어 →) 디뎌	딛다	딛고, 딛지	딛어 ×, 딛은 ×
서두 르다	서두르고, 서두르지	(서두르+어 →) 서둘러	서둘다	서둘고, 서둘지	서둘어 ×, 서둘은 ×
머무 르다	머무르고, 머무르지	(머무르+어 →) 머물러	머물다	머물고, 머물지	머물어 ×, 머물은 ×
서투 르다	서투르고, 서투르지	(서투르+어 →) 서툴러	서툴다	서툴고, 서툴지	서툴어 ×, 서툴은 ×

⑦ '-지 않-'은 '잖'으로, '-하지 않-(-치 않-)'은 '찮'으로 줄여서 쓸 수 있다.

-지 않- → 잖	적지 않은 → 적잖은, 그렇지 않은 → 그렇잖은 많지 않다 → 많잖다, 귀찮지 않다 → 귀찮잖다📍 깨끗지 않다 → 깨끗잖다, 넉넉지 않다 → 넉넉잖다 의롭지 않다 → 의롭잖다, 두렵지 않다 → 두렵잖다 예사롭지 않다 → 예사롭잖다, 점잖지 않다 → 점잖잖다📍
-하지 않-(-치 않-) → 찮	만만하지 않다 → 만만치 않다 → 만만찮다 변변하지 않다 → 변변치 않다 → 변변찮다 심심하지 않다 → 심심치 않다 → 심심찮다

⑧ 어간의 끝음절 '하'는 울림소리 다음에 오면 축약되고 안울림소리 다음에 오면 탈락된다.

(1) 울림소리(모음, ㄴ, ㄹ, ㅁ, ㅇ) + 하: '하'의 'ㅏ'가 탈락되고, 'ㅎ'은 뒤에 오는 예사소리와 합쳐져 **거센소리로 축약**된다.

하지 → 치	무심하지 → 무심치, 당(쌀)하지 → 당치, 허송하지 → 허송치
하게 → 케	간편하게 → 간편케, 감탄하게 → 감탄케, 말끔하게 → 말끔케
하다 → 타	아니하다 → 아니타, 흔하다 → 흔타, 부지런하다 → 부지런타, 정결하다 → 정결타, 다정하다 → 다정타, 무능하다 → 무능타
하건대 → 컨대	청하건대 → 청컨대, 회상하건대 → 회상컨대
하고자 → 코자	결근하고자 → 결근코자, 달성하고자 → 달성코자
하도록 → 토록	연구하도록 → 연구토록, 실천하도록 → 실천토록, 추진하도록 → 추진토록, 분발하도록 → 분발토록

(2) 안울림소리 + 하: '하'가 탈락된다.

하건대 → 건대	생각하건대 → 생각건대
하다 → 다	생각하다 못하여 → 생각다 못하여
하지 → 지	거북하지 → 거북지, 못하지 않다 → 못지않다, 갑갑하지 않다 → 갑갑지 않다, 깨끗하지 않다 → 깨끗지 않다, 넉넉하지 않다 → 넉넉지 않다, 답답하지 않다 → 답답지 않다, 섭섭하지 않다 → 섭섭지 않다, 익숙하지 못하다 → 익숙지 못하다

시험 직전! 필수 암기

1. '서슴치 않다'는 틀린 표기

   기본형 '서슴다'에 '-지 않다'가 결합하면 '서슴지 않다'가 되므로 '서슴치 않다'는 틀린 표기이다.

2. 끝소리를 주의해서 암기해야 하는 단어

   • -든: 이렇든, 그렇든, 저렇든, 아무렇든, 어떻든, 어쨌든
   • -코: 결단코, 결코, 기필코, 무심코, 정녕코, 필연코, 한사코
   • -튼: 아무튼, 하여튼
   • -컨대: 요컨대
   • -터면: 하마터면
   • -토록: 이토록, 그토록, 저토록, 열흘토록, 종일토록, 평생토록

확장개념

📍 '귀찮잖다, 점잖잖다'의 표기

'귀찮-, 점잖-'처럼 어간의 끝소리가 'ㅎ'인 경우는, [찬]으로 소리 나더라도 '(귀찮지 않다 →) 귀찮잖다, (점잖지 않다 →)점잖잖다'로 적는다.

기출로 출제포인트 점검

다음 문장에서 틀린 부분을 찾아 밑줄을 긋고 고치시오.

01 학교에서 뵈요.

02 이렇게 하면 되?

03 우리들은 서슴치 않고 차에 올랐다.

04 값은 섭섭치 않게 쳐 드리겠으니 제게 파시오.

05 그들의 앞길에는 적잖은 암초가 놓여 있었다.

06 광수는 생각타 못해 김 사장을 찾아가기로 했다.

07 넉넉치 않은 형편에도 불구하고 도움을 주셔서 감사합니다.

[답]
01 뵈요 → 봬요
02 되 → 돼
03 서슴치 → 서슴지
04 섭섭치 → 섭섭지
05 적잖은 → 적잖은
06 생각타 → 생각다
07 넉넉치 않은 → 넉넉지 않은

16 부사의 끝음절 '-이/-히'의 표기

최근 공무원 시험 1회 출제!
19년 경찰직 1차 1번

① 부사의 끝음절을 '이'로 적는 경우

첩어 또는 준첩어인 명사 뒤	간간이, 겹겹이, 곳곳이, 길길이, 나날이, 다달이, 땀땀이, 몫몫이, 번번이, 샅샅이, 알알이, 앞앞이, 줄줄이, 집집이, 짬짬이, 철철이, 골골샅샅이
'ㅅ' 받침 뒤	가붓이, 깨끗이, 나붓이, 느긋이, 둥긋이, 따뜻이, 반듯이, 버젓이, 산뜻이, 의젓이, 지긋이
'ㅂ' 불규칙 용언의 어간 뒤	가까이, 가벼이, 고이, 괴로이, 기꺼이, 날카로이, 너그러이, 대수로이, 번거로이, 부드러이, 새로이, 쉬이, 외로이, 즐거이, 해로이
'-하다'가 붙지 않는 용언의 어간 뒤	같이, 굳이, 길이, 깊이, 높이, 많이, 적이, 헛되이
부사 뒤	곰곰이, 더욱이, 생긋이, 오뚝이, 일찍이, 히죽이

② 부사의 끝음절을 '히'로 적는 경우

'-하다'가 붙는 어근 뒤 (단, 'ㅅ' 받침 제외)	가만히, 간편히, 고요히, 공평히, 과감히, 극히, 급급히, 급히, 꼼꼼히, 나른히, 능히, 답답히, 도저히, 딱히, 무단히, 속히, 솔직히, 엄격히, 정확히, 족히
'-하다'가 붙는 어근에 '-히'가 결합하여 된 부사가 줄어든 형태	(익숙히 →) 익히, (특별히 →) 특히
어근 형태소의 본뜻이 사라진 단어 뒤	작히('어찌 조금만큼만', '얼마나'의 뜻으로 희망, 추측을 나타냄)

③ ②의 기준이 적용되지 않는 경우

예 고즈넉이, 깊숙이, 끔찍이, 나직이, 납작이, 두둑이, 삐죽이, 수북이, 오죽이, 진득이

▶ '-하다'가 붙는 어근이지만 부사화 접미사로 '-히'를 적지 않고 '-이'를 적는다.

확장개념

♀ 첩어와 준첩어
1. 첩어: 한 단어를 반복적으로 결합한 복합어
   예 누구누구, 꼭꼭, 겹겹
2. 준첩어: 발음이나 뜻이 비슷한 말이 결합한 형태
   예 이판사판, 갈팡질팡

♀ 작히
'작히'는 '쟉-[小] + -히'에서 온 말로 어간의 본뜻과 멀어진 단어이다.

기출로 출제포인트 점검

다음 문장에서 틀린 부분을 찾아 밑줄을 긋고 고치시오.

01 번번히 실패했다.

02 화장실을 깨끗히 사용합시다.

[답]
01 번번히 → 번번이
02 깨끗히 → 깨끗이

17 어미·접미사의 예사소리 표기와 된소리 표기

최근 공무원 시험 2회 출제!
18년 서울시 9급(6월)13번
18년 경찰직 2차 9번

① 'ㄹ' 뒤에서 예사소리 또는 된소리로 발음되는 어미의 표기

예사소리로 적는 어미 ♀			된소리로 적는 어미
-(으)ㄹ거나	-(으)ㄹ걸	-(으)ㄹ게	-(으)ㄹ까?
-(으)ㄹ세	-(으)ㄹ세라	-(으)ㄹ수록	-(으)ㄹ꼬?
-(으)ㄹ시	-(으)ㄹ시고	-(으)ㄹ지	-(스)ㅂ니까?
-(으)ㄹ지니라	-(으)ㄹ지라도	-(으)ㄹ지어다	-(으)리까?
-(으)ㄹ지언정	-(으)ㄹ진대	-(으)ㄹ진저	-(으)ㄹ쏘냐?
-올시다			

확장개념

♀ 예사소리로 적는 어미의 출제 경향
예사소리로 적어야 하는 부분이 된소리로 표기되어 출제된다. 밑줄 친 부분을 된소리로 적지 않는다는 점에 유의한다.

II. 국어 규범 해커스공무원 단권화 핵심정리 국어

② 접미사 '-배기/-빼기'의 표기

구분	조건	예
-배기	[배기]로 발음되는 경우	귀퉁배기, 나이배기, 대짜배기, 육자배기, 주정배기, 포배기, 혀짤배기
	한 형태소의 'ㄱ, ㅂ' 받침 뒤에서 [빼기]로 발음되는 경우	뚝배기, 학배기(잠자리의 애벌레)
-빼기	다른 형태소 뒤에서 [빼기]로 발음되는 경우	고들빼기, 그루빼기, 대갈빼기, 머리빼기, 곱빼기, 과녁빼기, 밥빼기, 악착빼기

③ 접미사 '-적다/-쩍다'의 표기

구분	조건	예
-적다	[적다]로 발음되는 경우	괘다리적다, 괘달머리적다, 딴기적다
	'적다[少]'의 뜻이 유지되고 있는 합성어의 경우	맛적다(재미나 흥미가 거의 없어 싱겁다)
-쩍다	'적다[少]'의 뜻 없이, [쩍다]로 발음되는 경우	맥쩍다, 멋쩍다, 해망쩍다, 행망쩍다

④ 된소리로만 적는 접미사

-깔	때깔, 빛깔, 성깔	-꿈치	뒤꿈치, 발꿈치, 팔꿈치
-꾼	심부름꾼, 주정꾼, 지게꾼	-때기	귀때기, 볼때기, 판자때기

기출로 출제포인트 점검

다음 문장에서 틀린 부분을 찾아 밑줄을 긋고 고치시오.

01 이번에는 꼭 합격할께요.

02 그에게는 다섯 살박이 딸이 있다.

03 뚝빼기를 마룻바닥에 놓고 앉았다.

[답]
01 합격할께요 → 합격할게요
02 다섯 살박이 → 다섯 살배기   03 뚝빼기 → 뚝배기

---

18 '-더라/-던/-든지'와 '-대/-데'의 쓰임

① '-더라/-던'은 과거를 나타낼 때 쓰고, '-든지'는 선택의 의미를 나타낼 때 쓴다.

예 · 지난겨울은 몹시 춥드라.(×) → 춥더라.(○)

· 그렇게 좋든가?(×) → 좋던가?(○)
  그 사람 말 잘하든데!(×) → 잘하던데!(○)
  얼마나 놀랐든지 몰라.(×) → 놀랐던지 몰라.(○)

· 가던지 오던지 마음대로 해라.(×) → 가든지 오든지 마음대로 해라.(○)
  배던지 사과던지 마음껏 먹어라.(×) → 배든지 사과든지 마음껏 먹어라.(○)

② '-대'는 남이 말한 내용을 전달할 때 쓰고, '-데'는 화자가 과거에 직접 경험한 사실을 말할 때 쓴다.

예 · 오늘 날이 아주 밝대.

▶ 일기 예보나 남이 말한 내용을 듣고 이를 다시 누군가에게 전달하는 말

· 오늘 날이 아주 밝데.

▶ '달이 아주 밝더라'와 같은 의미로, 화자가 직접 보고 느낀 것을 나중에 누군가에게 회상하며 하는 말

기출로 출제포인트 점검

다음 문장에서 틀린 부분을 찾아 밑줄을 긋고 고치시오.

01 철수도 오겠데?

02 그 친구는 아들만 둘이대.

03 삼촌이 그러는데요, 민희가 무척 예뻐졌데요.

[답]
01 오겠데 → 오겠대
02 둘이대 → 둘이데
03 예뻐졌데요 → 예뻐졌대요

압축개념

19 구별이 필요한 단어의 표기

빈출

최근 공무원 시험 **8회 출제!**

20년 지방직 9급 4번	19년 국가직 7급 6번
19년 군무원 9급(2차)23번	18년 지방직 7급 12번
18년 서울시 9급(3월) 3번	18년 경찰직 2차 9번
17년 국가직 7급(8월) 1번	17년 서울시 9급 2번

가름	둘로 가름	부치다	힘이 부치는 일이다. / 편지를 부친다. / 논밭을 부친다. / 빈대떡을 부친다.
갈음	새 책상으로 갈음하였다.		
거름	풀을 썩힌 거름	붙이다	우표를 붙인다. / 책상을 벽에 붙였다. / 흥정을 붙인다. / 불을 붙인다. / 감시원을 붙인다.
걸음	빠른 걸음		
거치다	영월을 거쳐 왔다.	시키다	일을 시킨다.
걷히다	외상값이 잘 걷힌다.	식히다	끓인 물을 식힌다.
걷잡다	걷잡을 수 없는 상태	아름	세 아름 되는 둘레
겉잡다	겉잡아서 이틀 걸릴 일	알음	전부터 알음이 있는 사이
그러므로 (그러니까)	그는 부지런하다. 그러므로 잘 산다.	앎	앎이 힘이다.
		안치다	밥을 안친다.
그럼으로(써) (그렇게 하는 것으로)	그는 열심히 공부한다. 그럼으로(써) 은혜에 보답한다.	앉히다	윗자리에 앉힌다.
		어름	두 물건의 어름에서 일어난 현상
노름	노름판이 벌어졌다.	얼음	얼음이 얼었다.
놀음(놀이)	즐거운 놀음	이따가	이따가 오너라.
느리다	진도가 너무 느리다.	있다가	돈은 있다가도 없다.
늘이다	고무줄을 늘인다.	저리다	다친 다리가 저린다.
늘리다	수출량을 더 늘린다.	절이다	김장 배추를 절인다.
다리다	옷을 다린다.	조리다	생선을 조린다. 통조림, 병조림
달이다	약을 달인다.	졸이다	마음을 졸인다.
다치다	부주의로 손을 다쳤다.	주리다	여러 날을 주렸다.
닫히다	문이 저절로 닫혔다.	줄이다	비용을 줄인다.
닫치다	문을 힘껏 닫쳤다.	하노라고	하노라고 한 것이 이 모양이다.
마치다	벌써 일을 마쳤다.	하느라고	공부하느라고 밤을 새웠다.
맞히다	여러 문제를 더 맞혔다.	-느니보다 (어미)	나를 찾아오느니보다 집에 있거라.
목거리	목거리가 덧났다.	-는 이보다 (의존 명사)	오는 이가 가는 이보다 많다.
목걸이	금목걸이, 은목걸이	-(으)리만큼 (어미)	나를 미워하리만큼 그에게 잘못한 일이 없다.
바치다	나라를 위해 목숨을 바쳤다.	-(으)ㄹ 이만큼 (의존 명사)	찬성할 이도 반대할 이만큼이나 많을 것이다.
받치다	우산을 받치고 간다. 책받침을 받친다.	-(으)러(목적)	공부하러 간다.
받히다	쇠뿔에 받혔다.	-(으)려(의도)	서울 가려 한다.
밭치다	술을 체에 밭친다.	-(으)로서(자격)	사람으로서 그럴 수는 없다.
반드시	약속은 반드시 지켜라.	-(으)로써(수단)	닭으로써 꿩을 대신했다.
반듯이	고개를 반듯이 들어라.	-(으)므로(어미)	그가 나를 믿으므로 나도 그를 믿는다.
부딪치다	차와 차가 마주 부딪쳤다.	(-ㅁ, -음)으 로(써)(조사)	그는 믿음으로(써) 산 보람을 느꼈다.
부딪히다	마차가 화물차에 부딪혔다.		

기출로 출제포인트 점검

다음 문장에서 틀린 부분을 찾아 밑줄을 긋고 고치시오.

01 선을 반드시 그어라.

02 철수는 열심히 일하므로 보람을 느꼈다.

03 이 사건은 의협과 용기로서 대처해야 한다.

04 좀 전에 제시한 것으로 의견 표명을 가름하겠습니다.

05 그는 굉장한 사업 수단으로 재산을 빠른 속도로 늘였다.

06 한문을 한글로 풀이한 이 책은 중세 국어의 자료로써 가치가 있다.

[답]
01 반드시 → 반듯이
02 일하므로 → 일함으로써
03 로서 → 로써
04 가름 → 갈음
05 늘였다 → 늘렸다
06 로써 → 로서

01 2020년 국가직 9급

㉠~㉣을 사전에 올릴 때 '한글 맞춤법 규정'에 따른 순서로 적절한 것은?

㉠ 곬	㉡ 규탄
㉢ 곳간	㉣ 광명

① ㉠ → ㉢ → ㉡ → ㉣
② ㉠ → ㉢ → ㉣ → ㉡
③ ㉢ → ㉠ → ㉡ → ㉣
④ ㉢ → ㉠ → ㉣ → ㉡

02 2014년 경찰직 2차

<보기>에 제시된 한글 맞춤법의 규정이 바르게 적용되지 않은 것은?

보기

제12항 한자음 '라, 래, 로, 뢰, 루, 르'가 단어의 첫머리에 올 적에는 두음 법칙에 따라 '나, 내, 노, 뇌, 누, 느'로 적는다.

[붙임 1] 단어의 첫머리 이외의 경우에는 본음대로 적는다.

[붙임 2] 접두사처럼 쓰이는 한자가 붙어서 된 단어는 뒷말을 두음 법칙에 따라 적는다.

① 낙원(樂園), 실락원(失樂園)
② 내일(來日), 왕래(往來)
③ 노인(老人), 상노인(上老人)
④ 누각(樓閣), 광한루(廣寒樓)

03 2019년 서울시 9급(6월)

<보기>의 설명에 따라 올바르게 표기된 경우가 아닌 것은?

보기

• 어간의 끝음절 '하'의 'ㅏ'가 줄고 'ㅎ'이 다음 음절의 첫소리와 어울려 거센소리로 될 적에는 거센소리로 적는다.

• 어간의 끝음절 '하'가 아주 줄 적에는 준 대로 적는다.

① 섭섭지
② 흔타
③ 익숙치
④ 정결타

04 2015년 경찰직 1차

밑줄 친 단어 중에서 다음의 한글 맞춤법 규정이 적용된 것이 아닌 것은?

제19항 어간에 '-이'나 '-음/-ㅁ'이 붙어서 명사로 된 것과 '-이'나 '-히'가 붙어서 부사로 된 것은 그 어간의 원형을 밝히어 적는다.

[붙임] 어간에 '-이'나 '-음' 이외의 모음으로 시작된 접미사가 붙어서 다른 품사로 바뀐 것은 그 어간의 원형을 밝히어 적지 아니한다.

① 그는 병의 마개를 땄다.
② 해야 할 일이 너무 많다.
③ 그녀는 창가에 앉아 바깥을 내다보았다.
④ 나는 어제 친구의 무덤을 찾아갔다.

05 2018년 국회직 8급

다음 <보기> 중 한글 맞춤법 규정에 맞게 표기한 것을 모두 고르면?

보기

ㄱ. 얼룩배기	ㄴ. 판때기	ㄷ. 나이빼기
ㄹ. 이맛배기	ㅁ. 거적때기	ㅂ. 상판대기

① ㄱ, ㄷ, ㅁ
② ㄱ, ㄹ, ㅂ
③ ㄴ, ㄷ, ㄹ
④ ㄴ, ㄷ, ㅂ
⑤ ㄴ, ㅁ, ㅂ

06 2019년 경찰직 1차

현행 한글 맞춤법에 따른 표기로 가장 적절한 것은?

① 우리 기관에서는 신년도가 회계년도 기준으로 3월부터입니다.
② 등굣길에 있는 신호등의 갯수와 점등 횟수를 점검하십시오.
③ 어떡해 번번히 합격율이 낮습니까?
④ 미처 생각지 못한 일이 발생할 수 있으니 내가 할게.

07 2020년 지방직 7급

밑줄 친 활용형 중 옳은 것은?

① 식은 국을 따뜻하게 <u>데서</u> 먹었다.
② 아이가 소란을 <u>펴서</u> 정신이 없다.
③ 어린이가 한시를 줄줄 <u>왜서</u> 놀랐다.
④ 나는 뜬눈으로 밤을 <u>새서</u> 너무 피곤하다.

08 2019년 서울시 7급(10월)

사이시옷 표기가 모두 옳지 않은 것은?

① 붕엇빵 – 공붓벌레
② 마굿간 – 인삿말
③ 공깃밥 – 백짓장
④ 도맷값 – 머릿털

09 2021년 국가직 9급

맞춤법에 맞는 것만으로 묶은 것은?

① 돌나물, 꼭지점, 페트병, 낚시꾼
② 흡입량, 구름양, 정답란, 칼럼난
③ 오뚝이, 싸라기, 법석, 딱다구리
④ 찻간(車間), 홧병(火病), 셋방(貰房), 곳간(庫間)

10 2018년 지방직 9급

다음 한글 맞춤법 규정의 예로 옳지 않은 것은?

> (가) 제19항 어간에 '-이'나 '-음/ㅁ'이 붙어서 명사로 된 것과 '-이'나 '-히'가 붙어서 부사로 된 것은 그 어간의 원형을 밝히어 적는다.
> (나) 제19항 [붙임] 어간에 '-이'나 '-음' 이외의 모음으로 시작된 접미사가 붙어서 다른 품사로 바뀐 것은 그 어간의 원형을 밝히어 적지 아니한다.
> (다) 제20항 명사 뒤에 '-이'가 붙어서 된 말은 그 명사의 원형을 밝히어 적는다.
> (라) 제20항 [붙임] '-이' 이외의 모음으로 시작된 접미사가 붙어서 된 말은 그 명사의 원형을 밝히어 적지 아니한다.

① (가): 미닫이, 졸음, 익히
② (나): 마개, 마감, 지붕
③ (다): 육손이, 집집이, 곰배팔이
④ (라): 끄트머리, 바가지, 이파리

11 2015년 국가직 9급

어법에 맞게 쓰인 것은?

① 내일 야유회 간데요?
② 그이가 말을 아주 잘하대.
③ 연예인을 보니 그렇게 좋던?
④ 제가 직접 봤는데 너무 크대요.

12 2020년 서울시 9급

밑줄 친 부분의 맞춤법이 가장 옳지 않은 것은?

① 남에게 존경 받는 사람이 <u>돼라는</u> 아버지의 유언
② 존경 받는 사람이 <u>되었다</u>.
③ 남에게 존경 받는 사람이 <u>돼라</u>.
④ 존경 받는 사람이 <u>되고</u> 있다.

정답 및 해설 p. 287

03 띄어쓰기와 문장 부호에 관한 한글 맞춤법 규정

압축개념

01 조사의 띄어쓰기

최근 공무원 시험 24회 출제!
20년 지방직 9급 15번	20년 경찰직 2차 7번
20년 군무원 9급 11번	19년 국가직 7급 6번
19년 서울시 9급(2월) 10번	19년 소방직 9급 7번
18년 지방직 7급 1번	18년 서울시 9급(6월) 15번
18년 서울시 7급(3월) 18번	18년 소방직 9급(10월) 15번
18년 경찰직 1차 7번	18년 경찰직 3차 4번
18년 군무원 9급 7번	17년 국가직 9급(4월) 17번
17년 국가직 7급(8월) 11번	17년 지방직 9급(12월) 5번
17년 사복직 9급 5번	17년 서울시 9급 13번
16년 국가직 9급 11번	16년 지방직 9급 3번
16년 지방직 7급 1번	16년 서울시 9급 19번
16년 경찰직 1차 16번	16년 경찰직 2차 4번

① 조사는 그 앞말(주로 체언)에 붙여 쓴다. 특히 다음 조사는 주의해서 붙여 쓴다.

그래	• 그것참 신통하군 v 그래.(×) → 신통하군그래.(○) • 기분이 좋아 보이는구먼 v 그래.(×) → 보이는구먼그래.(○)
그려	• 같이 가세 v 그려.(×) → 가세그려.(○) • 앞으로는 자주 만납시다 v 그려.(×) → 만납시다그려.(○)
깨나	• 돈 v 깨나 있다고 남을 얕보면 되겠니?(×) → 돈깨나(○) • 그의 얼굴을 보니 심술 v 깨나 부리겠더구나.(×) → 심술깨나(○)
라고	• 주인이 "많이 드세요." v 라고 권한다.(×) → "많이 드세요."라고(○) • "내가 홍길동이다." v 라고 소리쳤다.(×) → "내가 홍길동이다."라고(○)
마는	• 사고 싶다 v 마는 돈이 없군.(×) → 싶다마는(○) • 얼마 되겠느냐 v 마는 보태 써라.(×) → 되겠느냐마는(○)
마따나	자네 말 v 마따나 쉬는 게 좋겠네.(×) → 말마따나(○)
마저	• 너 v 마저 나를 떠나는구나.(×) → 너마저(○) • 노인과 어린이 v 마저 작업에 동원되었다.(×) → 어린이마저(○)
부터	• 그는 처음 v 부터 끝까지 말썽이다.(×) → 처음부터(○) • 그 약을 먹고 v 부터는 몸이 좋아졌다.(×) → 먹고부터는(○)
야말로, 이야말로	• 김 교수 v 야말로 이 시대의 학자다.(×) → 김 교수야말로(○) • 통일 v 이야말로 우리에게 주어진 최대의 과업이지.(×) → 통일이야말로(○)
이다	• 어제는 12월 25일 v 이었다.(×) → 25일이었다.(○) • 40쪽까지 v 입니다.(×) → 40쪽까지입니다.(○)
치고	• 겨울 날씨 v 치고 따뜻하다.(×) → 날씨치고(○) • 우리 학교 학생 v 치고 그를 모르는 사람은 없다.(×) → 학생치고(○)
커녕, 는커녕, 은커녕	• 밥 v 커녕 죽도 못 먹는다.(×) → 밥커녕(○) • 빨리는 v 커녕 천천히도 못 걷겠다.(×) → 빨리는커녕(○) • 천 원은 v 커녕 백 원도 없다.(×) → 천 원은커녕(○)
하고, 하며	• 철수는 너 v 하고 닮았다.(×) → 너하고(○) • 시골에서 쌀 v 하며 배추 v 하며 보내왔다.(×) → 쌀하며 배추하며(○)

② 모양이 같더라도 보통 관형어 뒤에 쓰이는 것은 조사가 아니라 **명사·의존명사이므로 띄어 쓴다.**

만큼	조사	조사 '만큼'은 '앞말과 비슷한 정도나 한도임'을 뜻한다. 예 집을 대궐만큼 크게 짓다. / 명주는 무명만큼 질기지 못하다.
	의존 명사	의존 명사 '만큼'은 '앞의 내용에 상당한 수량이나 정도임' 또는 '뒤에 나오는 내용의 원인이나 근거가 됨'을 뜻한다. 예 노력한 v 만큼 대가를 얻다.

확장개념

♀ 조사의 붙여쓰기
1. 조사를 하나만 붙여 쓰는 경우
   예 꽃이, 꽃마저, 꽃이나마, 꽃입니다
2. 조사를 둘 이상 붙여 쓰는 경우
   예 꽃에서부터, 꽃으로만, 학교에서만이라도, 여기서부터입니다
3. 조사를 어미 뒤에 붙여 쓰는 경우
   예 나가면서까지, 들어가기는커녕, 옵니다그려, "알았다."라고

♀ '마는'과 '만은'의 구별
1. '마는'은 종결 어미 다음에 쓰여 앞에 제시된 사실을 인정하면서도 그와 맞지 않는 상황이나 앞의 사실에 대한 의아함을 나타내는 보조사이다.
   예 집에 가고 싶다마는 지금은 갈 수 없다.
2. '만은'은 보조사 '만'에 또 다른 보조사 '은'이 결합한 꼴이다.
   예 누가 뭐래도 너만은 이번 시험에 합격할 것이다.

♀ '하고'를 앞말과 띄어 쓰는 경우
'하고'가 발화를 직접 인용하는 문장 뒤에 쓰여 인용하는 기능을 나타낼 때는 동사 '하다'의 활용형이므로 앞말과 띄어 쓴다.
예 보초는 "손들어!" v 하고 크게 외쳤다.

대로	조사	조사 '대로'는 '앞에 오는 말에 근거하거나 달라짐이 없음'을 나타내거나 '따로따로 구별됨'을 뜻한다. 예 • 하려면 법대로 해라. • 큰 것은 큰 것대로 따로 모아 두었다. • 너는 너대로 나는 나대로 서로 상관 말고 살자.
	의존 명사	의존 명사 '대로'는 '어떤 모양이나 상태와 같이', '어떤 상태나 행동이 나타나는 그 즉시', '어떤 상태나 행동이 나타나는 족족'을 뜻한다. 예 • 들은 v 대로 이야기하다. • 집에 도착하는 v 대로 전화할게. • 틈나는 v 대로 메모를 해 두었다.
만	조사	조사 '만'은 한정, 강조, 조건의 뜻을 나타내거나, '화자가 기대하는 마지막 선', '앞말이 나타내는 대상이나 내용 정도에 달함'을 뜻한다. 예 • 하루 종일 잠만 잤다. • 집채만 한 파도가 몰려온다. • 열 장의 복권 중에서 하나만 당첨되어도 바랄 것이 없다.
	의존 명사	의존 명사 '만'은 '앞말이 가리키는 동안이나 거리', '앞말이 가리키는 횟수를 끝으로'를 뜻하거나, '앞말이 뜻하는 동작이나 행동에 타당한 이유가 있음', '앞말이 뜻하는 동작이나 행동이 가능함'을 뜻한다. 예 • 삼 년 v 만이다. • 세 번 v 만에 시험에 합격했다. • 그가 화를 낼 v 만도 하다. • 대충 참으면서 살 v 만도 하다.
뿐♀	조사	조사 '뿐'은 '그것만이고 더는 없음' 또는 '오직 그렇게 하거나 그러하다는 것'을 뜻한다. 예 • 이제 믿을 것은 오직 실력뿐이다. • 학교에서뿐만 아니라 집에서도 골칫덩이였다.
	의존 명사	의존 명사 '뿐'은 '다만 어떠하거나 어찌할 따름' 또는 '오직 그렇게 하거나 그러함'을 뜻한다. 예 • 소문으로만 들었을 v 뿐이네. • 시간만 보냈다 v 뿐이지 한 일은 없다.
밖에♀	조사	조사 '밖에'는 '그것 말고는', '그것 이외에는', '기꺼이 받아들이는', '피할 수 없는'을 뜻하며, 주로 뒤에 부정을 나타내는 말이 따른다. 예 • 공부밖에 모르는 학생이다. • 아침에 일찍 일어날 수밖에 없다.
	명사 + 조사	'밖(명사)+에(조사)'로 결합된 형태로 쓰일 때는 '바깥에'를 뜻한다. 예 • 누구 v 밖에 있니? • 건물 v 밖에 수상한 사람이 서 있다.

③ **모양이 같더라도 용언을 수식한다면 조사가 아니라 부사이므로 띄어 쓴다.**

같이♀	조사	조사 '같이'는 '앞말이 보이는 전형적인 어떤 특징처럼'을 뜻하거나 '앞말이 나타내는 그때'를 강조한다. 예 • 얼음장같이 차가운 방바닥 • 매일같이 지각한다.
	부사	부사 '같이'는 '둘 이상의 사람이나 사물이 함께' 또는 '어떤 상황이나 행동 등과 다름이 없이'를 뜻한다. 예 • 모두 v 같이 갑시다. • 세월이 물과 v 같이 흐른다.
보다	조사	조사 '보다'는 '~에 비해서'를 뜻한다. 예 • 내가 너보다 크다. • 그는 나보다 두 살 위이다.
	부사	부사 '보다'는 '어떤 수준에 비하여 한층 더'를 뜻한다. 예 • 민지는 보다 v 나아지려고 꾸준히 노력한다. • 나는 보다 v 객관적인 눈으로 그를 지켜볼 수 있게 되었다.

확장개념

♀ **'뿐'이 어미의 일부인 경우**
'뿐'이 '-ㄹ뿐더러'의 형태로 쓰일 때는 어미이므로 앞말에 붙여 쓴다.
예 라일락은 꽃이 예쁠뿐더러 향기도 좋다.

♀ **조사 '밖에'와 어울리는 서술어**
조사 '밖에'에는 주로 '않다, 없다, 모르다'처럼 부정적인 의미를 가지는 서술어와 함께 쓰인다.

♀ **'밖'이 어미의 일부인 경우**
'밖'이 '-ㄹ밖에'의 형태로 쓰일 때는 어미이므로 앞말에 붙여 쓴다.
예 어른들이 다 가시니 나도 갈밖에.

♀ **'같은'의 띄어쓰기**
'같은'은 형용사 '같다'의 활용형이므로 명사에 붙여 쓰지 않는다.
예 • 삼촌같은 사람이랑 결혼할 거야.(×)
 → 삼촌 v 같은(O)
 • 인형같은 아기를 보았다.(×)
 → 인형 v 같은(O)

기출로 출제포인트 점검

다음 문장에서 띄어쓰기가 틀린 부분을 찾아 밑줄을 긋고 고치시오.

01 나는 너 만큼 키가 크다.

02 너 뿐만 아니라 나도 그래.

03 집밖에 나가서 놀지 않을래?

04 집에 도착하는대로 전화하도록 해.

05 막내 마저 출가를 시키니 허전하다.

06 그 이야기는 소문으로 들었을뿐이다.

07 영희는 합리적이기 보다는 감정적이다.

08 그 친구와 연락한 지 세 시간만에 만났다.

09 아는 체하는 걸 보니 공부 깨나 했나 보다.

10 학교에서 부터 도서관까지 거리는 약 5km이다.

11 사장님에게 혼나기는 커녕 칭찬까지 받았다.

12 창조적 독해가 현실적인 문제 해결 방안으로 활용될 수 밖에 없다.

[답]
01 너 만큼 → 너만큼
02 너 뿐만 → 너뿐만
03 집밖에 → 집 밖에
04 도착하는대로 → 도착하는 대로
05 막내 마저 → 막내마저
06 들었을뿐이다 → 들었을 뿐이다
07 합리적이기 보다는 → 합리적이기보다는
08 시간만에 → 시간 만에
09 공부 깨나 → 공부깨나
10 학교에서 부터 → 학교에서부터
11 혼나기는 커녕 → 혼나기는커녕
12 수 밖에 → 수밖에

① 어미는 그 앞말에 붙여 쓴다.

② 다음 어미는 주의해서 붙여 쓴다.

-고말고, -다마다	• 기쁜 일이고 v 말고.(×) → 일이고말고(○) • 나야 물론 좋고 v 말고.(×) → 좋고말고(○) • 암, 네 말이 맞다 v 마다.(×) → 맞다마다(○)
-ㄹ뿐더러	• 새 일꾼이 일도 잘할 v 뿐더러 성격도 좋다.(×) → 잘할뿐더러(○) • 라일락은 꽃이 예쁠 v 뿐더러 향기도 좋다(×) → 예쁠뿐더러(○)
-ㄹ수록, -을수록	• 높이 올라갈 v 수록 기온은 떨어진다.(×) → 올라갈수록(○) • 이 책은 읽을 v 수록 새로운 감동을 준다.(×) → 읽을수록(○)
-ㄹ지라도, -을지라도	• 경기에 질 v 지라도 정당하게 싸워야 한다.(×) → 질지라도(○) • 마음에 걱정이 있을 v 지라도 내색하지 마라.(×) → 있을지라도(○)
-자마자	• 집에 닿자 v 마자 비가 쏟아지기 시작했다.(×) → 닿자마자(○) • 음식을 먹자 v 마자 토해 버렸다.(×) → 먹자마자(○)
-리만큼, -으리만큼	• 사람들이 걱정을 하리 v 만큼 그의 안색은 창백했다.(×) → 하리만큼(○) • 나는 밥을 밥통째 먹으리 v 만큼 배가 고팠다.(×) → 먹으리만큼(○)

기출로 출제포인트 점검

다음 문장에서 띄어쓰기가 틀린 부분을 찾아 밑줄을 긋고 고치시오.

01 그는 일도 잘할 뿐더러 성격도 좋다.

02 마음에 걱정이 있을 지라도 내색하지 마라.

[답]
01 잘할 뿐더러 → 잘할뿐더러
02 있을 지라도 → 있을지라도

---

① 접사(접두사, 접미사)는 앞말 또는 뒷말에 붙여 쓴다.

② 다음 접사는 주의해서 붙여 쓴다.

구분	접사	예
접두사	본(本)-	• 본 v 계약(×) → 본계약(○) • 본 v 회의(×) → 본회의(○) • 본 v 뜻(×) → 본뜻(○) • 본 v 고장(×) → 본고장(○)
	제(第)-	• 제 v 1 장, 제 v 1장(×) → 제1 장, 제1장(○) • 제 v 2 차 대전, 제 v 2차 대전(×) → 제2 차, 제2차(○)
접미사	-꼴	• 열 개 v 꼴(×) → 열 개꼴(○) • 100원 v 꼴(×) → 100원꼴(○)
	-당	• 40명 v 당(×) → 40명당(○) • 시간 v 당 얼마(×) → 시간당 얼마(○)
	-씩	• 한 번 v 씩(×) → 한 번씩(○) • 두 사람 v 씩(×) → 두 사람씩(○)
	-여	• 이십 v 여 년(×) → 이십여 년(○) • 한 시간 v 여(×) → 한 시간여(○)
	-쯤	• 얼마 v 쯤(×) → 얼마쯤(○) • 내일 v 쯤(×) → 내일쯤(○) • 그런 사정 v 쯤(×) → 그런 사정쯤(○)

확장개념

📍 **접미사 '-하다, -드리다, -시키다, -되다, -받다, -당하다'의 띄어쓰기**

1. 명사나 부사 뒤의 '-하다, -드리다, -시키다, -되다'는 접미사이므로 앞말에 붙여 쓴다.
   예 • 공부하다, 건강하다, 덜컹덜컹하다
       • 감사드리다, 발전시키다, 결정되다

2. '-받다, -당하다' 등이 명사 뒤에 붙어 피동의 의미를 더할 때는 접미사이므로 앞말에 붙여 쓴다.
   예 강요받다, 사랑받다, 거절당하다

기출로 출제포인트 점검

다음 문장에서 띄어쓰기가 틀린 부분을 찾아 밑줄을 긋고 고치시오.

01 제 27대 국회의원

02 학교 당 1권 씩 배부한다.

[답]
01 제 27대 → 제27 대, 제27대
02 학교 당 → 학교당, 1권 씩 → 1권씩

압축개념

04 의존 명사·열거할 때 쓰는 말의 띄어쓰기

 빈출

Ⅱ. 국어 규범

해커스공무원 단권화 핵심정리 국어

① 관형어의 수식을 받는 **의존 명사**는 하나의 단어이므로 **앞말과 띄어 쓴다.**

② 두 말을 이어 주거나 열거할 때에 쓰이는 말들은 띄어 쓴다.

   (1) 두 말을 이어 주는 '**겸, 내지, 및**' 등은 앞말과 띄어 쓴다.

      예 • 장관∨겸 부총리 　　　　 • 친구도 만날∨겸 구경도 할∨겸
      　 • 하나∨내지 넷 　　　　　　 • 열흘∨내지 보름
      　 • 위원장∨및 위원들 　　　　 • 사과∨및 배, 복숭아

   (2) 열거할 때에 쓰이는 '**등, 등등, 등속, 등지**'는 앞말과 띄어 쓴다.

      예 • ㄴ, ㄹ, ㅁ, ㅇ∨등은 울림소리다.
      　 • 과자, 과일, 식혜∨등등 먹을 것이 많다.
      　 • 사과, 배, 복숭아∨등속을 사 왔다.
      　 • 충주, 청주, 대전∨등지로 돌아다녔다.

③ 단위를 나타내는 의존 명사는 띄어 쓰는 것이 원칙이나, 일부 경우는 붙여 쓰는 것이 허용된다.

   (1) **단위를 나타내는 의존 명사는 그 앞의 수 관형사와 띄어 쓴다.**

      예 한∨개, 차 한∨대, 금서∨돈, 소 한∨마리, 옷 한∨벌, 열∨살, 조기 한∨손, 신 두∨켤레, 집 한∨채, 북어 한∨쾌

   (2) **단위를 나타내는 의존 명사 중 아래의 경우는 붙여 쓰는 것이 허용된다.**

     ① 순서를 나타내는 경우

       예 제일∨편 (원칙) / 제일편 (허용)

     ② 아라비아 숫자 뒤에 붙는 경우

       예 1∨개, 1∨년 전, 16∨통 (원칙) / 1개, 1년 전, 16통 (허용)

     ③ 연월일, 시각 등을 나타내는 경우

       예 일천구백팔십팔∨년 오∨월 이십∨일 (원칙)
       　 일천구백팔십팔년 오월 이십일 (허용)

④ 다음 의존 명사는 주의해서 띄어 쓴다.

김	청소를 하기로 마음을 먹은김에 당장 합시다.(×) → 먹은∨김에(○)
녘	아침녘, 황혼녘, 동틀녘(×) → 아침∨녘, 황혼∨녘, 동틀∨녘(○)
수	살다 보면 그럴수도 있지.(×) → 그럴∨수도(○)
줄	그가 나를 속일줄 몰랐다.(×) → 속일∨줄(○)
중	근무중, 수업중, 임신중(×) → 근무∨중, 수업∨중, 임신∨중(○)
판	• 사람이 죽고 <u>사는판에</u> 너는 편히 앉아 있니?(×) → 사는 판에(○) • 장기를 <u>세판이나</u> 두었다.(×) → 세 판이나(○)
거리	• 반나절거리도 안 되는 일(×) → 반나절∨거리(○) • <u>한 입거리밖에</u> 안 되는 떡(×) → 한 입∨거리(○)

시험 직전! 필수 암기

의존 명사를 앞말에 붙여 쓰는 경우

1. 의존 명사 '녘, 중, 판'
　의존 명사 '녘, 중, 판'은 다른 명사와 결합하여 합성어를 이루기도 하는데, 이때는 앞말과 붙여 쓴다.

　예 • 동녘, 저녁녘, 새벽녘
　　 • 무의식중, 은연중, 한밤중
　　 • 노름판, 씨름판, 웃음판

2. 의존 명사 '거리'
　의존 명사 '거리'가 명사 바로 뒤에 붙어서 '내용이 될 만한 재료'를 뜻하면 관용에 따라 붙여 쓴다.

　예 국거리, 반찬거리, 먹을거리, 볼거리, 읽을거리, 골칫거리

확장개념

📍 '(개)년, 개월, 일(간), 시간'의 띄어쓰기

수효를 나타내는 '(개)년, 개월, 일(간), 시간' 등을 한글 수 관형사와 함께 쓸 때는 앞말에 붙여 쓰지 않는다. (아라비아 숫자에는 붙여 쓸 수 있음)

예 삼(개)년 육개월 이십일(간) 체류하였다.(×)
　→ 삼∨(개)년 육∨개월 이십∨일(간)(○)

기출로 출제포인트 점검

다음 문장에서 띄어쓰기가 틀린 부분을 찾아 밑줄을 긋고 고치시오.

01 그 상점에는 책상, 걸상등이 있었다.
02 동해로 가는김에 평창에도 들렀다 가자.
03 국장겸 과장으로 있는 아는 이를 만났다.
04 나도 꿈을 이룰수 있다는 자신감이 생깁니다.
05 열 내지 열 한명 정도의 학생들이 교실 안에 남아 있는 듯하다.

[답]
01 걸상등이 → 걸상 등이
02 가는김에 → 가는 김에
03 국장겸 → 국장 겸
04 이룰수 → 이룰 수
05 열 한명 → 열한 명

⑤ 모양이 같더라도 **어간 뒤에 쓰이는 것**은 의존 명사가 아니라 **어미이므로 붙여 쓴다.**

것 (걸)	의존 명사	'것'은 의존 명사이므로, '것을'의 준말인 '걸' 역시 앞말과 띄어 쓴다. 例 아직 멀쩡한걸 왜 버리느냐?(×) → 멀쩡한 ∨ 걸(○)
	어미	'걸'이 '-ㄴ걸/-는걸/-던걸/-은걸/-ㄹ걸/-을걸'의 형태로 쓰여서, '반박, 감탄'을 뜻할 때는 종결 어미의 일부이므로 앞말에 붙여 쓴다. 例 • 그는 내일 미국으로 떠날 ∨ 걸.(×) → 떠날걸(○) • 아기가 춥겠는 ∨ 걸.(×) → 춥겠는걸(○)
데	의존 명사	'곳, 장소, 일, 것, 경우'를 뜻할 때는 의존 명사이므로 앞말과 띄어 쓴다. 例 • 의지할데 없는 사람이다.(×) → 의지할 ∨ 데(○) • 그 책을 다 읽는데 삼 일이 걸렸다.(×) → 읽는 ∨ 데(○)
	어미	'-ㄴ데/-는데/-은데'의 형태로 쓰여서, 뒤 절의 내용을 이야기하기 위해 대상과 상관되는 상황을 미리 말하거나, '감탄, 의문'을 뜻할 때는 어미의 일부이므로 앞말에 붙여 쓴다. 例 • 날씨가 추운 ∨ 데 외투를 입고 나가거라.(×) → 추운데(○) • 내가 텔레비전을 보고 있는 ∨ 데 전화벨이 울렸다.(×) → 있는데(○) • 물이 얼마나 깨끗한 ∨ 데?(×) → 깨끗한데(○)
듯	의존 명사	'-듯이'의 준말로 쓰여 '짐작, 추측'을 뜻하거나, '-은 듯 만 듯', '-는 듯 마는 듯', '-을 듯 말 듯' 구성으로 쓰여 그런 것 같기도 하고 그러지 않은 것 같기도 함을 뜻할 때는 의존 명사이므로 앞말과 띄어 쓴다. 例 • 아기는 아버지를 빼다 박은듯(이) 닮았다.(×) → 박은 ∨ 듯(○) • 잠을 잔듯 ∨ 만듯 정신이 하나도 없다.(×) → 잔 ∨ 듯 ∨ 만 ∨ 듯(○)
	어미	'-듯이'의 준말로 쓰여 '뒤 절의 내용이 앞 절과 거의 같음'을 뜻할 때는 연결 어미이므로 앞말에 붙여 쓴다. 例 땀이 비 오 ∨ 듯 쏟아졌다.(×) → 오듯(○)
망정	의존 명사	'괜찮거나 잘된 일'을 뜻할 때는 의존 명사이므로 앞말과 띄어 쓴다. 例 눈에 띄었기에망정이지 큰일 날 뻔했다.(×) → 띄었기에 ∨ 망정이지(○)
	어미	'-ㄹ망정'의 형태로 쓰여 '비록 그러하지만 그러나' 혹은 '비록 그러하다 하여도 그러나'를 뜻할 때는 어미이므로 앞말에 붙여 쓴다. 例 머리는 나쁠 ∨ 망정 손은 부지런하다.(×) → 나쁠망정(○)
바	의존 명사	'앞에서 말한 내용 그 자체나 일' 또는 '일의 방법, 기회나 형편, 주장의 강조' 등을 뜻할 때는 의존 명사이므로 앞말과 띄어 쓴다. 例 • 평소에 느낀바를 말해라.(×) → 느낀 ∨ 바를(○) • 어찌할바를 모르다.(×) → 어찌할 ∨ 바를(○) • 매를 맞을바에는 먼저 맞겠다.(×) → 맞을 ∨ 바에는(○) • 이를 만방에 천명하는바이다.(×) → 천명하는 ∨ 바이다(○)
	어미	'-ㄴ바/-는바/-던바/-은바'의 형태로 쓰여서, 뒤 절의 내용을 이야기하기 위해 관련된 상황을 제시할 때는 어미이므로 앞말에 붙여 쓴다. 例 • 서류를 검토한 ∨ 바 몇 가지 문제가 발견됐다.(×) → 검토한바(○) • 시험은 잠시 후 실시되는 ∨ 바 모두 입실할 것(×) → 실시되는바(○) • 무리한 노동을 강요했던 ∨ 바 자연히 인부들이 지치게 되었다.(×) → 강요했던바(○) • 어버이의 은혜가 하해와 같은 ∨ 바 갚을 길이 없다.(×) → 같은바(○)
지	의존 명사	'어떤 일이 있었던 때로부터 지금까지의 동안'을 뜻할 때는 의존 명사이므로 앞말과 띄어 쓴다. 例 집을 떠나온지 어언 3년이 지났다.(×) → 떠나온 ∨ 지(○)
	어미	'-ㄴ지/-는지/-은지/-ㄹ지'의 형태로 쓰여서, 막연한 의문을 나타낼 때는 어미이므로 앞말에 붙여 쓴다. 例 • 고향에는 잘 다녀오셨는 ∨ 지(×) → 다녀오셨는지(○) • 어떤 말을 믿어야 옳은 ∨ 지 몰라서 망설였다.(×) → 옳은지(○) • 네가 몇 시쯤 도착할 ∨ 지 미리 알려 다오.(×) → 도착할지(○)

확장개념

📍 '것'의 다른 형태 '거/게'

'거'는 '것'을 구어적으로 이르는 말이다. 서술격 조사 '이다'가 붙을 때에는 '거다'가 되고, 주격 조사 '이'가 붙을 때에는 '게'로 형태가 바뀐다.

📍 '망정이다', '망정이지'

'망정이다', '망정이지'의 형태로 쓰이는 '망정'은 모두 의존 명사이다.

⑥ 모양이 같은 의존 명사와 접사는 의미나 쓰이는 환경에 따라 구별하여 띄어 쓰거나 붙여 쓴다.

대(對)	의존 명사	'사물과 사물의 대비나 대립'을 뜻할 때는 의존 명사이므로 앞말과 띄어 쓴다. 예 청군대 백군(×) → 청군 v 대(○), 삼대 일(×) → 삼 v 대(○)
	접사	'그것을 상대로 한' 또는 '그것에 대항하는'을 뜻할 때는 접두사이므로 뒷말에 붙여 쓴다. 예 대 v 국민 사과(×) → 대국민(○), 대 v 북한 전략(×) → 대북한(○)
간(間)	의존 명사	'한 대상에서 다른 대상까지의 사이', '관계' 또는 '어느 쪽인지 가리지 않음'을 뜻할 때는 의존 명사이므로 앞말과 띄어 쓴다. 예 • 서울과 부산간(×) → 부산 v 간(○) • 공부를 하든지 운동을 하든지간에 열심히만 해라.(×) → 하든지 v 간에(○)
	접사	'동안'이나 '장소'를 뜻할 때는 접미사이므로 앞말에 붙여 쓴다. 예 이틀 v 간(×) → 이틀간(○), 대장 v 간(×) → 대장간(○)
시 (時/視)	의존 명사	'어떤 일이나 현상이 일어날 때나 경우'를 뜻할 때는 의존 명사이므로 앞말과 띄어 쓴다. 예 비행시(時)에는 휴대 전화를 사용하면 안 된다.(×) → 비행 v 시(○)
	접사	'그렇게 여김, 그렇게 봄'을 뜻할 때는 접미사이므로 앞말에 붙여 쓴다. 예 등한시, 백안시, 적대시(視)
식(式)	의존 명사	용언의 관형사형 뒤에 붙어 '일정한 방식이나 투'를 뜻할 때는 의존 명사이므로 앞말과 띄어 쓴다. 예 농담하는식으로 말하면 믿지 않아.(×) → 농담하는 v 식으로(○)
	접사	명사 뒤에 붙어서 '방식'이나 '의식'을 뜻할 때는 접미사이므로 앞말에 붙여 쓴다. 예 강의식, 계단식, 서양식, 현대식, 개업식, 성년식, 송별식, 수료식
씨(氏)	의존 명사	성년이 된 사람을 높여 부르거나 가리키는 말로 쓰일 때는 의존 명사이므로 앞말과 띄어 쓴다. 예 홍길동씨, 이쪽으로 오세요.(×) → 홍길동 v 씨(○)
	접사	'그 성씨 자체' 또는 '그 성씨의 가문이나 문중'을 뜻할 때는 접미사이므로 앞말에 붙여 쓴다. 예 최 v 씨 문중(×) → 최씨(○)
차(次)	의존 명사	'번, 차례', '어떠한 일을 하던 기회나 순간', '주기나 경과의 해당 시기'를 뜻할 때는 의존 명사이므로 앞말과 띄어 쓴다. 예 • 그곳을 수십차 방문했다.(×) → 수십 v 차(○) • 잠이 막 들려던차에 전화가 왔다.(×) → 들려던 v 차에(○)
	접사	명사 뒤에 붙어 '목적'을 뜻할 때는 접미사이므로 앞말에 붙여 쓴다. 예 연구차, 인사차, 사업차
님	의존 명사	사람의 성이나 이름 뒤에 붙어 그 사람을 높일 때는 의존 명사이므로 앞말과 띄어 쓴다. 예 홍길동님(×) → 홍길동 v 님(○)
	접사	직위나 신분, 사람이 아닌 명사, 옛 성인이나 신격화된 인물 뒤에 붙어, 대상을 높일 때는 접미사이므로 앞말에 붙여 쓴다. 예 사장 v 님(×) → 사장님(○), 공자 v 님(×) → 공자님(○)
들	의존 명사	'두 개 이상의 사물을 나열할 때, 그 열거한 사물 모두를 가리키거나, 그 밖에 같은 종류의 사물이 더 있음'을 뜻할 때는 의존 명사이므로 앞말과 띄어 쓴다. 예 과일에는 사과, 배, 감들이 있다.(×) → 감 v 들이(○)
	접사	셀 수 있는 명사나 대명사 뒤에 붙어 '복수'를 뜻할 때는 접미사로 앞말에 붙여 쓴다. 예 사람 v 들이 찾아왔다.(×) → 사람들이(○)

기출로 출제포인트 점검

다음 문장에서 띄어쓰기가 틀린 부분을 찾아 밑줄을 긋고 고치시오.

01 그 동네에서 떠난지가 오래다.
02 부모 자식간에는 정이 있어야 한다.
03 그 빨간 캡슐이 아픈데 먹는 약입니다.
04 글쎄요, 아마 그 친구가 먼저 갔을 걸요.
05 이 시험의 결과 발표는 언제 할 지 모른다.
06 파도가 일 듯이 사람들의 가슴에 분노가 일었다.
07 한국은 이미 개도국에서 벗어난지 한참 되었다.
08 이 방법은 쇠의 강도를 높이는데 활용될 것이다.
09 수업중에 휴대 전화를 받는 것은 예의에 어긋난다.
10 서류를 검토한 바 몇 가지 미비한 사항이 발견되었다.

[답]
01 떠난지가 → 떠난 지가
02 자식간 → 자식 간
03 아픈데 → 아픈 데
04 갔을 걸요 → 갔을걸요
05 언제 할 지 → 언제할지
06 일 듯이 → 일듯이
07 벗어난지 → 벗어난 지
08 높이는데 → 높이는 데
09 수업중 → 수업 중
10 검토한 바 → 검토한바

II. 국어 규범 해커스공무원 단권화 핵심정리 국어

최근 공무원 시험 **5회 출제!**
18년 국가직 7급 6번   18년 지방직 9급 14번
18년 서울시 1급(3월) 18번   18년 경찰직 2차 7번
16년 경찰직 1차 16번

① 기본적으로 본용언과 보조 용언은 띄어 쓰는 것이 원칙이나 붙여 쓰는 것도 허용한다.

원칙	허용	원칙	허용
되어 ∨ 간다	되어간다	먹어 ∨ 대다	먹어대다
이겨 ∨ 낸다	이겨낸다	잡아 ∨ 두다	잡아두다

② 합성 동사인 본용언은 보조 용언과 띄어 쓴다.

원칙	허용 안 됨	원칙	허용 안 됨
잡아매 ∨ 둔다	잡아매둔다 ×	밀어내 ∨ 버렸다	밀어내버렸다 ×
매달아 ∨ 놓는다	매달아놓는다 ×	집어넣어 ∨ 둔다	집어넣어둔다 ×

③ 합성 동사인 본용언이 단음절 어휘 형태소(실질 형태소)끼리 결합한 합성어인 경우에는, 본용언과 보조 용언을 붙여 쓸 수 있다.

원칙	허용	원칙	허용
손대 ∨ 본다	손대본다	잡매 ∨ 준다	잡매준다
나가 ∨ 버렸다	나가버렸다	빛나 ∨ 보인다	빛나보인다

④ 의존 명사 '양, 척, 체, 만, 법, 듯, 뻔, 성'에 '-하다'나 '-싶다'가 결합하여 된 보조 용언은 앞말과 띄어 쓰거나 붙여 쓸 수 있다.

원칙	허용	원칙	허용
얼이 ∨ 빠진 ∨ 양한다	얼이 ∨ 빠진양한다	올 ∨ 듯싶다	올듯싶다
모르는 ∨ 체한다	모르는체한다	놓칠 ∨ 뻔하였다	놓칠뻔하였다

⑤ 의존 명사 '양, 척, 체, 만, 법, 듯, 뻔, 성' 뒤에 조사가 붙는 경우에는 보조 용언을 붙여 쓰지 않는다.

원칙	허용 안 됨	원칙	허용 안 됨
아는 체를 ∨ 한다	아는 체를한다 ×	올 듯도 ∨ 싶다	올 듯도싶다 ×
잘난 척을 ∨ 한다	잘난 척을한다 ×	믿을 만은 ∨ 하다	믿을 만은하다 ×

⑥ '본용언 + 보조 용언 + 보조 용언'의 결합일 경우, 앞의 보조 용언만 붙여 쓸 수 있다.

원칙	허용	원칙	허용
적어 ∨ 둘 ∨ 만하다	적어둘 ∨ 만하다	해 ∨ 줄 ∨ 법하다	해줄 ∨ 법하다
읽어 ∨ 볼 ∨ 만하다	읽어볼 ∨ 만하다	되어 ∨ 가는 ∨ 듯하다	되어가는 ∨ 듯하다

시험 직전! (필수) 암기

형태가 비슷하여 헷갈리는 띄어쓰기

1. 채: 이미 있는 상태 그대로 있다는 뜻의 의존 명사이므로 띄어 쓴다.
   예 옷을 입은 채로 물에 들어간다.

2. 체: 그럴듯하게 꾸미는 거짓 태도나 모양이라는 뜻의 의존 명사이므로 띄어 쓴다.
   예 • 보고도 못 본 체 딴전을 부린다.
   • 모르는 체를 하며 고개를 돌린다.

3. 째: 접미사이므로 붙여 쓴다.
   • '그대로' 또는 '전부'의 뜻을 더하는 접미사
     예 그릇째/뿌리째/껍질째/통째/밭째
   • '차례'나 '등급'의 뜻을 더하는 접미사
     예 몇째/두 잔째/여덟 바퀴째/둘째/셋째
   • '동안'의 뜻을 더하는 접미사
     예 사흘째/며칠째/다섯 달째

확장개념

♀합성 동사
둘 이상의 말이 결합된 동사
예 본받다, 앞서다, 들어가다, 가로막다

기출로 출제포인트 점검

다음 문장에서 띄어쓰기가 원칙에 어긋난 부분을 찾아 밑줄을 긋고 고치시오.

01 희망의 불씨가 꺼져간다.

02 듣고 보니 좋아할만 한 이야기이다.

03 비가 올듯하니 그 사람이 올듯도한다.

04 당시 양국의 협력이 곧 이루어질 성 싶었다.

[답]
01 꺼져간다 → 꺼져 간다
02 좋아할만 한 → 좋아할 만한
03 올듯하니 → 올 듯하니, 올듯도한다 → 올 듯도 한다
04 성 싶었다 → 성싶었다

압축개념

06 그 밖의 띄어쓰기

빈출

최근 공무원 시험 **8회 출제!**
19년 서울시 9급(6월) 6번 | 19년 군무원 9급(2차) 3번
18년 국가직 7급 6번 | 18년 지방직 14번
18년 지방직 7급 1번 | 18년 서울시 7급(3월) 18번
18년 경찰직 2차 7번 | 17년 지방직 9급(12월) 5번

① **단음절로 된 단어가 연이어 나타날 때는 띄어 쓸 수도 있고 붙여 쓸 수도 있다.** (단, 이는 관형어와 체언, 또는 부사와 부사가 연결되는 경우와 같이 의미적으로 한 덩이를 이룰 때만 적용됨)

원칙	허용	원칙	허용
내∨것∨네∨것	내것∨네것	한∨잎∨두∨잎	한잎∨두잎
이∨말∨저∨말	이말∨저말	좀∨더∨큰∨것	좀더∨큰것

② **고유 명사의 띄어쓰기**

(1) **성과 이름, 성과 호는 붙여 쓴다.**
　예 김양수(金良洙), 서화담(徐花潭)

(2) **성과 이름, 성과 호를 각각 분명히 구분할 필요가 있을 경우에는 띄어 쓸 수도 있다.**
　예 남궁억/남궁∨억, 독고준/독고∨준, 황보지봉(皇甫芝峰)/황보∨지봉

(3) **성과 이름, 성과 호에 덧붙는 호칭어, 관직명은 띄어 쓴다.**
　예 강인구∨씨, 강∨선생, 인구∨군, 총장∨정영수∨박사, 사∨사장(史社長)

(4) **성명(성과 이름) 이외의 고유 명사는 단어별로 띄어 쓰는 것이 원칙이나, 단위별로 띄어 쓸 수도 있다.**
　예 • 단어별로 띄어 씀(원칙): 서울∨대공원∨관리∨사무소∨관리부∨동물∨관리과
　　 • 단위별로 띄어 씀(허용): 서울대공원관리사무소∨관리부∨동물관리과

③ **전문 용어는 단어별로 띄어 쓰는 것이 원칙이나 붙여 쓸 수도 있다.**

원칙	허용	원칙	허용
국제∨음성∨기호	국제음성기호	긴급∨재정∨처분	긴급재정처분
만성∨골수성∨백혈병	만성골수성백혈병	중거리∨탄도∨유도탄	중거리탄도유도탄

④ **수를 적을 때는 만 단위로 띄어 쓴다.** 단, 금액을 적을 때는 내용이 변경되는 등의 사고를 방지하기 위해 붙여 쓰는 것이 관례이다.
　예 • 십이억∨삼천사백오십육만∨칠천팔백구십팔　• 12억∨3456만∨7898
　　 • 일금: 삼십일만오천육백칠십팔원정　• 돈: 일백칠십육만오천원

⑤ **지명과 관련된 말은 우리말과 외래어에 일관되게 붙여 쓴다.** (단, 이는 앞말의 어종에 관계없이 항상 띄어 쓰는 어휘에는 적용되지 않음)
　예 • 발트해, 나일강, 뉴욕시, 다도해, 낙동강, 인천시, 발리섬
　　 • 대한∨해협, 도버∨해협

시험 직전! 필수 암기

띄어 쓰지 말아야 할 한 단어

ㄱㄴㄷ순	ㄱㄴ순	가나다순	각국
각처	그만큼	그날	물이랑
마음속	뭉게구름	생사고락	아무것
온밤	온종일	은(는)커녕	이분
제아무리	지난봄	창밖	틀림없이
하나같이	찾아보다	몰라뵈다	못지아니하다
같이하다	듯하다	듯싶다	먹음직하다
잘하다	체하다	함께하다	데려다주다
놀아나다	들통나다	넘어가다	못지않다
도와주다	빌려주다	머지않다	모셔드리다
불붙다	돌려놓다	신나다	주책스럽다
안되다	앞서가다	주고받다	돌아보다
주책맞다	짧디짧다	덤벼들다	물어보다
알아보다	여쭈어보다	그중	보잘것없다

확장개념

♀ **단음절 관형어나 부사이더라도 띄어 써야만 하는 경우**

1. 관형어와 관형어, 부사와 관형어가 연결되는 경우는 붙여 쓰는 것이 허용되지 않는다.
　예 • 훨씬 더큰 새집(×)
　　　→ 훨씬 더∨큰 새∨집(○)
　　 • 더큰 이새 책상(×)
　　　→ 더∨큰 이 새 책상(○)

2. 부사와 부사가 연결되는 경우에도 의미적 유형이 다른 단어끼리는 붙여 쓰는 것이 허용되지 않는다.
　예 • 더못 간다(×) → 더∨못 간다(○)
　　 • 꽤안 온다(×) → 꽤∨안 온다(○)
　　 • 늘더 먹는다(×) → 늘∨더 먹는다(○)

♀ **'씨'를 붙여 쓰는 경우**
'씨'가 '그 성씨 자체'를 뜻하거나 '그 성씨의 가문이나 문중'의 뜻을 더하는 접미사로 쓰였을 때는 앞말에 붙여 쓴다.
　예 혜경궁 홍씨, 박씨 부인, 김해 김씨

기출로 출제포인트 점검

다음 문장에서 띄어쓰기가 틀린 부분을 찾아 밑줄을 긋고 고치시오.

01 김양수씨가 떠난 지가 오래다.

02 김영희여사는 항상 정장을 입고 외출한다.

03 홍길동선생은 한국대학교 의과대학에 재직 중이시다.

04 김 동식 박사께서는 열심히 노력하신 만큼 상을 받게 되셨다.

[답]
01 김양수씨 → 김양수 씨
02 김영희여사 → 김영희 여사
03 홍길동선생 → 홍길동 선생
04 김 동식 → 김동식

07 마침표, 쉼표, 물음표, 가운뎃점, 쌍점, 빗금의 쓰임

최근 공무원 시험 **4회 출제!**
19년 경찰직 1차 3번   19년 군무원 9급(1차) 24번
18년 경찰직 1차 9번   17년 사복직 9급 10번

① 마침표(.)

사용 환경	예
직접 인용문의 끝 (쓰지 않는 것도 허용)	[원칙] 그는 "지금 바로 떠나자."라고 말했다. [허용] 그는 "지금 바로 떠나자"라고 말했다.
용언의 명사형이나 명사로 끝나는 문장의 끝 (쓰지 않는 것도 허용)	[원칙] 어제 오전에 보고서를 제출함. [허용] 어제 오전에 보고서를 제출함
문장 형식으로 된 제목이나 표어의 끝 (원칙적으로는 쓰지 않으나 꼭 필요할 때만 예외적으로 씀)	[원칙] 꺼진 불도 다시 보자 (표어) [허용] 난폭 운전 눈물 주고 양보 운전 웃음 준다. (표어)
아라비아 숫자만으로 연월일을 표시할 때📍	• 1919. 3. 1. • 10. 1.~10. 12. • 2008. 5.~10. • 7. 22.~30.
월과 일을 나타내는 아라비아 숫자 사이에 써서 특정한 의미가 있는 날을 표시할 때📍 (가운뎃점도 사용 가능)	[원칙] 3.1 운동 8.15 광복 4.19 혁명 [허용] 3·1 운동 8·15 광복 4·19 혁명

② 쉼표(,)📍

사용 환경	예
같은 자격의 어구를 열거할 때 (단, 줄임표 앞에는 쉼표를 쓰지 않음)	• 근면, 검소, 협동은 우리 겨레의 미덕이다. • 광역시: 광주, 대구, 대전……
짝을 지어 구별할 때	닭과 지네, 개와 고양이는 상극이다.
열거의 순서를 나타낼 때	• 첫째, 몸이 튼튼해야 한다. • 마지막으로, 무엇보다 언제나 마음이 편해 야 한다.
문장의 연결 관계를 분명히 하고자 할 때	콩 심은 데 콩 나고, 팥 심은 데 팥 난다.
같은 말의 반복을 피하기 위해 일정 부분을 줄여서 열거할 때	여름에는 바다에서, 겨울에는 산에서 휴가를 즐겼다.
부르거나 대답하는 말 뒤	• 지은아, 이리 좀 와 봐. • 네, 지금 가겠습니다.
한 문장 안에서 앞말을 '곧', '다시 말해' 등과 같은 어구로 다시 설명할 때 (앞말 다음에 쉼표를 씀)	책의 서문, 곧 머리말에는 책을 지은 목적이 드러나 있다.
문장 앞부분에서 조사 없이 쓰인 제시어나 주제어의 뒤	• 돈, 돈이 인생의 전부이더냐? • 열정, 이것이야말로 젊은이의 가장 소중한 자산이다.
한 문장에 같은 의미의 어구가 반복될 때	그의 애국심, 몸을 사리지 않고 국가를 위해 헌신한 정신을 우리는 본받아야 한다.
도치문	• 이리 오세요, 어머님. • 다시 보자, 한강수야.
바로 다음 말과 직접적인 관계에 있지 않음을 나타낼 때	• 갑돌이는, 울면서 떠나는 갑순이를 배웅했다. • 철원과, 대관령을 중심으로 한 강원도 산간 지대에 예년보다 일찍 첫눈이 내렸습니다.
문장 중간에 끼어든 어구의 앞뒤📍 (줄표도 사용 가능)	[원칙] 나는, 솔직히 말하면, 그 말이 별로 탐 탁지 않아. [허용] 나는 ─ 솔직히 말하면 ─ 그 말이 별로 탐탁지 않아.

확장개념

📍 **연월일을 표시할 때의 주의 사항**
1. 연월일을 마침표로 표시할 때 '일'을 나타내는 마침표를 생략하는 경우가 많은데, 이는 글자로 치면 '일'을 쓰지 않는 것과 같다. 또한 마지막에 마침표를 찍지 않으면 다른 숫자를 덧붙여 변조할 우려가 있으므로, '일'을 나타내는 마침표를 생략하면 안 된다.
   예 1995. 8. 1(×) → 1995. 8. 1.(○)
2. '연' 또는 '월' 또는 '일'만 쓰고자 할 때에는 글자 대신 마침표를 쓰지 않는다.
   예 개최 연도: 2014.(×)
   → 개최 연도: 2014년(○)

📍 **특정한 의미가 있는 날을 한글로 적을 때의 주의 사항**
특정한 의미가 있는 날을 한글로 적을 때에는 월과 일 사이에 마침표나 가운뎃점을 쓰지 않는다.
예 팔.일오 광복(×), 육·이오 전쟁(×)

📍 **접속 부사 뒤 쉼표의 표기**
'그리고, 그러나, 그런데, 그러므로……' 등과 같은 접속 부사의 뒤에서는 쉼표를 쓰지 않는 것이 자연스럽다. 접속 부사와 쉼표의 기능에 중복되는 면이 있기 때문이다. 그런데 쉼표는 꼭 접속의 기능만 하는 것이 아니므로, 글쓴이의 판단에 따라 접속 부사의 뒤에도 쉼표를 쓸 수 있다.
예 • 네 말도 일리는 있다. 그렇지만 우리는 다른 사람들의 의견에 따라야만 한다.
  • 노래는 감정이다. 그러므로, 노래를 강권한다는 것은 감정을 강요하는 것과 같은 일이다.

📍 **문장 중간에 끼어든 어구에 줄표를 사용하는 경우**
끼어든 어구 안에 다른 쉼표가 들어 있을 때는 쉼표 대신 줄표를 쓴다.
예 이건 내 것이니까 ─ 아니, 내가 처음 발견한 것이니까 ─ 절대로 양보할 수 없다.

③ 물음표(?)

사용 환경	예
의문문이나 의문을 나타내는 어구의 끝	• 몸은 좀 괜찮으세요? • 꼬마가 이 멀고 험한 곳까지 혼자 왔다?
한 문장 안에서 몇 개의 **선택적인 물음**이 이어질 때 (**문장의 끝에 한 번만 씀**)	• 너는 중학생이냐, 고등학생이냐? • 너는 이게 마음에 드니, 저게 마음에 드니?
독립적인 물음들이 이어질 때 (**각 물음 뒤에 씀**)	• 숙소는 편하셨어요? 음식은 입에 맞으셨고요? • 너는 여기에 언제 왔니? 어디서 왔니? 무엇 하러 왔니?
의심, 빈정거림 등을 나타내거나 적절한 말을 쓰기 어려울 때 (소괄호 안에 씀)	• 30점이라, 거참 훌륭한(?) 성적이군. • 우리 집 강아지가 가출(?)을 했어요.
모르거나 불확실한 내용임을 나타낼 때 (소괄호 안에 씀)	최치원(857~?)은 통일 신라 말기에 이름을 떨쳤던 학자이자 문장가이다.

④ 가운뎃점(·)

사용 환경	예
열거할 어구들을 일정한 기준으로 묶어서 나타낼 때	시의 종류는 내용에 따라 서정시·서사시·극시, 형식에 따라 자유시·정형시·산문시로 나눌 수 있다.
짝을 이루는 어구들 사이 (가운뎃점 대신 쉼표도 사용 가능)	[원칙] 한(韓)·이(伊) 양국 간의 무역량 　　　빨강·초록·파랑이 빛의 삼원색이다. [허용] 한(韓), 이(伊) 양국 간의 무역량 　　　빨강, 초록, 파랑이 빛의 삼원색이다.
공통 성분을 줄여서 하나의 어구로 묶을 때 (쉼표도 사용 가능)	[원칙] 상·중·하위권 [허용] 상, 중, 하위권

⑤ 쌍점(:)

사용 환경	예
표제 다음에 해당 항목을 들거나 설명을 붙일 때	• 문방사우: 종이, 붓, 먹, 벼루 • 일시: 2014년 10월 9일 10시
시와 분, 장과 절 등을 구별할 때	• 오전 10:20 (오전 10시 20분) • 두시언해 6:15 (두시언해 제6권 제15장)
의존 명사 '대'가 쓰일 자리	• 65:60 (65 대 60) • 청군:백군 (청군 대 백군)

⑥ 빗금(/)

사용 환경	예
대비되는 두 개 이상의 어구를 묶어 나타낼 때	• 먹이다/먹히다　　• 남반구/북반구
기준 단위당 수량을 표시할 때	• 100미터/초　　• 1,000원/개
시의 행이 바뀌는 부분임을 나타낼 때 (한 번 씀)	산에는 꽃 피네 / 꽃이 피네 / 갈 봄 여름 없이 / 꽃이 피네 // 산에 / 산에 / 피는 꽃은
시의 연이 바뀌는 부분임을 나타낼 때 (두 번 겹쳐 씀)	

문장 부호의 띄어쓰기

1. 가운뎃점의 띄어쓰기
   가운뎃점은 앞말과 뒷말에 붙여 쓴다.

2. 쌍점의 띄어쓰기
   쌍점은 앞말에 붙여 쓰고 뒷말과 띄어 쓰는 것이 원칙이다. 다만, 시와 분, 장과 절 등을 구별할 때와 의존 명사 '대'가 쓰이는 자리에 적는 쌍점은 앞말과 뒷말에 붙여 쓴다.

3. 빗금의 띄어쓰기
   • 앞말과 뒷말에 붙여 쓰는 경우: 대비되는 두 개 이상의 어구를 묶어 나타낼 때 (단, 대비되는 어구가 두 어절 이상인 경우 띄어 쓰는 것을 허용함), 기준 단위당 수량을 표시할 때
   • 앞말과 뒷말에 띄어 쓰는 경우: 시의 행 또는 연이 바뀌는 부분임을 나타낼 때 (띄어 쓰는 것이 원칙이나 붙여 쓰는 것도 허용함)

확장개념

📍 의문의 정도가 약할 때의 마침표 사용

의문의 정도가 약할 때는 물음표 대신 마침표를 쓸 수 있다.

예 • 도대체 이 일을 어떡단 말이냐.
　 • 이것이 과연 내가 찾던 행복일까.

기출로 출제포인트 점검

다음 문장에서 틀린 부분을 찾아 밑줄을 긋고 고치시오.

01 너는 한국인이냐? 중국인이냐?

02 문장 부호 – 마침표·쉼표·따옴표·묶음표

[답]
01 한국인이냐? → 한국인이냐,
02 문장 부호 – 마침표·쉼표·따옴표·묶음표
　　→ 문장 부호: 마침표, 쉼표, 따옴표, 묶음표

① 큰따옴표(" ")

사용 환경	예
글에서 직접 대화를 표시할 때	"어머니, 제가 가겠어요." "아니다. 내가 다녀오마."
말이나 글을 직접 인용할 때 📍	"낮말은 새가 듣고 밤말은 쥐가 듣는다."라는 속담이 있다.

② 작은따옴표(' ')

사용 환경	예
인용한 말 안에 있는 인용한 말을 나타낼 때	그때 누군가가 큰 소리로 말했다. "침착해야 합니다! '하늘이 무너져도 솟아날 구멍이 있다.'라고 하지 않습니까?"
마음속으로 한 말을 적을 때	'처음에만 열심히 하는 척하다가 결국에는 그만두겠지.'하고 생각했어요.

③ 소괄호(( ))

사용 환경	예
주석이나 보충적인 내용을 덧붙일 때	• 훈민정음은 창제된 해(1443년)와 반포된 해(1446년)가 다르다. • 2014. 12. 19.(금) • 문인화의 대표적인 소재인 사군자(매화, 난초, 국화, 대나무)는 고결한 선비 정신을 상징한다.
우리말 표기와 원어 표기를 아울러 보일 때	• 대한민국(大韓民國), 기호(嗜好), 자세(姿勢), 크레용(crayon), 커피(coffee)
생략할 수 있는 요소임을 나타낼 때	• 종묘(제례)악은 종묘에서 역대 제왕의 제사 때 쓰던 음악이다. • 학교에서 동료 교사를 부를 때는 이름 뒤에 '선생(님)'이라는 말을 덧붙인다.
희곡 등 대화를 적은 글에서 동작이나 분위기, 상태를 드러낼 때	현우: (숨이 가쁜 듯) 왜 이렇게 빨리 뛰어?
내용이 들어갈 자리임을 나타낼 때	우리나라의 수도는 ( )이다.
항목의 순서나 종류를 나타낼 때 (숫자나 문자 등에 씀)	• (1) 북한산, (2) 속리산, (3) 소백산 • (가) 동해, (나) 서해, (다) 남해

④ 중괄호({ })

사용 환경	예
같은 범주에 속하는 여러 요소를 세로로 묶어서 보일 때	연극의 3요소 { 무대 / 배우 / 관객 }
열거된 항목 중 어느 하나가 자유롭게 선택될 수 있음을 보일 때	우등생인 민수{도, 까지, 조차, 마저} 불합격이라니 놀랍지 않을 수 없다.

확장개념

📍 **인용한 말이나 글이 문장 형식이 아닐 때 큰따옴표의 쓰임**

예 푯말에는 "출입 금지 구역"이라고 쓰여 있었다.

⑤ 대괄호([ ])

사용 환경	예
괄호 안에 또 괄호를 쓸 때 (바깥쪽의 괄호를 대괄호로 씀)	이번 시험 기간[5. 13.(화)~5. 16.(금)]에는 도서관을 24시간 개방할 예정입니다.
고유어에 대응하는 한자어를 함께 보일 때	나이[年歲], 손발[手足]
원문에 대한 이해를 돕기 위해 설명이나 논평 등을 덧붙일 때	그런 일은 결코 있을 수 없다. [원문에는 '업다' 임.]

⑥ 겹낫표(『 』)와 겹화살괄호(《 》)

사용 환경	예
책의 제목이나 신문 이름 등을 나타낼 때 (큰따옴표도 사용 가능)	[원칙] • 우리나라 최초의 민간 신문은 1896년에 창간된 『독립신문』이다. • 《한성순보》는 우리나라 최초의 근대 신문이다. [허용] 우리나라 최초의 민간 신문은 1896년에 창간된 "독립신문"이다.

⑦ 홑낫표(「 」)와 홑화살괄호(〈 〉)

사용 환경	예
소제목, 그림이나 노래와 같은 예술 작품의 제목, 상호, 법률, 규정 등을 나타낼 때 (작은따옴표도 사용 가능)	[원칙] • 이 곡은 베르디가 작곡한 「축배의 노래」이다. • 〈한강〉은 사진집 《아름다운 땅》에 실린 작품이다. [허용] '한강'은 사진집 "아름다운 땅"에 실린 작품이다.

⑧ 줄표(―)

사용 환경	예
제목 다음에 부제가 올 때 (뒤의 줄표는 생략 가능)	'환경 보호 ― 숲 가꾸기 ―'라는 제목으로 글짓기를 했다.

⑨ 붙임표(-)

사용 환경	예
차례대로 이어지는 내용을 하나로 묶어 열거할 때	멀리뛰기는 도움닫기-도약-공중 자세-착지의 순서로 이루어진다.
두 개 이상의 어구가 밀접한 관련이 있음을 나타낼 때	• 원-달러 환율 • 남한-북한-일본 삼자 관계

⑩ 물결표(~)

사용 환경	예
기간이나 거리 또는 범위를 나타낼 때 (붙임표도 사용 가능)	[원칙] 9월 15일 ~ 9월 25일 [허용] 9월 15일 - 9월 25일

시험 직전! 필수 암기

줄표의 띄어쓰기

줄표의 앞뒤는 띄어 쓰는 것을 원칙으로 하되, 붙여 쓰는 것도 허용한다.

> 예 이번 토론회의 제목은 '역사 바로잡기―근대의 설정―'이다.

기출로 출제포인트 점검

다음 문장에서 틀린 부분을 찾아 밑줄을 긋고 고치시오.

01 커피[coffee]는 기호 식품이다.

02 예로부터 '민심은 천심이다'라고 하였다.

03 그는 "우리말(國語)을 사랑해야 한다."고 말했다.

04 그녀의 50세 나이(年歲)에 사랑의 꽃을 피웠다.

05 윤동주의 유고 시집인 '하늘과 바람과 별과 시'에는 31편의 시가 실려 있다.

[답]
01 커피[coffee] → 커피(coffee)
02 '민심은 천심이다' → "민심은 천심이다"
03 우리말(國語) → 우리말[國語]
04 나이(年歲) → 나이[年歲]
05 '하늘과 바람과 별과 시' → 《하늘과 바람과 별과 시》

01 2018년 국가직 9급

밑줄 친 부분의 띄어쓰기가 옳지 않은 것은?

① 이처럼 <u>좋은 걸</u> 어떡해?
② <u>제 3장의</u> 내용을 요약해 주세요.
③ 공사를 <u>진행한 지</u> 꽤 오래되었다.
④ 결혼 <u>10년 차에</u> 내 집을 장만했다.

02 2018년 국가직 7급

밑줄 친 부분의 띄어쓰기가 모두 옳은 것은?

① 그 길을 <u>걸어 온</u> 사람들도 이 연구에 <u>참여하는데</u> 큰 문제가 없다.
② 대책 없이 <u>쓸 데 없는</u> 일만 골라 하니 저렇게 시간을 낭비할 수밖에 없다.
③ 이 기계가 어떻게 사용되어야 <u>하는 지</u>에 대해서 자세히 알아볼 수 없었다.
④ 예기치 못했던 불미스러운 사고가 <u>있었던바</u> 재발 방지책을 <u>찾아야 한다.</u>

03 2019년 지방직 9급

밑줄 친 부분의 띄어쓰기가 옳은 것은?

① <u>그 중에</u> 깨끗한 옷만 골라 입으세요.
② 어제는 밤이 늦도록 <u>옛 책을</u> 뒤적였다.
③ 시간 날 때 낚시나 <u>한 번</u> 같이 갑시다.
④ 사람들은 황급히 <u>굴 속으로</u> 모여들었다.

04 2017년 국가직 9급(4월)

밑줄 친 부분의 띄어쓰기가 옳은 것은?

① <u>한밤중에</u> 전화가 왔다.
② 그는 일도 <u>잘할 뿐더러</u> 성격도 좋다.
③ 친구가 도착한 지 두 <u>시간만에</u> 떠났다.
④ 요즘 경기가 안 좋아서 장사가 잘 <u>안 된다.</u>

05 2018년 서울시 7급(3월)

띄어쓰기가 모두 옳은 문장은?

① 밥을 먹은지 두 시간밖에 안 지났다.
② 학력이나 나이에 관계 없이 누구나 지원할 수 있다.
③ 이번 휴가에 발리 섬으로 여행을 간다.
④ 하늘을 보니 비가 올 듯도 하다.

06 2019년 국가직 7급

띄어쓰기가 옳은 것은?

① 태권도에서 만큼은 발군의 실력을 낼 거야.
② 일이 오늘부터는 잘돼야 할텐데.
③ 용수야, 5년만인데 한잔해야지.
④ 이끄는 대로 따라갈밖에.

07 2015년 국가직 7급

밑줄 친 부분 중 띄어쓰기에 맞지 않는 것은?

① 난점은 앞서 <u>말한 바</u>와 같다.
   그는 나와 <u>동창인바</u> 그를 잘 알고 있다.
② 사람은 항상 배운 <u>대로</u> 행동하기 마련이다.
   사회의 <u>규범대로</u> 움직여야 타인의 지탄을 받지 않는다.
③ 어른들이 다 떠나시니 나도 <u>떠날 밖에</u>.
   <u>그밖에</u> 더 논의할 사항은 두 가지 관점으로 요약될 수
   있다.
④ 업무에 최선을 <u>다할 뿐만 아니라</u> 화합에도 각별히 신경
   을 쓴다.
   <u>젊은이들뿐만 아니라</u> 기성세대와도 소통할 수 있어야
   한다.

08 2015년 서울시 7급

다음 중 문장 부호와 그에 대한 설명이 옳지 않은 것은?

① 가운뎃점(·)은 열거된 여러 단위가 대등하거나 밀접한
   관계임을 나타낸다.
② 쌍점(;)은 마침표의 일종으로 작은 제목 뒤에 간단한
   설명을 붙일 때 쓰인다.
③ 줄표(—)는 이미 말한 내용을 다른 말로 부연하거나 보
   충할 때 쓰인다.
④ 대괄호([ ])는 묶음표 안의 말이 바깥 말과 음이 다를
   때 쓰인다.

09 2021년 국회직 8급

띄어쓰기가 옳지 않은 것은?

① 부모님의∨염려를∨뒤로∨하고∨유학길에∨올랐다.
② 낡은∨그림∨하나가∨한쪽∨맞은편∨벽에∨걸려∨있
   었다.
③ 그∨밖에∨공∨모양으로∨굳은∨용암의∨흔적∨등이
   ∨있었다.
④ 성안에는∨여러∨곳에∨건물∨터와∨연못∨터가∨남
   아∨있다.
⑤ 200∨미터나∨되는∨줄을∨10여∨일간∨만든다.

10 2020년 국회직 8급

문장 부호의 사용이 옳지 않은 것은?

① '1919년 3월 1일'은 '1919. 3. 1.'로도 쓸 수 있다.
② 놀이공원 입장료는 4,000원/명이다.
③ 그는 최선을 다했다. 그러나 성공할지는…….
④ 저번 동창회의 불참자는 이○○, 박○○ 등 4명이었다.
⑤ 나라들이 무역 장벽을 제거하여 무역을 자유롭게 하는
   협정이 자유 무역 협정(FTA)이다.

11 2017년 사회복지직 9급

<보기>의 ㉠~㉣에 대한 이해로 가장 옳지 않은 것은?

> **보기**
> ㉠ 낯익은, 철수의 동생이 우리 집에 찾아왔다.
> ㉡ 꺼진 불도 다시 보자
> ㉢ 휴가를 낸 김에 며칠 푹 쉬고 온다?
> ㉣ 나는 '일이 다 틀렸나 보군.' 하고 생각하였다.

① ㉠: 쉼표를 보니 관형어 '낯익은'은 '철수'와 '동생'을 동
   시에 수식함을 알 수 있다.
② ㉡: 마침표가 없는 것을 보니 '꺼진 불도 다시 보자'는 제
   목이나 표어임을 알 수 있다.
③ ㉢: 물음표를 보니 의문형 종결 어미로 끝나지 않았더라
   도 의문을 나타낼 수 있음을 알 수 있다.
④ ㉣: 작은따옴표를 보니 '일이 다 틀렸나 보군.'은 마음속
   으로 한 말이 인용되었음을 알 수 있다.

12 2019년 서울시 9급(2월)

다음 중 띄어쓰기가 가장 옳은 것은?

① 열 길 물속은 알아도 한 길 사람의 속은 모른다.
② 데칸 고원은 인도 중부와 남부에 위치한 고원이다.
③ 못 본 사이에 키가 전봇대 만큼 자랐구나!
④ 이번 행사에서는 쓸모 있는 주머니만들기를 하였다.

정답 및 해설 p. 289

04 표준어 사정 원칙

01 자음 표기를 주의해야 하는 표준어°

최근 공무원 시험 **3회 출제!**
20년 서울시 9급 15번   18년 경찰직 1차 8번
16년 서울시 9급 1번

① 다음 단어들은 **거센소리를 가진 형태가 표준어**이다.

표준어	비표준어	표준어	비표준어
끄나풀 ○	끄나불 ×	살쾡이 ○	삵괭이 ×
동녘, 들녘, 새벽녘 ○	동녁, 들녁, 새벽녁 ×	단칸방 ○	단간방 ×
부엌 ○	부억 ×	털어먹다 ○	떨어먹다 ×

② '두째'와 '둘째' 중, **'둘째'만 표준어**이다.

의미	예
순서가 두 번째 되는 차례	• 둘째는 최선을 다하라는 것이다. • 최○○ 선수가 국제 마라톤 경기에서 둘째로 들어왔다. • 둘째 번 • 둘째 단계 • 책 둘째 장 • 둘째 며느리 • 그는 둘째 줄에 서 있었다. • 어머니는 맏이보다는 둘째 아이를 더 걱정하신다. • 첫째, 부모님의 말씀을 잘 들어라. 둘째, 공부를 열심히 해라.
맨 앞에서부터 세어 모두 두 개가 됨	• 빵을 벌써 둘째 먹었다. • 새치를 벌써 둘째 뽑는다.

③ '열두째, 스물두째'와 '열둘째, 스물둘째'는 모두 표준어이다. **십 단위 이상의 차례를 나타낼 때('번째'의 의미)는 '두째', 개수를 셀 때('개째'의 의미)는 '둘째'**를 쓴다.

의미	예
'열두 번째/ 스물두 번째' 차례	• 이 줄 열두째에 앉은 애가 내 친구 순이야. • 십 페이지 스물두째 줄에 밑줄을 쳐라.
개수가 '열두 개째/ 스물두 개째'	• 이것이 오늘 채점한 열둘째 답안지이다. • 곰팡이 핀 귤이 이 상자에서만 벌써 스물둘째이다.

④ '세째/네째', '셋째/넷째'에서는 **'셋째, 넷째'만 표준어**이다.

예 • 그 녀석이 깬 유리창이 이걸로 셋째다.

　 셋째 아들 / 셋째 줄에 앉다. / 3·1 운동의 셋째 의미는 평화 정신이다.

　 • 넷째, 술과 담배를 끊는다. / 넷째로 노사 관계를 개선해야 한다.

　 넷째 딸 / 위에서 넷째 줄 / 오늘 손님 중 넷째 사람 / 소수점 이하 넷째 자리

확장개념

♀ 표준어 사정의 원칙
표준어는 교양 있는 사람들(사회적 조건)이 두루 쓰는 현대(시대적 조건) 서울말(지역적 조건)로 정함을 원칙으로 한다.

⑤ 다음 단어들만 '**수- + 거센소리**'로 적는다.

표준어	비표준어	표준어	비표준어
수캉아지 ○	숫강아지 ×	수탕나귀 ○	숫당나귀 ×
수캐 ○	숫개 ×	수톨쩌귀 ○	숫돌쩌귀 ×
수컷 ○	숫것 ×	수퇘지 ○	숫돼지 ×
수키와 ○	숫기와 ×	수평아리 ○	숫병아리 ×
수탉 ○	숫닭 ×		

⑥ '**숫양, 숫염소, 숫쥐**'만 접두사를 '**숫-**'으로 적는다.

⑦ ⑤, ⑥의 단어 외에는 모두 '**수- + 예사소리/된소리**'로 적는다.

표준어	비표준어	표준어	비표준어
수개미 ○	수캐미/숫개미 ×	수범 ○	숫범 ×
수거미 ○	수커미/숫거미 ×	수사자 ○	숫사자 ×
수고양이 ○	수코양이/숫고양이 ×	수산양 ○	숫산양 ×
수꿩 ○	수퀑/숫꿩 ×	수소 ○	숫소 ×
수나비 ○	숫나비 ×	수오리 ○	숫오리 ×
수나사 ○	숫나사 ×	수여우 ○	숫여우 ×
수놈 ○	숫놈 ×	수은행나무 ○	숫은행나무 ×
수늑대 ○	숫늑대 ×	수이리 ○	숫이리 ×
수들쥐 ○	숫들쥐 ×	수자라 ○	숫자라 ×
수모기 ○	숫모기 ×	수제비 ○	숫제비 ×
수벌 ○	수펄/숫벌 ×	수할미새 ○	숫할미새 ×

⑧ 접두사 '**수-**'와 결합할 때 거센소리가 나는 단어들은 접두사 '**암-**'과 결합할 때도 거센소리로 적는다.

표준어	비표준어	표준어	비표준어
암캉아지 ○	암강아지 ×	암탕나귀 ○	암당나귀 ×
암캐 ○	암개 ×	암톨쩌귀 ○	암돌쩌귀 ×
암컷 ○	암것 ×	암퇘지 ○	암돼지 ×
암키와 ○	암기와 ×	암평아리 ○	암병아리 ×
암탉 ○	암닭 ×		

⑨ 이외 자음 표기를 주의해야 하는 표준어

표준어	비표준어	표준어	비표준어
강낭콩 ○	강남콩 ×	사글세 ○	삭월세 ×
돌 ○	돐 ×	울력성당 ○	위력성당 ×
말곁 ○	말겻 ×	적이 ○	저으기 ×

시험 직전! 필수 암기

접두사 '수-/숫-'

· '수'는 역사적으로 명사 '숳'이었기 때문에 '수캐, 수탉' 등에 받침 'ㅎ'의 자취가 남아 있다.

· '수- + 양, 수- + 염소, 수- + 쥐'에는 발음상 사이시옷과 비슷한 소리가 있다고 판단하여 이 세 단어만 '숫-'의 형태를 취한다.

기출로 출제포인트 점검

다음 문장에서 틀린 부분을 찾아 밑줄을 긋고 바르게 고치시오.

01 그는 동틀 녁에 그곳을 떠났다.

02 그는 옛 여자 친구의 결혼 소식에 저으기 놀란 눈치였다.

03 갓 태어난 숫평아리 한 마리가 모이를 먹겠다고 애쓰는 모습이 너무 귀여웠다.

[답]
01 동틀 녁 → 동틀 녘
02 저으기 → 적이
03 숫평아리 → 수평아리

① 양성 모음이 **음성 모음으로 바뀐 형태를** 인정한 표준어

표준어	비표준어	표준어	비표준어
깡충깡충 ○	깡총깡총 ×	뻗정다리 ○	뻗장다리 ×
발가숭이 ○	발가송이 ×	오뚝이 ○	오똑이 ×
보퉁이 ○	보통이 ×	주춧돌 ○	주촛돌 ×

② 양성 모음 형태를 인정한 표준어

표준어	비표준어	표준어	비표준어
부조 ○	부주 ×	삼촌 ○	삼춘 ×
사돈 ○	사둔 ×		

③ 'ㅣ' 모음 역행 동화 현상을 인정한 표준어

표준어	비표준어	표준어	비표준어
냄비 ○	남비 ×	시골내기 ○	시골나기 ×
동댕이치다 ○	동당이치다 ×	신출내기 ○	신출나기 ×
서울내기 ○	서울나기 ×	풋내기 ○	풋나기 ×

▶ '아지랑이'는 'ㅣ' 모음 역행 동화가 일어나지 않은 형태를 표준어로 삼는다. (아지랭이 ×)

④ '-장이', '-쟁이'가 붙는 표준어

'-장이'가 붙는 표준어			'-쟁이'가 붙는 표준어		
대장장이	옹기장이	미장이	겁쟁이	개구쟁이	골목쟁이
유기장이	양복장이	칠장이	멋쟁이	소금쟁이	담쟁이덩굴

▶ 기술자에게는 '-장이', 그 외에는 '-쟁이'가 붙는다.

⑤ '위- / 윗- / 웃-'이 붙는 표준어

구분	표기 조건	예
위-	• 위/아래의 대립이 있는 단어 • 된소리·거센소리 앞	위짝, 위쪽, 위채, 위층, 위치마, 위턱, 위팔
윗-	• 위/아래의 대립이 있는 단어 • 예사소리 앞	윗목, 윗니, 윗도리, 윗몸, 윗배, 윗입술
웃-	위/아래의 대립이 없는 단어	웃국, 웃기, 웃돈, 웃비, 웃어른, 웃옷

⑥ 한자 '구(句)'를 '귀'로 표기하는 표준어

표준어	비표준어	표준어	비표준어
귀글(句글) ○	구글 ×	글귀(글句) ○	글구 ×

▶ '구'와 '귀'로 혼동되어 사용되던 '句(글귀 구/글귀 귀)'를 표준어 사정 원칙에서 '구'로 적는 것으로 통일하였다. 다만 위의 단어는 '귀'로 발음되는 형태가 표준어이다.

시험 직전! 필수 암기

모음 'ㅡ'를 쓰는 표준어

바른 표기	틀린 표기
까슬까슬 ○	까실까실 ×
복슬복슬 ○	복실복실 ×
부스러기 ○	부시러기 ×
부스스 ○	부시시 ×
스라소니 ○	시라소니 ×
으스대다 ○	으시대다 ×
으스스 ○	으시시 ×
추스르다 ○	추스리다 ×

모음 'ㅐ'와 'ㅔ'를 쓰는 표준어

모음 'ㅐ'	모음 'ㅔ'
가자미식해	굼벵이
깨단하다	돌멩이
배냇저고리	족집게
매생이	베개
알맹이	쩨쩨하다
육개장	너스레
찌개	풍뎅이
생때같다	허드레

확장개념

♀ '부조, 사돈, 삼촌'이 붙는 단어
• 부조: 부조금, 부좃돈, 부좃술, 부좃일
• 사돈: 곁사돈, 겹사돈, 밭사돈, 안사돈
• 삼촌: 외삼촌, 처삼촌, 큰삼촌, 작은삼촌

♀ '-쟁이'가 붙으나 기술자와 관련된 말
1. 소리쟁이: 노래 부르는 일을 직업으로 하는 사람
2. 침쟁이: '침의(침술로 병을 다스리는 의원)'를 낮잡아 이르는 말

♀ '윗옷'과 '웃옷'의 비교
1. 윗옷: 상의 ↔ 아래옷('하의'를 뜻함)
2. 웃옷: 겉옷

♀ 한자 '구(句)'가 포함된 표준어
• 구절(句節) ○ – 귀절 ×
• 대구(對句) ○ – 대귀 ×
• 문구(文句) ○ – 문귀 ×
• 시구(詩句) ○ – 시귀 ×
• 어구(語句) ○ – 어귀 ×

⑦ 이외 모음 표기를 주의해야 하는 표준어

표준어	비표준어	표준어	비표준어
게거품 ○	개거품 ×	알맹이 ○	알멩이 ×
결벽증 ○	결백증 ×	연거푸 ○	연거퍼 ×
괴팍하다 ○	괴퍅하다 ×	족집게 ○	족집개 ×
-구려 ○	-구료 ×	주책없다 ○	주착없다 ×
-구먼 ○	-구면 ×	지루하다 ○	지리하다 ×
굼벵이 ○	굼뱅이 ×	케케묵다 ○	켸켸묵다 ×
나무라다 ○	나무래다 ×	튀기 ○	트기 ×
뇌졸중 ○	뇌졸증 ×	통틀어 ○	통털어 ×
돌멩이 ○	돌맹이 ×	풍뎅이 ○	풍댕이 ×
매생이 ○	메생이 ×	허드레 ○	허드래 ×
베개 ○	배게 ×	허우대 ○	허위대 ×
미루나무 ○	미류나무 ×	허우적허우적 ○	허위적허위적 ×

기출로 출제포인트 점검

다음 중 표준어가 아닌 것에 ○하시오.

윗목, 윗돈, 위층, 웃옷

[답]
윗돈

압축개념
03 음식 관련 표준어

최근 공무원 시험 4회 출제!
20년 소방직 9급 1번 | 17년 국가직 7급(10월) 3번
17년 지방직 7급(8월) 3번 | 16년 군무원 9급 21번

표준어	비표준어	표준어	비표준어
가자미식해 ○	가자미식혜 ×	북엇국 ○	북어국 ×
갈치 ○	칼치 ×	붕장어 ○	아나고 ×
강소주 ○	깡소주 ×	상추 ○	상치 ×
먹장어(곰장어) ○	꼼장어 ×	새우젓 ○	새우젖 ×
곶감 ○	곳감 ×	섞박지 ○	석박지 ×
군만두 ○	야끼만두 ×	설렁탕 ○	설농탕 ×
깍두기 ○	깍둑이/깎두기 ×	수제비 ○	수재비 ×
꽁보리밥 ○	맨보리밥 ×	시래깃국 ○	씨래기국 ×
낙지볶음 ○	낚지볶음 ×	아귀찜 ○	아구찜 ×
닭볶음탕 ○	닭도리탕 ×	어묵 ○	오뎅 ×
덮밥 ○	덥밥 ×	오도독뼈 ○	오돌뼈 ×
돈가스 ○	돈까스 ×	오이소박이 ○	오이소백이 ×
된장찌개 ○	된장찌게 ×	옻닭 ○	옷닭/옺닭 ×
떡볶이 ○	떡볶기/떡뽁이 ×	우묵가사리 ○	우묵가사리 ×
마늘종 ○	마늘쫑 ×	육개장 ○	육계장 ×
만둣국 ○	만두국 ×	임연수어 ○	이면수 ×
메밀국수 ○	모밀국수 ×	장아찌 ○	짱아찌 ×
명란젓 ○	명난젓 ×	젓갈 ○	젖갈 ×
무 ○	무우 ×	주꾸미 ○	쭈꾸미 ×
뭇국 ○	무국 ×	차돌박이 ○	차돌배기 ×
미숫가루 ○	미싯가루 ×	창난젓 ○	창란젓 ×
부각 ○	다시마자반 ×	호두과자 ○	호도과자 ×

기출로 출제포인트 점검

표준어이면 ○, 비표준어이면 ×하시오.

01 깍둑이
02 떡볶기
03 마늘종
04 육계장
05 가자미식혜

[답]
01 × 깍두기
02 × 떡볶이
03 ○
04 × 육개장
05 × 가자미식해

① 단수 표준어

표준어	비표준어	표준어	비표준어
귀고리 ○	귀엣고리 ×	아주 ○	영판 ×
귀띔 ○	귀틤 ×	안절부절못하다 ○	안절부절하다 ×
귀지 ○	귀에지 ×	애달프다 ○	애닯다 ×
길잡이 ○	길앞잡이 ×	애벌레 ○	어린벌레 ×
꼭두각시 ○	꼭둑각시 ×	언뜻 ○	펀뜻 ×
농지거리 ○	기롱지거리 ×	오금팽이 ○	오금탱이 ×
늦다리 ○	노닥다리 ×	-올시다 ○	-올습니다 ×
담배꽁초 ○	담배꽁추 ×	-(으)려고 ○	-(으)ㄹ려고/ㄹ라고 ×
뒤져내다 ○	뒤어내다 ×	-(으)려야 ○	-(으)ㄹ려야/ㄹ래야 ×
들락날락 ○	날락들락 ×	자두 ○	오얏 ×
본새 ○	뽄새 ×	쥐락펴락 ○	펴락쥐락 ×
붉으락푸르락 ○	푸르락붉으락 ×	짓무르다 ○	짓물다 ×
상판대기 ○	쌍판대기 ×	천장(天障) ○	천정 ×
샛별 ○	새벽별 ×	천정부지(天井不知) ○	천장부지 ×
신기롭다 ○	신기스럽다 ×	총각무 ○	알무/알타리무 ×
쌍동밤 ○	쪽밤 ×	허구한 ○	허구헌 ×

② 복수 표준어

가는허리/잔허리 가락엿/가래엿 가뭄/가물 가엾다/가엽다 📍 감감무소식/감감소식	뒷말/뒷소리 들락날락/들랑날랑 딴전/딴청 땅콩/호콩 땔감/땔거리	씁쓰레하다/씁쓰름하다 아무튼/어떻든/어쨌든/하여튼 알은척/알은체 애꾸눈이/외눈박이 어저께/어제
개숫물/설거지물 게을러빠지다/게을러터지다 고깃간/푸줏간 고린내/코린내 구린내/쿠린내	멍게/우렁쉥이 마파람/앞바람 만큼/만치 멀찌감치/멀찌가니/멀찍이 모쪼록/아무쪼록	언덕바지/언덕배기 여쭈다/여쭙다 여태껏/이제껏/입때껏 연달다/잇달다 옥수수/강냉이
관계없다/상관없다 교정보다/준보다 귀퉁머리/귀퉁배기 극성떨다/극성부리다 꼬까/고까/때때 기세부리다/기세피우다	벌레/버러지 변덕스럽다/변덕맞다 보조개/볼우물 보통내기/여간내기/예사내기 볼따구니/볼통이/볼때기 봉숭아/봉선화	욕심꾸러기/욕심쟁이 우레/천둥 우지/울보 -(으)세요/-(으)셔요 의심스럽다/의심쩍다 이틀거리/당고금
나부랭이/너부렁이 네/예 눈대중/눈어림/눈짐작 느리광이/느림보/늘보 다달이/매달	부침개질/부침질/지짐질 불똥앉다/등화지다/등화앉다 뾰두라지/뾰루지 살쾡이/삵 📍 서럽다/섧다	일찌감치/일찌거니 자리옷/잠옷 제가끔/제각기 좀처럼/좀체 쪽/편
-다마다/-고말고 댓돌/툇돌 돼지감자/뚱딴지 뒷갈망/뒷감당	성글다/성기다 소고기/쇠고기 수수깡/수숫대 -스레하다/-스름하다	책씻이/책거리 천연덕스럽다/천연스럽다 철딱구니/철딱서니/철딱지 추어올리다/추어주다

확장개념

📍 **'가엾다'와 '가엽다'의 활용**
· 가엾다: 가엾어, 가엾은, 가엾으니
· 가엽다: 가여워, 가여운, 가여우니

📍 **'서럽다'와 '섧다'의 활용**
· 서럽다: 서러워, 서러운, 서러우니
· 섧다: 설워, 설운, 설우니

기출로 출제포인트 점검

다음 중 표준어가 아닌 것을 찾아 밑줄을 긋고 표준어로 고치시오.

01 꼭두각시, 우렁쉥이, 오얏

02 허구헌, 애달프다, 뒤어내다

[답]
01 오얏 → 자두
02 허구헌 → 허구한, 뒤어내다 → 뒤져내다

최근 공무원 시험 **11회 출제!**
19년 서울시 7급(10월)6번   19년 경찰직 2차 1번
18년 지방직 7급 2번   18년 서울시 9급(6월)1번
18년 서울시 7급(6월)11번   17년 국가직 7급(10월) 3번
17년 지방직 7급 3번   17년 군무원 9급 5번
16년 국가직 9급 13번   16년 서울시 7급 3번
16년 군무원 9급 4번

① 추가된 표준어

(1) 기존 표준어와 **같은 뜻**을 가진 표준어로 추가된 것 (**복수 표준어**)

추가된 연도	기존 표준어 / 추가 표준어		
2011년	만날/맨날 목물/등물 토담/흙담 태껸/택견 남우세스럽다/남사스럽다	품세/품새 고운대/토란대 뭇자리/못자리 세간/세간살이	자장면/짜장면 복사뼈/복숭아뼈 간질이다/간지럽히다 쌉싸래하다/쌉싸름하다 허섭스레기/허접쓰레기
2014년	굽실/굽신 작장초/초장초	눈두덩/눈두덩이 삐치다/삐지다	구안괘사/구안와사
2015년	마을/마실 -고 싶다/-고프다	예쁘다/이쁘다	차지다/찰지다

(2) 기존 표준어와 **뜻이나 어감 차이**가 있는 표준어로 추가된 것 (**별도 표준어**)

추가된 연도	기존 표준어 / 추가 표준어		
2011년	-기에/-길래 날개/나래 냄새/내음 뜰/뜨락 연방/연신 눈초리/눈꼬리 메우다/메꾸다 횡허케/횡하니	괴발개발/개발새발 먹을거리/먹거리 손자(孫子)/손주 바동바동/바둥바둥 아옹다옹/아옹다웅 야멸치다/야멸차다 오순도순/오손도손 떨어뜨리다/떨구다	어수룩하다/어리숙하다 찌뿌듯하다/찌뿌둥하다 거치적거리다/걸리적거리다 끼적거리다/끄적거리다 두루뭉술하다/두리뭉실하다 맨송맨송/맨숭맨숭·맹숭맹숭 새치름하다/새초롬하다 치근거리다/추근거리다
2014년	딴죽/딴지 섬뜩/섬찟 사그라지다/사그라들다	꾀다/꼬시다 속병/속앓이	개개다/개기다 장난감/놀잇감 허접스럽다/허접하다
2015년	의논/의론 이키/이크	가오리연/꼬리연 잎사귀/잎새	푸르다/푸르르다
2016년	건울음/겉울음 실몽당이/실뭉치	거방지다/걸판지다	까다롭다/까탈스럽다

② 추가된 표준형

(1) 현재 표준적인 활용형과 용법이 같은 활용형으로 추가된 것 (**복수 표준형**)

추가된 연도	기존 표준형 / 추가 표준형		
2015년	마/말아 마라/말아라	마요/말아요 노라네/노랗네	동그라네/동그랗네 조그마네/조그맣네

(2) 비표준적인 것으로 다루어 왔던 표현 형식이 표준형이 된 것 (**추가 표준형**)

추가된 연도	기존 표준형 / 추가 표준형	
2016년	에는/엘랑	주책없다/주책이다
2018년	꺼림칙이/꺼림직이 꺼림칙하다/꺼림직하다 께름칙하다/께름직하다 치켜세우다/추켜세우다 추어올리다/추켜올리다,치켜올리다	

확장개념

🔎 **새롭게 표준어로 인정된 것(2017년)**

분리배출, 아침내, 여쭈어보다, 여쭤보다, 주책
맞다, 주책스럽다, 짧디짧다, 풍물패, 홑받침,
기다래지다, 이보십시오, 이제서야, 그제서야,
양반다리, 기반하다

🔎 **새롭게 표준어로 인정된 것(2019년)**

문신

기출로 출제포인트 점검

다음 중 밑줄 친 단어가 표준어인 것을 모두 고르시오.

> ㄱ. 성우야, 이번 일에 자꾸 <u>딴지</u>를 걸지
>   마라.
> ㄴ. 인창이는 상급생에게 <u>개기다</u>가 혼쭐
>   이 났다.
> ㄷ. 나뭇잎도 아이들에게는 훌륭한 <u>놀잇</u>
>   <u>감</u>이 된다.
> ㄹ. 그렇게 조그만 일에 <u>삐지다니</u> 큰일을
>   못할 사람일세.

[답]
ㄱ, ㄴ, ㄷ, ㄹ

빈출

최근 공무원 시험 **17회 출제!**
21년 소방직 9급 1번	19년 군무원 9급(1차)11번
18년 지방직 7급 2번	18년 서울시 9급(6월)1번
18년 서울시 7급(6월)11번	17년 국가직 7급(8월)1번
17년 국가직 7급(10월) 3번	17년 국가직 7급(10월) 5번
17년 지방직 7급 3번	17년 지방직 7급 5번
17년 서울시 7급 8번	16년 국가직 9급 13번
16년 지방직 9급 2번	16년 서울시 9급 1번
16년 서울시 7급 3번	16년 서울시 7급 5번
16년 서울시 7급 6번	

	표준어	비표준어		표준어	비표준어
1	-건마는 ○	-것마는 ×	38	고까워하다 ○	꼬까워하다 ×
2	가느다랗다 ○	가느랗다 ×	39	고깔 ○	꼬깔 ×
3	가랑이 ○	가랭이 ×	40	고깝다 ○	꼬깝다 ×
4	가려지다 가리어지다 ○	가리워지다 ×	41	고수레 ○	고수래 ×
5	가로나비 ○	가로너비 가로넓이 ×	42	고자질하다 ○	꼰지르다 ×
6	가르마 ○	가리마 ×	43	고즈넉이 ○	고즈너기 ×
7	가리다 ○	가리우다 ×	44	골병 ○	곯병 ×
8	가사(家事) ○	가사일 ×	45	곱빼기 ○	곱배기 ×
9	가없다 ○	가이없다 ×	46	괄시(恝視) ○	괄새/괄세 ×
10	가열하다 ○	가열차다 ×	47	괜스레 ○	괜시리 ×
11	가자미 ○	가재미 ×	48	괴나리봇짐 ○	개나리봇짐 ×
12	가장자리 ○	가상자리 ×	49	구더기 ○	구데기 ×
13	간드러지다 ○	간들어지다 ×	50	구레나룻 ○	구렛나루 ×
14	갈겨쓰다 ○	날려쓰다 ×	51	구르다 ○	굴르다 ×
15	갉작거리다 ○	각작거리다 ×	52	구슬리다 ○	구스르다 ×
16	감쪽같다 ○	깜쪽같다 ×	53	구태여 ○	구태어 ×
17	강강술래 ○	강강수월래 ×	54	군더더기 ○	군더덕지 ×
18	강술 ○	깡술 ×	55	귀때기 ○	귓대기 ×
19	강퍅하다 ○	강퍅하다 ×	56	귀밑때기 ○	귀밑대기 ×
20	개다 ○	개이다 ×	57	귀살쩍다 ○	귀살적다 ×
21	개다리소반 ○	개다리밥상 ×	58	그렇잖다 ○	그렇찮다 ×
22	(담배 한) 개비 ○	(담배 한) 가치/개피 ×	59	그립다 ○	그리웁다 ×
23	객쩍다 ○	객적다/객없다 ×	60	그을다 ○	그으르다 ×
24	거꾸로 ○	꺼꾸로 ×	61	금이빨 ○	금니빨 ×
25	거칠다 ○	거치르다 ×	62	기다랗다 ○	길다랗다 ×
26	건너다 ○	건느다 ×	63	기어이 ○	기여히 ×
27	건너편 ○	건넌편 ×	64	길쭉길쭉 ○	길죽길죽 ×
28	건넛마을 ○	건넌마을 ×	65	까무러치다 ○	까무라치다 ×
29	건더기 ○	건데기 ×	66	까슬까슬 ○	까실까실 ×
30	걷어붙이다 ○	걷어부치다 ×	67	깜장 ○	까망 ×
31	걷어채다 ○	걷어채이다 ×	68	깝죽거리다 ○	깝치다 ×
32	걸핏하면 ○	얼핏하면 ×	69	꺼리다 ○	꺼려하다 ×
33	걸쭉하다 ○	걸죽하다 ×	70	꼴찌 ○	꼬라비 ×
34	겸연쩍다 ○	겸연적다 ×	71	꽃받침 ○	꽃잔 ×
35	겹다 ○	겨웁다 ×	72	꽃봉오리 ○	꽃봉우리 ×
36	고군분투 ○	고분분투 ×	73	끄덩이 ○	끄뎅이 ×
37	고깃국 ○	고기국 ×	74	끗발 ○	끝발 ×

시험 직전! 필수 암기

'-붙이다'를 쓰는 표준어

바른 표기	틀린 표기
걷어붙이다 ○	걷어부치다 ×
몰아붙이다 ○	몰아부치다 ×
밀어붙이다 ○	밀어부치다 ×
쏘아붙이다 ○	쏘아부치다 ×
메어붙이다 ○	메어부치다 ×
열어붙이다 ○	열어부치다 ×

▶ 단, '벗어붙이다'는 틀린 표기이다.
(벗어부치다 ○)

기출로 출제포인트 점검

표준어이면 ○, 비표준어이면 ×하시오.

01 고기국

02 곱배기

03 구레나룻

04 꽃봉우리

[답]
01 × 고깃국
02 × 곱빼기
03 ○
04 × 꽃봉오리

	표준어	비표준어		표준어	비표준어
75	끼어들기 ○	끼여들기 ×	115	덤터기 ○	덤테기 ×
76	나르다 ○	날르다 ×	116	덥석 ○	덥썩 ×
77	나리 ○	나으리 ×	117	덩굴/넝쿨 ○	덩쿨 ×
78	나무꾼 ○	나뭇꾼 ×	118	데면데면하다 ○	덤연덤연하다 에면에면하다 ×
79	나부끼다 ○	나붓기다 ×	119	도떼기시장 ○	돗데기시장 ×
80	나지막하다 ○	나즈막하다 ×	120	돌나물 ○	돈나물/돗나물 ×
81	날갯죽지 ○	날개쭉지 ×	121	돌부리 ○	돌뿌리 ×
82	날름 ○	낼름 ×	122	돌하르방 ○	돌하루방 ×
83	내로라하다 ○	내노라하다 ×	123	동고동락 ○	동거동락 ×
84	내리깔다 ○	내려깔다 ×	124	되뇌다 ○	되뇌이다 ×
85	냠냠 ○	얌냠 ×	125	두르다 ○	둘르다 ×
86	너스레 ○	너스래 ×	126	둘러메다 ○	둘쳐메다 ×
87	너저분하다 ○	너저부레하다 ×	127	둘러업다 ○	둘쳐업다 ×
88	넌지시 ○	넌즈시 ×	128	뒤꼍 ○	뒷겻/뒤안 ×
89	널따랗다 ○	널다랗다 넓다랗다 ×	129	뒤꿈치 ○	뒷꿈치 ×
90	널브러지다 ○	널부러지다 ×	130	뒤룩뒤룩 ○	디룩디룩 ×
91	널빤지 ○	널판지 ×	131	뒤치다꺼리 ○	뒤치닥거리 ×
92	널찍하다 ○	넓직하다 ×	132	들이닥치다 ○	들어닥치다 ×
93	넓적다리 ○	넙적다리 ×	133	딱따구리 ○	딱다구리 ×
94	네댓 ○	너댓 ×	134	딱지 ○	딱정이 ×
95	노랑이 ○	노랭이 ×	135	딴은 ○	따는 ×
96	노른자 ○	노란자 ×	136	딸내미 ○	딸나미/딸래미 ×
97	놈팡이 ○	놈팽이 ×	137	때깔 ○	땟갈 ×
98	농사꾼 ○	농삿꾼 ×	138	땅추 ○	땅초 ×
99	높이다 ○	높히다 ×	139	떡갈나무 ○	가랑나무 ×
100	누룽지 ○	누룽밥 ×	140	떡보 ○	떡충이 ×
101	누르다 ○	눌르다 ×	141	떨떠름하다 ○	떫더름하다 ×
102	눈곱 ○	눈꼽 ×	142	또랑또랑하다 ○	똘방똘방하다 ×
103	눌어붙다 ○	늘어붙다 눌러붙다 ×	143	마구간 ○	마굿간 ×
104	눌은밥 ○	누른밥 ×	144	막냇동생 ○	막내동생 ×
105	느지감치 ○	느즈감치 ×	145	만두소 ○	만둣속 ×
106	느지막이 ○	느즈막이 ×	146	말끄러미 ○	말꼼히 ×
107	늘 ○	늘상 ×	147	말똥말똥 ○	말뚱말뚱 ×
108	늘그막 ○	늙으막 ×	148	맛깔 ○	맛갈 ×
109	늦둥이 ○	늦동이 ×	149	맛깔스럽다 ○	맛깔지다 ×
110	닦달 ○	닥달 ×	150	맛보기 ○	맛빼기 ×
111	단박 ○	담박 ×	151	망그러지다 ○	망개지다 ×
112	단옷날 ○	단오날 ×	152	맞추다 ○	마추다 ×
113	단출하다 ○	단촐하다 ×	153	맥쩍다 ○	맥적다 ×
114	더욱이 ○	더우기 ×	154	머다랗다 ○	멀다랗다 ×

기출로 출제포인트 점검

표준어이면 ○, 비표준어이면 ×하시오.

01 눈곱

02 널빤지

03 늘그막

04 더우기

05 되뇌다

06 뒷꿈치

07 마굿간

08 넓다랗다

09 닥달하다

10 넓직하다

11 단출하다

12 동거동락

13 내노라하는

14 데면데면하다

[답]
01 ○
02 ○
03 ○
04 × 더욱이
05 ○
06 × 뒤꿈치
07 × 마구간
08 × 널따랗다
09 × 닦달하다
10 × 널찍하다
11 ○
12 × 동고동락
13 × 내로라하는
14 ○

	표준어	비표준어		표준어	비표준어
155	머리끄덩이 ○	머리끄댕이 × 머리끄뎅이 ×	195	방방곡곡 ○	방방곳곳 ×
156	머리말 ○	머릿말 ×	196	밭뙈기 ○	밭때기 ×
157	머리맡 ○	베개맡 ×	197	배불뚝이 ○	배불룩이 ×
158	머쓱하다 ○	머슥하다 ×	198	벌레 ○	벌러지 ×
159	먼지떨이 ○	먼지털이 ×	199	법석 ○	법썩 ×
160	멋쩍다 ○	멋적다 ×	200	벗어젖히다 ○	벗어제끼다 ×
161	메스껍다 ○	메시껍다 ×	201	벚나무 ○	벗나무 ×
162	멥쌀 ○	멧쌀 ×	202	벼르다 ○	별르다 ×
163	멧부리 ○	멧봉우리 ×	203	보랏빛 ○	보라빛 ×
164	며칠 ○	몇일 ×	204	본새 ○	뽄새 ×
165	면치레 ○	외양치레(外樣-) ×	205	본토박이(本土-) ○	본토배기 ×
166	모꼬지 ○	목거지/모꺼지 ×	206	부기(浮氣) ○	붓기 ×
167	모임 ○	모듬 ×	207	부둥켜안다 ○	부등켜안다 ×
168	모자라다 ○	모자르다 ×	208	부리나케 ○	불이나케 ×
169	목메다 ○	목메이다 ×	209	부서뜨리다 ○	부숴뜨리다 ×
170	몹시 ○	몹씨 ×	210	부스러기 ○	부스럭지 ×
171	몽땅 ○	몽창 ×	211	부스스 ○	부시시 ×
172	묏자리/못자리 ○	묘자리(墓-) ×	212	불리다 ○	불리우다 ×
173	무더기 ○	무데기 ×	213	불현듯이 ○	불연듯이 ×
174	무르다 ○	물르다 ×	214	붓두껍 ○	붓뚜껑 ×
175	무르팍 ○	무릎팍 ×	215	비로소 ○	비로서 ×
176	무릅쓰다 ○	무릎쓰다 ×	216	빈털터리 ○	빈털털이 ×
177	무릇 ○	므릇 ×	217	빠끔 ○	빠꿈 ×
178	무자위 ○	물자위 ×	218	빠르다 ○	빨르다 ×
179	묵히다 ○	묵이다 ×	219	뻗정다리 ○	뻗장다리 ×
180	문지르다 ○	문질르다 ×	220	뽀로지 ○	뽀로지 ×
181	물끄러미 ○	멀끄러미 ×	221	뾰쪽뾰쪽 ○	뾰쭉뾰쭉 ×
182	뭉텅뭉텅 ○	뭉턱뭉턱 ×	222	사뭇 ○	사묻/사못 ×
183	미덥다 ○	미더웁다 ×	223	사족(四足) ○	사죽 ×
184	밀어붙이다 ○	밀어부치다 ×	224	사촌(四寸) ○	사춘 ×
185	밀짚모자 ○	보릿짚모자 ×	225	산동반도 ○	산동반도 ×
186	밉살스럽다 ○	밉쌀스럽다 ×	226	산봉우리 ○	산봉오리 ×
187	밋밋하다 ○	민밋하다 ×	227	살금살금 ○	살곰살곰 ×
188	밑동 ○	밑둥 ×	228	살코기 ○	살고기 ×
189	바람 ○	바램 ×	229	삼가다 ○	삼가하다 ×
190	바야흐로 ○	바야으로 ×	230	삼발이 ○	세발다리 ×
191	반죽음 ○	반주검 ×	231	새까맣다 ○	샛까맣다 ×
192	반짇고리 ○	반짓고리 ×	232	생쥐 ○	새앙쥐 ×
193	발자국 ○	발자욱 ×	233	서두르다 ○ 서둘다	서둘르다 ×
194	방고래 ○	구들고래 ×	234	설거지 ○	설겆이/설겆이 ×

	표준어	비표준어		표준어	비표준어
235	섬뜩 ○	섬짓 ×	275	쌍둥이 ○	쌍동이 ×
236	섭섭하다 ○	섭하다 ×	276	쓱싹쓱싹 ○	쓱삭쓱삭 ×
237	성냥갑 ○	성냥곽 ×	277	씻기다 ○	씻기우다 ×
238	소곤소곤 ○	소근소근 ×	278	아기 ○	애기 ×
239	소꿉 ○	소꼽 ×	279	아슴푸레하다 ○	아스름하다 ×
240	소달구지 ○	소구루마 ×	280	아이고 ○	아이구 ×
241	소맷귀 ○	소매귀 ×	281	악바리 ○	악발이 ×
242	소싯적 ○	소시적 ×	282	안성맞춤 ○	안성마춤 ×
243	속속들이 ○	속속이 ×	283	안쓰럽다 ○	안스럽다 안슬프다 ×
244	손수레 ○	손구루마 ×	284	안줏거리 ○	안주꺼리 ×
245	솟을대문 ○	소슬대문 ×	285	안팎 ○	안밖 ×
246	송골송골 ○	송글송글 ×	286	알배기 ○	알박이 ×
247	쇠꼬챙이 ○	쇠꼬창이 ×	287	알사탕 ○	구슬사탕 ×
248	쇠다 ○	쇄다 ×	288	알쏭달쏭하다 ○	아리까리하다 ×
249	수군거리다 ○	수근거리다 ×	289	알아맞히다 ○	알아맞추다 ×
250	수북하다 ○	수부룩하다 ×	290	애당초 ○	애시당초 ×
251	수세미/수세미외 ○	쑤세미 ×	291	야금야금 ○	야곰야곰 ×
252	수줍다 ○	적적다 ×	292	야반도주 ○	야밤도주 ×
253	숙맥 ○	쑥맥 ×	293	야트막하다 ○	얕으막하다 ×
254	술고래 ○	술보 ×	294	약빠르다 ○	약바르다 약빨르다 ×
255	쉽다 ○	쉬웁다 ×	295	약사(藥師) ○	조제사(調劑師) ×
256	스라소니 ○	시라소니 ×	296	얄따랗다 ○	얇다랗다 ×
257	스멀스멀 ○	스물스물 ×	297	어우러지다 ○	어울러지다 ×
258	슬몃슬몃 ○	슬밋슬밋 ×	298	억지 ○	어거지 ×
259	승낙(承諾) ○	승락 ×	299	억척배기 ○	억척배기 ×
260	시꺼메지다 ○	시꺼매지다 ×	300	얻다가 ○	어따가 ×
261	시끌시끌하다 ○	시끌덤벙하다 ×	301	얼떨결 ○	얼떨김 ×
262	시러베아들 ○	실업의아들 ×	302	얼루기 ○	얼룩이 ×
263	시뻘게지다 ○	시뻘개지다 ×	303	얼룩배기 ○	얼룩배기 ×
264	시뿌예지다 ○	시뿌얘지다 ×	304	얽히고설키다 ○	얼키고설키다 ×
265	시시덕거리다 ○	히히덕거리다 ×	305	업둥이 ○	업동이 ×
266	시월(十月) ○	십월 ×	306	여남은 ○	여라문 ×
267	시커메지다 ○	시커매지다 ×	307	여드레 ○	여드래 ×
268	시퍼레지다 ○	시퍼래지다 ×	308	여태껏 ○	여지껏 ×
269	실낙원 ○	실락원 ×	309	역할(役割) ○	역활 ×
270	실랑이 ○	실강이 ×	310	연놈 ○	년놈 ×
271	심마니 ○	산삼꾼(山蔘-) ×	311	열심히 ○	열심으로 ×
272	심술꾸러기 ○	심술꾼 ×	312	열어젖히다 ○	열어재끼다 열어저치다 ×
273	심술딱지(心術-) ○	심술머리 ×	313	열없다 ○	열적다 ×
274	싱겁다 ○	싱거웁다 ×	314	열쭝이 ○	열중이 ×

확장개념

⊙ 여남은

열이 조금 넘는 수. 또는 그런 수의

기출로 출제포인트 점검

표준어이면 ○, 비표준어이면 ×하시오.

01 안팎

02 쇠다

03 여지껏

04 야밤도주

05 알아맞히다

06 시러베아들

07 얽히고설키다

[답]
01 × 안팎
02 ○
03 × 여태껏
04 × 야반도주
05 ○
06 ○
07 ○

	표준어	비표준어		표준어	비표준어
315	엿장수 ○	엿장사 ×	356	이파리 ○	잎파리 ×
316	영락없다 ○	영낙없다 ×	357	이점(利點) ○	잇점 ×
317	예닐곱 ○	예일곱 ×	358	인사말 ○	인삿말 ×
318	예삿일(例事-) ○	예사일 ×	359	일그러지다 ○	이그러지다 ×
319	예스럽다 ○	옛스럽다 ×	360	일찍이 ○	일찌기 ×
320	옜다 ○	예따 ×	361	자그마치 ○	자그만치 ×
321	오곡백과 ○	오곡백화 ×	362	자리옷 ○	잠자리옷 ×
322	오글거리다 ○	오골거리다 ×	363	작달막하다 ○	짝달막하다 ×
323	오두막집 ○	오막집 ×	364	잗다랗다 ○	잘다랗다 ×
324	오두방정 ○	오도방정 ×	365	잘리다 ○	짤리다 ×
325	오디 ○	뽕열매 ×	366	잘름발이 ○	잘름뱅이 ×
326	오랜만 ○	오랫만 ×	367	잘잘못 ○	자잘못 ×
327	오랫동안 ○	오랜동안 ×	368	잠그다 ○	잠구다 ×
328	오지랖 ○	오지랍 ×	369	장맛비 ○	장마비 ×
329	온랭(溫冷) ○	온냉 ×	370	장롱(欌籠) ○	장농 ×
330	왁자하다 ○	왁짜하다 ×	371	재간둥이 ○	재간동이 ×
331	왠지 ○	웬지 ×	372	재떨이 ○	재떠리/재털이 ×
332	외길 ○	외가닥길 ×	373	저지르다 ○	저질르다 ×
333	외톨이 ○	외토리 ×	374	전단(傳單) ○	삐라 ×
334	요컨대 ○	요컨데 ×	375	전쟁터 ○	전장터 ×
335	우렁이 ○	우렁 ×	376	절름발이 ○	절름뱅이 ×
336	우레 ○	우뢰 ×	377	절체절명 ○	절대절명 ×
337	우르르 ○	우루루 ×	378	점쟁이 ○	점장이 ×
338	우윳빛 ○	우유빛 ×	379	접질리다 ○	접지르다 ×
339	욱신거리다 ○	욱씬거리다 ×	380	정답다 ○	정다웁다 ×
340	욱여싸다 ○	우겨싸다 ×	381	정화수(井華水) ○	정안수 ×
341	움츠리다 ○	움추리다 ×	382	젖히다 ○	젖치다 ×
342	움큼 ○	웅쿰/웅큼 ×	383	조그마하다 ○	조그만하다 ×
343	원체 ○	원채 ×	384	조그만큼 ○	조그마치 ×
344	웬만하다 ○	웬간하다 ×	385	조그맣다 ○	죄그맣다 ×
345	으레 ○	으례 ×	386	조르다 ○	졸르다 ×
346	으스대다 ○	으시대다 ×	387	조무래기 ○	조무라기 / 쪼무래기 ×
347	으스스 ○	으시시 ×	388	족두리 ○	쪽두리 ×
348	으슬으슬 ○	으실으실 ×	389	존댓말 ○	존대말 ×
349	윽박지르다 ○	욱박지르다 ×	390	졸리다 ○	졸립다 ×
350	을씨년스럽다 ○	을씨년하다 ×	391	좀처럼 ○	좀체로 ×
351	이러고저러고 ○	이러구저러구 ×	392	좀팽이 ○	쫌팽이 ×
352	이르다 ○	일르다 ×	393	주근깨 ○	죽은깨 ×
353	이마빼기 ○	이마배기 ×	394	주쳇덩어리 ○	주쳇바가지 ×
354	이맘때 ○	이만때 ×	395	줄곧 ○	줄창 ×
355	이상스럽다 ○	요상스럽다 ×	396	쥐뿔같다 ○	쥐똥같다 ×

기출로 출제포인트 점검

표준어이면 ○, 비표준어이면 ×하시오.

01 우레
02 웅큼
03 웬지
04 으례
05 잇점
06 오랜만
07 인사말
08 일찍이
09 장맛비
10 점장이
11 왁짜하다
12 옛스럽다
13 웬간하다
14 절대절명

[답]
01 ○
02 × 움큼
03 × 왠지
04 × 으레
05 × 이점
06 ○
07 ○
08 ○
09 ○
10 × 점쟁이
11 × 왁자하다
12 × 예스럽다
13 × 웬만하다
14 × 절체절명

	표준어	비표준어		표준어	비표준어
397	즉효(卽效) ○	직효(直效) ×	437	푯말 ○	표말 ×
398	지게꾼 ○	지겟군 ×	438	푸르뎅뎅하다 ○	푸르덩덩하다 푸르딩딩하다 ×
399	지르박 ○	지루박 ×	439	풀숲 ○	풀섶 ×
400	지르밟다 ○	즈려밟다 지려밟다 ×	440	품삯 ○	일삯 ×
401	진력나다 ○	질력나다 ×	441	풋거름 ○	풀거름 ×
402	진정 ○	진정코 ×	442	풋내 ○	푸성내 ×
403	집게 ○	집개 ×	443	풍비박산 ○	풍지박산 ×
404	집터 ○	집자리 ×	444	피라미 ○	피래미 ×
405	짜깁기 ○	짜집기 ×	445	하릴없다 ○	할일없다 ×
406	짝짜꿍 ○	짝짝꿍 ×	446	하마터면 ○	하마트면 ×
407	짤따랗다 ○	짤다랗다 짧다랗다 ×	447	한갓 ○	한갖 ×
408	짭짤하다 ○	짭잘하다 ×	448	한꺼번에·○	한참에 ×
409	쩨쩨하다 ○	째째하다 ×	449	할퀴다 ○	할키다 ×
410	찌개 ○	찌게 ×	450	해님 ○	햇님 ×
411	찌들다 ○	찌들리다 ×	451	해코지 ○	해꼬지 ×
412	차이다 ○	채이다 ×	452	행여 ○	행혀 ×
413	창피(猖披) ○	챙피 ×	453	허겁지겁하다 ○	허겁대다 ×
414	채신머리없다 ○	체신머리없다 ×	454	허룩하다 ○	허수룩하다 ×
415	처럼 ○	마냥 ×	455	허예지다 ○	허얘지다 ×
416	쳐부수다 ○	쳐부시다 ×	456	허우대 ○	허위대 ×
417	초승달 ○	초생달 ×	457	허점(虛點) ○	헛점 ×
418	추스르다 ○	추슬리다 ×	458	허투루 ○	헛투루 ×
419	치르다 ○	치루다 ×	459	헤매다 ○	헤매이다 ×
420	칠흑 ○	칠흙 ×	460	혁대(革帶) ○	혁띠 ×
421	칩떠보다 ○	치떠보다 ×	461	호래자식 ○	호로자식 ×
422	코주부 ○	코보 ×	462	혼꾸멍나다 ○	혼구멍나다 ×
423	코빼기 ○	콧배기 ×	463	홑몸 ○	혼잣몸 ×
424	콧방울 ○	콧망울 ×	464	홑옷 ○	홑겉 ×
425	퀴퀴하다 ○	퀘퀘하다 ×	465	회오리바람 ○	소스랑바람 ×
426	탐닉(耽溺) ○	탐익 ×	466	후드득 ○	후두둑 ×
427	터뜨리다 ○	터치다 ×	467	훤칠하다 ○	훤출하다 ×
428	터지다 ○	틀어지다 ×	468	휘두들기다 ○	휘두드리다 ×
429	토박이 ○	토배기 ×	469	휘둥그레지다 ○	휘둥그래지다 ×
430	통째 ○	통채 ×	470	휴게소 ○	휴계소 ×
431	퇴짜 ○	툇자 ×	471	흉측(凶測) ○	흉칙 ×
432	트림 ○	트름 ×	472	흐리멍덩하다 ○	흐리멍텅하다 ×
433	파투(破鬪) ○	파토 ×	473	흥겹다 ○	흥겨웁다 ×
434	판때기 ○	판대기 ×	474	희끗희끗 ○	히끗히끗 ×
435	퍼레지다 ○	퍼래지다 ×	475	희로애락 ○	희노애락 ×
436	편자 ○	말굽쇠 ×	476	횡하다 ○	휑하다 ×

기출로 출제포인트 점검

표준어이면 ○, 비표준어이면 ×하시오.

01 홑몸
02 칠흙
03 짜깁기
04 콧망울
05 콧배기
06 퍼레지다
07 풍지박산
08 허얘지다
09 희로애락
10 헤매이다
11 하마트면
12 흉측스럽다
13 흐리멍텅하다

[답]
01 ○
02 × 칠흑
03 ○
04 × 콧방울
05 × 코빼기
06 ○
07 × 풍비박산
08 × 허예지다
09 ○
10 × 헤매다
11 × 하마터면
12 × 흉측스럽다
13 × 흐리멍덩하다

01 2016년 서울시 9급

다음 중 표준어로만 묶인 것은?

① 끄나풀 - 새벽녘 - 삵쾡이 - 떨어먹다
② 뜯게질 - 세째 - 수평아리 - 애닯다
③ 치켜세우다 - 사글세 - 설거지 - 수캉아지
④ 보조개 - 숫양 - 광우리 - 강남콩

02 2015년 서울시 9급

다음 중 한글 맞춤법에 따라 바르게 표기된 것은?

① 철수는 우리 반에서 키가 열둘째이다.
② 요즘 재산을 떨어먹는 사람이 많다.
③ 나는 집에 사흘 동안 머무를 예정이다.
④ 숫병아리가 내게로 다가왔다.

03 2021년 국회직 8급

<보기>에서 맞춤법에 맞는 문장은 모두 몇 개인가?

> 보기
> ㄱ. 앞집 사는 노부부는 여전히 금실이 좋다.
> ㄴ. 빈칸을 다 메워서 제출하세요.
> ㄷ. 언덕바지에서 뛰놀던 꿈을 꾸었다.
> ㄹ. 동생은 부모님의 주의에도 불구하고 여전히 짖궂은 장난을 친다.
> ㅁ. 실내에서는 흡연을 삼가하시기 바랍니다.

① 1개   ② 2개   ③ 3개
④ 4개   ⑤ 5개

04 2013년 서울시 9급

다음은 우리가 즐겨 먹는 음식이나 반찬들이다. 이들 중 표기가 옳은 것은?

① 아구찜   ② 이면수구이
③ 쭈꾸미볶음   ④ 칼치구이
⑤ 창난젓

05 2014년 서울시 9급

다음은 같은 의미를 지닌 단어들을 묶은 것이다. 이들 가운데 표준어가 아닌 예가 들어 있는 것은?

① 눈대중 - 눈어림 - 눈짐작
② 보통내기 - 여간내기 - 예사내기
③ 멀찌감치 - 멀찌가니 - 멀찍이
④ 넝쿨 - 덩굴 - 덩쿨
⑤ 되우 - 된통 - 되게

06 2019년 경찰직 2차

다음 밑줄 친 어휘가 표준어가 아닌 것은?

① 내 친구는 맨날 컴퓨터 게임만 해서 걱정이야.
② 운동을 많이 했더니 장단지가 뭉쳐서 아프네.
③ 철수는 짜장면을 즐겨 먹어.
④ 영수가 칠판에 글을 개발새발 그려놓았어.

07 2017년 지방직 9급(6월)

밑줄 친 말이 표준어인 것은?

① 큰 죄를 짓고도 그는 뉘연히 대중 앞에 나섰다.
② 아주머니는 부엌에서 갖가지 양념을 뒤어내고 있었다.
③ 사업에 실패했던 원인을 이제야 깨단하게 되었다.
④ 그 사람은 허구헌 날 팔자 한탄만 한다.

08 2020년 국가직 7급

밑줄 친 부분이 어법상 적절하지 않은 것은?

① 그토록 찾던 그 친구를 오늘 우연찮게 길에서 만났다.
② 당시 변변한 직업이 없던 그는 어디든 취업하길 바랐다.
③ 칠칠치 못하게 그 중요한 문서를 아무 데나 흘리고 다니느냐.
④ 친구가 그렇게 안절부절하는 모습을 보니 나까지 불안한 마음이 들었다.

09

다음 중 비표준어가 포함된 것은?

① 마을 - 마실

② 예쁘다 - 이쁘다

③ 새초롬하다 - 새치름하다

④ 부스스하다 - 부시시하다

10

<보기>는 복수 표준어에 대한 설명이다. 이에 따른 표기로 가장 옳지 않은 것은?

> **보기**
>
> 한 가지 의미를 나타내는 형태 몇 가지가 널리 쓰이며 표준어 규정에 맞으면, 그 모두를 표준어로 삼는다.

① 가는허리 / 잔허리

② 고깃간 / 정육간

③ 관계없다 / 상관없다

④ 기세부리다 / 기세피우다

11

표준어끼리 묶인 것으로 가장 옳지 않은 것은?

① 등물, 남사스럽다, 쌉싸름하다, 복숭아뼈

② 까탈스럽다, 결판지다, 주책이다, 걸울음

③ 찰지다, 잎새, 꼬리연, 푸르르다

④ 개발새발, 이쁘다, 덩쿨, 마실

12

밑줄 친 어휘의 표기가 옳은 것은?

① 달걀 파동으로 먹거리에 대한 관심이 높아졌다.

② 식당에서 깎두기를 더 주문했다.

③ 손님은 종업원에게 당장 주인을 불러오라고 닥달하였다.

④ 작은 문 옆에 차가 드나들 수 있을 만큼 넓다란 길이 났다.

13

표준어로만 이루어진 문장을 <보기>에서 모두 고르면?

> **보기**
>
> ㄱ. 그는 총부리 앞에서 두 손을 번쩍 추켜올렸다.
> ㄴ. 구하기 힘든 약이라 윗돈을 주고 특별히 주문해서 사 왔다.
> ㄷ. 늘 그랬었지만 오늘따라 더욱 따라나서기가 께름직하다.
> ㄹ. 거짓말을 한 피노키오의 코가 기다래졌다.

① ㄱ, ㄴ   ② ㄱ, ㄹ   ③ ㄷ, ㄹ

④ ㄱ, ㄷ, ㄹ   ⑤ ㄱ, ㄴ, ㄷ, ㄹ

14

다음 중 표준어로만 묶인 것은?

① 놀놀하다, 숙덕이다, 볍씨, 너부렁이

② 누누이, 깜짝이다, 댑싸리, 땟갈

③ 꺼름하다, 번득이다, 수탉, 겸연쩍다

④ 쓱싹쓱싹, 새벽별, 안팎, 익살꾼

⑤ 짭잘하다, 헐떡이다, 접때, 뒤꿈치

15

밑줄 친 어휘 중 표준어가 아닌 것은?

① 그는 얼금얼금한 얼굴에 콧망울을 벌름거리면서 웃음을 터뜨렸다.

② 그 사람 눈초리가 아래로 축 처진 것이 순하게 생겼어.

③ 무슨 일인지 귓밥이 훅 달아오르면서 목덜미가 저린다.

④ 등산을 하고 났더니 장딴지가 땅긴다.

16

다음 중 표준어끼리 올바르게 연결된 것은? (정답 2개)

① 수캉아지 - 수탕나귀 - 수평아리

② 황소 - 장끼 - 돐(생일)

③ 삵괭이 - 사글세 - 끄나불

④ 깡충깡충 - 오뚝이 - 아지랑이

정답 및 해설 p. 291

05 외래어 표기법

압축개념

01 외래어 표기의 기본 원칙

최근 공무원 시험 **10회 출제!**

20년 경찰직 2차 5번	19년 군무원 9급(1차)25번
18년 소방직 9급(10월)6번	17년 경찰직 1차 6번
16년 국가직 9급 1번	16년 지방직 7급 9번
16년 서울시 9급 6번	16년 서울시 7급 1번
16년 경찰직 1차 10번	16년 경찰직 2차 3번

(1) 외래어는 국어의 현용 24 자모만으로 적는다.

외래어를 표기하기 위해 맞춤법에서 정한 24 자모 이외의 특수한 기호나 문자를 만들어 쓰지 않는다.

> 예 외래어의 [θ]를 적기 위해 'ㅿ' 같은 자음을 별도로 만들지 않고, 모음 앞에서는 'ㅅ'으로, 자음 앞 또는 어말에서는 '스'로 적는다.

확장개념

♀ 24 자모

자음 14개	ㄱㄴㄷㄹㅁㅂㅅㅇㅈㅊ ㅋㅌㅍㅎ
모음 10개	ㅏㅑㅓㅕㅗㅛㅜㅠㅡㅣ

♀ 파열음

국어의 자음 'ㅂ, ㄷ, ㄱ'나 영어의 [p, t, k]처럼 막혔던 숨을 터트리면서 내는 소리를 파열음이라고 한다.

(2) 외래어의 1 음운은 원칙적으로 1 기호로 적는다.

외래어의 음운 하나와 한국어 기호 하나를 일대일로 대응시킨다.

> 예 file 화일(×) → 파일(○), fighting 화이팅(×) → 파이팅(○)

(3) 받침에는 'ㄱ, ㄴ, ㄹ, ㅁ, ㅂ, ㅅ, ㅇ'만을 쓴다.

> 예 gap 갮(×) → 갭(○), cat 캩(×) → 캣(○), book 붘(×) → 북(○)

(4) 파열음 표기에는 된소리를 쓰지 않는 것이 원칙이다.

[p, t, k]와 같은 파열음이 발음될 때 된소리로 발음되는 경향이 있더라도 표기에서는 된소리를 쓰지 않는다.

> 예 빠리(×) → 파리(○), 까페(×) → 카페(○), 떼제베(×) → 테제베(○)

기출로 출제포인트 점검

다음 문장에서 틀린 부분을 찾아 밑줄을 긋고 고치시오.

01 외래어는 국어의 현용 28 자모만으로 적는다.

02 마찰음 표기에는 된소리를 쓰지 않는 것을 원칙으로 한다.

03 외래어의 받침 표기에는 'ㄱ, ㄴ, ㄷ, ㄹ, ㅁ, ㅂ, ㅇ'만을 쓴다.

04 외래어의 1음운은 원음에 가깝도록 둘 이상의 기호로 적는 것을 원칙으로 한다.

[답]
01 28 → 24
02 마찰음 → 파열음
03 ㄷ → ㅅ
04 원음에 가깝도록 둘 이상의 기호로 적는 것을 원칙으로 한다 → 원칙적으로 1 기호로 적는다

(5) 이미 굳어진 외래어는 관용으로 존중하되, 그 범위와 용례는 따로 정한다.

오랫동안 써서 익숙해진 단어들을 억지로 규정에 맞는 표기로 바꾸면 혼란스러워지므로 기존의 관용적 표기를 인정한다.

> 예 radio[reidiou] 레이디오(×) → 라디오(○), bat[baet] 뱃(×) → 배트(○)

압축개념

02 주요 표기 세칙(영어) 및 인명, 지명의 표기 원칙

최근 공무원 시험 **12회 출제!**

20년 서울시 9급 20번	19년 서울시 9급(6월) 6번
19년 경찰직 1차 4번	18년 군무원 9급 14번
17년 지방직 7급 9번	17년 군무원 9급 17번
16년 국가직 9급 1번	16년 지방직 7급 9번
16년 서울시 9급 6번	16년 서울시 7급 1번
16년 경찰직 1차 10번	16년 경찰직 2차 3번

(1) 무성 파열음([p], [t], [k])을 우리말로 적을 때는 받침으로 적거나 '으'를 붙여 적는다.

(1) 짧은 모음 다음의 **어말 무성 파열음([p], [t], [k])은 받침으로 적는다.**

> 예 gap[gæp] 갭, cat[kæt] 캣, book[buk] 북

(2) 짧은 모음과 유음·비음([l], [r], [m], [n]) 이외의 자음 사이에 오는 무성 파열음([p], [t], [k])은 받침으로 적는다.

　예 lipstick[lipstik] 리프스틱(×) → 립스틱(○),
　　　setback[setbæk] 세트백(×) → 셋백(○), act[ækt] 애크트(×) → 액트(○)

(3) (1), (2)의 경우 이외의 어말과 자음 앞의 무성 파열음([p], [t], [k])은 '으'를 붙인다.

　예 tape[teip] 테입(×) → 테이프(○), cake[keik] 케익(×) → 케이크(○),
　　　mattress[mætris] 맷리스(×) → 매트리스(○)

② 유성 파열음([b], [d], [g])은 어말이나 자음 앞에서 항상 '으'를 붙여 적는다.

　예 bulb[bʌlb] 벌브, land[lænd] 랜드, zigzag[zigzæg] 지그재그

③ [ʃ]는 자음 앞에서는 '슈'로, 어말에서는 '시'로 적는다.

　예 shrimp[ʃrimp] 슈림프, shrub[ʃrʌb] 슈러브, dash[dæʃ] 대시, flash[flæʃ] 플래시

④ 모음 앞의 [ʃ]는 뒤따르는 모음에 따라 '샤, 섀, 셔, 셰, 쇼, 슈, 시'로 적는다.

　예 shark[ʃɑːk] 샤크, shank[ʃæŋk] 섕크, fashion[fæʃən] 패션,
　　　sheriff[ʃerif] 셰리프, shopping[ʃɔpiŋ] 쇼핑, shoe[ʃuː] 슈

⑤ 'ㅈ, ㅊ'은 'ㅑ, ㅕ, ㅛ, ㅠ' 등의 이중 모음과 결합하지 않는다.

　예 져널(×) → 저널(○), 챠트(×) → 차트(○), 쵸콜릿(×) → 초콜릿(○)

⑥ 장음 표기는 하지 않는다.

　예 tulip['tuː-] 튜울립(×) → 튤립(○), cheese[tʃiːz] 치이즈(×) → 치즈(○)

⑦ [ou]는 '오우'가 아닌 '오'로 적는다.

　예 window[windou] 윈도우(×) → 윈도(○), yellow[jelou] 옐로우(×) → 옐로(○)

⑧ 중국 인명 표기에서 과거인은 종전의 한자음대로 표기하고, 현대인은 원칙적으로 중국어 표기법에 따라 표기하되, 필요한 경우 한자를 병기한다.

　예 孔子 공자(춘추 전국 시대 사람), 江澤民 장쩌민(1926년 출생)

⑨ 일본의 인명과 지명은 일본어 표기법에 따라 표기하는 것을 원칙으로 한다.

　예 豐臣秀吉 풍신수길(×) → 도요토미 히데요시(○)

⑩ 중국과 일본의 지명 중 한국 한자음으로 읽던 것은 이를 허용한다.

　예 上海 상하이/상해, 東京 도쿄/동경, 京都 교토/경도

⑪ 지명에 산맥, 산, 강의 뜻이 들어 있는 것은 '산맥, 산, 강'을 겹쳐 적는다.

　예 Sierra Madre 시에라마드레산맥, Mont Blanc 몽블랑산, Rio Grande 리오그란데강

Ⅱ. 국어 규범

해커스공무원 단권화 핵심정리 국어

확장개념

♀ 어말 [ʃ]의 표기
영어 표기에서 어말 [ʃ]를 '쉬'로 적지 않도록 주의한다.
예 · English [iŋgliʃ]
　　잉글리쉬(×) → 잉글리시(○)
　· Irish [āiriʃ]
　　아이리쉬(×) → 아이리시(○)

♀ 중국 인명의 과거와 현대 구분
중국 인명에 대한 과거와 현대의 구분은 신해혁명(1911년)을 기준으로 한다.

기출로 출제포인트 점검

외래어 표기에 맞게 표기를 고치시오.

01 북

02 비젼

03 케익

04 스탭

05 보우트

06 스케쥴

07 옐로우

[답]
01 북
02 비전
03 케이크
04 스태프
05 보트
06 스케줄
07 옐로

03 주의해야 할 외래어 표기 모음

 빈출

최근 공무원 시험 **14회 출제!**

21년 소방직 9급 3번	21년 경찰직 1차 6번
20년 지방직 7급 1번	20년 서울시 9급 20번
19년 서울시 7급(10월) 4번	19년 경찰직 2차 3번
18년 소방직 9급(10월) 6번	17년 지방직 9급(12월) 7번
17년 경찰직 1차 6번	16년 국가직 9급 1번
16년 지방직 7급 9번	16년 서울시 9급 6번
16년 서울시 7급 1번	16년 경찰직 1차 10번

① 인명 관련 표기

	맞는 표기	틀린 표기		맞는 표기	틀린 표기
1	고흐 ○	고호 ×	11	바흐 ○	바하 ×
2	뉴턴 ○	뉴튼 ×	12	비틀스 ○	비틀즈 ×
3	도스토옙스키 ○	도스토예프스키 ×	13	샤토브리앙 ○	샤또브리앙 ×
4	레오나르도 다빈치 ○	레오날도 다빈치 ×	14	셰익스피어 ○	세익스피어 ×
5	루스벨트 ○	루즈벨트 ×	15	소크라테스 ○	쏘크라테스 ×
6	르누아르 ○	르느와르 ×	16	손문/쑨원 ○	순원 ×
7	마리 앙투아네트 ○	마리 앙뚜아네뜨 ×	17	차이콥스키 ○	차이코프스키 ×
8	모택동 마오쩌둥 ○	마오저뚱 ×	18	칭기즈 칸 ○	징기즈 칸 ×
9	마호메트 ○	마호멧 마호멧트 ×	19	콜럼버스 ○	콜롬버스 ×
10	모차르트 ○	모짜르트 ×	20	페스탈로치 ○	패스탈로찌 ×

② 지명 관련 표기

	맞는 표기	틀린 표기		맞는 표기	틀린 표기
1	규슈 ○	큐슈 ×	22	아이슬란드 ○	아이슬랜드 ×
2	그랜드 캐니언 ○	그랜드 캐년 ×	23	애리조나 ○	아리조나 ×
3	뉴올리언스 ○	뉴올리언즈 ×	24	에티오피아 ○	이디오피아 ×
4	도이칠란트 ○	도이칠란드 ×	25	옥스퍼드 ○	옥스포드 ×
5	라스베이거스 ○	라스베가스 ×	26	이비사섬 ○	이비자섬 ×
6	로스앤젤레스 ○	로스엔젤리스 ×	27	취리히 ○	쮜리히 ×
7	로키산맥 ○	록키산맥 ×	28	칭다오 ○	칭따오 ×
8	마르세유 ○	마르세이유 ×	29	칸 ○	칸느 ×
9	마추픽추 ○	마추피추 ×	30	케임브리지 ○	캠브릿지 ×
10	맨해튼 ○	맨하탄 ×	31	타슈켄트 ○	타쉬켄트 ×
11	몽마르트르 ○	몽마르트 ×	32	터키 ○	터어키 ×
12	밴쿠버 ○	벤쿠버 ×	33	템스강 ○	템즈강 ×
13	베르사유 ○	베르사이유 ×	34	톈진 ○	텐진 ×
14	보르네오섬 ○	보루네오섬 ×	35	토트넘 ○	토튼햄 ×
15	블라디보스토크 ○	블라디보스톡 ×	36	티베트 ○	티벳 ×
16	사우샘프턴 ○	사우스햄턴 ×	37	펜실베이니아 ○	펜실베니아 ×
17	삿포로 ○	삿뽀로 ×	38	푸껫섬 ○	푸켓섬 ×
18	센강 ○	세느강 ×	39	하버드 ○	하바드 ×
19	스탠퍼드 ○	스탠포드 ×	40	할리우드 ○	헐리우드/헐리웃 ×
20	시칠리아 ○	시실리아 ×	41	호찌민 ○	호치민 ×
21	싱가포르 ○	싱가폴 ×	42	홋카이도 ○	홋카이도 ×

확장개념

♀ 모택동, 손문

우리 한자음으로 읽는 관행이 있는 인명 '모택동, 손문'은 관용으로 허용한다.

기출로 출제포인트 점검

외래어 표기가 맞으면 ○, 틀리면 ×하시오.

01 뉴턴
02 맨하탄
03 싱가폴
04 호치민
05 르누아르
06 마오저뚱
07 모짜르트
08 옥스포드
09 타슈켄트
10 징기즈 칸
11 도이칠란드
12 도스토옙스키
13 라스베이거스

[답]
01 ○	02 × 맨해튼
03 × 싱가포르	04 × 호찌민
05 ○	06 × 마오쩌둥
07 × 모차르트	08 × 옥스퍼드
09 ○	10 × 칭기즈 칸
11 × 도이칠란트	12 ○
13 ○	

③ 기타

	맞는 표기	틀린 표기		맞는 표기	틀린 표기
1	가스레인지 ○	가스렌지 ×	39	렌터카 ○	렌트카 ×
2	가톨릭 ○	카톨릭 × 캐톨릭 ×	40	로열티 ○	로얄티 ×
3	글라스 ○	글래스 ×	41	로커 ○	락커 ×
4	깁스 ○	기브스 ×	42	로켓 ○	로케트 ×
5	나르시시즘 ○	나르시즘 ×	43	로큰롤 ○	록큰롤 ×
6	나초 ○	나쵸 ×	44	로터리 ○	로타리 ×
7	나치 ○	나찌 ×	45	리더십 ○	리더쉽 ×
8	난센스 ○	넌센스 ×	46	리모컨 ○	리모콘 ×
9	내레이션 ○	나레이션 ×	47	리소토 ○	리조또 ×
10	내비게이션 ○	네비게이션 ×	48	리포트 ○	레포트 ×
11	노블레스 오블리주 ○	노블레스 오블리제 ×	49	링거 ○	링겔 ×
12	노스탤지어 ○	노스텔지어 ×	50	마네킹 ○	마네킨 ×
13	누아르 ○	느와르 ×	51	마니아 ○	매니아 ×
14	다이내믹 ○	다이나믹 ×	52	마사지 ○	맛사지 ×
15	다이너마이트 ○	다이나마이트 ×	53	마시멜로 ○	머쉬멜로우 ×
16	다이아몬드 ○	다이어몬드 ×	54	망토 ○	망또 ×
17	다큐멘터리 ○	도큐멘터리 ×	55	매뉴얼 ○	메뉴얼 ×
18	달러 ○	달라 ×	56	매머드 ○	맘모스 ×
19	달마티안 ○	달마시안 ×	57	머스터드 ○	머스타드 ×
20	대미지 ○	데미지 ×	58	메시지 ○	메세지 ×
21	대시 ○	대쉬 ×	59	멜론 ○	메론 ×
22	데뷔 ○	데뷰 ×	60	멤버십 ○	멤버쉽 ×
23	데생 ○	뎃생 ×	61	몰티즈 ○	말티즈 × 마르티즈 ×
24	데이터 ○	데이타 ×	62	몽타주 ○	몽타쥬 ×
25	데자뷔 ○	데자부/데자뷰 ×	63	미스터리 ○	미스테리 ×
26	도넛 ○	도너츠/도우넛 ×	64	밀크셰이크 ○	밀크쉐이크 ×
27	드라이클리닝 ○	드라이크리닝 ×	65	바게트 ○	바게뜨 ×
28	디지털 ○	디지탈 ×	66	바겐세일 ○	바겐쎄일 ×
29	라이선스 ○	라이센스 ×	67	바리캉 ○	바리깡 ×
30	라이터 ○	라이타 ×	68	바비큐 ○	바베큐 ×
31	랍스터 로브스터 ○	랍스타 롭스터 ×	69	바통/배턴 ○	바톤 ×
32	랑데부 ○📍	랑데뷰 ×	70	배지 ○	뱃지 ×
33	러닝메이트 ○📍	런닝메이트 ×	71	배터리 ○	밧데리 ×
34	레모네이드 ○	레몬에이드 ×	72	밸런스 ○	발란스 ×
35	레이저 ○	레이져 ×	73	밸런타인데이 ○	발랜타인데이 ×
36	레저 ○	레져 ×	74	보닛 ○	본네트 ×
37	레크리에이션 ○	레크레이션 ×	75	보디로션 ○	바디로션 ×
38	레퍼토리 ○	레파토리 ×	76	부르주아 ○	부르조아 ×

확장개념

📍 **랑데부**
1. 특정 시각, 장소를 정해서 하는 밀회
2. 인공위성이나 우주선이 우주에서 만나는 일

📍 **러닝메이트**
어떤 특정한 사람과 항상 붙어 다니는 사람

기출로 출제포인트 점검

외래어 표기가 맞으면 ○, 틀리면 ×하시오.

01 링거
02 배지
03 가톨릭
04 도너츠
05 랑데뷰
06 렌터카
07 롭스터
08 바베큐
09 밧데리
10 메세지
11 디지털
12 발란스
13 달마시안
14 다이내믹
15 라이선스
16 부르주아
17 네비게이션
18 레크레이션
19 밀크셰이크
20 드라이크리닝

[답]
01 ○	02 ○
03 ○	04 × 도넛
05 × 랑데부	06 × 렌터카
07 × 랍스터/로브스터	08 × 바비큐
09 × 배터리	10 × 메시지
11 ○	12 × 밸런스
13 × 달마티안	14 ○
15 ○	16 ○
17 × 내비게이션	18 × 레크리에이션
19 ○	20 × 드라이클리닝

	맞는 표기	틀린 표기		맞는 표기	틀린 표기
77	뷔페 ○	부페 ×	118	시추에이션 ○	시츄에이션 ×
78	브로슈어 ○	브로셔 ×	119	시폰 ○	쉬폰 ×
79	브리지 ○	브릿지 ×	120	신시사이저 ○	신디사이저 ×
80	블록 ○	블럭 ×	121	실드 ○	쉴드 ×
81	비전 ○	비젼 ×	122	심벌 ○	심볼 ×
82	비즈니스 ○	비지니스 ×	123	심포지엄 ○	심포지움 ×
83	사인 ○	싸인 ×	124	아웃렛 ○	아울렛 ×
84	섀시 ○	샤시/샷시 ×	125	악센트 ○	액센트 ×
85	색소폰 ○	색스폰 ×	126	알레르기 ○	알러지 ×
86	샹들리에 ○	상들리에 ×	127	알칼리 ○	알카리 ×
87	섀도 ○	섀도우 쉐도우 ×	128	알코올 ○	알콜 ×
88	서머 타임 ○	썸머 타임 ×	129	앙케트 ○	앙케이트 ×
89	선탠 ○	썬탠 ×	130	앙코르 ○	앵콜 ×
90	센티미터 ○	센치미터 ×	131	애드리브 ○	애드립 ×
91	셔벗 ○	샤베트 ×	132	애플리케이션 ○	어플리케이션 ×
92	셰퍼드 ○	쉐퍼드 ×	133	애피타이저 ○	에피타이저 ×
93	셰프 ○	쉐프 ×	134	액세서리 ○	악세사리 ×
94	소시지 ○	소세지 ×	135	액셀러레이터 ○	액셀레이터 ×
95	소파 ○	쇼파 ×	136	앰뷸런스 ○	앰블런스 ×
96	솔 뮤직 ○	소울 뮤직 ×	137	어젠다 ○	아젠다 ×
97	쇼맨십 ○	쇼맨쉽 ×	138	에스컬레이터 ○	에스칼레이터 ×
98	숍 ○	샵 ×	139	에어컨 ○	에어콘 ×
99	수프 ○	스프 ×	140	에지 ○	엣지 ×
100	슈림프 ○	쉬림프 ×	141	엔도르핀 ○	엔돌핀 ×
101	슛 ○	수트 ×	142	엘리베이터 ○	엘레베이터 ×
102	슈퍼마켓 ○	슈퍼마켙 ×	143	옐로카드 ○	옐로우카드 ×
103	스낵 ○	스넥 ×	144	오디세이 ○	오딧세이 ×
104	스노보드 ○	스노우보드 ×	145	오리지널 ○	오리지날 ×
105	스위치 ○	스윗치 ×	146	오마주 ○	오마쥬 ×
106	스카우트 ○	스카웃 ×	147	오믈렛 ○	오믈릿 ×
107	스케줄 ○	스케쥴 ×	148	오셀로 ○	오델로 ×
108	스태미나 ○	스태미너 ×	149	오프사이드 ○	옵사이드 ×
109	스태프 ○	스탭/스탶 ×	150	옴파탈 ○	옴므파탈 ×
110	스탠더드 ○	스탠다드 ×	151	워크숍 ○	워크샵 ×
111	스테이플러 ○	스태플러 ×	152	윈도 ○	윈도우 ×
112	스테인리스 ○	스텐레스 ×	153	유니버설 ○	유니버셜 ×
113	스트로 ○	스트로우 ×	154	인디언 ○	인디안 ×
114	스펀지 ○	스폰지 ×	155	잉글리시 ○	잉글리쉬 ×
115	스포이트 ○	스포이드 ×	156	재스민 ○	자스민 ×
116	스프링클러 ○	스프링쿨러 ×	157	재킷 ○	자켓 ×
117	시멘트 ○	세멘트 ×	158	주니어 ○	쥬니어 ×

기출로 출제포인트 점검

외래어 표기가 맞으면 ○, 틀리면 ×하시오.

01 샵
02 부페
03 비젼
04 셔벗
05 소파
06 스넥
07 쉬폰
08 알콜
09 재킷
10 심벌
11 앵콜
12 스윗치
13 알러지
14 아웃렛
15 앙케트
16 에어컨
17 엔도르핀
18 오셀로
19 워크샵
20 윈도우
21 주니어
22 슈퍼마켙
23 악세사리
24 앰뷸런스
25 액셀러레이터

[답]
01 × 숍   02 × 뷔페
03 × 비전   04 ○
05 ○   06 × 스낵
07 × 시폰   08 × 알코올
09 ○   10 ○
11 × 앙코르   12 × 스위치
13 × 알레르기   14 ○
15 ○   16 ○
17 × 엔도르핀   18 ○
19 × 워크숍   20 × 윈도
21 ○   22 × 슈퍼마켓
23 × 액세서리   24 ○
25 ○

	맞는 표기	틀린 표기		맞는 표기	틀린 표기
159	주스 ○	쥬스 ×	201	클래스 ○	클라스 ×
160	차트 ○	챠트 ×	202	타깃 ○	타겟 ×
161	초콜릿 ○	쇼콜렛/초콜렛 ×	203	타월 ○	타올 ×
162	카디건 ○	가디건 ×	204	탤런트 ○	탈렌트 ×
163	카르보나라 ○	까르보나라 ×	205	텀블링 ○	덤블링 ×
164	카망베르 ○	까망베르 ×	206	테킬라 ○	데킬라 ×
165	카메오 ○	까메오 ×	207	텔레비전 ○	텔레비전 ×
166	카스텔라 ○	카스테라 ×	208	토르티야 ○	또띠야 ×
167	카운슬링 ○	카운셀링 ×	209	톱 ○	탑 ×
168	카탈로그 ○	카달로그 ×	210	튤립 ○	튜울립 ×
169	카페 ○	까페 ×	211	티라미수 ○	티라미슈 ×
170	카펫 ○	카페트 ×	212	파마 ○	퍼머/펌 ×
171	캐러멜 ○	카라멜 ×	213	파운데이션 ○	화운데이션 ×
172	캐럴 ○	캐롤 ×	214	파티시에 ○	파티쉐/파티셰 ×
173	캐비닛 ○	캐비넷 ×	215	판타지 ○	환타지 ×
174	캘린더 ○	카렌다 ×	216	팔레트 ○	파레트 ×
175	캡처 ○	캡쳐 ×	217	팜파탈 ○	팜므파탈 ×
176	커스터드 ○	커스타드 ×	218	팡파르 ○	팡파레/빵빠레 ×
177	커튼 ○	커텐 ×	219	패밀리 ○	훼밀리 ×
178	컨테이너 ○	콘테이너 ×	220	팸플릿 ○	팜플렛 ×
179	컨트리 음악 ○	컨츄리 음악 ×	221	페널티 ○	페날티 ×
180	컬렉션 ○	콜렉션 ×	222	페스티벌 ○	페스티발 ×
181	컴퍼스 ○	콤파스 ×	223	펜션 ○	팬션 ×
182	케이크 ○	케익/케잌 ×	224	포클레인 ○	포크레인 ×
183	케첩 ○	케찹 ×	225	포털 사이트 ○	포탈 사이트 ×
184	코냑 ○	꼬냑 ×	226	프라이팬 ○	후라이팬 ×
185	코미디 ○	코메디 ×	227	프러포즈 ○	프로포즈 ×
186	코즈모폴리턴 ○	코스모폴리탄 ×	228	프런트 ○	프론트 ×
187	콘셉트 ○	컨셉/콘셉 ×	229	프레젠테이션 ○	프리젠테이션 ×
188	콘테스트 ○	컨테스트 ×	230	프루트 ○	후르츠 ×
189	콘텐츠 ○	컨텐츠 ×	231	프티 ○	쁘띠 ×
190	콜라주 ○	콜라쥬/꼴라쥬 ×	232	플래시 ○	플래쉬/후레쉬 ×
191	콤비네이션 ○	컴비네이션 ×	233	플래카드 ○	플랭카드 ×
192	콤플렉스 ○	컴플렉스 ×	234	플루트 ○	플룻 ×
193	콩쿠르 ○	콩쿨 ×	235	피에로 ○	삐에로 ×
194	콩트 ○	꽁트 ×	236	피트니스 ○	휘트니스 ×
195	쿠데타 ○	쿠테타 ×	237	하이라이트 ○	하일라이트 ×
196	쿵후 ○	쿵푸 ×	238	할리우드 ○	헐리웃 ×
197	크루아상 ○	크라상 ×	239	해시태그 ○	해쉬태그 ×
198	크리스천 ○	크리스찬 ×	240	핼러윈 ○	할로윈 ×
199	크리스털 ○	크리스탈 ×	241	헬리콥터 ○	헬리콥타 ×
200	클라이맥스 ○	클라이막스 ×	242	헬멧 ○	헬맷 ×

기출로 출제포인트 점검

외래어 표기가 맞으면 ○, 틀리면 ×하시오.

01 쥬스
02 챠트
03 컨셉
04 캐럴
05 콩트
06 타깃
07 타월
08 플룻
09 케익
10 헐리웃
11 초콜렛
12 카디건
13 컬렉션
14 카페트
15 캐비닛
16 콘텐츠
17 탤런트
18 팜플렛
19 환타지
20 코메디
21 컨테스트
22 플래카드
23 카달로그
24 콘테이너
25 포크레인
26 프러포즈
27 후라이팬
28 코스모폴리턴

[답]
01 × 주스 　　　　02 × 차트
03 × 콘셉트 　　　04 ○
05 ○ 　　　　　　06 ○
07 ○ 　　　　　　08 × 플루트
09 × 케이크 　　　10 × 할리우드
11 × 초콜릿 　　　12 ○
13 ○ 　　　　　　14 × 카펫
15 ○ 　　　　　　16 ○
17 ○ 　　　　　　18 × 팸플릿
19 × 판타지 　　　20 × 코미디
21 × 콘테스트 　　22 ○
23 × 카탈로그 　　24 × 컨테이너
25 × 포클레인 　　26 ○
27 × 프라이팬 　　28 × 코즈모폴리턴

01 2014년 서울시 9급

다음 단어들 모두에 공통적으로 적용되는 외래어 표기의 원칙은?

> 콩트, 더블, 게임, 피에로

① 파열음 표기에는 된소리를 쓰지 않는 것을 원칙으로 한다.
② 외래어를 표기할 때는 받침으로 'ㄱ, ㄴ, ㄷ, ㄹ, ㅁ, ㅂ, ㅅ, ㅇ'만을 쓴다.
③ 외래어의 1음운은 원음에 가깝도록 둘 이상의 기호로 적는 것을 원칙으로 한다.
④ 이미 굳어진 외래어도 발음에 가깝도록 바꾸는 것을 원칙으로 한다.
⑤ 원음에 더욱 가깝게 적기 위해 새로 문자나 기호를 만들 수 있다.

02 2014년 지방직 7급

다음 외래어 표기의 근거만을 바르게 제시한 것은?

> [표기] leadership - 리더십
> [근거] ㉠ 모음 앞의 [ʃ]는 뒤따르는 모음에 따라 '샤', '섀', '셔', '셰', '쇼', '슈', '시'로 적는다.
> ㉡ 받침에는 'ㄱ, ㄴ, ㄹ, ㅁ, ㅂ, ㅅ, ㅇ'만을 적는다.
> ㉢ 이미 굳어진 외래어는 관용을 존중한다.
> ㉣ [l]이 어말 또는 자음 앞에 올 때는 'ㄹ'로 적는다.

① ㉠
② ㉠, ㉡
③ ㉠, ㉡, ㉢
④ ㉠, ㉡, ㉢, ㉣

03 2019년 서울시 7급(10월)

외래어 표기가 모두 옳은 것은?

① 옐로카드(yellow card), 스태프(staff), 케이크(cake)
② 가디건(cardigan), 뷔페(buffet), 캐러멜(caramel)
③ 냅킨(napkin), 점퍼(jumper), 초콜렛(chocolate)
④ 팡파레(fanfare), 크로켓(croquette), 마사지(massage)

04 2017년 경찰직 1차

다음에 제시된 외래어 표기법의 기본 원칙 중 적절하지 않은 것은?

> 외래어 표기법은 외래어를 한글로 표기하는 방법에 대한 규정으로 현행 표기법은 1986년에 고시되었다. 현재 영어, 독일어, 중국어, 일본어 등 21개 언어에 대한 표기 세칙이 마련되어 있다. 외래어 표기법의 제1장에서는 표기의 기본 원칙을 다음과 같이 밝혔다.
>
> 제1항 외래어는 국어의 현용 24자모만으로 적는다.
> 제2항 외래어의 1음운은 원칙적으로 1기호로 적는다.
> 제3항 받침에는 'ㄱ, ㄴ, ㄷ, ㄹ, ㅁ, ㅂ, ㅅ, ㅇ'만을 쓴다.
> 제4항 파열음 표기에는 된소리를 쓰지 않는 것을 원칙으로 한다.
> 제5항 이미 굳어진 외래어는 관용을 존중하되, 그 범위와 용례는 따로 정한다.

① 제1항
② 제2항
③ 제3항
④ 제4항

05 2016년 서울시 7급

다음 중 외래어 표기가 모두 옳은 것은?

① 롭스터(lobster), 시그널(signal), 지그재그(zigzag)
② 재즈(jazz), 마니아(mania), 브리지(bridge)
③ 보트(boat), 스윗치(switch), 인디안(Indian)
④ 유니온(union), 톱 크라스(top class), 휘슬(whistle)

06 2018년 국회직 8급

<보기>의 외래어 표기 중 옳은 것을 모두 고르면?

> **보기**
> ㄱ. 게티스버그(Gettysburg)   ㄴ. 알레르기(Allergie)
> ㄷ. 컬렉션(collection)   ㄹ. 미네랄(mineral)
> ㅁ. 아쿠아마린(aquamarine)

① ㄱ, ㄴ, ㅁ
② ㄴ, ㄷ, ㄹ
③ ㄷ, ㄹ, ㅁ
④ ㄱ, ㄴ, ㄷ, ㄹ
⑤ ㄱ, ㄴ, ㄷ, ㄹ, ㅁ

07 2020년 서울시 9급

<보기> 중 「외래어 표기법」에 맞지 않는 단어의 개수는?

> **보기**
>
> 로봇(robot), 배지(badge), 타깃(target),
> 텔레비전(television), 플룻(flute)

① 1개   ② 2개

③ 3개   ④ 4개

10 2017년 국가직 7급(10월)

외래어 표기가 옳은 것만을 모두 고른 것은?

> ㄱ. 커미션(commission)
> ㄴ. 콘서트(concert)
> ㄷ. 컨셉트(concept)
> ㄹ. 에어컨(← air conditioner)
> ㅁ. 리모콘 (← remote control)

① ㄱ, ㄴ   ② ㄱ, ㄴ, ㄹ

③ ㄴ, ㄷ, ㄹ   ④ ㄴ, ㄷ, ㅁ

08 2019년 서울시 9급(6월)

외래어 표기 용례로 올바른 것은?

① dot – 다트

② parka – 파카

③ flat – 플래트

④ chorus – 코루스

11 2021년 국회직 8급

외래어 표기가 모두 맞는 것은?

① 바통, 기브스, 디렉터리

② 도너츠, 래디오, 리포트

③ 리모콘, 렌트카, 메세지

④ 배터리, 바베큐, 심포지엄

⑤ 앙코르, 부티크, 앙케트

09 2020년 지방직 7급

밑줄 친 외래어 표기가 옳은 것은?

① 그 주제로 심포지엄을 열었다.

② 위험물 주위에 바리케이트를 쳤다.

③ 이 광고에 대한 컨셉트를 논의했다.

④ 인터넷을 통해 많은 컨텐츠가 제공되었다.

12 2017년 지방직 9급(12월)

외래어 표기가 옳은 것만을 모두 고른 것은?

> ㄱ. yellow: 옐로   ㄴ. cardigan: 카디건
> ㄷ. lobster: 롭스터   ㄹ. vision: 비전
> ㅁ. container: 콘테이너

① ㄱ, ㅁ   ② ㄷ, ㄹ

③ ㄱ, ㄴ, ㄹ   ④ ㄴ, ㄷ, ㅁ

정답 및 해설 p. 294

06 국어의 로마자 표기법

압축개념

01 국어의 로마자 표기 방법

빈출

최근 공무원 시험 **12회 출제!**
19년 군무원 9급(1차) 4번	19년 군무원 9급(2차) 11번
18년 서울시 9급(3월) 2번	18년 서울시 7급(6월) 10번
18년 경찰직 1차 10번	18년 군무원 9급 13번
17년 서울시 9급 1번	17년 서울시 7급 14번
17년 군무원 9급 11번	16년 사복직 9급 3번
16년 경찰직 2차 3번	16년 군무원 9급 7차

① **국어의 로마자 표기는 표준 발음에 맞춘다.**

> 예 '속리산'은 발음인 [송니산]에 따라 'Songnisan'으로 적는다.

② **로마자 이외의 부호는 되도록 사용하지 않는다.**

> 로마자를 표기할 때는 반달표(˘)와 어깻점(') 같은 특수 부호를 사용하지 않는다. 현행 표기법에서 로마자 이외에 사용하는 부호로는 붙임표(-)가 유일하다.

③ **국어의 자음은 아래의 로마자로 표기한다.**

ㄱ	ㄲ	ㅋ	ㄷ	ㄸ	ㅌ	ㅂ	ㅃ	ㅍ
g, k	kk	k	d, t	tt	t	b, p	pp	p

ㅈ	ㅉ	ㅊ	ㅅ	ㅆ	ㅎ	ㄴ	ㅁ	ㅇ	ㄹ
j	jj	ch	s	ss	h	n	m	ng	r, l

> ▶ 'ㄱ, ㄷ, ㅂ'은 모음 앞에서는 'g, d, b'로, 자음 앞이나 어말에서는 'k, t, p'로 적는다.
>
> > 예 · 구미[구미] Gumi, 영동[영동] Yeongdong, 백암[배감] Baegam
> > · 독도[독또] Dokdo, 월곶[월곧] Wolgot, 벚꽃[벋꼳] beotkkot
> > · 한밭[한받] Hanbat, 합덕[합떡] Hapdeok, 호법[호:법] Hobeop
>
> ▶ 'ㄹ'은 모음 앞에서는 'r'로, 자음 앞이나 어말에서는 'l'로 적는다. 단, 'ㄹㄹ'은 언제나 'll'로 적는다.
>
> > 예 · 구리[구리] Guri, 설악[서락] Seorak
> > · 칠곡[칠곡] Chilgok, 임실[임:실] Imsil, 불국사[불국싸] Bulguksa
> > · 울릉[울릉] Ulleung, 대관령[대:괄령] Daegwallyeong

④ **국어의 모음은 아래의 로마자로 표기한다.**

ㅏ	ㅓ	ㅗ	ㅜ	ㅡ	ㅣ	ㅐ	ㅔ	ㅚ	ㅟ
a	eo	o	u	eu	i	ae	e	oe	wi

ㅑ	ㅕ	ㅛ	ㅠ	ㅒ	ㅖ	ㅘ	ㅙ	ㅝ	ㅞ	ㅢ
ya	yeo	yo	yu	yae	ye	wa	wae	wo	we	ui

> ▶ 'ㅢ'는 [의] 또는 [이]로 발음할 수 있으나, 로마자 표기는 항상 'ui'로 적는다.
>
> > 예 광희문[광히문] Gwanghuimun, 돈의문[도늬문/도니문] Donuimun
>
> ▶ 장모음의 표기는 따로 하지 않는다.

확장개념

🔎 전사법과 전자법

1. 전사법(표음법): 발음하는 대로 옮겨 적는 방법이다.
   > 예 '신라'를 전사법으로 적으면 'Silla'이다.
2. 전자법: 철자대로 적는 방법이다.
   > 예 '신라'를 전자법으로 적으면 'Sinla'이다.
3. 국어의 로마자 표기법은 발음대로 적는 전사법을 원칙으로 한다.
4. 단, 학술 연구 논문 등 특수 분야에서 한글 복원을 전제로 표기할 경우에는 한글의 표기를 대상으로 적으므로, 이때는 전자법의 방식을 따른다.
   > 예 값[갑] gabs
   > 굳이[구지] gud-i
   > 좋다[조:타] johda
   > ▶ 음가 없는 'ㅇ'은 붙임표로 표기하고, 'ㄱ, ㄷ, ㅂ, ㄹ'은 'g, d, b, l'로만 적는다.

기출로 출제포인트 점검

로마자 표기를 올바르게 고치시오.

01 합덕 Haptteok

02 광희문 Gwanghimun

[답]
01 Hapdeok
02 Gwanghuimun

최근 공무원 시험 **15회 출제!**
20년 군무원 9급 6번   19년 서울시 9급(2월) 5번
19년 서울시 9급(6월) 7번   19년 군무원 9급(1차) 4번
19년 군무원 9급(2차) 14번 18년 국가직 9급 1번
18년 서울시 9급(3월) 2번   18년 서울시 7급(3월) 8번
18년 서울시 7급(6월) 10번 18년 경찰직 1차 10번
18년 경찰직 2차 5번   17년 서울시 9급 1번
17년 서울시 7급 14번   16년 사복직 9급 3번
16년 경찰직 2차 3번

① 국어의 로마자 표기는 표준 발음에 따르므로 **음운 변화가 일어날 때는 변화의 결과를 반영**해야 한다. (단, 된소리되기는 표기에 반영하지 않음)

예 • 비음화: 백마[뱅마] Baengma, 신문로[신문노] Sinmunno, 종로[종노] Jongno
    • 유음화: 별내[별래] Byeollae, 신라[실라] Silla, 선릉[설릉] Seolleung
    • 구개음화: 해돋이[해도지] haedoji, 같이[가치] gachi, 굳히다[구치다] guchida
    • 거센소리되기: 좋고[조코] joko, 놓다[노타] nota
    • 'ㄴ(ㄹ)' 음 첨가: 학여울[항녀울] Hangnyeoul, 알약[알략] allyak

② **체언에서 'ㄱ, ㄷ, ㅂ' 뒤에 'ㅎ'이 따를 때에는 발음상 거센소리가 나더라도 'ㅎ'을 밝혀 적는다.**

예 묵호[무코] Mukho, 집현전[지편전] Jiphyeonjeon, 독학[도칵] dokhak

③ **된소리되기는 로마자 표기에 반영하지 않으나, 본래 단어가 된소리인 것은 된소리로 적는다.**

예 • 음운 변화상 된소리: 압구정[압꾸정] Apgujeong, 낙동강[낙똥강] Nakdonggang
    • 본래 단어가 된소리: 쌍계사 Ssanggyesa

④ **고유 명사는 첫 글자를 대문자로 적는다.**

예 부산 Busan, 세종 Sejong

⑤ **인명은 성과 이름 순서로 띄어 쓴다. 이름은 붙여 쓰는 것을 원칙으로 하되 음절 사이에 붙임표(-)를 쓸 수도 있다.** (이름에서 일어나는 음운 변화는 표기에 반영하지 않음)

예 한복남 Han Boknam (Han Bok-nam), 홍빛나 Hong Bitna (Hong Bit-na)

⑥ **'도, 시, 군, 구, 읍, 면, 리, 동'의 행정 구역 단위와 '가'는 각각 'do, si, gun, gu, eup, myeon, ri, dong, ga'로 적고, 그 앞에는 붙임표(-)를 넣는다.** (붙임표 앞뒤에서 일어나는 음운 변화는 표기에 반영하지 않음)

예 충청북도 Chungcheongbuk-do, 제주도 Jeju-do, 의정부시 Uijeongbu-si
▶ '시, 군, 읍'의 행정 구역 단위는 생략할 수 있다.
    예 청주시 Cheongju, 함평군 Hampyeong, 순창읍 Sunchang

⑦ **자연 지물명, 문화재명, 인공 축조물명은 붙임표(-) 없이 붙여 쓴다.**

예 금강 Geumgang, 경복궁 Gyeongbokgung, 무량수전 Muryangsujeon

⑧ **인명, 회사명, 단체명 등은 그동안 써 온 표기를 쓸 수 있다.**

예 박진영 Park Jinyeong, 삼성 Samsung, 현대 Hyundai, 이화 Ewha

확장개념

📍 **로마자 표기 시 붙임표(-)를 쓰는 경우**
1. 반드시 써야 하는 경우
   • '도, 시, 군, 구, 읍, 면, 리, 동'의 행정 구역 단위와 '가' 앞에서 쓴다.
     예 Yangju-gun, Jongno 2-ga
   • 전자법 표기에서 음가 없는 'ㅇ'을 표기할 때 쓴다.
     예 물엿 mul-yeos
     없었습니다 eobs-eoss-seubnida
     ▶ 단, 어두에서는 붙임표를 생략하는 것이 원칙이다. 기타 분절의 필요가 있을 때도 붙임표(-)를 쓸 수 있다.
2. 필요 시 붙임표를 쓸 수 있도록 허용한 경우
   • 발음상 혼동의 우려가 있을 때에 음절 사이에서 쓸 수 있다.
     예 세운 Se-un, 중앙 Jung-ang
   • 이름의 각 음절 사이에서 쓸 수 있다.
     예 민용하 Min Yongha (Min Yong-ha)
     ▶ 단, 이 경우 붙임표 없이 두 글자를 따로 따로 적거나(Yong ha), 이름의 두 번째 음절의 첫 자를 대문자로 적는 것(Yong-Ha)은 허용하지 않는다.

기출로 출제포인트 점검

로마자 표기를 올바르게 고치시오.

01 알약 alyak
02 종로 Jongro
03 선릉 Seonneung
04 수락산 Surakssan
05 속리산 Songni-San
06 집현전 Jipyeonjeon
07 극락전 Geukrakjeon

[답]
01 allyak
02 Jongno
03 Seolleung
04 Suraksan
05 Songnisan
06 Jiphyeonjeon
07 Geungnakjeon

01 2019년 서울시 9급(6월)

<보기>의 ㉠~㉣을 현행 로마자 표기법에 따라 표기한 것으로 가장 적절한 것은?

보기
㉠ 다락골   ㉡ 국망봉
㉢ 낭림산   ㉣ 한라산

① ㉠ - Dalakgol
② ㉡ - Gukmangbong
③ ㉢ - Nangrimsan
④ ㉣ - Hallasan

02 2018년 국가직 9급

로마자 표기법에 관한 다음 규정이 적용된 것은?

발음상 혼동의 우려가 있을 때에는 음절 사이에 붙임표(-)를 쓸 수 있다.

① 독도: Dok-do
② 반구대: Ban-gudae
③ 독립문: Dok-rip-mun
④ 인왕리: Inwang-ri

03 2016년 사회복지직 9급

로마자 표기법이 잘못된 것은?

① 인왕리: Inwang-li
② 독립문: Dongnimmun
③ 같이: gachi
④ 하회탈: Hahoetal

04 2017년 서울시 9급

다음 중 제시된 단어의 표준 발음과 로마자 표기가 모두 옳은 것은?

① 선릉[선능] - Seonneung
② 학여울[항녀울] - Hangnyeoul
③ 낙동강[낙똥강] - Nakddonggang
④ 집현전[지편전] - Jipyeonjeon

05 2018년 서울시 7급(6월)

로마자 표기법으로 가장 옳지 않은 것은?

① 독립문 Dongnimmun, 광화문 Gwanghwamun
② 선릉 Seolleung, 정릉 Jeongneung
③ 신문로 Sinmunno, 율곡로 Yulgongro
④ 한라산 Hallasan, 백두산 Baekdusan

06 2014년 국가직 9급

국어의 로마자 표기가 옳지 않은 것은?

① 왕십리 - Wangsimri
② 울릉 - Ulleung
③ 백마 - Baengma
④ 학여울 - Hangnyeoul

07 2014년 사회복지직 9급

로마자 표기법이 바르지 않은 것은?

① 월곶 - Weolgot   ② 벚꽃 - beotkkot
③ 별내 - Byeollae   ④ 신창읍 - Sinchang-eup

08 2018년 서울시 7급(3월)

로마자 표기법이 가장 옳지 않은 것은?

① 신리: Sin-li

② 일직면: Iljik-myeon

③ 사직로: Sajik-ro

④ 진량읍: Jillyang-eup

09 2019년 서울시 9급(2월)

<보기>의 로마자 표기가 옳은 것을 모두 고르면?

보기

ㄱ. 오죽헌	Ojukeon
ㄴ. 김복남(인명)	Kim Bok-nam
ㄷ. 선릉	Sunneung
ㄹ. 합덕	Hapdeok

① ㄱ, ㄴ   ② ㄱ, ㄷ

③ ㄴ, ㄹ   ④ ㄷ, ㄹ

10 2020년 국회직 9급

다음 중 국어의 로마자 표기가 옳지 않은 것은?

① 희망: huimang

② 맏형: mathyeong

③ 함경북도: Hamgyeongbuk-do

④ 음력: eumnyeok

⑤ 먹거리: meokkeori

11 2017년 서울시 7급

다음 중 로마자 표기법이 옳지 않은 것은?

① 독도: Dokdo

② 불국사: Bulguksa

③ 극락전: Geukrakjeon

④ 촉석루: Chokseongnu

12 2014년 경찰직 1차

다음 중 국어의 로마자 표기법에 따라 바르게 표기하지 않은 것은?

① 대관령 Daegwallyeong

② 세종로 Sejong-ro

③ 샛별 saetbyeol

④ 오죽헌 Ojukeon

13 2015년 기상직 9급

다음 중 로마자 표기법이 옳지 않은 것은?

① 백령도 Baengnyeongdo

② 울릉도 Ulleungdo

③ 북한산 Bukhansan

④ 압록강 Amrokgang

14 2018년 경찰직 1차

국어의 로마자 표기와 그에 대한 설명으로 가장 적절한 것은?

① 압구정 - 'Apgujeong' - 된소리되기는 표기에 반영하지 않는다.

② 속리산 - 'Songni-san' - 자연 지물명, 문화재명 등은 붙임표를 붙여 쓴다.

③ 한복남 - 'Han Bongnam' - 인명에서 일어나는 음운 변화는 표기에 반영한다.

④ 집현전 - 'Jipyeonjeon' - 'ㄱ, ㄷ, ㅂ, ㅈ'이 'ㅎ'과 합하여 거센소리로 나는 경우 거센소리로 적는다.

15 2018년 서울시 9급(3월)

로마자 표기의 예로 옳지 않은 것은?

① 종로[종노] → Jongro   ② 알약[알략] → allyak

③ 같이[가치] → gachi   ④ 좋고[조코] → joko

정답 및 해설 p. 295

07 올바른 문장 표현

압축개념

01 문장 성분 간의 호응

최근 공무원 시험 **20회 출제!**

20년 국가직 9급 3번	20년 국가직 9급 15번
20년 군무원 9급 2번	19년 지방직 9급 9번
19년 서울시 9급(2월) 2번	19년 경찰직 2차 6번
19년 국가직 7급 5번	18년 지방직 9급 19번
18년 지방직 7급 14번	18년 서울시 9급(3월)11번
18년 서울시 9급(6월) 2번	18년 경찰직 3차 10번
17년 지방직 9급(12월)12번	17년 지방직 7급 5번
17년 지방직 7급 5번	17년 경찰직 1차 10번
17년 군무원 9급 20번	16년 국가직 9급 19번
16년 지방직 9급 4번	16년 경찰직 2차 9번

① 주어와 서술어는 호응해야 한다.

예 · 더욱 중요한 것은 창의적 사고가 사회적·문화적 환경과 적절한 교육을 통해 <u>길러</u>
<u>진다</u>. → 길러진다는 점이다

  ▶ 주어 '더욱 중요한 것은'과 서술어 '길러진다'의 호응이 어색하므로, 서술어를 '길
    러진다는 점이다'로 고쳐야 올바르다.

· <u>이 도시의 바람직한 모습은</u> 이 지방의 행정, 문화, 교육 분야의 중심 기능을 <u>담당해</u>
<u>야 한다</u>. → 담당하는 것이다

  ▶ 주어 '이 도시의 바람직한 모습은'과 서술어 '담당해야 한다'의 호응이 어색하므
    로, 서술어를 '담당하는 것이다'로 고쳐야 올바르다.

· <u>제가 하고 싶은 말은</u> 친구들과 잘 지내고 <u>싶습니다</u>. → 싶다는 것입니다

  ▶ 주어 '제가 하고 싶은 말은'과 서술어 '싶습니다'의 호응이 어색하므로, 서술어를
    '싶다는 것입니다'로 고쳐야 올바르다.

· <u>무엇보다 중요한 것은</u> 인간의 역사가 언제나 자유를 확대하는 방향으로 <u>전개되어</u>
<u>왔다</u>. → 전개되어 왔다는 점이다

  ▶ 주어 '무엇보다 중요한 것은'과 서술어 '전개되어 왔다'의 호응이 어색하므로, 서
    술어를 '전개되어 왔다는 점이다'로 고쳐야 올바르다.

시험 직전! 필수 암기

주어와 서술어의 호응

~ 것은	+	~ 것이다.
		~ 점이다.
		~ 사실이다.

② 부사어와 서술어는 호응해야 하는데, 일부 부사어는 특정한 서술어와만 호응한다.

당위의 서술어와 호응하는 부사어	당연히, 마땅히, 모름지기, 반드시 + ~해야 한다 예 · 부작용에 대해서 <u>반드시</u> 알려 <u>주어야 한다</u>. · 죄를 지었으면 <u>마땅히</u> 죗값을 <u>치러야 한다</u>.
부정의 서술어와 호응하는 부사어	· 결코 + 아니다 · 별로 + ~지 않다 · 전혀 + 없다 / 아니다 · 절대로 + 없다 / ~해서는 안 된다 · 여간 + ~지 않다 · 그다지 + ~지 않다 예 · 그것은 <u>결코</u> 우연한 일이 <u>아니었다</u>. · 무엇이 있는지 <u>전혀</u> 짐작할 수 <u>없었다</u>.
의문의 형태와 호응하는 부사어	도대체, 설마, 행여 + ~ㄹ까 예 · <u>도대체</u> 세상에 이런 일이 <u>있을까</u>? · <u>설마</u> 그가 도둑질을 <u>했을까</u>?
가정/양보의 형태와 호응하는 부사어	· 만약/만일 + ~더라도 / ~면 · 비록 + ~지라도 / ~지만 예 · <u>만약</u> 내가 오지 <u>않더라도</u> 너 먼저 떠나라. · <u>비록</u> 사소한 <u>것일지라도</u> 아내와 늘 의논한다.
추측적 의미의 서술어와 호응하는 부사어	아마, 틀림없이 + ~ㄹ 것이다 예 · 구름이 낀 것을 보니, 내일은 <u>아마</u> 비가 <u>올 것이다</u>.

확장개념

♀ 여간 ~지 않다
'~지' 부분을 강조하는 표현으로 실질적인 의미는 '매우 ~하다'이다.

기출로 출제포인트 점검

다음 문장을 어법을 고려하여 자연스럽게 고치시오.

01 나는 결코 이 일을 해야 해.

02 절대로 이것은 사실입니다.

03 모름지기 교통법규를 지키는 일은 중요합니다.

04 디지털 텔레비전 시대에는 고화질의 화면은 물론 다양한 정보도 손쉽게 얻을 수 있다.

[답]
01 결코 → 반드시
02 사실입니다 → 사실이 아닙니다
03 지키는 일은 중요합니다 → 지켜야 합니다
04 화면은 → 화면을 볼 수 있는 것은

02 문장 성분의 생략

최근 공무원 시험 **4회 출제!**
20년 국가직 7급 7번   18년 지방직 9급 15번
17년 국가직 7급(10월) 5번 17년 경찰직 1차 10번

① 서술어를 찾아 그와 호응하는 **주어가 생략**되었는지 확인한다.

[예] · <u>철수는</u> 지금 당장 유학을 <u>가려고 했지만</u>, 자신의 경제적 사정을 고려하지 않은 성
급한 <u>결정이었다</u>.
_{그것은}

▶ 서술어 '가려고 했지만'과 호응하는 주어인 '철수는'은 있지만, 서술어 '결정이었
다'와 호응하는 주어는 생략되었다.

· 2년 전 당산의 나무를 건드린 <u>이 마을 사람 하나는</u> 산사태로 <u>목숨을 잃었고</u>, 올해에
는 <u>교통사고를 당했다</u>.
_{또 다른 마을 사람이}

▶ 서술어 '목숨을 잃었고'와 호응하는 주어인 '이 마을 사람 하나는'은 있지만, 서술
어 '(교통사고를) 당했다'와 호응하는 주어는 생략되었다.

· <u>문학은</u> 다양한 삶의 체험을 보여 주는 <u>예술의 장르이며</u> 문학을 즐길 <u>예술적 본능</u>
<u>을 지닌다</u>.
_{인간은}

▶ 서술어 '(예술의) 장르이며'와 호응하는 주어인 '문학은'은 있지만, 서술어 '(예술적
본능을) 지닌다'와 호응하는 주어는 생략되었다.

· 본격적인 <u>공사가</u> 언제 <u>시작되고</u>, 언제 <u>개통될지 모른다</u>.
_{도로가}

▶ 서술어 '시작되고'와 호응하는 주어인 '공사가'는 있지만, 서술어 '개통될지 모른
다'에 호응하는 주어는 생략되었다.

· 모든 <u>사원들이</u> 회사의 앞날을 <u>걱정하고</u> 있을 때, 오히려 공격적인 투자를 해야 한
다고 강하게 <u>주장했다</u>.
_{사장은}

▶ 서술어 '걱정하고'와 호응하는 주어인 '사원들이'는 있지만, 서술어 '주장했다'와
호응하는 주어는 생략되었다.

② 서술어를 찾아 그와 호응하는 **목적어가 생략**되었는지 확인한다.

[예] · 인간은 운명에 <u>복종할</u> 수도 있고, <u>지배할</u> 수도 있다.
_{운명을}

▶ 서술어 '지배할'과 호응하는 목적어가 생략되었다.

· 길에서 <u>놀거나</u> <u>다닐</u> 때 항상 차 조심을 해야 한다.
_{길을}

▶ 서술어 '다닐'과 호응하는 목적어가 생략되었다.

· 그는 세계적으로 유명한 인물이고, <u>동경하는</u> 사람도 많다.
_{그를}

▶ 서술어 '동경하는'과 호응하는 목적어가 생략되었다.

③ 서술어를 찾아 그와 호응하는 **부사어가 생략**되었는지 확인한다.

[예] · 인간은 자연을 지배하기도 하고 <u>복종하기도 한다</u>.
_{자연에}

▶ 서술어 '복종하기도 한다'와 호응하는 부사어가 생략되었다.

· 할아버지께서는 기분이 좋으셨는지 용돈을 듬뿍 <u>주셨다</u>.
_{우리들에게}

▶ 서술어 '주셨다'와 호응하는 부사어가 생략되었다.

· 요즘 독감이 유행하고 있는데 이럴 때일수록 노약자들은 <u>신경 써야 한다</u>.
_{개인위생에}

▶ 서술어 '(신경) 써야 한다'와 호응하는 부사어가 생략되었다.

기출로 출제포인트 점검

다음 문장을 어법을 고려하여 자연스럽게
고치시오.

01 인간은 현실을 지배하기도 하고 복종하
기도 한다.

02 전철 내에서 뛰지 말고, 문에 기대거나 강
제로 열려고 하지 마십시오.

03 대학에 들어온 이후 취미를 갖게 되었는
데, 기악부 동아리에서 악기를 연주하고
있다는 것입니다.

04 넓은 잔디밭에서 축하 잔치가 있었다. 배
우들은 다음 공연을 위해 여행을 떠났고,
얼마 뒤에 귀빈들이 본관 안으로 자리를
옮기면서 시작되었다.

[답]
01 복종하기도 한다 → 현실에 복종하기도 한다
02 문에 기대거나 강제로 열려고 → 문에 기대거나 강제
로 문을 열려고
03 기악부 동아리에서 악기를 연주하고 있다는 것입니
다 → 그것은 기악부 동아리에서 악기를 연주하는 일
입니다.
04 자리를 옮기면서 시작되었다 → 자리를 옮기면서 잔치
가 시작되었다

03 문장 구조의 대응

최근 공무원 시험 5회 출제!
18년 국가직 7급 5번   18년 지방직 9급 15번
17년 국가직 7급(10월) 5번   17년 지방직 7급 5번
16년 국가직 7급 5번

① **접속어 등으로 여러 항목이 연결될 때는 연결된 항목의 문법적 형태가 동일해야 자연스럽다.**

> 예 · 저희들에게 축복과 격려하여 주신 데 감사드립니다. → 저희들을 축복하고 격려하여
>   (A)   (B)
>
> > ▶ 조사 '과'로 연결되는 (A)와 (B)가 각각 명사와 동사로, 앞뒤 구조가 동일하지 않아서 자연스럽지 않다. 또한 '격려하다'는 '~을 격려하다'의 형태로 쓰므로, '저희들에게'를 '저희들을'로 바꿔 '저희들을 축복하고 격려하여'로 쓰는 것이 자연스럽다.
>
> · 다문화 가정에 대한 인식의 변화와 관심이 높아지고 있다. → 인식이 변화하고
>   (A)   (B)
>
> > ▶ 조사 '와'로 연결되는 (A)와 (B)가 각각 구와 절로 제시되어 자연스럽지 않다. 문법적 형태가 동일하게 대응되도록 주어와 서술어의 형식인 '인식이 변화하고'로 바꿔 쓰는 것이 자연스럽다.
>
> · 그는 애국심 고취와 공동체 의식을 함양하는 교육에 힘썼다. → 애국심을 고취하고
>   (A)   (B)
>
> > ▶ 조사 '와'로 연결되는 (A)와 (B)가 각각 구와 절로 제시되어 자연스럽지 않다. 문법적 형태가 동일하게 대응되도록 목적어와 서술어의 형식인 '애국심을 고취하고'로 바꿔 쓰는 것이 자연스럽다.
>
> · 에너지 절약 및 근무 능률을 향상시키는 데 힘써 주십시오. → 에너지를 절약하고
>   (A)   (B)
>
> > ▶ 부사 '및'으로 연결되는 (A)와 (B)가 각각 구와 절로 제시되어 자연스럽지 않다. 문법적 형태가 동일하게 대응되도록 목적어와 서술어의 형식인 '에너지를 절약하고'로 바꿔 쓰는 것이 자연스럽다.

② **접속 구조에서 문장 성분이 부당하게 공유되어 있는지 확인한다.**

> 예 · 모두 흥에 겨워 춤과 노래를 부르고 있다. → 춤을 추고 노래를 부르고
>
> > ▶ 서술어 '부르고'가 '춤'과 '노래' 모두를 서술하는 것이 자연스럽지 않다. '춤을 부르고'는 자연스럽지 않으므로 '춤'과 호응하는 적절한 서술어를 넣어 '춤을 추고 노래를 부르고'로 고쳐야 올바르다.
>
> · 짧은 시간과 경비에 집착한 나머지 → 짧은 시간과 부족한 경비에
>
> > ▶ 관형어 '짧은'이 '시간'과 '경비' 모두를 수식하는 것이 자연스럽지 않다. '짧은 경비'는 자연스럽지 않으므로 '경비'를 수식하는 적절한 관형어를 넣어 '짧은 시간과 부족한 경비에'로 고쳐야 올바르다.
>
> · 공직자는 사회 현실과 사회적 책임을 다해야 할 것이다. → 사회 현실을 파악하고 사회적 책임을 다해야
>
> > ▶ 서술어 '다해야'가 '사회 현실'과 '사회적 책임' 모두를 서술하는 것이 자연스럽지 않다. '사회 현실을 다해야'는 자연스럽지 않으므로 '사회 현실'과 호응하는 적절한 서술어를 넣어 '사회 현실을 파악하고 사회적 책임을 다해야'로 고쳐야 올바르다.

기출로 출제포인트 점검

다음 문장을 어법을 고려하여 자연스럽게 고치시오.

01 사고 원인 파악과 재발 방지 대책을 조속히 마련해야 한다.

02 1반 축구팀은 불안한 수비와 문전 처리가 미숙하여 2반 축구팀에 패배하였다.

03 해외여행이나 좋은 영화나 뮤지컬 등은 빼놓지 않고 관람하는 것이 이른바 골드미스의 전형적인 생활양식이다.

[답]
01 사고 원인 파악과 재발 방지 대책을 조속히 마련해야 한다. → 사고 원인을 파악하고 재발 방지 대책을 조속히 마련해야 한다.
02 불안한 수비 → 수비가 불안하고
03 해외여행이나 좋은 영화나 뮤지컬 등은 빼놓지 않고 관람하는 → 해외여행을 가거나 좋은 영화나 뮤지컬 등은 빼놓지 않고 관람하는

최근 공무원 시험 **7회 출제!**

21년 소방직 9급 5번	19년 경찰직 1차 10번
18년 서울시 9급(3월) 8번	18년 경찰직 1차 6번
18년 경찰직 2차 9번	16년 사복직 9급 14번
16년 경찰직 1차 7번	

① **수식 범위에 따른 중의성**

　예 점원은 웃으면서 들어오는 손님을 맞이했다.

　　→ <u>점원은 웃으면서</u>, 들어오는 손님을 맞이했다. (점원이 웃다.)

　　→ 점원은, <u>웃으면서 들어오는 손님</u>을 맞이했다. (손님이 웃다.)

　　▶ 점원이 웃은 것인지, 손님이 웃은 것인지 분명하지 않다.

② **부정 표현에 따른 중의성**

　예 사람들이 아직 다 오지 않았다.

　　→ 사람들이 아직 다 <u>오지는</u> 않았다. (일부는 오고 일부는 오지 않았다.)

　　→ 사람들이 아직 <u>아무도</u> 오지 않았다. (온 사람이 하나도 없다.)

　　▶ 사람들이 일부는 오고 일부는 오지 않은 것인지, 한 사람도 오지 않았는지 분명하지 않다.

③ **조사 '와/과'의 연결 관계에 따른 중의성**

　예 어머니께서 사과와 귤 두 개를 주셨다.

　　→ 어머니께서 <u>사과 한 개와 귤 한 개</u>를 주셨다.

　　→ 어머니께서 <u>사과 한 개와 귤 두 개</u>를 주셨다.

　　→ 어머니께서 <u>사과와 귤을 각각 두 개씩</u> 주셨다.

　　▶ '사과와 귤 두 개'의 의미가 분명하지 않다.

④ **비교 구문의 중의성**

　예 남편은 나보다 게임을 더 좋아한다.

　　→ 남편은 <u>내가 게임을 좋아하는 것보다</u> 더 게임을 좋아한다.

　　→ 남편은 <u>나를 좋아하기보다는</u> 게임을 더 좋아한다.

　　▶ 남편이 게임을 좋아하는 정도와 내가 게임을 좋아하는 정도를 비교하는 것인지, 나와 게임을 비교하는 것인지 분명하지 않다.

⑤ **'의'를 포함한 명사구의 중의성**

　예 탁자 위에 할머니의 그림이 놓여 있었다.

　　→ 탁자 위에 <u>할머니께서 그리신 그림</u> / <u>할머니가 소유한 그림</u> / <u>할머니를 그린 그림</u>이 놓여 있었다.

　　▶ '의'를 포함한 명사구가 주체, 소유, 대상의 의미로 다양하게 해석될 수 있다.

⑥ **의존 명사 구문의 중의성**

　예 그가 걸음을 걷는 것이 이상하다.

　　→ 그가 <u>걷는 모습</u>이 이상하다.

　　→ 그가 걸음을 걷는다는 <u>사실 자체</u>가 이상하다.

　　▶ '것'이 가리키는 바가 걷는 모습인지, 걷는다는 사실인지 분명하지 않다.

기출로 출제포인트 점검

다음 중 중의문이 아닌 것을 고르시오. (2개)

　ㄱ. 사랑하는 조국의 딸들이여!
　ㄴ. 아내는 남편보다 아들을 더 좋아했다.
　ㄷ. 선생님을 보고 싶어 하는 학생이 많다.
　ㄹ. 임금님의 귀가 당나귀의 귀와 비슷하다.
　ㅁ. 아름다운 그 집의 정원에는 나무가 많다.

[답]
ㄷ, ㄹ

05 문장 성분의 불필요한 사용

① 단어의 반복 사용

문장 내에서 불필요한 단어의 반복을 지양해야 한다.

예 · 정의란, 악인을 벌하는 것이 정의이다.

→ 정의란, 악인을 벌하는 것이다.

→ 악인을 벌하는 것이 정의이다.

▶ '정의'를 반복해서 사용하여 문장이 어색하므로, 한 번만 쓴다.

② 의미가 중복된 표현

의미가 중복되는 잉여적 표현이 쓰이지 않아야 한다.

예 가까운 근방(近方) ×   따뜻한 온정(溫情) ×   옥상(屋上) 위 ×

같은 동포(同胞) ×   미리 예비(豫備) ×   음모(陰謀)를 꾸미다 ×

개인적인 사견(私見) ×   밖으로 표출(表出) ×   이름난 명산(名山) ×

겪은 경험(經驗) ×   방학 기간(其間) 동안 ×   좋은 호평(好評) ×

계속 속출(續出) ×   백주(白晝) 대낮 ×   죽은 시체(屍體) ×

고목(古木) 나무 ×   분(粉)가루 ×   청천(晴天) 하늘 ×

과반수(過半數) 이상 ×   서로 상충(相衝) ×   축구(蹴球)를 차다 ×

긴 장대(長-) ×   새로 만든 신작(新作) ×   큰 대문(大門) ×

남은 여생(餘生) ×   스스로 자각(自覺) ×   탈(脫) 꼴찌에서 벗어나 ×

넓은 광장(廣場) ×   쓰이는 용도(用途) ×   투고(投稿)한 원고 ×

다시 재론(再論) ×   앞으로 전진(前進) ×   폭음(爆音) 소리 ×

다시 복습(復習) ×   어린 소녀(少女) ×   푸른 창공(蒼空) ×

담임(擔任)을 맡다 ×   역전(驛前) 앞 ×   허연 백발(白髮) ×

더러운 누명(陋名) ×   완전히 전멸(全滅) ×   혼자 독학(獨學) ×

기출로 출제포인트 점검

다음 밑줄 친 부분을 자연스럽게 고치시오.

01 그 문제는 다시 재론할 여지가 없습니다.

02 개인적인 사견 말고 객관적인 사실을 말해 주십시오.

[답]
01 다시 재론할 → 재론할
02 개인적인 사견 → 사견

06 올바른 단어의 선택

빈출

최근 공무원 시험 **13회 출제!**
21년 지방직 9급 17번   19년 국가직 7급 6번
19년 경찰직 1차 5번   18년 경찰직 2차 9번
18년 군무원 9급 10번   17년 지방직 9급(12월)12번
17년 경찰직 1차 10번   16년 국가직 7급 5번
16년 지방직 9급 4번   16년 사복직 9급 5번
16년 사복직 9급 11번   16년 경찰직 2차 9번
16년 군무원 9급 9번

① 창의적 사고는 기존의 사고방식을 돌파하는 데서 출발한다. → 탈피하는

창의적 사고가 기존의 사고방식을 '벗어나는' 데에서 출발한다는 의미이므로, '돌파하는' 대신 '탈피하는'을 써야 한다.

② 어른들이 묻자 안절부절하며 어쩔 줄 몰라 했다. → 안절부절못하며

'마음이 초조하고 불안하여 어찌할 바를 모르다'를 뜻할 때는 '안절부절못하다'를 써야 한다. '안절부절하다'는 사전에 없는 단어이다.

③ 과장님, 김 주사의 기획안을 결제해 주세요. → 결재

'결정할 권한이 있는 상관이 부하가 제출한 안건을 검토하여 허가하거나 승인함'을 뜻할 때는 '결재(決裁: 결단할 결, 마를 재)'를 써야 한다. '결제(決濟: 결단할 결, 건널 제)'는 '증권 또는 대금을 주고받아 매매 당사자 사이의 거래 관계를 끝맺는 일'을 뜻한다.

확장개념

 '돌파(突破)'와 '탈피(脫皮)'의 뜻

1. 돌파(突破: 갑자기 돌, 깨뜨릴 파): 일정한 기준이나 기록 등을 지나서 넘어섬.
2. 탈피(脫皮: 벗을 탈, 가죽 피): 일정한 상태나 처지에서 완전히 벗어남.

④ 민철이는 어릴 때 일찍 아버지를 **여위었다**. → **여의었다**

'부모나 사랑하는 사람이 죽어서 이별하다'를 뜻할 때는 '여의다'를 써야 한다. '여위다'는 '몸의 살이 빠져 파리하게 되다'를 뜻한다.

⑤ 그 총각은 폭넓은 교양과 전문적인 지식을 갖춘 **재원**이다. → **재자**

'재원(才媛: 재주 재, 여자 원)'은 '재주가 뛰어난 젊은 여자'를 뜻하므로 '총각'을 가리키는 말로 사용하는 것은 옳지 않다. '재주가 뛰어난 젊은 남자'를 뜻하는 '재자(才子: 재주 재, 아들 자)'를 써야 한다.

⑥ 일이 꺼림칙하게 되어 가더니만 결국 **사단**이 났다. → **사달**

사고나 탈이 났다는 의미일 때는 '사고나 탈'을 뜻하는 '사달'을 써야 한다. '사단(事端: 일 사, 끝 단)'은 '사건의 단서 또는 일의 실마리'를 뜻한다.

⑦ 명절에 어김없이 부는 고스톱 열풍은 척박한 우리 놀이 문화를 보여 주는 **반증**이다. → **방증**♀

명절의 고스톱 열풍은 척박한 우리 놀이 문화를 '간접적으로 증명해 보여 주는 것'이므로 문맥상 '방증'을 써야 한다.

⑧ 나는 승진을 **빌미**로 더욱 노력하겠다고 다짐했다. → **계기**

'어떤 일이 일어나거나 변화하도록 만드는 결정적인 원인이나 기회'를 뜻할 때는 '계기(契機: 맺을 계, 틀 기)'를 쓴다. '빌미'는 '재앙이나 탈이 생기는 원인'을 뜻하는 말로, 긍정적인 내용과는 어울리지 않는다.

⑨ 바로 그 점을 **염두해** 두어야 한다. → **염두에**

'염두(念頭)'는 '생각의 시초' 또는 '마음속'을 뜻한다. '염두하다'라는 말은 없으므로, '염두에 두다'로 써야 한다.

⑩ 연필 잡은 손가락에 **군살이 박혔다**. → **굳은살이 박였다**

'군살'은 '영양 과잉이나 운동 부족 등으로 인해 찐 군더더기 살'을 뜻한다. '잦은 마찰로 손바닥이나 발바닥에 생긴 두껍고 단단한 살'을 뜻할 때는 '굳은살'을 써야 한다.
'박히다'는 '두들겨 치이거나 틀려서 꽂히다'를 뜻한다. '손바닥, 발바닥 등에 굳은살이 생기다'를 뜻할 때는 '박이다'를 써야 한다.

⑪ 민주 사회는 자유와 평등을 **지양**한다. → **지향**

'어떤 목표로 뜻이 쏠리어 향함'을 뜻할 때는 '지향(志向: 뜻 지, 향할 향)'을 쓴다. '지양(止揚: 그칠 지, 날릴 양)'은 '더 높은 단계로 오르기 위하여 어떠한 것을 하지 않음'을 뜻한다.

⑫ 한 사람 때문에 모두가 **도매급**으로 욕을 먹었다. → **도매금**

'각각의 차이에도 불구하고 여럿이 같은 무리로 취급받음'을 이르는 말은 '도매금(都賣金: 도읍 도, 팔 매, 쇠 금)'이다. '도매급'은 '도매금'의 잘못된 표기이다.

확장개념

♀ '반증(反證)'과 '방증(傍證)'의 뜻
1. 반증(反證: 돌이킬 반, 증거 증): 어떤 사실이나 주장이 옳지 않음을 그에 반대되는 근거를 들어 증명함. 또는 그런 증거.
2. 방증(傍證: 곁 방, 증거 증): 사실을 직접 증명할 수 있는 증거가 되지는 않지만, 주변의 상황을 밝힘으로써 간접적으로 증명에 도움을 줌. 또는 그 증거.

♀ 긍정적인 어휘와 부정적인 어휘

긍정적인 어휘	부정적인 어휘
덕분	탓
반드시	절대로
인기	유명세
장려	조장
회자되다	구설에 오르다

⑬ 우리 할아버지는 **향년** 80세이신데도 정정하시다. → **당년**

'향년(享年: 누릴 향, 해 년)'은 '한평생 살아 누린 나이'를 뜻하는 말로, 죽을 때의 나이를 말할 때 쓴다. 이는 살아 계신 할아버지의 나이를 이르는 문맥에 맞지 않으므로 '올해'를 뜻하는 '당년(當年: 마땅 당, 해 년)'을 써야 한다.

⑭ 결정권자의 **제가**가 없는 문서는 구속력을 갖지 못한다. → **재가**

'안건을 결재하여 허가함'을 뜻할 때는 '재가(裁可: 마를 재, 옳을 가)'를 써야 한다.

⑮ **잊어버린** 물건을 찾으려면 분실물 보관소에 가야 한다. → **잃어버린**

문맥상 '가졌던 물건이 자신도 모르게 없어져 그것을 아주 갖지 않게 되다'를 뜻하는 '잃어버리다'를 써야 한다. '잊어버리다'는 '기억해 두어야 할 것을 한순간 전혀 생각해 내지 못하다'를 뜻한다.

⑯ 지정된 구역 외의 주차를 **삼가해** 주시기 바랍니다. → **삼가**

'몸가짐이나 언행을 조심하다'를 뜻하는 말은 '삼가다'이다. '삼가하다'는 '삼가다'의 잘못된 표기이다.

⑰ 리보솜과 리소좀은 서로 **틀린** 거야. → **다른**

'비교가 되는 두 대상이 서로 같지 않다'를 뜻할 때는 '다르다'를 쓴다. '틀리다'는 '셈이나 사실이 그르게 되거나 어긋나다'를 뜻하며 '답이 틀리다, 계산이 틀리다'와 같이 쓴다.

⑱ 저는 위원장님 말씀에 **의의** 있습니다. → **이의**

'다른 의견'을 뜻할 때는 '이의(異議: 다를 이, 의논할 의)'를 쓴다. '의의(意義: 뜻 의, 옳을 의)'는 '말이나 글의 속뜻' 또는 '어떤 사실이나 행위가 갖는 중요성이나 가치'를 뜻한다.

⑲ 그는 **설레이는** 가슴을 가라앉히지 못하였다. → **설레는**

'마음이 가라앉지 않고 들떠서 두근거리다'를 뜻하는 말은 '설레다'이므로, '설레(다)'에 어미 '-는'이 붙은 '설레는'이 맞는 표기이다. '설레이다/설레이는'은 잘못된 표기이다.

⑳ 그는 내키지 않는 일은 **반드시** 하지 않는다. → **절대로**

부사 '반드시'는 주로 긍정 표현과 함께 사용되므로 부정 표현과는 어울리지 않는다. 부정 표현과 어울리는 부사인 '절대로'를 써야 한다.

㉑ 어른께서 **귀사**에 귀한 정보를 보내 주시니 고맙기 그지없습니다. → **폐사**

'귀사(貴社: 귀할 귀, 모일 사)'는 주로 편지글에서, 상대편의 회사를 높여 이르는 말이고, '폐사(弊/敝社: 폐단 폐/해질 폐, 모일 사)'는 말하는 이가 자기 회사를 낮추어 이르는 말이다. 이 문장에서는 자신의 회사에 정보를 보내 주어 고맙다고 하는 것이 자연스러우므로 '폐사'를 써야 한다.

㉒ 그는 이웃집 여자가 죽었다는 **낭보**를 듣자 마음이 울적해졌다. → **비보**

'낭보(朗報: 밝을 낭, 알릴 보)'는 '기쁜 기별이나 소식'을, '비보(悲報: 슬플 비, 알릴 보)'는 '슬픈 기별이나 소식'을 의미한다. 사람이 죽은 일을 기쁜 소식으로 보는 것은 어색하므로 이 문장에서는 '비보'를 써야 한다.

㉓ 참가비 **일절**이 무료다. → **일체가**

'일절'은 '아주, 전혀, 절대로'를 뜻하는 부사로, 흔히 행위를 그치게 하거나 어떤 일을 하지 않을 때에 쓰는 말이다. 그에 반해 '일체'는 '모든 것'을 의미하는 명사로, '일체로' 꼴로 쓰여 '전부' 또는 '완전히' 등의 뜻을 나타낸다. 이 문장에서는 '일체'를 써야 한다.

㉔ **생때** 부리지 마라. → **생떼**⚲

'생떼'는 '억지로 쓰는 떼'를 이르는 말이다. '생때'는 '생떼'의 잘못된 표기이므로 이 문장에서는 '생떼'를 써야 한다.

㉕ 그의 성공 사례를 **타산지석**으로 삼아야 한다. → **귀감**

'타산지석(他山之石)'은 '다른 산의 나쁜 돌이라도 자신의 산의 옥돌을 가는 데에 쓸 수 있다'라는 뜻으로, '성공 사례'보다는 '실패 사례'에 적용하는 것이 자연스럽다. 이 문장에서는 '거울로 삼아 본받을 만한 모범'을 뜻하는 '귀감(龜鑑: 거북 귀, 거울 감)'을 써야 한다.

㉖ 수강 희망자는 속히 서류를 **접수**하세요. → **제출**

'접수(接受: 이을 접, 받을 수)'는 '신청이나 신고를 구두(口頭)나 문서로 받음'을 뜻한다. 수강을 원하는 사람이 '받는' 행위를 하는 것은 적절하지 않으므로, '제출'을 써야 한다.

㉗ 입찰을 하려면 보증금을 국고에 **수납**해야 합니다. → **납부**

'수납(收納: 거둘 수, 들일 납)'은 '돈이나 물품을 받아 거두어들이는 것'을 뜻하는 말로, '수납'을 쓸 경우 보증금을 국고로부터 받아 내야 한다는 뜻이 된다. 입찰을 할 때에는 보증금을 내는 것이 일반적이므로, '세금이나 공과금을 관계 기관에 내다'라는 의미의 '납부'를 써야 한다.

㉘ 김 모 씨는 한 창고를 **임대**해 숨어 있다가 체포되었다. → **임차**

'임대(賃貸: 품삯 임, 빌릴 대)'는 '돈을 받고 자기의 물건을 남에게 빌려줌'을 뜻한다. 이 문장에서는 창고를 빌려서 썼다는 의미이므로, '돈을 내고 남의 물건을 빌려 씀'을 뜻하는 '임차(賃借: 품삯 임, 빌릴 차)'를 써야 한다.

㉙ 협회의 **자문을 받아** 신청 권한을 조정할 계획이다. → **협회에 자문을 하여**

'자문(諮問: 물을 자, 물을 문)'은 어떤 일을 좀 더 효율적이고 바르게 처리하려고 그 방면의 전문가나 전문가들로 이루어진 기구에 의견을 물어보는 것을 뜻한다. '자문을 받다'라는 말은 '의견을 물어보는 것을 받다'라는 의미가 되어 어색하므로 '자문을 하다'로 써야 한다.

확장개념

⚲ **파생어 '생떼'**
'생떼'는 '억지스러운'의 뜻을 더하는 접두사 '생–'과 '부당한 요구나 청을 들어 달라고 고집하는 짓'을 뜻하는 '떼'가 결합된 파생어이다.

③⓪ 전국 체육 대회가 **대단원의 막을 올린 것**을 축하하였다. → **대단원의 막을
내린 것을**

'대단원'은 '어떤 일의 맨 마지막' 또는 '연극이나 소설에서, 모든 사건을 해결하고 끝을 내
는 마지막 장면'을 뜻한다. 어떤 일을 마무리 지을 때에 한하여 '대단원'을 쓰므로 '대단원
의 막을 내리다'는 쓸 수 있어도 '대단원의 막을 올리다'는 어색하다.

③① **축배를 터트리며** 우승의 기쁨을 나눴다. → **축배를 들며/축포를 터트리며**

'축배'는 '축하하는 뜻으로 마시는 술 또는 그런 술잔'을 뜻하므로 '터트리다'와 의미상 어
울리지 않는다. '축배를 들며'로 쓰거나, 서술어 '터트리며'와 호응하는 목적어 '축포를'
을 써야 한다.

압축개념

07 올바른 문법 요소의 사용

① **조사**의 쓰임이 적절해야 한다.

예 · 시민 단체는 환경 오염 문제에 대해 정부에게 강력히 항의했다. → 정부에

▶ 무정 명사 뒤에는 조사 '에'를 쓰고, '에게'는 유정 명사 뒤에 쓴다.

· 그것은 교사로써 할 일이 아니다. → 교사로서

▶ 지위나 신분 또는 자격을 나타낼 때, 어떤 동작이 일어나거나 시작되는 곳을 나
타낼 때는 조사 '로서'를 쓴다.

② **어미**의 쓰임이 적절해야 한다.

예 · 여기에 있던지 가던지 마음대로 해라. → 있든지 가든지

▶ 선택의 의미가 있을 때는 '-든지'를 쓴다. 참고로 '-던지'는 과거를 회상할 때 쓴다.

· 아버님, 올해도 건강하세요. → 건강하게 지내세요

▶ 형용사는 명령형 어미 '-아라/-어라'와 직접 결합할 수 없다.

③ **높임 표현**의 쓰임이 적절해야 한다.

예 · 너, 선생님이 오래. → 께서 오라고 하셔 / 께서 오라셔

▶ 높임의 대상인 '선생님'이 적절하게 높여지지 않았으므로 조사 '께서'를 쓰고, 서
술어에 '-시-'를 붙여 '선생님'을 높이는 표현으로 고쳐야 한다.

· 주례 선생님의 말씀이 계시겠습니다. → 있으시겠습니다 / 있겠습니다

▶ 주례 선생님을 높이기 위해서는 간접 높임을 적용하여 서술어에 '-시-'를 쓴 '있
으시다'로 쓰거나 높임 표현을 쓰지 않은 '있겠습니다'로 고쳐야 한다.

④ **사동 · 피동 표현**의 쓰임이 적절해야 한다.

예 · 내가 친구 한 명 소개시켜 줄게. → 소개해

▶ 불필요하게 사동 표현 '-시키다'를 사용한 경우이다. '-시키다'를 '-하다'로 대체
해서 문장이 자연스러우면 '-하다'를 쓰는 것이 좋다.

- 잊혀진 역사를 복원하는 일은 후세를 위해 반드시 필요하다. → 잊힌

  ▶ 피동 접미사 '-히-'에 피동의 통사적 표현인 '-어지다'가 쓰여 피동이 중복되었다. 이중 피동은 문법적으로 틀린 표현이다.

⑤ **관형화 구성이나 명사화 구성이 과도하게 나타나지 않아야 한다.**

예 · 유구한 빛나는 전통 문화를 단절할 가능성이 큰 융통성 없는 문화 정책은 재고되어야 한다.

  → 유구하고 빛나는 전통 문화를 단절할 가능성이 큰, 융통성 없는

  ▶ '유구한 빛나는'을 '유구하고 빛나는'으로 고쳐서 관형화 구성을 줄이고 '단절할 가능성이 큰' 뒤에 쉼표를 넣어 의미상 한 번 끊어 주는 것이 좋다.

· 여름이 되면 수해 방지 대책 마련에 철저를 기해야 한다. → 수해를 방지할 대책을 마련하는 데

  ▶ 지나치게 명사화(수해 방지 대책 마련)하여 문장이 어색해진 경우이다. 이런 경우에는 조사를 붙이고 동사나 형용사로 풀어서 표현하는 것이 자연스럽다.

기출로 출제포인트 점검

다음 밑줄 친 부분을 자연스럽게 고치시오.

01 고객님, 주문하신 물건이 나오셨습니다.

02 주민들은 정부 당국에게 건의 사항을 전달했다.

03 우리는 토론을 거쳐 다양한 사회적 갈등을 해소시킨다.

04 생각이 다른 타인을 설득시킨다는 건 참 힘든 일이다.

[답]
01 나오셨습니다 → 나왔습니다
02 당국에게 → 당국에
03 해소시킨다 → 해소한다
04 설득시킨다는 → 설득한다는

압축개념

08 우리말답지 않은 표현

① 영어 번역 투 표현

~을 필요로 한다 (be in need of ~) / ~할 필요가 있다 (It is necessary to ~)	이 사업은 초기에 집중적인 투자를 필요로 한다/투자를 할 필요가 있다. → 투자가 필요하다.
아무리 ~ 해도 지나치지 않다 (It is not too much to ~)	불조심하는 것은 아무리 강조해도 지나치지 않는다. → 언제나 불조심을 해야 한다. → 불조심하는 것은 강조할 만하다.
~에 의해 ~ 되다 (영어식 피동 표현)	조선은 태조 이성계에 의해 건국되었다. → 조선은 태조 이성계가 건국했다.
~에 위치하다 (be located in)	우리 학원은 강남역 근처에 위치하고 있습니다. → 근처에 있습니다.
회의를 가지다 (have a meeting)	우리 모두 내일 오전 10시에 회의를 갖도록 하자. → 10시에 회의하자. / 10시에 회의를 하도록 하자.
가장 ~ 중의 하나 (one of the most)	호랑이는 가장 위험한 육식 동물 중의 하나이다. → 가장 위험한 육식 동물이다.

② 일본어 번역 투 표현

~에 다름 아니다	그 사람은 선각자에 다름 아니다. → 그 사람은 선각자나 다름없다. → 그 사람은 선각자라 할 만하다.
~에 있어서	회의에 있어서 진지하게 참여하는 것이 중요하다. → 회의에 진지하게 참여하는 것이 중요하다.
~에 값하다	그의 작품은 이러한 주목에 값한다. → 그의 작품은 주목할 만하다.

기출로 출제포인트 점검

다음 밑줄 친 부분을 자연스럽게 고치시오.

01 부서별 회의를 내일 10시에 갖도록 합시다.

02 나에게 있어 낙선은 고배가 아니라 축배입니다.

[답]
01 갖도록 합시다 → 합시다/하도록 합시다
02 나에게 있어 → 나에게

01 2018년 서울시 9급(3월)

문장 성분 간의 호응이 가장 옳은 것은?

① 왜냐하면 한국이 빠른 속도로 경제적 발전을 이루었다는 것이다.

② 그 사람이 우리에게 중요한 까닭은 우리가 합격했다는 사실이다.

③ 내가 그 분을 처음 뵌 것은 호텔에서 내 친구하고 만나 이야기하고 있을 때였다.

④ 학계에서는 국어 문법에 관심과 조명을 해 나가고 근대 국어에도 관심을 보이기 시작했다.

02 2020년 국회직 8급

의미의 중복이 없이 자연스러운 문장은?

① 나는 오늘 저녁에 역전 앞에서 선이를 만나기로 했다.

② 그 문제에 대해서는 더 이상 다시 재론할 필요가 없다.

③ 요즘 들어 여러 가지 제반 문제들이 우리를 난처하게 한다.

④ 민수는 단풍이 울긋불긋하게 물든 설악산으로 여행을 떠났다.

⑤ 언어의 의미 변화가 왜 일어나는가의 원인을 살펴보기로 한다.

03 2019년 서울시 9급(2월)

다음 문장 중 어법에 가장 맞는 것은?

① 금융 당국은 내년 금리가 올해보다 더 오를 것으로 내다보면서 대출 이자율이 2% 이상 오를 것으로 예측하였다.

② 작성 내용의 정정 또는 신청인의 서명이 없는 서류는 무효입니다.

③ 12월 중에 한-중 정상회담이 다시 한 번 열릴 것으로 보여집니다.

④ 그의 목표는 세계 최고의 축구 선수가 되는 것이었고, 그래서 단 하루도 연습을 쉬지 않았다.

04 2019년 지방직 9급

어법에 어긋난 문장을 수정하고 설명한 예로 적절하지 않은 것은?

① 유사한 내용의 제안이 접수되었을 때에는 먼저 접수된 것이 우선한다.
   → '접수되었을 때에는'은 사건이나 행위가 완료된 상황을 나타내므로 '접수될 때에는'으로 바꾼다.

② 안내서 및 과업 지시서 교부는 참가 신청자에게만 교부한다.
   → '과업 지시서 교부'와 서술어 '교부하다'는 의미상 중복되며 호응하지 않으므로 앞의 '교부'를 삭제한다.

③ 해안선에서 200미터 이내의 수역을 제외된 상태에서 논의를 진행하겠습니다.
   → 목적어 '수역을'과 서술어 '제외되다'는 호응하지 않으므로 '제외된'은 '제외한'으로 바꾼다.

④ 관련 도서는 해당 부서에 비치하고 관계자에게 열람한다.
   → 서술어 '열람하다'는 부사어 '관계자에게'와 호응하지 않으므로 '열람하게 한다.'와 같이 바꾼다.

05 2018년 서울시 9급(6월)

문장쓰기 어법이 가장 옳은 것은?

① 한국 정부는 독도 영유권 문제에 대하여 일본에 강력히 항의하였다.

② 경쟁력 강화와 생산성의 향상을 위해 경영 혁신이 요구되어지고 있다.

③ 이것은 아직도 한국 사회가 무사안일주의를 벗어나지 못했다는 생각이 든다.

④ 냉정하게 전력을 평가해 봐도 한국이 자력으로 16강 티켓 가능성은 높은 편이다.

06 2019년 경찰직 2차

다음 중 가장 어법에 맞고 자연스러운 것은?

① 그 계획은 가능한 한 빨리 실행되어야 한다.

② 철수는 근거 없는 낭설에 휘말려 곤혹스러웠다.

③ 내가 너에게 하고 싶은 이야기는 힘든 일이 있더라도 잘 극복하길 바란다.

④ 영희는 철수와 싸운 뒤로 일체 대화를 하지 않는다.

07 2020년 지방직 9급

다음에 해당하는 사례로 적절하지 않은 것은?

> '역전앞'과 마찬가지로 '피해(被害)를 당하다'에도 의미의 중복이 나타난다. '피해'의 '피(被)'에 이미 '당하다'라는 의미가 포함되어 있기 때문이다.

① 형부터 먼저 해라.

② 채훈이는 오로지 빵만 좋아한다.

③ 발언자마다 각각 다른 주장을 편다.

④ 그는 예의가 바를뿐더러 무척 부지런하다.

08 2020년 국가직 9급

문장 성분의 호응이 자연스러운 것은?

① 내가 강조하고 싶은 점은 우리가 고유 언어를 가졌다.

② 좋은 사람과 대화하며 함께한 일은 즐거운 시간이었다.

③ 내 생각은 집을 사서 이사하는 것이 좋겠다고 결정했다.

④ 그는 내 생각이 옳지 않다고 여러 사람 앞에서 말을 하였다.

09 2019년 지방직 7급

다음 중 의미 중복이 없는 문장은?

① 투고한 원고는 돌려주지 않습니다.

② 나는 아무 생각 없이 길거리를 도보로 걸었다.

③ 요즈음 남자들의 절반은 담배를 피우지 않는다.

④ 버스 안에 탄 승객은 우리와 자매결연을 맺은 분들이다.

10 2020년 국가직 7급

㉠ ~ ㉣에 해당하는 사례로 적절하지 않은 것은?

> 문장 오류의 유형으로 ㉠서술어와 주어가 서로 호응하지 않는 경우, ㉡서술어와의 호응이 필요한 보어가 누락된 경우, ㉢서술어와의 호응이 필요한 목적어가 누락된 경우, ㉣서술어와의 호응이 필요한 필수적 부사어가 누락된 경우 등이 종종 관찰된다.

① ㉠: 내 말의 요점은 지속 가능한 기후 환경을 조성하기 위하여 우리 모두 열심히 노력하자.

② ㉡: 나는 이 일의 적임자를 찾는 것보다 내가 직접 되기로 결심했다.

③ ㉢: 겁이 많았던 나는 혼자 해외로 여행을 가는 것이 못내 무서워 동행하였다.

④ ㉣: 우리와 함께 살아가는 동물은 사람을 경계하기도 하지만 때때로 의지하기도 한다.

11 2021년 국가직 9급

가장 자연스러운 문장은?

① 날씨가 선선해지니 역시 책이 잘 읽힌다.

② 이렇게 어려운 책을 속독으로 읽는 것은 하늘의 별 따기이다.

③ 내가 이 일의 책임자가 되기보다는 직접 찾기로 의견을 모았다.

④ 그는 시화전을 홍보하는 일과 시화전의 진행에 아주 열성적이다.

정답 및 해설 p. 297

08 표준 언어 예절과 국어 순화

압축개념

01 가정에서의 호칭·지칭

최근 공무원 시험 **2회 출제!**
17년 지방직 9급(12월) 2번
17년 군무원 9급 7번

① 부모에 대한 지칭

구분	아버지 생존	아버지 사후	어머니 생존	어머니 사후
자기 부모	아버지, 아빠, 가군(家君), 가친(家親), 엄부(嚴父), 엄친(嚴親)	아버지, 아버님, 선고(先考), 선군(先君), 선친(先親)	어머니, 엄마, 가자(家慈), 자친(慈親), 가모(家母)	어머니, 어머님, 선비(先妣), 선자(先慈), 현비(顯妣)
남의 부모	아버님, 대인(大人), 춘부장(椿府丈), 춘장(椿丈/春丈), 춘당(椿堂/春堂)	아버님, 선대인(先大人), 선고장(先考丈), 선장(先丈)	어머님, 대부인(大夫人), 자당(慈堂), 훤당(萱堂)	어머님, 선대부인(先大夫人), 선자당(先慈堂), 선훤당(先萱堂)

② 자녀에 대한 지칭

구분	자기 자녀	남의 자녀
아들	○○[이름], 아범, ○○[손주] 아범, 아비, ○○[손주] 아비	아드님, 영식(令息), 영윤(令胤), 영랑(令郎)
딸	○○[이름], 어멈, ○○[손주] 어멈, 어미, ○○[손주] 어미	따님, 영애(令愛), 영양(令孃)

③ 시부모와 며느리, 처부모와 사위 사이의 호칭·지칭

(1) 시아버지, 시어머니는 며느리를 '어멈, 어미, ○○[손주] 어멈, ○○[손주] 어미, 새 아가'로 호칭·지칭할 수 있다.

(2) 장인, 장모는 사위를 '○ 서방, ○○[외손주] 아범, ○○[외손주] 아비'로 호칭·지칭할 수 있다.

(3) **며느리는 시아버지를 '아버님', 시어머니를 '어머님, 어머니'로 호칭·지칭**할 수 있다.

(4) 사위는 장인을 '장인어른, 아버님', 장모를 '장모님, 어머님'으로 호칭·지칭할 수 있다.

④ 사돈 사이의 호칭·지칭

내가 아버지인 경우		내가 어머니인 경우	
자녀 배우자의 아버지를	자녀 배우자의 어머니를	자녀 배우자의 아버지를	자녀 배우자의 어머니를
사돈어른, 사돈	사부인	사돈어른, 밭사돈	사부인, 사돈

확장개념

호칭어와 지칭어
1. 호칭어: 사람이나 사물을 부르는 말
2. 지칭어: 사람이나 사물을 다른 사람에게 가리켜 이르는 말

자기 아버지를 가리키는 지칭 '아버님'
'아버님'은 주로 편지를 쓸 때, 또는 돌아가신 자기 아버지를 다른 사람에게 지칭할 때 쓴다.

시어머니를 부르는 호칭 '어머니'
시어머니와 며느리는 같은 공간에서 함께 일하고 대화하는 시간이 많기 때문에 어머니의 경칭인 '어머님' 이외에도 친근감 있는 '어머니'라는 호칭을 사용하는 것이 가능하다.

⑤ 부부 사이의 호칭·지칭 🔎

구분	아내가 남편을	남편이 아내를
부를 때 (호칭)	여보, ○○ 씨, ○○[자녀] 아버지, 영감, ○○[손주, 외손주] 할아버지	여보, ○○ 씨, ○○[자녀] 엄마, 임자, ○○[손주, 외손주] 할머니
가리킬 때 (지칭)	당신, ○○ 씨, 영감, 아범, 아비, 그이, ○ 서방	당신, ○○ 씨, 임자, 어멈, 어미, 집사람, 안사람, ○○[자녀] 엄마

⑥ 동기(同氣) 🔎 사이의 호칭·지칭

(1) 내가 남자일 때, 동기의 배우자에 대한 호칭·지칭

(2) 내가 여자일 때, 동기의 배우자에 대한 호칭·지칭

▶ 오빠의 아내를 '올케, 올케언니'로 지칭할 수도 있다.

(3) 내가 남자일 때, 아내의 동기와 그 배우자에 대한 호칭·지칭

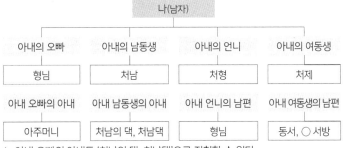

▶ 아내 오빠의 아내도 '처남의 댁, 처남댁'으로 지칭할 수 있다.

(4) 내가 여자일 때, 남편의 동기와 그 배우자에 대한 호칭·지칭

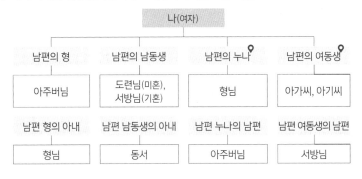

확장개념

🔎 **부부 사이의 호칭·지칭**

부부 사이에서 호칭·지칭어로 '오빠, 자기, 아저씨, 마누라'는 사용하지 않아야 한다.

🔎 **양가 부모에게 배우자를 지칭하는 경우**

아내가 시부모에게 남편을 지칭할 때는 '아범, 아비, 그이'를, 친정 부모에게 남편을 지칭할 때는 '○서방, 아범, 아비'를 사용한다. 그리고 남편이 친부모와 장인, 장모에게 아내를 지칭할 때는 '어멈, 어미, 집사람, 안사람, ○○[자녀] 엄마'를 사용한다.

🔎 **동기(同氣)**

형제와 자매, 남매를 통틀어 이르는 말

🔎 **남편의 누나나 여동생을 가리키는 지칭어**

남편의 누나나 남편의 여동생은 친정 쪽 사람과 타인에게는 '시누이', '○○[자녀] 고모'로 지칭할 수 있다. 자녀에게 지칭할 때는 자녀의 위치에 서서 '고모' 또는 '고모님'으로 지칭한다.

기출로 출제포인트 점검

다음 밑줄 친 부분을 표준 언어 예절에 맞게 고치시오.

01 (남편의 형에게) <u>큰아빠</u>, 전화 받으세요.

02 (아내가 남편에게) <u>오빠</u>, 외식하러 가요.

03 친구에게 "자네의 <u>선대인</u>께서는 올해 건강하신가?" 하고 물었다.

04 친구에게 "오늘 <u>선친(先親)</u>의 생신이어서 동창회에 참석하기 어렵네." 하고 말했다.

[답]
01 큰아빠 → 아주버님
02 오빠 → 여보, ○○씨, ○○[자녀] 아버지, 영감, ○○[손주, 외손주] 할아버지
03 선대인 → 춘부장, 아버님, 춘장, 춘당
04 선친 → 아버지, 가군, 가친, 엄부, 엄친

02 사회에서의 호칭·지칭

① 직장에서의 호칭·지칭

상사	(성 또는 성과 이름) 선생님 / 선배님 / 여사님 / 부장님(직함이 부장일 경우) 예 부장님, 김 부장님, 김영수 부장님
직급이 같은 동료	(이름 또는 성과 이름) 씨, (성 또는 성과 이름) 선생 / 선생님 / 선배 / 선배님 / 여사 / 과장(직함이 과장일 경우), (성) 과장님 예 영수 씨, 김영수 씨, 김영수 선생, 김 선생님, 김 선배, 김영수 선배, 이 여 사, 이미선 여사, 김 과장, 김영수 과장, 김 과장님
아래 직원	(이름 또는 성과 이름) 씨, (성 또는 성과 이름) 선생 / 선생님 / 여사 / 과장(직함 이 과장일 경우), (성 또는 이름 또는 성과 이름) 군 / 형 / 양, (성) 과장님 예 영수 씨, 김영수 씨, 김영수 선생, 김 선생님, 김 군, 영수 군, 김영수 군, 김 형, 영수 형, 김영수 형, 이 양, 미선 양, 이 여사, 이미선 여사, 김 과장, 김 영수 과장, 김 과장님

② 직장 상사의 배우자에 대한 호칭·지칭

구분	호칭 및 지칭(당사자에게, 해당 상사에게)	지칭(그 밖의 사람에게)
상사의 아내	사모님, 아주머님, 아주머니, (성 또는 성 과 이름) 선생님 / (성) 여사님	사모님, (성 또는 성과 이름) 과장님 부인 / 과장님 사모님
상사의 남편	(성 또는 성과 이름) 선생님 과장님(직함이 있는 경우)	(성 또는 성과 이름) 과장님 바깥어 른 / 과장님 바깥양반

③ 동료나 아래 직원의 배우자에 대한 호칭·지칭

구분	호칭 및 지칭 (당사자에게)	지칭(해당 동료 및 해당 아래 직원에게)	지칭(그 밖의 사람에게)
동료나 아래 직원의 아내	(이름 또는 성과 이름) 씨, 아주머님, 아주머니, (성 또는 성과 이름) 선생 님 / 과장님	부인, 아주머님, 아주머 니, (이름 또는 성과 이름) 씨, (성 또는 성과 이름) 선생님 / 과장님	(성 또는 성과 이름) 과장 부인 / 과장님 부인, (성 과 이름) 씨 부인
동료나 아래 직원의 남편	(이름 또는 성과 이름) 씨, (성 또는 성과 이름) 선생 님 / 과장님	남편, 부군, 바깥양반, (이름 또는 성과 이름) 씨, (성 또는 성과 이름) 선생 님 / 과장님	(성 또는 성과 이름) 과장 남편 / 과장님 남편 / 과 장님 바깥양반 / 과장 바깥양반, (성과 이름) 씨 남편 / 씨 바깥양반

④ 선생님의 배우자에 대한 호칭·지칭

남자 선생님의 아내	사모님, (성 또는 성과 이름) 선생님, (성) 과장님
여자 선생님의 남편	사부님, (성 또는 성과 이름) 선생님, (성) 과장님, 바깥어른

⑤ 사회(직장)에서 남편이 자기 아내를 가리키는 말

(1) 친구에게: '집사람, 안사람, 아내' 등으로 지칭한다.

(2) 직장 상사나 동료 등 아는 사람에게: '집사람, 안사람, 아내, 처' 등으로 지칭한다.

확장개념

♀ **직장에서 결례인 호칭**

직장에서 '이름 + 야, 성 + 씨'로 부르는 것은
결례이다.

예 민수야, 김 씨

♀ **상사의 남편을 가리키는 지칭어**

직장 상사의 남편을 해당 상사에게 '바깥어른'
으로 가리킬 수 있다.

기출로 출제포인트 점검

다음 밑줄 친 부분을 표준 언어 예절에 맞
게 고치시오.

01 직장 상사의 남편을 해당 직장 상사에게
'사부님'이라고 지칭한다.

02 공식 석상에서 예의를 차려 자기 아내를
소개할 때, "제 부인입니다."라고 말한다.

[답]
01 사부님 → 바깥어른 / 선생님, ○ 선생님, ○○○ 선생
님 / (직장 상사 남편의 직함을 알면) 과장님, ○ 과장
님, ○○○ 과장님
02 부인 → 집사람, 안사람, 아내, 처

---

03 주요 표준 언어 예절

빈출

최근 공무원 시험 **8회 출제!**
20년 경찰직 1차 4번	20년 군무원 1차 12번
19년 국가직 7급 1번	17년 국가직 7급(10월)14번
17년 지방직 9급(12월)2번	17년 지방직 7급 14번
17년 지방직 7급 20번	16년 국가직 7급 11번

① 가정과 직장에서의 언어 예절

가정과 직장에서는 아래와 같이 경어법을 지켜 표현하는 것이 표준 언어 예절에 맞다.

(1) 가정에서의 경어법

부모를 조부모께 말할 때	• 할머니, 아버지가 진지 잡수시라고 하였습니다. • 할머니, 아버지가 진지 잡수시라고 하셨습니다. ▶ 압존법에 따르면 조부모 앞에서 부모를 높이지 않는 것이 원칙이나 실제 언어 사용 환경을 고려하여 부모보다 윗분 앞에서도 부모를 높여 표현한다.
남편을 시부모께 말할 때	• 아범이/아비가 아직 안 들어왔습니다. • 그이가 어머님께 말씀드린다고 했습니다. ▶ 남편을 시부모에게 말할 때는 낮추어 말한다.
남편을 시동생이나 손아랫사람에게 말할 때	• 형님은 아직 안 들어오셨어요. (높임) • ○○[자녀] 아버지는 아직 안 들어오셨어요. (높임) • ○○[자녀] 아버지는 아직 안 들어왔어요. (낮춤) ▶ 시동생이나 손아랫사람에게는 남편을 높이는 것이 좋고, 낮추어 말할 수도 있다.

(2) 직장에서의 경어법

동료나 아래 직원에 대해 말할 때	(동료 대리가) 김 대리 거래처에 갔습니까?(×) → 김 대리 거래처에 가셨습니까?(○) ▶ 직장에서는 직급이 높은 사람은 물론 직급이 같거나 낮은 사람에게도 '-시-'를 넣어서 존대하는 것이 적절하다.
윗사람에 대해 말할 때	• (평사원이) 사장님, 부장님이 이 일을 했습니다.(×) → 사장님, 부장님이 이 일을 하셨습니다.(○) • (평사원이) 전무님, 과장님은 지금 외근 나갔습니다.(×) → 전무님, 과장님은 지금 외근 나가셨습니다.(○) ▶ 압존법은 가족 간이나 사제 간처럼 사적인 관계에서 적용할 수 있으나, 직장에서 쓰는 것은 어색하다. 주격 조사 '께서'를 쓰지 않더라도 '부장님이' 또는 '과장님은'이라 하고 주체를 높이는 '-시-'를 넣어 표현하는 것이 적절하다.

② 일상 생활에서의 언어 예절

(1) 일상 생활에서 흔히 쓰는 **높임 선어말 어미 '-시-'를 남용한 표현은 표준 언어 예절에 맞지 않다.**

예 • 주문하신 커피 나오셨습니다.(×) → 주문하신 커피 나왔습니다.(○)

　• 말씀하신 사이즈가 없으십니다.(×) → 사이즈가 없습니다.(○)

　• (패스트푸드점, 커피 전문점 등에서) 포장이세요?(×) → 포장해 드릴까요?(○)

　• 문의하신 상품은 품절이십니다.(×) → 문의하신 상품은 품절입니다.(○)

　• 6만 9천원 되시겠습니다.(×) → 6만 9천원입니다.(○)

　• 사용 중에 불편한 점이 계시면 언제든 연락 주십시오.(×) → 사용 중에 불편한 점이 있으시면/있다면 언제든 연락 주십시오.(○)

▶ 높여야 할 대상의 신체 부분, 성품, 심리, 소유물과 같이 주어와 밀접한 관계를 맺고 있는 대상을 통하여 주어를 간접적으로 높이는 '간접 높임'에는 '-시-'를 사용한다. 그러나 '사이즈', '포장', '품절'은 청자의 소유물 혹은 밀접한 관계를 맺고 있는 대상이 아니므로 '-시-'를 쓰지 않은 표현이 바르고 표준 언어 예절에 맞다.

확장개념

♀ 압존법

압존법은 문장의 주체가 화자보다는 높지만 청자보다는 낮아, 그 주체를 높이지 못하는 어법이다.

예 할아버지, 아버지가 아직 안 왔습니다.
▶ 문장의 주체인 '아버지'가 화자인 손주보다 높지만 청자인 '할아버지'보다 낮아, '아버지'를 높여 표현하지 않았다.

(2) 다음 어휘들은 상황에 따라 구별해서 써야 표준 언어 예절에 맞다.

수고, 고생	쓸 수 없는 경우	'수고'는 '일을 하느라 힘을 들이고 애를 쓰다'를 뜻하고 '고생'은 '어렵고 고된 일을 겪다'를 뜻한다. 이 말들은 듣는 사람의 기분을 상하게 할 수 있으므로 **윗사람에게 쓰는 것은 바람직하지 않다.**
	쓸 수 있는 경우	**동년배나 아래 직원**에게는 '수고하세요/고생하세요'처럼 '수고/고생'을 쓸 수 있다.
저희, 우리	'저희'를 쓰는 경우	윗사람이나 남에게 말할 때 자신과 관계된 부분을 낮추어 '저희 가게', '저희 회사'처럼 '우리' 대신 **'저희'**를 쓰는 것은 바람직하다.
	'우리'를 쓰는 경우	**나라에 대해서는** 자기의 나라나 민족을 남의 나라, 다른 민족 앞에서 낮출 필요가 없으므로 '우리'의 낮춤말인 '저희'를 써서 '저희 나라'와 같이 표현하지 않는다. **'우리나라'**로 쓰는 것이 적절하다.

③ 직장에서의 전화 예절

전화를 받은 경우	전화를 바꾸어 줄 때	• (상대방이 신분을 밝혔을 경우) 네, 잠시/잠깐/조금 기다려 주십시오. 바꾸어 드리겠습니다. • (상대방이 신분을 밝히지 않았을 경우) 누구시라고 전해 드릴까요?
	상대방이 찾는 사람이 없을 때	• 지금 안 계십니다. 들어오시면 뭐라고 전해 드릴까요? • 지금 자리에 안 계십니다. ○분 후에 다시 걸어 주시기 바랍니다.
	잘못 걸려 온 전화일 때	아닌데요/아닙니다. **전화 잘못 걸렸습니다.**
전화를 하는 경우	전화로 자기를 밝힐 때	총무부 ○ 부장입니다. / 총무부장 ○○○입니다. / 총무부 ○○○입니다. ▶ '○○○ 부장입니다.'처럼 이름을 앞에 두고 직함을 뒤에 붙여 말하면 상대방에게 부담을 주는 표현이 되므로 되도록 쓰지 않는다.
	통화하고 싶은 사람이 없을 때	말씀 좀 전해 주시겠습니까? ▶ 이 경우 '전해 주십시오.'와 같은 명령형은 피하는 것이 바람직하다.
	대신 거는 전화일 때	• 안녕하십니까? ○○○[전화 부탁한 사람] 님의 전화인데요. ○○○[찾는 사람] 씨를 부탁합니다. • (부탁한 전화가 연결되었을 때) ○○○[전화 부탁한 사람] 님의 전화인데요. 바꾸어 드리겠습니다.

④ 소개할 때의 언어 예절

(1) 자기 자신을 소개할 때

자기의 성씨나 본관을 소개할 때	• 저는 ○가(哥)입니다. • 저는 ○○[본관] ○가(哥)입니다.
부모님에 기대어 자신을 소개할 때	• 저희 아버지/어머니가 ○[성] ○자 ○자 쓰십니다. • 저희 아버지/어머니의 성함이 ○[성] ○자 ○자이십니다. • (상대방이 성을 알고 있는 경우, 성을 넣지 않고) 저희 아버지/어머니 함자는 ○자 ○자이십니다.
배우자의 친구에게 소개할 때	• ○○○[배우자] 씨의 남편/바깥사람/아내/집사람/안사람/처입니다. • ○○○[배우자] 씨가 제 남편/바깥사람/아내/집사람/안사람/처입니다.
배우자의 직장에 전화를 걸어서 소개할 때	• ○○○[배우자] 씨 집입니다. • ○○○[배우자] 씨의 남편/바깥사람/아내/집사람/안사람/처입니다.

확장개념

♥ **다른 사람의 성을 말할 때**

다른 사람의 성을 말할 때는 '○씨(氏)', '○○[본관] ○씨(氏)'라고 한다.

(2) 중간에서 다른 사람을 소개할 때

① 친소 관계를 따져 자기와 가까운 사람을 먼저 소개한다.

② 손아랫사람을 손윗사람에게 먼저 소개한다.

③ 남성을 여성에게 먼저 소개한다.

▶ 위 상황이 섞여 있을 때에는 '**가까운 사람 먼저 → 손아랫사람 먼저 → 남성 먼저**'의 순서에 따라 기준을 적용한다.

(3) 방송 매체에서 소개할 때

① 시청자나 청취자가 방송에서 소개되는 사람보다 윗사람일 수 있으므로, 소개하는 사람을 높이지 않는 것이 자연스럽다.

　例 (20, 30대 연예인을 소개할 때) ○○○ 씨를 모시겠습니다.(×) → ○○○ 씨를 소개하겠습니다.(○)

② 방송에서 초청 인사를 소개하는 경우 초청 인사가 누구든 '○○○ 씨'라고 할 수 있다. 연로한 초청 인사인 경우에는 직함이 있으면 직함을 붙여 '○○○ 선생님, ○○○ 교수, ○○○ 사장' 등으로 소개하는 것이 자연스럽다.

⑤ **문상할 때의 언어 예절**

문상을 가서는 고인에게 재배하고 상주에게 절한 후 아무 말도 하지 않고 물러 나오는 것이 일반적이며 또한 예의에 맞다. 굳이 말을 해야 할 상황이라면 다음과 같이 말할 수 있다.

　例 삼가 조의를 표합니다. / 얼마나 슬프십니까?

　　뭐라 드릴 말씀이 없습니다. / 고인의 명복을 빕니다.

⑥ **편지 쓸 때의 언어 예절**

(1) 편지 서명란 쓰기: 회사나 단체에 보내는 편지는 '회사명 + 직함 + 이름 + 올림/드림' 순으로 서명을 쓴다.

　例 ○○[회사명]주식회사 사장 ○○○ 올림 / 과장 ○○○ 드림

　　▶ 직함을 이름 뒤에 넣어 쓰지 않도록 주의한다. 직함을 이름 뒤에 넣어 쓰면 자신을 높여 말하는 것이 되어 전통 언어 예절에 어긋난다.

　　　例 ○○[회사명]주식회사 ○○○ 사장 올림 / 과장 드림(×)

(2) 편지 봉투에 받는 사람 쓰는 법

높여야 할 개인에게 보내는 편지의 경우	○○○ 님, ○○○ 님께, ○○○ 과장님, ○○○ 과장님께, ○○○ 귀하(貴下), ○○○ 좌하(座下) ▶ '○○○ 씨 귀하, ○○○ 님 귀하'는 '-씨/-님'과 '귀하'가 중복되는 표현이므로 쓰지 않는다. 또한 '○○○ 과장님 귀하'처럼 이름과 직함을 쓴 뒤에 '귀하'를 다시 붙이지 않는다.
객지에 나와 있는 자녀가 고향의 부모님께 보내는 편지의 경우	• 과거: 본인의 이름 + 본제입납(本第入納)/본가입납(本家入納) ▶ 단, 부모님이 객지에 계시는 경우에는 쓸 수 없는 표현이다. • 현재: ○○○[부모님의 성함] 귀하(貴下), ○○○[부모님의 성함] 좌하(座下)
회사나 단체로 보내는 편지의 경우	○○[회사명]주식회사 귀중, ○○[회사명]주식회사 ○○○ 사장님, ○○[회사명]주식회사 ○○○ 사장 귀하(貴下) ▶ 이름 뒤에 직책을 쓰는 것이 받는 사람을 높이는 표현이다.

기출로 출제포인트 점검

다음 밑줄 친 부분을 표준 언어 예절에 맞게 고치시오.

01 아버님, 방금 그이 들어오셨어요.

02 (선생님과의 대화에서) 선생님, 저는 김해 김씨입니다.

03 (점원이 손님에게) 전부 합쳐서 6만 9천원 되시겠습니다.

04 저희 나라 국민들은 은근과 끈기로 시련을 이겨 내는 힘이 매우 강합니다.

05 방송 사회자가 초대 손님을 소개할 때, "영화 '밀양'의 주인공, 전○○ 씨를 모시겠습니다."라고 말한다.

[답]

01 들어오셨어요 → 들어왔어요
02 김해 김씨 → 김해 김가
03 되시겠습니다 → 입니다.
04 저희 나라 → 우리나라
05 모시겠습니다 → 소개하겠습니다

① 서구 외래어의 순화

순화 대상어	순화 표현	순화 대상어	순화 표현
노블레스 오블리주	지도층 의무	님비	지역 이기주의
로그인	접속	로드맵	(단계별) 이행안
리어카	손수레	마스터 플랜	기본 설계, 종합 계획
매뉴얼	설명서, 안내서, 지침	바인더	보관철
센스	감각, 눈치, 분별력	셔틀버스	순환 버스
시뮬레이션	모의실험	유턴	되돌리기, 선회
이모티콘	그림말	인센티브	유인책, 성과급, 특전
인터체인지	나들목	인턴사원	실습 사원
인프라	기반, 기반 시설	징크스	액(厄), 불길한 일
체크리스트	점검표	캐주얼	평상복
커미션	수수료, 구전	펜스	장애물
포맷	양식, 서식, 형식	프리미엄	기득권, 웃돈, 할증금

② 어려운 한자어의 순화

순화 대상어	순화 표현	순화 대상어	순화 표현
가일층(加一層)	한층 더	촉수(觸手)를 엄금(嚴禁)하시오	손대지 마시오
게첨(揭添)	내붙임	건답(乾畓)	마른논
매립지(埋立地)	메운 땅	경감(輕減)하다	가볍게 하다
만전(萬全)을	최선을, 완전을	과금(課金)	요금
매점(買占)	사재기	무지(拇指)	엄지(손가락)
반제(返濟)하다	(돈을) 갚다	법면(法面)	비탈면
복명서(復命書)	결과 보고서	비산(飛散) 먼지	날림 먼지
비육우(肥肉牛)	고기소	사고 다발(多發) 지역	사고 잦은 곳
사령(辭令)	발령	생방송(生放送)	현장 방송
소류지(沼溜地)	늪지대	소정 기일 내(所定期日內)	정한 날짜 안에
수위실(守衛室)	경비실	십분(十分)	충분히
심심(深甚)한 사의(謝意)	깊은 고마움	자의(恣意)로	제멋대로, 마음대로
일소(一掃)하다	없애다	전력(全力)을 경주(傾注)하다	온 힘을 기울이다
(법에) 저촉(抵觸)되다	(법에) 걸리다	전지 작업(剪枝作業)	가지치기
전조등(前照燈)	앞등	철회(撤回)하다	거두어들이다
차폭등(車幅燈)	옆등	행낭(行囊)	우편 자루

미제(未濟)	처리 안 된	명패(名牌)	이름표
척사(擲柶)	윷놀이	화훼(花卉)	꽃
난색(難色)을 표명(表明)하다	어려운 빛을 나타내다/보이다	이면 도로(裏面道路)	뒷길

③ 일본어 및 일본어 투 용어의 순화

순화 대상어	순화 표현	순화 대상어	순화 표현
가라오케	녹음 반주(노래방)	고수부지(高水敷地)	둔치
곤색	감색, 진남색	공수표(空手票)	부도 수표
구루마	수레, 달구지	구좌(口座)	계좌
기스	흠(집)	낑깡	금귤, 동귤
노견(路肩)	갓길	단도리	채비, 준비, 단속
대절(貸切)	전세	도란스	변압기
돈가스	돼지고기 튀김	뗑깡	생떼
뗑뗑이	물방울무늬	무뎃뽀	막무가내
사라	접시	사양서(仕樣書)	설명서
소데나시	민소매	수순(手順)	순서, 절차, 차례
시건장치(施鍵裝置)	잠금장치	아나고	붕장어
양생(養生)	굳히기	요지(楊枝)	이쑤시개
익일(翌日)	다음날, 이튿날	택배(宅配)	집 배달, 문 앞 배달
하구언(河口堰)	강어귀의 둑	할증료(割增料)	추가금, 웃돈

④ 법률 용어의 순화

순화 대상어	순화 표현	순화 대상어	순화 표현
구거(溝渠)	개골창, 도랑	기명날인(記名捺印)	이름 쓰고 도장 찍음
몽리(蒙利)	이익을 얻음	수권(授權)	권한 주기
상계(相計)	맞계산, 엇셈	양수(讓受)	넘겨받음
양도(讓渡)	넘겨주기	은비(隱祕)	숨김
양형(量刑)	형량 결정	파훼(破毁)	부숨
쟁송(爭訟)	소송	해태(懈怠)	게으름
포태(胞胎)	임신	계고(戒告)	알림

⑤ 차별적 표현의 순화

순화 대상어	순화 표현	순화 대상어	순화 표현
노가다	일용직 건설 노동자	미망인	(고인인 ~의) 부인
살색	살구색	처녀림	원시림
처녀작	첫 작품	학부형(學父兄)	학부모(學父母)

기출로 출제포인트 점검

다음 밑줄 친 부분을 순화된 표현으로 고 치시오.

01 법에 <u>저촉(抵觸)</u>되다.

02 국력 배양에 <u>가일층(加一層)</u> 매진하다.

03 한강 <u>고수부지</u>에 체육공원을 만들었다.

04 이 건물 출입문에는 자동 <u>시건장치</u>가 설 치되어야 한다.

05 사건의 실마리를 풀기 위해 화재 <u>시뮬레 이션</u>을 실시한다.

[답]
01 저촉되다 → 걸리다
02 가일층 → 한층 더
03 고수부지 → 둔치
04 시건장치 → 잠금장치
05 시뮬레이션 → 모의실험

01 2014년 국가직 9급

다음 대화에서 A가 범한 어법 사용의 오류와 가장 유사한 것은?

A: 여보세요.
B: 여보세요. 김 선생님 계신가요?
A: 지금 안 계시는데요.
B: 어디 멀리 가셨나요?
A: 예, 지금 수업 중이십니다.
B: 수업은 언제 끝나나요?
A: 글쎄요, 수업 끝나고 학생들과 면담이 계시다고 하셨어요.
B: 아유, 그럼 통화하기가 어렵겠군요.

① 내일 서울역전 앞에서 만나자.
② 손님, 주문하신 햄버거 나오셨습니다.
③ 국장님, 과장님이 외부에 나갔습니다.
④ 선생님은 학교에 볼일이 있으셔서 일찍 학교에 가셨습니다.

02 2017년 지방직 9급(12월)

호칭어와 지칭어의 사용이 적절한 것은?

① (남편의 형에게) 큰아빠, 전화 받으세요.
② (시부모에게 남편을) 오빠는 요즘 무척 바빠요.
③ (남편의 누나에게) 형님, 어떤 것이 좋을까요?
④ (다른 사람에게 자기 배우자를) 이쪽은 제 부인입니다.

03 2015년 사회복지직 9급

표준 언어 예절에 어긋난 것은?

① 직장 상사의 아내를 '여사님'이라고 부른다.
② 직장 상사의 남편을 해당 직장 상사에게 '사부님'이라고 지칭한다.
③ 직장 상사(과장)의 아내를 직장 동료에게 '과장님 부인'이라고 지칭한다.
④ 직장 상사(과장)의 남편을 직장 동료에게 '과장님 바깥어른'이라고 지칭한다.

04 2015년 지방직 9급

다음 중 올바른 우리말 표현은?

① (초청장 문안에서) 귀하를 이번 행사에 꼭 모시고자 하오니 많이 참석해 주시기 바랍니다.
② (전화 통화에서) 과장님은 지금 자리에 안 계십니다. 뭐라고 전해 드릴까요?
③ (직원이 고객에게) 주문하신 상품은 현재 품절이십니다.
④ (방송에 출연해서) 저희나라가 이번에 우승한 것은 국민 여러분의 뜨거운 성원 덕택입니다.

05 2012년 국가직 7급

다음 중 차별적 언어 표현이 나타나지 않은 것은?

① 그것은 학교에서 학부형들에게 직접 설명해야 할 일인 것 같군요.
② 이 소설은 작가의 처녀작으로, 당시 문단의 호응이 매우 컸던 작품입니다.
③ 살구색 옷은 잘못 입으면 착시 효과를 불러일으키므로, 주의해서 입어야 합니다.
④ 복지 정책이 날로 더 발전하고 있으니, 미망인의 문제도 곧 해결되리라 믿습니다.

06 2013년 지방직 9급

편지 용어에 대한 설명으로 옳지 않은 것은?

① 친전(親展): 편지를 받을 사람이 직접 펴 보라고 편지 겉봉에 적는 말
② 좌하(座下): 편지를 받을 사람이 아랫사람일 때 붙이는 말
③ 귀중(貴中): 편지나 물품 따위를 받을 단체나 기관의 이름 아래에 쓰는 높임말
④ 본제입납(本第入納): 본가로 들어가는 편지라는 뜻으로, 자기 집으로 편지할 때에 편지 겉봉에 자기 이름을 쓰고 그 밑에 쓰는 말

07 2017년 지방직 7급

전화를 걸 때의 표준 언어 예절에 대한 설명으로 적절하지 않은 것은?

① 전화를 거는 사람은 인사를 하고 자신의 신분을 밝히는 것이 바람직하다. 나이 어린 사람의 경우 어른이 전화를 받았을 때는 '안녕하십니까? 저는 ○○(친구)의 친구 ○○(이름)입니다.'처럼 통화하고 싶은 사람과 어떤 관계인가를 밝히는 것이 예(禮)이다.

② 대화를 마치고 전화를 끊을 때 '고맙습니다.', '안녕히 계십시오.' 하고 인사하고 끊는다. '들어가세요.'라는 말도 많이 쓰이는데, 상대방을 배려하는 표현이므로 사용하는 것이 좋다. 만약 통화하고 싶은 사람이 없어 전화를 끊어야 할 때도 자신을 밝히고 끊어야 하며, 어른보다 먼저 전화를 끊는 것은 예의에 어긋난 행동이다.

③ 통화하고 싶은 사람이 없을 때 '죄송합니다만, ○○(이름)한테서 전화 왔었다고 전해 주시겠습니까?', '말씀 좀 전해 주시겠습니까?'라는 말을 쓴다. 이 상황에서도 '전해 주시겠습니까?'를 '전해 주시면 고맙겠습니다.' 등으로 적절히 바꾸어 쓸 수 있다.

④ 전화가 잘못 걸렸을 때 '죄송합니다. 전화가 잘못 걸렸습니다.' 또는 '미안합니다. 전화가 잘못 걸렸습니다.'라고 예의를 갖추어 정중히 말하는 것이 바람직한 표현이다.

08 2016년 국가직 7급

전화를 사용할 때, 표준 언어 예절로 바람직하지 않은 것은?

① 아닌데요, 전화 잘못 거셨습니다.

② 네, 잠깐 기다려 주십시오. 바꾸어 드리겠습니다.

③ 지금 안 계십니다. 들어오시면 뭐라고 전해 드릴까요?

④ 잘 알겠습니다. 이만 끊겠습니다. 안녕히 계십시오.

09 2013년 서울시 7급

다음 중 순화해야 할 일본어로 볼 수 없는 것은?

① 돈가스　　　　② 뗑깡

③ 뗑뗑이　　　　④ 노다지

⑤ 아나고

10 2020년 경찰직 1차

다음 중 우리말 표현으로 가장 적절한 것은?

① (길에서 친구에게) 오랜만이야. 선고(先考)께서는 잘 계시지?

② (카페에서 손님에게) 주문하신 커피 나오셨습니다.

③ (평사원이 전무에게) 전무님, 과장님은 오전에 외근 나가셨습니다.

④ (병원에서 손님에게) 잠시 기다리세요. 주사 맞고 가실게요.

11 2014년 서울시 7급

법률 용어를 순화한 것 중 옳지 못한 것은?

① 蒙利者: 이익에 어두운 자

② 隱秘: 숨김 또는 몰래 감춤

③ 懈怠하다: 게을리하다

④ 溝渠: 도랑 또는 개골창

⑤ 委棄하다: 내버려두다

12 2014년 국가직 7급

표준 언어 예절에 알맞은 표현은?

① 자기의 본관을 소개할 때 "저는 ○○[본관] ○씨입니다."라고 한다.

② 남편의 친구에게 자신을 소개할 때 "저는 ○○○ 씨의 부인입니다."라고 한다.

③ 텔레비전에서 사회자가 20대의 연예인을 소개할 때 "○○○ 씨를 모시겠습니다."라고 한다.

④ 어머니와 길을 가다 선생님을 만났을 때 "저의 어머니십니다."라고 어머니를 선생님께 먼저 소개한다.

정답 및 해설 p. 300

해커스공무원 **단권화 핵심정리 국어**

Ⅲ. 비문학

* 출제 빈도: 최근 국가직·지방직·서울시 7·9급 시험 기준

('독해 유형' 문제 비중은 제외함)

01 작문

01 문단의 구성

최근 공무원 시험 **1회 출제!**
16년 국가직 9급 15번

① 문단은 소주제문과 여러 개의 뒷받침 문장들로 구성된다.

| 문단 | = | 소주제문 | + | 뒷받침 문장 1 | + | 뒷받침 문장 2 | + ... | 뒷받침 문장 n |

② 문단은 완결성, 통일성, 일관성을 갖추어야 한다.

완결성	• 한 문단 안에는 소주제를 나타내기 위해 필요한 내용이 빠짐없이 제시되어야 한다. • 소주제문을 뒷받침하는 문장들이 충분히 제시되어야 한다.
통일성	• **한 문단은 하나의 생각만을 다루므로**, 한 문단에 둘 이상의 주제문이 있어서는 안 된다. • 뒷받침 문장에 주제와 관련이 없는 내용이 포함되어서는 안 된다.
일관성	• 문장이나 내용이 서로 긴밀하게 구성되어야 한다. • 문장의 배열 순서, 문장 간의 호응, 접속어와 지시어의 사용이 적절해야 한다.

기출로 출제포인트 점검

밑줄 친 ㉠~㉣에서 글의 통일성을 고려할 때 삭제해야 하는 것을 고르시오.

'천재'라는 말은 18세기에 갑자기 영예로운 칭호가 되었다. 천재는 예술의 창조자이며, 예술의 창조는 과학처럼 원리나 법칙에 의거하지 않는다. ㉠과학은 인간의 이성과 감성 사이에 분열을 가져왔다. ㉡예술에는 전래의 비방이 있을 수 없으며 있다 하더라도 전수될 수 없다. ㉢예술가 스스로도 자신이 완성한 작품의 진정한 비밀이 무엇인지 명확히 알지 못한다. ㉣마침내, 사람들은 천재라는 개념으로 예술 창조의 비밀을 표현하였다.

[답]
㉠

02 개요 작성의 요건

최근 공무원 시험 **4회 출제!**
20년 지방직 7급 12번   18년 국가직 9급 4번
17년 국가직 7급(10월) 9번   17년 지방직 9급(6월)18번

① 개요 작성의 요건

(1) 개요의 세부 항목들은 **통일성과 일관성에 부합**해야 한다.

(2) 개요의 **하위 항목들은 상위 항목의 내용을 뒷받침**해야 한다.

(3) 현상과 대책, 문제점과 해결 방법이 각각 대응되어야 한다.

(4) 개요의 세부 항목은 글의 짜임새에 맞게 단계적으로 제시되어야 한다.

(5) 개요의 각 세부 항목과 결론이 논리적으로 배열되어야 한다.

(6) 불필요하거나 중복되는 내용이 없도록 한다.

(7) 중요한 항목이 누락되지 않도록 한다.

(8) 마지막에 **결론이 되는 논제나 문장이 포함**되어야 한다.

② 개요 작성의 요건에 따라 개요를 수정한 예

주제: 바람직한 청소년 길거리 문화를 조성해야 한다. 📍

Ⅰ. 서론: 청소년 길거리 문화의 현실

Ⅱ. 본론:

　1. 청소년 SNS 문화의 실태 ·· ㉠

　　가. 청소년들만의 연대 의식과 소속감

　　나. 학교나 가정의 틀에서 벗어난 일시적인 해방감

　2. 청소년 길거리 문화의 문제점

　　가. 청소년 길거리 문화의 독자성 ····················· ㉡

　　나. 청소년들의 일시적 유대 관계 형성

　　다. 목적이 없는 청소년들의 소비적 행태

　3. 청소년 길거리 문화의 긍정적 기능을 위한 문제 해결 방안

　　가. 청소년 문화 형성을 위한 복지 시설 확대 ┐

　　나. 청소년 문화 프로그램을 통한 인격적 교류의 기회 마련 ┘ ········ ㉢

Ⅲ. 결론: 청소년 길거리 문화가 바람직한 문화적 정체성을 형성할 수 있도록 제도나 관리가 아닌, 지지와 여건 조성의 방향으로 접근

⇩

㉠: '청소년 길거리 문화의 발생 원인'으로 수정

- 주제와 부합하지 않으므로 수정한다.
- 하위 항목의 내용을 포괄하는 상위 항목이 아니므로 수정한다.

㉡: '청소년 문화 공간의 부족'으로 수정

- 상위 항목 2.에 속하는 하위 항목이 아니므로 수정한다.
- 2.의 하위 항목끼리 일관성을 갖출 수 있도록 수정한다.
- 3-가.의 해결 방안에 해당하는 문제점으로 수정한다.

㉢: '다. 청소년 참여를 높이는 길거리 축제 개최' 추가

- 2-다.의 문제점에 대한 해결 방안이 누락되어 있으므로 3.의 하위 항목에 해당 내용을 추가한다.
- 2.와 3.의 내용이 1:1로 대응되도록 각 항목의 배열 순서를 고려한다.

확장개념

📍 **주제문 작성의 요건**

1. 완결된 하나의 문장으로, 평서문으로 작성해야 한다.
2. 핵심적인 하나의 생각을 구체적으로 표현해야 한다.
3. 비유적이거나 모호한 표현은 지양해야 한다.
4. 글쓴이의 관점이 명확하게 드러나야 한다.
5. 논의 대상을 가능한 한 한정해야 한다.
6. 타당성을 지녀야 하며 근거에 의해 입증되어야 한다.
7. 누구나 다 알고 있는 자명한 사실이거나 법칙이어서는 안 된다.

기출로 출제포인트 점검

다음 개요에서 내용상 적절하지 않은 것에 밑줄을 치시오.

제목: 세계화 시대의 한국어 발전 방안

Ⅰ. 세계화의 개념 및 사업의 배경

　1. 세계화의 정의 및 유관 개념

　2. 세계 문자사와 한글의 창제 원리

　3. 한국어 세계화 사업의 필요성

Ⅱ. 한국어 세계화 사업의 실태

　1. 정부 기관에 의한 세계화 사업

　2. 민간 기관에 의한 세계화 사업

Ⅲ. 기존 사례들의 문제점 검토

　1. 예산의 부족과 전문가의 미비

　2. 한류 중심의 편향적 사업 계획

　3. 장기적 전망이 결여된 사업 진행

Ⅳ. 한국어 세계화를 위한 개선 방안

　┊

[답]
2. 세계 문자사와 한글의 창제 원리

압축개념

03 고쳐쓰기의 요건

최근 공무원 시험 **6회 출제!**

17년 국가직 9급(10월) 15번	17년 지방직 7급 9번
17년 군무원 9급 4번	16년 국가직 9급 15번
16년 국가직 7급 18번	16년 지방직 9급 4번

한 편의 글을 쓸 때 일정한 기준에 따라 글을 평가하고 고쳐 쓰는 과정이 필요하다.

부가의 원칙 (보완의 원칙)	• 주제가 잘 드러나지 않는 경우, 주제를 뒷받침할 수 있는 내용을 추가해야 한다. • 중요한 내용이 누락된 경우, 내용을 추가해야 한다. • 지나친 생략으로 인해 문장의 뜻이 통하지 않는 경우, 생략된 부분을 다시 첨가해야 한다.
삭제의 원칙	• 주제에서 벗어나거나 중복되는 내용은 삭제해야 한다. • 전달하는 바가 분명하지 않은 내용은 삭제해야 한다.
재구성의 원칙	• 문맥의 흐름에 맞지 않는 내용은 재배열해야 한다. • 제목과 주제, 제재의 연결이 어색한 경우 문장을 재구성해야 한다.

Ⅲ. 비문학

해커스공무원 단권화 핵심정리 국어

01 2020년 지방직 9급

'청소년 인터넷 중독의 현황과 문제 해결'에 대한 글을 작성하고자 한다. 글의 내용으로 포함하기에 적절하지 않은 것은?

① 국내 최대 게임 업체의 고객 개인 정보가 유출되어 청소년들에게 성인 광고 문자가 대량 발송된 사건을 예로 제시한다.

② 인터넷에 중독되는 청소년의 비율이 해마다 증가한다는 통계를 활용하여 해당 사안이 시급히 해결되어야 할 문제임을 강조한다.

③ 사회성 결여, 의사소통 장애, 집중력 저하 등 인터넷 중독이 야기할 수 있는 부정적 현상들을 열거하여 문제의 심각성을 환기한다.

④ 청소년 대상 인터넷 중독 상담 프로그램의 개발 및 운영을 위해 할당된 예산이 부족하다는 전문가의 의견을 인용하여 해당 문제에 대한 대처가 미온적임을 지적한다.

02 2017년 국가직 9급(10월)

다음 글을 고쳐 쓰기 위한 방안으로 적절하지 않은 것은?

> 산업 폐기물 처리장이 들어서게 될 지역 주민들도 그 시설의 필요성은 인정하고 있다. ⊙그리고 그런 시설이 자기 고장에 들어서는 것을 받아들이려는 사람은 많지 않다. ⓒ그 필요성은 인정하지만, 내 고장에는 안 된다는 것이다. 이러한 태도는 공공의 이익을 외면하는 ⓒ지역 이기주의에 다름 아니다. 잊지 말아야 할 사실은 폐기물 처리장 건설을 뒤로 미루면 그로 인한 피해가 결국 @우리 모두에게 돌아온다. 나와 내 이웃이 공존할 수 있는 사회를 만들기 위해서는 지역 이기주의를 타파해야 한다.

① ⊙은 앞뒤 문장을 자연스럽게 연결하기 위해 '그러나'로 바꾼다.

② ⓒ은 주제와 상관없는 내용이므로 문단의 통일성을 위해 삭제한다.

③ ⓒ은 우리말답지 않은 표현으로 '지역 이기주의이다'로 순화한다.

④ @은 주어와 호응하지 않으므로 '우리 모두에게 돌아온다는 것이다'로 고친다.

03 2020년 지방직 7급

⊙~@에 들어갈 내용으로 적절하지 않은 것은?

> 제목: 인터넷 범죄 증가의 원인
> 1. 국가적 측면: ⊙ 때문에 인터넷 범죄를 처벌하는 관련 규정이 신속하게 제정되지 않는다.
> 2. 개인적 측면
> (1) ⓒ 때문에 개인 컴퓨터의 백신 프로그램 설치가 미흡하다.
> (2) ⓒ 때문에 인터넷상에서 개인 신상 정보 취급이 소홀하게 다루어진다.
> 3. 기술적 측면: @ 때문에 컴퓨터 보안 프로그램 개발이 미흡하다.

① ⊙: 인터넷 범죄 처벌 규정의 제정 과정이 지나치게 복잡하기

② ⓒ: 인터넷 사용 시 백신 프로그램을 중요하게 생각하지 않기

③ ⓒ: 자신의 개인 정보는 범죄에 이용되지 않을 것이라고 안이하게 생각하기

④ @: 컴퓨터 판매량을 늘리기 위한 인프라가 제대로 구축되어 있지 않기

04 2017년 지방직 9급(6월)

다음의 개요를 기초로 하여 글을 쓸 때, 주제문으로 가장 적절한 것은?

> 서론: 최근의 수출 실적 부진 현상
> 본론: 수출 경쟁력의 실태 분석
>   1. 가격 경쟁력 요인
>   ㄱ. 제조 원가 상승
>   ㄴ. 고금리
>   ㄷ. 환율 불안정
>   2. 비가격 경쟁력 요인
>   ㄱ. 기업의 연구 개발 소홀
>   ㄴ. 품질 개선 부족
>   ㄷ. 판매 후 서비스 부족
>   ㄹ. 납기의 지연
> 결론: 분석 결과의 요약 및 수출 경쟁력 향상 방안 제시

① 정부가 수출 분야 산업을 적극 지원해야 한다.

② 내수 시장의 기반을 강화하는 데 역량을 모아야 한다.

③ 기업이 연구 개발비 투자를 늘리고 품질 향상에 많은 노력을 기울여야 한다.

④ 수출 경쟁력을 좌우하는 요인을 분석한 후 그에 맞는 방안을 마련해야 한다.

05 2020년 국가직 9급

㉠~㉣의 고쳐 쓰기 방안으로 적절하지 않은 것은?

> ㉠ 공사하는 기간 동안 안전사고가 일어나지 않도록 유의해 주십시오.
> ㉡ 오늘 오후에 팀 전체가 모여 회의를 갖겠습니다.
> ㉢ 비상문이 열려져 있어 신속하게 대피할 수 있었다.
> ㉣ 지난밤 검찰은 그를 뇌물 수수 혐의로 구속했다.

① ㉠: '기간'과 '동안'은 의미가 중복되므로 '공사하는 기간 동안'은 '공사하는 동안'으로 고쳐 쓴다.

② ㉡: '회의를 갖겠습니다'는 번역 투이므로 '회의하겠습니다'로 고쳐 쓴다.

③ ㉢: '열려져'는 '-리-'와 '-어지다'가 결합한 이중 피동 표현이므로 '열려'로 고쳐 쓴다.

④ ㉣: 동작의 대상에게 행위의 효력이 미친다는 의미를 제시해야 하므로 '구속했다'는 '구속시켰다'로 고쳐 쓴다.

06 2018년 국가직 9급

<보기>를 근거로 판단할 때, ㉠~㉣ 중 적절하지 않은 것은?

> **보기**
> 통일성은 글의 내용이 하나의 주제로 긴밀하게 관련되는 특성을 말한다. 초고의 적절성을 평가할 때에는 글의 내용이 하나의 주제를 드러낼 수 있도록 선정되었는지, 그리고 중심 내용에 부합하는 하위 내용들로 선정되었는지를 검토한다.

> 사람들은 대개 수학 과목이 어렵다고 한다. 하지만 나는 수학 시간이 재미있다. ㉠바로 수업을 재미있게 진행하시는 수학 선생님 덕분이다. 수학 선생님은 유머로 딱딱한 수학 시간을 웃음바다로 만들곤 한다. ㉡졸리는 오후 시간에 뜬금없이 외국으로 수학여행을 가자고 하여 분위기를 부드럽게 만든 후 어려운 수학 문제를 쉽게 설명한 적도 있다. 그래서 우리 학교에서는 수학 선생님의 인기가 시들 줄 모른다. ㉢그리고 수학 선생님의 아들이 수학을 굉장히 잘한다는 소문이 나 있다. ㉣내 수학 성적이 좋아진 것도 수학 선생님의 재미있는 수업 덕택이다.

① ㉠   ② ㉡   ③ ㉢   ④ ㉣

02 화법

압축개념
01 화법의 기능

최근 공무원 시험 1회 출제!
16년 국가직 7급 12번

① 화법의 주요 기능

구분	설명
지시적 (정보적) 기능	듣는 이(청자)에게 새로운 지식이나 정보를 전달하는 기능 예 오전 10시부터 12시까지 전기 공급이 중단됩니다.
정서적 (표현적) 기능	말하는 이(화자)의 느낌이나 감정 등을 표현하는 기능 예 이야, 경치가 정말 멋지구나!
명령적 (감화적) 기능	의견·주장을 내세움으로써 듣는 이(청자)의 행동·태도에 영향을 주는 기능 예 우리나라의 미래를 위해서는 청소년 교육에 힘써야 합니다.
친교적 기능	타인과의 친목을 도모하는 기능 예 안녕하세요, 오늘 날씨가 참 좋죠?

② 화법의 일반적 기능

구분	예	구분	예
명령	늦었으니 어서 자라.	약속	다음에는 꼭 팥빙수 사 줄게.
질문	공부는 어떻게 해야 하나요?	칭찬	너는 눈동자가 참 맑구나.
요청	모두 조용히 해 주세요.	축하	합격을 진심으로 축하합니다.
위로	얼마나 힘드셨습니까?	제안	다음에는 동해로 여행을 가자.
경고	바닥이 미끄러우니 조심하세요.	비난	그는 항상 자기 이익만 챙긴다.
선언	지금부터 토론을 시작하겠습니다.	협박	입금하지 않으면 그를 해치겠다.

확장개념
📍 반언어적 표현과 비언어적 표현
1. 반언어적 표현(언어 부수적 표현)
   - 억양: 말소리의 높낮이
   - 성량: 소리의 크기
   - 속도: 말의 빠르기
   - 어조: 말투, 말의 분위기
2. 비언어적 표현(언어 외적 표현)
   - 시선: 발표, 연설과 같은 대중 화법일수록 청중과 눈을 맞추어 유대감 형성, 청중의 주의 집중 유도가 중요
   - 표정: 화자의 감정, 심리 상태를 표현하는 얼굴의 모습
   - 몸짓: 몸동작, 문화적 배경이 다를 경우 의도가 다르게 전달될 수 있으므로 유의

기출로 출제포인트 점검

다음 문장에 나타난 화법의 기능을 쓰시오.

01 이 선풍기는 바람을 차게 하는 장치가 부착되어 있습니다.

02 일 년 이내에 고장이 나면 즉시 새 물건으로 교환해 드립니다.

[답]
01 지시적(정보적) 기능
02 약속 기능

압축개념
02 화법의 원리

최근 공무원 시험 8회 출제!
21년 국가직 9급 9번 | 20년 국가직 7급 3번
20년 지방직 9급 2번 | 19년 국가직 9급 4번
17년 국가직 7급(8월) 3번 | 16년 국가직 9급 10번
16년 국가직 9급 20번 | 16년 국가직 7급 12번

① 협력의 원리: 상대와 사회적 관계를 형성하고 유지하기 위한 원리이다.

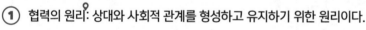

구분	설명	격률 위반의 예
양의 격률	대화 목적에 필요한 만큼만 정보를 제공한다.	A: 너 몇 살이니? B: 동생은 20살이고, 저는 23살입니다. ▶ 동생의 나이는 필요 없는 정보이다.
질의 격률	진실한 정보만을 제공한다.	A: 체중이 얼마나 되니? B: 깃털보다 가볍습니다. ▶ 진실성이 떨어지는 대답이다.

확장개념
📍 화법의 전략 - 공감적 듣기
공감적 듣기란 상대방의 관점에서 상대방을 이해하려는 열린 마음을 가지고, 감정을 이입하여 상대방의 말을 듣는 방법이다.

소극적인 들어주기	· 상대방이 계속 말을 이어나갈 수 있도록 관심을 보인다. · 상대방의 말에 맞장구를 쳐 주고 격려해준다.
적극적인 들어주기	· 상대방의 말을 요약 및 정리한다. · 상대방이 스스로 문제를 해결할 수 있도록 돕는다.

관련성의 격률	대화 맥락과 관련된 정보를 제공한다.	A: 잘 잤니? B: 방금 일어났어요. ▶ A의 물음에 맞지 않는 대답을 했다.
태도의 격률	모호하거나 중의적인 표현을 피하고 간결하고 조리 있게 말한다.	A: 점심으로 뭘 먹을래? B: 아무거나. ▶ A의 물음에 모호하게 대답했다.

② **공손성의 원리: 상대에게 정중한 표현을 최대화하는 원리이다.**

구분	설명	격률 실천의 예
요령의 격률	간접적·우회적 화법을 사용하여 상대에게 부담을 주는 표현은 최소화하고, 혜택을 주는 표현은 최대화한다.	A: 죄송합니다만, 문을 좀 닫아 주시겠습니까? B: 네, 알겠습니다. ▶ A는 '문을 닫아 주세요'를 간접적·우회적으로 표현하였다.
관용의 격률	화자 자신에게 혜택을 주는 표현은 최소화하고, 부담을 주는 표현은 최대화한다.	A: 제가 잘 이해하지 못해서 그러는데 다시 한 번 설명해 주시겠습니까? B: 네, 제가 다시 설명해 드릴게요. ▶ A는 이해하지 못한 책임을 자신에게 돌림으로써 상대의 부담을 최소화하였다.
칭찬의 격률	다른 사람에 대한 비방은 최소화하고, 칭찬은 극대화한다.	A: 너는 어쩌면 그렇게 그림을 잘 그리니? 정말 대단해. B: 그렇게 말씀해 주시니, 고맙습니다. ▶ A는 상대의 그림 솜씨를 칭찬하였다.
겸양의 격률	화자 자신에 대한 칭찬은 최소화하고, 비방은 최대화한다. (겸손)	A: 이렇게 늦은 시간까지 공부를 하다니 대단해. B: 낮에 집중해서 공부하지 않아 그렇지 뭐. 대단한 것은 아니야. ▶ B는 낮에 집중하지 않아 늦게까지 공부하는 것이라 말하면서 자신을 낮추었다.
동의의 격률	자기 의견과 타인 의견 사이의 차이점은 최소화하고, 일치점은 극대화한다.	A: 오랜만에 만난 친구가 살이 쪘길래, 살 빼라고 했더니 친구가 화를 냈어. 건강이 걱정되어서 그런 건데 말이야. B: 그래, 그 점에서는 네 말이 맞아. 그런데 듣는 사람 입장에서는 조금 기분 나쁠 수도 있지 않았을까? ▶ B는 먼저 상대의 의견을 존중하고, 이후에 자기 견해를 밝힘으로써 갈등을 피하였다.

③ **순서 교대의 원리: 원활한 대화를 위해 모든 대화 참여자가 고르게 순서대로 말을 주고받아야 한다는 원리이다.** 적절한 순서 교대를 위한 방법으로는 다음과 같은 것들이 있다.

(1) 상대의 말을 주의 깊게 듣고 순서 교대 지점을 정확히 판단하여 대화에 참여한다.

(2) 상대방의 말을 경청하고 있다는 신호를 대화 상황에서 적절하게 표시한다.

(3) 다른 사람의 순서에 함부로 끼어들거나, 부당하게 상대의 말을 가로채거나, 말을 자르지 않도록 유의한다.

III. 비문학

해커스공무원 단권화 핵심정리 국어

확장개념

♀ **협력의 원리 위반 효과(대화 함축)**

의도적으로 협력의 원리를 위반하여 함축적인 의미를 전달하기도 한다.
예 동생: 형, 과제 좀 도와줘.
형: 나 지금 약속 있어서 나가는데?
동생: 어, 그래?

▶ 의도적으로 관련성의 격률을 위반해 거절의 뜻을 완곡하게 전달하였다.

기출로 출제포인트 점검

다음 말에 나타난 공손성의 원리를 쓰시오.

> 바쁘실 텐데 초대해 주셔서 감사합니다.
> 음식이 참 맛있네요. 요리 솜씨가 이렇게 좋으시니 정말 부럽습니다.

[답]
칭찬의 격률

① 토론은 대립하는 문제에 대해 찬성 측 토론자와 반대 측 토론자가 각각 **상대방의 주장이나 논거가 부당함을 밝히는** 화법의 한 형태이다.

② 토론의 목적은 치열한 논박을 통해 **최선의 결론을 도출**하는 것이다.

③ 토론의 특징

(1) 규칙과 절차에 따라 진행된다.
(2) 찬성과 반대의 상반된 두 주장이 명확하게 드러난다.
(3) 첫 발언과 마지막 발언은 찬성 측이 하는 것이 원칙이다.
(4) 토론 당사자는 끝까지 자신의 주장이 정당하다는 입장을 유지하므로, 어느 편이 옳은가를 가리기 위해서는 제삼자의 판정이 필요하다.
(5) 설득적 논쟁의 수단이자 합리적 의사 결정의 수단이다.

④ 토론의 논제는 **긍정과 부정의 두 입장이 뚜렷하게 구분**되어야 하며, **하나의 주장만을 포함하는 긍정 명제**여야 한다.

⑤ 논거란 주장을 뒷받침하는 내용으로, 토론의 논거는 주장의 타당성, 신뢰성, 적합성을 증명하는 자료의 성격을 지닌다.

⑥ 토론 사회자의 역할과 태도

(1) 토론이 열리게 된 배경과 토론의 논제를 소개한다.
(2) 토론자들에게 토론의 규칙을 미리 알려 주고, 규칙을 지키도록 한다.
(3) 보충적인 질문과 요약을 때때로 삽입하여 토론의 진행을 돕는다.
(4) 토론자의 발언이 **논제에서 벗어나지 않도록** 조정한다.
(5) 토론자의 발언이 모호할 경우 구체적으로 질문하여 의미를 명확히 한다.
(6) 한쪽의 의견에 치우치는 발언을 해서는 안 되며, **공평성과 공정성**을 유지해야 한다.

⑦ 토론의 유형

구분	설명
고전적 (전통적) 토론	찬성 측과 반대 측이 각각 두 사람씩 한 팀이 되어, 서로 **번갈아 가며** 상대방의 주장에 대해 반박하는 토론 형태이다.
직파식 토론	찬성 측과 반대 측이 각각 두 사람씩 한 팀이 되어, 서로 **논거를 직접 반박하여** 깨뜨리는 방식으로 진행하는 토론 형태이다.
반대 신문식 토론	찬성 또는 반대의 입장에 있는 토론자에게 **상대편 토론자가 질문을 하여** 상대방의 논지를 반박하는 토론 형태이다.

확장개념

♀ **논거의 종류**
1. 사실 논거: 통계, 사례 등
2. 의견(소견) 논거: 전문가 의견, 관찰자 증언 등

♀ **논제(토론의 주제)의 종류**
1. 사실 논제: 사실의 진위 여부를 논하는 논제
   예 강력한 음주 운전 단속은 사고 예방에 효과가 있다.
2. 가치 논제: 가치관이나 시각의 차이를 중요시하는 철학적인 논제
   예 음주 운전 단속보다 음주 운전 방지 계도가 더 중요하다.
3. 정책 논제: 특정 정책을 두고 그것의 시행 여부에 대해 논하는 논제
   예 음주 운전 기습 단속 제도는 폐지해야 한다.

♀ **토론의 규칙**
1. 토론의 전체 시간을 설정한다.
2. 발언 시간, 발언 순서, 발언 횟수는 양측에 똑같이 부여한다.
3. 토론은 원칙적으로 구두(口頭)로 한다.
4. 토론이 끝난 후 토론자는 결과에 복종한다.
5. 찬성 측부터 발언하고, 마지막 발언도 찬성 측이 한다.

기출로 출제포인트 점검

토론에서 논제의 쟁점을 파악하기 위한 활동에 대한 설명으로 옳은 설명이면 ○, 틀린 설명이면 ×하시오.

01 차이를 극복하고 양측이 모두 수용 가능한 방안을 검토한다.

02 주장의 전제나 논거를 검토하여 적정성과 수용 가능성을 판단한다.

03 양측의 주장이 충돌하는 쟁점을 찾아 핵심 쟁점과 하위 쟁점을 정리한다.

[답]
01 ×   02 ○   03 ○

04 토의

① 토의는 공동의 문제에 대한 **최선의 문제 해결 방안을 협의**하는 화법의 한 형태이다.

② 토의의 목적은 공동의 문제에 대한 **다양한 의견을 자유롭게 교환**하여, 최선의 해결 방안을 찾아내는 것이다.

③ 토의의 주제

(1) 집단적 사고 과정이 필요한 것이어야 한다.

(2) 참여자들의 공통 관심사가 되는 문제여야 한다.

(3) 실제로 **실천 가능한 것을 주제**로 선정해야 한다.

(4) 상황에 맞는 시의성이 있는 문제를 주제로 삼아야 한다.

④ 토의의 유형

구분	설명
심포지엄	어떤 논제에 대하여 **두 사람 이상의 권위자(전문가)가 서로 다른 각도에서 의견을 발표**한 후, 청중의 질의에 응답하는 토의 유형이다. ① 발표자 간 의견 교환이 거의 없고, 특정한 결론 도출을 목적으로 하지 않는다. ② **학술적·전문적 영역에 적합**하며, 대표적 예로 강연회나 학술 대회가 있다.
패널 토의	어떤 문제에 대해 **입장이 다른 3~6명의 전문가(배심원)**가 일반 청중 앞에서 토의의 주제에 대해 의견을 주고받는 토의 유형이다. ① 서로 다른 의견을 조정하기 위한 수단이 된다. ② 전문적 분야에 대한 지식이 부족한 청중들을 이해시킬 수 있다. ③ 정치적·시사적 문제 해결에 적합하며, 대표적 예로 공청회가 있다.
포럼	**공공의 장소에서 전문가가 어떤 문제에 대한 해결 방안을 발표**한 후, 청중과의 질의응답을 통해 의견을 종합하는 토의 유형이다. ① 처음부터 청중의 적극적인 참여로 이루어진다. ② 여론을 수렴하여 사회 일반의 공동 관심사나 공동체의 이해와 관련된 문제의 해결 방법을 찾는 수단이 된다.
원탁 토의	**10명 내외의 사람들이 원탁에 둘러앉아 연령, 직위 등의 구별 없이 동등한 입장에서 자유롭게 의견을 나누는** 토의 유형이다.
기타	① 세미나: 연구자가 학술 논문을 발표한 후에 청중과 질의 응답의 방식을 통해 자유롭게 의견을 나눈다. ② 콜로퀴엄: 전문가를 초빙하여 다른 사람의 잘못된 의견을 바로잡는 것을 목적으로 한다. ③ 회의: 가장 일반적인 토의 형태로, 공동의 문제를 해결하기 위해 두 사람 이상이 모여서 합의하여 의제를 채택하고 의사를 결정한다.

⑤ 토론과 토의의 차이점

토론	토의
· 대립하는 문제에 대한 **치열한 논박**을 통해 최선의 결론을 도출한다. · 대립된 주장을 하는 사람들이 논리적으로 **상대방을 설득**한다.	· **공통적으로 인식하고 있는 특정 문제**에 대해 사람들이 **의견을 교환**하는 방식으로 진행된다. · 집단의 **협력적 사고 과정**을 거친다.

III. 비문학
해커스공무원 단권화 핵심정리 국어

확장개념

집단적 사고 과정이 필요한 주제
서로 간의 이해(利害)가 엇갈리거나 의견이 달라서 서로의 생각을 교환할 필요가 있는 것을 주제로 삼아야 한다.

시의성(時宜性)
어떤 시점이나 시기에 적합한 성질. 토의할 시기의 사정에 맞는 것

심포지엄과 패널 토의의 차이
1. 심포지엄: 발표자 간의 의견 교환 없이 발표만을 한 후, 청중과 질의응답을 한다. 그리고 일반적으로 심포지엄의 주제가 패널 토의보다 더 전문적이다.
2. 패널 토의: 강연식의 개별 발표 없이 곧바로 토의자 간의 상호 토의가 이루어진다.

기출로 출제포인트 점검

다음 식순을 보고, 이 행사의 형식에 해당하는 화법 유형을 쓰시오.

식순

■ 개회사 - 회장
■ 축사 - 전라남도 지사
■ 주제 발표
 · 주제: 영산강, 경제 개발이냐 환경 보존이냐
 · 발표자
  김복동(환경청) - 영산강 개발이 환경에 미치는 영향
  김철수(○○박물관) - 영산강 유역 개발과 문화유산
  홍길동(상공회) - 영산강 개발이 지역 경제에 미치는 영향

※ 참고 사항
1. 청중의 질문을 생략합니다.
2. 발표자 간 토의의 시간은 없습니다.

[답]
심포지엄

01 2016년 국가직 9급

다음 글을 근거로 할 때, <보기>의 대화에서 ⓛ의 대답이 갖는 특징으로 적절하지 않은 것은?

그라이스(Grice)는 원활한 대화 진행을 위한 요건으로 네 가지의 '협력의 원리'를 제시한 바 있다. 첫째, 주고받는 대화의 목적에 필요한 만큼만 정보를 제공하고 필요 이상의 정보를 제공하지 말라는 양의 격률이다. 둘째, 진실한 정보만을 제공하도록 노력하고 증거가 불충한 것은 말하지 말라는 질의 격률이다. 셋째, 해당 대화 맥락과 관련되는 말을 하라는 관련성의 격률이다. 넷째, 모호하거나 중의적인 표현을 피하고 간결하고 조리 있게 말하라는 태도의 격률이다. 그러나 모종의 효과를 위해 이 네 가지의 격률을 위배하는 일은 일상 대화에서 빈번하게 이루어지는데, 일반적으로 언중들은 그것을 자연스럽게 받아들일 뿐 아니라 때에 따라서는 협력의 원리를 지키는 것이 예의에 어긋난 경우도 많다.

보기

대화(1) ㉠: 체중이 얼마나 되니?
　　　　ⓛ: 55kg인데 키에 비해 가벼운 편입니다.
대화(2) ㉠: 얼마 전 시민 운동회가 있었다며?
　　　　ⓛ: 응. 백 미터 달리기에서 비행기보다 빠른 사람을 봤어.
대화(3) ㉠: 너 몇 살이니?
　　　　ⓛ: 형이 열일곱 살이고, 저는 열다섯 살이지요.
대화(4) ㉠: 점심은 뭐 먹을래?
　　　　ⓛ: 생각해 보고 마음 내키는 대로요.

① 대화(1): 관련성의 격률을 위배하였다.
② 대화(2): 질의 격률을 위배하였다.
③ 대화(3): 양의 격률을 위배하였다.
④ 대화(4): 태도의 격률을 위배하였다.

02 2020년 지방직 9급

다음 대화에서 밑줄 친 부분의 표현 효과에 대한 설명으로 적절한 것은?

김 대리: 늦어서 죄송합니다. 일이 좀 많았습니다.
이 부장: 괜찮아요. 오랜만에 최 대리하고 오붓하게 대화도 나누고 시간 가는 줄 몰랐네요. 허허허.
김 대리: 박 부장님은 오늘 못 나오신다고 전해 달라셨어요.
이 부장: 그럼, 우리끼리 출발합시다.

① 자신과 상대방의 의견 차이를 최소화한다.
② 상대방에게 부담이 되는 표현을 최소화한다.
③ 화자 자신에게 혜택을 주는 표현을 최소화한다.
④ 상대방에 대한 비방을 최소화하고 칭찬을 최대화한다.

03 2021년 국가직 9급

㉠~㉣은 '공손하게 말하기'에 대한 설명이다. ㉠~㉣을 적용한 B의 대답으로 적절하지 않은 것은?

㉠ 자신을 상대방에게 낮추어 겸손하게 말해야 한다.
㉡ 상대방의 처지를 고려하여 상대방이 부담을 갖지 않도록 말해야 한다.
㉢ 상대방이 관용을 베풀 수 있도록 문제를 자신의 탓으로 돌려 말해야 한다.
㉣ 상대방의 의견에서 동의하는 부분을 찾아 인정해 준 다음에 자신의 의견을 말해야 한다.

① ㉠ ─ A: "이번에 제출한 디자인 시안 정말 멋있었어."
　　　 └ B: "아닙니다. 아직도 여러모로 부족한 부분이 많습니다."

② ㉡ ─ A: "미안해요. 생각보다 길이 많이 막혀서 늦었어요."
　　　 └ B: "괜찮아요. 쇼핑하면서 기다리니 시간 가는 줄 몰랐어요."

③ ㉢ ─ A: "혹시 내가 설명한 내용이 이해 가니?"
　　　 └ B: "네 목소리가 작아서 내용이 잘 안 들렸는데 다시 한 번 크게 말해 줄래?"

④ ㉣ ─ A: "가원아, 경희 생일 선물로 귀걸이를 사주는 것은 어때?"
　　　 └ B: "그거 좋은 생각이네. 하지만 경희의 취향을 우리가 잘 모르니까 귀걸이 대신 책을 선물하는 게 어떨까?"

04 2019년 국가직 9급

토론자들의 말하기 방식에 대한 설명으로 적절한 것은?

> 사회자: 학교 폭력 문제가 나날이 심각해지고 있습니다. 이와 관련해 오늘은 '학교 폭력을 방관한 학생에게도 책임을 물어야 한다'를 주제로 토론을 해 보도록 하겠습니다. 먼저 찬성 측 말씀해 주시죠.
> 찬성 측: 친구가 학교 폭력에 의해 희생되고 있는데도 자신에게 피해가 올까 두려워 아무런 조치를 취하지 않는 학생들이 많다고 합니다. 이러한 행동으로 인해 학교 폭력은 점점 확산되고 있습니다. 학교 폭력을 행하는 것을 목격했음에도 어떤 조치도 취하지 않은 것은 폭력에 대해 묵시적으로 동의한 것과 같습니다. 폭력을 직접 행사하는 행위뿐 아니라, 불의에 저항하지 않는 정의롭지 못한 행위에 대해서도 합당한 책임을 물어야 할 것입니다.
> 사회자: 다음으로 반대 측 의견 말씀해 주시죠.
> 반대 측: 특정 학생에게 폭력을 직접 행사해서 피해를 준 사실이 명백할 때에만 책임을 물을 수 있을 것입니다. 또한 사건에 대한 개입과 방관은 개인의 자율적 의지에 달린 문제이므로 외부에서 규제할 성질의 문제가 아닙니다.
> 사회자: 그럼 이번에는 반대 측부터 찬성 측에 대해 반론해 주시지요.
> 반대 측: 과연 누구까지를 학교 폭력의 방관자라고 규정지을 수 있을까요? 집에 가는 길에 우연히 폭력을 목격했을 경우, 자신의 친구로부터 폭력에 관련된 소문을 접했을 경우 등 방관자라고 규정하기에는 애매한 경우가 많습니다. 어떠한 행위를 처벌하려면 확고한 기준이 필요한데, 방관자의 범위부터 규정하기가 불명확하다고 볼 수 있습니다.
> 찬성 측: 불의를 방관한 행위에 대해 사회가 책임을 묻지 않는다면 이후로도 사람들은 아무런 죄책감 없이 불의를 모른 체하고 방관할 것입니다. 결국 이는 사회 전체의 건전성과 도덕성을 떨어뜨릴 것이고, 정의에 근거한 시민의 고발정신까지 약화시킬 것입니다.

① 찬성 측은 친숙한 상황을 빗대어 자신의 견해를 펼치고 있다.
② 찬성 측은 자신의 경험을 제시하여 논지를 보충하고 있다.
③ 반대 측은 윤리적 방법으로 해결책을 제시하고 있다.
④ 반대 측은 논제에 의문을 제기하여 주장을 강화하고 있다.

05 2016년 지방직 9급

'샛강을 어떻게 살릴 수 있을까?'라는 주제에 대해 토의하고자 한다. 이에 대한 설명으로 적절하지 않은 것은?

> 토의는 어떤 공통된 문제에 대해 최선의 해결안을 얻기 위하여 여러 사람이 의논하는 말하기 양식이다. 패널 토의, 심포지엄 등이 그 대표적 예이다. ⊙패널 토의는 3~6인의 전문가들이 사회자의 진행에 따라, 일반 청중 앞에서 토의 문제에 대한 정보나 지식, 의견이나 견해 등을 자유롭게 주고받는 유형이다. 토의가 끝난 뒤에는 청중의 질문을 받고 그에 대해 토의자들이 답변하는 시간을 갖는다. 이 질의·응답 시간을 통해 청중들은 관련 문제를 보다 잘 이해하게 되고 점진적으로 해결 방안을 모색하게 된다. ⓛ심포지엄은 전문가가 참여한다는 점, 청중과 질의·응답 시간을 갖는다는 점에서는 패널 토의와 그 형식이 비슷하다. 다만 전문가가 토의 문제의 하위 주제에 대해 서로 다른 관점에서 연설이나 강연의 형식으로 10분 정도 발표한다는 점에서는 차이가 있다.

① ⊙과 ⓛ은 모두 '샛강 살리기'와 관련하여 전문가의 의견을 들은 이후, 질의·응답 시간을 갖는다.
② ⊙과 ⓛ은 모두 '샛강을 어떻게 살릴 수 있을까?'라는 문제에 대해 최선의 해결책을 얻기 위함이 목적이다.
③ ⓛ은 토의자가 샛강의 생태적 특성, 샛강 살리기의 경제적 효과 등의 하위 주제를 발표한다.
④ ⊙은 '샛강 살리기'에 대해 찬반 입장을 나누어 이야기한 후 절차에 따라 청중이 참여한다.

06 2019년 지방직 9급

토론에서 사회자가 하는 역할에 대한 설명으로 가장 적절한 것은?

① 토론을 시작하면서 논제가 타당한지 토론자들의 의견을 묻는다.
② 토론자들에게 토론의 전반적인 방향과 유의점에 대해 안내한다.
③ 청중의 의견을 수렴하여 대안을 제시함으로써 쟁점을 약화시킨다.
④ 토론자의 주장과 논거를 비판하는 견해를 개진하여 논쟁의 확산을 꾀한다.

정답 및 해설 p. 303

03 비문학 이론

압축개념

01 논지 전개 방식

최근 공무원 시험 **13회 출제!**

21년 국가직 9급 4번	21년 국가직 9급 13번
21년 소방직 9급 16번	20년 국가직 9급 12번
20년 지방직 7급 19번	20년 서울시 9급 10번
19년 지방직 7급 4번	19년 서울시 9급(2월) 20번
19년 소방직 9급 18번	18년 국가직 9급 11번
18년 서울시 9급(6월) 18번	18년 서울시 7급(3월) 20번
18년 소방직 9급(10월) 5번	

① **정태적 범주: 시간의 흐름을 배제한 논지 전개 방식이다.**

정의	용어의 **뜻**을 분명하게 규정하는 논지 전개 방식 예 이등변 삼각형이란 두 변의 길이가 같은 삼각형이다.
비교	사물의 **비슷한 점을 밝혀내어** 설명하는 논지 전개 방식 예 잣나무는 소나무처럼 상록수이며 추운 지방에서 자라는 침엽수이다.
대조	사물의 **차이점을 밝혀내어** 설명하는 논지 전개 방식 예 동사는 주어의 동작을, 형용사는 주어의 성질을 나타낸다.
분류·구분	어떤 대상이나 생각을 **비슷한 특성**에 따라 나눠 진술하는 논지 전개 방식. 이 둘은 보통 동일하게 쓰이나, 경우에 따라 '**분류**'는 **하위 항목을 상위 항목으로 묶어 나가는 것**, '**구분**'은 **상위 항목을 하위 항목으로 나누는 것**으로 구별하기도 한다. 예 • 분류: 침엽수와 활엽수는 나무의 종류이다. (하위 항목) (상위 항목) • 구분: 나무는 침엽수와 활엽수로 나눌 수 있다. (상위 항목) (하위 항목)
분석	하나의 관념이나 대상을 그 **구성 요소로 나누어** 진술하는 논지 전개 방식 예 곤충의 몸은 머리, 가슴, 배의 세 부분으로 이루어져 있다.
예시	**사례를 들어** 추상적인 원리, 법칙, 진술을 구체화하는 논지 전개 방식 예 나는 산, 강, 바다, 호수, 들판 등 우리 국토의 모든 것을 사랑한다.
유추	**친숙한 대상의 특징을 제시한 후, 이와 일부 속성이 일치하는 다른 생소한 대상도** 그러한 특징을 가질 것이라고 비교하여 설명하는 논지 전개 방식 예 우리말을 제대로 세우지 않고 영어를 들여오는 일은 우리 개구리들을 돌보지 않은 채 황소개구리를 들여온 우를 또다시 범하는 것이다.
인용	**남의 말이나 글을 빌려 쓰는** 논지 전개 방식 예 이순신 장군은 "나의 죽음을 적에게 알리지 마라."라는 말을 남겼다.
묘사	대상을 **그림 그리듯이 구체적으로** 진술하는 논지 전개 방식 예 잎은 어긋나게 붙고 위로 올라갈수록 작아지면서 윗줄기를 감싼다.

② **동태적 범주: 시간의 흐름을 전제로 한 논지 전개 방식이다.**

서사	일정한 시간 내에 일어나는 행동이나, **시간의 흐름에 따라 전개되는 사건**에 초점을 두는 논지 전개 방식 예 나는 살금살금 발소리를 죽여 가며 창가로 다가가서, 누군지 모를 여학생의 팔을 살짝 꼬집었다. 그러고는 얼른 창문에 바짝 붙어 섰다.
과정	어떤 결과를 가져오게 한 **행동, 변화, 기능, 단계, 작용**에 초점을 두는 논지 전개 방식 예 타이어는 정련, 반제품, 성형, 가류의 4가지 과정을 거쳐 완성된다. 먼저 고무를 생산하고(정련), 이를 타이어의 각 부분에 맞게 만들어 낸다(반제품). 이후에 타이어의 형태를 만들고(성형), 마지막으로 일정한 열과 압력을 가하면(가류) 타이어가 완성된다.
인과	**원인**과 **결과**에 초점을 두는 논지 전개 방식 예 성장이 둔화되어 일자리가 늘지 않았기 때문이다.

확장개념

♀ **분류와 분석의 차이**

'분류'는 어떤 대상을 공통된 특성으로 묶어 종류를 나누는 것이고, '분석'은 어떤 대상을 그 구성 요소나 성질로 파헤쳐 나누는 것이다. 따라서 만약 나누기 전의 것은 A, 나눈 후의 것은 B라고 한다면 분류는 'B는 A의 종류'가 되고, 분석은 'B는 A의 일부'가 된다.

♀ **비교와 유추의 차이**

비교와 유추는 모두 두 대상 간의 공통점을 바탕으로 하지만, 비교는 대상 간의 범주가 일치하는 반면 유추는 대상 간의 범주가 각각 다르게 나타난다.

기출로 출제포인트 점검

다음 문장의 괄호 안에 들어갈 논지 전개 방식을 쓰시오.

01 (㉠)은(는) 어떤 용어나 단어의 뜻과 개념을 밝히는 것으로, 충분한 지식을 가지고 있어야 정확한 (㉠)을(를) 내릴 수 있다.

02 (㉡)은(는) 어떤 개념이나 사물에 대한 이해를 돕기 위하여 이에 해당하는 예를 직접 보여 주거나 예를 들어 설명하는 것이다.

03 어떠한 대상을 파악하고자 할 때 대상을 적절히 나누거나 묶어서 정리해야 하는데, 하위 개념을 상위 개념으로 묶어 가면서 설명하는 (㉢)의 방법과 상위 개념을 하위 개념으로 나누어 가면서 설명하는 (㉣)의 방법이 있다.

04 설명을 할 때에 서로 비슷비슷하여 구별이 어려운 개념에 대하여 그들 사이의 공통점이나 차이점을 지적하면 이해하기가 쉬운데, 둘 이상의 대상 사이의 유사점에 대하여 설명하는 일을 (㉤)(이)라 하고, 그 차이점에 대하여 설명하는 일을 (㉥)(이)라 한다.

[답]
01 ㉠ 정의
02 ㉡ 예시
03 ㉢ 분류, ㉣ 구분
04 ㉤ 비교, ㉥ 대조

02 논증(추론)의 종류

① 연역 추론: 일반적인 원리에서 개별적인 현상을 도출하는 논증 방법이다.

(1) 주로 '대전제-소전제-결론'의 삼단 논법 형식으로, 논리적 필연성을 중시하므로 전제가 참이면 결론도 참이 되고, 전제가 거짓이면 결론도 거짓이 된다.

> 예 <u>모든 사람은 죽는다.</u> → <u>소크라테스는 사람이다.</u> → <u>소크라테스는 죽는다.</u>
>   A → B   C → A   C → B
>   (대전제)   (소전제)   (결론 도출)

(2) 전제 속에 포함된 것을 재확인할 뿐, 새로운 사실의 발견은 불가능하다.

② 귀납 추론: 개별적이고 특수한 현상에서 일반적인 결론을 도출하는 논증 방법이다.

(1) 귀납 추론을 통해 얻은 결론은 일반적 명제 또는 가설일 뿐, 예외가 있을 경우 결론은 거짓이 된다.

> 예 A지역 까마귀는 검다. B지역 까마귀도 검다. C지역 까마귀도 검다. (개별적 사실)
> → 모든 까마귀는 검다. (일반적인 결론 도출)
> ▶ 만약 흰 까마귀라는 예외가 있으면 '모든 까마귀는 검다'라는 결론은 거짓이 된다.

(2) 논리적 필연성은 보장되지 않으나, 새로운 사실의 발견은 가능하다.

③ 유비 추론: 귀납 추론이 축소된 형태로, 두 사물 간의 유사성에 근거하여 결론을 이끌어 내는 방법이다.

(1) 어떤 대상이 특정한 결과를 가져올 때, 그것과 비슷한 특성이나 조건의 다른 대상이 가져올 결과도 동일할 것이라고 추론한다.

> 예 새로 개발한 약을 실험용 쥐 다섯 마리에 투여했더니, 약 90%의 쥐가 암 치료 효과를 나타냈다. (사례) → 이제까지의 실험 결과로 볼 때 새로 개발한 약을 사람에게 투여하면 사람의 암 치료에도 큰 효과가 있을 것이다. (결론 도출)

(2) 확실한 결론을 도출하려면 더 많은 사례를 통해 결론이 검증되어야 한다.

④ 변증 추론: 갈등의 해결 과정에서 더 나은 상태를 이끌어 내는 논증 방법이다.

(1) 기존의 고정된 요소를 정(正), 대립되는 요소를 반(反), 새로이 발전된 상태를 합(合)이라 한다.

(2) 합(合)으로 가면서 기존 정(正)의 긍정적 요소는 계승하고, 부정적 요소는 버리는 과정이 나타난다.

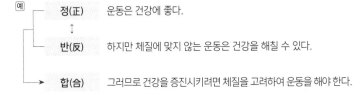

> 예
> 정(正)   운동은 건강에 좋다.
>   ↕
> 반(反)   하지만 체질에 맞지 않는 운동은 건강을 해칠 수 있다.
> 합(合)   그러므로 건강을 증진시키려면 체질을 고려하여 운동을 해야 한다.

기출로 출제포인트 점검

다음 문장에 나타난 논증의 종류를 쓰시오.

01 모든 인간은 자유를 원한다. 우리는 인간이다. 그러므로 우리는 자유를 원한다.

02 성적이 갑자기 떨어지면 성격이 날카로워진다. 철수도 성적이 떨어졌을 때 성격이 날카로웠고, 영희도 그랬다.

03 의지의 자유가 없는 사람에게는 책임을 물을 수 없다. 그런데 인간에게는 책임을 물을 수 있다. 그러므로 인간의 의지는 자유롭다고 보아야 한다.

04 우리말을 제대로 세우지 않고 영어를 들여오는 일은 우리 토종 물고기를 돌보지 않은 채 외래종 물고기를 들여온 우(愚)를 또다시 범하는 것이다.

05 디지털이 없는, 첨단이 없는 아날로그는 구식이 될 수 있다. 하지만 디지털만 아는 것, 디지털에만 빠지는 것 또한 한계가 뚜렷하다고 생각한다. 결국 디지털이라는 첨단 지식 위에 아날로그를 덧대는 것이 최선이다.

06 목적을 지닌 인생은 의미 있다. 목적 없이 살아가는 사람은 험난한 인생의 노정을 완주하지 못한다. 목적을 갖고 뛰어야 마라톤에서 완주가 가능한 것처럼 우리의 인생에서도 목표를 가지고 꾸준히 노력하는 사람이 성공한다.

[답]
01 연역 추론   02 귀납 추론
03 연역 추론   04 유비 추론
05 변증 추론   06 유비 추론

03 논증의 오류

① 자료적 오류

성급한 일반화의 오류	제한된 증거 또는 대표성이 결여된 사례 등을 가지고 **성급하게 결론을 도출**함으로써 발생하는 오류 예 갑돌이는 책을 보지 않고도 좋은 점수를 받았다. 그러므로 책을 보지 않는 사람은 모두 좋은 점수를 받을 것이다.
흑백 논리의 오류	어떤 주장에 대한 **선택지가 두 가지밖에 없다고 생각**하거나, 다른 가능성이 허용됨에도 불구하고 이를 인정하지 않음으로써 발생하는 오류 예 그는 나를 추남이라고 하지 않으니, 미남이라 생각하는 것이 틀림없다.
원인 오판의 오류	어떤 사건의 **인과 관계를 혼동**하거나, **단순한 선후 관계를 원인과 결과의 관계로 혼동**함으로써 발생하는 오류 예 학교 가는 길에 버스가 한꺼번에 두 대가 와서 이상하다고 생각했는데 그게 바로 시험을 망칠 징조였다.
무지에의 호소	**반증된 적이 없으므로 어떤 주장을 받아들여야 한다**고 말하거나, **증명된 적이 없으므로** 어떤 결론이 **거절되어야 한다**고 주장하는 오류 예 신은 존재한다. 왜냐하면, 아무도 신이 존재하지 않는다고 증명해 보인 적이 없으니까.
잘못된 유추의 오류	일부분이 유사하다고 해서 **나머지도 유사할 것**이라고 생각하는 오류 예 예로부터 유유상종이라 했으니 사귀는 사람을 보면 그 사람의 됨됨이를 확실히 알 수 있다.
원칙 혼동의 오류	일반적인 원칙을 특수한 경우에도 그대로 적용해서 발생하는 오류 예 거짓말을 하는 것은 죄악이다. 그러므로 의사가 환자의 심리적 안정을 위해 병명을 속이는 것도 죄악이다.
의도 확대의 오류	의도하지 않은 결과에 대해 **본래부터 의도가 있었다고 판단**하는 오류 예 왜 계속 날 쳐다보는 거예요? 날 좋아하는 거예요?
논점 일탈의 오류	논점과 관련이 없는 내용을 이야기하여 논점을 흐리는 오류 예 너희들은 왜 TV를 보면서 맨날 그렇게 싸우니? 빨리 들어가서 공부나 해.
복합 질문의 오류	한 질문에 사실상 두 개의 질문을 담음으로써 발생할 수 있는 오류. 어떻게 대답하든 특정 사실을 수긍하게 됨 예 A: 당신의 허위 광고 결과로 판매가 늘었지요? B: 아니오. A: 그렇다면 허위 광고를 했다는 사실은 인정하시는 거군요. ▶ '당신은 허위 광고를 했지요?'와 '광고 결과로 판매가 늘었지요?'의 두 질문을 내포하고 있는 질문을 함으로써, 어떤 대답을 하든 허위 광고를 했다는 사실을 수긍하게 만들고 있다.
분할의 오류	부분이나 원소가 전체 또는 집합과 같은 성질을 가진다고 **추론**하여 발생하는 오류 예 독일인은 원리 원칙을 잘 지키기로 유명하다. 따라서 그 독일 사람도 질서를 잘 지킬 것임에 틀림없다.
합성의 오류	부분이나 원소의 성질을 전체의 속성으로 보는 오류 예 야구 올스타팀은 국내 다른 어떤 야구팀과 경기해도 이길 것이다. 각 포지션별로 최고의 선수가 모여 있기 때문이다.
순환 논증의 오류	결론에서 주장한 내용을 다시 근거로 제시하는 오류 예 그 청년이 말한 사건은 분명히 진실이다. 왜냐하면 그는 거짓말을 하지 않기 때문이다.
발생학적 오류	어떤 대상의 기원이 특정 속성을 가질 때, 그 **대상도 기원의 특정 속성을 그대로 가지고 있을 것**으로 추리하는 오류 예 저 선수는 피겨 스케이트를 잘 탈 것이 분명해. 저 선수의 엄마가 피겨 세계 랭킹 1위였거든.

확장개념

♀ 오류의 유형

1. 자료적 오류: 논증의 자료가 부족하거나, 주장의 전제나 논거가 되는 자료를 잘못 판단하였음에도 불구하고 이로부터 결론을 이끌어 내는 데서 발생하는 오류이다.

2. 심리적 오류: 주장에 대한 논리적 근거를 제시하지 않고, 심리적인 면에 호소하여 상대를 설득하려고 할 때 발생하는 오류이다.

3. 언어적 오류: 언어를 잘못 이해하거나 사용한 데서 발생하는 오류이다.

② 심리적 오류

공포에의 호소	강제적 수단을 동원하여 상대가 자신의 주장을 받아들이게 하는 오류 예 자꾸 혐의를 부인한다면 철창에 넣어 버리겠어.
동정에의 호소	동정심이나 연민에 호소하여 상대가 자신의 주장을 받아들이게 하는 오류 예 이 과목마저 낙제를 하면 전 졸업을 할 수가 없습니다. 그러면 제 어머니께서 얼마나 낙담하시겠습니까? 그러니 선생님, 낙제만은 면하게 해 주십시오.
인신공격의 오류	주장하는 이의 인품, 성격, 과거의 정황, 직업 등을 비난하여 그 사람의 주장이 옳지 않다고 비판하는 오류 예 그 사람은 과거에 범죄를 저지른 적이 있으므로 그가 하는 말은 모두 믿을 수 없다.
부적합한 권위에의 호소	논점과 직접적인 상관관계가 없는 권위자의 견해를 근거로, 자신의 주장을 받아들이도록 하는 오류 예 지금은 힘들어도 경제 상황이 곧 나아질 거야. 어제 TV 토론에서 ○○대 물리학과 교수가 그렇게 이야기했거든.
원천 봉쇄의 오류	반론의 가능성이 있는 요소를 비난하거나 봉쇄하여, 반론의 제기 자체를 불가능하게 하는 오류 예 • 착한 어린이는 일찍 자고 일찍 일어납니다. • 나의 주장은 어디까지나 정의에 입각한 것이다. 그러므로 내 주장에 반대하는 사람은 불의의 편에 서게 되는 것이다.
대중에의 호소	타당한 근거 없이 대중의 감정, 군중 심리에 호소하거나 여러 사람이 동의한다는 점을 앞세워 자신의 주장에 동조하도록 하는 오류 예 • 전 세계 120개국에서 애용하는 ○○○! 역시 택배는 ○○○! • 이번에 나온 김철수 감독의 신작은 매우 많은 사람들이 관람했으므로 좋은 영화라고 할 수 있다.
정황에의 호소	상대가 처한 상황을 근거로 들어, 상대의 주장과 논지를 비판하는 오류 예 수험생이 돼 가지고, 시험을 코앞에 두고 TV만 보고 있을 거니?
역공격의 오류	자신이 받는 비판이 상대에게도 적용될 수 있음을 근거로 들어, 비판받는 상황을 모면하고자 하는 오류 예 너는 뭘 잘했다고 그러니? 너도 그러더라.

③ 언어적 오류

강조의 오류	문장의 일부분을 불필요하게 강조함으로써 발생하는 오류 예 나는 장인을 언덕 아래로 밀기만 했다. 이러면 때린 건 아니니까 아무 문제 없겠지?
애매어의 오류	둘 이상의 의미로 사용될 수 있는 단어를 혼동하여 사용함으로써 발생하는 오류 예 꿈은 생리 현상이다. 인생은 꿈이다. 그러므로 인생은 생리 현상이다.
은밀한 재정의의 오류	용어가 가지는 사전적 의미에 자의적(恣意的) 의미를 덧붙임으로써 발생하는 오류 예 • 귀한 것은 드물다. 10원짜리 가락국수는 드물다. 그러므로 10원짜리 가락국수는 귀하다. • 그 아이 덤비는 거 봤어? 미치지 않고서야 어떻게 그래. 정신이 나간 게 틀림없어. 빨리 정신 병원에 보내야 해.
범주의 오류	서로 다른 범주에 속하는 개념을 같은 범주의 것으로 혼동하거나 말이 가리키는 대상의 종류를 구분하지 못할 때 발생하는 오류 예 종교는 사람들이 믿고 실천하는 것이다. 공산주의자들은 마르크스 - 레닌주의를 믿고 실천한다. 그러므로 공산주의자들은 종교를 믿는다. ▶ '종교'와 '이념(마르크스 - 레닌주의)'을 같은 범주의 것으로 혼동하고 있다.

기출로 출제포인트 점검

다음 문장에 나타난 오류를 쓰시오.

01 아버지, 저는 과학자가 되기보다는 물리학자가 되겠습니다.

02 국민의 67%가 사형 제도에 찬성했다. 그러므로 사형 제도는 정당하다.

03 네가 내게 한 약속을 지키지 않은 것은 곧 나를 사랑하지 않는다는 증거야.

04 NaCl은 Na와 Cl이 결합한 것이다. NaCl은 맛이 짜다. 따라서 Na도 맛이 짜고, Cl도 맛이 짜다.

05 미확인 비행 물체(UFO)가 없다는 주장이 입증되지 않았으므로 미확인 비행 물체는 존재한다.

06 지금 서른 분 가운데 열 분이 손을 들어 반대하셨습니다. 손을 안 드신 분은 모두 제 의견에 찬성하는 것으로 알겠습니다.

07 정선, 김홍도, 신윤복, 강희안, 장승업 등은 모두 탁월한 화가들이다. 그러므로 한 민족은 세계에서 가장 뛰어난 미술적 재능을 지닌 민족이다.

08 화성에서 식물을 발견할 확률은 1/2이다. 동물을 발견할 확률도 1/2이다. 따라서 화성에서 동물이든 식물이든 어떤 생명체를 발견할 확률은 1/2+1/2=1이다.

09 참된 능력은 언제나 드러나기 마련이다. 능력 있는 자는 자신이 내세우지 않아도 그 재능을 인정받는다. 그러므로 능력 있는 자는 자신의 재능을 알리려고 애쓸 필요가 없다.

10 19세기에 영국의 한 정치가는 착실하고 부지런한 농부는 모두 적어도 한두 마리의 젖소를 소유하고 있다는 것을 알게 되었다. 대신 젖소를 못 가진 농부들은 게으르고 언제나 술에 취해 있는 게 보통이었다. 그래서 이 정치가는 게으른 농부들을 부지런하게 만들기 위해서 그들에게 젖소를 한 마리씩 주자고 제안하였다.

[답]
01 범주의 오류　　　　02 대중에의 호소
03 의도 확대의 오류　　04 분할의 오류
05 무지에의 호소　　　06 흑백 논리의 오류
07 성급한 일반화의 오류　08 합성의 오류
09 순환 논증의 오류　　10 원인 오판의 오류

01 2021년 국가직 9급

다음 글의 설명 방식으로 적절하지 않은 것은?

> 빛 공해란 인공조명의 과도한 빛이나 조명 영역 밖으로 누출되는 빛이 인간의 건강하고 쾌적한 생활을 방해하거나 환경에 피해를 주는 상태를 말한다. 국제 과학 저널인 사이언스 어드밴스의 '전 세계 빛 공해 지도'에 따르면, 우리나라는 빛 공해가 심각한 국가이다. 빛 공해는 멜라토닌 부족을 초래해 인간에게 수면 부족과 면역력 저하 등의 문제를 유발하고, 농작물의 생산량 저하, 생태계 교란 등의 문제를 일으킨다.

① 빛 공해의 정의를 제시하고 있다.
② 빛 공해의 주요 요인인 인공조명의 누출 원인을 제시하고 있다.
③ 자료를 인용하여 빛 공해가 심각한 국가로 우리나라를 제시하고 있다.
④ 사례를 들어 빛 공해의 악영향을 제시하고 있다.

02 2019년 지방직 7급

밑줄 친 부분의 주된 설명 방식은?

> 보살은 자기 자신이 불경의 체험 내용인 보리를 구하려고 노력하는 동시에 일체의 타인에게도 그의 진리를 체득시키고자 정진하는 인간이다. 그러므로 보살은 나한과 같은 자리(自利)를 위하여 보리를 구하는 자가 아니고 어디까지든지 이타(利他)를 위하여 활동하는 것이다. 나한이 개인적 자각인 데 대하여 보살은 사회적 자각에 입각한 것이니, 나한은 언제든지 개인 본위이고 개인 중심주의인 데 대하여 보살은 사회 본위이고 사회 중심주의인 것이다.

① 유추
② 묘사
③ 예시
④ 대조

03 2018년 지방직 7급

다음 글의 논지 전개 방식으로 적절한 것은?

> 군산이 일본으로 쌀을 이출하는 전형적인 식민 도시였다면, 금강과 만경강 하구 사이에서 군산을 에워싸고 있는 옥구는 그 쌀을 생산하는 대표적인 식민 농촌이었다. 1903년 미야자키 농장을 시작으로 1910년 강점 이전에 이미 10개의 일본인 농장이 세워졌으며, 1930년 무렵에는 15~16개로 늘어났다. 1908년 한국인 지주들도 조선 최초의 수리조합인 옥구 서부 수리 조합을 세우긴 했지만 일본인의 기세를 꺾지 못했다. 1930년 무렵 일본인은 전라북도 경지의 대략 1/4을 차지하였으며, 평야 지역인 옥구는 절반 이상이 일본인 땅이었다. 쌀을 군산으로 보내기 편한 철도 부근의 지역에서는 일본인 지주의 비중이 더 높았을 것이다. '이리부터 군산에 이르는 철도 연선의 만경강 쪽 평야는 90%가 일본인이 경영한다.'는 말이 허풍만은 아닐 거다. 일본인이 좋은 땅 다 차지하고 조선인은 '산비탈 흙구덩이'에 몰려 사는 처지라는 푸념 또한 과언이 아닐 거다.

① 인과적 연결을 통해 대상을 논증하고 있다.
② 반어적 수사를 동원하여 대상을 비판하고 있다.
③ 풍자와 해학을 동원하여 대상을 희화화하고 있다.
④ 구체적인 사실과 정보를 중심으로 대상을 설명하고 있다.

04 2017년 서울시 9급

다음 예문과 같은 유형의 논리적 오류가 나타난 것은?

> 이 식당은 요즘 SNS에서 굉장히 뜨고 있어. 그러니까 엄청 맛있을 거야.

① 이 식당 음식을 꼭 먹어보도록 해. 만나는 사람들마다 이 집 이야기를 하는 걸 보니 맛이 괜찮은가 봐.
② 누구도 이 식당이 맛없다고 말한 사람은 없어. 그러니까 엄청 맛있는 집이란 소리지.
③ 여기는 유명한 개그맨이 맛있다고 한 식당이니까 당연히 맛있겠지. 그러니까 꼭 여기서 먹어야 해.
④ 이번에는 이 식당에서 밥을 먹자. 내가 얼마나 여기서 먹어 보고 싶었는지 몰라. 꼭 한번 오게 되기를 간절하게 바랐어.

05 2019년 서울시 9급(2월)

<보기>의 설명에 활용된 방식과 가장 가까운 것은?

> **보기**
>
> 유학자들은 자신이 먼저 인격자가 될 것을 강조하지만 궁극적으로는 자신뿐 아니라 백성 또한 올바른 행동을 할 수 있도록 이끌어야 한다는 생각을 원칙으로 삼는다. 주희도 자신이 명덕(明德)을 밝힌 후에는 백성들도 그들이 지닌 명덕을 밝혀 새로운 사람이 될 수 있도록 가르쳐야 한다고 본다. 백성을 가르쳐 그들을 새롭게 만드는 것이 바로 신민(新民)이다. 주희는 『대학』을 새로 편찬하면서 고본(古本) 『대학』의 친민(親民)을 신민(新民)으로 고쳤다. '친(親)'보다는 '신(新)'이 백성을 새로운 사람으로 만든다는 취지를 더 잘 표현한다고 보았던 것이다. 반면 정약용은, 친민을 신민으로 고치는 것은 옳지 않다고 본다. 정약용은 친민을 백성들이 효(孝), 제(弟), 자(慈)의 덕목을 실천하도록 이끄는 것이라 해석한다. 즉 백성들로 하여금 자식이 어버이를 사랑하여 효도하고 어버이가 자식을 사랑하여 자애의 덕행을 실천하도록 이끄는 것이 친민이다. 백성들이 이전과 달리 효, 제, 자를 실천하게 되었다는 점에서 새롭다는 뜻은 있지만 본래 글자를 고쳐서는 안 된다고 보았다.

① 시는 서정시, 서사시, 극시로 나뉜다.

② 소는 식욕의 즐거움조차 냉대할 수 있는 지상 최대의 권태자다.

③ 언어는 사고를 반영한다는 말이 있는데, 그 예로 무지개 색깔을 가리키는 7가지 단어에 의지하여 무지개 색깔도 7가지라 판단한다는 것을 들 수 있다.

④ 곤충의 머리에는 겹눈과 홑눈, 더듬이 따위의 감각 기관과 입이 있고, 가슴에는 2쌍의 날개와 3쌍의 다리가 있으며, 배에는 끝에 생식기와 꼬리털이 있다.

06 2020년 국가직 9급

다음에서 제시한 글의 전개 방식의 예로 가장 적절한 것은?

> '인과'는 원인과 결과를 서술하는 전개 방식이다. 어떤 현상이나 결과가 나타나게 된 원인이나 힘을 제시하고 그로 말미암아 초래된 결과를 나타내는 서술 방식이다.

① 온실 효과로 지구의 기온이 상승할 때 가장 심각한 영향은 해수면의 상승이다. 이러한 현상은 바다와 육지의 비율을 변화시켜 엄청난 기후 변화를 유발하며, 게다가 섬나라나 저지대는 온통 물에 잠기게 된다.

② 이 사회의 경제는 모두가 제로섬 요소로 구성되어 있다. 제로섬(zero-sum)이란 어떤 수를 합해서 제로가 된다는 뜻이다. 어떤 운동 경기를 한다고 할 때 이기는 사람이 있으면 반드시 지는 사람이 있게 마련이다.

③ 다음날도 찬호는 학교 담을 따라 돌았다. 그리고 고무신을 벗어 한 손에 한 짝씩 쥐고는 고양이 걸음으로 보초의 뒤를 빠져 팽이처럼 교문 안으로 뛰어들었다.

④ 벼랑 아래는 빽빽한 소나무 숲에 가려 보이지 않았다. 새털 구름이 흩어진 하늘 아래 저 멀리 논과 밭, 강을 선물 세트처럼 끼고 들어앉은 소읍의 전경은 적막해 보였다.

정답 및 해설 p. 304

해커스공무원 **단권화 핵심정리 국어**

IV. 문학

* 출제 빈도: 최근 국가직·지방직·서울시 7·9급 시험 기준
('독해 유형' 문제 비중은 제외함)

01 문학 이론

압축개념

01 문학의 갈래

① 서정 양식

특징	자아와 세계의 관계
• 객관적인 세계를 바탕으로 개인의 주관적인 정서를 감각적, 음악적 언어를 통해 표현하는 장르이다. • 고대 가요, 향가, 고려 가요, 시조, 현대 시 등이 대표적이다.	세계의 자아화

② 서사 양식

특징	자아와 세계의 관계
• 일련의 사건을 서술자가 객관적으로 전달하는 장르로, 주로 과거 시제로 사건이 전개된다. • 신화, 전설, 민담, 고전/현대 소설 등이 대표적이다.	자아와 세계의 갈등 (서술자 개입 O)

③ 극 양식

특징	자아와 세계의 관계
• 등장인물의 대화와 행동을 통해 사건이 현재 시제로 전개되는 장르로, 무대 상연을 전제로 한다. • 가면극, 인형극, 판소리, 현대 극 등이 대표적이다.	자아와 세계의 갈등 (서술자 개입 X)

④ 교술 양식

특징	자아와 세계의 관계
• 현실의 사물이나 자신의 체험을 자아에 의한 변형 없이 전달하는 장르로, 교훈성이 강하다. • 경기체가, 가사, 수필, 기행문 등이 대표적이다.	자아의 세계화

기출로 출제포인트 점검

괄호 안에 들어갈 문학의 갈래를 쓰시오.

01 (㉠)은 현재 시제를 사용한다.

02 (㉡)은 개인의 정서를 표현한 것이다.

[답]
01 ㉠ 극 양식
02 ㉡ 서정 양식

02 문학 감상의 관점

최근 공무원 시험 **3회 출제!**
19년 지방직 9급 5번   18년 서울시 9급(6월) 16번
18년 경찰직 2차 13번

① 외재적 관점: 작품을 외부적인 요인과 연관지어 다루는 관점이다.

표현론적 관점 (생산론적 관점)	작품이 작가와 맺는 관계를 중시하는 관점으로, 작품을 작가의 체험과 사상의 반영물로 본다. 예 주인공의 비극적 죽음을 통해 민족사에 대한 작가의 비판적 인식을 드러내고 있다.
반영론적 관점	작품과 현실 세계 간의 관계를 중시하는 관점으로, 작품을 현실의 모방 또는 반영으로 본다. 예 두 집안의 흥망성쇠를 통해 해방 직후의 사회상을 표현하고 있다.
효용론적 관점 (수용론적 관점)	작품이 독자와 맺는 관계를 중시하는 관점으로, 작품이 독자에게 주는 의미를 분석한다. 예 인물의 의지적 삶을 통해 참다운 삶의 자세를 배울 수 있다.

② 내재적 관점(절대주의적 관점, 객관론적 관점): 작품에 쓰인 **내부 요소**를 분석하는 관점이다.

구조주의 관점	작품의 부분들을 유기적으로 통합하고 있는 구조를 분석한다.
형식주의 관점	작품 속 언어, 표현, 이미지 등이 어떻게 작용하는지에 관심을 둔다.

확장개념

♀ 외재적 관점

작가 ──표현론──→ 작품 ──효용론──→ 독자
                    ↑ 반영론
                   사회

기출로 출제포인트 점검

다음은 김유정 '봄·봄'에 대한 감상이다. 이에 해당하는 문학 감상의 관점을 쓰시오.

> 작가 김유정은 강원도가 고향이야. 그래서 '짜증, 안죽' 등의 토속적 어휘와 사투리를 사용해 향토적인 느낌을 불러 일으켰어.

[답]
표현론적 관점

압축개념

03 문학의 미적 범주

최근 공무원 시험 **1회 출제!**
19년 국가직 9급 7번

① 숭고미

현실을 이상과 일치시키려는 상황에서 드러나는 미의식이다. 경건하고 엄숙한 분위기를 자아냄으로써 고고한 정신의 경지를 체험할 수 있게 해 준다.

② 우아미

현실이 이상과 융합되어 일치하는 상황에서 드러나는 미의식이다. 조화롭고 균형을 갖춘 대상에서 느낄 수 있다.

③ 비장미

현실과 이상이 조화를 이루지 못해 어긋나는 상황에서 드러나는 미의식이다. 슬픔이 극에 달한 상태나 한(恨)의 정서 표출로 인해 형상화된다.

④ 골계미

현실의 규범이나 부정적인 대상을 비판하거나 추락시켜 웃음을 자아내는 미의식이다. **풍자나 해학** 등의 수법에 의해 우스꽝스러운 상황이나 인간상을 구현한다.

확장개념

♀ 문학의 미적 범주

이상(있어야 할 것)
비장미   숭고미
대립 ────────── 융화
골계미   우아미
현실(있는 것)

기출로 출제포인트 점검

다음 작품에 나타난 미의식을 쓰시오.

> 가노라 삼각산아 다시 보자 한강수야
> 고국산천을 떠나고자 하랴마는
> 시절이 하 수상하니 올동말동 하여라

[답]
비장미

앞선 시대의 문예 사조에 대한 반발 또는 특수한 시대 상황의 영향으로 인해 새로운 문예 사조가 등장하고 유행하였다.

문예사조	발생 배경	특징
고전주의	고전 작품들을 모범으로 삼아 그 특성을 재현하려 했다.	형식적 균형(조화, 균제, 전아 등)과 완성의 미를 추구하며, 이성과 합리성을 중시한다.
낭만주의	고전주의의 몰개성적 성격에 반발하여 발생하였다.	• 형식이나 질서를 거부하고, 인간의 자유로운 사상과 감정을 지향한다. 이국적인 것과 현존하지 않는 것에 대한 동경이 나타난다. • 우리나라에서는 1920년대에 《폐허》와 《백조》 등의 동인들이 낭만시 운동을 전개하였다.
사실주의	낭만주의의 비현실적 성격에 반발하여 발생하였다.	• 사물을 객관적으로 관찰하여 과장이나 왜곡 없이 구체적으로 표현한다. • 우리나라에서는 동인지 《창조》를 중심으로 사실주의 경향이 일어났다. 사실주의 경향의 작가로는 1920년대에 김동인·현진건, 1930년대에 염상섭·채만식이 있다.
자연주의	사실주의의 영향으로 자연과학적 결정론에 바탕을 두고 발생하였다.	• 인간의 운명도 자연물처럼 자연 법칙에 따라 결정된다고 본다. • 염상섭 '표본실의 청개구리', 김동인 '감자' 등이 우리나라의 대표적인 자연주의 경향 작품이다.
유미주의	미의 창조를 궁극적인 목표로 하여 발생하였다.(넓은 개념의 낭만주의에 포함됨)	• 아름다움을 최고의 가치로 여긴다. • 예술이 도덕적, 윤리적, 정치적 기준으로 평가되는 것을 거부한다.
상징주의	사실주의와 자연주의의 외면적·객관적 성격에 반발하여 발생하였다.	• 상징주의는 낭만주의를 계승했지만, 낭만주의처럼 감각적 대상에서 쾌감을 느끼는 데 그치지 않고 감각의 대상이 암시하는 이상을 추구한다. • 우리나라에서는 《태서문예신보》(1918)를 통해 소개되었으며, 상징주의파 작가로는 김억, 황석우, 주요한 등이 있다.

모더니즘	사실주의와 자연주의에서 벗어나려는 노력에 따라 발생하였다.	• 현대성을 추구하며, 기계 문명과 도시적 삶 속에서 개체화된 인간의 모습을 탐구한다.
		• 모더니즘의 종류
		  – 이미지즘: 시각적인 이미지로 시를 표현한다.
		  – 초현실주의: 의식의 흐름 수법으로 작품 속 인물의 의식 세계를, 자동기술법과 자유 연상 기법 등의 수법으로 무의식의 세계를 표출한다. 이상 '날개'·'오감도' 등이 우리나라의 대표적인 초현실주의 작품이다.
		  – 주지주의: 감각과 정서보다 지성(이성)을 중시하고, 시각적(회화적) 요소를 강조하며, 전통적 질서의 회복과 현대 문명의 위기 극복을 추구한다. 우리나라의 대표적인 주지주의파 작가로는 김광균, 정지용, 장만영 등이 있다.

실존주의	제2차 세계 대전 이후, 전후 현실 속의 불안으로 인해 발생하였다.	• 인간의 자유와 주체성을 최고의 가치로 여기며, 실존적 자각(자아 발견)과 건설적인 휴머니즘을 추구한다. • 우리나라의 대표적인 실존주의 경향 작품으로는 김성한 '5분간', 오상원 '유예', 장용학 '요한 시집', 손창섭 '비 오는 날', 이범선 '오발탄' 등이 있다.

확장개념

◈ 균제, 전아
1. 균제(均齊): 고르고 가지런함
2. 전아(典雅): 법도에 맞고 아담함

기출로 출제포인트 점검

다음 설명에 해당하는 문예 사조를 쓰시오.

> 개인의 자유로운 사상과 감정의 표현을 중시하며, 현실의 제약으로부터 탈피하여 꿈과 이상을 추구하고자 하는 사조이다.

[답]
낭만주의

빈출

최근 공무원 시험 **11회 출제!**
21년 국가직 9급 15번	21년 국가직 9급 18번
20년 국가직 7급 12번	20년 서울시 9급 17번
19년 지방직 9급 10번	19년 서울시 9급(2월)14번
18년 소방직 9급(10월)19번	18년 소방직 9급(10월) 20번
18년 군무원 9급 15번	16년 사복직 9급 6번
16년 경찰직 2차 16번	

① **비유**: 표현하고자 하는 대상을 다른 사물에 빗대서 표현하는 기법이다.

직유		원관념을 보조 관념에 직접적으로 연결하는 방법으로, **'처럼', '같이', '듯'** 등의 **연결어**를 사용한다. 예 꽃처럼 붉은 울음을 밤새 울었다.
은유		원관념과 보조 관념을 **'A는 B이다'** 또는 **'A의 B' 형태로 연결**하는 방법이다. 예 얇은 사(紗) 하이얀 고깔은 고이 접어서 나빌레라.
대유	환유	사물의 속성이나 특징으로 그 사물을 대표하는 방법이다. 예 흰 옷 입은 소녀의 불멸(不滅)의 순수(純粹) ▶ '흰 옷'은 '백의'라는 우리 민족의 일부 속성을 들어 우리 민족 전체를 나타내고 있다.
	제유	사물의 일부분으로 그 사물 전체를 대표하는 방법이다. 예 빼앗긴 들에도 봄은 오는가? ▶ '조국' 혹은 '국토'를 '들'이라는 일부분으로 대표하여 나타내고 있다.
의인		인간이 아닌 **사물이나 관념에 인격을 부여**하는 방법이다.
활유		무생물을 마치 살아 있는 것처럼 표현하는 방법이다.
풍유		원관념을 숨기고 보조 관념만으로 숨겨진 의미를 암시하는 방법이다. 예 간밤의 부던 ㅂ람에 눈서리 치단말가. / 낙락장송이 다 기우러 가노미라. 흐믈며 못다 핀 곳이야 닐러 므슴 ㅎ리오. ▶ 충신이 간신에게 위협받는 계유정난을 눈서리에 낙락장송이 기우는 상황에 빗대어 암시하였다.
인유		고전, 역사, 고사, 전설 등에서 널리 알려진 인물, 스토리, 시구 등을 인용하는 방법이다. 예 纖雲(섬운)이 四捲(사권)ㅎ고 물결이 채 잔 적의 / 하늘의 도든 돌이 솔 우희 걸려거돈 올라시니 / 잡다가 싸딘 줄이 謫仙(적선)이 헌수 홀샤 ▶ 달을 잡으려다 물에 빠졌다는 적선(이태백)의 고사를 인용하였다.
중의		한 단어로 두 가지 이상의 의미를 나타내는 방법이다. 예 수양산 바라보며 이제를 한ㅎ노라. / 주려 주글진들 채미도 ㅎ는 것가. 비록애 푸새엣 거신들 그 뉘 짜헤 낫드니. ▶ '수양산'은 중국의 '수양산'과 조선 시대의 '수양 대군'을 뜻하고, '푸새엣 것'은 '고사리'와 '수양 대군의 녹'을 뜻한다.
의성		사람이나 사물의 소리를 그대로 묘사하여 실제와 같이 표현하는 방법이다. 예 보리피리 불며 / 봄 언덕 / 故鄕(고향) 그리워 / 피-ㄹ닐니리
의태		사물의 모양이나 태도를 그대로 모방하여 표현하는 방법이다. 예 나비는 너훌너훌 춤을 춥니다.

② **강조**: 표현하려는 바를 선명하고 뚜렷하게 드러내는 표현 기법이다.

과장	사물의 수량, 상태, 성질 또는 글의 내용을 **실제보다 더 늘리거나 줄여서 표현**하는 방법이다. 예 뽕나무 뿌리가 산호가 되도록 천국의 사랑을 받읍소서.
반복	**의미를 강조하거나 율격을 형성**하기 위하여 **같은 단어나 구절, 문장을 반복**하는 방법이다. 예 살어리 살어리랏다 청산에 살어리랏다.
열거	내용적으로 연결되거나 **비슷한 어휘 또는 구절을 늘어놓는 방법**이다. 예 초생달과 바구지꽃과 짝새와 당나귀가 그러하듯이 / 그리고 또 '프랑시쓰 쨈'과 도연명(陶淵明)과 '라이넬 마리아 릴케'가 그러하듯이
점층	내용의 정도를 한 단계씩 높여서 **뜻을 점점 강하고 깊게 표현**하는 방법이다. 예 이 몸이 주거주거 일백 번(一百番) 고쳐 주거 / 백골(白骨)이 진토(塵土) 되어 넉시라도 잇고 업고, / 님 향(向)한 일편단심(一片丹心)이야 가실 줄이 이시랴.

시험 직전! 필수 암기

감정 이입과 객관적 상관물

1. 감정 이입: 자신의 감정을 타인이나 사물에 이입하여 대상도 자신과 같은 감정을 느끼는 것처럼 표현하는 방법이다.
   예 저 믈도 니 ᄋᆞᆫ ᄌᆞᆺ호여 우러 밤길 녜놋다.
   ▶ 화자의 슬픔 심정을 냇물(져 믈)에 이입하여 냇물이 울며 가는 것으로 표현

2. 객관적 상관물: 감정을 환기시키는 모든 사물을 가리키므로, 감정 이입도 객관적 상관물에 속한다. 시적 화자와 동일한 감정뿐만 아니라 대조적인 감정을 떠올리게 하는 것도 객관적 상관물이다.
   예 펄펄 나는 꾀꼬리 / 암수 서로 정다운데 / 외롭구나 이내 몸은 / 뉘와 함께 돌아갈꼬.
   ▶ 꾀꼬리가 화자의 외로움을 환기시키고 있음

IV. 문학

해커스공무원 단권화 핵심정리 국어

확장개념

♀ **의인법과 활유법의 차이점**
1. 의인법: 비인격체에 인격적 속성을 부여함
   예 조국을 언제 떠났노. / 파초의 꿈은 가련하다.
2. 활유법: 비생명체에 생명적 특성을 부여함
   예 바다는 뿔뿔이 / 달아나려고 했다.

연쇄	앞 구절의 말을 다시 다음 구절에 연결시켜 연쇄적으로 잇는 방법이다. 예 고인(古人)도 날 몯 보고 나도 고인 몯 뵈. / 고인(古人)을 몯 뵈도 녀던 길 알픠 잇늬. / 녀던 길 알픠 잇거든 아니 녀고 엇덜고.
영탄	벅찬 감정을 감탄의 형태로 표현하는 방법이다. 예 두 볼에 흐르는 빛이 / 정작으로 고와서 서러워라.
비교	성질이 비슷한 대상 간의 차이를 통해 어느 한쪽을 강조하는 방법으로, '만큼', '보다' 등의 비교격 조사가 자주 사용된다. 예 아! 강낭콩꽃보다도 더 푸른 / 그 물결 위에 양귀비꽃보다도 더 붉은 / 그 마음 흘러라.
대조	서로 반대되는 내용을 맞세워 강조하는 방법이다. 예 인생은 짧고 예술은 길다.

(3) 변화: 단조로움을 피하고 흥미를 돋우며 주의를 끌 수 있도록 다양한 변화를 주는 표현 기법이다.

역설	논리적으로 모순되는 진술을 통해, 중요한 진리를 드러내는 표현 방법이다. 예 • 아아, 님은 갔지마는 나는 님을 보내지 아니하였습니다. • 우리들의 사랑을 위하여서는 / 이별이, 이별이 있어야 하네.
반어	작가가 드러내고자 하는 의도와 표현이 상반되도록 함으로써 정서를 심화시키 는 표현 방법이다. 예 • 먼 훗날 당신이 찾으시면 / 그때에 내 말이 "잊었노라" • 나 보기가 역겨워 / 가실 때에는 / 죽어도 아니 눈물 흘리오리다.
도치	문장의 어순을 바꾸어서 내용을 강조하는 표현 방법이다. 예 나는 아직 기다리고 있을 테요, 찬란한 슬픔의 봄을.
문답	묻고 답하는 형식을 통해 특정 문장이나 글을 전개하는 표현 방법이다. 예 武陵(무릉)이 어딕민오 나는 옌가 ᄒ노라. (무릉도원이 어디냐? 나는 여기인가 하노라)
설의	누구나 다 인정하는 사실을 짐짓 의문문으로 제시하여 독자가 스스로 결론을 내 리게 하는 표현 방법이다. 예 가난하다고 해서 사랑을 모르겠는가.
대구	비슷한 구조의 어구나 문장을 짝을 맞추어 늘어놓는 표현 방법이다. 예 말 업슨 청산(靑山)이요, 태(態) 업슨 유수(流水)	로다. 갑 업슨 청풍(淸風)이요, 님ᄌ 업슨 명월(明月)이라.
돈호	대상의 이름을 불러서 주의를 환기시키는 표현 방법이다. 예 누이야 지금도 살아서 보는가
시적 허용	시적 효과를 위해 비문법적인 단어나 문장을 시에서는 허용하는 것을 말한다. 예 그 먼 나라를 알으십니까. ▶ '알으십니까'는 비표준어이지만, 시에서는 어린 아이가 진술하는 느낌을 주 기 위해 허용되었다.

(4) 상징: 추상적인 관념이나 사상을 구체적인 사물로 나타내는 표현 기법으로, 원관념은 숨기고 보조 관념만 드러낸다.

관습적 상징	일정한 세월을 두고 사회적 관습에 의해 공인되고 널리 보편화된 상징이다. 예 십자가 – 기독교, 비둘기 – 평화
개인적 상징	관습적 상징을 시인의 독창적 의미로 변용시켜 문화적 효과를 얻는 상징이다. 예 눈은 살아 있다. / 떨어진 눈은 살아 있다. ▶ '눈'은 '정의롭고 순수한 생명력'이라는 독창적 의미를 드러낸다.
원형적 상징	시대와 지역을 초월하여 인류 사회에 빈번하게 되풀이되어 나타나는 상징이다. 예 물 – 생명, 생산, 깨끗함, 풍요, 정화, 사랑, 부드러움, 성장 등

06 시의 심상

최근 공무원 시험 **3회 출제!**
19년 서울시 9급(2월) 14번 | 18년 경찰직 3차 20번
17년 서복직 9급 17번

시의 심상에는 시각·청각·미각·후각·촉각적 심상과 공감각적 심상, 복합 감각적 심상이 있다.

시각적 심상	색채, 명암, 모양, 움직임 등 눈을 통해 떠올리는 이미지 예 지나가던 구름이 하나 새빨간 노을에 젖어 있었다.
청각적 심상	소리의 감각에 호소하는 이미지 예 머리맡에 찬물을 솨아 퍼붓고는
미각적 심상	맛의 감각을 이용한 이미지 예 소금보다도 짜다는 / 인생을 안주하여 / 주막을 나서면,
후각적 심상	냄새의 감각을 이용한 이미지 예 달은 과일보다 향그럽다.
촉각적 심상	사물이 피부에 닿는 감촉과 관련된 이미지 예 젊은 아버지의 서느런 옷자락
공감각적 심상	**두 종류 이상의 감각이 결합**되어 이루어진 이미지 (감각의 전이) 예 · 분수처럼 흩어지는 푸른 종소리 (청각의 시각화) · 피부의 바깥에 스미는 어둠 (시각의 촉각화)
복합 감각적 심상	**단순히 두 가지 감각이 병치**(竝置: 나란히 둠)된 이미지 예 술 익는 마을마다 / 타는 저녁놀 (후각과 시각의 병치)

기출로 출제포인트 점검

다음 공감각적 표현의 감각 전이 양상을 쓰시오. (예 시각의 청각화)

01 나비 허리에 새파란 초생달이 시리다.

02 우물 속에는 달이 밝고 구름이 흐르고 하늘이 펼치고 파아란 바람이 불고 가을이 있습니다.

03 즐거운 지상의 잔치에 / 금(金)으로 타는 태양의 즐거운 울림 / 아침이면, 세상은 개벽을 한다.

04 한 가닥 구부러진 철책이 바람에 나부끼고 / 그 위로 셀로판지로 만든 구름이 하나 / 자욱한 풀벌레 소리 발길로 차며 / 호올로 황량한 생각 버릴 곳 없어

[답]
01 시각의 촉각화　　02 촉각의 시각화
03 시각의 청각화　　04 청각의 촉각화

07 소설의 문체와 어조

최근 공무원 시험 **2회 출제!**
18년 국가직 9급 7번
16년 국가직 9급 18번

① **소설의 문체는 작품의 내용과 주제를 드러내는 작가의 개성(style)을 의미한다. 문체는 서술, 묘사, 대화를 통해 나타난다.**

서술	· 서술자가 인물, 사건, 배경 등을 직접 이야기하는 방식이다. · 해설적·요약적으로 사건을 표현하므로 사건이 빠르게 전개된다.
묘사	· 서술자가 인물, 사건, 배경 등을 그림 그리듯 구체적으로 나타내는 방식이다. · 독자에게 생생하고 실감 나는 이미지를 전달할 수 있다.
대화	· 서술자가 등장인물의 말을 통해 표현하는 방식이다. · 사건을 전개하거나 인물의 성격을 제시하는 역할을 하며, 스토리와 결합하여 상황을 극적으로 제시하기도 한다.

확장개념

♀ **해학성을 높이는 방법 – 언어유희**

1. 동음이의어를 이용한 언어유희
   예 운봉의 갈비를 직신. '갈비 한 대 먹고지고.'

2. 유사 음운의 반복을 통한 언어유희
   예 아, 이 양반이 허리 꺾어 절반인지, 개다리소반인지, 꾸레미전에 백반인지

3. 언어 도치를 통한 언어유희
   예 어, 추워라. 문 들어온다. 바람 닫아라.

4. 발음의 유사성을 이용한 언어유희
   예 매암이 맵다 울고 쓰르라미 쓰다 우니

② **소설의 어조는 서술자의 정서적 태도와 느낌, 또는 작품에서 언어에 의해 나타나는 분위기나 기분을 말한다.**

해학적 어조	익살과 해학이 중심을 이루는 어조　예 김유정 '봄·봄'·'동백꽃'
냉소적 어조	차가운 태도가 주를 이루는 어조　예 손창섭 '비 오는 날'
반어적 어조	겉으로 드러난 표현과 내포된 의미가 서로 다른 진술로 나타나거나, 상황이 대조됨으로써 나타나는 어조　예 현진건 '운수 좋은 날'
풍자적 어조	부정적 현실이나 인물에 대한 풍자가 나타나는 어조 예 채만식 '태평천하'

기출로 출제포인트 점검

다음 작품에 나타나는 어조를 쓰시오.

> 우리 장인님은 약이 오르면 이렇게 손버릇이 아주 못됐다. 또 사위에게 이 자식 저 자식 하는 이놈의 장인님은 어디 있느냐. 오죽해야 우리 동리에서 누굴 물론하고 그에게 욕을 안 먹는 사람은 명이 짜르다 한다. 조그만 아이들까지도 그를 돌아세 놓고 욕필이(본 이름이 봉필이니까), 욕필이, 하고 손가락질을 할 만치 두루 인심을 잃었다.

[답]
해학적 어조

① 소설의 인물은 작품에 등장하는 사람으로, 사건이나 행동의 주체가 된다.

② 인물의 유형

중요도에 따른 유형	주요 인물	사건을 이끄는 중심인물
	주변 인물	사건의 진행을 돕거나 주인공을 돋보이게 하는 인물
역할에 따른 유형	주동 인물	주인공으로서 사건의 중심적 역할을 수행하는 긍정적 인물 예 '춘향전'의 성춘향과 이몽룡
	반동 인물	주인공과 대립하여 갈등을 일으키는 부정적 성격의 인물 예 '춘향전'의 변학도
성격에 따른 유형	전형적 인물	어떤 계층이나 집단의 보편적 성격을 대표하는 인물
	개성적 인물	독특한 개성을 지닌 독자적인 성격의 인물
성격 변화 여부에 따른 유형	평면적 인물	성격의 변화를 보이지 않는 인물
	입체적 인물	자연적 환경, 사회적 상황 등의 영향으로 사건의 진전에 따라 성격의 변화를 보이는 인물

③ 소설에서 인물을 제시하는 방법에는 직접 제시와 간접 제시가 있다.

직접 제시	• 서술자가 인물의 특성과 성격을 **직접 설명**한다. → **말하기**(telling) • 서술자의 주관이 개입될 수 있다. • 짧은 시간 안에 인물의 성격을 전달할 수 있으나, 독자의 상상력이 제한되는 단점이 있다.
간접 제시	• **인물의 행동과 대화를 보여 줌**으로써 인물의 성격을 간접적으로 알 수 있게 하는 방법이다. → **보여 주기**(showing) • 인물의 성격을 객관적으로 전달한다. • 극적 효과가 극대화되고 독자의 상상력을 자극할 수 있으나, 사건의 진행이 느려지는 단점이 있다.

④ 인물의 묘사 방법

외면 묘사	용모, 풍채, 복장, 표정, 동작, 행위 등 겉모습을 묘사하는 것으로, 용모나 복장 등을 묘사하는 정적 묘사와 행동의 표현인 동적 묘사로 나뉜다.
내면 묘사	등장인물의 심리나 잠재의식의 묘사로, 외면 묘사에 비해 분석적이고 복잡 다양한 인상을 보여 준다. '의식의 흐름 기법'을 사용하는 작품들이 이 방법을 택한다.

⑤ 소설의 사건은 인물들 간에 전개되는 구체적인 이야기로, 인물 간의 갈등을 중심으로 이루어진다.

기출로 출제포인트 점검

다음 작품에서 나타나는 인물의 묘사 방법을 쓰시오.

　이때에 길동이 풍우같이 잡혀 오지만 어찌 그 기미를 모르리오. 동작 나루를 건너며 '비 우(雨)' 자 셋을 써 공중에 날리고 왔다. 길동이 남대문 안에 드니 좌우의 포수가 일시에 총을 쏘았지만 총구에 물이 가득하여 할 수 없이 계획을 이루지 못했다.

[답]
외면 묘사

⑥ 사건을 이끌어 가는 갈등 양상은 크게 내적 갈등과 외적 갈등으로 나뉜다.

내적 갈등		개인 내면의 심리적 모순이나 대립에 의해 생기는 갈등 예 이상 '날개' ▶ 혼란스러운 자의식 속에서 내면 갈등을 거듭함에 따라, 화자는 무력한 삶에서 벗어나 삶에 대한 의지를 되찾게 된다.
외적 갈등	개인과 개인의 갈등	주동 인물과 그에 반대되는 반동 인물 사이의 갈등 예 김유정 '봄·봄' ▶ 순진한 '나'와 교활한 '장인' 간의 갈등이 드러난다.
	개인과 사회의 갈등	• 개인이 살아가면서 겪는 사회 윤리나 제도와의 갈등 • 개인의 욕구가 사회의 보편적 욕구와 상충될 때 발생 예 허균 '홍길동전' ▶ 뜻을 펼치고 싶은 '길동'의 욕구와, 서자의 입신양명을 금하는 사회 제도 간의 갈등이 드러난다.
	개인과 운명의 갈등	개인의 삶이 운명에 좌우됨으로 인해 유발되는 갈등 예 김동리 '역마' ▶ 역마살을 타고난 '성기'가 자신의 운명에서 벗어나려 하는 데서 갈등이 유발된다.

⑦ 소설의 배경은 인물이 행동하거나 사건이 일어나는 시간적·공간적 환경으로, 아래와 같은 기능을 한다.

(1) 사건에 사실성을 부여하며 현장감을 높인다.

(2) 작품의 전반적인 분위기를 조성하며, 주제를 드러내기도 한다.

(3) 인물의 성격·사고·행위에 신빙성을 부여하고, 인물의 심리나 사건의 전개를 암시하는 역할도 한다.

(4) 배경 자체가 상징적인 의미를 나타내기도 한다.

⑧ 배경의 종류

자연적 배경	• 인물의 행위와 사건이 일어나는 구체적인 시간과 장소 • 자연 상태 그대로의 배경과 인공적으로 조성된 환경을 모두 포함하는 개념
사회적 배경	인물을 둘러싼 사회 현실과 정치적, 종교적, 문화적 환경
심리적 배경	논리를 초월하여 확대된 시·공간으로 인물이 놓인 심리적 상황이나 독특한 내면세계이며, 심리주의 소설에 많이 등장한다.
상황적 배경	인간이 처해 있는 외부적 상황을 상징하고 주제를 드러내는 배경으로, 실존주의 소설에 많이 등장한다.

기출로 출제포인트 점검

다음 작품에 나타난 주된 갈등 양상을 쓰시오.

> 오, 숙명의 결혼이여! 넌 나를 낳고 그리고 나를 낳아 아버지와 자식, 어머니와 아내, 육친끼리 피를 섞는 세상에서 가장 부정한 죄를 낳았다. 자, 입에도 담지 못할 일을 더구나 행할 수는 없는 일 아닌가.
> <중 략> 숙명의 신이시여! 두려워 말고 어서와 이 비참한 육신을 거두어 주옵소서. 이 불륜한 파멸을 기꺼이 받아들이리라.

[답]
개인과 운명의 갈등

IV. 문학

해커스공무원 단권화 핵심정리 국어

최근 공무원 시험 **5회 출제!**
20년 서울시 9급 11번 · 18년 지방직 9급 18번
18년 경찰직 3차 17번 · 16년 국가직 9급 19번
16년 국가직 7급 15번

① 소설의 시점은 서술자가 대상이나 사건을 바라보는 위치·시각을 의미한다.

1인칭 주인공 시점	· 작품 속 서술자(주인공 '나')가 자기 자신의 이야기를 한다. · 주인공의 내면세계를 그리는 데 효과적이며, 독자에게 친근감을 준다. · 독자는 주인공이 본 것과 느낀 것만을 알 수 있다.
1인칭 관찰자 시점	· 작품 속 부수적 인물인 '나'가 관찰자가 되어 주인공의 이야기를 한다. · '나'가 바라본 외부 세계가 서술되며, 주인공의 심리는 나타나지 않는다.
전지적 작가 시점	· 서술자가 전지전능한 위치에서 인물의 심리 상태를 분석하여 서술하므로, 독자의 상상력을 제한할 가능성이 있다. · 서술자는 작품 속에 직접 개입하여 인물을 논평하기도 한다. · 작가가 자신의 사상과 인생관을 직접 드러낼 수 있다.
작가(3인칭) 관찰자 시점	· 서술자가 외부 관찰자의 위치에서 객관적인 태도로 서술하므로, 독자의 상상력이 개입될 수 있는 부분이 많다. · 외부 관찰적 입장에서 서술할 뿐, 해설이나 평가는 하지 않는다.

② '서술자 – 등장인물 – 독자' 사이의 심적 거리는 시점에 따라 달라진다.

구분	서술자 – 인물	서술자 – 독자	독자 – 인물
1인칭 주인공 시점	가깝다	가깝다	가깝다
1인칭 관찰자 시점	멀다	멀다	가깝다
전지적 작가 시점	가깝다	가깝다	멀다
작가 관찰자 시점	멀다	멀다	가깝다

기출로 출제포인트 점검

다음 글에 나타난 시점을 쓰시오.

01 복녀의 송장은 사흘이 지나도록 무덤으로 못 갔다. 왕서방은 몇 번을 복녀의 남편을 찾아갔다.

02 초봉이는 아궁이 앞에 앉아 지금 방에서 어머니와 아버지가 하고 있는 그 이야기가 어떻게 돼가는가 해서 궁금히 생각을 하고 있는데, 삐그럭 중문 소리에 연달아 뚜벅뚜벅 무거운 구두 소리가 들린다.

03 사실 우리 아저씨 양반은 대학교까지 졸업하고도 인제는 기껏 해 먹을 거란 막벌이 노동밖에 없는데, 보통학교 사 년 겨우 다니고서도 시방 앞길이 환히 트인 내게다 대면 고즈카이만도 못하지요.

[답]
01 작가(3인칭) 관찰자 시점
02 전지적 작가 시점
03 1인칭 관찰자 시점

① 수필은 비교적 길이가 짧은 간결한 산문이다.

② 수필은 형식이 자유롭고 소재가 다양한 글이다.

③ 수필은 **비전문적**이고 대중적인 산문이다.

수필은 누구나 쓸 수 있는 글이며, 독자들 또한 일반 대중이다.

④ 수필은 개성의 문학이다.

수필에는 작가의 독특한 인생관·세계관·사상과 감정이 잘 드러나며, 작가 특유의 유머와 위트, 비판 의식이 나타난다.

⑤ 수필은 **체험과 관조의 문학**이다.

수필은 작가 자신의 체험을 허심탄회하게 쓴 글이며, 관조적인 자세로 자아와 사물을 통찰하는 글이다.

기출로 출제포인트 점검

다음 중 수필의 특성이 아닌 것을 모두 고르시오.

㉠ 허구의 세계를 담고 있다.
㉡ 정보의 습득에 목적이 있다.
㉢ 무형식의 형식으로 형식이 다양하다.
㉣ 함축적인 언어의 사용이 두드러진다.
㉤ 제재가 다양하고 비전문적인 글이다.
㉥ 체험과 관조의 세계를 나타내고 있다.
㉦ 자기 고백적 문학이므로 개성이 잘 나타난다.
㉧ 행동, 사건이 구조의 중심을 이루며 실용적인 글이다.

[답]
㉠, ㉡, ㉣, ㉧

① 희곡은 연극의 대본으로 무대에서 상연되는 반면, 시나리오는 영화의 대본으로 스크린을 통해 상영된다.

② 희곡은 시나리오와 달리, 관객과 다음과 같은 암묵적 약속을 전제로 한다.

  (1) 배우는 분장한 인물이지만 실제 인물로 생각하고, 무대는 가공의 장소이지만 현실의 장소로 받아들인다.

  (2) 등장인물의 독백과 방백을 다른 등장인물은 듣지 못한다고 여긴다.

③ 시나리오는 희곡과 달리, 다음과 같은 **특수한 용어**를 사용한다.

C.U.(Close Up)	화면에 크게 보이게 확대해서 찍는 것
E(Effect)	효과음
F.I.(Fade In)	화면이 천천히 밝아지는 것
F.O.(Fade Out)	화면이 천천히 어두워지는 것
F.S.(Full Scene)	전체의 장면을 화면 위에 다 나타내는 것
Ins.(Insert)	화면과 화면 사이에 사진, 그림 등을 삽입하는 것
M(Music)	효과 음악
NAR.(Narration)	해설. 화면 밖에서 들려오는 대사
O.L.(Over Lap)	한 화면이 사라질 때, 뒤에 화면이 포개어지며 나타나는 기법
S#(Scene Number)	장면 번호
Monologue	독백
Montage	각각 촬영한 화면을 떼어 붙여 한 장면이나 내용을 만드는 일

④ 희곡은 '**막(幕)**'과 '**장(場)**'을 구성단위로 하고, 시나리오는 '**컷(Cut)**'과 '**신(Scene)**', '**시퀀스(Sequence)**'를 구성단위로 한다.

희곡의 구성단위	시나리오의 구성단위
막(幕)과 장(場): 모두 연극의 단락을 세는 단위로, '장'은 '막'의 하위 단위. 하나의 '막'은 몇 개의 '장'으로 이루어짐	• 컷(Cut): 한 번의 연속 촬영으로 찍은 장면 • 신(Scene): 영화의 최소 단위로서, 같은 시·공간 내에서 이루어지는 장면 • 시퀀스(Sequence): 몇 개의 신(장면)이 모여 이루어진 화면

⑤ 희곡과 시나리오는 그 밖에도, 다음과 같은 차이점을 보인다.

희곡	시나리오
• 입체적, 행위적 예술이다. • 보존되지 않으므로 일회성을 띤다. • 시·공간의 제약을 받는다. • 등장인물의 수에 제약이 있다. • 표현에 한계가 있다. • 문학적 독자성이 강하다.	• 평면적, 영상적 예술이다. • 필름 등의 형태로 영구 보존된다. • 희곡보다 시·공간의 제약을 덜 받는다. • 등장인물의 수에 제약이 거의 없다. • 희곡보다 표현의 폭이 크다. • 문학적 독자성이 약하다.

확장개념

♀ 희곡의 제약

1. 작품의 길이: 연극은 한 번 보기 시작하면 그 자리에서 끝까지 봐야하므로 희곡의 내용이 너무 길면 안 된다.
2. 등장인물의 수: 한 무대에 다 출연할 수 있을 만큼으로 제한된다.
3. 장소: 장소가 너무 자주 바뀌거나, 지나치게 다양하면 무대에서 상연하는데 어려움이 있다.

♀ 상연·상영이 목적이 아닌 희곡, 시나리오

레제드라마와 레제시나리오는 읽기 위한 목적으로 쓴 희곡과 시나리오로, 무대 상연이나 스크린 상영을 목적으로 한 것이 아니다.

♀ 희곡에서 쓰이는 대사의 종류

대화	등장인물이 2명 이상 모여 주고받는 말
독백	등장인물이 상대 없이 혼자 하는 말
방백	다른 등장인물들은 듣지 못한다는 가정 하에, 등장인물이 관객에게 하는 말

기출로 출제포인트 점검

다음 설명에 해당하는 희곡·시나리오 갈래 또는 용어를 쓰시오.

01 화면이 차츰 밝아지는 것

02 화면이 점차 어두워지는 것

03 배경 등을 크게 확대하는 것

04 상연보다는 읽히는 것을 목적으로 쓴 희곡

05 처음 화면의 끝과 다음 화면의 앞이 겹쳐지는 것

06 읽기 위한 시나리오. 시나리오 형식을 빌린 새로운 문학 형식

[답]
01 F.I.(Fade In)   02 F.O.(Fade Out)
03 C.U.(Close Up)   04 레제드라마
05 O.L.(Over Lap)   06 레제시나리오

01 2018년 서울시 9급(6월)

<보기>에 나타난 작품 감상의 관점으로 가장 옳은 것은?

> **보기**
>
> 나는 지금도 이광수의 『무정』 작품을 읽으면 가슴이 뜨거워지는 것을 느껴. 특히 결말 부분에서 주인공 이형식이 "옳습니다. 우리가 해야지요! 우리가 공부하러 가는 뜻이 여기 있습니다. 우리가 지금 차를 타고 가는 돈이며 가서 공부할 학비를 누가 주나요? 조선이 주는 것입니다. 왜? 가서 힘을 얻어오라고, 지식을 얻어 오라고, 문명을 얻어 오라고 …… 그리해서 새로운 문명 위에 튼튼한 생활의 기초를 세워 달라고 …… 이러한 뜻이 아닙니까?"라고 부르짖는 부분에 가면 금방 내 가슴도 울렁거려 나도 모르게 "네, 네, 네"라고 대답하고 싶단 말이야. 이 작품은 이 소설이 나왔던 1910년대 독자들의 가슴만이 아니라 아직 강대국에 싸여 있는 21세기 우리 시대 독자들에게도 조국을 생각하는 마음에 큰 감동을 주고 있다고 생각해.

① 반영론적 관점
② 효용론적 관점
③ 표현론적 관점
④ 객관론적 관점

02 2015년 경찰직 1차

다음 중 시나리오에 대한 설명으로 가장 적절하지 않은 것은?

① 영화 상영과 드라마 방영을 목적으로 한 대본이며, 대본 구성의 단위는 '시퀀스(sequence)'와 '신(scene)'이다.
② F.I., F.O., 익스트림 롱 쇼트 등 촬영을 고려하여 시나리오만의 특수한 용어가 사용된다.
③ 등장인물의 대사와 행동은 인물의 성격을 드러내고 사건을 진행시킨다.
④ 시간적·공간적 배경의 제약으로 주제를 드러내는 데 한계가 있다.

03 2019년 국가직 9급

괄호 안에 들어갈 단어를 순서대로 바르게 나열한 것은?

> 한국 문학의 미적 범주에서 눈에 띄는 전통으로 풍자와 해학이 있다. 풍자와 해학은 주어진 상황에 순종하기보다 그것을 극복하고자 하는 건강한 삶의 의지에서 나온 (㉠)을(를) 통해 드러난다. (㉠)은(는) '있어야 할 것'으로 행세해 온 관념을 부정하고, 현실적인 삶인 '있는 것'을 그대로 긍정한다. 이때 있어야 할 것을 깨뜨리는 것에 관심을 집중한 것이 (㉡)이고, 있는 것이 지닌 긍정에 관심을 집중하는 것이 (㉢)이다.

	㉠	㉡	㉢
①	골계(滑稽)	해학(諧謔)	풍자(諷刺)
②	해학(諧謔)	풍자(諷刺)	골계(滑稽)
③	풍자(諷刺)	해학(諧謔)	골계(滑稽)
④	골계(滑稽)	풍자(諷刺)	해학(諧謔)

04 2017년 사회복지직 9급

밑줄 친 부분에 사용한 표현 방법과 가장 거리가 먼 것은?

> 넓은 벌 동쪽 끝으로
> 옛이야기 지줄대는 실개천이 회돌아 나가고,
> 얼룩백이 황소가
> 해설피 금빛 <u>게으른 울음을 우는 곳</u>,
>
> ─ 그곳이 참하 꿈엔들 잊힐리야.　　　－ 정지용, '향수'

① 어느 집 담장을 넘어 달겨드는 / 이것은, / 치명적인 냄새
② 멍석 위에 나란히 잠든 반들거리는 몸 위로 살짝살짝 늦가을 햇볕 발 디디는 소리
③ 나는 한 마리 어린 짐승, / 젊은 아버지의 서느런 옷자락에 / 열(熱)로 상기한 볼을 말없이 부비는 것이었다.
④ 피아노에 앉은 / 여자의 두 손에서는 / 끊임없이 / 열 마리씩 / 스무 마리씩 / 신선한 물고기가 / 튀는 빛의 꼬리를 물고 / 쏟아진다.

05 2019년 지방직 9급

(가)의 관점에서 (나)를 감상할 때 가장 적절한 것은?

(가) 반영론은 문학 작품이 사회를 반영하여 현실의 문제를 비판적으로 성찰할 수 있게 하는 매개체라는 관점을 취한 비평적 입장이다.

(나) 강나루 건너서
　　밀밭 길을

　　구름에 달 가듯이
　　가는 나그네

　　길은 외줄기
　　남도 삼백리

　　술 익는 마을마다
　　타는 저녁 놀

　　구름에 달 가듯이
　　가는 나그네

　　　　　　　　　　　　　－ 박목월, '나그네'

① 전통적 민요의 율격을 바탕으로 한 정형적 형식을 통해 정제된 시상이 효과적으로 드러났군.
② 삶의 고통스러운 단면을 외면한 채 유유자적한 삶만을 그린 것은 아닌지 비판할 여지가 있군.
③ 낭만적 감성을 불러일으키는 시적 분위기가 시조에서 보이는 선경후정과 비슷한 양상을 띠는군.
④ 해질 무렵 강가를 거닐며 조망한 풍경의 이미지가 한 폭의 그림을 보는 듯한 감각을 자아내는군.

06 2020년 서울시 9급

<보기>에서 설명한 소설의 시점으로 가장 옳은 것은?

보기

　소설 속의 한 등장인물이 이야기를 말하는 것으로, 부수적인 인물이 작품 속에서 주인공의 이야기를 말한다. 주인공의 환경이나 행동 등을 관찰자의 입장에서 객관적으로 서술할 수 있다.

① 일인칭 주인공 시점
② 일인칭 관찰자 시점
③ 전지적 작가 시점
④ 작가 관찰자 시점

07 2015년 지방직 7급

다음 글에서 비유법이 사용되지 않은 문장은?

　㉠말은 생각을 담는 그릇으로 생각이 맑고 고요하면 말도 맑고 고요하게 나온다. ㉡청산유수처럼 거침없이 쏟아 놓는 말에는 선뜻 믿음이 가지 않는다. ㉢우리는 말을 안 해서 후회하는 일보다 말을 쏟아 버렸기 때문에 후회하는 일이 더 많다. ㉣때론 말이 사람을 죽일 수도 있다는 것을 생각하면 말은 두려워해야 할 존재임이 틀림없다.

① ㉠　　　② ㉡　　　③ ㉢　　　④ ㉣

정답 및 해설 p. 305

02 고전 문학사

01 상고 시대 문학(원시 시대~통일 신라)

최근 공무원 시험 2회 출제!
18년 서울시 7급(3월)10번
18년 서울시 7급(6월)16번

① 운문: 상고 시대의 운문은 제천 의식의 원시 종합 예술에서 분화되어, 고대 가요, 향가, 한시의 순으로 발달하였다.

구분	특징	대표 작품
고대 가요	• 향가 성립 이전에 불리던 노래이다. (고대 부족 국가 시대~삼국 시대 초기) • 집단적·주술적 내용에서 개인적 서정시로 발전하였다. • 배경 설화와 함께 전한다. (시가 문학과 서사 문학이 완전히 분리되지 않은 모습) • 구전되다가 후대에 한문으로 기록되었다.	백수 광부의 아내 '공무도하가', 유리왕 '황조가', 구간 등 '구지가', '정읍사', '해가'
향가	• 신라 시대부터 고려 초기까지 향유되었던 최초의 정형화된 서정 시가이다. • 향찰로 표기하였다. • 4구체, 8구체, 10구체 형식이 있다. • 작가층은 다양하나 주류 작가층은 승려와 화랑이었다. • 주술적·불교적 내용이 주를 이룬다. • 현전하는 향가는 모두 25수이다. (《삼국유사》 14수, 《균여전》 11수) • 향가집 《삼대목》이 간행되었으나 현재 전하지 않는다.	• 백제 무왕 '서동요', '헌화가', 월명사 '도솔가' (4구체) • 득오 '모죽지랑가', 처용 '처용가' (8구체) • 융천사 '혜성가', 광덕 '원왕생가', 월명사 '제망매가', 충담사 '찬기파랑가'·'안민가', 희명 '천수대비가' (10구체)
한시	통일 신라 이후에 한자가 유입되면서 창작되었다.	을지문덕 '여수장우중문시', 양태사 '야청도의성', 최치원 '제가야산독서당'·'추야우중'

② 산문: 국가 성립과 함께 건국 신화가 등장하고 전설·민담이 유행했으며, 한자가 유입되면서부터는 한문학이 발달하였다.

구분		특징	대표 작품
설화	원시 시대	• 국가의 성립과 함께 등장한 건국 신화는 국가의 통치 기반을 공고히 하고, 지배 논리를 정당화하기 위해 만들어졌다. • 건국 신화는 영웅 서사의 구조를 보인다.	고조선의 단군 신화, 신라의 박혁거세 신화, 고구려의 동명왕(주몽) 신화, 가락국의 수로왕 신화
	삼국 시대	• 전설과 민담이 주를 이루었다. • 설화는 고려 시대에 김부식 《삼국사기》, 일연 《삼국유사》 등에 기록되어 전한다.	고구려의 온달 설화, 백제의 도미 설화, 신라의 손순매아(孫順埋兒), 구토(龜兔) 설화
한문학		통일 신라 이후부터는 상층 귀족을 중심으로 한 문학이 발달하였다.	설총 '화왕계', 최치원 '토황소격문', 혜초 '왕오천축국전'

확장개념

📍 10구체 향가의 형식

'사뇌가'로도 불리는 10구체 향가는 향가 중에서도 가장 정제된 형식으로, '4구 + 4구 + 2구'의 3장으로 구성된다. 낙구 첫머리에 감탄사가 쓰이는 것이 특징이다.

예 아으, 彌陀刹(미타찰)애 맛보올 내 / 도 닷가 기드리고다

📍 설화의 갈래별 특징

신화	신성성 중시, 신적 존재인 주인공, 포괄적인 증거물(우주, 국가 등), 신성한 장소
전설	진실성 중시, 비범한 주인공, 비극적 결말, 개별적인 증거물(바위, 연못 등), 구체적인 시간과 장소
민담	흥미성 중시, 평범한 주인공, 보편적인 증거물, 막연한 시간과 장소

📍 영웅 서사의 구조

1. 고귀한 혈통
2. 비정상적 출생
3. 뛰어난 재능 보유
4. 어려서 버림받거나 고난 경험
5. 구출자, 양육자와의 만남
6. 위기 극복
7. 투쟁에서 승리, 위업 달성

기출로 출제포인트 점검

다음은 상고 시대 문학의 특징이다. 괄호 안에 알맞은 말을 쓰시오.

01 한국의 설화 문학이 문자로 기록된 것은 (　　　) 시대 이후이다.

02 '천수대비가, 헌화가, 처용가, 숙세가' 중 신라의 향가가 아닌 것은 (　　　)이다.

03 (　　　)은(는) 설화 문학의 하위 갈래에 속한다. 일상적 현실과 합리를 초월하는 세계를 드러내며, 상징의 언어를 취하는 특징이 있다.

04 향가는 6세기 경 신라에서 발생하여 고려 초까지 향유되었던 서정 문학 장르로, 한자의 음과 훈을 빌려 문장 전체를 적은 (　　　)(으)로 표기하였다.

[답]
01 고려　　　02 숙세가
03 신화　　　04 향찰

① **운문: 평민들은 고려 가요를 창작하고, 무신정변 이후 등장한 신흥 사대부들은 경기체가를 창작하여 문학 갈래가 계층적으로 분화되었다.**

구분	특징	대표 작품(집)
향가계 여요	· 향찰로 표기되거나 향가의 형태를 띤 고려 가요이다. · 향가에서 고려 가요로 넘어가는 **과도기적 형태**이다.	예종 '도이장가', 정서 '정과정'
고려 가요	· 고려 시대 평민들이 부르던 시가이다. · **구전**되다가 훈민정음 창제 이후 **국문으로 기록**됐다. · '남녀상열지사'라 하여 후대의 조선 유학자들에 의해 많은 작품이 삭제되었다. · 3·3·2조 음수율과 3음보 율격을 보이며, 분절체로 구성되었고 **후렴구**가 발달하였다. · 남녀 간의 애정, 자연에 대한 예찬, 평민들의 소박하고 진솔한 감정을 노래하였다.	'청산별곡', '동동', '처용가', '이상곡', '만전춘', '서경별곡', '쌍화점'
경기 체가	· 고려 중엽부터 조선 전기까지 **신흥 사대부들이 향유**한 노래이다. · 사물이나 경치를 나열하고, 이에 객관적 설명을 덧붙이는 **교술시**이다. · 선비들의 학식과 체험에 대한 자부심, 향락적 생활과 풍류적 분위기가 드러나는 귀족 문학이다. · 후렴구에 '~경(景) 긔 엇더ᄒᆞ니잇고' 또는 '경기하여(京畿何如)'라는 구절이 반복된다. · **형식적 제약**을 지닌 폐쇄적 양식이다.	한림제유 '**한림별곡**', 안축 '관동별곡'
한시	과거 제도 실시, 국자감(국립교육기관) 설치, 불교 융성, 주자학 도입 등으로 한시가 융성하였다.	정지상 '**송인**', 이규보 '동명왕편', 이색 '부벽루', 이제현 '사리화'
소악부	우리나라의 시가를 한시(漢詩)로 옮겨 놓은 것이다.	이제현 《익재난고》, 민사평 《급암선생시고》
시조	· 고려 중엽에 발생하여 조선 시대에 융성한 **정형시**로 4음보, 3장 6구 45자 내외로 구성되며, 종장의 첫 음보는 3음절로 고정된다. · '단가'로 불리다가 조선 영조 때 이후 '**시절가조(時節歌調)**'의 준말인 '시조(時調)'로 불리었다. · 고려 후기의 시조는 주로 신흥 사대부들의 유교적 이념을 표현했다.	이방원 '하여가', 정몽주 '단심가', 우탁 '탄로가'

② **산문: 항간에 떠도는 이야기를 한문으로 쓴 패관 문학이 발달하고, 사물을 의인화한 가전이 창작되어 후대 고전 소설 발생에 영향을 미쳤다.**

구분	특징	대표 작품(집)
패관 문학	· 민간에서 수집한 이야기인 가담항설에 창의성을 가미하고 윤색을 더한 산문 문학이다. · 고전 소설 발달의 모태가 되었다.	이규보 《백운소설》, 이인로 《파한집》, 최자 《보한집》, 이제현 《역옹패설》
가전	· **사물을 의인화**하여 가계(家系), 생애, 성품, 공과(功過) 등을 사람의 일대기인 전기 형식으로 서술하는 문학 양식이다. · 계세징인(戒世懲人)에 목적이 있다. · 사물의 내력이나 속성을 다루며, 풍자성을 띤다. · **설화와 소설의 교량적 역할**을 했다. (설화 → 가전체 → 소설)	임춘 '**공방전**'·'**국순전**', 이규보 '**국선생전**', 이첨 '저생전', 이곡 '죽부인전'

확장개념

📍 **고려 가요의 후렴구(여음)**
고려 가요의 후렴구는 특별한 뜻 없이 가락을 맞추기 위해 마련된 장치로, 고단한 삶을 잊고자 하는 당시 평민들의 낙천적 성격이 드러나는 부분이다.

📍 **고려 가요와 경기체가의 비교**

구분	고려 가요	경기체가
차이점	· 한글로 기록 · 구전 문학 · 평민 문학 · 조선 시대에 비판 대상이 됨	· 한문 어투 · 기록 문학 · 귀족 문학 · 조선 시대에 악장으로 전승됨
공통점	분연체, 연장체, 3음보 율격	

📍 **경기체가의 형식적 제약**
경기체가는 몇 개의 연이 중첩되어 한 작품을 이루는 '연장체(聯章體)'로, 한 연은 6행으로 되어 있고 전대절과 후소절로 양분된다. 1~3행은 3음보, 5행은 4음보로 이루어지고, 5행의 뒤 2음보는 앞 2음보의 가사가 반복된다.

📍 **가담항설(街談巷說)**
거리나 항간에 떠도는 소문

📍 **계세징인(戒世懲人)**
세상 사람들을 경계하고 징벌함

기출로 출제포인트 점검

다음은 고려 시대 문학의 특징이다. 괄호 안에 알맞은 말을 쓰시오.

01 (   )의 명칭은 '時節歌調'에서 유래되었다.

02 '동동'은 (   )을(를) 사용하여 연을 구분하고 음악적 흥취를 고조시켰다.

03 가전체 문학은 사물을 (   )하여 전기(傳記) 형식으로 기록한 문학 작품이다.

04 (   )은(는) 민간에서 수집한 이야기를 윤색하여 창작한, 흥미 본위의 문학을 말한다.

05 (   )은(는) 고려 신진 사대부들의 득의에 찬 기상이 나타나 있으며, 사람의 이름과 그들의 장기(長技)를 열거하고 있다.

06 (㉠)은(는) 사람의 일대기 형식으로 쓰되 마지막엔 작가의 평을 덧붙였으며, 의인체 기법을 사용하였다. 이는 소설의 전 단계로서 (㉡)와(과) 소설의 교량적 구실을 하였다.

[답]
01 시조   02 후렴구(여음)
03 의인화   04 패관문학
05 경기체가   06 ㉠ 가전, ㉡ 설화

03 조선 전기 문학(조선 건국~임진왜란)

① 운문: **악장**이 창작되고, **시조**와 **가사**가 조선 시가 문학의 양대 산맥을 이루었다. 한글이 창제되면서 우리말로 된 문학 작품이 왕성하게 창작되었다.

구분	특징	대표 작품
악장	· **조선 왕조의 정당성 입증**과 **이념 설파**를 목적으로 한다. · 국가 의식에서 사용된 의식요이다. · **지나친 목적성과 귀족층에 국한된 향유층** 때문에 조선 초기에만 향유되었다.	정인지 등 '**용비어천가**', 세종 '월인천강지곡'
경기체가	향락적 내용만을 다루는 내용적 제약과 지나친 형식적 제약으로 **조선 초 이후에 소멸**하였다.	정극인 '불우헌곡', 권호문 '독락팔곡'
가사	· 3·4조, 4·4조의 4음보 연속체로 길이 제한 없이 쓰인 국문시가이다. · 운문 형식이지만 산문적 내용을 담았다.(운문과 산문의 중간 형태) · 조선 전기에는 **정격 가사**가 많으며 **양반층**에 의해 주로 창작되었다. · **충신연주지사**와 강호 한정이 계열이 많다. · **시조와 상보적인 관계**를 형성하면서 활발하게 창작되었다.	· 정극인 '**상춘곡**'(우리나라 최초의 가사), 정철 '성산별곡'(강호 한정가) · 정철 '**사미인곡**'·'**속미인곡**'(충신연주지사) · 송순 '면앙정가', 정철 '**관동별곡**'(강호 한정, 유교 사상) · 조위 '만분가' (유배 가사) · 허난설헌 '**규원가**' (내방 가사)
시조	· 간결하고 절제된 형식(3장 6구 45자 내외)에 **사대부의 이념과 서정성**을 담았다. · 조선 초기에는 주로 유교적 충의 사상을 노래한 **회고가, 절의가** 등이 창작되다가 왕조의 기틀이 잡힌 이후에는 자연을 노래한 **한정가, 강호가** 등이 창작되었다. · 대부분의 유학자들은 관념적 내용을 다룬 반면, 기녀들은 고독이나 한과 같은 내면의 정서를 진술하게 표현하였다.	· 길재 '오백 년 도읍지를', 원천석 '흥망이 유수하니', 성삼문 '이 몸이 주거 가셔', 이개 '방 안에 혓는 촉불', 조식 '두류산 양단수를', 송순 '십 년을 경영ᄒ여', **황진이** '동지ᄉ 둘 기나긴 밤을', 계랑 '이화우 흣ᄲ릴 제', 홍랑 '묏버들 ᄀᆞᆯ희 것거' (평시조) · 정철 '훈민가', '이현보 '어부가', 맹사성 '강호사시가', 이황 '도산십이곡', 이이 '고산구곡가' (연시조)

② 산문: 패관 문학이 융성하였으며 **최초의 한문 소설**이 탄생하여 소설의 시대를 열었다.

구분	특징	대표 작품
패관 문학	고려 때부터 발달한 패관 문학이 보다 전문화되고 분화되었다.	성현 《용재총화》, 서거정 《태평한화골계전》·《필원잡기》
고전 소설	기존의 설화, 패관 문학, 가전체 문학 등에 중국 소설이 영향을 미치면서 **한문 소설**이 생겨났다.	**김시습 '금오신화'** [최초의 한문 소설. 총 5작품이 수록됨('만복사저포기', '이생규장전', '취유부벽정기', '남염부주지', '용궁부연록')]
가전	고려 말 가전의 전통을 이어 허구성이 강화된 의인화 소설이 생겨났다.	정수강 '포절군전', 임제 '수성지', 김우옹 '천군전'
몽유록	꿈속의 일을 다룬 이야기로, 역사적 사실을 비판적으로 해석하였다.	임제 '원생몽유록', 심의 '대관재몽유록'

확장개념

♀ 정격 가사와 변격 가사
정격 가사는 마지막 행이 시조 종장의 음수율(3·5·4·3)과 유사하게 끝나는 가사이다. 반면 변격 가사는 마지막 행의 음수율에 제약을 받지 않는다.

예 관동별곡의 마지막 행
明月이 千山萬落의 아니 비쵠 ᄃᆡ 업다.
　3　　　　5　　　4　　　3
▶시조 종장의 음수율이 나타나므로 정격 가사이다.

♀ '사미인곡', '속미인곡'
1. 충의 및 연군의 정을 남녀 간의 애정에 비유하여 표현하였다.
2. 충신연주지사이기도 하지만, 작가가 관직에서 밀려나 유배지에서 자신의 마음을 읊은 것이므로 유배 가사이기도 하다.

♀ 조선 전기 한문 소설의 특징
1. 인물: 재자가인형(주인공), 전형적·평면적인 성격
2. 주제: 권선징악, 인과응보
3. 배경: 초현실적·비현실적 세계
4. 구성: 일대기적 형식
5. 결말: 행복한 결말
6. 문체: 한문 문어체, 중국 고사나 한시 삽입
7. 사건: 비현실적, 우연한 전개

♀ 방외인 문학(김시습, 임제 등)
방외인 문학은 지배 체제에 반발하여 세상을 멀리하고 독자적인 문학 세계를 구축했던 선비들이 창작한 문학으로, 주요 문인으로는 김시습, 임제, 삼당(三唐) 시인(백광훈, 최경창, 이달)이 있다.

기출로 출제포인트 점검

다음은 조선 전기 문학의 특징이다. 괄호 안에 알맞은 말을 쓰시오.

01 ( )은(는) 조선 초의 문인인 불우헌 정극인이 지은 가사이다.

02 ( )은(는) 조선 왕조의 창업과 번영을 송축하기 위해 만들어졌다.

03 ( )은(는) 시조와 상보적인 관계를 형성하면서 활발하게 창작되었다.

04 (㉠)은(는) 김시습의 작품으로, 우리나라 최초의 한문 소설집이다. (㉡) 총 다섯 편으로 구성되었다.

[답]
01 상춘곡
02 악장
03 가사
04 ㉠ 금오신화, ㉡ 만복사저포기, 이생규장전, 취유부벽정기, 남염부주지, 용궁부연록

04 조선 후기 문학(임진왜란 이후 ~ 갑오개혁)

최근 공무원 시험 5회 출제!
21년 경찰직 1차 20번 | 20년 국가직 7급 17번
18년 소방직 9급(10월) 9번 | 18년 경찰직 1차 12번
18년 경찰직 1차 20번

① **운문**: 서민 의식이 성장하여 **문학의 향유층이 양반층에서 서민층까지 확대**되었고, 이로 인해 운문의 **형태 및 주제가 다양해졌다.**

구분	특징	대표 작품
가사	• 가사의 길이가 장형화되었다. • 향유층이 평민층까지 확대되었으며, **변격 가사**의 형태가 많다. • 조선 전기 가사의 관념적인 성격을 벗어나 **일상생활, 현실의 문제 등을 주제로** 삼았다.	• 박인로 '선상탄' (전쟁 가사) • 박인로 '누항사' (은일 가사) • 안조환 '만언사' (유배 가사) • 정학유 '농가월령가' (월령체 가사) • 작자 미상 '용부가' (평민 가사) • 홍순학 '연행가', 김인겸 '일동장유가' (기행 가사)
시조	• 평시조의 정형성에서 벗어난 **사설시조**가 등장하였다. • 향유층이 평민층까지 확대되었다. • 관념적·형식적 경향에서 벗어나, **현실적·일상적 주제 의식**이 나타났다. • 시조 전문 가객의 출현, 시조집 편찬, 가단(歌壇)의 형성 등으로 시조가 부흥하였다.	• 신흠 '노래 삼긴 사람', 김천택 '강산 죠흔 경을' (평시조) • **윤선도** '견회요' · '오우가' · '만흥' · '어부사시사' (연시조) • '싀어머님 며ㄴ 라기 낫바', '댁들에 동난지이 사오', '귀쓰리 져 귀쓰리' (사설시조)
민요	• 서민들 사이에서 불리던 **구전 가요**이다. • 주로 3음보·4음보의 형식을 갖추었다. • 일정한 기능이 있는 기능요와 노래의 즐거움을 누리기 위해 부르는 비기능요로 나뉜다. • 선후창, 교환창, 독창, 제창 등의 방식으로 부른다.	• 논매기 노래, 타작 노래, 지신밟기 노래, 상여 노래, 강강술래, 널뛰기 노래 (기능요) • 정선 아리랑, 밀양 아리랑, 시집살이 노래 (비기능요)

② **산문**: 실학이 발달하고 **문학의 향유층이 확대**되면서 **서사 문학이 전성기**를 이루었다. 이로 인해 **소설이 활발하게 창작**되고 수필과 평론이 발전했다.

구분	특징	대표 작품
고전 소설	• 국문 소설의 효시인 '**홍길동전**'이 등장한 이후 본격적인 소설의 시대가 전개되었다. • **박지원의 한문 소설**은 현실에 대한 비판과 개혁 의식을 주제로 하였다. • 전기수가 등장하고 필사, 세책가, 방각본 등이 나타나면서 소설이 활발하게 유통되었다.	• 국문 소설: 허균 '**홍길동전**', '심청전', '흥부전', '임경업전', '박씨전', '춘향전', 김만중 '사씨남정기' · '구운몽' • 한문 소설: **박지원** '허생전' · '호질' · '양반전' · '예덕선생전' · '열녀함양박씨전'
수필 · 평론	• 임진왜란 · 병자호란의 체험과 역사적 사실을 기록하기 위한 노력이 수필·평론 문학의 창작으로 이어졌다. • 초반에는 한문 수필이 많았으나, 점점 여성이 작가인 한글 수필(궁중 수필과 내간체 수필 등)이 많이 나타났다.	• 수필: 혜경궁 홍씨 '한중록', 의유당 '**동명일기**', 유씨 부인 '조침문', **규중칠우쟁론기** • 평론: 김만중 《서포만필》
판소리	• 광대가 고수(鼓手)의 장단과 추임새에 맞추어 서사적 이야기를 구연한다. • **창(노래), 아니리(이야기), 발림(몸짓)**으로 구성된다. 발림을 너름새라고도 한다. • 향유층이 양반부터 평민까지 다양하여 **양반과 평민의 언어가 작품 속에 공존**한다.	'춘향가', '흥부가', '심청가', '수궁가', '적벽가'
민속극	조선 후기 평민 의식의 성장이 가장 잘 드러나는 갈래이다.	'산대놀이', '**봉산탈춤**', '오광대', '꼭두각시놀음'

확장개념

📍**사설시조**
초장·중장이 제한 없이 길며 종장도 길어진 형태로, 세태에 대한 풍자와 서민들의 생활 감정이 진솔하게 표현된 시조이다.

📍**우리나라 3대 시조집**

청구 영언	조선 영조 4년(1728)에 김천택이 펴낸 최초의 시조집
해동 가요	조선 영조 39년(1763)에 김수장이 펴낸 시조집
가곡 원류	조선 고종 13년(1876)에 박효관과 안민영이 편찬한 가곡집

📍**전기수, 필사, 세책가, 방각본**
1. 전기수: 고전 소설을 직업적으로 낭독하는 사람
2. 필사: 개인이 소설을 베끼는 것. 필사 과정에서 소설의 개작이 이루어지기도 함
3. 세책가: 돈이나 물건을 받고 책을 빌려주던 곳
4. 방각본: 민간 출판업자가 상업적인 목적으로 목판을 이용해 출판한 책

📍**춘향가, 흥부가, 심청가, 수궁가, 적벽가**
신재효가 정리한 '판소리 5마당'에 속하는 작품들이다. 현재 전하지 않는 '변강쇠 타령'까지 합하면 '판소리 6마당'이 된다.

기출로 출제포인트 점검

다음은 조선 후기 문학의 특징이다. 괄호 안에 알맞은 말을 쓰시오.

01 '봉산탈춤'과 같은 (　　)이(가) 성행하였다.

02 삼대 시조집 가운데 가장 먼저 나온 것이 (　　)이다.

03 고수가 "얼씨구"하며 분위기를 돋우는 것을 (　　)이(라)고 한다.

04 (　　)은(는) 중장이나 종장이 평시조보다 길어진 시조로, 서민 의식을 반영한다.

05 서민 정신과 산문 정신의 발흥으로 엄격한 (㉠) 형식보다는 느슨한 (㉡) 형식이 유행했다.

06 조선 후기 여성들이 창작한 3대 (　　)(으)로 '동명일기', '조침문', '규중칠우쟁론기'를 꼽을 수 있다.

[답]
01 민속극　　　　02 청구영언
03 추임새　　　　04 사설시조
05 ㉠ 정격, ㉡ 변격　　06 (한글) 수필

01 2013년 서울시 7급

다음 중 향가에 대한 설명으로 잘못된 것은?

① 현전하는 향가 중 '혜성가(彗星歌)'는 최초의 작품으로 8구체 형식을 취하고 있다.

② 충담사는 10구체 향가인 '안민가(安民歌)'와 '찬기파랑가(讚耆婆郎歌)'를 남겼다.

③ 각간 위홍과 대구 화상이 역대의 향가를 모은 《삼대목(三代目)》이 있었다는 것은 《삼국사기》의 기록을 통해 알 수 있다.

④ 《균여전(均如傳)》에서는 향가가 '삼구육명(三句六名)' 형식으로 짜여 있다고 한다.

⑤ '원왕생가(願往生歌)'와 '천수대비가(千手大悲歌)'는 불교 신앙의 향가이다.

02 2018년 소방직 9급 (10월)

다음 글의 ㉠에 해당하는 작품이 아닌 것은?

> 역사적으로 볼 때 우리나라의 극 갈래는 가면극, 인형극, 판소리 등을 거쳐 신파극, 근대극, 현대극으로 발전해 왔다. 가면극은 신라의 오기, 검무, 처용무에서 시작하여 고려의 나례, 조선의 산대희와 탈춤으로 발전하였다. 인형극은 삼국 시대의 목우희에서 나무인형으로 노는 인형극, 고려 시대의 꼭두각시놀음과 그림자극인 망석중놀이로 이어졌다. 조선 후기에 발생한 판소리는 신재효가 ㉠여섯 마당으로 정리하면서 전환기를 맞이하였다.

① 만분가   ② 적벽가   ③ 심청가   ④ 춘향가

03 2018년 경찰직 3차

다음 중 가전체 문학에 대한 설명으로 가장 적절하지 않은 것은?

① 사물을 의인화하여 전기(傳記) 형식으로 기록한 문학 작품이다.

② 고려 중기 이후 크게 유행하였으며, 조선 시대에도 꾸준히 창작되었다.

③ 고려 신흥 사대부들의 집단 창작물로, 설화와 소설을 잇는 교량적 역할을 하였다.

④ 주요 작품으로 「공방전」, 「죽부인전」, 「저생전」 등이 있다.

04 2018년 국회직 8급

다음 작품에 대한 설명으로 적절하지 않은 것은?

> 님이 오마 ᄒ거늘 져녁밥을 일지어 먹고 중문(中門) 나서 대문(大門) 나가 지방(地方) 우희 치ᄃ라 안자 이수(以手)로 가액(加額)ᄒ고 오ᄂ가 가ᄂ가 건넌 산(山) ᄇ라보니 거머 횟들 셔 잇거늘 져야 님이로다.
> 보션 버서 품에 품고 신 버서 손에 쥐고 겻븨님븨 님븨곰븨 쳔방지방 지방쳔방 즌 듸 ᄆ른 듸 굴희지 말고 워렁충창 건너가셔 정(情)엣말 ᄒ려 ᄒ고 겻눈을 흘긋 보니 상년(上年) 칠월(七月) 사흔날 굴가 벅긴 주추리 삼대 슐드리도 날 소겨다.
> 모쳐라 밤일식만졍 행혀 낫이런들 우일 번ᄒ괘라

① 조선 후기에 등장한 문학 형태이다.

② 평민 가객들이 주로 노래한 것이다.

③ 해학을 통해 자유로운 느낌을 주고 있다.

④ 구체적인 사물을 통해 실감나게 표현하고 있다.

⑤ 화자는 임에 대한 마음을 겉으로 드러내지 못하고 있다.

05 2013년 서울시 9급

다음에 대한 설명 중 옳은 것은?

> 紅牡丹(홍모단) 白牡丹(ᄇᆡ모단) 丁紅牡丹(뎡홍모단)
> 紅芍藥(홍쟉약) 白芍藥(ᄇᆡ쟉약) 丁紅芍藥(뎡홍쟉약)
> 御柳玉梅(어류옥ᄆᆡ) 黃紫薔薇(황ᄌ쟝미) 芷芝冬柏(지지동ᄇᆡᆨ)
> 위 間發(간발)ㅅ 景(경) 긔 엇더ᄒ니잇고.
> 葉(엽) 合竹桃花(합듁도화) 고온 두 분 合竹桃花(합듁도화) 고온 두 분
> 위 相映(샹영)ㅅ 景(경) 긔 엇더ᄒ니잇고.

① 삼국 시대에 출현한 장르로서, 자연의 아름다움을 노래한 것이다.

② 고려 가요의 하나로, 유토피아적인 동경을 노래하였다.

③ 주로 사대부가 작가인 정형시로서, 조선 전기 이후 자취를 감추었다.

④ 조선 초기의 산문으로, 자연의 아름다움을 노래한 것이다.

⑤ 우리나라 고유의 정형시로서, 고려 초기부터 발달하여 왔다.

06 2018년 서울시 7급(6월)

밑줄 친 부분에 해당하는 판소리 용어를 바르게 짝지은 것은?

> 문화센터에서 무료로 <춘향가>를 공연한다고 하여 아이들과 함께 방문하였다. 갓을 쓰고 도포를 입은 광대가 서서 노래를 부르고 옆에 앉은 고수는 북으로 장단을 맞추며 이따금 ㉠ "얼씨구" 하며 분위기를 돋우었다. 이몽룡이 춘향이를 업고 ㉡ 사랑을 속삭이는 노래를 부르는 장면에서는 절로 흥이 일었고 암행어사가 된 이몽룡이 거지로 변장하여 ㉢ 월매와 말을 주고받는 장면에서는 웃음이 터져 나왔다. 암행어사 출두 장면에서 잔치에 모인 벼슬아치들이 ㉣ 허둥지둥 도망치는 모습을 몸짓으로 흉내내는 것을 보니, 노래뿐만 아니라 연기도 잘해야 판소리 공연을 제대로 할 수 있겠다는 생각이 들었다.

	㉠	㉡	㉢	㉣
①	추임새	소리	발림	아니리
②	너름새	더늠	발림	아니리
③	너름새	더늠	아니리	발림
④	추임새	소리	아니리	발림

07 2015년 법원직 9급

다음과 같은 노래에 대한 설명으로 가장 옳지 않은 것은?

> 正月(정월)ㅅ 나릿므른 아으 어져 녹져 ㅎ논ᄃᆡ.
> 누릿 가온ᄃᆡ 나곤 몸하 ᄒᆞ올로 녈셔. / 아으 動動(동동)다리.
>
> 二月(이월)ㅅ 보로매, 아으 노피 현 燈(등)ㅅ블 다호라.
> 萬人(만인) 비취실 즈싀샷다. / 아으 動動(동동)다리.
>
> 五月(오월) 五日(오일)애, 아으 수릿날 아츰 藥(약)은
> 즈믄 힐 長存(장존)ᄒᆞ샬 藥(약)이라 받ᄌᆞᆸ노이다.
> 아으 動動(동동)다리.
>
> 六月(유월)ㅅ 보로매 아으 별해 ᄇᆞ룐 빗 다호라.
> 도라보실 니믈 젹곰 좃니노이다. / 아으 動動(동동)다리.
>
> 七月(칠월)ㅅ 보로매 아으 百種(백종) 排(배)ᄒᆞ야 두고,
> 니믈 ᄒᆞᆫ ᄃᆡ 녀가져 願(원)을 비ᅀᆞᆸ노이다.
> 아으 動動(동동)다리.
> – 지은이 미상, '동동(動動)'

① 고정된 형식을 가지고 있다.

② 여음(후렴구)이 발달되어 있다.

③ 구전(口傳)되다가 조선 시대에 기록되었다.

④ 주로 서민들의 진솔한 정서를 표현한다.

08 2018년 소방직 9급(10월)

다음 한시의 형식적 갈래로 적절한 것은?

> 雨歇長堤草色多 비 갠 긴 둑엔 풀빛이 짙어 가는데
> 送君南浦動悲歌 남포에서 임 보내며 슬픈 노래 부르네.
> 大同江水何時盡 대동강 물은 어느 때 마르려는지
> 別淚年年添綠波 해마다 이별 눈물 푸른 강물에 더해지네.
> – 정지상, '송인(送人)'

① 5언 절구 ② 5언 율시 ③ 7언 절구 ④ 7언 율시

09 2016년 국가직 7급

다음 글의 괄호 안에 들어갈 말로 알맞은 것은?

> 어떤 사물을 역사적 인물처럼 의인화하여 그 가계와 생애 및 개인적 성품, 공과(功過)를 기록하는 전기(傳記) 형식의 글을 ( )이라고 한다. 거북·대나무·지팡이·술·돈 따위의 동물이나 식물, 생활에 필요한 물건 같은 사물을 의인화해 그 생애를 서술한다.

① 평전(評傳)   ② 열전(列傳)

③ 가전(假傳)   ④ 실전(實傳)

10 2018년 서울시 7급(3월)

다음 작품과 같은 형식의 향가 작품이 아닌 것은?

> 임금은 아버지요
> 신하는 자애로운 어머니요
> 백성은 어린아이라고 한다면
> 백성이 사랑하심을 알 것입니다. / <중 략>
> 아으, 임금답게 신하답게 백성답게 한다면
> 나라 안이 태평할 것입니다.

① 원왕생가   ② 처용가

③ 찬기파랑가   ④ 혜성가

정답 및 해설 p. 306

03 현대 문학사

압축개념

01 개화기~1910년대 문학

최근 공무원 시험 **1회 출제!**
16년 서울시 9급 16번

고전·현대 문학의 특징이 혼재된 **과도적 형태의 작품이 창작되었다.** 이 시기는 특히 **최남선과 이광수**의 활동이 두드러져 **2인 문단 시대**로 불린다.

구분	특징	대표 작품
시	· **개화 가사와 창가**가 유행하였다. 　– 주제: 애국, 계몽, 외세 비판, 자주독립 　– 율격: 개화 가사 4음보, 창가 7·5조 3음보 · **신체시**(자유시로 넘어가는 과도적 형태)와 상징시가 출현하였다. · **자유시**가 등장하였다. (1919)	· 이중원 '동심가' (개화 가사) · 최남선 '경부철도가' (창가) · **최남선 '해에게서 소년에게'** (신체시) · 김억 '봄은 간다' (상징시) · **주요한 '불놀이'** (우리나라 최초의 자유시)
소설	· **신소설**이 창작되었다. 　(고전 소설과 현대 소설의 과도기적 형태) · **역사·전기 소설**이 창작되었다. 　(민족적 자주성, 주체 의식 표현) · **장편 현대 소설**이 등장하였다. (1917)	· 이인직 '혈의 누', 안국선 '금수회의록', 이해조 '자유종' (신소설) · **이광수 '무정'** (우리나라 최초의 장편 현대 소설)
극	· 민속극이 쇠퇴하고 창극이 발생하였다. · 신극이 등장하고 **신파극**이 도입되었다.	조중환 '병자삼인(病者三人)' (우리나라 최초의 창작 희곡)

확장개념

📍 **신소설의 형식**

언문일치체(국문체) 추구, 묘사 중심의 이야기 전달, 평면적 구성에서의 탈피 시도(역순행적 구성의 사용), 대사와 지문의 구분

기출로 출제포인트 점검

다음은 개화기~1910년대 문학의 특징이다. 괄호 안에 알맞은 말을 쓰시오.

01 2인 문단 시대의 '2인'은 (　　,　　)이다.

02 이광수의 장편 소설 <무정>은 (　　)을(를) 발전적으로 계승하였다.

[답]
01 최남선, 이광수　　02 신소설

압축개념

02 1920년대 문학

최근 공무원 시험 **3회 출제!**
18년 경찰직 1차 16번　　17년 서울시 9급 15번
16년 서울시 9급 16번

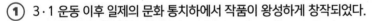

① 3·1 운동 이후 일제의 문화 통치하에서 작품이 왕성하게 창작되었다.

구분	특징	대표 작품
시	· 3·1 운동 실패 후 좌절감으로 **퇴폐적·감상적 낭만주의**가 유행하였다. · 1925년 **카프(KAPF)**가 결성되면서, 이념적 목적성을 띤 **경향파 시**가 창작되었다. · **민족주의 경향의 시**가 창작되었다. 　[시조나 민요에 관심, 민요시 운동(김억, 김소월), 시조 부흥 운동(최남선) 추진] · **장편 서사시**가 등장하였다.	· 이상화 '나의 침실로' (낭만주의) · 임화 '우리 오빠와 화로' (경향파, 단편 서사시) · 김소월 '진달래꽃', '산유화' 한용운 '님의 침묵' (민족주의) · **김동환 '국경의 밤'** (우리나라 최초의 장편 서사시)
소설	· 카프(KAPF)를 중심으로 하여 계급주의, **신경향파 소설**이 대두하였다. · **동반자 문학** 작가들이 활동하였다. 　(이효석, 유진오, 채만식 등) · **사실주의 경향**이 확립되고 **낭만주의·자연주의** 소설이 창작되었다.	· **최서해 '탈출기'** (신경향파) · 현진건 '운수 좋은 날' (사실주의) · 나도향 '물레방아' (낭만주의) · 염상섭 '표본실의 청개구리' (우리나라 최초의 자연주의 소설) · 김동인 '감자' (자연주의적 사실주의)
극	'극예술 협회', '토월회'를 중심으로 하여 희곡이 창작되었다.	김우진 '이영녀'·'난파'·'산돼지'

확장개념

📍 **경향파 시 vs 민족주의 경향의 시**

카프(KAPF)를 중심으로 하는 경향파 시와 민족주의 경향의 시는 서로 대항하는 양상을 보였다.

📍 **동반자 문학**

카프(KAPF)의 경향 운동에 직접적으로 참가하지는 않으나, 사회주의 문학의 대의에는 동조하는 문학으로, 우리 문학에서는 1929년 이후에 나타난다.

② 수많은 **동인지**가 창간되고 문학 작품의 발표 지면이 확대되었다.

구분	특징	발행인, 주요 동인
창조	· 한국 최초의 순수 문예 동인지이다. · 계몽주의에 반대하여 **순수 문학 운동**을 전개하였다. · 자유시의 발전과 구어체 문장의 개혁에 기여하였다.	김동인, 주요한, 전영택, 김환, 이광수, 김억
폐허	· **퇴폐적, 감상적, 낭만적 성향**이 혼재된 동인지이다. · 19세기 후반 서구 문학의 **상징주의와 퇴폐적 경향**을 소개하였다.	김억, 남궁벽, 염상섭, 황석우, 변영로, 오상순
장미촌	· 우리나라 최초의 시 전문 동인지이다. · **낭만적 경향**을 보였으며 《폐허》와 《백조》의 교량적 역할을 하였다.	황석우, 변영로, 노자영, 박영희, 박종화
백조	· 《장미촌》의 낭만적 경향을 계승한 문예 동인지이다. · **시는 낭만주의적 경향**을 띠었으나, **소설은 자연주의적 경향**을 띠었다.	홍사용, 박종화, 현진건, 나도향, 이상화, 박영희

📍 **1920년대 동인지 간행 순서**

창조(1919) → 개벽(1920) → 폐허(1920) → 장미촌(1921) → 백조(1922) → 금성(1923) → 영대(1924) → 조선 문단(1924) → 해외문학(1927) → 문예공론(1929) → 삼천리(1929)

기출로 출제포인트 점검

다음은 1920년대 우리나라 문학의 특징이다. 괄호 안에 알맞은 말을 쓰시오.

01 후반에는 (　　)이(가) 결성되어 계급주의 문학이 주류를 이루었다.

02 (　　)은(는) 그의 대표 시집 『님의 침묵』의 출간과 함께 이 시기의 대표 시인으로 떠올랐다.

[답]
01 카프(KAPF)　02 한용운

---

03 1930년대 문학

최근 공무원 시험 2회 출제!
17년 서울시 9급 15번
16년 서울시 9급 16번

도시 문명의 발달과 서구 문예 사조의 영향으로 **순수 문학, 모더니즘, 리얼리즘** 등이 싹텄다. 한편 **사회주의**는 카프가 해체되면서 약화되었다.

구분		특징	대표 작품
시	순수 서정시 (시문학파)	· 시어의 예술성과 음악성을 중시하였다. · 《시문학》의 동인과 '구인회'의 회원이 중심이 되어 전개하였다.	김영랑 '끝없는 강물이 흐르네'·'모란이 피기까지는'
	모더니즘 시 (주지시파)	**시각적 이미지**를 강조하여 주로 현대 **도시 문명**을 형상화하였다.	정지용 '유리창1', 이상 '거울', 김광균 '추일서정', 김기림 '바다와 나비, 기상도'
	생명시 (생명파)	모더니즘에 대한 반발로 등장하여 생명성과 삶에 대한 의지를 표현하였다.	유치환 '생명의 서', 서정주 '화사(花蛇)'
	전원시 (전원파)	자연을 이상 세계로 설정하고 **자연 친화적 태도**를 드러내었다.	신석정 '그 먼 나라를 알으십니까', 김상용 '남으로 창을 내겠소'
	저항시	일제의 억압에 대한 **저항 정신**을 드러내었다.	윤동주 '서시', 이육사 '광야'·'절정'
	민중적 정서의 시	민중의 삶과 정서에 초점을 두고 전통적인 소재를 수용하였으며, 시에 이야기적 요소를 도입하였다.	백석 '여승'·'고향', 이용악 '그리움'
소설		· 도시의 삶을 드러낸 **모더니즘 소설**이 유행하였다. · 러시아에서 일어난 브나로드 운동의 영향으로 **농촌 소설**이 창작되었다. · 민족의식을 고취하는 역사 소설과, **한국 전통을 다룬 소설**이 창작되었다. · 장편 소설이 다수 창작되었다. · 여성 작가들이 활발하게 활동하였다. (박화성, 강경애, 백신애, 최정희)	· 박태원 '소설가 구보 씨의 일일', 이상 '날개' (모더니즘) · 김유정 '봄·봄', 이효석 '메밀꽃 필 무렵' (농촌 소설) · 김동리 '무녀도' (한국적 전통) · 염상섭 '삼대', 채만식 '태평천하' (장편 소설)
극		'극예술 연구회'가 연극계를 이끌었고, **사실주의 희곡**이 많이 공연되었다.	유치진 '토막' (사실주의 희곡)

📍 **1930년대 동인지 간행 순서**

시문학(1930) → 문예 월간(1931) → 조선문학(1933) → 문학(1934) → 삼사 문학(1934) → 시원(1935) → 조광(1935) → 시인 부락(1936) → 문장(1939) → 인문 평론(1939)

기출로 출제포인트 점검

다음은 1930년대 문학의 특징이다. 괄호 안에 알맞은 말을 쓰시오.

01 (　　)은(는) 1931년 창립한 단체로, 창작극은 물론 외국의 희곡을 번역·공연하여 현대 연극 발전에 크게 기여하였다.

02 김기림, 정지용 등의 시인들은 감성보다 지성, 리듬보다 이미지에 호소하는 (　　) 경향을 바탕으로 한 시를 창작하였다.

03 (　　)은(는) 식민지 시대 하층민의 삶에 밀착된 언어로 그들의 끈질긴 생명력을 표출하였으며, 대표작으로는 '만무방', '봄봄', '동백꽃', '땡볕' 등이 있다.

[답]
01 극예술 연구회　02 주지주의　03 김유정

03. 현대 문학사 **197**

해커스공무원 단권화 핵심정리 국어

① 1940년부터 광복 이전까지는 태평양 전쟁을 일으킨 일제의 극심한 탄압으로 **문학의 암흑기**를 맞았다.

② **광복 이후**에는 문단이 활기를 되찾고, **광복의 기쁨과 일제 강점기에 대한 반성** 등을 내용으로 하는 작품들이 발표되었다.

구분	특징	대표 작품(집)
시	· **광복의 기쁨**과 역사의식에 대한 시가 창작되었다. · 그동안 발간되지 못했던 시집과 유고 시집들이 한꺼번에 발간되었다.	· 박두진 '해', 신석정 '꽃덤불' (광복의 기쁨) · **청록파**(박두진, 박목월, 조지훈)《청록집》, 윤동주《하늘과 바람과 별과 시》, 이육사《육사 시집》 (그동안 발간되지 못했던 시집과 유고 시집)
소설	· **해방 직후 혼란한 사회상**과 일제 강점기하 문인들의 **자기반성**을 다룬 작품이 창작되었다. · 인류의 보편적 정서를 다룬 **순수 소설**이 창작되었다.	· 염상섭 '두 파산', 채만식 '논 이야기' (혼란한 사회상) · 채만식 '미스터 방' · '민족의 죄인' (자기반성) · 김동리 '역마' (순수 소설)
극	· 극 문학의 침체기였으나 유치진과 함세덕 등이 현대극을 이끌었다. · 애국지사들의 삶과 투쟁을 다룬 민족적 작품이 창작되었다.	유치진 '조국', 오영진 '살아 있는 이중생 각하'

6·25 전쟁을 배경으로 하는 **전후 문학**이 나타났고, 비참한 전쟁에 대한 반동으로 **순수하고 서정적인 작품**도 다수 창작되었다.

구분	특징	대표 작품
시	· 전쟁의 고통과 분단의 비극을 형상화하는 **전후 시**가 창작되었다. · **실존주의**를 바탕으로 인간애를 표현하였다. · 1930년대의 **모더니즘** 시를 계승하여 현대적 도시 감각을 드러낸 작품이 창작되었다.	· 구상 '초토의 시', 조지훈 '다부원에서' (전후 시) · 김규동 '나비와 광장', 박인환 '목마와 숙녀' (모더니즘 시)
소설	· 전쟁 이후 가치관의 혼란과 전쟁의 비극성 등을 다루는 **전후 소설**이 창작되었다. · 짙은 허무 의식이 나타났으며, **부조리한 현실**을 고발하고 현실 참여의 문제를 부각시켰다. · 순수 소설도 꾸준히 창작되었다.	· 손창섭 '**비 오는 날**', 오상원 '**유예**', 하근찬 '**수난 이대**', 장용학 '**요한 시집**' (전후 소설) · 이범선 '오발탄', 오상원 '모반' (현실 고발) · 오영수 '갯마을' (순수 소설)
수필	· 기존에 발표되었던 수필들이 수필집으로 간행되었다. · 다양한 형태와 주제의 수필들, 그리고 질적으로 뛰어난 수필들이 창작되었다.	조지훈 '지조론', 피천득 '은전한 닢', 이희승 '딸깍발이'
극	전후의 현실 인식과 사회적 문제를 다루었다.	차범석 '불모지'

1960년대에는 **순수·참여 논쟁**이 일어나고 **새로운 감수성과 문체를 지닌 소설**들이 발표되었다. 그리고 1970~80년대에는 **민중문학**이 대두되면서 **산업화로 인해 소외된 민중의 삶**과 여러 사회 문제들을 형상화한 작품들이 등장하였다.

(1) 시·소설

구분	시기	특징	대표 작품
시	1960~80년대	· **현실 참여 문학과 순수 문학 간의 논쟁**이 1960년대에 일어났다. · 4·19 혁명, 5·16 군사 정변, 5·18 광주 민주화 운동이 연달아 일어나면서, 1980년대까지 **현실 참여적 시 경향**이 이어졌다.	· 김수영 '푸른하늘을'·'풀', 신동엽 '껍데기는 가라', 김지하 '타는 목마름으로' (현실 참여시) · 고은 '눈길', 박재삼 '추억에서', 서정주 '동천', 황동규 '조그만 사랑 노래', 천상병 '귀천' (순수시) · 신경림 '농무' (민중의 삶)
	1970~80년대	급격한 산업화·도시화로 인해 소외되고 고통 받는 민중과 노동자들의 삶을 본격적으로 다루기 시작하였다.	
소설	1960~80년대	· **새로운 감수성과 문체**로 작품을 창작하는 작가군이 1960년대에 등장하였다. · 전쟁의 상흔과 민족 분단의 현실을 성찰하고 치유 방안을 모색하는 작품이 창작되었다. · 현대사의 모순과 왜곡을 **대하 장편 소설**을 통해 재조명하였다.	· 김승옥 '무진기행' (새로운 감수성과 문체) · 최인훈 '광장', 이청준 '병신과 머저리', 윤흥길 '장마', 박완서 '엄마의 말뚝' (분단 현실) · 안수길 '북간도', 박경리 '토지', 조정래 '태백산맥' (장편 소설)
	1970~80년대	급격한 산업화·도시화로 인해 **소외되고 고통 받는 민중과 노동자들의 삶**을 본격적으로 다루기 시작하였다.	· 조세희 '난장이가 쏘아 올린 작은 공', 윤흥길 '아홉 켤레의 구두로 남은 사내', 황석영 '삼포 가는 길' (민중의 삶)
	1980년대	· **소시민들의 삶**의 모습을 섬세하게 그려 냈다. · 공선옥, 공지영, 양귀자, 신경숙 등의 **여성 작가들이 등단**하여 현실적인 문제를 형상화하였다.	· 양귀자 '한계령'·'원미동 사람들' (여성 작가)

(2) 수필·극

구분	특징	대표 작품
수필	수필의 제재가 다양해지고 작가층과 독자층이 두터워졌다.	피천득 '수필', 윤오영 '마고자', 법정 '무소유'
극	· 새로운 기법을 시도한 서사극, **부조리극**들이 창작·공연되었다. · 기법의 변화를 추구한 다양한 형태의 희곡이 등장하였다. 예 전통 민속극의 원리 도입 · 대학가를 중심으로 마당극 운동이 전개되었다. · 소재와 주제가 다양해졌다.	천승세 '만선', 이근삼 '원고지'·'국물 있사옵니다', 이강백 '파수꾼'

확장개념

1960년대의 순수·참여 논쟁

한국 문단에서는 1960년대 이전부터 문학의 현실 참여 문제를 둘러싸고 순수 문학과 참여 문학 간의 논쟁이 지속적으로 이어져 왔다. 이 중 '순수·참여 논쟁'으로 불리는 논쟁은 1960년대에 진행된 문학론 논쟁이다. 1960년대의 첫 번째 논쟁은 1963년, 두 번째 논쟁은 1967년에 일어났는데, 두 번째 논쟁은 이어령과 김수영 간의 '불온시 논쟁'으로까지 이어졌다.

민중문학과 민족문학

1970년대 민족문학과 민중문학은 민중의 삶을 사실적으로 다루며 인간성 회복을 목표로 하였다. 민중문학은 민족문학의 실천적 한계를 극복하는 과정을 통해 발전되었는데, 1980년대에 이르러 당시 사회 전반에 걸쳐 진보적인 사회문화운동으로 확대되었다.

김수영

1945년에 등단하여 모더니스트로서 주목을 받았으며, 1950년대 후반부터 '눈'(1956), '폭포'(1959) 등 현실 인식이 담긴 시를 발표하였다. 4·19 혁명 이후에는 현실 비판 의식이 담긴 참여시를 쓰며 1960년대를 대표하는 시인이 되었다.

부조리극

'이치에 맞지 않는 극'이라는 뜻으로 인간 존재의 부조리성과 내면적 진실에 주목한 실존주의 계열의 연극이다.

기출로 출제포인트 점검

다음은 1960~1980년대 문학의 특징이다. 괄호 안에 알맞은 말을 쓰시오.

01 이근삼의 <원고지>는 사회 현실을 풍자한 (   )이다.

02 (   ) 문학을 통해 사회 현실에 대한 성찰과 비판, 분단 현실에 대한 심화된 인식 등을 표현하고자 했다.

03 이 시기에는 문학의 현실 참여 문제를 둘러싸고 (   ) 진영과 참여 문학 진영 간에 활발한 논쟁이 있었다.

[답]
01 부조리극
02 현실 참여
03 순수 문학

01 2017년 서울시 9급

다음 예문에 제시된 시사(詩史)의 전개가 순서에 맞게 배열된 것은?

> ㉠ 농민의 애환을 다룬 신경림의 「농무」를 비롯하여, 고은이나 김지하 등 참여 시인들의 작품은 현실에 저항하는 문학의 실천성을 보여주었다.
>
> ㉡ 한용운의 시집 『님의 침묵』이 출간되어 이 시기를 대표하는 시인으로 떠올랐고, 다른 한편으로는 조선 프롤레타리아 예술가 동맹(KAPF)이 결성되어 리얼리즘 계열의 시가 창작되기도 했다.
>
> ㉢ 전쟁에 참여한 시인들은 선전 선동시 등을 창작하기도 했으나 구상의 「초토의 시」처럼 황폐화된 국토의 모습을 통해 전쟁이 남긴 비극을 그려내는 작품들이 나타났다.
>
> ㉣ 모더니즘 시운동을 선도한 시인들이 도시적 감수성을 세련된 기교로 노래했다. 김기림은 장시 「기상도」를 통해 현대 문명을 비판했다.

① ㉡-㉣-㉠-㉢
② ㉡-㉣-㉢-㉠
③ ㉣-㉡-㉠-㉢
④ ㉣-㉡-㉢-㉠

02 2019년 서울시 7급(2월)

<보기>와 시대적 배경이 같은 작품은?

> **보기**
> 하꼬방 유리 딱지에 애새끼들
> 얼굴이 불타는 해바라기마냥 걸려 있다.
>
> 내려 쪼이던 햇발이 눈부시어 돌아선다.
> 나도 돌아선다.
>
> 울상이 된 그림자 나의 뒤를 따른다.
> 어느 접어든 골목에서 걸음을 멈춰라.
>
> 잿더미가 소복한 울타리에
> 개나리가 망울졌다.

① 김승옥의 『무진기행』
② 황석영의 『삼포가는 길』
③ 이문구의 『우리동네 김씨』
④ 황순원의 『나무들 비탈에 서다』

03 2016년 서울시 9급

다음 중 <보기>와 작품 속 시대적 배경이 같은 것은?

> **보기**
> 오호, 여기 줄지어 누웠는 넋들은
> 눈도 감지 못하였겠구나.
>
> 어제까지 너희의 목숨을 겨눠
> 방아쇠를 당기던 우리의 그 손으로
> 썩어 문드러진 살덩이와 뼈를 추려
> 그래도 양지 바른 두메를 골라
> 고이 파묻어 떼마저 입혔거니
> 죽음은 이렇듯 미움보다도 사랑보다도
> 더욱 너그러운 것이로다.

① 김주영의 「객주」
② 이범선의 「오발탄」
③ 박경리의 「토지」
④ 황석영의 「장길산」

04 2015년 기상직 9급

각 시대별로 나타난 문학의 특징을 설명한 것으로 적절하지 않은 것은?

① 1910년대 – 전근대적 사회를 극복하고자 하였으며, 서구 문학의 유입에 따라 우리 민족의 역량을 길러야 한다는 민족주의적 계몽주의가 주류를 이루었다.

② 1920년대 – 《백조》, 《장미촌》, 《폐허》 등과 같은 문예 동인지가 발간되면서 전문적인 문인들이 등장하여 문학의 저변이 확대되었다.

③ 1930년대 – 문학의 순수성과 예술성을 지향하는 문인들이 문단의 주류를 형성하였고, 브나로드 운동의 영향으로 농촌 계몽을 목적으로 하는 문학이 등장하였다.

④ 1950년대 – 정치적 격동기를 배경으로 사회 현실에 대한 통찰과 인식, 역사에 대한 반성과 비판을 주류로 하는 참여 문학이 형성되었다.

05 2018년 서울시 9급(6월)

1960년대 한국 문학의 특징으로 가장 옳지 않은 것은?

① 전후 문학의 한계에 대한 극복이 주요한 과제로 제기되었다.

② 4·19혁명의 영향으로 현실비판문학이 가능하게 되었다.

③ 참여문학과 순수문학 진영 간의 논쟁이 발생하였다.

④ 민족문학과 민중문학에 대한 논의가 활발히 전개되었다.

06 2014년 서울시 9급

1930년대 문단의 상황에 대한 다음 진술 중 잘못된 것은?

① 김동리, 김유정 등 동반자 작가들이 활동했다.
② 예술성을 강조하는 순수 문학이 크게 유행했다.
③ 모더니즘 문학이 도입되고 다양한 기법이 실험되었다.
④ 전원파, 청록파, 생명파 등이 등장했다.
⑤ 일제의 탄압으로 카프(KAPF)가 해체되었다.

07 2015년 경찰직 1차

다음 <보기>는 일제강점기 시대 문학에 대한 설명이다. 다음 중 그 시대적 양상을 기술한 것으로 가장 적절하지 않은 것은?

보기
ⓐ 1920년대 초기는 동인지를 중심으로 문학 활동이 전개되었으며, 시에서는 3·1 운동의 실패와 좌절로 인한 허무와 패배 의식의 영향으로 병적·퇴폐적 낭만주의 경향의 시들이 나타났고 소설에서는 유미주의를 추구하는 소설들이 나타났다.
ⓑ 1920년대 중반에는 전통적인 운율과 정서를 계승한 김소월과 불교 사상을 바탕으로 부재한 현실과 그 극복 의지를 보여준 한용운 등의 시적 성과가 있었으며, 카프(KAPF)의 결성으로 계급 문학, 사실주의 문학의 토대를 형성하기도 하였다.
ⓒ 1930년대 시에서는 순수 문학의 지향, 모더니즘적 실험, 생의 본질 탐구 등의 주요 경향이 나타났으며, 시문학파의 시인들은 언어적 감각과 문학의 순수성을 중심으로 하는 순수시를 강조하였다. 한편, 소설에서는 도시 문명에 대한 관심, 농촌 현실의 제시, 역사 소설의 재조명, 가족사 소설의 등장 등과 같은 특징을 보여 주었다.
ⓓ 1940년을 전후한 해방 이전까지는 김수영, 박인환, 김경린 등의 후반기 동인에 의해 도시 감각과 지적 태도를 중시한 모더니즘 경향이 새롭게 등장하였으며, 손창섭, 장용학 등 극한 상황에서의 인간 심리와 인간의 실존을 탐구한 소설들과 오상원, 선우휘 등 소외된 삶의 문제를 다루면서 부조리한 현실을 고발한 소설들이 있었다.

① ⓐ   ② ⓑ   ③ ⓒ   ④ ⓓ

08 2015년 경찰직 2차

1960년대 문학의 경향에 대한 설명으로 가장 적절하지 않은 것은?

① 이 시기 계급문학과 모더니즘 문학, 그리고 새로이 순수 문학파가 대두되면서 나름대로 견제와 균형이 이루어졌고, 작품 경향도 기존의 역사, 정치, 사회, 이념 등을 다루던 데에서 나아가 일상, 개인의 내면과 욕망, 여성 등으로 다양화되는 경향이 있었다.
② 이 시기 소설은 황순원, 안수길 같은 기성 작가들의 활발한 활동이 있었으며, 「무진기행」의 김승옥, 「병신과 머저리」의 이청준, 서정인, 박태순 등 지식인의 세련된 감수성과 언어 구사를 보여주는 작가들이 등장하기도 했다.
③ 이 시기 시는 사회의 부조리에 대한 비판과 고발을 주된 내용으로 하는 현실 참여시와 언어의 예술성과 기교를 바탕으로 전통적 서정을 노래하는 순수 서정시가 양대 산맥을 형성하면서 발전하였다.
④ 이 시기 문학은 4·19 혁명, 5·16 군사 정변의 역사적 체험을 바탕으로 동시대의 삶의 문제를 깊이 탐구하면서 본격적으로 성장하였고 산업화에 따른 여러 가지 문제 등을 중심으로 문학 활동이 전개되었다.

09 2016년 서울시 9급

<보기>의 문학사적 사실들을 발생 순서대로 배열한 것은?

보기
ⓐ 「삼대」, 「흙」, 「태평천하」 등 다양한 장편소설들이 발표되었다.
ⓑ 이광수의 「무정」이 『매일신보』에 연재되어 세간의 화제를 불러 일으켰다.
ⓒ 『창조』, 『백조』, 『폐허』 등의 동인지가 등장하고 『조선일보』, 『동아일보』와 같은 민간 신문들이 발행되었다.
ⓓ 『인문평론』, 『문장』 등 유수한 문학잡지들과 한글 신문 등의 발행이 어려워지게 되었다.
ⓔ 이인직의 「혈의 누」, 이해조의 「자유종」과 같은 소설들이 발표되었다.

① ⓑ-ⓔ-ⓐ-ⓒ-ⓓ   ② ⓑ-ⓔ-ⓒ-ⓓ-ⓐ
③ ⓔ-ⓑ-ⓒ-ⓐ-ⓓ   ④ ⓔ-ⓒ-ⓐ-ⓑ-ⓓ

정답 및 해설 p. 307

해커스공무원 단권화 핵심정리 국어

V. 어휘

* 출제 빈도: 최근 국가직·지방직·서울시 7·9급 시험 기준
('고유어' 문제 비중은 제외함)

01 주제별 어휘

① 날짜와 관련된 어휘

☐ 날포	하루가 조금 넘는 동안	☐ 념(念)	음력 스무날
☐ 주(週)	월요일부터 일요일까지 이레 동안	☐ 삭(朔)	매달 음력 초하룻날. 또는 개월
☐ 순(旬)	한 달을 셋으로 나눈 열흘 동안	☐ 회(晦)	그믐날(음력으로 그달의 마지막 날)
☐ 망(望)	보름	☐ 달포	한 달 남짓한 시간

② 나이와 관련된 어휘

☐ 충년(沖年)	10세 안팎의 어린 나이	☐ 이순(耳順)	60세
☐ 지학(志學)	15세	☐ 화갑(華甲)	61세
☐ 파과지년(破瓜之年)	여자 16세, 남자 64세	☐ 진갑(進甲)	62세
☐ 묘령(妙齡)	20세 안팎의 여자 나이	☐ 종심(從心)	70세
☐ 방년(芳年)	20세 전후의 나이	☐ 고희(古稀)	70세
☐ 약관(弱冠)	20세 또는 젊은 나이	☐ 희수(喜壽)	77세
☐ 이립(而立)	30세	☐ 미수(米壽)	88세
☐ 이모(二毛)	32세	☐ 구질(九秩)	90세
☐ 불혹(不惑)	40세	☐ 망백(望百)	91세
☐ 상년(桑年)	48세	☐ 백수(白壽)	99세
☐ 지천명(知天命)	50세 [동의어] 장가	☐ 기이(期頤)	100세

③ 시간과 관련된 어휘

☐ 자시(子時, 쥐)	오후 11시~오전 1시	☐ 오시(午時, 말)	오전 11시~오후 1시
☐ 축시(丑時, 소)	오전 1시~오전 3시	☐ 미시(未時, 양)	오후 1시~오후 3시
☐ 인시(寅時, 범)	오전 3시~오전 5시	☐ 신시(申時, 원숭이)	오후 3시~오후 5시
☐ 묘시(卯時, 토끼)	오전 5시~오전 7시	☐ 유시(酉時, 닭)	오후 5시~오후 7시
☐ 진시(辰時, 용)	오전 7시~오전 9시	☐ 술시(戌時, 개)	오후 7시~오후 9시
☐ 사시(巳時, 뱀)	오전 9시~오전 11시	☐ 해시(亥時, 돼지)	오후 9시~오후 11시

기출로 출제포인트 점검

다음 어휘가 가리키는 나이를 쓰시오.

01 희수(喜壽)
02 화갑(華甲)
03 종심(從心)
04 미수(米壽)
05 백수(白壽)

[답]
01 77세   02 61세   03 70세
04 88세   05 99세

④ 자연 현상과 관련된 어휘

바람	☐ 샛바람	동풍 [동의어] 동부새(농가에서 '동풍'을 이르는 말)	
	☐ 하늬바람	서풍 [동의어] 가수알바람, 갈바람	
	☐ 마파람	남풍 [동의어] 앞바람	
	☐ 된바람	북풍 [동의어] 덴바람, 뒤바람, 삭풍, 호풍	
	☐ 고추바람	살을 에는 듯 매섭게 부는 차가운 바람	
	☐ 높새바람	동북풍. 주로 봄부터 초여름에 걸쳐 태백산맥을 넘어 영서 지방으로 부는 고온 건조한 바람	
	☐ 맞바람	양쪽에서 마주 부는 바람	
	☐ 명지바람	보드랍고 화창한 바람	
	☐ 살바람	① 좁은 틈 사이로 새어 들어오는 차가운 바람 ② 초봄에 부는 차가운 바람	
	☐ 싹쓸바람	육지에서는 보기 드문 엄청난 피해를 일으키고 바다에서는 산더미 같은 파도를 일으킬 정도의 바람	
	☐ 소소리바람	이른 봄에 부는 차고 매서운 바람	
	☐ 왜바람	방향이 없이 이리저리 함부로 부는 바람	
	☐ 재넘이	산바람. 밤에 산 위쪽에서 평지로 부는 바람	
비	☐ 가랑비	가늘게 내리는 비. 이슬비보다는 조금 굵음	
	☐ 궂은비	끄느름하게 오랫동안 내리는 비 [동의어] 고우(苦雨)	
	☐ 는개	이슬비보다는 가늘고 안개비보다는 조금 굵은 비	
	☐ 먼지잼	겨우 먼지나 날리지 않을 정도로 조금 오는 비	
	☐ 목비	모내기할 무렵에 한꺼번에 몰아 내리는 비	
	☐ 못비	모를 다 낼 만큼 넉넉히 내리는 비	
	☐ 억수	물을 퍼붓듯이 세차게 내리는 비 [동의어] 악수	
	☐ 여우비	햇볕이 나 있을 때 잠깐 내리다 그치는 비	
	☐ 웃비	아직 비가 올 듯한 기운은 남아 있으나 좍좍 내리다가 그친 비	
	☐ 작달비	장대비. 굵고 거세게 내리는 비	
	☐ 장맛비	장마 때에 내리는 비	
눈	☐ 가랑눈	조금씩 잘게 내리는 눈	
	☐ 길눈	한 길(사람 키 정도의 길이)이 될 만큼 많이 쌓인 눈	
	☐ 도둑눈	밤사이에 사람들이 모르게 내린 눈	
	☐ 숫눈	아무도 밟지 않은, 쌓인 상태 그대로의 깨끗한 눈	
	☐ 자국눈	발자국이 겨우 찍힐 만큼 적게 내린 눈	
서리	☐ 된서리	늦은 가을에 아주 되게 내리는 서리	
	☐ 무서리	늦은 가을에 처음 내리는 묽은 서리	
	☐ 상고대	나무나 풀에 내려 눈처럼 된 서리	

기출로 출제포인트 점검

다음을 뜻하는 어휘를 쓰시오.

01 동풍

02 남풍

03 서풍

04 나무나 풀에 내려 눈처럼 된 서리

05 이슬비보다는 가늘고 안개비보다는 조금 굵은 비

[답]
01 샛바람(동부새)　　　02 마파람(앞바람)
03 하늬바람(갈바람, 가수알바람)　　04 상고대
05 는개

⑤ 단위를 표시하는 어휘 (단위 명사의 수량)

☐ 가리	곡식이나 장작 20단	☐ 손	조기, 고등어, 배추 등은 큰 것 하나와 작은 것 하나를 합한 것, 미나리나 파 등은 한 줌 분량
☐ 갓	굴비나 비웃(청어) 10마리, 고비나 고사리 10모숨	☐ 쌈	바늘 24개
☐ 강다리	쪼갠 장작 100개비	☐ 우리	기와 2,000장
☐ 거리	오이나 가지 등 50개	☐ 접	과일이나 채소 100개
☐ 고리	소주 10사발	☐ 제(劑)	탕약 20첩
☐ 꾸러미	① 달걀 10개 ② 꾸리어 싼 물건을 세는 단위	☐ 죽	옷이나 그릇 10벌
☐ 담불	곡식이나 나무를 높이 쌓아 놓은 무더기, 벼 100섬	☐ 첩(貼)	약봉지에 싸여 있는 약의 뭉치를 세는 단위
☐ 동	먹 10정, 붓 10자루, 생강 10접, 피륙 50필, 백지 100권, 곶감 100접, 볏짚 100단, 조기 1,000마리, 비웃(청어) 2,000마리	☐ 축	오징어 20마리
☐ 두름	물고기를 짚으로 한 줄에 10마리씩 2줄로 엮은 것을 세는 단위	☐ 타	물건 열두 개를 한 단위로 세는 말
☐ 뭇	① 생선 10마리, 미역 10장 ② 벼를 묶은 단을 세는 단위	☐ 톳	김 100장
☐ 섬	한 말의 열 배로, 약 180리터	☐ 쾌	① 북어 20마리 ② 엽전 10냥

⑥ 사람과 관련된 어휘

☐ 가납사니	① 쓸데없는 말을 잘하는 수다스러운 사람 ② 말싸움을 잘하는 사람
☐ 간살쟁이	간사스럽게 몹시 아양을 떠는 사람을 놀림조로 이르는 말
☐ 감바리	잇속(이익이 되는 실속)을 노리고 약삭빠르게 달라붙는 사람
☐ 고삭부리	① 음식을 많이 먹지 못하는 사람 ② 몸이 허약해서 언제나 병치레를 하는 사람
☐ 궁도련님	① 종친으로서 군(君)에 봉해진 젊은 사람 ② 부유한 집에서 자라나 세상의 어려운 일을 잘 모르는 사람
☐ 깎은서방님	말쑥하고 단정한 차림새를 한 남자
☐ 남산골샌님	살림이 넉넉지 않으면서도 자존심만 강한 선비를 놀림조로 이르는 말
☐ 대갈마치	온갖 어려운 일을 겪어서 아주 야무진 사람
☐ 두루치기	여러 방면에 능통한 사람
☐ 마수손님	맨 처음으로 물건을 산 손님
☐ 만무방	① 염치가 없이 막된 사람 ② 아무렇게나 생긴 사람
☐ 모도리	빈틈없이 아주 여무진(매우 단단하고 굳센) 사람
☐ 무녀리	말이나 행동이 모자란 듯이 보이는 사람

기출로 출제포인트 점검

다음 어휘가 가리키는 수량을 쓰시오.

01 생선 한 뭇
02 북어 한 쾌
03 기와 한 우리
04 오징어 한 축
05 쪼갠 장작 한 강다리

[답]
01 10마리   02 20마리   03 2,000장
04 20마리   05 100개비

☐ 무뢰한	예의를 모르며, 일정한 직업이 없이 불량한 짓을 일삼으며 다니는 사람	
☐ 발김쟁이	못된 짓을 하며 마구 돌아다니는 사람	
☐ 안잠	여자가 남의 집에서 지내며 그 집의 일을 도와주는 일. 또는 그런 여자	
☐ 열쭝이	① 겁이 많고 나약한 사람 ② 겨우 날기 시작한 어린 새	
☐ 윤똑똑이	자기만 혼자 잘나고 영악한 체하는 사람을 낮잡아 이르는 말	
☐ 옹춘마니	사물이나 일에 대해 생각하는 바가 좁고 융통성이 없는 사람	
☐ 책상물림	책상 앞에 앉아 공부만 하여 세상일을 잘 모르는 사람을 낮잡아 이르는 말	
☐ 트레바리	까닭 없이 다른 사람의 말에 반대하기를 좋아하는 사람	

⑦ 계절과 관련된 어휘

봄	☐ 입춘(立春)	양력 2월 4일경. 봄이 시작된다는 시기
	☐ 우수(雨水)	양력 2월 18일경. 봄비가 내리고 초목이 싹트는 시기
	☐ 경칩(驚蟄)	양력 3월 5일경. 겨울잠을 자던 개구리가 깨어난다는 시기
	☐ 춘분(春分)	양력 3월 21일경. 낮이 길어지면서 밤의 길이와 비슷해지는 시기
	☐ 청명(淸明)	양력 4월 5일경. 날이 풀리고 하늘이 차츰 맑아지는 시기
	☐ 곡우(穀雨)	양력 4월 20일경. 봄비가 내려서 곡식들이 윤택해지는 시기
여름	☐ 입하(立夏)	양력 5월 5일경. 여름이 시작되는 시기
	☐ 소만(小滿)	양력 5월 21일경. 만물이 자라 가득 차는 시기
	☐ 망종(芒種)	양력 6월 6일경. 보리는 익어서 먹게 되고 모는 심게 되는 시기
	☐ 하지(夏至)	양력 6월 21일경. 1년 중 낮이 가장 길고 밤이 가장 짧다는 시기
	☐ 소서(小暑)	양력 7월 7일이나 7월 8일경. 본격적인 무더위가 시작되는 시기
	☐ 대서(大暑)	양력 7월 24일경. 1년 중 가장 무더운 시기
가을	☐ 입추(立秋)	양력 8월 8일이나 8월 9일경. 가을이 시작되는 시기
	☐ 처서(處暑)	양력 8월 23일경. 가을이 되어 더위가 식고 일교차가 커지는 시기
	☐ 백로(白露)	양력 9월 8일경. 이슬이 맺히기 시작하는 시기
	☐ 추분(秋分)	양력 9월 23일경. 낮과 밤의 길이가 같아지는 시기
	☐ 한로(寒露)	양력 10월 8일경. 찬 이슬이 맺히기 시작하는 시기
	☐ 상강(霜降)	양력 10월 23일경. 아침저녁의 기온이 내려가고 서리가 내리기 시작하는 시기
겨울	☐ 입동(立冬)	양력 11월 8일경. 겨울이 시작되는 시기
	☐ 소설(小雪)	양력 11월 22일이나 11월 23일경. 첫눈이 내리는 시기
	☐ 대설(大雪)	양력 12월 8일경. 눈이 많이 내리는 시기
	☐ 동지(冬至)	양력 12월 22일이나 12월 23일경. 1년 중 낮이 가장 짧고 밤이 가장 긴 시기
	☐ 소한(小寒)	양력 1월 6일이나 1월 7일경. 강한 추위가 몰려오는 시기
	☐ 대한(大寒)	양력 1월 20일경. 24절기 중 마지막 절기

기출로 출제포인트 점검

다음을 뜻하는 어휘를 쓰시오. [01~06]

01 못된 짓을 하며 마구 돌아다니는 사람

02 말이나 행동이 모자란 듯이 보이는 사람

03 온갖 어려운 일을 겪어서 아주 야무진 사람

04 남의 집에서 지내며 그 집의 일을 돕는 여자

05 까닭 없이 다른 사람의 말에 반대하기를 좋아하는 사람

06 책상 앞에 앉아 글공부만 하여 세상일을 잘 모르는 사람

다음 24절기의 명칭이 해당하는 계절을 쓰시오. [07~10]

07 곡우(穀雨)

08 망종(芒種)

09 청명(淸明)

10 입동(立冬)

[답]
01 발김쟁이　　02 무녀리　　03 대갈마치
04 안잠　　　　05 트레바리　06 책상물림
07 봄　　　　　08 여름　　　09 봄
10 겨울

02 혼동하기 쉬운 어휘

① 명사의 혼동

☐	갑절	어떤 수나 양을 두 번 합한 만큼
☐	곱절	어떤 수나 양을 두 번 합한 만큼. 또는 일정한 수나 양이 그 수만큼 거듭됨
☐	결단	결정적인 판단이나 단정
☐	결딴	① 물건이나 어떤 일 등이 완전히 망가져 전혀 손을 쓸 수 없는 상태 ② 살림이 망하여 거덜 난 상태
☐	금새	물건의 값. 또는 물건값의 비싸고 싼 정도
☐	금세	🔟 지금 바로. '금시에'의 준말
☐	껍데기	① 달걀이나 조개 등의 겉을 싸고 있는 딱딱한 물질 ② 알맹이를 빼내고 겉에 남은 물건
☐	껍질	물체의 겉을 싸고 있는 단단하지 않은 물질
☐	너비	폭. 물체의 가로로 건너지른 거리
☐	넓이	일정한 평면에 걸쳐 있는 공간이나 범위의 크기
☐	너머	높이나 경계로 가로막은 사물의 저쪽. 또는 그 공간
☐	넘어	'경계를 건너 지나다'의 뜻을 가진 '넘다'의 활용형 (동작을 나타냄)
☐	등살	등에 붙어 있는 근육
☐	등쌀	몹시 귀찮게 구는 짓
☐	매무새	옷을 수습하여 입거나 머리를 손질한 모양새
☐	매무시	옷을 입을 때 매만지는 뒷단속
☐	봉오리	망울만 맺힌, 아직 피지 않은 꽃. '꽃봉오리'의 준말
☐	봉우리	산에서 뾰족하게 솟아 있는 부분. '산봉우리'의 준말
☐	사단	일의 단서. 또는 일의 실마리
☐	사달	사고 또는 탈
☐	아름	두 팔을 벌려 껴안은 둘레의 길이
☐	알음	① 사람끼리 서로 아는 일 (안면이 있음) ② 지식이나 지혜가 있음
☐	앎	아는 일. 지식
☐	안갚음	① 까마귀 새끼가 자라서 늙은 어미에게 먹이를 물어다 주는 일 ② 자식이 커서 부모를 봉양하는 일
☐	앙갚음	남이 저에게 해를 준 대로 저도 그에게 해를 줌
☐	웃옷	가장 겉에 입는 옷
☐	윗옷	위에 입는 옷

기출로 출제포인트 점검

다음 괄호 안에 들어갈 적절한 어휘에 ○하시오.

01 양파 (껍질, 껍데기) 좀 벗겨 줄래?

02 아이는 피곤한 탓인지 (금새, 금세) 잠이 들었다.

03 집안이 (결단, 결딴)나기 전에 대책을 세워야 한다.

04 그 사람과는 예전부터 서로 (아름, 알음, 앎)이 있었다.

05 머리 (매무새, 매무시)가 흐트러지지 않도록 조심하렴.

06 봄이 되자 나무의 가지 끝에 (봉오리, 봉우리)가 맺혔다.

07 예감이 좋지 않더니 결국 그 (사단, 사달)이 나고 말았구나.

08 효도와 (안갚음, 앙갚음)은 돈이 아닌 마음으로 하는 것이다.

[답]
01 껍질   02 금세   03 결딴
04 알음   05 매무새   06 봉오리
07 사달   08 안갚음

☐ 이음매	두 물체를 이은 자리	
☐ 이음새	두 물체를 이은 모양새	
☐ 장사	이익을 얻기 위해 물건을 파는 일	
☐ 장수	장사를 하는 사람	
☐ 채	이미 있는 상태 그대로 있다는 뜻을 나타내는 말	
☐ 체	그럴듯하게 꾸미는 거짓 태도나 모양	
☐ 텃새	철을 따라 이동하지 않고 일 년 내내 한 지역에서만 사는 새	
☐ 텃세	뒤에 들어오는 사람에 대하여 먼저 자리를 잡은 사람이 가지는 특권 의식	
☐ 한참	시간이 상당히 흐른 동안 (오랫동안)	
☐ 한창	어떤 일이 가장 활발하고 왕성하게 일어나는 때	
☐ 햇볕	해가 내리쬐는 뜨거운 기운 (촉각적 범주)	
☐ 햇빛	태양의 빛 (시각적 범주)	
☐ 홀몸	형제나 배우자가 없는 사람	
☐ 홑몸	① 딸린 사람이 없는 혼자의 몸 ② 아이를 임신하지 않은 몸	
☐ 한목	한꺼번에 몰아서 함을 나타내는 말	
☐ 한몫	① 한 사람 앞에 돌아가는 배분 ② 한 사람이 맡은 역할	

② 동사의 혼동

☐ 가르치다	지식이나 기능, 이치 등을 익히게 하거나 깨닫게 하다.
☐ 가리키다	방향이나 대상을 손가락 등으로 지시하다.
☐ 가름하다	① 쪼개거나 나누어 따로따로 되게 하다. ② 등수나 승부 등을 정하다.
☐ 가늠하다	목표나 기준에 맞는지 안 맞는지 헤아려 보다.
☐ 갈음하다	다른 것으로 대신하다.
☐ 거치다	① 오가는 도중에 어딘가를 들르거나 지나다. ② 어떤 과정이나 단계를 밟다.
☐ 걷히다	① 안개나 구름 등이 흩어지다. ② 비가 그치고 날이 개다.
☐ 걷잡다	① 한 방향으로 쏠리는 형세 등을 붙들어 잡다. ② 마음을 진정하거나 억제하다.
☐ 겉잡다	겉 또는 표면만을 보고 대강 셈하거나 짐작하다.
☐ 겨누다	① 활이나 총 등을 쏠 때 목표물이 있는 곳으로 방향과 거리를 잡다. ② 한 물체의 길이나 넓이 등을 다른 물체와 견주어 헤아리다.
☐ 겨루다	승부를 다투다.
☐ 그슬리다	'그슬다'의 피동사 (불에 겉만 조금 타다. → 불이 직접 닿음)
☐ 그을리다	'그을다'의 피동사 (햇볕이나 연기 등에 쬐어 검게 되다. → 뜨거운 기운을 �찜)
☐ 깃들다	① 아늑하게 서려 들다. ② 감정, 생각, 노력 등이 어리거나 스미다.
☐ 깃들이다	① 조류가 보금자리를 만들어 그 속에 들어 살다. ② 사람이나 건물 등이 어디에 살거나 그곳에 자리 잡다.

V . 어휘

해커스공무원 단권화 핵심정리 국어

기출로 출제포인트 점검

다음 괄호 안에 들어갈 적절한 어휘에 ○하시오.

01 기존 상인들의 (텃새, 텃세)가 심하다.

02 손가락으로 달을 (가르쳤다, 가리켰다).

03 (햇빛, 햇볕)을 받은 이슬방울이 반짝였다.

04 그는 여전히 들은 (채, 체)도 하지 않고 앉아 있다.

05 그는 가방을 (한참, 한창) 바라보더니 가 버렸다.

06 비구름이 (거치자, 걷히자) 파란 하늘이 나타났다.

07 궁수는 활을 들어 목표물을 (가름, 가늠)해 보았다.

08 우리 명산에는 곳곳에 사찰이 (깃들어, 깃들여) 있다.

09 아내는 (홀몸, 홑몸)이 아니라서 장시간 외출이 힘들다.

10 일단 공공 갈등이 발생하게 되면 (걷잡을, 겉잡을) 수 없을 정도로 갈등의 양상이 확대되기 쉽다.

[답]
01 텃세　　02 가리켰다　　03 햇빛
04 체　　　05 한참　　　06 걷히자
07 가늠　　08 깃들여　　09 홑몸
10 걷잡을

02. 혼동하기 쉬운 어휘　**209**

☐ 나가다	① 안에서 밖으로 이동하다. [出] ② 앞쪽으로 움직이다.
☐ 나아가다	① 앞을 향하여 가다. [進] ② 일이 점점 되어 가다.
☐ 낫다	① 병이나 상처가 고쳐져 본래대로 되다. ② 보다 더 좋거나 앞서 있다.
☐ 낳다	배 속의 아이, 새끼, 알을 몸 밖으로 내놓다.
☐ 낫잡다	금액, 나이, 수량, 수효 등을 조금 넉넉하게 계산하다.
☐ 낮잡다	① 실제로 지닌 값보다 조금 낮게 계산하다. ② 사람을 쉽게 여기고 함부로 낮춰 대하다.
☐ 늘이다	① 본디보다 길게 하다. ② 아래로 길게 처지게 하다.
☐ 늘리다	① 원래보다 커지거나 많아지게 하다. ② 실력, 세력, 살림 등을 더 나아지게 하다.
☐ 닫치다	① 열린 문짝, 뚜껑, 서랍 등을 세게 닫다. ('닫다'의 힘줌말) ② 입을 굳게 닫다.
☐ 닫히다	① '닫다'의 피동사. 열린 문짝, 뚜껑, 서랍 등이 제자리로 가서 막히다. ② '닫다'의 피동사. 하루의 영업이 끝나다.
☐ 달리다	기술, 힘이나 재물 등이 모자라다.
☐ 딸리다	① 어떤 것에 매이거나 붙어 있다. ② 어떤 종류나 부서에 속하다.
☐ 당기다	① 좋아하는 마음이 생겨 저절로 끌리다. ② 물건 등에 힘을 주어 일정한 방향이나 자기 쪽으로 가까이 오게 하다.
☐ 댕기다	불을 옮아 붙게 하다. 또는 불이 옮아 붙다.
☐ 돋구다	안경의 도수 등을 높이다.
☐ 돋우다	위로 끌어 올려 드러나게 하거나 높아지게 하다.
☐ 뒤처지다	어떤 수준이나 대열에 들지 못하고 뒤로 처지거나 남게 되다.
☐ 뒤쳐지다	물건이 뒤집혀서 젖혀지다.
☐ 드러내다	'드러나다(보이지 않던 것이 보이게 되다)'의 사동사
☐ 들어내다	① 물건을 들어서 밖으로 내놓다. ② 사람을 있는 자리에서 쫓아내다.
☐ 드리다	'주다'의 높임말
☐ 들이다	① '들다(밖에서 안으로 가거나 오거나 하다)'의 사동사 ② '들다(어떤 일에 돈, 시간 등이 쓰이다)'의 사동사
☐ 들르다	지나는 길에 잠깐 들어가 머무르다.
☐ 들리다	'듣다'의 피동사. 귀로 소리를 느끼다.
☐ 띄다	'뜨이다'의 준말. 눈에 보이거나 드러나다.
☐ 띠다	① 띠 등을 두르다. ② 용무나 사명 등을 가지다. ③ 빛깔이나 색채, 감정이나 기운, 또는 어떤 성질을 나타내다.
☐ 맞추다	① 서로 떨어져 있는 부분을 본래 자리에 맞게 대어 붙이다. ② 둘 이상의 일정한 대상들을 나란히 놓고 비교하여 살피다. ③ 어떤 기준이나 정도에 어긋나지 않게 하다. ④ 약속 시간 등을 넘기지 아니하다.
☐ 맞히다	① 문제나 물음에 옳은 답을 하다. ② 자연 현상에 따라 내리는 눈, 비 등을 맞게 하다. ③ 쏘거나 던지거나 한 물체가 어떤 물체에 닿게 하다.

기출로 출제포인트 점검

다음 괄호 안에 들어갈 적절한 어휘에 ○하시오.

01 과녁을 (맞춘, 맞힌) 화살이 하나도 없다.

02 과녁을 조준한 뒤 방아쇠를 (당겼다, 댕겼다).

03 문을 세게 (닫치는, 닫히는) 바람에 큰 소리가 났다.

04 필요한 물품을 사기 위해 가게에 (들르다, 들리다).

05 그 사람은 키가 커서 바짓단을 (늘여야, 늘려야) 한다.

06 현수막이 (뒤처질, 뒤쳐질) 만큼 심하게 바람이 불었다.

07 동생은 안경을 맞춘 지 얼마 되지 않아서 안경 도수를 더 (돋구었다, 돋우었다).

[답]
01 맞힌   02 당겼다   03 닫히는
04 들르다   05 늘려야   06 뒤처질
07 돋구었다

□ 묵다	① 오래된 상태가 되다. ② 논이나 밭이 사용되지 않은 채 남아 있다.
□ 묶다	① 끈 등으로 매듭을 만들다. ② 사람, 물건 등을 기둥이나 나무 등에 붙들어 매다. ③ 여럿을 한군데로 모으거나 합하다.
□ 박이다	① 버릇, 생각, 태도가 깊이 배다. ② 손바닥, 발바닥에 굳은살이 생기다.
□ 박히다	'박다'의 피동사. 꽂히다.
□ 바치다	① 신이나 웃어른에게 정중하게 드리다. ② 반드시 내거나 물어야 할 돈을 가져다주다. ③ 무엇을 지나칠 정도로 바라거나 요구하다.
□ 받치다	① 먹은 음식이 잘 소화되지 않아 위로 치밀다. ② 화 등의 심리적 작용이 강하게 일어나다. ③ 물건의 밑에 다른 물체를 대다. ④ 옷의 색깔, 모양이 조화를 이루도록 입다. ⑤ 어떤 일을 잘할 수 있도록 뒷받침해 주다.
□ 받히다	① '받다'의 피동사. 부딪침을 당하다. ② '받다'의 사동사. 한꺼번에 많은 양의 물품을 사게 하다.
□ 밭치다	① '밭다(건더기와 액체가 섞인 것을 체에 따라서 액체만을 따로 받아 내다)'를 강조하여 이르는 말 ② 구멍이 뚫린 물건 위에 국수나 야채 등을 올려 물기를 빼다.
□ 배다	① 스며 나오거나 스며들다. ② 버릇이 되어 익숙해지다. ③ 냄새가 스며들어 오래도록 남아 있다. ④ 느낌, 생각 등이 오래 남아 있거나 깊이 느껴지다. ⑤ 간격이 촘촘하다. 생각이나 안목이 매우 좁다.
□ 베다	① 누울 때, 베개 등을 머리 아래에 받치다. ② 날이 있는 연장 등으로 무엇을 끊거나 자르거나 가르다. ③ 날이 있는 물건으로 상처를 내다. ④ 이로 음식 등을 끊거나 자르다.
□ 벌리다	① 둘 사이를 넓히거나 멀게 하다. ② 열어 젖혀서 안의 것을 드러내다. ③ 우므러진 것을 펴다. 또는 열리게 하다.
□ 벌이다	① 일을 베풀다. 일을 계획해 펼치다. ② 다양한 물건을 늘어놓다. ③ 가게를 내다.
□ 벗겨지다	① 덮이거나 씌워진 물건이 외부의 힘에 의하여 떼어지거나 떨어지다. ② 사실이 밝혀져 죄나 누명 등에서 벗어나다.
□ 벗어지다	① 덮이거나 씌워진 물건이 흘러내리거나 떨어져 나가다. ② 누명이나 죄 등이 없어지다. ③ 머리카락이나 몸의 털 등이 빠지다.
□ 부치다	① 힘 등이 모자라거나 미치지 못하다. ② 편지나 물건 등을 어떤 수단이나 방법을 써서 상대에게로 보내다. ③ 회부하다. ④ 어떤 일을 거론하거나 문제 삼지 않는 상태에 있게 하다. ⑤ 원고를 인쇄에 넘기다. ⑥ 땅을 이용하여 농사를 짓다. ⑦ 음식을 익혀 만들다. ⑧ 물건을 흔들어 바람을 일으키다.
□ 붙이다	'붙다'의 사동사. 붙게 하다.

해커스소방 단원별 단권화 핵심정리 국어

기출로 출제포인트 점검

다음 괄호 안에 들어갈 적절한 어휘에 ○하시오.

01 그는 나에게도 손을 (벌렸다, 벌였다).

02 그는 설움에 (받쳐, 받혀) 눈물을 보였다.

03 그녀의 표정에 웃음기가 (배어, 베어) 있다.

04 찬물에 헹군 국수는 체에 (받쳐, 밭쳐) 두세요.

05 바나나 껍질이 잘 (벗겨지지, 벗어지지) 않았다.

06 모르는 것은 꼭 찾아보는 습관이 (박였다, 박혔다).

[답]
01 벌렸다　　02 받쳐　　03 배어
04 밭쳐　　05 벗겨지지　　06 박였다

☐ 붇다	① 물에 젖어 부피가 커지다. ② 수효나 분량이 많게 되다. ③ 살이 찌다.
☐ 붓다	① 살가죽이나 어떤 기관이 부풀어 오르다. ② 가루나 액체를 다른 데에 담다.
☐ 붙다	맞닿아 떨어지지 않다.
☐ 불거지다	① 물체의 겉부분으로 동그랗게 툭 비어져 나오다. ② 어떤 사물, 현상이 뚜렷하게 커지거나 갑자기 생겨나다.
☐ 붉어지다	빛깔이 점점 붉게 되어 가다.
☐ 비끼다	① 한쪽으로 기운 듯하게 비치다. 또는 비스듬히 놓이거나 늘어지다. ② 얼굴에 어떠한 표정이 잠깐 드러나다.
☐ 비키다	있던 곳에서 약간 자리를 옮기다.
☐ 비추다	① 빛을 내는 대상이 빛을 보내어 밝게 하다. ② 어떤 것과 견주어 보다.
☐ 비치다	① 빛이 나서 환하게 되다. ② 얇거나 투명한 것을 통해 드러나 보이다.
☐ 삭이다	① 먹은 음식을 소화시키다. ② 마음을 가라앉히다.
☐ 삭히다	젓갈이나 김치 등을 발효시켜 맛이 들게 하다.
☐ 살지다	휑 살이 많고 튼실하다. (형용사로서 상태를 나타냄)
☐ 살찌다	통 몸에 살이 필요 이상으로 많아지다. (동사로서 상태의 변화를 나타냄)
☐ 새다	① 날이 밝아오다. ② 기체, 액체 등이 구멍이나 틈으로 빠져나오다.
☐ 세다	힘이 많다.
☐ 새우다	한숨도 자지 않고 밤을 보내다.
☐ 세우다	'서다'의 사동사
☐ 스러지다	① 형체가 희미해지면서 없어지다. ② 불기운이 약해져서 꺼지다.
☐ 쓰러지다	서 있던 상태에서 바닥에 눕는 상태가 되다.
☐ 썩이다	'썩다(걱정이나 근심 등으로 마음이 몹시 괴로운 상태가 되다)'의 사동사
☐ 썩히다	'썩다(유기물이 세균에 의해 분해되어 냄새가 나고 뭉개지다)'의 사동사
☐ 안치다	음식의 재료를 솥이나 냄비 등에 넣고 불 위에 올려놓다.
☐ 앉히다	'앉다'의 사동사. 앉게 하다.
☐ 애끊다	몹시 슬퍼서 창자가 끊어질 듯하다.
☐ 애끓다	매우 안타깝거나 답답해서 속이 끓는 듯하다.
☐ 여의다	① 부모나 사랑하는 사람이 죽어서 이별하다. ② 딸자식을 시집보내다.
☐ 여위다	① 살이 빠지고 수척하게 되다. ② 살림이 매우 가난하고 구차하게 되다.
☐ 저리다	휑 살이나 뼈마디가 오래 눌려서 피가 통하지 못해 감각이 둔하고 아리다.
☐ 절이다	'절다'의 사동사. 푸성귀나 생선 등을 소금기나 식초, 설탕 등에 담가 간 이 배어들게 하다.
☐ 젖히다	① '젖다(뒤쪽으로 기울다)'의 사동사. ② 안쪽이 밖으로 나오게 하다.
☐ 제치다	① 방해되지 않게 처리하다. ② 대상이나 범위에서 빼다. ③ 상대보다 우위에 서다. ④ 일을 나중으로 미루다.

기출로 출제포인트 점검

다음 괄호 안에 들어갈 적절한 어휘에 ○하
시오.

01 눈을 감고 분노를 (삭였다, 삭혔다).

02 너 왜 그렇게 내 속을 (썩이느냐, 썩히느
냐)?

03 과제를 하느라고 뜬눈으로 밤을 (새웠다,
세웠다).

04 아침밥을 먹기 위해 솥에 쌀을 (안쳤다,
앉혔다).

05 그는 일찍이 부모님을 (여의고, 여위고)
홀로 자랐다.

06 작은 일은 (젖혀, 제쳐) 두고 우선 큰일부
터 진행해라.

07 김치를 담그려면 먼저 배추를 소금에 (저
려야, 절여야) 한다.

08 살코기는 장에 (조려, 졸여) 먹고 창자는
젓갈을 담가 먹는다.

[답]
01 삭였다   02 썩이느냐   03 새웠다
04 안쳤다   05 여의고   06 제쳐
07 절여야   08 조려

☐ 조리다	양념을 한 고기, 생선, 채소 등을 국물에 넣고 바짝 끓여서 양념이 배어들게 하다.
☐ 졸이다	① 물 등을 증발시켜 분량을 적어지게 하다. ② 속으로 조바심을 내다.
☐ 좇다	① 이상, 목표, 행복 등을 뒤좇아 구하다. ② 다른 사람의 뜻 또는 말을 따르다.
☐ 쫓다	① 급히 뒤를 따르다. ② 있는 자리에서 몰아내다.

③ 형용사의 혼동

☐ 가없다	끝이 없다. 헤아릴 수 없다.
☐ 가엾다	불쌍하고 딱하다. [동의어] 가없다
☐ 늘비하다	질서나 규칙 없이 사람이나 사물이 이곳저곳에 많이 늘어서 있다.
☐ 즐비하다	빗살처럼 빽빽하게 줄지어 늘어서 있다.
☐ 느리다	시간이 많이 걸리거나 속도가 더디다.
☐ 늦다	① 기준이 되는 때보다 뒤져 있다. ② 시간이 적합한 때를 지나 있다.
☐ 다르다	[형] 비교가 되는 두 대상이 서로 같지 않다.
☐ 틀리다	[동] 셈이나 사실 등이 그르게 되거나 어긋나다.
☐ 두껍다	보통의 정도보다 두께가 크다. (주로 구체적 대상이 있는 물리적 맥락에서 사용)
☐ 두텁다	믿음, 신의, 관계 등이 굳고 깊다. (주로 감정과 같은 추상적 맥락에서 사용)
☐ 비스듬하다	한쪽으로 기운 듯하다.
☐ 비스름하다	거의 비슷하다.
☐ 으슥하다	① 무서움을 느낄 정도로 깊숙하고 후미지다. ② 아주 조용하다.
☐ 이슥하다	① 밤이 제법 깊다. ② 지난 시간이 얼마간 오래다.
☐ 작다	길이, 넓이, 부피 등이 비교 대상이나 보통보다 덜하다. (크지 않다)
☐ 적다	수효, 분량, 정도가 일정 기준에 미치지 못하다. (많지 않다)

④ 관형사, 부사의 혼동

☐ 거저	[부] 아무런 노력이나 대가 없이
☐ 그저	[부] 특별한 목적이나 까닭 없이
☐ 깍듯이	[부] 예의범절을 분명하게 갖추는 태도로
☐ 깎듯이	[동] '깎다'의 활용형
☐ 몹쓸	[관] 악독하고 고약한
☐ 못쓸	[동] '못쓰다(몸이나 얼굴이 축나다. 또는 옳지 않다)'의 활용형
☐ 못 쓸	[동] 쓸모없는
☐ 반드시	[부] 틀림없이 꼭
☐ 반듯이	[부] ① 비뚤어지거나 굽지 않고 바르게 ② 생김새가 아담하고 말끔하게

기출로 출제포인트 점검

다음 괄호 안에 들어갈 적절한 어휘에 ○하시오.

01 선을 (반듯이, 반드시) 그어라.

02 좋은 결과는 (거저, 그저) 얻을 수 없다.

03 잦은 재해로 (작지, 적지) 않은 피해를 입었다.

04 우리나라의 야구 선수층은 매우 (두껍다, 두텁다)

05 오늘까지 이 업무를 마치기는 (다른, 틀린) 것 같다.

06 자신이 한 말은 (반듯이, 반드시) 책임을 져야 한다.

07 조용하고 평화로운 삶을 (좇아, 쫓아) 낙향을 결심했다.

[답]
01 반듯이	02 거저	03 적지
04 두껍다	05 틀린	06 반드시
07 좇아		

☐ 이따가	뭔 시간이 조금 경과한 뒤에
☐ 있다가	뭔 '있다'의 어간 '있-'에 연결 어미 '-다가'가 붙은 활용형
☐ 이때	명 바로 지금의 때. 바로 앞에서 이야기한 시간상의 어떤 점이나 부분
☐ 입때	뭔 지금까지. 아직까지
☐ 지그시	뭔 ① 천천히 힘을 주는 모양 ② 조용히 참고 견디는 모양
☐ 지긋이	뭔 ① 나이가 비교적 많아 믿음직스럽게 ② 참을성과 끈기가 있게

⑤ 한자어의 혼동

☐ 간여(干與)	간섭하여 참견함
☐ 관여(關與)	어떤 일에 관계하여 참여함
☐ 강수량(降水量)	비, 눈, 우박 등으로 일정 기간 동안 일정한 곳에 내린 물의 전체 양
☐ 강우량(降雨量)	일정 기간 동안 일정한 곳에 내린 비의 양
☐ 개발(開發)	① 토지나 천연자원을 쓸모 있게 만듦 ② 재능이나 지식을 발달하게 함
☐ 계발(啓發)	슬기, 재능 등을 일깨워 줌
☐ 개재(介在)	어떤 것들 사이에 끼여 있음
☐ 게재(揭載)	글이나 그림 등을 신문이나 잡지 등에 실음
☐ 계제(階梯)	어떤 일을 할 수 있게 된 형편이나 기회
☐ 갱신(更新)	법률 관계의 존속 기간이 끝났을 때, 그 기간을 연장하는 일
☐ 경신(更新)	기록경기 등에서 이전의 기록을 깨뜨림
☐ 결재(決裁)	아랫사람이 올린 안건을 상관이 검토하여 허가하거나 승인함
☐ 결제(決濟)	① 일을 처리하여 끝을 냄 ② 증권 또는 대금을 주고받아 매매 관계자 간 거래를 끝맺는 일
☐ 고절(孤節)	① 깨끗하게 홀로 지키는 절개 ② 서리가 내리는 추위 속에서도 홀로 피어 절개를 지키는 국화를 비유하는 말
☐ 절조(節操)	절개와 지조를 아울러 이르는 말
☐ 정조(貞操)	① 여자의 곧은 절개 ② 남녀 관계에서 순결을 지니는 일
☐ 지조(志操)	신념과 원칙을 굽히지 않고 끝까지 지키는 꿋꿋한 의지나 기개
☐ 곤욕(困辱)	심한 모욕. 또는 참기 힘든 일
☐ 곤혹(困惑)	곤란한 일을 당하여 어찌할 바를 모름
☐ 구별(區別)	성질이나 종류에 따라 차이가 남. 또는 그 차이에 따라서 나눔
☐ 구분(區分)	정해진 기준에 따라 전체를 몇 개로 갈라 나눔
☐ 근간(根幹)	① 뿌리와 줄기 ② 사물의 바탕이나 중심이 되는 중요한 것
☐ 근본(根本)	① 초목의 뿌리 ② 사물의 본질이나 본바탕 ③ 자라 온 환경이나 혈통
☐ 난도(難度)	어려움의 정도
☐ 난이도(難易度)	어려움과 쉬움의 정도

☐ 난삽(難澁)	글이나 말이 매끄럽지 못하면서 어렵고 까다로움
☐ 난잡(亂雜)	① 행동이 막되고 문란함 ② 사물의 배치 등이 너저분함
☐ 대등(對等)	견주어 보면 높고 낮음이나 낫고 못함이 없이 서로 비슷함
☐ 동등(同等)	등급이나 정도가 같음
☐ 평등(平等)	차별 없이 권리, 의무 등이 고름
☐ 도중(途中)	① 길을 가는 중간 ② 일이 계속되고 있는 과정이나 일의 중간
☐ 와중(渦中)	일이나 사건 등이 시끄럽고 복잡하게 벌어지는 가운데
☐ 막역(莫逆)	허물없이 매우 친함. 절친함
☐ 막연(漠然)	① 갈피를 잡을 수 없을 정도로 막막함 ② 뚜렷하지 못하고 희미함
☐ 몰락(沒落)	① 재물, 세력 등이 쇠하여 보잘것없이 됨 ② 멸망해 모두 없어짐
☐ 타락(墮落)	올바른 길에서 벗어나 잘못된 길로 빠지는 일
☐ 반증(反證)	어떤 사실이나 주장에 반대되는 근거를 들어 증명함. 또는 그런 증거
☐ 방증(傍證)	주변의 상황을 밝힘으로써 간접적으로 증명을 돕는 증거
☐ 불고(不顧)	돌아보지 않음
☐ 불구(不拘)	얽매여 거리끼지 않음
☐ 유래(由來)	일이나 사물이 생겨난 내력
☐ 유례(類例)	동일하거나 비슷한 예. 또는 전례 (이전부터 있었던 사례)
☐ 일절(一切)	아주. 절대로. 전혀 (무언가를 부인하거나 금지할 때 씀)
☐ 일체(一切)	① 온갖 사물. 모든 것 ② 통틀어. 모두 (긍정적인 의미)
☐ 자처(自處)	① 자신을 어떤 사람으로 생각하고 그렇게 처신함 ② 자기 일을 스스로 처리함
☐ 자청(自請)	어떠한 일에 나설 것을 스스로 청함
☐ 작렬(炸裂)	박수 소리나 경기에서의 공격 등이 열렬히 터져 나오는 것을 비유하는 말
☐ 작열(灼熱)	불 등이 이글이글 뜨겁게 타오름
☐ 재녀(才女)	재주가 있는 여자
☐ 재원(才媛)	재주가 뛰어난 젊은 여자
☐ 재사(才士)	재주가 뛰어난 남자
☐ 재자(才子)	재주가 뛰어난 젊은 남자
☐ 지양(止揚)	더 높은 과정에 오르기 위하여 어떠한 것을 하지 않음
☐ 지향(志向)	어떤 목표로 뜻이 쏠리어 향함
☐ 포격(砲擊)	대포를 쏨
☐ 폭격(爆擊)	군용 비행기에서 폭탄을 떨어뜨려 적의 군대, 국토 등을 파괴하는 일
☐ 폐해(弊害)	폐단으로 생기는 손상
☐ 피해(被害)	명예, 생명, 신체, 재산 등에 손해를 입음. 또는 그 손해
☐ 혼돈(混沌)	되는대로 뒤섞여 있어 갈피를 잡을 수 없는 상태
☐ 혼동(混同)	구별하지 못하고 뒤섞어서 생각함

기출로 출제포인트 점검

다음 괄호 안에 들어갈 적절한 어휘에 ○하시오.

01 우리나라는 민주주의를 (지양, 지향)한다.

02 자유와 방종을 (혼돈, 혼동)해서는 안 된다.

03 면회 시간 외에 출입을 (일절, 일체) 금합니다.

04 그 사실을 뒤집을 만한 (반증, 방증)이 필요하다.

05 체면을 (불고하고, 불구하고) 신세 좀 지겠습니다.

06 가게들은 (유래, 유례)를 찾아볼 수 없는 호황을 누렸다.

07 그는 역모 사건에 휘말려 (몰락, 타락)한 집안의 자손이었다.

08 선생님이 강의를 하고 계신 (도중에, 와중에) 전화벨이 울렸다.

[답]
01 지향	02 혼동	03 일절
04 반증	05 불고하고	06 유례
07 몰락	08 도중에	

01 2019년 서울시 7급(2월)

<보기>는 두보의 시 「곡강(曲江)」의 일부이다. ( ) 안에 들어갈 말로 옳은 것은?

> **보기**
>
> 조정에서 돌아오면 봄옷을 저당 잡히고,
> 매일 강어귀에서 만취되어 돌아오네.
> 술빚은 늘 가는 곳마다 있건만,
> 인생 ( )은 예로부터 드물구나.
> 꽃 속으로 날아드는 나비는 그윽하고,
> 물 위로 꽁지를 닿을 듯 나는 잠자리는 유유하네.
> 내 전하고픈 말은 풍광과 함께 흐르노니,
> 잠시나마 서로 즐기고 부디 저버리지 말라는 것이
> 라네.

① 오십   ② 육십
③ 칠십   ④ 팔십

02 2020년 서울시 9급

밑줄 친 단위성 의존 명사의 수량이 적은 것부터 순서대로 바르게 나열한 것은?

① 고등어 한 <u>손</u> < 양말 한 <u>타</u> < 바늘 한 <u>쌈</u> < 북어 한 <u>쾌</u>
② 고등어 한 <u>손</u> < 양말 한 <u>타</u> < 북어 한 <u>쾌</u> < 바늘 한 <u>쌈</u>
③ 고등어 한 <u>손</u> < 북어 한 <u>쾌</u> < 양말 한 <u>타</u> < 바늘 한 <u>쌈</u>
④ 고등어 한 <u>손</u> < 바늘 한 <u>쌈</u> < 양말 한 <u>타</u> < 북어 한 <u>쾌</u>

03 2015년 사회복지직 9급

밑줄 친 단어의 사용이 옳지 않은 것은?

① 이젠 집안을 아주 <u>결딴</u>을 내려고 하는군.
② 일이 꺼림칙하게 되어 가더니만 결국 <u>사달</u>이 났다.
③ 그 총각은 폭넓은 교양과 전문적인 지식을 갖춘 <u>재원</u>이다.
④ 교사는 학생의 잠재된 창의성이 <u>계발</u>되도록 충분한 기회를 주어야 한다.

04 2018년 경찰직 2차

24절기 중 ㉠과 ㉡에 각각 들어갈 단어로 적절한 것은?

> "오빠, 편히 사시오."
> 하고, 거의 울음이 다 된, 마지막 목소리를 남기고 돌아선 계연의 저만치 가고 있는 항라 적삼을, 고운 햇빛과 늘어진 버들가지와 산울림처럼 울려오는 뻐꾸기 울음 속에, 성기는 우두커니 지켜보고 있을 뿐이었다.
> 성기가 다시 자리에서 일어나게 된 것은 이듬해 우수(雨水)도 (㉠)도 다 지나, (㉡) 무렵의 비가 질금거릴 즈음이었다. 주막 앞에 늘어선 버들가지는 다시 실같이 푸르러지고 살구, 복숭아, 진달래들이 골목 사이로 산기슭으로 울긋불긋 피고 지고 하는 날이었다.
> 아들의 미음상을 차려 들고 들어온 옥화는 성기가 미음 그릇을 비우는 것을 보자, 이렇게 물었다.
> "아직도 너, 강원도 쪽으로 가 보고 싶냐?" / "……."
> 성기는 조용히 고개를 돌렸다.
> "여기서 장가들어 나랑 같이 살겠냐?" / "……."
> 성기는 역시 고개를 돌렸다.

① ㉠ 청명 ㉡ 처서   ② ㉠ 입춘 ㉡ 곡우
③ ㉠ 곡우 ㉡ 경칩   ④ ㉠ 경칩 ㉡ 청명

05 2016년 기상직 9급

다음 빈칸에 들어갈 시구로 가장 적절한 것은?

> 사월이라 맹하되니 (   )
> 비온 끝에 볕이 나니 일기도 청화하다
> 떡갈잎 퍼질 때에 뻐꾹새 자로 울고
> 보리 이삭 패어나니 꾀꼬리 소리 난다
>   – 정학유, '농가월령가'

① 입춘 우수 절기로다   ② 경칩 춘분 절기로다
③ 청명 곡우 절기로다   ④ 입하 소만 절기로다

06 2015년 경찰직 1차

다음 중 밑줄 친 단어의 쓰임이 가장 적절한 것은?

① 그녀는 바짓단을 늘이려고 세탁소에 옷을 맡겼다.
② 그는 의자 밑을 종이로 받혀서 움직이지 않게 했다.
③ 아이가 공부에 흥미를 부쳐서 참 다행이다.
④ 시험이 끝나고 나와 철호는 서로의 답을 맞혀 보았다.

07 2019년 지방직 7급

밑줄 친 어휘 중 잘못 쓰인 것으로만 묶은 것은?

> 어쩔 수 없는 상황이었지만 혼자 낯선 이의 집에서 숙식을 ⑦붙인다는 것은 분명 힘에 ⓒ부치는 일로 보였다. 오늘은 측은한 마음에 말을 ⓒ붙여 보았지만, 아무 대답 없이 아버지에게 편지를 보내려고 우표를 ⓔ부치고 있을 뿐이었다. ⓜ붙여 먹을 땅 한 평 없던 아버지일지라도 그 아이가 유일하게 정을 ⓗ붙였던 사람이라는 것을 알 수 있었다.

① ⑦, ⓒ, ⓗ   ② ⑦, ⓔ, ⓜ
③ ⓒ, ⓒ, ⓜ   ④ ⓒ, ⓔ, ⓗ

08 2017년 지방직 9급(6월)

괄호에 들어갈 숫자의 합은?

> ○ 쌈: 바늘 ( )개를 묶어 세는 단위
> ○ 제(劑): 한약의 분량을 나타내는 단위. 한 제는 탕약(湯藥) ( )첩
> ○ 거리: 한 거리는 오이나 가지 ( )개

① 80   ② 82
③ 90   ④ 94

09 2014년 사회복지직 9급

밑줄 친 말의 쓰임이 옳지 않은 것은?

① 어머니는 밥을 안치기 시작하셨다.
② 이 원고를 인쇄에 부치기로 하였다.
③ 가게 주인이 상품을 벌여 놓기 시작했다.
④ 바람에 문이 절로 닫치며 큰 소리가 났다.

10 2017년 국회직 8급

다음 중 밑줄 친 단어의 사용이 옳지 않은 것은?

① 달걀 껍데기를 깨다.
② 바위에 굴 껍데기가 닥지닥지 붙어 있다.
③ 처음으로 돼지 껍데기를 구워 먹었다.
④ 조개껍질을 모아서 목걸이를 만들었다.
⑤ 나무껍질을 벗겨서 삶아 먹었다.

11 2020년 국회직 8급

밑줄 친 단어의 쓰임이 옳지 않은 것은?

① 그들은 신에게 제물을 바쳐 부락의 안녕을 빌었다.
② 횡단보도 앞에서 신호를 기다리던 아이가 승용차에 받쳐 크게다쳤다.
③ 아침에 먹은 것이 자꾸 받쳐서 아무래도 점심은 굶어야겠다.
④ 사공은 신부에게 빨리 뛰어내리라고 짜증 어린 성화를 바쳤다.
⑤ 고추가 워낙 값이 없어서 백 근을 시장 상인에게 받혀도 변변한 옷 한 벌 사기가 힘들다.

정답 및 해설 p. 309

03 관용어

① 낯, 얼굴

- ☐ **낯을 깎다** 체면을 잃게 만들다.
- ☐ **얼굴(낯)을 보다** 체면을 생각하고 헤아려 보다.
- ☐ **얼굴이 꽹과리 같다** 사람이 뻔뻔스럽고 염치가 없다.
- ☐ **얼굴이 넓다** 사귀어 알고 있는 사람이 많다.

② 머리

- ☐ **머리(가) 굳다** ① 사상이나 사고방식이 완고하다. ② 기억력 등이 무디다.
- ☐ **머리가 깨다** 뒤떨어진 생각에서 벗어나다.
- ☐ **머리(를) 들다** 눌려 있거나 숨겨 온 생각, 세력 등이 겉으로 드러나다.
- ☐ **머리(를) 맞대다** 어떤 일을 결정하거나 의논하기 위하여 서로 마주 대하다.

③ 눈

- ☐ **길눈(이) 밝다** 한두 번 가 본 길을 잊지 않고 찾아갈 만큼 길을 잘 기억하다.
- ☐ **눈에 밟히다** 잊히지 않고 계속해서 눈에 떠오르다.
- ☐ **눈이 무디다** 사물을 보고 깨닫는 힘이 약하다.
- ☐ **눈(이) 벌겋다** 자신의 잇속을 찾는 일에 매우 열중하다.
- ☐ **눈(이) 시다** 하는 짓이 거슬려 보기에 아니꼽다.
- ☐ **눈이 여리다** 감정이 모질지 못하여 눈물을 잘 보이다.
- ☐ **흰 눈으로 보다** 업신여기거나 못마땅하게 여기다.

④ 입

- ☐ **입 안의 소리** 남이 알아듣지 못하게 입 속에서 웅얼웅얼거리는 작은 말소리
- ☐ **입에 발린(붙은) 소리** 마음에도 없이 겉치레로 하는 말
- ☐ **입에 붙다** 아주 익숙하여 버릇이 되다.
- ☐ **입이 높다** 보통 음식으로 만족하지 않고 맛있고 좋은 음식만을 바라는 버릇이 있다.
- ☐ **입이 달다** 입맛이 돋아 음식이 맛있다.
- ☐ **입이 되다** 맛있는 음식만 먹으려고 하는 버릇이 있어 음식에 매우 까다롭다.
- ☐ **입이 뜨다** 입이 무거워 말수가 적다.
- ☐ **입이 밭다(짧다)** 음식을 심하게 가리거나 적게 먹다.
- ☐ **입이 쓰다** 어떤 일이나 말이 마음에 들지 않아 기분이 언짢다.
- ☐ **입이 여물다** 말이 분명하고 실속이 있다.
- ☐ **입이 질다** ① 속된 말씨로 거리낌 없이 말을 함부로 하다. ② 말을 수다스럽게 많이 하는 버릇이 있다.

기출로 출제포인트 점검

다음 설명과 관련된 관용어를 완성하시오.

01 체면을 잃게 만들다.
→ (   )(을)를 깎다

02 잊지 않고 계속해서 눈에 떠오르다.
→ 눈에 (   )

03 어떤 일이나 말이 마음에 들지 않아 기분이 언짢다.
→ 입이 (   )

04 어떤 일을 결정하거나 의논하기 위하여 서로 마주 대하다.
→ 머리를 (   )

[답]
01 낯   02 밟히다
03 쓰다   04 맞대다

⑤ 귀

- □ **귀(가) 뚫리다** 말이나 언어를 알아듣게 되다.
- □ **귀(가) 여리다** 속는 줄도 모르고 다른 사람의 말을 곧이곧대로 잘 믿다.
- □ **귀(가) 질기다** ① 둔해서 다른 사람의 말을 잘 이해하지 못하다.
  ② 말을 싹싹하게 잘 듣지 않고 끈덕지다.
- □ **귀(에) 거칠다** 하는 말이 온당하지 않아 듣기에 거북하고 불편하다.
- □ **귀에 싹이 나다 / 귀에 못이 박히다** 같은 말을 여러 번 듣다.

⑥ 코

- □ **코가 꿰이다** 약점이 잡히다.
- □ **코(가) 빠지다** 근심에 싸여 기가 죽고 기운이 없어지다.
- □ **코를 떼다** 핀잔을 듣거나 무안을 당하다.
- □ **코에 걸다** 무언가를 자랑삼아 내세우다.

⑦ 목

- □ **목에 걸리다** ① 충격 때문에 음식 등이 목구멍으로 잘 넘어가지 않다.
  ② 어떤 일이 잘 진척되지 않고 막히다. ③ 마음이 불편하고 걱정되다.
- □ **목을 세우다** 몹시 흥분하거나 노하다.
- □ **목(이) 곧다** 타인에게 호락호락하게 굽히지 않으며 억지가 세다.
- □ **목(이) 막히다** 설움이 북받치다.

⑧ 손

- □ **두 손 맞잡고 앉다** 어떤 일도 하지 않고 가만히 있다.
- □ **손에 걸리다** ① 어떤 사람의 손아귀에 잡혀 들다. ② 너무 흔하여 어디나 다 있다.
- □ **손에 잡히다** 마음이 차분해져 일할 마음이 생기고 능률이 나다.
- □ **손(을) 끊다** 교제나 거래 등을 중단하다.
- □ **손(을) 넘기다** ① 물건을 셀 때 그 번수를 잘못 계산하여 실제보다 더 적거나 많게
  되다. ② 제 시기를 놓치다.
- □ **손을 놓다** 하던 일을 잠시 멈추거나 그만두다.
- □ **손을 늦추다** 마음이 풀어진 상태로 일을 더디게 하다.
- □ **손을 맞잡다** 서로 뜻을 함께하여 긴밀하게 협력하다.
- □ **손(을) 맺다** 할 일이 있는데도 아무 일도 하지 않고 그냥 있다.
- □ **손(을) 벌리다(내밀다)** 무엇을 달라고 요구하거나 구걸하다.
- □ **손(을) 뻗치다** ① 이제까지 하지 않던 일까지 활동 범위를 넓히다. ② 적극적인 도
  움, 요구, 간섭, 침략 등의 행위가 멀리까지 미치게 하다.
- □ **손(을) 씻다(털다)** ① 좋지 않은 일에 대한 관계를 청산하다. ② 본전을 모두 잃다.
- □ **손(이) 걸다** ① 씀씀이가 후하고 크다. ② 수단이 좋고 많다.
- □ **손(이) 떨어지다** 일이 끝나다.
- □ **손(이) 뜨다** 일하는 동작이 매우 느리다.
- □ **손(이) 여물다** 일하는 것이 아주 꼼꼼하고 빈틈없다.
- □ **손(이) 재다(빠르다)** 일을 처리하는 속도가 빠르다.

기출로 출제포인트 점검

다음 설명과 관련된 관용어를 완성하시오.

01 씀씀이가 후하고 크다.
→ 손이 (   )

02 세력이나 활동 범위를 넓히다.
→ (   )(을)를 뻗치다

03 핀잔을 듣거나 무안을 당하다.
→ 코를 (   )

04 어떤 일도 하지 않고 가만히 있다.
→ 두 손 (   ) 앉다

05 마음이 풀어진 상태로 일을 더디게 하다.
→ 손을 (   )

06 속는 줄도 모르고 다른 사람의 말을 곧이
곧대로 잘 믿다.
→ 귀가 (   )

[답]
01 걸다   02 손   03 떼다
04 맞잡고   05 늦추다   06 여리다

⑨ 발

- ☐ **발길이 무겁다 / 발이 내키지 않다** 하고 싶은 마음이 들지 않거나 서먹서먹하여 선 뜻 행동에 옮겨지지 않다.
- ☐ **발뒤축을(발꿈치를) 물다** 은혜를 베풀어 준 상대에게 해를 끼치다.
- ☐ **발(을) 끊다** 관계를 끊거나 오가지 않는다.
- ☐ **발을 달다** 끝난 말이나 이미 있는 말에 말을 덧붙이다.
- ☐ **발(이) 뜨다** 가끔씩 다니다.
- ☐ **발(이) 맞다** ① 여러 사람이 걸을 때 동시에 같은 쪽의 발이 떨어지다.
  ② 여러 사람의 말 또는 행동이 같은 방향으로 일치하다.
- ☐ **발이 짧다** 먹는 자리에 남들이 다 먹은 뒤에 나타나다.

⑩ 어깨

- ☐ **어깨가 가볍다** 무거운 책임에서 벗어나 마음이 홀가분하다.
- ☐ **어깨(를) 견주다(겨누다/겨루다)** 서로 비슷한 힘이나 지위를 가지다.
- ☐ **어깨를 견다**♀ 동일한 목적을 위하여 행동을 서로 같이하다.
- ☐ **어깨를 낮추다** 자신을 겸손하게 낮추다.
- ☐ **어깨에 지다(짊어지다)** 어떤 일에 대한 의무나 책임을 마음에 두다.

⑪ 다리

- ☐ **다리가 길다** 우연히 음식 먹는 자리에 가게 되어 먹을 복이 있다.
- ☐ **다리를 들리다** 미리 손쓸 기회를 빼앗기다.
- ☐ **다리(를) 뻗고(펴고) 자다** 편안하게 마음 놓고 자다.
- ☐ **다리품(을) 팔다** ① 길을 많이 걷다. ② 남에게 품삯을 받고 먼 길을 걸어서 다녀오다.

⑫ 오금♀

- ☐ **오금(을) 박다** ① 큰소리치며 장담하던 사람이 그와 반대되는 행동을 할 때, 장담 하던 말을 빌미로 삼아 몹시 논박하다. ② 다른 사람에게 함부로 말 또는 행동을 하 지 못하게 단단히 으르거나 이르다.
- ☐ **오금(이) 뜨다** ① 한곳에 침착하게 오랫동안 있지 못하고 들떠서 함부로 덤비다.
  ② 마음이 방탕하여 놀아나다.
- ☐ **오금이 쑤시다** 어떤 일을 하고 싶어 가만히 있지를 못하다.
- ☐ **오금이 저리다** 저지른 잘못이 들통이 나거나 그 때문에 나쁜 결과가 있지 않을까 마음을 졸이다.

⑬ 속

- ☐ **속(을) 뽑다** 다른 사람의 마음을 떠보고 그 속마음을 드러나게 하다.
- ☐ **속을 주다** 숨기지 않고 마음속에 있는 것을 드러내 보이다.
- ☐ **속이 달다** 안타까워 마음이 몹시 조급해지다.
- ☐ **속이 마르다** ① 성격이 꼬장꼬장하다. ② 생각하는 것이 답답하고 너그럽지 못하다.
- ☐ **속(이) 살다** 겉과 달리 속에는 대들거나 반대하는 마음이 있다.

확장개념

♀ **견다**
풀어지거나 자빠지지 않도록 서로 어긋나게 끼 거나 걸치다.

♀ **오금**
무릎이 구부러지는 오목한 안쪽 부분

기출로 출제포인트 점검

다음 설명과 관련된 관용어를 완성하시오.

01 안타까워 마음이 몹시 조급해지다.
→ 속이 (   )

02 생각하는 것이 너그럽지 못하고 답답하다.
→ (   )(이)가 마르다

03 숨기지 않고 마음속에 있는 것을 드러내 보이다.
→ 속을 (   )

04 저지른 잘못이 알려지거나 그로 인해 나쁜 결과가 있지 않을까 하여 마음을 졸이다.
→ 오금이 (   )

[답]
01 달다　　02 속
03 주다　　04 저리다

⑭ 심장

- □ **심장에 불을 지피다** 사람의 마음을 일어나게 하다.
- □ **심장에 파고들다** 어떤 말 또는 일이 마음속 깊이 새겨져 자극되다.
- □ **심장을 찌르다** 핵심을 꿰뚫어 알아차리다.
- □ **심장이 강하다** 비위가 좋고 고집대로 버티는 힘이 세다.
- □ **심장이 약하다** 숫기가 없고 마음이 약하다.

⑮ 간, 쓸개, 창자

- □ **간담이 내려앉았다(떨어지다)** 몹시 놀라다.
- □ **간담이 서늘하다** 매우 놀라서 섬뜩하다.
- □ **간(을) 졸이다** 매우 걱정되고 불안해 마음을 놓지 못하다.
- □ **간(이) 마르다** 매우 초조하거나 안타까워서 속이 상하다.
- □ **간장이 녹다** ① 무언가가 마음에 들어 매우 흡족하다. ② 몹시 애끓다.

⑯ 기타 관용어

- □ **가락(이) 나다** 일의 능률이 오르다.
- □ **개가를 올리다** 성과를 크게 거두다.
- □ **개 콧구멍으로 알다** 시시한 것으로 알아 대수롭지 않게 여기다.
- □ **곁다리(를) 들다** 당사자가 아닌 사람이 참견하여 말하다.
- □ **곁(을) 주다** 자신에게 가까이할 수 있도록 남에게 속을 터 주다.
- □ **꼭뒤(를) 지르다(누르다)** 세력이나 힘이 위에서 누르다.
- □ **땀을 들이다** ① 몸을 시원하게 하여 땀을 없애다. ② 잠시 휴식하다.
- □ **마각을 드러내다** '말의 다리로 분장한 사람이 자기 모습을 드러내다'라는 뜻으로, 숨기고 있던 일이나 정체를 드러내다.
- □ **말길이 되다** 남에게 소개하는 의논의 길이 트이다.
- □ **말소리를 입에 넣다** 남에게는 들리지 않도록 낮은 목소리로 중얼거리다.
- □ **모과나무 심사(心思)** 모과나무처럼 뒤틀려서 고분고분하지 못하고 심술궂은 마음씨를 이르는 말
- □ **몽니(가) 궂다** 몽니가 심하다.
- □ **미립이 트다** 경험을 통하여 묘한 이치를 깨닫다.
- □ **미역국(을) 먹다** 시험에서 떨어지다.
- □ **배가 등에 붙다** 먹은 것이 없어서 배가 홀쭉하고 몹시 허기지다.
- □ **벼락(을) 맞다** ① 아주 못된 짓을 하여 큰 벌을 받다. ② 심하게 꾸중을 듣다.
- □ **변죽(을) 울리다** 말을 바로 하지 않고 둘러서 하다.
- □ **사개(가) 맞다** 말이나 사리의 앞뒤 관계가 빈틈없이 딱 들어맞다.
- □ **새빨간 거짓말** 쉽게 밝혀질 만큼 터무니없는 거짓말
- □ **손(을) 치르다** 대사(大事)에 여러 명의 손님을 대접하다.
- □ **싹수(가) 노랗다** 일이 잘될 여지나 희망이 처음부터 보이지 않다.
- □ **오지랖(이) 넓다** 아무런 득 될 것이 없이 지나치게 아무 일이나 참견하는 면이 있다.
- □ **틀(을) 잡다** 일정한 형태나 구성을 갖추다.
- □ **허방(을) 짚다** 잘못 헤아리거나, 잘못 알아 실패하다.
- □ **홀게(가) 늦다** 성격이나 하는 짓이 야무지지 못하다.

확장개념

📍 간담
1. 간과 쓸개를 아울러 이르는 말
2. 속마음을 비유적으로 이르는 말

📍 간장
1. 간과 창자
2. '초조한 마음속'이나 '사람이 본래부터 지닌 성격이나 품성'을 비유적으로 이르는 말

📍 몽니
받고자 하는 대우를 받지 못할 때 내는 심술

📍 홀게
매듭, 사개 등을 단단하게 조인 정도나, 어떤 것을 맞추어서 짠 자리

기출로 출제포인트 점검

다음 설명과 관련된 관용어를 완성하시오.

01 일의 능률이 오르다.
　→ (　　　　)(이)가 나다

02 성과를 크게 거두다.
　→ 개가를 (　　　　)

03 말을 바로 하지 않고 둘러서 하다.
　→ (　　　　)(을)를 울리다

04 경험을 통하여 묘한 이치를 깨닫다.
　→ (　　　　)(이)가 트다

05 시시한 것으로 알아 대수롭지 않게 여기다.
　→ 개 (　　　　)(으)로 알다

[답]
01 가락　　02 올리다　　03 변죽
04 미립　　05 콧구멍

04 속담

① [ㄱ]

- **가난이 소 아들이라** 소처럼 죽도록 일해도 가난에서 자유로워질 수 없음을 이르는 말
- **가난이 원수** 가난으로 인해 억울한 일이나 고통을 당하게 되니 가난이 원수처럼 여겨진다는 말
- **가난한 집 신주 굶듯** '가난한 집에서는 산 사람도 배를 곯는 형편이므로 신주도 제사 음식을 제대로 받아 보지 못한다'라는 뜻으로, 줄곧 굶기만 한다는 말
- **가난한 집에 자식이 많다** '먹고 살 걱정이 큰 가난한 집에 자식까지 많다'라는 뜻으로, 이래저래 부담되는 것이 많음을 비유적으로 이르는 말
- **가난한 집 제사(제삿날/젯날) 돌아오듯** '가난한 집에 제삿날이 자꾸 돌아와서 그것을 치르느라 몹시 어려움을 겪는다'라는 뜻으로, 힘든 일이 자주 생김을 비유적으로 이르는 말
- **가난할수록 기와집 짓는다** ① 남에게 괄시를 받기 싫어서 가난함에도 불구하고 허세를 부리려는 심리를 이르는 말 ② 가난하지만 어떻게든 잘살아 보려고 용단을 내어 큰일을 벌인다는 말
- **가물에 도랑 친다** '한창 가물 때 애쓰며 도랑을 치느라고 분주하게 군다'라는 뜻으로, 아무 보람도 없는 헛된 일을 하느라고 부산스레 굶을 비유적으로 이르는 말
- **가물에 돌 친다** 어떤 일이든지 사전에 미리 준비를 해야 한다는 말
- **가물에 콩(씨) 나듯** 어떤 일이나 물건이 드문드문 있는 경우를 이르는 말
- **가자니 태산이요, 돌아서자니 숭산이라** '앞에도 높은 산이고 뒤에도 높은 산'이라는 뜻으로, 이러지도 저러지도 못할 난처한 지경에 이름을 비유적으로 이르는 말
- **간에 붙었다 쓸개(염통)에 붙었다 한다** 제 이익을 위해서는 지조와 체면을 생각하지 않고 이편에 붙었다 저편에 붙었다 하며 아무에게나 아첨하는 것을 이르는 말
- **갓 쓰고 나가자 파장** 준비를 하다가 그만 알맞은 시기를 놓쳐 기대한 바나 목적을 이루지 못하게 됨을 이르는 말
- **강물이 돌을 굴리지 못한다** '강물이 아무리 흘러도 돌을 움직여 굴리지는 못한다'라는 뜻으로, 세태에 흔들리지 않고 지조 있게 행동함을 비유적으로 이르는 말
- **개 꼬리 삼 년 묵어도 황모 되지 않는다** 본바탕이 좋지 않은 것은 어떻게 해도 그 본질이 좋아지지 않음을 이르는 말
- **개똥도 약에 쓰려면 없다** 평소에 흔하던 것도 막상 긴하게 쓰려고 구하면 없다는 말
- **개 발에 (주석) 편자** 옷차림이나 지닌 물건 등이 제격에 맞지 않음을 비유적으로 이르는 말
- **개천에 든 소** '개천 양편에 우거진 풀을 다 먹을 수 있는 소'라는 뜻으로, 매우 넉넉하여 부족함이 없는 유복한 처지에 놓인 사람을 비유적으로 이르는 말
- **게도 구멍이 크면 죽는다** 분수에 지나치면 도리어 화를 당하게 된다는 말
- **고양이 목에 방울 달기** 실제로 해 나가지 못할 일에 대해 공연히 의논하는 것을 비유적으로 이르는 말

□ **공든 탑이 무너지랴** '공들여 쌓은 탑은 무너질 리 없다'라는 뜻으로, 힘을 다하고 정성을 다하여 한 일은 그 결과가 반드시 헛되지 않음을 비유적으로 이르는 말

□ **구슬이 서 말이라도 꿰어야 보배(라)** 아무리 좋은 것이라도 정성을 기울여 쓸모 있는 것으로 만들어 놓아야만 가치가 있다는 말

□ **구운 게도 다리를 떼고 먹는다** '게를 구웠지만 혹시 물지 모르니 다리를 뗀 뒤에 먹는다'라는 뜻으로, 어긋날 일이 없을 듯하더라도 만일의 상황을 생각하여 세심히 주의를 기울여야 낭패가 없음을 이르는 말

□ **굴러 온 돌이 박힌 돌 뺀다** 외부에서 들어온 지 얼마 안 되는 사람이 오래전부터 있던 사람을 내쫓거나 해치려 함을 비유적으로 이르는 말

□ **굽은 나무가 선산을 지킨다** '자손이 빈한해지면 선산의 나무까지 팔아 버리나 줄기가 굽어 쓸모없는 것은 그대로 남게 된다'라는 뜻으로, 쓸모없어 보이는 것이 도리어 제구실을 하게 됨을 비유적으로 이르는 말

□ **급하면 바늘허리에 실 매어 쓸까** 일에는 일정한 순서가 있고 때가 있는 것이므로, 아무리 급해도 순서를 밟아서 일해야 함을 비유적으로 이르는 말

□ **급하면 부처 다리를 안는다** '일이 없을 때에는 분향을 게을리하다가 졸지에 급한 일을 당하면 어쩔 줄 몰라 부처 다리를 안는다'라는 뜻으로, 평소에 부지런히 하여 급한 일을 당하더라도 당황하지 말라는 말

□ **기둥을 치면 대들보가 운다** ① 직접 탓하지 않고 간접적으로 넌지시 말을 해도 알아들을 수 있음을 이르는 말 ② 주(主)가 되는 대상을 탓하거나 또는 그 대상에 일격을 가하면 그와 관련된 대상들이 자연히 영향을 입게 됨을 비유적으로 이르는 말

□ **길이 아니면 가지 말고 말이 아니면 듣지 말라** 언행을 소홀히 하지 말고, 정도에서 벗어나는 일이면 처음부터 하지 말라는 말

□ **까마귀 미역 감듯(목욕하듯)** ① 까마귀는 미역을 감아도 그냥 검다는 데서, 일한 자취나 보람이 드러나지 않음을 비유적으로 이르는 말 ② 일을 처리함에 있어 세밀하지 못하고 거친 것을 비유적으로 이르는 말

□ **깻묵에도 씨가 있다** 언뜻 보면 없을 듯한 곳에도 자세히 살펴보면 혹 있을 수 있음을 비유적으로 이르는 말

□ **꽃이 시들면 오던 나비도 안 온다** 사람이 세도가 좋을 때는 늘 찾아오다가 그 처지가 보잘것없게 되면 찾아오지 않음을 비유적으로 이르는 말

□ **꿩 구워 먹은 자리** ① 어떤 일의 흔적이나 자국이 전혀 없음을 비유적으로 이르는 말 ② 일은 했으나 후에 아무런 결과도 드러나지 않음을 비유적으로 이르는 말

② [ㄴ]

□ **나루(내) 건너 배 타기** ① 무슨 일이든지 순서가 있어 건너뛰어서는 할 수 없음을 이르는 말 ② 가까운 데 있는 것을 버리고 먼 데 있는 것을 취함을 이르는 말

□ **낙숫물이 댓돌을 뚫는다** 작은 힘이라도 꾸준히 계속하면 큰일을 이룰 수 있음을 비유적으로 이르는 말

□ **남의 다리 긁는다** ① 기껏 한 일이 결국에는 남 좋은 일이 되었음을 이르는 말 ② 자기가 해야 할 일은 모른 채 엉뚱한 일을 함을 이르는 말

□ **남의 떡에 설 쇤다** 다른 사람의 덕택으로 거저 이익을 보게 됨을 이르는 말

□ **낫 놓고 기억자도 모른다** '기역 자 모양으로 생긴 낫을 보면서도 기역 자를 모른다'라는 뜻으로, 아주 무식함을 비유적으로 이르는 말

기출로 출제포인트 점검

다음을 뜻하는 속담을 쓰시오.

01 아주 무식함

02 아무리 급해도 순서를 밟아서 일해야 함

03 기껏 한 일이 결국에는 남 좋은 일이 되었음

04 언뜻 보면 없을 듯한 곳에도 자세히 살펴보면 혹 있을 수 있음

05 힘을 다하고 정성을 다하여 한 일은 그 결과가 반드시 헛되지 않음

06 평소에 부지런히 하여 급한 일을 당하더라도 당황하지 말라는 말

07 직접 마주해 탓하지 않고 간접적으로 넌지시 말을 해도 알아들을 수 있음

08 아무리 미약한 힘이라도 부지런히 끈기 있는 태도로 계속하며 큰일을 이룰 수 있음

09 아무리 좋은 것이라도 정성을 기울여 쓸모 있는 것으로 만들어 놓아야만 가치가 있음

10 외부에서 들어온 지 얼마 안 되는 사람이 오래전부터 있던 사람을 내쫓거나 해치려 함

11 어긋날 일이 없을 듯하더라도 만일의 상황을 생각하여 세심히 주의를 기울여야 낭패가 없음

[답]
01 낫 놓고 기억 자도 모른다
02 급하면 바늘허리에 실 매어 쓸까
03 남의 다리 긁는다
04 깻묵에도 씨가 있다
05 공든 탑이 무너지랴
06 급하면 부처 다리를 안는다
07 기둥을 치면 대들보가 운다
08 낙숫물이 댓돌을 뚫는다
09 구슬이 서 말이라도 꿰어야 보배(라)
10 굴러 온 돌이 박힌 돌 뺀다
11 구운 게도 다리를 떼고 먹는다

- ☐ **낮말은 새가 듣고 밤말은 쥐가 듣는다** ① 아무도 안 듣는 데서라도 말을 조심해야 한다는 말 ② 아무리 비밀히 한 말이라도 남의 귀에 들어가기 마련이라는 말
- ☐ **내가 부를 노래를 사돈집에서 부른다** 자기가 하려고 했던 말을 도리어 남이 함을 비유적으로 이르는 말
- ☐ **내 배가 부르니 종의 배고픔을 모른다** 자기만 만족하면 다른 사람의 어려움을 모르고 돌보아 주지 않음을 비유적으로 이르는 말
- ☐ **내 코가 석 자** 내 사정이 급하고 어려워서 남을 돌볼 여유가 없음을 비유적으로 이르는 말
- ☐ **노루 때린 막대기 세 번이나 국 끓여 먹는다** 조금이라도 이용 가치가 있을까 하여 보잘것없는 것을 두고두고 되풀이하여 이용함을 비유적으로 이르는 말
- ☐ **눈 먹던 토끼 얼음 먹던 토끼가 제각각** 사람은 자기가 겪어 온 환경에 따라서 그 능력이 다르고 생각이 다름을 비유적으로 이르는 말
- ☐ **눈 온 뒤에는 거지가 빨래를 한다** 눈이 온 다음 날은 거지가 입고 있던 옷을 벗어 빨아 입을 만큼 따스하다는 말
- ☐ **눈치가 빠르면 절에 가도 젓갈(새우젓/조개젓)을 얻어먹는다** 눈치가 있으면 어디를 가도 군색한 일이 없다는 말
- ☐ **느릿느릿(드문드문) 걸어도 황소걸음** 속도가 느리기는 하지만 오히려 믿음직스럽고 알차다는 말

③ [ㄷ]

- ☐ **달걀에도 뼈가 있다** 늘 일이 잘 안되던 사람이 모처럼 좋은 기회를 만났건만, 그 일마저 역시 잘 안됨을 이르는 말
- ☐ **달도 차면 기운다** ① 세상의 모든 것이 한번 번성했으면 다시 쇠하기 마련이라는 말 ② 행운이 언제까지나 계속되는 것은 아님을 비유적으로 이르는 말
- ☐ **닭 쫓던 개 지붕 쳐다보듯** 한참 하려고 애쓰던 일이 실패로 돌아가거나 같이 애쓰다가 남보다 뒤떨어져서 어찌할 도리가 없게 됨을 이르는 말
- ☐ **독을 보아 쥐를 못 친다** 무엇을 처리하여 없애 버려야 하나 그렇게 하면 오히려 자기에게 손해가 생길까 두려워서 이러지도 저러지도 못하고 내버려 두는 경우를 이르는 말
- ☐ **돌다리도 두들겨 보고 지난다(건너라)** 잘 아는 일이라도 세심하게 주의를 하라는 말
- ☐ **동냥은 아니 주고 쪽박만 깬다** 요구하는 것을 주기는커녕 훼방만 놓는다는 말
- ☐ **드는 돌에 낯 붉는다** '힘들여 무거운 돌을 들고 나서야 낯이 붉어진다'라는 뜻으로, 무슨 일이나 결과가 있으면 틀림없이 그 원인이 있음을 이르는 말
- ☐ **때리는 시늉하면 우는 시늉을 한다** 손발이 서로 잘 맞아떨어짐을 이르는 말
- ☐ **떡 먹은 입 쓸어 치듯** 떡을 먹고도 안 먹은 듯 입을 쓸어 내며 시치미를 뚝 뗀다는 말
- ☐ **떡 해 먹을 집안** '떡을 하여 고사를 지내야 할 집안'이라는 뜻으로, 화합하지 못하고 어려운 일만 계속해서 일어나는 집안을 이르는 말
- ☐ **똥 싼 놈은 달아나고 방귀 뀐 놈만 잡혔다** 크게 나쁜 일을 한 사람은 도망가고, 그보다 작은 죄를 지은 사람은 붙잡혀서 다른 사람의 허물까지 뒤집어쓰게 됨을 비유적으로 이르는 말
- ☐ **뚝배기보다 장맛이 좋다** 겉모습은 보잘것없으나 내용은 훌륭함을 이르는 말

□ **마당 벌어진 데 웬 솔뿌리 걱정** '마당이 벌어진 상황에서 나무 그릇이 터졌을 때 사용하는 솔뿌리를 걱정한다'라는 뜻으로, 마땅하지 않은 것으로 사건을 바로잡으려고 하는 어리석음을 비웃는 말

□ **마른 나무를 태우면 생나무도 탄다** 대세를 타면 안되던 일도 잘될 수 있음을 비유적으로 이르는 말

□ **말 갈 데 소 간다** 안 가야 할 데를 간다는 말

□ **말 꼬리에 (붙은) 파리가 천 리 간다** 다른 사람의 권세에 의지하여 기운을 편다는 말

□ **말로 온 공을 갚는다** ① 말은 일상생활에 큰 영향을 끼치는 것이니 말할 때는 애써 조심하라는 말 ② 말을 잘하는 사람은 처세에 유리하다는 말

□ **말 안 하면 귀신도 모른다** 속으로만 생각하고 애태울 것이 아니라 드러내 놓고 시원하게 말해야 한다는 말

□ **말은 꾸밀 탓으로 간다** 같은 내용의 말이라도 하기에 달렸다는 말

□ **말은 해야 맛이고 고기는 씹어야 맛이다** 마땅히 할 말은 해야 한다는 말

□ **머리는 끝부터 가르고 말은 밑부터 한다** 말은 처음부터 솜씨 있고 요령 있게 하여야 한다는 말

□ **먹는 데는 관발이요 일에는 송곳이라** 제 이익이 되는 일 특히 먹는 일에는 남보다 먼저 덤비나, 일할 때는 꽁무니만 뺀다는 말

□ **먹던 술도 떨어진다** '늘 하던 숟가락질도 간혹 잘못하여 숟가락을 떨어뜨릴 수 있다'라는 뜻으로, 매사에 잘 살피고 조심하여서 잘못이 없도록 하라는 말

□ **물도 가다 구비를 친다** 사람의 한평생에는 전환기가 있기 마련이라는 말

□ **물에 물 탄 듯 술에 술 탄 듯** ① 주견이나 주책이 없이 말이나 행동이 분명하지 않음을 비유적으로 이르는 말 ② 아무리 가공을 하여도 본바탕은 변하지 않는 상태를 비유적으로 이르는 말

□ **못 먹는 감 찔러나 본다** 자신의 것으로 만들지 못할 바에야 다른 사람도 갖지 못하게 망가트리자는 뒤틀린 마음을 이르는 말

□ **믿는 도끼에 발등 찍힌다** 잘되리라고 믿고 있던 일이 어긋나거나, 믿고 있던 사람이 배신하여 오히려 해를 입음을 비유적으로 이르는 말

□ **밑 빠진 독에 물 붓기** 아무리 힘이나 밑천을 들여도 보람 없이 헛된 일이 되는 상태를 비유적으로 이르는 말

⑤ [ㅂ]

□ **바늘 가는 데 실 간다** 사람의 긴밀한 관계를 비유적으로 이르는 말

□ **바늘구멍으로 하늘 보기** '조그만 바늘구멍으로 넓디넓은 하늘을 본다'라는 뜻으로, 전체를 포괄적으로 보지 못하는 매우 좁은 소견이나 관찰을 비꼬는 말

□ **바늘뼈에 두부살** '바늘처럼 가는 뼈에 두부같이 무른 살'이란 뜻으로, 몸이 몹시 연약한 사람을 비유적으로 이르는 말

□ **바람 따라 돛을 단다** 조건이 맞아야 일을 시작하게 됨을 비유적으로 이르는 말

□ **발 없는 말이 천 리 간다** '말은 발이 없지만 천 리 밖까지도 퍼진다'라는 뜻으로, 말을 삼가야 함을 비유적으로 이르는 말

□ **배가 남산만 하다** '배가 불러 앞으로 나왔다'라는 뜻으로, 임신부의 배가 부름을 이르는 말

기출로 출제포인트 점검

다음을 뜻하는 속담을 쓰시오.

01 말을 삼가야 함

02 매우 연약한 사람

03 안 가야 할 데를 감

04 임산부의 배가 부름

05 사람의 긴밀한 관계

06 마땅히 할 말은 해야 함

07 조건이 맞아야 일을 시작하게 됨

08 같은 내용의 말이라도 하기에 달림

09 전체를 포괄적으로 보지 못하는 매우 좁은 소견이나 관찰

10 남이 한다고 하여 제힘에 겨운 일을 억지로 하면 도리어 해만 입음

11 잘되리라고 믿고 있던 일이 어긋나거나, 믿고 있던 사람이 배신하여 오히려 해를 입음

[답]
01 발 없는 말이 천 리 간다
02 바늘뼈에 두부살
03 말 갈 데 소 간다
04 배가 남산만 하다
05 바늘 가는 데 실 간다
06 말은 해야 맛이고 고기는 씹어야 맛이다
07 바람 따라 돛을 단다
08 말은 꾸밀 탓으로 간다
09 바늘구멍으로 하늘 보기
10 뱁새가 황새를 따라가면 다리가 찢어진다
11 믿는 도끼에 발등 찍힌다

□ **뱁새가 황새를 따라가면 다리가 찢어진다** 남이 한다고 하여 제힘에 겨운 일을 억지로 하면 도리어 해만 입는다는 말

□ **벙어리 재판** '말 못 하는 벙어리를 대상으로 재판을 한다'라는 뜻으로, 옳고 그름을 판단하기 매우 어렵거나 곤란한 경우를 비유적으로 이르는 말

□ **보기 좋은 떡이 먹기도 좋다** ① 내용이 좋으면 겉모양도 좋음을 비유적으로 이르는 말 ② 겉모양새를 보기 좋게 꾸미는 것도 필요함을 비유적으로 이르는 말

□ **볶은 콩에 싹이 날까** 아주 가망이 없음을 비유적으로 이르는 말

□ **불난 집에 부채질한다** 다른 사람의 재앙을 더 커지게 만들거나 화난 사람을 더 화나게 한다는 말

□ **비단옷 입고 밤길 가기** '비단옷을 입고 밤길을 걸으면 아무도 알아주지 않는다'라는 뜻으로, 생색이 나지 않는 공연한 일에 애쓰고도 보람이 없는 경우를 비유적으로 이르는 말

□ **빈대 잡으려고 초가삼간 태운다** 손해를 크게 볼 것을 생각지 않고 자기에게 마땅치 않은 것을 없애려고 그저 덤비기만 하는 경우를 이르는 말

□ **빚 주고 뺨 맞기** 남을 위하여 노력하거나 후하게 대접하고는 오히려 봉변을 당하게 되는 경우를 이르는 말

□ **빛 좋은 개살구** 겉만 그럴듯하고 실속이 없는 경우를 이르는 말

⑥ [ㅅ]

□ **사돈 남 나무란다** 자신도 같은 잘못을 했으면서 자기 잘못은 제쳐 두고 다른 사람의 잘못만 나무란다는 말

□ **사또 덕분에 나팔 분다** 남의 힘을 빌려서 당치도 않은 행세를 하게 되거나 그런 대접을 받고 우쭐대는 모양을 비유적으로 이르는 말

□ **산이 높아야 골이 깊다** '산이 높고 커야 골짜기도 깊다'라는 뜻으로, 품은 뜻이 높고 커야 포부나 생각도 크고 깊음을 비유적으로 이르는 말

□ **삶은 호박에 침 박기** ① 일이 아주 쉬움 ② 자극을 주어도 아무런 반응이 없는 경우를 이르는 말

□ **서리 맞은 구렁이** ① 행동이 느리고 힘이 없는 사람을 이르는 말 ② 세력이 남아 있지 않아 모든 희망이 좌절된 사람을 이르는 말

□ **서울 김 서방 집도 찾아간다** 어느 곳에 있는지 모르는 물건이나 사람이라도 찾고자 마음먹으면 어떤 식으로든 찾을 수 있음을 이르는 말

□ **서울 사람은 비만 오면 풍년이란다** 서울 사람이 농사일에 대해 전혀 알지 못하는 것을 놀림조로 이르는 말

□ **서울 소식은 시골 가서 들어라** 자기 주위의 일은 먼 데 있는 사람이 더 잘 아는 경우가 많음을 비유적으로 이르는 말

□ **서울에 가야 과거도 본다** '서울에 가야 과거를 보든지 말든지 한다'라는 뜻으로, 우선 목적지에 가 봐야 무슨 일이 이루어지든지 말든지 한다는 말

□ **서울이 무섭다니까 남태령(서재)부터 긴다** '서울 인심이 야박하여 낭떠러지와 같다는 말만 듣고 미리부터 겁을 먹는다'라는 뜻으로, 비굴하게 행동함을 비유적으로 이르는 말

□ **석류는 떨어져도 안 떨어지는 유자를 부러워하지 않는다** 석류와 유자는 모두 신맛이 나지만 석류는 익으면 떨어지고 유자는 안 떨어지는 것처럼, 각자가 서로 달라서 누구나 저 잘난 멋에 살게 마련이라는 말

기출로 출제포인트 점검

다음을 뜻하는 속담을 쓰시오.

01 아주 가망이 없음

02 겉만 그럴듯하고 실속이 없음

03 내용이 좋으면 겉모양도 좋음

04 행동이 느리고 힘이 없는 사람

05 한창 기운이 왕성한 때를 지나 볼 것이 없게 됨

06 옳고 그름을 판단하기 매우 어렵거나 곤란한 경우

07 자기 주위의 일은 먼 데 있는 사람이 더 잘 아는 경우가 많음

08 손해를 크게 볼 것을 생각지 않고 자기에게 마땅치 않은 것을 없애려고 그저 덤비기만 하는 경우

[답]
01 볶은 콩에 싹이 날까
02 빛 좋은 개살구
03 보기 좋은 떡이 먹기도 좋다
04 서리 맞은 구렁이
05 설 쉰 무
06 벙어리 재판
07 서울 소식은 시골 가서 들어라
08 빈대 잡으려고 초가삼간 태운다

- □ **설 쇤 무** '가을에 뽑아 둔 무가 해를 넘기면 속이 비고 맛이 없다'라는 뜻으로, 한창 기운이 왕성한 때를 지나 볼 것이 없게 됨을 이르는 말
- □ **소경 머루 먹듯** 좋고 나쁜 것을 분별하지 못하고 이것저것 아무것이나 취하는 모양을 비유적으로 이르는 말
- □ **소금 먹은 놈이 물켠다** 무슨 일이든 거기에는 반드시 그렇게 된 까닭이 있음을 비유적으로 이르는 말
- □ **소 잃고 외양간 고친다** '소를 도둑맞은 다음에서야 빈 외양간의 허물어진 데를 고치느라 수선을 떤다'라는 뜻으로, 일이 이미 잘못된 뒤에는 손을 써도 소용이 없음을 비꼬는 말
- □ **솔개도 오래면 꿩을 잡는다** 어떤 분야에 대하여 지식과 경험이 전혀 없는 사람이라도 그 부문에 오랫동안 있으면 얼마간의 경험과 지식을 가지게 됨을 이르는 말
- □ **솔밭에 가서 고기 낚기** '물에서 사는 물고기를 산에서 구한다'라는 뜻으로 도저히 불가능한 일을 하려고 애쓰는 어리석음을 비유적으로 이르는 말
- □ **송충이가 갈잎을 먹으면 죽는다** ① 자기 분수에 맞지 않는 짓을 하다가는 낭패를 봄을 이르는 말 ② 제 할 일은 하지 않고, 딴마음을 먹었다가는 낭패를 봄을 이르는 말
- □ **술 익자 체 장수 간다** '술이 익어 체로 걸러야 할 때에 마침 체 장수가 지나간다'라는 뜻으로, 일이 우연히 잘 맞아 감을 비유적으로 이르는 말
- □ **식혜 먹은 고양이 속** 죄를 짓고 그것이 탄로 날까 봐 근심하는 마음을 비유적으로 이르는 말
- □ **실없는 말이 송사 간다** 무심코 한 말 때문에 큰 소동이 벌어질 수도 있음을 이르는 말
- □ **씻은 배추 줄기 같다** 얼굴이 희고 키가 헌칠함을 비유적으로 이르는 말

⑦ [ㅇ]

- □ **아닌 보살(을) 하다** 시치미를 떼고 아닌 체하거나 모르는 척한다는 말
- □ **아랫돌 빼서 윗돌 괴고 윗돌 빼서 아랫돌 괴기** 일이 몹시 급하여 임시변통으로 이리저리 둘러맞추어 일함을 비유적으로 이르는 말
- □ **아홉 가진 놈(이) 하나 가진 놈(을) 부러워한다** ① 욕심이 많음을 비유적으로 이르는 말 ② 가지면 가질수록 더 욕심이 생김을 비유적으로 이르는 말
- □ **양반은 얼어 죽어도 겻불(짚불)은 안 쬔다** 아무리 다급하거나 궁한 경우라도 제가 지닌 체면을 지키기 위해 애쓴다는 말
- □ **양지가 음지되고 음지가 양지 된다** '운이 나쁜 사람도 좋은 수를 만날 수 있고 운이 좋은 사람도 늘 좋기만 하는 것이 아니라 어려운 시기가 있다'라는 말로, 세상사는 늘 돌고 돈다는 말
- □ **언 발에 오줌 누기** '언 발을 녹이려고 오줌을 누어 봤자 효력이 별로 없다'라는 뜻으로, 임시변통은 될지 모르나 그 효력이 오래가지 못할 뿐만 아니라 결국에는 사태가 더 나빠짐을 비유적으로 이르는 말
- □ **여름 불도 쬐다 나면 서운하다(섭섭하다)** ① 당장에 쓸데없거나 대단치 않게 생각되던 것도 막상 없어지면 아쉽게 생각된다는 말 ② 오랫동안 해 오던 일을 그만두기는 퍽 어렵다는 말
- □ **열흘 붉은 꽃이 없다** 부귀영화란 일시적인 것이어서 그 한때가 지나면 그만임을 비유적으로 이르는 말
- □ **오동 씨만 보아도 춤춘다** '오동의 씨를 보고 오동나무로 만든 거문고를 떠올려 춤을 춘다'라는 뜻으로, 미리부터 서두름을 이르는 말

기출로 출제포인트 점검

다음을 뜻하는 속담을 쓰시오.

01 일이 우연히 잘 맞아 감

02 얼굴이 희고 키가 헌칠함

03 넓은 세상의 형편을 알지 못하는 사람

04 시치미를 떼고 아닌 체하거나 모르는 척함

05 죄를 짓고 그것이 탄로 날까 봐 근심하는 마음

06 자기 분수에 맞지 않는 짓을 하다가는 낭패를 봄

07 무심코 한 말 때문에 큰 소동이 벌어질 수도 있음

08 일이 이미 잘못된 뒤에는 손을 써도 소용이 없음

[답]
01 술 익자 체 장수 간다
02 씻은 배추 줄기 같다
03 우물 안 개구리(고기)
04 아닌 보살(을) 하다
05 식혜 먹은 고양이 속
06 송충이가 갈잎을 먹으면 죽는다
07 실없는 말이 송사 간다
08 소 잃고 외양간 고친다

☐ **우물 안 개구리(고기)** ① 넓은 세상의 형편을 알지 못하는 사람을 비유적으로 이르는 말 ② 견식이 좁아 저만 잘난 줄로 아는 사람을 비꼬는 말

☐ **우물에 가 숭늉 찾는다** 모든 일에는 정해진 질서와 차례가 있는 법인데, 그것도 모르고 성급하게 덤빔을 비유적으로 이르는 말

☐ **우선 먹기는 곶감이 달다** 앞일은 생각하지도 않고 지금 당장 좋은 것만 취하는 경우를 이르는 말

☐ **울며 겨자 먹기** 하기 싫은 일을 억지로 함을 이르는 말

☐ **원님 덕에 나팔(나발) 분다** '사또와 동행한 덕분에 나팔 불고 요란히 맞아 주는 호화로운 대접을 받는다'라는 뜻으로, 남의 덕으로 당치도 않은 행세를 하게 되거나 그런 대접을 받고 우쭐대는 모양을 비유적으로 이르는 말

☐ **이 없으면 잇몸으로 살지(산다)** 요긴한 것이 없으면 안 될 것 같지만 없으면 없는 대로 그럭저럭 살아 나갈 수 있음을 이르는 말

☐ **인정은 바리로 싣고 진상은 꼬치로 꿴다** '왕에게 바칠 물건은 꼬치에 꿸 정도로 적으나 벼슬아치에게 보내는 뇌물은 많다'라는 뜻으로, 자신과 이해관계에 얽혀 있는 일에 마음을 더 쓰게 됨을 이르는 말

☐ **입 아래 코** 일의 순서가 바뀐 경우를 비유적으로 이르는 말

☐ **입추의 여지가 없다** '송곳 끝도 세울 수 없을 정도'라는 뜻으로, 발 들여놓을 데가 없을 정도로 많은 사람들이 꽉 들어찬 경우를 비유적으로 이르는 말

⑧ **[ㅈ]**

☐ **자식 죽는 건 봐도 곡식 타는 건 못 본다** 농부가 농사일에 온 정성을 들인다는 말

☐ **장님 코끼리 말하듯** ① 일부분만 알면서 전체를 아는 것처럼 여기는 어리석음을 이르는 말 ② 능력이 없는 자가 분에 넘치는 큰일을 이야기함을 비유적으로 이르는 말

☐ **재미난 골에 범 난다** 편하고 재미있다고 위험한 일을 계속하면 나중에는 큰 화를 당하게 됨을 이르는 말

☐ **재하자는 유구무언(이라)** 윗어른에 대하여 아랫사람이 할 말도 제대로 못 하고 지냄을 이르는 말

☐ **절에 가서 젓국 달라 한다** 사람 또는 물건 등이 있을 수 없는 데에 가서 엉뚱하게 그것을 찾는 경우를 비유적으로 이르는 말

☐ **절에 간 색시** 남이 시키는 대로 따라 하는 사람을 이르는 말

☐ **절하고 뺨 맞는 일 없다** 누구한테나 겸손한 태도로 공대를 하면 남에게 봉변하지 않는다는 말

☐ **제 논에 물 대기** 자기에게만 이롭도록 일을 하는 경우를 비유적으로 이르는 말

☐ **종이도 네 귀를 들어야 바르다** '종이도 네 귀를 다 들어야 판판해진다'라는 뜻으로, 무슨 일이든지 하나도 빠짐없이 모두 힘을 합쳐야 올바르게 되어 감을 이르는 말

☐ **주인 많은 나그네 밥 굶는다** ① 일에 관계된 사람이 많으면 서로 믿고 미루다가 결국은 일을 그르치게 된다는 말 ② 무슨 일을 하나 한 곳으로만 하라는 말

☐ **죽은 자식 나이 세기** 이왕 그릇된 일을 자꾸 생각하여 보아야 소용없다는 말

⑨ **[ㅊ~ㅎ]**

☐ **천 리 길도 한 걸음부터** 무슨 일이나 그 일의 시작이 중요하다는 말

확장개념

📍 **재하자(在下者)**
손아랫사람

기출로 출제포인트 점검

다음을 뜻하는 속담을 쓰시오.

01 많은 사람들이 꽉 들어참

02 하기 싫은 일을 억지로 함

03 남이 시키는 대로 따라 하는 사람

04 무슨 일이나 그 일의 시작이 중요하다는 말

05 앞일은 생각하지도 않고 지금 당장 좋은 것만 취함

06 사람이나 물건 등이 있을 수 없는 데에 가서 엉뚱하게 그것을 찾음

07 요긴한 것이 없으면 안 될 것 같지만 없으면 없는 대로 그럭저럭 살아 나갈 수 있음

[답]
01 입추의 여지가 없다
02 울며 겨자 먹기
03 절에 간 색시
04 천 리 길도 한 걸음부터
05 우선 먹기는 곶감이 달다
06 절에 가서 젓국 달라 한다
07 이 없으면 잇몸으로 살지(산다)

□ **철나자 망령 난다** '철이 들 만하자 망령이 들었다'라는 뜻으로, 지각없이 굴던 사람이 정신을 차려 일을 잘할 만하니까 이번에는 망령이 들어 일을 그르치게 됨을 비난조로 이르는 말

□ **첫모 방정에 새 까먹는다** '윷놀이에서 맨 처음에 모를 치면 그 판에는 실속이 없다'라는 뜻으로, 상대편의 첫모쯤은 문제도 아니라고 비꼬는 말

□ **첫술에 배부르랴** 어떤 일이든지 단번에 만족할 수는 없다는 말

□ **침 먹은 지네** 할 말이 있어도 못하고 있거나 겁이 나서 기를 펴지 못하고 꼼짝하지 못하는 사람을 비유적으로 이르는 말

□ **칼날이 날카로워도 제 자루 못 깎는다** ① 자신과 관계된 일은 자신이 하기가 더 어려움을 비유적으로 이르는 말 ② 자기의 허물은 자기가 고치기 어려움을 비유적으로 이르는 말

□ **털을 뽑아 신을 삼겠다** 자신의 온 정성을 다하여 은혜를 꼭 갚겠다는 말

□ **파방에 수수엿 장수** 기회를 놓쳐서 별 볼 일 없게 된 사람이나 그런 경우를 이르는 말

□ **평안 감사도 저 싫으면 그만이다** 아무리 좋은 일이라도 당사자가 하기 싫으면 억지로 시킬 수 없음을 비유적으로 이르는 말

□ **포도청의 문고리 빼겠다** 담력이 크고 겁이 없는 사람의 행동을 이르는 말

□ **하루 죽을 줄은 모르고 열흘 살 줄만 안다** 언제 죽을지 모르는 이 세상에서 저 홀로 얼마든지 오랫동안 살 것처럼 행동하는 사람을 보고 이르는 말

□ **하룻강아지 범 무서운 줄 모른다** 지각없이 함부로 덤비는 경우를 비유적으로 이르는 말

□ **혀 아래 도끼 들었다** 말을 잘못하면 변고가 생기니 말조심을 하라는 말

□ **형만 한 아우 없다** 모든 일에 있어 아우가 형만 못하다는 말

□ **호랑이 없는 골에 토끼가 왕 노릇 한다** 뛰어난 사람이 없는 곳에서 보잘것없는 사람이 득세함을 비유적으로 이르는 말

□ **혹 떼러 갔다가 혹 붙여 온다** 부담을 덜려고 하다가 다른 일까지도 맡게 된 경우를 이르는 말

□ **홍시 먹다가 이 빠진다** ① 도무지 그렇게 될 리가 없음에도 일이 잘 풀리지 않는 경우를 비유적으로 이르는 말 ② 쉽게 여겼던 일이 예상치 못하게 어려워 힘이 많이 들거나 실패한 경우를 이르는 말

기출로 출제포인트 점검

다음을 뜻하는 속담을 쓰시오.

01 지각없이 함부로 덤비는 경우

02 모든 일에 있어 아우가 형만 못함

03 담력이 크고 겁이 없는 사람의 행동

04 어떤 일이든지 단번에 만족할 수는 없음

05 기회를 놓쳐서 이제는 별 볼 일 없는 사람

06 자신과 관계된 일은 자신이 하기가 더 어려움

07 부담을 덜려고 하다가 다른 일까지도 맡게 됨

08 자신의 온 정성을 다하여 은혜를 꼭 갚겠다는 말

09 뛰어난 사람이 없는 곳에서 보잘것없는 사람이 세력을 얻음

[답]
01 하룻강아지 범 무서운 줄 모른다
02 형만 한 아우 없다
03 포도청의 문고리 빼겠다
04 첫술에 배부르랴
05 파방에 수수엿 장수
06 칼날이 날카로워도 제 자루 못 깎는다
07 혹 떼러 갔다가 혹 붙여 온다
08 털을 뽑아 신을 삼겠다
09 호랑이 없는 골에 토끼가 왕 노릇 한다

01 2016년 지방직 7급

밑줄 친 관용구가 적절하게 쓰인 것으로만 묶은 것은?

> ㄱ. 그는 복권에 당첨되어 요즘 배가 등에 붙었다.
> ㄴ. 그 사람은 고지식해서 입에 발린 소리를 못한다.
> ㄷ. 그녀는 군대에 간 아들이 눈에 밟혀 잠을 못 잔다.
> ㄹ. 우리 엄마는 손이 떠서 일 처리가 빠르시다.

① ㄱ, ㄴ
② ㄱ, ㄷ
③ ㄴ, ㄷ
④ ㄴ, ㄹ

02 2019년 경찰직 1차

다음 밑줄 친 ㉠에 들어갈 속담으로 가장 적절한 것은?

> 귀국하고 나서도 아버지는 역시 노동, 어머니는 장사를 했다. 어머니가 장사를 한 것은 귀국 즉시가 아니었고, 한번은 죽은 내 남동생의 주사를 맞히려고 하는데 집에는 돈 한 푼이 없어 이웃에게 빌리려고 했으나 어디 한 군데서도 그것을 못 했다고 한다. 그 약값이 없어 동생은 죽었다. '없으면 문둥이보다 더 더럽다.'라는 것은 당신이 노상 한 말이었고, 그래서 당신 스스로가 장사판에 뛰어든 것이다. <중 략>
> 그러니까 그 덕으로 우리는 살았다. 이때도 생선을 지고 그 뒤치다꺼리는 아버지가 했다. 그 장사를 몇 년 했다. 형이 장가든 것도, 내가 그런 것도, 또 밑으로 누이동생 둘이 시집간 것도, 다 어머니가 장사를 한 덕을 입었다. 큰 벌이는 아니었으나 그동안 먹고 지낸 것, 우리들 사 남매를 장가가고 시집가게 한 조그만 힘은 되었다. <중 략>
> 어머니는 숱한 고생 속에서 세월을 보냈다. 그 어머니의 말대로, '㉠_____'였다. 자신의 노력이 하나도 드러나지 않는 것이었다. 지지리도 고생스러운 나날이었다.

① 비단옷 입고 밤길 걷기
② 솔밭에 가서 고기 낚기
③ 원님 덕에 나팔 분다
④ 굽은 나무가 선산을 지킨다

03 2019년 국회직 8급

'먹다'가 들어간 속담의 의미에 대한 설명으로 옳지 않은 것은?

① 꿩 구워 먹은 자리: 어떠한 일의 흔적이 전혀 없음을 비유적으로 이르는 말

② 소금 먹은 놈이 물켠다: 무슨 일이든 반드시 그렇게 된 까닭이 있다는 말

③ 먹던 술도 떨어진다: 매사에 조심하여 잘못이 없도록 하라는 말

④ 먹는 데는 관발이요 일에는 송곳이라: 제 이익이 되는 일 특히 먹는 일에는 남보다 먼저 덤비나, 일할 때는 꽁무니만 뺀다는 말

⑤ 노루 때린 막대기 세 번이나 국 끓여 먹는다: 어떤 일을 성공하기 위해서는 반복해야 한다는 것을 강조하는 말

04 2018년 서울시 9급(6월)

'권력의 무상함'을 나타내는 속담으로 가장 옳지 않은 것은?

① 달도 차면 기운다.
② 열흘 붉은 꽃이 없다.
③ 물도 가다 구비를 친다.
④ 꽃이 시들면 오던 나비도 안 온다.

05 2018년 경찰직 3차

다음 중 속담의 의미가 가장 적절하게 연결되지 않은 것은?

① 달걀에도 뼈가 있다: 뜻하지 않은 방해가 끼어 재수가 없는 경우를 의미한다.

② 눈 온 뒤에는 거지 빨래한다: 눈이 온 다음 날은 대체로 따뜻한 날씨가 찾아오는 것을 의미한다.

③ 재미난 골에 범 난다: 재미있다고 위험한 일이나 나쁜 일을 계속하면 나중에는 큰 화를 당하게 되는 것을 의미한다.

④ 때리는 시늉하면 우는 시늉을 한다: 주관 없이 남이 하는 대로만 따라 행동하는 것을 의미한다.

06 2017년 지방직 9급(6월)

밑줄 친 말의 의미는?

> 몇 달 만에야 말길이 되어 겨우 상대편을 만나 보았다.

① 남의 말이 끝나자마자 이어 말하다.
② 자신을 소개하는 길이 트이다.
③ 어떤 말이 상정되거나 토론이 되다.
④ 마음에 당겨 재미를 붙이다.

07 2017년 경찰직 1차

다음 중 속담의 뜻풀이로 적절하지 않은 것은?

① 소경 머루 먹듯: 좋고 나쁜 것을 분별하지 못하고 아무 것이나 취함.
② 재미난 골에 범 난다: 즐거운 일을 찾아 계속하다 보면 큰 인물이 될 수 있음.
③ 깻묵에도 씨가 있다: 아무리 하찮아 보이는 물건에도 제 속은 있음.
④ 가물에 돌 친다: 가뭄에 도랑을 미리 치워 물길을 낸다는 뜻으로 사전에 미리 준비해야 함.

08 2020년 국회직 8급

밑줄 친 관용 표현의 쓰임이 옳지 않은 것은?

① 그녀는 바쁘다는 말이 입에 붙었다.
② 그는 입이 되어 무엇이든 잘 먹는다.
③ 저 아이가 저렇게 마른 것은 다 입이 밭기 때문이지.
④ 그녀는 야무지게 생긴 얼굴 못지않게 입이 여물어 함께 일하기에 편하다.
⑤ 좋은 사람으로 비쳤던 김 씨가 사실 엄청난 사기꾼이었다는 말을 듣고 모두들 입이 썼다.

09 2017년 지방직 7급

밑줄 친 관용어의 사용이 적절하지 않은 것은?

① 저 친구는 입이 높아 일반 음식은 먹지 않아.
② 그는 입이 뜨고 과묵한 사람이다.
③ 입 아래 코라고 일의 순서가 바뀌었어.
④ 사람이 저렇게 입이 진 것을 보니 교양이 있겠구나.

10 2017년 사회복지직 9급

밑줄 친 표현의 뜻풀이가 옳지 않은 것은?

① 그 사람은 입이 밭아서 입맛 맞추기가 어렵다.
  - 음식을 심하게 가리거나 적게 먹다.
② 입이 거친 그를 흰 눈으로 보는 것은 당연한 일이다.
  - 업신여기거나 못마땅하게 여기다.
③ 이번 일은 네가 허방 짚은 격이다.
  - 잘못 알거나 잘못 예산하여 실패하다.
④ 새참 동안 땀을 들인 후 다시 일을 시작했다.
  - 땀을 일부러 많이 내서 피곤을 풀다.

11 2017년 서울시 9급

다음 <보기>의 속담과 가장 관련이 깊은 말은?

> **보기**
> ㉠ 가물에 도랑 친다
> ㉡ 까마귀 미역 감듯

① 헛수고   ② 분주함
③ 성급함   ④ 뒷고생

정답 및 해설 p. 310

05 한자 성어

① 뜻이 같은 속담이 있는 한자 성어

☐ 渴而穿井 갈 이 천 정	**목마른 놈이 우물 판다** '목이 말라야만 우물을 판다'라는 뜻으로, 자기가 급해야 서둘러서 일을 하게 됨을 이르는 말
☐ 甘吞苦吐 감 탄 고 토	**달면 삼키고 쓰면 뱉는다** 자신의 비위에 따라서 사리의 옳고 그름을 판단함을 이르는 말
☐ 見蚊拔劍 견 문 발 검	**모기 보고 칼 빼기** 사소한 일에 크게 성내어 덤빔을 이르는 말
☐ 鷄卵有骨 계 란 유 골	**계란에도 뼈가 있다** 운수가 나쁜 사람은 모처럼 좋은 기회를 만나도 역시 일이 잘 안됨을 이르는 말
☐ 孤掌難鳴 고 장 난 명	**외손뼉이 못 울고 한 다리로 못 간다** '외손뼉만으로는 소리가 울리지 않는다'라는 뜻으로, 혼자의 힘만으로 어떤 일을 이루기 어려움을 이르는 말
☐ 口蜜腹劍 구 밀 복 검	**등 치고 간 내먹다** '입에는 꿀이 있고 배 속에는 칼이 있다'라는 뜻으로, 말로는 친한 듯하나 속으로는 해칠 생각이 있음을 이르는 말
☐ 堂狗風月 당 구 풍 월	**서당 개 삼 년에 풍월 한다** 그 분야에 대하여 경험과 지식이 전혀 없는 사람이라도 오래 있으면 얼마간의 경험과 지식을 가짐을 이르는 말
☐ 同價紅裳 동 가 홍 상	**같은 값이면 다홍치마** 같은 값이면 좋은 물건을 가짐을 이르는 말
☐ 同病相憐 동 병 상 련	**과부 설움은 과부가 안다** '같은 병을 앓는 사람끼리 서로 가엾게 여긴다'라는 뜻으로, 어려운 처지에 있는 사람끼리 서로 가엾게 여김을 이르는 말
☐ 凍足放尿 동 족 방 뇨	**언 발에 오줌 누기** 잠시 효력이 있을 뿐 효력이 바로 사라짐을 비유적으로 이르는 말
☐ 燈下不明 등 하 불 명	**등잔 밑이 어둡다** 가까이에 있는 물건이나 사람을 잘 찾지 못함을 이르는 말
☐ 馬耳東風 마 이 동 풍	**한 귀로 듣고 한 귀로 흘리다** 남의 말을 귀담아듣지 않고 지나쳐 흘려버림을 이르는 말
☐ 亡羊補牢 망 양 보 뢰	**소 잃고 외양간 고친다** 이미 어떤 일을 실패한 뒤에 뉘우쳐도 아무 소용이 없음을 이르는 말
☐ 猫頭縣鈴 묘 두 현 령	**고양이 목에 방울 달기** 실행할 수 없는 헛된 논의를 이르는 말
☐ 本末顚倒 본 말 전 도	**배보다 배꼽이 더 크다** ① 사물의 이치 또는 위치나 순서 등이 거꾸로 됨 ② 일의 근본은 잊고 사소한 부분에만 사로잡힘

기출로 출제포인트 점검

다음 한자 성어의 독음을 쓰시오. [01~05]

01 本末顚倒

02 同病相憐

03 渴而穿井

04 亡羊補牢

05 孤掌難鳴

제시된 의미에 해당하는 한자 성어를 아래에서 찾아 기호를 쓰시오. [06~10]

㉠ 同價紅裳	㉡ 凍足放尿
㉢ 猫頭縣鈴	㉣ 口蜜腹劍
㉤ 馬耳東風	

06 등 치고 간 내먹다

07 언 발에 오줌 누기

08 같은 값이면 다홍치마

09 고양이 목에 방울 달기

10 한 귀로 듣고 한 귀로 흘리다

[답]
01 본말전도	02 동병상련	03 갈이천정
04 망양보뢰	05 고장난명	
06 ㉣	07 ㉡	08 ㉠
09 ㉢	10 ㉤	

☐	**附和雷同** 부 화 뇌 동	**숭어가 뛰니까 망둥어도 뛴다** 줏대 없이 남의 의견에 따라 움직임
☐	**塞翁之馬** 새 옹 지 마	**양지가 음지 되고 음지가 양지 된다** 인생의 길흉화복은 변화가 많아서 예측하기가 어렵다는 말
☐	**識字憂患** 식 자 우 환	**아는 것이 병** 학식이 있는 것이 오히려 근심을 사게 됨
☐	**十伐之木** 십 벌 지 목	**열 번 찍어 아니 넘어가는 나무 없다** '열 번 찍어 베는 나무'라는 뜻으로, 열 번 찍어 안 넘어가는 나무가 없음을 이르는 말
☐	**我田引水** 아 전 인 수	**제 논에 물 대기** 자기에게만 이롭게 되도록 생각하거나 행동함을 이르는 말
☐	**吾鼻三尺** 오 비 삼 척	**내 코가 석 자** 자기 사정이 급하여 남을 돌볼 겨를이 없음을 이르는 말
☐	**烏飛梨落** 오 비 이 락	**까마귀 날자 배 떨어진다** 아무 관계도 없이 한 일이 공교롭게도 때가 같아 억울하게 의심을 받거나 난처한 위치에 서게 됨을 이르는 말
☐	**愚公移山** 우 공 이 산	**무쇠도 갈면 바늘 된다** '우공이 산을 옮긴다'라는 뜻으로, 어떤 일이든 끊임없이 노력하면 반드시 이루어짐을 이르는 말
☐	**牛耳讀經** 우 이 독 경	**쇠귀에 경 읽기** 아무리 가르치고 일러 주어도 알아듣지 못함을 이르는 말
☐	**一石二鳥** 일 석 이 조	**꿩 먹고 알 먹는다** '돌 한 개를 던져 새 두 마리를 잡는다'라는 뜻으로, 동시에 두 가지 이득을 봄을 이르는 말
☐	**一魚濁水** 일 어 탁 수	**미꾸라지 한 마리가 온 웅덩이를 흐려 놓는다** '한 마리의 물고기가 물을 흐린다'라는 뜻으로, 한 사람의 잘못으로 여러 사람이 피해를 입게 됨을 이르는 말
☐	**立錐之地** 입 추 지 지	**입추의 여지가 없다** '송곳 하나 세울 만한 땅'이란 뜻으로, 매우 좁아 조금의 여유도 없음을 이르는 말
☐	**種豆得豆** 종 두 득 두	**콩 심은 데 콩 나고 팥 심은 데 팥 난다** '콩을 심으면 반드시 콩이 나온다'라는 뜻으로, 원인에 따라 결과가 생김을 이르는 말
☐	**坐井觀天** 좌 정 관 천	**바늘구멍으로 하늘 보기** '우물 속에 앉아서 하늘을 본다'라는 뜻으로, 사람의 견문(見聞)이 매우 좁음을 이르는 말
☐	**靑出於藍** 청 출 어 람	**나중 난 뿔이 우뚝하다** '쪽에서 뽑아낸 푸른 물감이 쪽보다 더 푸르다'라는 뜻으로, 제자나 후배가 스승이나 선배보다 나음을 비유적으로 이르는 말
☐	**下石上臺** 하 석 상 대	**아랫돌 빼서 윗돌 괴고 윗돌 빼서 아랫돌 괴기** 임시변통으로 이리저리 둘러맞춤을 이르는 말
☐	**興盡悲來** 흥 진 비 래	**달도 차면 기운다** '즐거운 일이 다하면 슬픈 일이 닥쳐온다'라는 뜻으로, 세상일은 순환되는 것임을 이르는 말

기출로 출제포인트 점검

다음 한자 성어의 독음을 쓰시오. [01~05]

01 識字憂患

02 愚公移山

03 靑出於藍

04 一魚濁水

05 興盡悲來

제시된 의미에 해당하는 한자 성어를 아래에서 찾아 기호를 쓰시오. [06~10]

㉠ 下石上臺	㉢ 坐井觀天
㉡ 吾鼻三尺	㉣ 我田引水
㉤ 立錐之地	

06 내 코가 석 자

07 제 논에 물 대기

08 입추의 여지가 없다

09 바늘구멍으로 하늘 보기

10 아랫돌 빼서 윗돌 괴고 윗돌 빼서 아랫돌 괴기

[답]
01 식자우환 02 우공이산 03 청출어람
04 일어탁수 05 흥진비래
06 ㉡ 07 ㉣ 08 ㉤
09 ㉢ 10 ㉠

② 주제별 한자 성어

(1) 걱정

☐ **九曲肝腸** 구 곡 간 장	아홉 **구**, 굽을 **곡**, 간 **간**, 창자 **장** '굽이굽이 서린 창자'라는 뜻으로, 깊은 마음속 또는 시름이 쌓인 마음속을 비유적으로 이르는 말
☐ **勞心焦思** 노 심 초 사	일할 **노**, 마음 **심**, 탈 **초**, 생각 **사** 몹시 마음을 쓰며 애를 태움
☐ **戰戰兢兢** 전 전 긍 긍	싸움 **전**, 싸움 **전**, 떨릴 **긍**, 떨릴 **긍** 몹시 두려워서 벌벌 떨며 조심함
☐ **輾轉反側** 전 전 반 측	돌아누울 **전**, 구를 **전**, 돌이킬 **반**, 곁 **측** 누워서 몸을 이리저리 뒤척이며 잠을 이루지 못함 동의어 전전불매(輾轉不寐)

(2) 과도(過度), 지나침

☐ **見蚊拔劍** 견 문 발 검	볼 **견**, 모기 **문**, 뽑을 **발**, 칼 **검** '모기를 보고 칼을 뺀다(뽑다)'라는 뜻으로, 사소한 일에 크게 성내어 덤빔을 이르는 말
☐ **矯角殺牛** 교 각 살 우	바로잡을 **교**, 뿔 **각**, 죽일 **살**, 소 **우** '소의 뿔을 바로잡으려다가 소를 죽인다'라는 뜻으로, 잘못된 점을 고치려다가 그 방법이나 정도가 지나쳐 오히려 일을 그르침을 이르는 말
☐ **矯枉過直** 교 왕 과 직	바로잡을 **교**, 굽을 **왕**, 지날 **과**, 곧을 **직** '굽은 것을 바로잡으려다가 정도에 지나치게 곧게 한다'라는 뜻으로, 잘못된 것을 바로잡으려다가 너무 지나쳐서 오히려 나쁘게 됨을 이르는 말
☐ **得隴望蜀** 득 롱 망 촉	얻을 **득**, 고개 이름 **롱**, 바랄 **망**, 나라 이름 **촉** '농이라는 땅을 얻었는데도 촉나라를 바라본다'라는 뜻으로, 만족할 줄 모르고 계속해서 욕심을 부리는 것을 이르는 말
☐ **小貪大失** 소 탐 대 실	작을 **소**, 탐낼 **탐**, 클 **대**, 잃을 **실** 작은 것을 탐하다가 큰 것을 잃음
☐ **欲速不達** 욕 속 부 달	하고자 할 **욕**, 빠를 **속**, 아닐 **부**, 통달할 **달** 일을 빨리하려고 하면 도리어 이루지 못함

(3) 겉과 속이 다름

☐ **面從腹背** 면 종 복 배	낯 **면**, 좇을 **종**, 배 **복**, 등 **배** 겉으로는 복종하는 체하면서 내심으로는 배반함 동의어 양봉음위(陽奉陰違)
☐ **笑裏藏刀** 소 리 장 도	웃음 **소**, 속 **리**, 감출 **장**, 칼 **도** '웃는 마음속에 칼이 있다'라는 뜻으로, 겉으로는 웃고 있으나 마음속에는 해칠 마음을 품고 있음을 이르는 말 동의어 소중도(笑中刀), 소중유검(笑中有劍)
☐ **羊頭狗肉** 양 두 구 육	양 **양**, 머리 **두**, 개 **구**, 고기 **육** '양의 머리를 걸어 놓고 개고기를 판다'라는 뜻으로, 겉만 그럴듯하게 보이고 속은 변변하지 않음을 이르는 말
☐ **表裏不同** 표 리 부 동	겉 **표**, 속 **리**, 아닐 **부**, 한가지 **동** 겉으로 드러나는 언행과 속으로 가지는 생각이 다름

(4) 속임

掩耳盜鈴 엄 이 도 령	가릴 엄, 귀 이, 도둑 도, 방울 령 '귀를 막고 방울을 훔친다'라는 뜻으로, 모든 사람이 그 잘못을 다 알고 있는데 얕은꾀를 써서 다른 사람을 속이려 함
朝三暮四 조 삼 모 사	아침 조, 석 삼, 저물 모, 넉 사 간사한 꾀로 남을 속여 희롱함을 이르는 말 [동의어] 조삼(朝三)
指鹿爲馬 지 록 위 마	가리킬 지, 사슴 록, 할 위, 말 마 ① 윗사람을 농락하여 권세를 마음대로 함을 이르는 말 ② 모순된 것을 끝까지 우겨서 남을 속이려는 짓을 비유적으로 　이르는 말
針小棒大 침 소 봉 대	바늘 침, 작을 소, 막대 봉, 클 대 작은 일을 크게 불리어 떠벌림

(5) 덧없는 꿈, 인생무상(人生無常)

南柯一夢 남 가 일 몽	남녘 남, 가지 가, 한 일, 꿈 몽 꿈과 같이 헛된 한때의 부귀영화를 이르는 말
生者必滅 생 자 필 멸	날 생, 놈 자, 반드시 필, 꺼질 멸 생명이 있는 것은 반드시 죽음. 존재의 무상(無常)함을 이르는 말
一場春夢 일 장 춘 몽	한 일, 마당 장, 봄 춘, 꿈 몽 '한바탕의 봄꿈'이라는 뜻으로, 헛된 영화나 덧없는 일을 비유적으 로 이르는 말
草露人生 초 로 인 생	풀 초, 이슬 로, 사람 인, 날 생 '풀잎에 맺힌 이슬과 같은 인생'이라는 뜻으로, 허무하고 덧없는 인생을 비유적으로 이르는 말
會者定離 회 자 정 리	모일 회, 놈 자, 정할 정, 떠날 리 만난 사람은 반드시 헤어짐. 모든 것이 무상함을 나타내는 말

(6) 마음에서 마음으로 전함

教外別傳 교 외 별 전	가르칠 교, 바깥 외, 나눌 별, 전할 전 부처의 가르침을 말이나 글에 의하지 않고 바로 마음에서 마음으 로 전하여 진리를 깨닫게 하는 법 [동의어] 교외(教外)
不立文字 불 립 문 자	아닐 불, 설 립, 글월 문, 글자 자 불도의 깨달음은 마음에서 마음으로 전하는 것이므로 말이나 글 에 의지하지 않는다는 말
心心相印 심 심 상 인	마음 심, 마음 심, 서로 상, 도장 인 말없이 마음과 마음으로 뜻을 전함
拈華微笑 염 화 미 소	집을 염, 빛날 화, 작을 미, 웃음 소 말로 통하지 않고 마음에서 마음으로 전하는 일을 이르는 말
拈華示衆 염 화 시 중	집을 염, 빛날 화, 보일 시, 무리 중 말로 통하지 않고 마음에서 마음으로 전하는 일
以心傳心 이 심 전 심	써 이, 마음 심, 전할 전, 마음 심 마음과 마음으로 서로 뜻이 통함

기출로 출제포인트 점검

다음 한자 성어의 독음을 쓰시오. [01~05]

01 不立文字

02 拈華示衆

03 南柯一夢

04 朝三暮四

05 教外別傳

제시된 의미에 해당하는 한자 성어를 아래
에서 찾아 기호를 쓰시오. [06~10]

㉠ 針小棒大	㉡ 草露人生
㉢ 以心傳心	㉣ 生者必滅
㉤ 掩耳盜鈴	

06 허무하고 덧없는 인생

07 작은 일을 과장하여 말함

08 생명이 있는 것은 반드시 죽음

09 마음과 마음으로 서로 뜻이 통함

10 모든 사람이 그 잘못을 다 알고 있는데 얕
　　은꾀를 써서 다른 사람을 속이려 함

[답]
01 불립문자	02 염화시중	03 남가일몽
04 조삼모사	05 교외별전	
06 ㉡	07 ㉠	08 ㉣
09 ㉢	10 ㉤	

(7) 무례(無禮)

傍若無人 방 약 무 인	곁 **방**, 같을 **약**, 없을 **무**, 사람 **인** 곁에 사람이 없는 것처럼 아무 거리낌 없이 함부로 말하고 행동함
眼下無人 안 하 무 인	눈 **안**, 아래 **하**, 없을 **무**, 사람 **인** '눈 아래에 사람이 없다'라는 뜻으로, 방자하고 교만하여 다른 사람을 업신여김을 이르는 말 [동의어] 안중무인(眼中無人)
傲慢無道 오 만 무 도	거만할 **오**, 거만할 **만**, 없을 **무**, 길 **도** 태도나 행동이 거만하고 건방져 도의(道義)를 지키지 않음
傲慢不遜 오 만 불 손	거만할 **오**, 거만할 **만**, 아닐 **불**, 겸손할 **손** 태도나 행동이 방자하고 공손하지 못함
破廉恥漢 파 렴 치 한	깨뜨릴 **파**, 청렴할 **렴**, 부끄러울 **치**, 한수 **한** 체면이나 부끄러움을 모르는 뻔뻔스러운 사람
厚顔無恥 후 안 무 치	두터울 **후**, 낯 **안**, 없을 **무**, 부끄러울 **치** 뻔뻔스러워 부끄러움이 없음

(8) 세상사(世上事), 이치

苦盡甘來 고 진 감 래	쓸 **고**, 다할 **진**, 달 **감**, 올 **래** '쓴 것이 다하면 단 것이 온다'라는 뜻으로, 고생 후 즐거움이 옴
權不十年 권 불 십 년	저울추 **권**, 아닐 **불**, 열 **십**, 해 **년** '권세는 십 년을 가지 못한다'라는 뜻으로, 아무리 높은 권세라도 오래가지 못함을 이르는 말
事必歸正 사 필 귀 정	일 **사**, 반드시 **필**, 돌아갈 **귀**, 바를 **정** 모든 일은 반드시 바른길로 돌아감
生寄死歸 생 기 사 귀	날 **생**, 부칠 **기**, 죽을 **사**, 돌아갈 **귀** 사람이 이 세상에 사는 것은 잠시 머무는 것일 뿐이며 죽는 것은 원래 자기가 있던 본집으로 돌아가는 것임을 이르는 말
轉禍爲福 전 화 위 복	구를 **전**, 재앙 **화**, 할 **위**, 복 **복** 재앙과 근심, 걱정이 바뀌어 오히려 복이 됨
興亡盛衰 흥 망 성 쇠	일 **흥**, 망할 **망**, 성할 **성**, 쇠할 **쇠** 흥하고 망함과 성하고 쇠함

(9) 발전(發展), 변화(變化)

隔世之感 격 세 지 감	사이 뜰 **격**, 세상 **세**, 갈 **지**, 느낄 **감** 오래지 않은 동안에 몰라보게 변해 다른 세상이 된 것 같음
刮目相對 괄 목 상 대	긁을 **괄**, 눈 **목**, 서로 **상**, 대할 **대** '눈을 비비고 상대방을 본다'라는 뜻으로, 상대방의 학식이나 재주가 놀랄 만큼 부쩍 늚을 이르는 말
橘化爲枳 귤 화 위 지	귤 **귤**, 될 **화**, 할 **위**, 탱자 **지** '회남의 귤을 회북에 옮겨 심으면 탱자가 된다'라는 뜻으로, 환경에 따라 사람이나 사물의 성질이 변함을 이르는 말
桑田碧海 상 전 벽 해	뽕나무 **상**, 밭 **전**, 푸를 **벽**, 바다 **해** '뽕나무밭이 변하여 푸른 바다가 된다'라는 뜻으로, 세상일의 변천이 심함을 이르는 말 [동의어] 상전창해(桑田滄海), 상해지변(桑海之變)

기출로 출제포인트 점검

다음 한자 성어의 독음을 쓰시오. [01~05]

01 事必歸正

02 橘化爲枳

03 苦盡甘來

04 轉禍爲福

05 破廉恥漢

제시된 의미에 해당하는 한자 성어를 아래에서 찾아 기호를 쓰시오. [06~10]

㉠ 厚顔無恥	㉡ 興亡盛衰
㉢ 桑田碧海	㉣ 傲慢無道
㉤ 隔世之感	

06 세상일의 변천이 심함

07 흥하고 망함과 성하고 쇠함

08 뻔뻔스러워 부끄러움이 없음

09 태도나 행동이 거만하고 건방져 도의를 지키지 않음

10 오랜 시간이 흐르지 않은 동안에 몰라보게 변해 아주 다른 세상이 된 것 같은 느낌

[답]
01 사필귀정   02 귤화위지   03 고진감래
04 전화위복   05 파렴치한
06 ㉢   07 ㉡   08 ㉠
09 ㉣   10 ㉤

(10) 자주 바뀜

□ **朝令暮改** 조 령 모 개	아침 조, 하여금 령, 저물 모, 고칠 개 '아침에 명령을 내리고 저녁에 다시 고친다'라는 뜻으로, 법령이 자꾸 개정되어 갈피를 잡을 수가 없음을 이르는 말
□ **朝變夕改** 조 변 석 개	아침 조, 변할 변, 저녁 석, 고칠 개 '아침저녁으로 뜯어고친다'라는 뜻으로, 어떤 결정이나 계획 등 을 일관성 없이 자주 고침을 이르는 말

(11) 평범한 사람들

□ **甲男乙女** 갑 남 을 녀	갑옷 갑, 사내 남, 새 을, 여자 녀 '갑이란 남자와 을이란 여자'라는 뜻으로, 평범한 사람들을 이 르는 말
□ **愚夫愚婦** 우 부 우 부	어리석을 우, 지아비 부, 어리석을 우, 며느리 부 어리석은 남자와 어리석은 여자를 아울러 이르는 말
□ **張三李四** 장 삼 이 사	베풀 장, 석 삼, 오얏 이, 넉 사 '장씨의 셋째 아들과 이씨의 넷째 아들'이라는 뜻으로, 이름이나 신분이 특별하지 않은 평범한 사람들을 이르는 말
□ **樵童汲婦** 초 동 급 부	나무할 초, 아이 동, 길을 급, 며느리 부 '땔나무를 하는 아이, 물을 긷는 아낙네'라는 뜻으로, 평범한 사 람을 이르는 말
□ **匹夫匹婦** 필 부 필 부	짝 필, 지아비 부, 짝 필, 며느리 부 평범한 남자와 여자

(12) 분노

□ **怒氣登天** 노 기 등 천	성낼 노, 기운 기, 오를 등, 하늘 천 성이 하늘을 찌를 듯이 머리끝까지 치받쳐 있음 [동의어] 노기충천(怒氣衝天)
□ **悲憤慷慨** 비 분 강 개	슬플 비, 분할 분, 강개할 강, 슬퍼할 개 슬프고 분하여 마음이 북받침
□ **切齒腐心** 절 치 부 심	끊을 절, 이 치, 썩을 부, 마음 심 매우 분하여 이를 갈면서 속을 썩임
□ **含憤蓄怨** 함 분 축 원	머금을 함, 분할 분, 모을 축, 원망할 원 마음속에 분을 품고 원한을 쌓음

(13) 말

□ **口如懸河** 구 여 현 하	입 구, 같을 여, 달 현, 물 하 '입이 급히 흐르는 물과 같다'라는 뜻으로, 거침없이 말을 잘함
□ **道聽塗說** 도 청 도 설	길 도, 들을 청, 칠할 도, 말씀 설 '길에서 듣고 길에서 말한다'라는 뜻으로, 뜬소문을 이르는 말
□ **語不成說** 어 불 성 설	말씀 어, 아닐 불, 이룰 성, 말씀 설 말이 조금도 사리에 맞지 않음
□ **言語道斷** 언 어 도 단	말씀 언, 말씀 어, 길 도, 끊을 단 '말할 길이 끊어졌다'라는 뜻으로 말하려 해도 어이가 없어서 말 할 수 없음
□ **流言蜚語** 유 언 비 어	흐를 유, 말씀 언, 바퀴 비, 말씀 어 어떤 근거 없이 널리 퍼진 소문

기출로 출제포인트 점검

다음 한자 성어의 독음을 쓰시오. [01~04]

01 怒氣登天

02 言語道斷

03 切齒腐心

04 甲男乙女

제시된 의미에 해당하는 한자 성어를 아래
에서 찾아 기호를 쓰시오. [05~07]

㉠ 樵童汲婦	㉡ 含憤蓄怨
㉢ 道聽塗說	

05 돌아다니는 뜬소문

06 마음속에 분을 품고 원한을 쌓음

07 '땔나무를 하는 아이, 물을 긷는 아낙네'
라는 뜻으로 평범한 사람을 이름

[답]
01 노기등천	02 언어도단
03 절치부심	04 갑남을녀
05 ㉢	06 ㉡	07 ㉠

□ 寸鐵殺人 촌 철 살 인	마디 촌, 쇠 철, 죽일 살, 사람 인 '한 치의 쇠붙이로도 사람을 죽일 수 있다'라는 뜻으로, 간단한 말로 남의 약점을 찌르거나 남을 감동시킬 수 있음을 이르는 말
□ 緘口無言 함 구 무 언	봉할 함, 입 구, 없을 무, 말씀 언 입을 다물고 아무 말도 하지 않음
□ 豪言壯談 호 언 장 담	호걸 호, 말씀 언, 장할 장, 말씀 담 자신 있고 호기롭게 말함. 또는 그런 말

(14) 임시방편

□ 姑息之計 고 식 지 계	시어머니 고, 쉴 식, 갈 지, 셀 계 당장 편한 것을 택하는 꾀나 방법. 한때의 안정을 위하여 잠시 동안 둘러맞추어 처리하거나 이리저리 주선하여 꾸며 내는 계책
□ 彌縫策 미 봉 책	두루 미, 꿰맬 봉, 꾀 책 눈속임만 하는 일시적인 계책
□ 上下撑石 상 하 탱 석	위 상, 아래 하, 버틸 탱, 돌 석 몹시 꼬이는 일을 임시변통으로 이리저리 맞춰서 겨우 유지함
□ 臨時變通 임 시 변 통	임할 임, 때 시, 변할 변, 통할 통 갑자기 발생한 일을 우선 간단하게 둘러맞추어 처리함

(15) 안타까움, 탄식(歎息)

□ 晚時之歎 晚時之嘆 만 시 지 탄	늦을 만, 때 시, 갈 지, 탄식할 탄 시기에 늦어 기회를 놓쳤음을 안타까워하는 탄식 동의어 후시지탄(後時之嘆)
□ 亡羊之歎 亡羊之嘆 망 양 지 탄	망할 망, 양 양, 갈 지, 탄식할 탄 '갈림길이 많아 잃어버린 양을 찾을 길이 없음을 탄식한다'라는 뜻으로, 학문의 길이 여러 갈래여서 진리를 찾기 어려움을 이르는 말
□ 望洋之歎 望洋之嘆 망 양 지 탄	바랄 망, 큰 바다 양, 갈 지, 탄식할 탄 '큰 바다를 보며 하는 한탄'이라는 뜻으로, 자기 자신의 힘이 어떤 일에 미치지 못할 때 하는 탄식을 이르는 말
□ 麥秀之歎 麥秀之嘆 맥 수 지 탄	보리 맥, 빼어날 수, 갈 지, 탄식할 탄 고국의 멸망을 한탄함
□ 髀肉之歎 髀肉之嘆 비 육 지 탄	넓적다리 비, 고기 육, 갈 지, 탄식할 탄 재능을 발휘할 시기를 얻지 못하여 헛되이 세월만 보내는 것을 한탄함
□ 黍離之歎 黍離之嘆 서 리 지 탄	기장 서, 떠날 리, 갈 지, 탄식할 탄 '나라가 멸망하여 옛 궁궐터에 기장만 무성한 것을 탄식한다'라는 뜻으로, 세상의 영고성쇠가 무상함을 탄식하며 이르는 말

(16) 어려운 상황, 위기(危機), 혼란

□ 內憂外患 내 우 외 환	안 내, 근심 우, 바깥 외, 근심 환 나라 안팎의 여러 가지 어려움
□ 累卵之勢 누 란 지 세	여러 누, 알 란, 갈 지, 형세 세 '층층이 쌓아 놓은 알의 형세'라는 뜻으로, 몹시 위태로운 형세를 비유적으로 이르는 말 동의어 누란지위(累卵之危)

☐ **百難之中** 백 난 지 중	일백 **백**, 어려울 **난**, 갈 **지**, 가운데 **중** 온갖 어려움과 괴로움을 겪는 가운데	
☐ **百尺竿頭** 백 척 간 두	일백 **백**, 자 **척**, 낚싯대 **간**, 머리 **두** '백 자나 되는 높은 장대 끝에 올라섰다'라는 뜻으로, 매우 위태롭고 어려운 지경을 비유적으로 이르는 말	
☐ **四面楚歌** 사 면 초 가	넉 **사**, 낯 **면**, 초나라 **초**, 노래 **가** 아무에게도 도움을 받지 못하는, 외롭고 곤란한 형편을 이르는 말	
☐ **雪上加霜** 설 상 가 상	눈 **설**, 윗 **상**, 더할 **가**, 서리 **상** '눈 위에 서리가 덮인다'라는 뜻으로, 난처한 일이나 불행한 일이 잇따라 일어남을 이르는 말 동의어 설상가설(雪上加雪)	
☐ **阿鼻叫喚** 아 비 규 환	언덕 **아**, 코 **비**, 부르짖을 **규**, 부를 **환** ① 불교에서 아비지옥과 규환지옥을 아울러 이르는 말 ② 여러 사람이 비참한 지경에 빠져 울부짖는 상황을 비유적으로 이르는 말	

(17) 제3자가 이득을 취함

☐ **犬兔之爭** 견 토 지 쟁	개 **견**, 토끼 **토**, 갈 **지**, 다툴 **쟁** '개와 토끼의 다툼'이라는 뜻으로, 양자의 다툼에서 제3자가 이득을 봄을 이르는 말	
☐ **蚌鷸之爭** 방 휼 지 쟁	방합 **방**, 도요새 **휼**, 갈 **지**, 다툴 **쟁** '도요새가 조개와 다투다가 다 같이 어부에게 잡히고 말았다'라는 뜻으로 대립하는 두 세력이 다투다가 구경하는 다른 사람에게 득을 주는 싸움을 이르는 말	
☐ **漁父之利** 어 부 지 리	고기 잡을 **어**, 지아비 **부**, 갈 **지**, 이로울 **리** 두 사람이 이해관계로 서로 싸우는 사이에 엉뚱한 사람이 애쓰지 않고 가로챈 이익을 이르는 말 동의어 어인지공(漁人之功)	
☐ **田夫之功** 전 부 지 공	밭 **전**, 지아비 **부**, 갈 **지**, 공 **공** 두 사람의 다툼에 엉뚱한 제3자가 이득을 봄을 이르는 말	

(18) 우열을 가리기 어려움

☐ **難兄難弟** 난 형 난 제	어려울 **난**, 형 **형**, 어려울 **난**, 아우 **제** '누구를 형이라 하고 누구를 아우라 하기 어렵다'라는 뜻으로, 두 사물이 비슷하여 낫고 못함의 정도를 정하기 어려움	
☐ **莫上莫下** 막 상 막 하	없을 **막**, 윗 **상**, 없을 **막**, 아래 **하** 더 낫고 더 못함의 차이가 거의 없음	
☐ **伯仲之間** 백 중 지 간	맏 **백**, 버금 **중**, 갈 **지**, 사이 **간** 서로 나음과 못함을 가리기 힘든 형세 동의어 백중지세(伯仲之勢)	
☐ **兩雄相爭** 양 웅 상 쟁	두 **양**, 수컷 **웅**, 서로 **상**, 다툴 **쟁** 강자끼리 서로 싸움을 이르는 말 동의어 용호상박(龍虎相搏): 용과 범이 싸운다는 뜻	

(19) 효(孝)

☐ **望雲之情** 망 운 지 정	바랄 **망**, 구름 **운**, 갈 **지**, 뜻 **정** 타지에서 자식이 고향에 계신 어버이를 생각하는 마음 동의어 망운지회(望雲之懷)	

기출로 출제포인트 점검

다음 한자 성어의 독음을 쓰시오. [01~05]

01 漁父之利

02 望雲之情

03 難兄難弟

04 四面楚歌

05 犬兔之爭

제시된 의미에 해당하는 한자 성어를 아래에서 찾아 기호를 쓰시오. [06~10]

㉠ 雪上加霜	㉡ 蚌鷸之爭
㉢ 百尺竿頭	㉣ 兩雄相爭
㉤ 莫上莫下	

06 강자끼리 서로 싸움

07 매우 위태롭고 어려운 지경

08 더 낫고 더 못함의 차이가 거의 없음

09 난처한 일이나 불행한 일이 잇따라 일어남

10 대립하는 두 세력이 다투다가 구경하는 다른 사람에게 득을 주는 싸움

[답]
01 어부지리	02 망운지정	03 난형난제
04 사면초가	05 견토지쟁	
06 ㉣	07 ㉢	08 ㉤
09 ㉠	10 ㉡	

☐ 斑衣之戲 반 의 지 희	아롱질 **반**, 옷 **의**, 갈 **지**, 놀이 **희** 늙어서 효도함을 이르는 말	
☐ 反哺之孝 반 포 지 효	돌이킬 **반**, 먹일 **포**, 갈 **지**, 효도 **효** '까마귀의 새끼가 자라서 늙은 어미에게 먹이를 물어다 주는 효' 라는 뜻으로, 자식이 자라서 어버이의 은혜를 갚음을 이르는 말	
☐ 白雲孤飛 백 운 고 비	흰 **백**, 구름 **운**, 외로울 **고**, 날 **비** ① 타향에서 고향의 부모를 생각함 ② 멀리 떨어져 있는 자식이 부모를 생각하여 그리워하는 정	
☐ 事親以孝 사 친 이 효	일 **사**, 친할 **친**, 써 **이**, 효도 **효** 세속 오계의 하나. 어버이를 섬기기를 효도로써 함	
☐ 風樹之歎 風樹之嘆 풍 수 지 탄	바람 **풍**, 나무 **수**, 갈 **지**, 탄식할 **탄** 효도를 다하지 못한 채 어버이를 여읜 자식의 슬픔을 이르는 말	
☐ 昏定晨省 혼 정 신 성	어두울 **혼**, 정할 **정**, 새벽 **신**, 살필 **성** '밤에는 부모의 잠자리를 보아 드리고 이른 아침에는 부모의 밤 새 안부를 묻는다'라는 뜻으로, 부모를 잘 섬기고 효성을 다함 을 이르는 말	

(20) 공공의 이익

☐ 大義滅親 대 의 멸 친	큰 **대**, 옳을 **의**, 꺼질 **멸**, 친할 **친** 큰 도리를 지키기 위하여 부모나 형제도 돌아보지 않음	
☐ 滅私奉公 멸 사 봉 공	꺼질 **멸**, 사사 **사**, 받들 **봉**, 공평할 **공** 사욕을 버리고 공익을 위하여 힘씀	
☐ 先公後私 선 공 후 사	먼저 **선**, 공평할 **공**, 뒤 **후**, 사사 **사** 공적인 일을 먼저 하고 사사로운 일은 뒤로 미룸	
☐ 泣斬馬謖 읍 참 마 속	울 **읍**, 벨 **참**, 말 **마**, 일어날 **속** 큰 목적을 이루기 위하여 자기가 아끼는 사람을 버림을 이르는 말	

(21) 학문(學問), 배움, 노력, 독서

☐ 刻苦勉勵 각 고 면 려	새길 **각**, 쓸 **고**, 힘쓸 **면**, 힘쓸 **려** 어떤 일에 고생을 무릅쓰고 몸과 마음을 다하여, 무척 애를 쓰면 서 부지런히 노력함	
☐ 格物致知 격 물 치 지	격식 **격**, 물건 **물**, 이를 **치**, 알 **지** 실제 사물의 이치를 연구하여 지식을 완전하게 함	
☐ 教學相長 교 학 상 장	가르칠 **교**, 배울 **학**, 서로 **상**, 길 **장** '가르침과 배움이 서로 나아지게 만든다'라는 뜻으로, 사람에게 가르치거나 스승에게 배우는 일이 서로 자신의 학업을 증진시 켜 줌을 이르는 말	
☐ 磨斧爲針 마 부 위 침	갈 **마**, 도끼 **부**, 할 **위**, 바늘 **침** '도끼를 갈아 바늘을 만든다'라는 뜻으로, 이루기 힘든 일일지라 도 노력과 인내로 성공한다는 뜻	
☐ 名論卓說 명 론 탁 설	이름 **명**, 논할 **론**, 높을 **탁**, 말씀 **설** 훌륭하고 이름난 이론이나 학설	
☐ 不刊之書 불 간 지 서	아닐 **불**, 새길 **간**, 갈 **지**, 글 **서** 길이길이 전할 불후의 양서	

기출로 출제포인트 점검

다음 한자 성어의 독음을 쓰시오. [01~05]

01 事親以孝

02 刻苦勉勵

03 名論卓說

04 昏定晨省

05 磨斧爲針

제시된 의미에 해당하는 한자 성어를 아래
에서 찾아 기호를 쓰시오. [06~10]

㉠ 滅私奉公	㉡ 斑衣之戲
㉢ 泣斬馬謖	㉣ 格物致知
㉤ 不刊之書	

06 늙어서 효도함

07 길이길이 전할 불후의 양서

08 사욕을 버리고 공익을 위하여 힘씀

09 실제 사물의 이치를 연구하여 지식을 완
전하게 함

10 큰 목적을 이루기 위하여 자기가 아끼는
사람을 버림

[답]

01 사친이효	02 각고면려	03 명론탁설
04 혼정신성	05 마부위침	
06 ㉡	07 ㉤	08 ㉠
09 ㉣	10 ㉢	

☐ 不恥下問 불 치 하 문	아닐 **불**, 부끄러울 **치**, 아래 **하**, 물을 **문** 손아랫사람이나 지위나 학식이 자기만 못한 사람에게 모르는 것을 묻는 일을 부끄러워하지 않음
☐ 殺身成仁 살 신 성 인	죽일 **살**, 몸 **신**, 이룰 **성**, 어질 **인** 자기의 몸을 희생하여 인(仁)을 이룸 동의어 살신입절(殺身立節)
☐ 手不釋卷 수 불 석 권	손 **수**, 아닐 **불**, 풀 **석**, 책 **권** 손에서 책을 놓지 않고 늘 글을 읽음
☐ 水滴穿石 수 적 천 석	물 **수**, 물방울 **적**, 뚫을 **천**, 돌 **석** '물방울이 바위를 뚫는다'라는 뜻으로, 작은 노력이라도 끈기 있게 계속하면 큰 일을 이룰 수 있음
☐ 溫故知新 온 고 지 신	따뜻할 **온**, 연고 **고**, 알 **지**, 새 **신** 옛것을 익히고 그것을 미루어서 새것을 앎
☐ 韋編三絶 위 편 삼 절	가죽 **위**, 엮을 **편**, 석 **삼**, 끊을 **절** '책 가죽끈이 세 번 끊어짐'이란 뜻으로, 책을 열심히 읽음을 말함
☐ 日就月將 일 취 월 장	날 **일**, 나아갈 **취**, 달 **월**, 장수 **장** 나날이 다달이 자라거나 발전함
☐ 自强不息 자 강 불 식	스스로 **자**, 강할 **강**, 아닐 **불**, 쉴 **식** 스스로 힘써 몸과 마음을 가다듬어 쉬지 않음
☐ 切磋琢磨 절 차 탁 마	끊을 **절**, 갈 **차**, 다듬을 **탁**, 갈 **마** '옥이나 돌 등을 갈고 닦아서 빛을 낸다'라는 뜻으로, 부지런히 학문과 덕행을 닦음을 이르는 말
☐ 晝耕夜讀 주 경 야 독	낮 **주**, 밭 갈 **경**, 밤 **야**, 읽을 **독** '낮에는 농사짓고 밤에는 글을 읽는다'라는 뜻으로, 어려운 여건 속에서도 꿋꿋이 공부함을 이르는 말
☐ 走馬加鞭 주 마 가 편	달릴 **주**, 말 **마**, 더할 **가**, 채찍 **편** '달리는 말에 채찍질한다'라는 뜻으로, 잘하는 사람을 더욱 장려함을 이르는 말
☐ 汗牛充棟 한 우 충 동	땀 **한**, 소 **우**, 채울 **충**, 마룻대 **동** 가지고 있는 책이 매우 많음
☐ 螢雪之功 형 설 지 공	반딧불이 **형**, 눈 **설**, 갈 **지**, 공 **공** '반딧불 · 눈과 함께 하는 노력'이란 뜻으로, 고생을 하며 꾸준히 공부하는 자세를 이르는 말
☐ 後生可畏 후 생 가 외	뒤 **후**, 날 **생**, 옳을 **가**, 두려워할 **외** '젊은 후학들을 두려워할 만하다'라는 뜻으로, 후배들이 선배들보다 젊고 기력이 좋아, 학문을 닦음에 따라 큰 인물이 될 수 있으므로 가히 두렵다는 말

(22) 무식(無識), 어리석음, 무모함

☐ 目不識丁 목 불 식 정	눈 **목**, 아닐 **불**, 알 **식**, 고무래 **정** '아주 간단한 글자인 정(丁) 자를 보고도 그것이 고무래인 줄을 알지 못한다'라는 뜻으로, 아주 까막눈임을 이르는 말 동의어 일자무식(一字無識)
☐ 尾生之信 미 생 지 신	꼬리 **미**, 날 **생**, 갈 **지**, 믿을 **신** 우직하여 융통성이 없이 약속만을 굳게 지킴을 이르는 말
☐ 守株待兔 수 주 대 토	지킬 **수**, 그루 **주**, 기다릴 **대**, 토끼 **토** 하나의 일에만 얽매여 발전하지 못하는 우둔한 사람을 이르는 말

기출로 출제포인트 점검

다음 한자 성어의 독음을 쓰시오. [01~05]

01 目不識丁

02 螢雪之功

03 後生可畏

04 水滴穿石

05 溫故知新

제시된 의미에 해당하는 한자 성어를 아래에서 찾아 기호를 쓰시오. [06~10]

㉠ 尾生之信	㉡ 走馬加鞭
㉢ 守株待兔	㉣ 切磋琢磨
㉤ 汗牛充棟	

06 잘하는 사람을 더욱 장려함

07 가지고 있는 책이 매우 많음

08 부지런히 학문과 덕행을 닦음

09 우직하여 융통성이 없이 약속만을 굳게 지킴

10 하나의 일에만 얽매여 발전을 하지 못하는 우둔한 사람

[답]
01 목불식정	02 형설지공	03 후생가외
04 수적천석	05 온고지신	
06 ㉡	07 ㉤	08 ㉣
09 ㉠	10 ㉢	

☐ 菽麥不辨 숙 맥 불 변	콩 숙, 보리 맥, 아닐 불, 분별할 변 '콩인지 보리인지를 구별하지 못한다'라는 뜻으로, 사리 분별을 못하고 세상 물정을 잘 모름을 이르는 말
☐ 緣木求魚 연 목 구 어	인연 연, 나무 목, 구할 구, 물고기 어 '나무에 올라가서 물고기를 구한다'라는 뜻으로, 도저히 불가능한 일을 굳이 하려 함을 비유적으로 이르는 말
☐ 天方地軸 천 방 지 축	하늘 천, 모 방, 땅 지, 굴대 축 ① 못난 사람이 종작없이 덤벙이는 일. 또는 그 모양 ② 너무 급하여 허둥지둥 함부로 날뜀. 또는 그 모양
☐ 莫無可奈 막 무 가 내	없을 막, 없을 무, 옳을 가, 어찌 내 달리 어찌할 수 없음 동의어 막가내하(莫可奈何), 무가내하(無可奈何), 무가내(無可奈)

(23) 자연

☐ 江湖煙波 강 호 연 파	강 강, 호수 호, 연기 연, 물결 파 ① 강이나 호수 위에 안개같이 보얗게 이는 기운. 또는 그 수면의 잔물결 ② 대자연의 좋은 풍경
☐ 山紫水明 산 자 수 명	메 산, 자줏빛 자, 물 수, 밝을 명 '산은 자줏빛이고 물은 맑다'라는 뜻으로, 경치가 아름다움을 이르는 말
☐ 煙霞日輝 연 하 일 휘	연기 연, 노을 하, 날 일, 빛날 휘 '안개, 노을, 빛나는 햇살'이라는 뜻으로, 아름다운 자연 풍경을 이르는 말
☐ 淸風明月 청 풍 명 월	맑을 청, 바람 풍, 밝을 명, 달 월 맑은 바람과 환한 달

(24) 우정(友情)

☐ 肝膽相照 간 담 상 조	간 간, 쓸개 담, 서로 상, 비칠 조 서로 속마음을 터놓고 가까이 사귐을 이르는 말
☐ 傾蓋如舊 경 개 여 구	기울 경, 덮을 개, 같을 여, 예 구 처음 만나 잠깐 사귄 것이 마치 오랜 친구 사이처럼 친함
☐ 管鮑之交 관 포 지 교	대롱 관, 절인 물고기 포, 갈 지, 사귈 교 중국의 관중과 포숙처럼 아주 돈독한 친구 관계를 이르는 말
☐ 膠漆之交 교 칠 지 교	아교 교, 옻 칠, 갈 지, 사귈 교 아주 친밀하여 서로 떨어질 수 없는 교분을 이르는 말
☐ 金蘭之契 금 란 지 계	쇠 금, 난초 란, 갈 지, 맺을 계 친구 사이의 두터운 정을 이르는 말 동의어 금란지교(金蘭之交)
☐ 斷金之交 단 금 지 교	끊을 단, 쇠 금, 갈 지, 사귈 교 '쇠붙이도 자를 수 있을 만큼 우정이 단단히 맺어져 있다'라는 뜻으로, 우정이 두터움을 이르는 말 동의어 단금지계(斷金之契)
☐ 刎頸之交 문 경 지 교	목 벨 문, 목 경, 갈 지, 사귈 교 '서로를 위해서라면 목이 잘린다 해도 후회하지 않을 정도의 사이'라는 뜻으로, 생사를 같이할 수 있는 아주 가까운 사이 또는 그런 친구를 이르는 말
☐ 伯牙絶絃 백 아 절 현	맏 백, 어금니 아, 끊을 절, 줄 현 자기를 인정해 주는 참다운 벗의 죽음을 슬퍼함

□ 松茂柏悅 송 무 백 열	소나무 송, 무성할 무, 측백 백, 기쁠 열 '소나무가 무성하면 잣나무가 기뻐한다'라는 뜻으로, 벗이 잘되는 것을 기뻐함을 비유적으로 이르는 말
□ 水魚之交 수 어 지 교	물 수, 물고기 어, 갈 지, 사귈 교 '물이 없으면 살 수 없는 물고기와 물의 관계'라는 뜻으로, 매우 친밀하게 사귀어 떨어질 수 없는 사이를 비유적으로 이르는 말
□ 竹馬故友 죽 마 고 우	대 죽, 말 마, 연고 고, 벗 우 '대나무 말을 타고 함께 놀던 친구'라는 뜻으로, 어릴 때부터 같이 놀며 자란 벗을 이르는 말
□ 芝蘭之化 지 란 지 화	지초 지, 난초 란, 갈 지, 될 화 '지초와 난초의 감화'라는 뜻으로, 좋은 친구와 사귀면 자연히 그 아름다운 덕에 감화됨을 이르는 말

(25) 기타 주요 한자 성어

□ 家徒壁立 가 도 벽 립	집 가, 무리 도, 벽 벽, 설 립 '가난한 집안이라 아무것도 없이 네 벽만 서 있다'라는 뜻으로, 살림이 매우 가난함을 이르는 말
□ 角者無齒 각 자 무 치	뿔 각, 놈 자, 없을 무, 이 치 '뿔이 있는 짐승은 이가 없다'라는 뜻으로, 한 사람이 여러 가지 재주나 복을 다 가질 수 없다는 말
□ 艱難辛苦 간 난 신 고	어려울 간, 어려울 난, 매울 신, 쓸 고 몹시 힘들고 어려우며 고생스러움
□ 干名犯義 간 명 범 의	방패 간, 이름 명, 범할 범, 옳을 의 명분을 거스르고 의리를 어기는 행위
□ 間於齊楚 간 어 제 초	사이 간, 어조사 어, 가지런할 제, 초나라 초 약자가 강자들 틈에 끼어서 괴로움을 겪음을 이르는 말
□ 改過不吝 개 과 불 린	고칠 개, 지날 과, 아닐 불, 아낄 린 허물을 고침에 인색하지 않음을 이르는 말
□ 蓋世之才 개 세 지 재	덮을 개, 인간 세, 갈 지, 재주 재 세상을 뒤덮을 만큼 뛰어난 재주. 또는 그 재주를 가진 사람
□ 擧案齊眉 거 안 제 미	들 거, 책상 안, 가지런할 제, 눈썹 미 '밥상을 눈썹과 가지런하도록 공손히 들어 남편 앞에 가지고 간다'라는 뜻으로, 남편을 지극히 공경함을 이르는 말
□ 隔靴搔癢 격 화 소 양	사이 뜰 격, 신 화, 긁을 소, 가려울 양 '신을 신고 발바닥을 긁는다'라는 뜻으로, 마음 또는 성에 차지 않거나 꼼꼼하지 못한 안타까움을 이르는 말
□ 牽强附會 견 강 부 회	이끌 견, 강할 강, 붙을 부, 모일 회 이치에 맞지 않는 말을 억지로 끌어 붙여 자기에게 유리하게 함
□ 結草報恩 결 초 보 은	맺을 결, 풀 초, 갚을 보, 은혜 은 죽은 뒤에라도 은혜를 잊지 않고 갚음을 이르는 말
□ 輕擧妄動 경 거 망 동	가벼울 경, 들 거, 망령될 망, 움직일 동 경솔하여 생각 없이 망령되게 행동함. 또는 그런 행동
□ 傾國之色 경 국 지 색	기울 경, 나라 국, 갈 지, 빛 색 '임금이 혹하여 나라가 기울어져도 모를 정도의 미인'이라는 뜻으로, 뛰어나게 아름다운 미인을 이르는 말

기출로 출제포인트 점검

다음 한자 성어의 독음을 쓰시오. [01~05]

01 艱難辛苦

02 芝蘭之化

03 干名犯義

04 間於齊楚

05 水魚之交

제시된 의미에 해당하는 한자 성어를 아래에서 찾아 기호를 쓰시오. [06~10]

㉠ 牽强附會	㉡ 結草報恩
㉢ 角者無齒	㉣ 擧案齊眉
㉤ 家徒壁立	

06 남편을 지극히 공경함

07 살림이 심히 구차함을 이르는 말

08 죽은 뒤에라도 은혜를 잊지 않고 갚음

09 한 사람이 여러 가지 재주나 복을 다 가질 수 없음

10 이치에 맞지 않는 말을 억지로 끌어 붙여 자기에게 유리하게 함

[답]
01 간난신고	02 지란지화	03 간명범의
04 간어제초	05 수어지교	
06 ㉣	07 ㉤	08 ㉡
09 ㉢	10 ㉠	

☐ 鯨戰蝦死 경 전 하 사	고래 경, 싸움 전, 새우 하, 죽을 사 '고래 싸움에 새우 등 터진다'라는 뜻으로, 강자끼리의 싸움으로 인해 상관도 없는 약자가 피해를 입음을 비유적으로 이르는 말
☐ 鏡中美人 경 중 미 인	거울 경, 가운데 중, 아름다울 미, 사람 인 ① '거울에 비친 미인'이라는 뜻으로, 실속 없는 일을 비유적으로 이르는 말 ② 경우가 바르고 얌전하다고 하여 서울·경기 지역 사람의 성격을 비유적으로 이르는 말
☐ 孤立無援 고 립 무 원	외로울 고, 설 립, 없을 무, 도울 원 고립되어 도움을 받을 데가 없음
☐ 孤孑單身 고 혈 단 신	외로울 고, 외로울 혈, 홑 단, 몸 신 피붙이가 전혀 없는 외로운 몸
☐ 曲學阿世 곡 학 아 세	굽을 곡, 배울 학, 언덕 아, 인간 세 바르지 않은 학문으로 세상 사람에게 아첨함
☐ 空理空論 공 리 공 론	빌 공, 다스릴 리, 빌 공, 논할 론 실천이 따르지 않는, 헛된 이론이나 논의
☐ 巧言令色 교 언 영 색	공교할 교, 말씀 언, 하여금 영, 빛 색 아첨하는 말과 알랑거리는 태도
☐ 膠柱鼓瑟 교 주 고 슬	아교 교, 기둥 주, 북 고, 큰 거문고 슬 '아교풀로 비파나 거문고의 기러기발을 붙여 놓으면 음조를 바꿀 수 없다'라는 뜻으로, 고지식하여 조금도 융통성이 없음을 이르는 말
☐ 口尙乳臭 구 상 유 취	입 구, 오히려 상, 젖 유, 냄새 취 '입에서 아직 젖내가 난다'라는 뜻으로, 말이나 행동이 유치함을 이르는 말
☐ 捲土重來 권 토 중 래	거둘 권, 흙 토, 무거울 중, 올 래 ① '땅을 말아 일으킬 것 같은 기세로 다시 온다'라는 뜻으로, 한 번 실패하였으나 힘을 회복하여 다시 쳐들어옴을 이르는 말 ② 어떤 일에 실패한 뒤에 힘을 가다듬어 다시 그 일에 착수함을 비유하여 이르는 말
☐ 近墨者黑 근 묵 자 흑	가까울 근, 먹 묵, 놈 자, 검을 흑 '먹을 가까이하는 사람은 검어진다'라는 뜻으로, 나쁜 사람과 가까이 지내면 그 사람의 나쁜 버릇에 물들기 쉬움을 이르는 말
☐ 錦上添花 금 상 첨 화	비단 금, 윗 상, 더할 첨, 꽃 화 '비단 위에 꽃을 더한다'라는 뜻으로, 좋은 일 위에 또 좋은 일이 더해짐을 비유적으로 이르는 말
☐ 琴瑟之樂 금 슬 지 락	거문고 금, 큰 거문고 슬, 갈 지, 즐길 락 부부간의 사랑
☐ 錦衣夜行 금 의 야 행	비단 금, 옷 의, 밤 야, 다닐 행 ① '비단옷을 입고 밤길을 다닌다'라는 뜻으로, 자랑삼아 하지 않으면 생색이 나지 않음을 이르는 말 ② 아무 보람도 없는 일을 함을 이르는 말
☐ 騎虎之勢 기 호 지 세	말 탈 기, 범 호, 갈 지, 형세 세 '호랑이를 타고 달리는 형세'라는 뜻으로, 이미 시작한 일을 중도에서 그만둘 수 없는 경우를 비유적으로 이르는 말
☐ 男負女戴 남 부 여 대	사내 남, 질 부, 여자 여, 일 대 '남자는 지고 여자는 인다'라는 뜻으로, 가난한 사람들이 살 곳을 찾아 이리저리 떠돌아다님을 비유적으로 이르는 말

기출로 출제포인트 점검

다음 한자 성어의 독음을 쓰시오. [01~05]

01 孤孑單身
02 錦衣夜行
03 膠柱鼓瑟
04 巧言令色
05 騎虎之勢

제시된 의미에 해당하는 한자 성어를 아래에서 찾아 기호를 쓰시오. [06~10]

㉠ 曲學阿世	㉢ 男負女戴
㉡ 口尙乳臭	㉣ 琴瑟之樂
㉤ 近墨者黑	

06 부부간의 사랑

07 말이나 행동이 유치함

08 바르지 않은 학문으로 세상 사람에게 아첨함

09 나쁜 사람과 가까이 지내면 그 사람의 나쁜 버릇에 물들기 쉬움

10 가난한 사람들이 살 곳을 찾아 이리저리 떠돌아다님을 비유적으로 이르는 말

[답]
01 고혈단신   02 금의야행   03 교주고슬
04 교언영색   05 기호지세
06 ㉣   07 ㉡   08 ㉠
09 ㉤   10 ㉢

☐	**囊中之錐** 낭 중 지 추	주머니 **낭**, 가운데 **중**, 갈 **지**, 송곳 **추** '주머니 속의 송곳'이라는 뜻으로, 재능이 뛰어난 사람은 숨어 있어도 저절로 사람들에게 알려짐을 이르는 말
☐	**論功行賞** 논 공 행 상	논할 **논**, 공 **공**, 다닐 **행**, 상줄 **상** 공적의 크고 작음 등을 논의하여 그에 알맞은 상을 줌
☐	**能小能大** 능 소 능 대	능할 **능**, 작을 **소**, 능할 **능**, 클 **대** 모든 일에 두루 능함
☐	**斷機之戒** 단 기 지 계	끊을 **단**, 틀 **기**, 갈 **지**, 경계할 **계** 학문을 중도에서 그만두면 짜던 베의 날을 끊는 것처럼 아무 쓸모 없음을 경계한 말
☐	**簞食瓢飮** 단 사 표 음	소쿠리 **단**, 먹이 **사**, 바가지 **표**, 마실 **음** '대나무로 만든 밥그릇에 담은 밥과 표주박에 든 물'이라는 뜻으로, 청빈하고 소박한 생활을 이르는 말
☐	**丹脣皓齒** 단 순 호 치	붉을 **단**, 입술 **순**, 흴 **호**, 이 **치** '붉은 입술과 하얀 치아'라는 뜻으로, 아름다운 여자를 이르는 말
☐	**螳螂拒轍** 당 랑 거 철	사마귀 **당**, 사마귀 **랑**, 막을 **거**, 바퀴 자국 **철** 제 역량을 생각하지 않고, 강한 상대나 되지 않을 일에 덤벼드는 무모한 행동거지를 비유적으로 이르는 말
☐	**同氣相求** 동 기 상 구	한가지 **동**, 기운 **기**, 서로 **상**, 구할 **구** '같은 소리끼리는 서로 응하여 울린다'라는 뜻으로, 같은 무리끼리 서로 통하고 자연히 모인다는 말
☐	**同聲異俗** 동 성 이 속	한가지 **동**, 소리 **성**, 다를 **이**, 풍속 **속** 사람이 날 때는 다 같은 소리를 가지고 있으나, 자라면서 그 나라의 풍속으로 인해 서로 달라짐을 이르는 말
☐	**登高自卑** 등 고 자 비	오를 **등**, 높을 **고**, 스스로 **자**, 낮을 **비** ① '높은 곳에 오르려면 낮은 곳에서부터 오른다'라는 뜻으로, 일을 순서대로 해야 함을 이르는 말 ② 지위가 높아질수록 자신을 낮춤을 이르는 말
☐	**明明白白** 명 명 백 백	밝을 **명**, 밝을 **명**, 흰 **백**, 흰 **백** 의심할 여지가 없이 아주 뚜렷함
☐	**明若觀火** 명 약 관 화	밝을 **명**, 같을 **약**, 볼 **관**, 불 **화** 불을 보듯이 분명하고 뻔함
☐	**目不忍見** 목 불 인 견	눈 **목**, 아닐 **불**, 참을 **인**, 볼 **견** 눈앞에 벌어진 상황을 차마 눈 뜨고는 볼 수 없음
☐	**夫唱婦隨** 부 창 부 수	지아비 **부**, 부를 **창**, 며느리 **부**, 따를 **수** 남편이 주장하고 아내가 이에 잘 따름. 또는 부부 사이의 그런 도리
☐	**不問曲直** 불 문 곡 직	아닐 **불**, 물을 **문**, 굽을 **곡**, 곧을 **직** 옳고 그름을 따지지 않음
☐	**貧而無怨** 빈 이 무 원	가난할 **빈**, 말 이을 **이**, 없을 **무**, 원망할 **원** 가난해도 세상에 대한 원망이 없음
☐	**捨生取義** 사 생 취 의	버릴 **사**, 날 **생**, 가질 **취**, 옳을 **의** 생명을 내어놓더라도 바른 일을 함을 이르는 말
☐	**三旬九食** 삼 순 구 식	석 **삼**, 열흘 **순**, 아홉 **구**, 밥 **식** '삼십 일 동안에 아홉 끼밖에 먹지 못한다'라는 뜻으로, 몹시 가난함을 이르는 말

기출로 출제포인트 점검

다음 한자 성어의 독음을 쓰시오. [01~05]

01 目不忍見

02 斷機之戒

03 螳螂拒轍

04 貧而無怨

05 登高自卑

제시된 의미에 해당하는 한자 성어를 아래에서 찾아 기호를 쓰시오. [06~10]

㉠ 明明白白	㉡ 三旬九食
㉢ 不問曲直	㉣ 同氣相求
㉤ 明若觀火	

06 몹시 가난함

07 옳고 그름을 따지지 않음

08 불을 보듯이 분명하고 뻔함

09 의심할 여지가 없이 아주 뚜렷함

10 같은 무리끼리 서로 통하고 자연히 모임

[답]
01 목불인견	02 단기지계	03 당랑거철
04 빈이무원	05 등고자비	
06 ㉡	07 ㉢	08 ㉤
09 ㉠	10 ㉣	

☐	上漏下濕 상 루 하 습	윗 상, 샐 루, 아래 하, 젖을 습 '위에서는 비가 새고 아래에서는 습기가 오른다'라는 뜻으로, 매 우 가난한 집을 비유적으로 이르는 말
☐	相扶相助 상 부 상 조	서로 상, 도울 부, 서로 상, 도울 조 서로서로 도움
☐	先見之明 선 견 지 명	먼저 선, 볼 견, 갈 지, 밝을 명 어떤 일이 일어나기 전에 미리 앞을 내다보고 아는 지혜
☐	雪中松柏 설 중 송 백	눈 설, 가운데 중, 소나무 송, 측백 백 '눈 속의 소나무와 잣나무'라는 뜻으로, 높고 굳은 절개를 이르 는 말
☐	小隙沈舟 소 극 침 주	작을 소, 틈 극, 잠길 침, 배 주 '조그만 틈으로 물이 새어 들어 배가 가라앉는다'라는 뜻으로, 작 은 일을 게을리하면 큰 재앙이 닥치게 됨을 이르는 말
☐	先憂後樂 선 우 후 락	먼저 선, 근심 우, 뒤 후, 즐길 락 '세상의 근심할 일은 다른 사람보다 먼저 근심하고 즐거워할 일 은 다른 사람보다 나중에 즐거워한다'라는 뜻으로, 지사(志士)나 인자(仁者)의 마음씨를 이르는 말
☐	脣亡齒寒 순 망 치 한	입술 순, 망할 망, 이 치, 찰 한 '입술이 없으면 이가 시리다'라는 뜻으로, 서로 이해관계가 밀접 한 사이에 어느 한쪽이 망하면 다른 한쪽도 그 영향을 받아 온전 하기 어려움을 이르는 말
☐	是是非非 시 시 비 비	옳을 시, 옳을 시, 아닐 비, 아닐 비 ① 여러 가지의 잘잘못 ② 옳고 그름을 따지며 다툼
☐	尸位素餐 시 위 소 찬	주검 시, 자리 위, 본디 소, 밥 찬 재덕이나 공로가 없어 직책을 다하지 못하면서 자리만 차지하고 녹을 받아먹음을 비유적으로 이르는 말
☐	心機一轉 심 기 일 전	마음 심, 들 기, 한 일, 구를 전 어떤 동기가 있어 이제까지 가졌던 마음가짐을 버리고 완전히 달라짐
☐	深思熟考 심 사 숙 고	깊을 심, 생각 사, 익을 숙, 생각할 고 깊이 잘 생각함 [동의어] 심사숙려(深思熟慮)
☐	安分知足 안 분 지 족	편안 안, 나눌 분, 알 지, 발 족 편한 마음으로 제 분수를 지키며 만족할 줄을 앎
☐	安貧樂道 안 빈 낙 도	편안 안, 가난할 빈, 즐길 낙, 길 도 가난한 생활을 하면서도 편안한 마음으로 도를 즐겨 지킴
☐	暗中摸索 암 중 모 색	어두울 암, 가운데 중, 본뜰 모, 찾을 색 ① 물건 등을 어둠 속에서 더듬어 찾음 ② 어림으로 무엇을 알아내려 함 ③ 은밀한 가운데 일의 실마리나 해결책을 찾아내려 함
☐	魚魯不辨 어 로 불 변	물고기 어, 노나라 로, 아닐 불, 분별할 변 '어(魚) 자와 노(魯) 자를 구별하지 못한다'라는 뜻으로, 아주 무 식함을 비유적으로 이르는 말
☐	如出一口 여 출 일 구	같을 여, 날 출, 한 일, 입 구 한 입에서 나오는 것처럼 여러 사람의 말이 같음을 이르는 말
☐	易地思之 역 지 사 지	바꿀 역, 땅 지, 생각 사, 갈 지 서로의 형편을 바꾸어서 생각하여 봄

기출로 출제포인트 점검

다음 한자 성어의 독음을 쓰시오. [01~05]

01 小隙沈舟

02 安分知足

03 魚魯不辨

04 心機一轉

05 尸位素餐

제시된 의미에 해당하는 한자 성어를 아래
에서 찾아 기호를 쓰시오. [06~10]

㉠ 先憂後樂	㉡ 暗中摸索
㉢ 如出一口	㉣ 深思熟考
㉤ 脣亡齒寒	

06 깊이 잘 생각함

07 어림으로 무엇을 알아내려 함

08 지사(志士)나 인자(仁者)의 마음씨

09 한 입에서 나오는 것처럼 여러 사람의 말
이 같음

10 서로 이해관계가 밀접한 사이에 어느 한
쪽이 망하면 다른 한쪽도 그 영향을 받아
온전하기 어려움을 이르는 말

[답]
01 소극침주	02 안분지족	03 어로불변
04 심기일전	05 시위소찬	
06 ㉣	07 ㉡	08 ㉠
09 ㉢	10 ㉤	

☐ 戀戀不忘 연 연 불 망	그리워할 연, 그리워할 연, 아닐 불, 잊을 망 그리워서 지우거나 잊지 못함	
☐ 炎涼世態 염 량 세 태	불꽃 염, 서늘할 량, 인간 세, 모습 태 세력이 있을 때는 아첨하여 따르고 세력이 없어지면 푸대접하는 세상인심을 비유적으로 이르는 말	
☐ 寤寐不忘 오 매 불 망	잠 깰 오, 잘 매, 아닐 불, 잊을 망 자나 깨나 잊지 못함	
☐ 吾不關焉 오 불 관 언	나 오, 아닐 불, 관계할 관, 어찌 언 나는 그 일에 상관하지 않음	
☐ 吳越同舟 오 월 동 주	성씨 오, 넘을 월, 한가지 동, 배 주 서로 적의를 품은 사람들이 한자리에 모여 있게 되거나 협력하여 야 하는 상황을 비유적으로 이르는 말	
☐ 臥薪嘗膽 와 신 상 담	누울 와, 섶 신, 맛볼 상, 쓸개 담 '불편한 섶에 몸을 눕히고 쓸개를 맛본다'라는 뜻으로, 원수를 갚 거나 마음먹은 일을 달성하기 위하여 온갖 괴로움을 참고 견딤	
☐ 遼東之豕 요 동 지 시	멀 요, 동녘 동, 갈 지, 돼지 시 '요동 땅의 돼지'라는 뜻으로, 견문이 좁은 사람이 신기하게 여겨 떠든 일이 알고 보니 별 것 아닌 경우를 이르는 말	
☐ 搖之不動 요 지 부 동	흔들 요, 갈 지, 아닐 부, 움직일 동 흔들어도 꼼짝하지 않음	
☐ 優柔不斷 우 유 부 단	넉넉할 우, 부드러울 유, 아닐 부, 끊을 단 꾸물대며 망설이기만 하고 결단력이 없음	
☐ 有名無實 유 명 무 실	있을 유, 이름 명, 없을 무, 열매 실 이름만 그럴듯하고 실속은 없음	
☐ 類類相從 유 유 상 종	무리 류, 무리 류, 서로 상, 좇을 종 같은 무리끼리 서로 사귐	
☐ 利用厚生 이 용 후 생	이로울 이, 쓸 용, 두터울 후, 날 생 기구를 편리하게 쓰고 먹을 것과 입을 것을 넉넉하게 하여, 국민 의 생활을 나아지게 함	
☐ 人之常情 인 지 상 정	사람 인, 갈 지, 떳떳할 상, 뜻 정 사람이라면 누구나 가지는 보통의 마음	
☐ 一擧兩得 일 거 양 득	한 일, 들 거, 두 양, 얻을 득 한 가지 일을 했는데 두 가지 이익을 거둠	
☐ 一切唯心造 일 체 유 심 조	한 일, 온통 체, 오직 유, 마음 심, 지을 조 모든 것은 오로지 마음이 지어내는 것임을 뜻하는 불교 용어	
☐ 一敗塗地 일 패 도 지	한 일, 패할 패, 칠할 도, 땅 지 '싸움에 한 번 패하여 간과 뇌가 땅바닥에 으깨어진다'라는 뜻으 로, 여지없이 패하여 다시 일어날 수 없게 되는 지경에 이름 을 이르는 말	
☐ 一筆揮之 일 필 휘 지	한 일, 붓 필, 휘두를 휘, 갈 지 글씨를 단숨에 죽 내리 씀	
☐ 臨機應變 임 기 응 변	임할 임, 틀 기, 응할 응, 변할 변 그때그때 처한 사태에 맞추어 즉각 그 자리에서 결정하거나 처리함	
☐ 臨時方便 임 시 방 편	임할 임, 때 시, 모 방, 편할 편 갑자기 터진 일을 우선 간단하게 둘러맞추어 처리함	

기출로 출제포인트 점검

다음 한자 성어의 독음을 쓰시오. [01~05]

01 一筆揮之

02 臥薪嘗膽

03 臨時方便

04 臨機應變

05 遼東之豕

제시된 의미에 해당하는 한자 성어를 아래
에서 찾아 기호를 쓰시오. [06~10]

㉠ 類類相從	㉡ 搖之不動
㉢ 吳越同舟	㉣ 優柔不斷
㉤ 一擧兩得	

06 흔들어도 꼼짝하지 않음

07 같은 무리끼리 서로 사귐

08 꾸물대며 망설이기만 하고 결단력이 없음

09 한 가지 일을 했는데 두 가지 이익을 거둠

10 서로 적의를 품은 사람들이 한자리에 모
여 있게 되거나 협력하여야 하는 상황

[답]
01 일필휘지　　02 와신상담　　03 임시방편
04 임기응변　　05 요동지시
06 ㉡　　　　　07 ㉠　　　　　08 ㉣
09 ㉤　　　　　10 ㉢

☐	自中之亂 자 중 지 란	스스로 자, 가운데 중, 갈 지, 어지러울 란 같은 편끼리 하는 싸움
☐	賊反荷杖 적 반 하 장	도둑 적, 돌이킬 반, 멜 하, 지팡이 장 '도둑이 오히려 매를 든다'라는 뜻으로, 잘못한 사람이 도리어 아무 잘못 없는 사람이나 잘한 사람을 나무라는 경우를 이르는 말
☐	前虎後狼 전 호 후 랑	앞 전, 범 호, 뒤 후, 이리 랑 '앞문에서 호랑이를 막고 있으려니까 뒷문으로 이리가 들어온다'라는 뜻으로, 재앙이 끊일 사이 없이 닥침을 비유적으로 이르는 말
☐	漸入佳境 점 입 가 경	점점 점, 들 입, 아름다울 가, 지경 경 ① 들어갈수록 점점 재미가 있음 ② 시간이 지날수록 하는 짓이나 몰골이 더욱 꼴불견임을 비유적으로 이르는 말
☐	釣而不網 조 이 불 망	낚을 조, 말 이을 이, 아닐 불, 그물 망 '낚시질은 해도 그물질은 하지 않는다'라는 뜻으로, 무슨 일에나 정도를 넘지 않는 훌륭한 인물의 태도를 이르는 말
☐	左顧右眄 좌 고 우 면	왼 좌, 돌아볼 고, 오른쪽 우, 곁눈질할 면 '이쪽저쪽을 돌아본다'라는 뜻으로, 앞뒤를 따져 보고 망설임
☐	坐不安席 좌 불 안 석	앉을 좌, 아닐 불, 편안 안, 자리 석 '앉아도 자리가 편안하지 않다'라는 뜻으로, 마음이 불안하거나 걱정스러워서 한군데에 가만히 앉아 있지 못하고 안절부절못하는 모양을 이르는 말
☐	左衝右突 좌 충 우 돌	왼 좌, 찌를 충, 오른쪽 우, 갑자기 돌 ① 이리저리 마구 찌르고 부딪침 ② 아무에게나 또는 아무 일에나 함부로 맞닥뜨림
☐	主客顚倒 주 객 전 도	주인 주, 손 객, 엎드러질 전, 넘어질 도 '주인과 손의 위치가 서로 뒤바뀐다'라는 뜻으로, 사물의 경중·선후·완급 등이 서로 뒤바뀜을 이르는 말
☐	走馬看山 주 마 간 산	달릴 주, 말 마, 볼 간, 메 산 '말을 타고 달리며 산천을 구경한다'라는 뜻으로, 자세히 살피지 않고 대충대충 보고 지나감을 이르는 말
☐	晝夜長川 주 야 장 천	낮 주, 밤 야, 길 장, 내 천 밤낮으로 쉬지 않고 연달아
☐	支離滅裂 지 리 멸 렬	지탱할 지, 떠날 리, 꺼질 멸, 찢을 렬 흩어지고 찢기어 갈피를 잡을 수 없음
☐	千慮一失 천 려 일 실	일천 천, 생각할 려, 한 일, 잃을 실 '천 번 생각에 한 번 실수'라는 뜻으로, 슬기로운 사람이라도 여러 가지 생각 가운데에는 잘못되는 것이 있을 수 있음을 이르는 말
☐	天衣無縫 천 의 무 봉	하늘 천, 옷 의, 없을 무, 꿰맬 봉 ① '천사의 옷은 꿰맨 흔적이 없다'라는 뜻으로, 일부러 꾸민 데 없이 자연스럽고 아름다우면서 완전함을 이르는 말 ② 세상사에 물들지 않은 어린이와 같은 순진함을 이르는 말
☐	草根木皮 초 근 목 피	풀 초, 뿌리 근, 나무 목, 가죽 피 ① '풀뿌리와 나무껍질'이라는 뜻으로, 맛이나 영양 가치가 없는 거친 음식을 비유적으로 이르는 말 ② 한약의 재료를 이르는 말
☐	招搖過市 초 요 과 시	부를 초, 흔들 요, 지날 과, 저자 시 '남의 이목을 끌도록 요란스럽게 하며 저자거리를 지나간다'라는 뜻으로, 허풍을 떨며 요란하게 사람의 이목을 끄는 것을 비유적으로 이르는 말

☐ 兎死狗烹 토 사 구 팽	토끼 **토**, 죽을 **사**, 개 **구**, 삶을 **팽** '토끼가 죽으면 토끼를 잡던 사냥개도 필요 없게 되어 주인에게 삶아 먹히게 된다'라는 뜻으로, 필요할 때는 쓰고 필요 없을 때는 야박하게 버리는 경우를 이르는 말
☐ 敝衣破冠 폐 의 파 관	해질 **폐**, 옷 **의**, 깨트릴 **파**, 갓 **관** '해어진 옷과 부서진 갓'이란 뜻으로, 초라한 차림새를 비유적으로 이르는 말
☐ 夏爐冬扇 하 로 동 선	여름 **하**, 화로 **로**, 겨울 **동**, 부채 **선** '여름의 화로와 겨울의 부채'라는 뜻으로, 격이나 철에 맞지 않음을 이르는 말 동의어 동선하로(冬扇夏爐)
☐ 夏蟲疑氷 하 충 의 빙	여름 **하**, 벌레 **충**, 의심할 **의**, 얼음 **빙** '여름의 벌레는 얼음을 안 믿는다'라는 뜻으로, 견식이 좁음을 비유적으로 이르는 말
☐ 虛張聲勢 허 장 성 세	빌 **허**, 베풀 **장**, 소리 **성**, 형세 **세** 실속 없이 큰소리치거나 허세를 부림
☐ 兄友弟恭 형 우 제 공	형 **형**, 벗 **우**, 아우 **제**, 공손할 **공** '형은 아우를 사랑하고 동생은 형을 공경한다'라는 뜻으로, 형제 간에 서로 우애 깊게 지냄을 이르는 말
☐ 狐假虎威 호 가 호 위	여우 **호**, 거짓 **가**, 범 **호**, 위엄 **위** '여우가 호랑이의 위엄을 빌려 호기를 부린다'라는 뜻으로, 남의 권세를 빌려 위세를 부리는 것을 이르는 말
☐ 魂飛魄散 혼 비 백 산	넋 **혼**, 날 **비**, 넋 **백**, 흩을 **산** '혼백이 날아가고 흩어진다'라는 뜻으로, 몹시 놀라 넋을 잃음을 이르는 말
☐ 花容月態 화 용 월 태	꽃 **화**, 얼굴 **용**, 달 **월**, 모습 **태** 아름다운 여인의 얼굴과 맵시를 이르는 말
☐ 和而不同 화 이 부 동	화할 **화**, 말 이을 **이**, 아닐 **부**, 한가지 **동** 남과 사이좋게 지내지만 아무 까닭 없이 어울리지는 않음
☐ 花朝月夕 화 조 월 석	꽃 **화**, 아침 **조**, 달 **월**, 저녁 **석** '꽃 피는 아침과 달 밝은 밤'이라는 뜻으로, 경치가 좋은 시절을 이르는 말

기출로 출제포인트 점검

다음 한자 성어의 독음을 쓰시오. [01~05]

01 花容月態

02 魂飛魄散

03 兎死狗烹

04 兄友弟恭

05 敝衣破冠

제시된 의미에 해당하는 한자 성어를 아래에서 찾아 기호를 쓰시오. [06~10]

㉠ 夏蟲疑氷	㉡ 狐假虎威
㉢ 虛張聲勢	㉣ 和而不同
㉤ 花朝月夕	

06 견식이 좁음

07 경치가 좋은 시절

08 남의 권세를 빌려 위세를 부리는 것

09 실속 없이 큰소리치거나 허세를 부림

10 남과 사이좋게 지내지만 아무 까닭 없이 어울리지는 않음

[답]
01 화용월태	02 혼비백산	03 토사구팽
04 형우제공	05 폐의파관	
06 ㉠	07 ㉤	08 ㉡
09 ㉢	10 ㉣	

06 한자어

① 9급 기출 한자어

□	假象 가 상	거짓 가, 코끼리 상 주관적으로는 실제 있는 것처럼 보이나 객관적으로는 존재하지 않는 거짓 현상
□	干涉 간 섭	방패 간, 건널 섭 직접 관계가 없는 남의 일에 부당하게 참견함
□	干與 간 여	방패 간, 더불 여 어떤 일에 간섭하여 참여함
□	看做 간 주	볼 간, 지을 주 모양, 상태, 성질 등이 그와 같다고 보거나 그렇게 여김
□	葛藤 갈 등	칡 갈, 등나무 등 칡과 등나무가 서로 얽히는 것과 같이, 개인이나 집단 사이에 목표나 이해관계가 달라 서로 적대시하거나 충돌함. 또는 그런 상태
□	感情 감 정	느낄 감, 뜻 정 어떤 현상이나 일에 대하여 일어나는 마음이나 느끼는 기분
□	感懷 감 회	느낄 감, 품을 회 지난 일을 돌이켜 볼 때 느껴지는 회포
□	強度 강 도	강할 강, 법도 도 센 정도
□	改善 개 선	고칠 개, 착할 선 잘못된 것이나 부족한 것, 나쁜 것 등을 고쳐 더 좋게 만듦
□	改選 개 선	고칠 개, 가릴 선 의원이나 임원 등이 사퇴하거나 그 임기가 다 되었을 때 새로 선출함
□	改悛 개 전	고칠 개, 고칠 전 행실이나 태도의 잘못을 뉘우치고 마음을 바르게 고쳐먹음
□	開拓 개 척	열 개, 넓힐 척 ① 거친 땅을 일구어 논이나 밭과 같이 쓸모 있는 땅으로 만듦 ② 새로운 영역, 운명, 진로 등을 처음으로 열어 나감
□	建築 건 축	세울 건, 쌓을 축 집이나 성, 다리 등의 구조물을 그 목적에 따라 설계하여 흙이나 나무, 돌, 벽돌, 쇠 등을 써서 세우거나 쌓아 만드는 일
□	揭載 게 재	높이 들 게, 실을 재 글이나 그림 등을 신문이나 잡지 등에 실음
□	狷介 견 개	성급할 견, 낄 개 굳게 절개를 지키고 구차하게 타협하지 않음
□	決裁 결 재	결단할 결, 마를 재 결정할 권한이 있는 상관이 부하가 제출한 안건을 검토하여 허가하거나 승인함.

☐ **決濟** 결 제	결단할 **결**, 건널 **제**	일을 처리하여 끝을 냄
☐ **缺陷** 결 함	이지러질 **결**, 빠질 **함**	부족하거나 완전하지 못하여 흠이 되는 부분
☐ **更新** 경 신	고칠 **경**, 새 **신**	① 이미 있던 것을 고쳐 새롭게 함 ② 기록경기 등에서, 종전의 기록을 깨뜨림 ③ 어떤 분야의 종전 최고치나 최저치를 깨뜨림
☐ **經緯** 경 위	지날 **경**, 씨 **위**	① 직물(織物)의 날과 씨를 아울러 이르는 말 ② 일이 진행되어 온 과정
☐ **敬意** 경 의	공경 **경**, 뜻 **의**	존경하는 뜻
☐ **苦悶** 고 민	쓸 **고**, 답답할 **민**	마음속으로 괴로워하고 애를 태움
☐ **告發** 고 발	고할 **고**, 필 **발**	세상에 잘 알려지지 않은 잘못이나 비리 등을 드러내어 알림
☐ **苦衷** 고 충	쓸 **고**, 속마음 **충**	괴로운 심정이나 사정
☐ **匡正** 광 정	바를 **광**, 바를 **정**	잘못된 것이나 부정(不正) 등을 바로잡아 고침
☐ **掛念** 괘 념	걸 **괘**, 생각 **념**	마음에 두고 걱정하거나 잊지 않음
☐ **交流** 교 류	사귈 **교**, 흐를 **류**	① 근원이 다른 물줄기가 서로 섞이어 흐름. 또는 그런 줄기 ② 문화나 사상 등이 서로 통함
☐ **校訂** 교 정	학교 **교**, 바로잡을 **정**	남의 문장 또는 출판물의 잘못된 글자나 글귀 등을 바르게 고침
☐ **交叉** 교 차	사귈 **교**, 갈래 **차**	서로 엇갈리거나 마주침
☐ **交差** 교 차	사귈 **교**, 다를 **차**	벼슬아치를 번갈아 임명함
☐ **倦怠** 권 태	게으를 **권**, 게으를 **태**	어떤 일이나 상태에 시들해져서 생기는 게으름이나 싫증
☐ **龜鑑** 귀 감	거북 **귀**, 거울 **감**	거울로 삼아 본받을 만한 모범
☐ **根幹** 근 간	뿌리 **근**, 줄기 **간**	① 뿌리와 줄기를 아울러 이르는 말 ② 사물의 바탕이나 중심이 되는 중요한 것
☐ **根本** 근 본	뿌리 **근**, 근본 **본**	① 초목의 뿌리 ② 사물의 본질이나 본바탕 ③ 자라 온 환경이나 혈통

기출로 출제포인트 점검

다음 한자어의 독음을 쓰시오. [01~06]

01 苦悶

02 交叉

03 校訂

04 검찰에 告發을 당하다.

05 어제의 피로와 倦怠로 맥이 풀린다.

06 그녀의 효행은 많은 사람들에게 龜鑑이 된다.

밑줄 친 부분에서 틀린 한자를 찾아 ○하시오. [07~09]

07 사건의 徑緯(경위)를 밝히다.

08 이번 문화 校流(교류)를 통해 많은 것을 배웠다.

09 우리는 지난날의 폐습을 匡定(광정)해야 할 것이다.

[답]
01 고민	02 교차	03 교정
04 고발	05 권태	06 귀감
07 徑 → 經	08 校 → 交	09 定 → 正

☐	根性 근 성	뿌리 근, 성품 성 ① 태어날 때부터 지니고 있는 근본적인 성질 ② 뿌리가 깊게 박힌 성질
☐	根絶 근 절	뿌리 근, 끊을 절 다시 살아날 수 없도록 아주 뿌리째 없애 버림
☐	今方 금 방	이제 금, 모 방 ① 말하고 있는 시점보다 바로 조금 전에 ② 말하고 있는 시점과 같은 때에 ③ 말하고 있는 시점부터 바로 조금 후에
☐	記錄 기 록	기록할 기, 기록할 록 ① 주로 후일에 남길 목적으로 어떤 사실을 적음. 또는 그런 글 ② 운동 경기 등에서 세운 성적이나 결과를 수치로 나타냄
☐	氣分 기 분	기운 기, 나눌 분 ① 대상·환경 등에 따라 마음에 절로 생기며 한동안 지속되는, 유쾌함이 　나 불쾌함 등의 감정 ② 주위를 둘러싸고 있는 상황이나 분위기 ③ 원기의 방면을 혈분(血分)에 상대하여 이르는 말
☐	爛漫 난 만	빛날 난, 흩어질 만 ① 꽃이 활짝 많이 피어 화려함 ② 광채가 강하고 선명함 ③ 주고받는 의견이 충분히 많음
☐	捺印 날 인	누를 날, 도장 인 도장을 찍음
☐	浪費 낭 비	물결 낭, 쓸 비 시간이나 재물 등을 헛되이 헤프게 씀
☐	論據 논 거	논할 논, 근거 거 어떤 이론이나 논리, 논설 등의 근거
☐	論難 논 란	논할 논, 어려울 란 여럿이 서로 다른 주장을 내며 다툼
☐	論駁 논 박	논할 논, 논박할 박 어떤 주장이나 의견에 대하여 그 잘못된 점을 조리 있게 공격하여 말함
☐	論述 논 술	논할 논, 펼 술 어떤 것에 관하여 의견을 논리적으로 서술함. 또는 그런 서술
☐	論意 논 의	논할 논, 뜻 의 논하는 말이나 글의 뜻이나 의도
☐	論議 논 의	논할 논, 의논할 의 어떤 문제에 대하여 서로 의견을 내어 토의함. 또는 그런 토의
☐	論題 논 제	논할 논, 제목 제 논설이나 논문, 토론 등의 주제나 제목
☐	論旨 논 지	논할 논, 뜻 지 논하는 말이나 글의 취지
☐	賂物 뇌 물	뇌물 뇌, 물건 물 어떤 직위에 있는 사람을 매수하여 사사로운 일에 이용하기 위하여 넌지 시 건네는 부정한 돈이나 물건

기출로 출제포인트 점검

다음 한자어의 독음을 쓰시오. [01~06]

01 爛漫

02 論駁

03 論題

04 사건 記錄을 들춰 보다.

05 비가 오는 날에는 항상 氣分이 좋지 않다.

06 그는 今方 두 사람이 나눈 대화를 다시 되
　　뇌어 보았다.

밑줄 친 부분에서 틀린 한자를 찾아 ○하시
오. [07~09]

07 돈 郎費(낭비)가 심하다.

08 이 글의 論議(논의)를 알 수 없다.

09 그녀는 그 문제에 관한 자신의 생각을 명
　　쾌하게 論術(논술)하였다.

[답]
01 난만　　02 논박　　03 논제
04 기록　　05 기분　　06 금방
07 郎 → 浪　　08 議 → 意　　09 術 → 述

☐	**黨派** 당 파	무리 당, 갈래 파 주의, 주장, 이해를 같이하는 사람들이 뭉쳐 이룬 단체나 모임
☐	**帶同** 대 동	띠 대, 한가지 동 어떤 모임이나 행사에 거느려 함께 함
☐	**大勢** 대 세	클 대, 형세 세 ① 일이 진행되어 가는 결정적인 형세 ② 병이 위급한 상태
☐	**大衆** 대 중	클 대, 무리 중 수많은 사람의 무리
☐	**對處** 대 처	대할 대, 곳 처 어떤 정세나 사건에 대하여 알맞은 조치를 취함
☐	**代替** 대 체	대신할 대, 바꿀 체 다른 것으로 대신함
☐	**滔滔** 도 도	물 넘칠 도, 물 넘칠 도 물이 그득 퍼져 흐르는 모양이 막힘이 없고 기운참
☐	**獨善** 독 선	홀로 독, 착할 선 ① 자기 혼자만이 옳다고 믿고 행동하는 일 ② 남을 돌보지 않고 자기 한 몸의 처신만을 온전하게 함
☐	**盟誓** 맹 세	맹세 맹, 맹세할 서 일정한 약속이나 목표를 꼭 실천하겠다고 다짐함
☐	**冒頭** 모 두	무릅쓸 모, 머리 두 말이나 글의 첫머리
☐	**模寫** 모 사	본뜰 모, 베낄 사 ① 사물을 형체 그대로 그림. 또는 그런 그림 ② 원본을 베끼어 씀
☐	**矛盾** 모 순	창 모, 방패 순 어떤 사실의 앞뒤, 또는 두 사실이 이치상 어긋나서 서로 맞지 않음을 이르는 말
☐	**沒頭** 몰 두	빠질 몰, 머리 두 어떤 일에 온 정신을 다 기울여 열중함
☐	**沒落** 몰 락	빠질 몰, 떨어질 락 ① 재물이나 세력 등이 쇠하여 보잘것없이 됨 ② 멸망하여 모조리 없어짐
☐	**描寫** 묘 사	그릴 묘, 베낄 사 어떤 대상이나 사물, 현상 등을 언어로 서술하거나 그림을 그려서 표현함
☐	**未達** 미 달	아닐 미, 통달할 달 어떤 한도에 이르거나 미치지 못함
☐	**發生** 발 생	필 발, 날 생 어떤 사물이나 일이 생겨남
☐	**拔萃** 발 췌	뽑을 발, 모을 췌 ① 책, 글 등에서 필요하거나 중요한 부분을 가려 뽑아냄. 또는 그 내용 ② 여럿 가운데에서 특별히 뛰어남
☐	**發揮** 발 휘	필 발, 휘두를 휘 능력이나 재능 등을 떨치어 나타냄

해커스공무원 단권화 핵심정리 국어

기출로 출제포인트 점검

다음 한자어의 독음을 쓰시오. [01~06]

01 模寫

02 大衆

03 盟誓

04 그의 설명은 獨善으로 흘렀다.

05 그는 밤낮없이 연구에 沒頭하였다.

06 오빠는 여자 친구를 帶同하고 축제에 갔다.

밑줄 친 부분에서 틀린 한자를 찾아 ○하시오. [07~09]

07 로마 제국의 投落(몰락)을 지켜보았다.

08 그는 심리 猫寫(묘사)에 탁월한 재능이 있다.

09 제4차 산업혁명에 능동적으로 大處(대처)해야 한다.

[답]
01 모사	02 대중	03 맹세
04 독선	05 몰두	06 대동
07 投 → 沒	08 猫 → 描	09 大 → 對

☐	**方今** 방 금	모 방, 이제 금 ① 말하고 있는 시점보다 바로 조금 전 ② 말하고 있는 시점과 같은 때 ③ 말하고 있는 시점부터 바로 조금 후
☐	**辨明** 변 명	분별할 변, 밝을 명 ① 어떤 잘못이나 실수에 대하여 구실을 대며 그 까닭을 말함 ② 옳고 그름을 가려 사리를 밝힘
☐	**變節** 변 절	변할 변, 마디 절 ① 절개나 지조를 지키지 않고 바꿈 ② 계절이 바뀜
☐	**本質** 본 질	근본 본, 바탕 질 ① 본디부터 가지고 있는 사물 자체의 성질이나 모습 ② 사물이나 현상을 성립시키는 근본적인 성질
☐	**復權** 복 권	회복할 복, 권세 권 한 번 상실한 권세를 다시 찾음
☐	**福不福** 복 불 복	복 복, 아닐 불, 복 복 '복분(福分)의 좋고 좋지 않음'이라는 뜻으로, 사람의 운수를 이르는 말
☐	**馥郁** 복 욱	향기 복, 성할 욱 풍기는 향기가 그윽함
☐	**否決** 부 결	아닐 부, 결단할 결 의논한 안건을 받아들이지 않기로 결정함. 또는 그런 결정
☐	**賻儀** 부 의	부의 부, 거동 의 상가에 부조로 보내는 돈이나 물품. 또는 그런 일
☐	**否認** 부 인	아닐 부, 알 인 어떤 내용이나 사실을 옳거나 그러하다고 인정하지 않음
☐	**部族** 부 족	떼 부, 겨레 족 성(姓)과 본(本)이 같은 겨레붙이
☐	**腐敗** 부 패	썩을 부, 패할 패 정치, 사상, 의식 등이 타락함
☐	**憤怒** 분 노	분할 분, 성낼 노 몹시 분하게 여기며 성을 냄. 또는 그렇게 내는 성
☐	**不和** 불 화	아닐 불, 화할 화 서로 화합하지 못함. 또는 서로 사이좋게 지내지 못함
☐	**誹謗** 비 방	헐뜯을 비, 헐뜯을 방 남을 비웃고 헐뜯어서 말함
☐	**否運** 비 운	막힐 비, 옮길 운 ① 막혀서 어려운 처지에 이른 운수 ② 불행한 운명
☐	**比率** 비 율	견줄 비, 비율 율 다른 수나 양에 대한 어떤 수나 양의 비(比)
☐	**思考** 사 고	생각 사, 생각할 고 생각하고 궁리함
☐	**四關** 사 관	넉 사, 관계할 관 양쪽의 팔꿈치와 무릎 관절을 통틀어 이르는 말

☐ 詐欺 사 기	속일 사, 속일 기 나쁜 꾀로 남을 속임	
☐ 使命 사 명	하여금 사, 목숨 명 ① 맡겨진 임무 ② 사신이나 사절이 받은 명령	
☐ 思惟 사 유	생각 사, 생각할 유 대상을 두루 생각하는 일	
☐ 使嗾 사 주	하여금 사, 부추길 주 남을 부추겨 좋지 않은 일을 시킴	
☐ 奢侈 사 치	사치할 사, 사치할 치 필요 이상의 돈이나 물건을 쓰거나 분수에 지나친 생활을 함	
☐ 相殺 상 쇄	서로 상, 빠를 쇄 상반되는 것이 서로 영향을 주어 효과가 없어지는 일	
☐ 生命 생 명	날 생, 목숨 명 사람이 살아서 숨 쉬고 활동할 수 있게 하는 힘	
☐ 宣揚 선 양	베풀 선, 날릴 양 명성이나 권위 등을 널리 떨치게 함	
☐ 說明 설 명	말씀 설, 밝을 명 어떤 일이나 대상의 내용을 상대편이 잘 알 수 있도록 밝혀 말함. 또는 그런 말	
☐ 設置 설 치	베풀 설, 둘 치 어떤 일을 하는 데 필요한 기관이나 설비 등을 베풀어 둠	
☐ 所感 소 감	바 소, 느낄 감 마음에 느낀 바	
☐ 俗臭 속 취	풍속 속, 냄새 취 ① 세속의 더러운 냄새 ② 돈이나 헛된 명예에 집착하는 천한 기풍	
☐ 殺到 쇄 도	빠를 쇄, 이를 도 ① 전화, 주문 등이 한꺼번에 세차게 몰려듦 ② 어떤 곳을 향하여 세차게 달려듦	
☐ 收斂 수 렴	거둘 수, 거둘 렴 ① 돈이나 물건 등을 거두어들임 ② 의견이나 사상 등이 여럿으로 나뉘어 있는 것을 하나로 모아 정리함	
☐ 收益 수 익	거둘 수, 더할 익 이익을 거두어들임. 또는 그 이익	
☐ 熟考 숙 고	익을 숙, 생각할 고 ① 곰곰 잘 생각함. 또는 그런 생각 ② 아주 자세히 참고함	
☐ 申聞鼓 신 문 고	거듭 신, 들을 문, 북 고 조선 시대에 백성이 억울한 일을 하소연할 때 치게 하던 북	
☐ 辛酸 신 산	매울 신, 실 산 ① 맛이 맵고 심 ② 세상살이가 힘들고 고생스러움을 비유적으로 이르는 말	

기출로 출제포인트 점검

다음 한자어의 독음을 쓰시오. [01~06]

01 辛酸

02 相殺

03 殺到

04 수상 所感을 밝히다.

05 오랜 熟考 끝에 결론에 도달했다.

06 적의 使嗾를 받고 내부 기밀을 빼돌렸다.

밑줄 친 부분에서 틀린 한자를 찾아 ○하시오. [07~09]

07 규칙을 바꾸는 것에 대한 시민들의 의견을 <u>收廉(수렴)</u>했다.

08 조립식 제품은 <u>設置(설치)</u>가 간편하다는 장점이 있다.

09 <u>申問鼓(신문고)</u>를 올린 남자가 임금에게 절을 네 번 하였다.

[답]
01 신산	02 상쇄	03 쇄도
04 소감	05 숙고	06 사주
07 廉 → 斂	08 說 → 設	09 問 → 聞

☐ 齷齪 악 착	악착할 **악**, 악착할 **착** ① 일을 해 나가는 태도가 매우 모질고 끈덕짐. 또는 그런 사람 ② 도량이 몹시 좁음 ③ 잔인하고 끔찍스러움	
☐ 軋轢 알 력	삐걱거릴 **알**, 칠 **력** '수레바퀴가 삐걱거린다'라는 뜻으로, 서로 의견이 맞지 않아 사이가 안 좋 거나 충돌하는 것을 이르는 말	
☐ 謁見 알 현	뵐 **알**, 뵈올 **현** 지체가 높고 귀한 사람을 찾아가 뵘	
☐ 惹起 야 기	이끌 **야**, 일어날 **기** 일이나 사건 등을 끌어 일으킴	
☐ 野薄 야 박	들 **야**, 엷을 **박** 야멸차고 인정이 없음	
☐ 躍動 약 동	뛸 **약**, 움직일 **동** 생기 있고 활발하게 움직임	
☐ 樣相 양 상	모양 **양**, 서로 **상** 사물이나 현상의 모양이나 상태	
☐ 於此彼 어 차 피	어조사 **어**, 이 **차**, 저 **피** 이렇게 하든지 저렇게 하든지. 또는 이렇게 되든지 저렇게 되든지	
☐ 役割 역 할	부릴 **역**, 벨 **할** ① 자기가 마땅히 하여야 할 맡은 바 직책이나 임무 ② 영화나 연극 등에서 배우가 맡아서 하는 소임	
☐ 延長 연 장	늘일 **연**, 길 **장** ① 시간이나 거리 등을 본래보다 길게 늘림 ② 물건의 길이나 걸어간 거리 등을 일괄하였을 때의 전체 길이	
☐ 劣惡 열 악	못할 **열**, 악할 **악** 품질이나 능력, 시설 등이 매우 떨어지고 나쁨	
☐ 永訣式 영 결 식	길 **영**, 이별할 **결**, 법 **식** 장사 지내기 전에, 죽은 사람을 영원히 떠나 보낸다는 뜻으로 행하는 의식	
☐ 惡寒 오 한	미워할 **오**, 찰 **한** 몸이 오슬오슬 춥고 떨리는 증상	
☐ 誤解 오 해	그르칠 **오**, 풀 **해** 그릇되게 해석하거나 뜻을 잘못 앎. 또는 그런 해석이나 이해	
☐ 瓦解 와 해	기와 **와**, 풀 **해** '기와가 깨진다'라는 뜻으로, 조직이나 계획 등이 산산이 무너지고 흩어짐	
☐ 運命 운 명	옮길 **운**, 목숨 **명** 인간을 포함한 모든 것을 지배하는 초인간적인 힘. 또는 그것에 의하여 이 미 정하여져 있는 목숨이나 처지	
☐ 鬱寂 울 적	답답할 **울**, 고요할 **적** 마음이 답답하고 쓸쓸함	
☐ 威儀 위 의	위엄 **위**, 거동 **의** ① 위엄이 있고 엄숙한 태도나 차림새 ② 예법에 맞는 몸가짐	
☐ 委託 위 탁	맡길 **위**, 부탁할 **탁** 남에게 사물이나 사람의 책임을 맡김	

☐	遺棄 유 기	남길 유, 버릴 기 ① 내다 버림 ② 어떤 사람이 종래의 보호를 거부하여, 그를 보호받지 못하는 상태에 　두는 일
☐	有名稅 유 명 세	있을 유, 이름 명, 세금 세 세상에 이름이 널리 알려져 있는 탓으로 당하는 불편이나 곤욕을 속되 게 이르는 말
☐	認識 인 식	알 인, 알 식 사물을 분별하고 판단하여 앎
☐	日沒 일 몰	날 일, 빠질 몰 해가 짐
☐	日照 일 조	날 일, 비칠 조 햇볕이 내리쬠
☐	自生 자 생	스스로 자, 날 생 ① 저절로 나서 자람 ② 자기 자신의 힘으로 살아감
☐	灼熱 작 열	불사를 작, 더울 열 불 등이 이글이글 뜨겁게 타오름
☐	箴言 잠 언	경계 잠, 말씀 언 가르쳐서 훈계하는 말
☐	潛在 잠 재	잠길 잠, 있을 재 겉으로 드러나지 않고 속에 숨어 있거나 잠겨 있음
☐	長廣舌 장 광 설	길 장, 넓을 광, 혀 설 ① 쓸데없이 장황하게 늘어놓는 말 ② 길고도 세차게 잘하는 말솜씨
☐	再考 재 고	두 재, 생각할 고 어떤 일이나 문제 등에 대하여 다시 생각함
☐	裁量 재 량	마를 재, 헤아릴 량 자기의 생각과 판단에 따라 일을 처리함
☐	摘出 적 출	딸 적, 날 출 ① 끄집어내거나 솎아 냄 ② 감추어져 있던 것을 들추어냄
☐	傳達 전 달	전할 전, 통달할 달 ① 지시, 명령, 물품 등을 다른 사람이나 기관에 전하여 이르게 함 ② 자극, 신호, 동력 등이 다른 기관에 전하여짐
☐	情況 정 황	뜻 정, 상황 황 일의 사정과 상황
☐	提高 제 고	끌 제, 높을 고 수준이나 정도 등을 끌어올림
☐	諸元 제 원	모두 제, 으뜸 원 기계류의 치수나 무게 등의 성능과 특성을 나타낸 수적 지표
☐	弔詞 조 사	조상할 조, 말 사 죽은 사람을 슬퍼하여 조문(弔問)의 뜻을 표하는 글이나 말
☐	周旋 주 선	두루 주, 돌 선 일이 잘되도록 여러 가지 방법으로 힘씀

기출로 출제포인트 점검

다음 한자어의 독음을 쓰시오. [01~06]

01 諸元

02 認識

03 灼熱

04 그는 日沒 전에 목적지에 도착하였다.

05 그는 여러 차례 TV 출연으로 有名稅를
치렀다.

06 정부는 국가 경쟁력 회복과 提高에 총력
을 기울이고 있다.

밑줄 친 부분에서 틀린 한자를 찾아 ○하시
오. [07~09]

07 그간의 精況(정황)을 말씀드리려 합니다.

08 인플레 요인의 潛材(잠재)가 표면화되었
다.

09 그녀는 日造(일조) 때에 옥상에서 일광욕
을 즐겼다.

[답]
01 제원	02 인식	03 작열
04 일몰	05 유명세	06 제고
07 精 → 情	08 材 → 在	09 造 → 照

☐	**準據** 준 거	준할 준, 근거 **거** 사물의 정도나 성격 등을 알기 위한 근거나 기준
☐	**準備** 준 비	준할 준, 갖출 **비** 미리 마련하여 갖춤
☐	**仲介士** 중 개 사	버금 **중**, 낄 **개**, 선비 **사** 다른 사람의 의뢰를 받고 상행위를 대리하여 그에 대한 수수료를 받는 일을 전문으로 하는 사람
☐	**中傷** 중 상	가운데 **중**, 다칠 **상** 근거 없는 말로 남을 헐뜯어 명예나 지위를 손상함
☐	**重要** 중 요	무거울 **중**, 요긴할 **요** 귀중하고 요긴함
☐	**遲延** 지 연	더딜 **지**, 늘일 **연** 무슨 일을 더디게 끌어 시간을 늦춤. 또는 시간이 늦추어짐
☐	**直結** 직 결	곧을 **직**, 맺을 **결** 사이에 다른 것이 개입되지 않고 직접 연결됨. 또는 사이에 다른 것을 개입하지 않고 직접 연결함
☐	**集中** 집 중	모을 **집**, 가운데 **중** ① 한곳을 중심으로 하여 모임. 또는 그렇게 모음 ② 한 가지 일에 모든 힘을 쏟아부음
☐	**參見** 참 견	참여할 **참**, 볼 **견** 자기와 별로 관계없는 일이나 말 등에 끼어들어 쓸데없이 아는 체 하거나 이래라저래라 함
☐	**採用** 채 용	캘 **채**, 쓸 **용** ① 사람을 골라서 씀 ② 어떤 의견, 방안 등을 고르거나 받아들여서 씀
☐	**剔抉** 척 결	뼈 바를 **척**, 도려낼 **결** ① 살을 도려내고 뼈를 발라냄 ② 나쁜 부분이나 요소들을 깨끗이 없애 버림
☐	**充分** 충 분	채울 **충**, 나눌 **분** 모자람이 없이 넉넉함
☐	**沈潛** 침 잠	잠길 **침**, 잠길 **잠** ① 겉으로 드러나지 않게 물속 깊숙이 가라앉거나 숨음 ② 마음을 가라앉혀서 깊이 생각하거나 몰입함 ③ 분위기 등이 가라앉아 무거움
☐	**唾棄** 타 기	침 **타**, 버릴 **기** '침을 뱉듯이 버린다'는 뜻으로, 업신여기거나 아주 더럽게 생각하여 돌아보지 않고 버림을 이르는 말
☐	**墮落** 타 락	떨어질 **타**, 떨어질 **락** 올바른 길에서 벗어나 잘못된 길로 빠지는 일
☐	**探險** 탐 험	찾을 **탐**, 험할 **험** 위험을 무릅쓰고 어떤 곳을 찾아가서 살펴보고 조사함
☐	**態度** 태 도	모습 **태**, 법도 **도** ① 몸의 동작이나 몸을 가누는 모양새 ② 어떤 일이나 상황 등을 대하는 마음가짐 ③ 어떤 일이나 상황 등에 대해 취하는 입장

☐	駘蕩 태 탕	둔마 **태**, 방탕할 **탕** ① 넓고 큼 ② 봄날의 바람이나 날씨가 화창함
☐	討議 토 의	칠 **토**, 의논할 **의** 어떤 문제에 대하여 검토하고 협의함
☐	通話 통 화	통할 **통**, 말씀 **화** 전화로 말을 주고받음
☐	通貨 통 화	통할 **통**, 재물 **화** 유통 수단이나 지불 수단으로서 기능하는 화폐
☐	投棄 투 기	던질 **투**, 버릴 **기** 내던져 버림
☐	破寂 파 적	깨뜨릴 **파**, 고요할 **적** 심심함을 잊고 시간을 보내기 위하여 어떤 일을 함. 또는 그런 일
☐	破綻 파 탄	깨뜨릴 **파**, 터질 **탄** ① 찢어져 터짐 ② 일이나 계획 등이 원만하게 진행되지 못하고 중도에서 어긋나 깨짐
☐	覇氣 패 기	으뜸 **패**, 기운 **기** 어떤 어려운 일이라도 해내려는 굳센 기상이나 정신
☐	偏見 편 견	치우칠 **편**, 볼 **견** 공정하지 못하고 한쪽으로 치우친 생각
☐	抛棄 포 기	던질 **포**, 버릴 **기** ① 하려던 일을 도중에 그만두어 버림 ② 자기의 권리나 자격, 물건 등을 내던져 버림
☐	喊聲 함 성	소리칠 **함**, 소리 **성** 여러 사람이 함께 외치거나 지르는 소리
☐	該當 해 당	갖출 **해**, 마땅 **당** ① 무엇에 관계되는 바로 그것 ② 어떤 범위나 조건 등에 바로 들어맞음
☐	革命 혁 명	가죽 **혁**, 목숨 **명** 헌법의 범위를 벗어나 국가 기초, 사회 제도, 경제 제도, 조직 등을 근본적으로 고치는 일
☐	現象 현 상	나타날 **현**, 코끼리 **상** 인간이 지각할 수 있는, 사물의 모양과 상태
☐	現實 현 실	나타날 **현**, 열매 **실** 현재 실제로 존재하는 사실이나 상태
☐	協商 협 상	화합할 **협**, 장사 **상** 어떤 목적에 부합되는 결정을 하기 위하여 여럿이 서로 의논함
☐	協助 협 조	화합할 **협**, 도울 **조** 힘을 보태어 도움
☐	協奏 협 주	화합할 **협**, 아뢸 **주** 독주 악기와 관현악이 합주하면서 독주 악기의 기교가 돋보이게 연주함
☐	協贊 협 찬	화합할 **협**, 도울 **찬** ① 힘을 합하여 도움 ② 어떤 일 등에 재정적으로 도움을 줌

기출로 출제포인트 점검

다음 한자어의 독음을 쓰시오. [01~06]

01 破寂

02 通話

03 協助

04 그의 얼굴에는 覇氣가 넘친다.

05 우리는 문제를 討議를 통해 해결할 수 있었다.

06 지금까지 그는 協商에 실패한 적이 한번도 없었다.

밑줄 친 부분에서 틀린 한자를 찾아 ○하시오. [07~09]

07 민주주의 赫命(혁명)을 완수하다.

08 금융 당국은 새로운 通話(통화) 정책을 제안하였다.

09 독주 악기와 관현악의 協湊(협주) 공연을 감상했다.

[답]
01 파적   02 통화   03 협조
04 패기   05 토의   06 협상
07 赫 → 革   08 話 → 貨   09 湊 → 奏

□	**荊棘** 형 극	가시나무 **형**, 가시 **극** ① 나무의 온갖 가시 ② '고난'을 비유적으로 이르는 말
□	**華麗** 화 려	빛날 **화**, 고울 **려** ① 환하게 빛나며 곱고 아름다움 ② 어떤 일이나 생활 등이 보통 사람들이 누리기 어려울 만큼 대단하거 나 사치스러움
□	**火傷** 화 상	불 **화**, 다칠 **상** 높은 온도의 기체, 액체, 고체, 화염 등에 데었을 때에 일어나는 피부의 손상
□	**火葬** 화 장	불 **화**, 장사지낼 **장** 시체를 불에 살라 장사 지냄
□	**貨幣** 화 폐	재물 **화**, 화폐 **폐** 상품 교환 가치의 척도가 되며 그것의 교환을 매개하는 일반화된 수단
□	**廓正** 확 정	클 **확**, 바를 **정** 잘못을 바로잡음
□	**確執** 확 집	굳을 **확**, 잡을 **집** 자기의 의견을 굳이 고집하여 양보하지 않음
□	**劃策** 획 책	그을 **획**, 꾀 **책** 어떤 일을 꾸미거나 꾀함. 또는 그런 꾀

② 7급 기출 한자어

□	**加入** 가 입	더할 **가**, 들 **입** ① 조직이나 단체 등에 들어가거나, 서비스를 제공하는 상품 등을 신청함 ② 새로 더 집어넣음
□	**間髮** 간 발	사이 **간**, 터럭 **발** 아주 잠시 또는 아주 적음을 이르는 말
□	**甘受** 감 수	달 **감**, 받을 **수** 책망이나 괴로움 등을 달갑게 받아들임
□	**降等** 강 등	내릴 **강**, 무리 **등** 등급이나 계급 등이 낮아짐. 또는 등급이나 계급 등을 낮춤
□	**開發** 개 발	열 **개**, 필 **발** ① 토지나 천연자원 등을 쓸모 있게 만듦 ② 재능이나 지식 등을 발전하게 함
□	**健實** 건 실	굳셀 **건**, 열매 **실** ① 생각, 태도 등이 건전하고 착실함 ② 몸이 건강함 ③ 기업의 경영 상태가 좋고 성장 가능성이 높음
□	**堅固** 견 고	굳을 **견**, 굳을 **고** ① 굳고 단단함 ② 사상이나 의지 등이 동요됨이 없이 확고함
□	**決定** 결 정	결단할 **결**, 정할 **정** 행동이나 태도를 분명하게 정함. 또는 그렇게 정해진 내용

기출로 출제포인트 점검

다음 한자어의 독음을 쓰시오. [01~06]

01 貨幣

02 華麗

03 荊棘

04 健實한 기업을 중심으로 주가가 많이 올
랐다.

05 그녀는 많은 고통을 甘受한 결과 성공하
였다.

06 김 대령은 자신의 降等이 부당하다고 항
의했다.

밑줄 친 부분에서 틀린 한자를 찾아 ○하시
오. [07~09]

07 그는 堅枯(견고)하게 자기의 신념을 지켰다.

08 우리 회사는 수자원 改發(개발)에 힘쓰는
중이다.

09 지조란 것은 순일한 정신을 지키기 위한
냉철한 確輯(확집)이요.

[답]
01 화폐   02 화려   03 형극
04 건실   05 감수   06 강등
07 枯 → 固   08 改 → 開   09 輯 → 執

한자	뜻과 설명
□ 啓發 계 발	열 계, 필 발 슬기, 재능 등을 깨우쳐 열어 줌
□ 枯死 고 사	마를 고, 죽을 사 나무나 풀 등이 말라 죽음
□ 苦笑 고 소	쓸 고, 웃음 소 어이가 없거나 마지못하여 짓는 웃음
□ 固着 고 착	굳을 고, 붙을 착 ① 물건 같은 것이 굳게 들러붙어 있음 ② 어떤 상황이나 현상이 굳어져 변하지 않음
□ 困辱 곤 욕	곤할 곤, 욕될 욕 심한 모욕. 또는 참기 힘든 일
□ 困惑 곤 혹	곤할 곤, 미혹할 혹 곤란한 일을 당하여 어찌할 바를 모름
□ 共感 공 감	한가지 공, 느낄 감 남의 감정, 의견, 주장 등에 대하여 자기도 그렇다고 느낌 또는 그렇게 느끼는 기분
□ 公理 공 리	공평할 공, 다스릴 리 일반 사람과 사회에서 두루 통하는 진리나 도리
□ 供給 공 급	이바지할 공, 줄 급 요구나 필요에 따라 물품 등을 제공함
□ 課程 과 정	공부할 과, 한도 정 ① 해야 할 일의 정도 ② 일정한 기간에 교육하거나 학습하여야 할 과목의 내용과 분량
□ 過程 과 정	지날 과, 한도 정 일이 되어 가는 경로
□ 規範 규 범	법 규, 법 범 판단을 내리거나 행동할 때 마땅히 따르고 지켜야 할 가치 판단의 기준
□ 規律 규 율	법 규, 법칙 율 질서나 제도를 유지하기 위하여 정하여 놓은, 행동의 준칙이 되는 본보기
□ 禁斷 금 단	금할 금, 끊을 단 어떤 행위를 못하도록 금함. 또는 어떤 구역에 드나들지 못하도록 막음
□ 樂勝 낙 승	즐길 낙, 이길 승 힘들이지 않고 쉽게 이김
□ 樂園 낙 원	즐길 낙, 동산 원 ① 아무런 괴로움이나 고통이 없이 안락하게 살 수 있는 즐거운 곳 ② 고난과 슬픔 등을 느낄 수 없는 곳이라는 뜻에서, 죽은 뒤의 세계를 비유적으로 이르는 말
□ 老衰 노 쇠	늙을 노, 쇠할 쇠 늙어서 쇠약하고 기운이 별로 없음
□ 多樣性 다 양 성	많을 다, 모양 양, 성품 성 모양, 빛깔, 형태, 양식 등이 여러 가지로 많은 특성
□ 多元 다 원	많을 다, 으뜸 원 근원이 많음. 또는 그 근원.

기출로 출제포인트 점검

다음 한자어의 독음을 쓰시오. [01~06]

01 啓發

02 枯死

03 樂園

04 갖은 困辱을 치러야 했다.

05 그는 술을 끊고 禁斷 현상에 시달렸다.

06 환경 오염 문제에 대한 지적은 나 역시 共感이 갔다.

밑줄 친 부분에서 틀린 한자를 찾아 ○하시오. [07~09]

07 예기치 못한 질문에 困域(곤혹)을 느끼다.

08 건조한 피부에 수분을 충분히 供級(공급)해야 한다.

09 기호를 기표와 기의의 결합으로 보는 것은 언어학의 共理(공리)이다.

[답]
01 계발	02 고사	03 낙원
04 곤욕	05 금단	06 공감
07 域 → 惑	08 級 → 給	09 共 → 公

☐ **多彩** 다 채	많을 **다**, 채색 **채** 여러 가지 색채나 형태, 종류 등이 어울리어 호화스러움	
☐ **團聚** 단 취	둥글 **단**, 모을 **취** 집안 식구나 친한 사람들끼리 화목하게 한자리에 모임	
☐ **踏査** 답 사	밟을 **답**, 조사할 **사** 현장에 가서 직접 보고 조사함	
☐ **動態** 동 태	움직일 **동**, 모습 **태** 움직이거나 변하는 모습	
☐ **蔓延** 만 연	덩굴 **만**, 늘일 **연** '식물의 줄기가 널리 뻗는다'라는 뜻으로, 전염병이나 나쁜 현상이 널리 퍼짐을 비유적으로 이르는 말	
☐ **明渡** 명 도	밝을 **명**, 건널 **도** 건물, 토지, 선박 등을 남에게 주거나 맡김. 또는 그런 일	
☐ **明示** 명 시	밝을 **명**, 보일 **시** 분명하게 드러내 보임	
☐ **袂別** 메 별	소매 **예**, 나눌 **별** '소매를 잡고 헤어진다'라는 뜻으로, 섭섭히 헤어짐을 이르는 말	
☐ **模範** 모 범	본뜰 **모**, 법 **범** 본받아 배울 만한 대상	
☐ **模糊** 모 호	본뜰 **모**, 풀칠할 **호** 말이나 태도가 흐리터분하여 분명하지 않음	
☐ **彌縫策** 미 봉 책	미륵 **미**, 꿰맬 **봉**, 꾀 **책** 눈가림만 하는 일시적인 계책	
☐ **薄明** 박 명	엷을 **박**, 밝을 **명** 해가 뜨기 전이나 해가 진 후 얼마 동안 주위가 희미하게 밝은 상태	
☐ **半徑** 반 경	반 **반**, 지름길 **경** 원이나 구의 중심에서 그 원둘레 또는 구면상의 한 점에 이르는 선분. 또는 그 선분의 길이	
☐ **反問** 반 문	돌이킬 **반**, 물을 **문** ① 물음에 대답하지 않고 되받아 물음. 또는 그 물음 ② 상대의 주장이나 의견에 대하여 동의하지 않는 부분이 있어 이의를 제기하며 질문함	
☐ **發送** 발 송	필 **발**, 보낼 **송** 물건, 편지, 서류 등을 우편이나 운송 수단을 이용하여 보냄	
☐ **復命** 복 명	회복할 **복**, 목숨 **명** 명령을 받고 일을 처리한 사람이 그 결과를 보고함	
☐ **復活** 부 활	다시 **부**, 살 **활** ① 죽었다가 다시 살아남 ② 쇠퇴하거나 폐한 것이 다시 성하게 됨. 또는 그렇게 함	
☐ **不肖** 불 초	아닐 **불**, 닮을 **초** ① '아버지를 닮지 않았다'라는 뜻으로, 못나고 어리석은 사람을 이르는 말 ② 아들이 부모를 상대하여 자신을 낮추어 이르는 일인칭 대명사	
☐ **崩壞** 붕 괴	무너질 **붕**, 무너질 **괴** 무너지고 깨어짐	

☐ **比肩** 비 견	견줄 비, 어깨 견 서로 비슷한 위치에서 견줌. 또는 견주어짐	
☐ **謝過** 사 과	사례할 사, 지날 과 자기의 잘못을 인정하고 용서를 빎	
☐ **死滅** 사 멸	죽을 사, 꺼질 멸 죽어 없어짐	
☐ **使用** 사 용	하여금 사, 쓸 용 일정한 목적이나 기능에 맞게 씀	
☐ **思惟** 사 유	생각 사, 생각할 유 대상을 두루 생각하는 일	
☐ **辭意** 사 의	말씀 사, 뜻 의 ① 맡아보던 일자리를 그만두고 물러날 뜻 ② 글이나 말로 이야기되는 뜻	
☐ **算入** 산 입	셈 산, 들 입 셈하여 넣음	
☐ **常識** 상 식	떳떳할 상, 알 식 사람들이 보통 알고 있거나 알아야 하는 지식	
☐ **生成** 생 성	날 생, 이룰 성 사물이 생겨남. 또는 사물이 생겨 이루어지게 함	
☐ **惜別** 석 별	아낄 석, 나눌 별 서로 애틋하게 이별함. 또는 그런 이별	
☐ **選出** 선 출	가릴 선, 날 출 여럿 가운데서 골라냄	
☐ **說明** 설 명	말씀 설, 밝을 명 어떤 일이나 대상의 내용을 상대편이 잘 알 수 있도록 밝혀 말함. 또는 그런 말	
☐ **誠實** 성 실	정성 성, 열매 실 정성스럽고 참됨	
☐ **消去** 소 거	사라질 소, 갈 거 글자나 그림 등이 지워짐. 또는 그것을 지워 없앰	
☐ **消滅** 소 멸	사라질 소, 꺼질 멸 사라져 없어짐	
☐ **消失** 소 실	사라질 소, 잃을 실 사라져 없어짐. 또는 그렇게 잃어버림	
☐ **消盡** 소 진	사라질 소, 다할 진 점점 줄어들어 다 없어짐. 또는 다 써서 없앰	
☐ **率先** 솔 선	거느릴 솔, 먼저 선 남보다 앞장서서 먼저 함	
☐ **樹葉** 수 엽	나무 수, 잎 엽 나무의 잎	
☐ **需要** 수 요	쓰일 수, 요긴할 요 어떤 재화나 용역을 일정한 가격으로 사려고 하는 욕구	

기출로 출제포인트 점검

다음 한자어의 독음을 쓰시오. [01~06]

01 率先

02 死滅

03 思惟

04 재료가 消盡되어 음식을 만들 수 없다.

05 그는 도무지 자신의 잘못을 謝過하지 않
았다.

06 나는 惜別의 눈물을 흘리며 헤어짐을 아
쉬워했다.

밑줄 친 부분에서 틀린 한자를 찾아 ○하시
오. [07~09]

07 장관은 일신상의 이유로 辭義(사의)를 밝
혔다.

08 事用(사용) 기간이 지났기 때문에 무효가
되었습니다.

09 오늘은 지구의 生誠(생성) 과정에 대해 알
아볼 것이다.

[답]
01 솔선	02 사멸	03 사유
04 소진	05 사과	06 석별
07 義 → 意	08 事 → 使	09 誠 → 成

☐ 順延 순 연	순할 순, 늘일 연 차례로 기일을 늦춤	
☐ 迅速 신 속	빠를 신, 빠를 속 매우 날쌔고 빠름	
☐ 惡化 악 화	악할 악, 될 화 ① 일의 형세가 나쁜 쪽으로 바뀜 ② 병의 증세가 나빠짐	
☐ 黎明 여 명	검을 여, 밝을 명 ① 희미하게 날이 밝아 오는 빛. 또는 그런 무렵 ② 희망의 빛	
☐ 聯關性 연 관 성	연이을 연, 관계할 관, 성품 성 사물이나 현상이 일정한 관계를 맺는 특성이나 성질	
☐ 連累/ 緣累 연 루	잇닿을 연/인연 연, 여러 루 남이 저지른 범죄에 연관됨	
☐ 厭世的 염 세 적	싫어할 염, 인간 세, 과녁 적 세상을 싫어하고 모든 일을 어둡고 부정적인 것으로 보는 것	
☐ 蘊蓄 온 축	쌓을 온, 모을 축 ① 오랫동안 학식 등을 많이 쌓음. 또는 그 학식 ② 속에 깊이 쌓아 둠. 또는 그런 것	
☐ 歪曲 왜 곡	기울 왜, 굽을 곡 사실과 달리 해석하거나 그릇되게 함	
☐ 郵送 우 송	우편 우, 보낼 송 우편으로 보냄	
☐ 圓滑 원 활	둥글 원, 미끄러울 활 ① 모난 데가 없고 원만함 ② 거침이 없이 잘되어 나감	
☐ 紐帶 유 대	맺을 유, 띠 대 '끈과 띠'라는 뜻으로, 둘 이상을 묶어서 연결하거나 결합하게 하는 것. 또는 그런 관계	
☐ 遊說 유 세	놀 유, 달랠 세 자신의 의견이나 자기 소속 정당의 주장을 선전하며 돌아다님	
☐ 融合 융 합	녹을 융, 합할 합 다른 종류의 것이 녹아서 서로 구별이 없게 하나로 합하여지거나 그렇게 만듦. 또는 그런 일	
☐ 疑問 의 문	의심할 의, 물을 문 의심스럽게 생각함. 또는 그런 문제나 사실	
☐ 利害 이 해	이로울 리, 해할 해 이익과 손해를 아울러 이르는 말	
☐ 引率 인 솔	끌 인, 거느릴 솔 여러 사람을 이끌고 감	
☐ 自敍傳 자 서 전	스스로 자, 펼 서, 전할 전 작자 자신의 일생을 소재로 스스로 짓거나, 남에게 구술하여 쓰게 한 전기	

기출로 출제포인트 점검

다음 한자어의 독음을 쓰시오. [01~06]

01 迅速

02 引率

03 疑問

04 물은 수소와 산소의 融合물이다.

05 두 사람은 친자매 이상으로 紐帶가 깊다.

06 그는 폭력 사건에 連累된 혐의를 극구 부인하였다.

밑줄 친 부분에서 틀린 한자를 찾아 ○하시오. [07~09]

07 새벽 黎命(여명)이 강하게 밝아 오고 있다.

08 전쟁에서 가장 중요한 것은 圓骨(원활)한 물자 공급이다.

09 금전 거래를 할 때에는 理害(이해)를 잘 따져야 손해를 보지 않을 수 있다.

[답]
01 신속	02 인솔	03 의문
04 융합	05 유대	06 연루
07 命 → 明	08 骨 → 滑	09 理 → 利

☐ **恣意的** 자 의 적	마음대로 자, 뜻 의, 과녁 적 일정한 질서를 무시하고 제멋대로 하는 것
☐ **裁斷** 재 단	마를 재, 끊을 단 ① 옳고 그름을 가려 결정함 ② 옷감이나 재목 등을 치수에 맞도록 재거나 자르는 일
☐ **典範** 전 범	법 전, 법 범 ① 본보기가 될 만한 모범 ② 전형적인 법이나 규범
☐ **塡足** 전 족	메울 전, 발 족 모자라는 것을 채움
☐ **纏足** 전 족	얽을 전, 발 족 중국의 옛 풍습의 하나. 여자의 엄지발가락 이외의 발가락들을 어릴 때부터 발바닥 방향으로 접어 넣듯 힘껏 묶어 헝겊으로 동여매어 자라지 못하게 한 일이나 그런 발을 이름
☐ **靜態** 정 태	고요할 정, 모습 태 움직이지 않고 가만히 있는 상태
☐ **提示** 제 시	끌 제, 보일 시 ① 어떠한 의사를 말이나 글로 나타내어 보임 ② 검사나 검열 등을 위하여 물품을 내어 보임
☐ **題材** 제 재	제목 제, 재목 재 예술 작품이나 학술 연구의 바탕이 되는 재료
☐ **租稅** 조 세	조세 조, 세금 세 국가 또는 지방 공공 단체가 필요한 경비로 사용하기 위하여 국민이나 주민으로부터 강제로 거두어들이는 금전
☐ **中毒** 중 독	가운데 중, 독 독 ① 생체가 음식물이나 약물의 독성에 의하여 기능 장애를 일으키는 일 ② 술이나 마약 등을 지나치게 복용한 결과, 그것 없이는 견디지 못하는 병적 상태 ③ 어떤 사상이나 사물에 젖어 버려 정상적으로 사물을 판단할 수 없는 상태
☐ **重層** 중 층	무거울 중, 층 층 여러 층
☐ **地境** 지 경	땅 지, 지경 경 ① 나라나 지역 등의 구간을 가르는 경계 ② 일정한 테두리 안의 땅
☐ **止揚** 지 양	그칠 지, 날릴 양 더 높은 단계로 나아가기 위해 어떤 것을 하지 않음
☐ **指針** 지 침	가리킬 지, 바늘 침 ① 생활이나 행동 등의 지도적 방법이나 방향을 인도하여 주는 준칙 ② 지시 장치에 붙어 있는 바늘
☐ **志向** 지 향	뜻 지, 향할 향 어떤 목표로 뜻이 쏠리어 향함. 또는 그 방향이나 그쪽으로 쏠리는 의지
☐ **陳述** 진 술	베풀 진, 펼 술 일이나 상황에 대하여 자세하게 이야기함. 또는 그런 이야기
☐ **質問** 질 문	바탕 질, 물을 문 알고자 하는 바를 얻기 위해 물음

기출로 출제포인트 점검

다음 한자어의 독음을 쓰시오. [01~06]

01 典範

02 裁斷

03 靜態

04 소음에 中毒이 되어 버렸다.

05 여기는 重層으로 이루어진 건물이다.

06 그날 밤의 일에 대해 상세히 陳述했다.

밑줄 친 부분에서 틀린 한자를 찾아 ○하시오. [07~09]

07 법을 <u>自意的</u>(자의적)으로 적용하면 안 된다.

08 갈등의 <u>止陽</u>(지양)과 극복을 통해 보다 나은 사회를 건설할 수 있다.

09 그들은 사마리아 <u>地鏡</u>(지경) 바로 앞에서 교대로 늦은 조반을 치렀다.

[답]
01 전범	02 재단	03 정태
04 중독	05 중층	06 진술
07 自 → 恣	08 陽 → 揚	09 鏡 → 境

☐	**徵求** 징 구	부를 징, 구할 구 돈, 곡식 등을 내놓으라고 요구함
☐	**錯綜** 착 종	어긋날 착, 모을 종 ① 이것저것이 뒤섞여 엉클어짐 ② 이것저것을 섞어 모음
☐	**捷徑** 첩 경	빠를 첩, 지름길 경 ① 멀리 돌지 않고 가깝게 질러 통하는 길 ② 가장 쉽고 빠른 방법을 비유적으로 이르는 말
☐	**推戴** 추 대	밀 추, 일 대 윗사람으로 떠받듦
☐	**秋涼** 추 량	가을 추, 서늘할 량 가을의 서늘한 기운
☐	**贅言** 췌 언	혹 췌, 말씀 언 쓸데없는 군더더기 말
☐	**醉興** 취 흥	취할 취, 일 흥 술에 취하여 일어나는 흥취
☐	**妥協** 타 협	온당할 타, 화합할 협 어떤 일을 서로 양보하여 협의함
☐	**脫退** 탈 퇴	벗을 탈, 물러날 퇴 관계하고 있던 조직이나 단체 등에서 관계를 끊고 물러남
☐	**搨本** 탑 본	베낄 탑, 근본 본 비석, 기와, 기물 등에 새겨진 글씨나 무늬를 종이에 그대로 떠냄. 또는 그렇게 떠낸 종이
☐	**波瀾** 파 란	물결 파, 물결 란 ① 잔물결과 큰 물결 ② 순탄하지 않고 어수선하게 계속되는 여러 가지 어려움이나 시련 ③ 문장의 기복이나 변화. 또는 두드러지게 뛰어난 부분
☐	**擺脫** 파 탈	열 파, 벗을 탈 어떤 구속이나 예절로부터 벗어남
☐	**霸權** 패 권	으뜸 패, 권세 권 ① 어떤 분야에서 우두머리나 으뜸의 자리를 차지하여 누리는 공인된 권리와 힘 ② 국제 정치에서, 어떤 국가가 경제력이나 무력으로 다른 나라를 압박하 여 자기의 세력을 넓히려는 권력
☐	**偏向** 편 향	치우칠 편, 향할 향 한쪽으로 치우침
☐	**弊端** 폐 단	폐단 폐, 끝 단 어떤 일이나 행동에서 나타나는 옳지 못한 경향이나 해로운 현상
☐	**豹變** 표 변	표범 표, 변할 변 ① '표범의 무늬가 가을이 되면 아름다워진다'라는 뜻으로, 허물을 고쳐 말과 행동이 뚜렷이 달라짐을 이르는 말 ② 마음, 행동 등이 갑작스럽게 달라짐. 또는 마음, 행동 등을 갑작스럽 게 바꿈

기출로 출제포인트 점검

다음 한자어의 독음을 쓰시오. [01~06]

01 贅言

02 錯綜

03 霸權

04 저 사람은 波瀾이 많은 삶을 살았다.

05 우리는 비석을 搨本하여 보관하기로 했다.

06 대화와 妥協을 통해 서로의 이해를 조정
할 수 있다.

밑줄 친 부분에서 틀린 한자를 찾아 ○하시
오. [07~09]

07 조합원 전원이 노조에서 奪退(탈퇴)했다.

08 그는 정직함이야말로 성공에 이르는 捷
輕(첩경)이라 믿었다.

09 이들은 모두 인간 중심적 사고에 編向(편
향)되었다는 근원적 한계를 갖는다.

[답]
01 췌언　　　02 착종　　　03 패권
04 파란　　　05 탑본　　　06 타협
07 奪 → 脫　 08 輕 → 徑　 09 編 → 偏

☐ **下降** 하 강	아래 **하**, 내릴 **강** ① 높은 곳에서 아래로 향하여 내려옴 ② 신선이 속계로 내려오거나 웃어른이 아랫자리로 내려옴 ③ '지체가 낮은 곳으로 시집간다'라는 뜻으로, 공주나 옹주가 귀족이나 　신하에게로 시집감을 이르던 말
☐ **割賦** 할 부	벨 **할**, 부세 **부** ① 돈을 여러 번에 나누어 냄 ② 나누어 몫을 짐
☐ **解明** 해 명	풀 **해**, 밝을 **명** 까닭이나 내용을 풀어서 밝힘
☐ **懈怠** 해 태	게으를 **해**, 게으를 **태** 행동이 느리고 움직이거나 일하기를 싫어하는 태도나 버릇
☐ **形象** 형 상	모양 **형**, 코끼리 **상** 사물의 상태나 생긴 모양
☐ **惠澤** 혜 택	은혜 **혜**, 못 **택** 은혜와 덕택을 아울러 이르는 말
☐ **好轉** 호 전	좋을 **호**, 구를 **전** ① 일의 형세가 좋은 쪽으로 바뀜 ② 병의 증세가 나아짐
☐ **昏困** 혼 곤	어두울 **혼**, 곤할 **곤** 정신이 흐릿하고 고달픔
☐ **混沌/** **渾沌** 혼 돈	섞을 **혼**/흐릴 **혼**, 엉길 **돈** 마구 뒤섞여 있어 갈피를 잡을 수 없음. 또는 그런 상태
☐ **混同** 혼 동	섞을 **혼**, 한가지 **동** ① 구별하지 못하고 뒤섞어서 생각함 ② 서로 뒤섞이어 하나가 됨
☐ **混亂** 혼 란	섞을 **혼**, 어지러울 **란** 뒤죽박죽이 되어 어지럽고 질서가 없음
☐ **確固** 확 고	굳을 **확**, 굳을 **고** 태도나 상황 등이 튼튼하고 굳음
☐ **確實** 확 실	굳을 **확**, 열매 **실** 틀림없이 그러함
☐ **歡迎** 환 영	기쁠 **환**, 맞을 **영** 오는 사람을 기쁜 마음으로 반갑게 맞음
☐ **懷疑** 회 의	품을 **회**, 의심할 **의** 의심을 품음. 또는 마음속에 품고 있는 의심

기출로 출제포인트 점검

다음 한자어의 독음을 쓰시오. [01~06]

01 混同

02 確實

03 混亂

04 그녀는 確固한 신념을 가지고 있다.

05 그는 비리가 횡행하는 현실에 깊은 懷疑 를 느꼈다.

06 전쟁이 일어날지도 모른다는 공포로 인 해 국민들은 混沌에 빠졌다.

밑줄 친 부분에서 틀린 한자를 찾아 ○하시 오. [07~09]

07 그는 <u>割不</u>(할부)로 물건을 구입했다.

08 술에 취한 그는 이내 <u>昏梱</u>(혼곤)한 잠에 빠져들었다.

09 월드컵에 출전했던 선수들이 <u>煥迎</u>(환영) 을 받으며 입국했다.

[답]
01 혼동　　02 확실　　03 혼란
04 확고　　05 회의　　06 혼돈
07 不 → 賦　08 梱 → 困　09 煥 → 歡

01 2018년 서울시 9급(6월)

<보기>의 괄호에 알맞은 한자 성어는?

> 보기
>
> 일을 하다 보면 균형과 절제가 필요하다는 것을 알게 된다. 일의 수행 과정에서 부분적 잘못을 바로 잡으려다 정작 일 자체를 뒤엎어 버리는 경우가 왕왕 발생하기 때문이다. 흔히 속담에 "빈대 잡으려다 초가삼간 태운다"는 말은 여기에 해당할 것이다. 따라서 부분적 결점을 바로잡으려다 본질을 해치는 (   )의 어리석음을 저질러서는 안 된다.

① 개과불린(改過不吝) ② 경거망동(輕擧妄動)
③ 교각살우(矯角殺牛) ④ 부화뇌동(附和雷同)

02 2019년 지방직 9급

다음 (   ) 속에 들어갈 말로 가장 적절한 것은?

> 방랑시인 김삿갓의 시는 해학과 풍자로 가득 차 있는데, 무슨 시든 단숨에 써 내리는 一筆揮之인데다 가히 (   )의 상태라서 일부러 꾸미지 않았는데도 자연스럽고 아름답다.

① 花朝月夕   ② 韋編三絕
③ 天衣無縫   ④ 莫無可奈

03 2020년 지방직 9급

다음에 서술된 A사의 상황을 가장 적절하게 표현한 한자 성어는?

> 최근 출시된 A사의 신제품이 뜨거운 호응을 얻고 있다. 이번 신제품의 성공으로 A사는 B사에게 내주었던 업계 1위 자리를 탈환했다.

① 兎死狗烹   ② 捲土重來
③ 手不釋卷   ④ 我田引水

04 2019년 서울시 9급(2월)

<보기>와 가장 관련이 없는 고사성어는?

> 보기
>
> 섶 실은 천리마(千里馬)를 알아 볼 이 뉘 있으리
> 십년(十年) 역상(櫪上)에 속절없이 다 늙도다
> 어디서 살진 쇠양마(馬)는 외용지용 하느니

① 髀肉之嘆   ② 招搖過市
③ 不識泰山   ④ 麥秀之嘆

05 2019년 소방직 9급

<보기>에 드러나는 주제 의식과 관련된 사자성어로 적절한 것은?

> 보기
>
> 십년(十年)을 경영(經營)ᄒ여 초려삼간(草廬三間) 지여 내니
> 나 ᄒ 간 달 ᄒ 간에 청풍(淸風) ᄒ 간 맛져 두고
> 강산(江山)은 들일 듸 업스니 둘러 두고 보리라
>
> — 송순의 시조

① 敎學相長   ② 安貧樂道
③ 走馬看山   ④ 狐假虎威

06 2021년 국가직 9급

한자 표기가 옳은 것은?

① 그분은 냉혹한 현실(現室)을 잘 견뎌 냈다.
② 첫 손님을 야박(野薄)하게 대해서는 안 된다.
③ 그에게서 타고난 승부 근성(謹性)이 느껴진다.
④ 그는 평소 희망했던 기관에 채용(債用)되었다.

07 2020년 지방직 7급

⊙, ⓒ의 한자 표기로 옳은 것은?

- ⊙간발의 차이로 비행기를 놓쳤다.
- 그의 실력은 장인의 실력에 ⓒ비견될 만하다.

	⊙	ⓒ
①	間髮	批腑
②	簡拔	比房
③	間髮	比肩
④	簡拔	批腑

08 2019년 서울시 7급(10월)

<보기>의 ⊙ ~ ② 의 한자 표기로 옳지 않은 것은?

보기

'꼭두쇠'는 남사당패의 우두머리를 말한다. 꼭두쇠는 남사당패에서 절대적인 권력을 가진 존재이다. 단원 가운데 ⊙규율을 어긴 단원에 대해 형벌을 명령하는 것도 꼭두쇠이다. 꼭두쇠가 ⓒ노쇠하여 역할을 제대로 할 수 없거나 단원들의 신임을 잃게 되면 단원들의 ⓒ추대로 새로운 꼭두쇠를 ②선출한다.

① ⊙ - 規律   ② ⓒ - 老衰

③ ⓒ - 推戴   ④ ② - 先出

09 2019년 서울시 7급(10월)

사자성어 중 뜻이 나머지와 가장 다른 하나는?

① 지란지교(芝蘭之交)   ② 금란지계(金蘭之契)

③ 문경지교(刎頸之交)   ④ 단순호치(丹脣皓齒)

10 2020년 서울시 9급

<보기>의 ⊙ ~ ⓒ에 들어갈 알맞은 낱말끼리 짝지은 것은?

보기

물속에 잠긴 막대기는 굽어 보이지만 실제로 굽은 것은 아니다. 이때 나무가 굽어 보이는 것은 우리의 착각 때문도 아니고 눈에 이상이 있기 때문도 아니다. 나무는 정말 굽어 보이는 것이다. 분명히 굽어 보인다는 점과 사실은 굽지 않았다는 점 사이의 (⊙)은 빛의 굴절 이론을 통해서 해명된다.

굽어 보이는 나무도 우리의 직접적 경험을 통해서 주어지는 하나의 현실이고, 실제로는 굽지 않은 나무도 하나의 현실이다. 전자를 우리는 사물이나 사태의 보임새, 즉 (ⓒ)이라고 부르고, 후자를 사물이나 사태의 참모습, 즉 (ⓒ)이라고 부른다.

	⊙	ⓒ	ⓒ
①	葛藤	現象	本質
②	葛藤	假象	根本
③	矛盾	現象	本質
④	矛盾	假象	根本

11 2020년 지방직 9급

밑줄 친 단어와 바꿔 쓸 수 있는 한자어로 가장 적절한 것은?

① 그는 가수가 되려는 꿈을 <u>버리고</u> 직장을 구했다.
  → 遺棄하고

② 휴가철인 7~8월에 <u>버려지는</u> 반려견들이 가장 많다.
  → 根絶되는

③ 그는 집 앞에 몰래 쓰레기를 <u>버리고</u> 간 사람을 찾고 있다.
  → 投棄하고

④ 취직하려면 그녀는 우선 지각하는 습관을 <u>버려야</u> 할 것이다.
  → 抛棄해야

정답 및 해설 p. 312

정답 및 해설

I. 이론 문법

01 언어의 이해

p.16

01 ②	02 ⑤	03 ③	04 ②	05 ②	06 ④
07 ③	08 ③	09 ③			

01 | 언어의 특징 압축개념 01
정답 ②

정답 설명
② 영미는 사회적으로 약속된 말소리와 그 의미 관계를 고려하지 않은 채, 임의로 '침대'를 '사진'으로, '의자'를 '시계'로 바꿔 불러 친구들과의 의사소통이 어려워졌다. 따라서 제시글의 내용이 나타내고 있는 언어의 특성으로 적절한 것은 언어는 언어를 사용하는 사람들 간의 사회적 약속이라고 보는 ② '언어의 사회성'이다.

02 | 언어의 특징 압축개념 01
정답 ⑤

정답 설명
⑤ 언어의 사회성은 언어를 사람들 사이에 공유된 약속이라고 보는 특성이다. 이 관점에서 제시글을 보면, 부정적 의미로 쓰이던 '너무'가 긍정적인 의미에도 쓰일 수 있게 된 이유를 많은 사람들이 '너무'를 부정과 긍정의 의미에서 모두 사용하였기 때문으로 이해할 수 있다. 따라서 제시글을 가장 적절하게 이해한 것은 ⑤이다.

오답 분석
① 언어의 창조성은 상황에 따라 새로운 말들을 만들어 표현할 수 있는 언어의 특성을 가리킨다. '너무'는 예전부터 있었던 말이므로, 드디어 '너무'라는 말이 생겨난 것이라는 설명은 적절하지 않으며, 언어의 창조성과도 관련이 없다.
② 언어의 체계성은 형식과 의미가 일정한 체계에 따라 연결되는 언어의 특성을 가리키는 것으로, 한 단어(너무)가 부정적 의미와 긍정적 의미를 모두 갖춰야 한다는 개념은 아니다.
③ 언어의 분절성은 여러 단위로 나뉘거나 결합할 수 있고 연속적으로 이루어져 있는 세계를 불연속적으로 끊어서 표현하는 언어의 특성을 가리킨다. 이는 표준어의 용법이 바뀌는 것과는 상관이 없다.
④ 언어의 역사성은 시간의 흐름에 따라 언어의 의미나 형태가 변화할 수 있는 특성을 가리킨다. 이는 정해진 의미가 100년, 200년이 지나도 똑같아야 한다는 진술과는 어울리지 않는다.

03 | 언어의 기능 압축개념 02
정답 ③

정답 설명
③ '나'와 대화를 하기 위해 말을 걸고 있는 것이므로 밑줄 친 표현에서는 언어의 친교적 기능이 나타난다.

오답 분석
① 미학적 기능: 화자의 의식적·무의식적 노력을 통해 되도록 듣기 좋은 짜임새를 가지려 하는 언어의 기능으로, 언어를 예술적 재료로 사용하는 문학에서 두드러진다.
② 지령적 기능: 청자의 행동이나 태도에 영향을 미치는 언어의 기능으로, 청자를 향한 명령이나 요청 등이 이에 해당한다.
④ 표현적 기능: 현실 세계에 대한 화자의 판단 및 섬세한 감정 등을 표현하는 언어의 기능이다.

04 | 언어의 특징 압축개념 01
정답 ②

정답 설명
② 제시글은 언어의 특성 중 '역사성'과 관련된 설명을 하고 있다. 언어는 시간이 지나면서 새로 만들어지기도 하고(생성), 변하기도 하며(발전), 사라지기도 하는데(소멸) 이러한 언어의 특성을 '역사성'이라고 한다.

05 | 국어의 특질 압축개념 03
정답 ②

정답 설명
② 동사와 형용사의 활용이 유사한 것은 단어 형태상의 특징이므로 답은 ②이다.
- 형태적 특징은 단어상의 특징을 의미하며, 동사와 형용사는 어간에 여러 가지 어미가 붙는 활용을 한다는 점에서 유사하다.
  예 • 동사 '먹다' – 먹고, 먹으니, 먹어서
  • 형용사 '예쁘다' – 예쁘고, 예쁘니, 예뻐서

오답 분석
① ③ ④ 모두 문장과 관련되어 있으므로 국어의 통사적 특징에 해당한다.
① 국어의 문장에서는 수식어(꾸미는 말)가 피수식어(꾸밈을 받는 말) 앞에 온다. 이는 중심이 되는 말을 뒤에 놓는 국어의 경향을 보여 주는 것이다.
  예 영희는 예쁜 꽃을 샀다: '예쁜'(꾸미는 말)이 '꽃'(꾸밈을 받는 말) 앞에 위치한다.
③ ④ 국어의 문장은 대체로 '주어 + 목적어 + 동사(서술어)' 순으로 나타난다. 그러나 조사가 발달하여 이 어순은 비교적 자유롭게 달라진다.
  예 '나는(주어) + 밥을(목적어) + 먹는다(서술어)' 순으로 구성된 문장을 '밥을 먹는다, 나는'과 같이 어순을 바꾸어도 대부분 의미가 변하지 않는다.

06 | 언어의 특징 압축개념 01
정답 ④

정답 설명
④ ㉠ 규칙성은 언어에는 일정한 규칙으로 짜여진 구조가 있다는 특성이다. <보기 1>의 (라)는 같은 의미를 가진 말을 나라마다 다르게 표현한다는 것으로, 이는 언어의 의미와 말소리 사이에는 필연적인 관계가 없음을 의미하는 언어의 자의성과 관련이 있다. 따라서 언어의 특성이 가장 잘못 짝지어진 것은 ④이다.

오답 분석

① ⓛ 역사성은 언어가 시간의 흐름에 따라 생성, 발전(변화), 소멸한다는 특성이다. <보기 1>의 (가)는 '방송(放送)'의 의미가 처음에는 '석방'에서 시간이 지남에 따라 '보도'로 변화하였다는 것으로 언어의 역사성과 관련이 있다.

② ⓔ 사회성은 언어가 언어를 사용하는 사람들 간의 사회적 약속이라고 보는 특성이다. <보기 1>의 (나)는 '밥'의 말소리를 개인이 임의로 [밥]에서 [법]으로 바꾸면 사회적 약속이 깨져 다른 사람들과 의사소통이 불가능하다는 것으로 언어의 사회성과 관련이 있다.

③ ⓒ 창조성은 언어를 상황에 따라 새로운 말들로 만들어 표현할 수 있다는 특성이다. <보기 1>의 (다)는 '종이가 찢어졌어'라는 말을 배운 아이가 새로운 문장인 '책이 찢어졌어'를 만들어 표현하였다는 것으로 언어의 창조성과 관련이 있다.

---

07 | 국어의 특질 [압축개념 03]   정답 ③

정답 설명

③ 단어 형성법이 발달되어 있다는 설명은 옳으나, '작은집, 벗어나다'는 합성어이고 '군소리, 날고기'는 파생어이다. 합성어와 파생어의 예를 잘못 제시하고 있으므로 ③은 국어의 특성에 대한 설명으로 옳지 않다.

- 합성어: 작은(관형어) + 집(명사), 벗-(용언의 어간) + -어(연결 어미) + 나다(용언)
- 파생어: 군-(접두사) + 소리(명사), 날-(접두사) + 고기(명사)

---

08 | 언어와 사고 간의 관계 [압축개념 01, 04]   정답 ③

정답 설명

③ 제시글에서 밑줄 친 부분은 생각이 말보다 범위가 넓고 크다는 것으로, 이는 사고가 언어보다 우위에 있음을 의미하는 사고 우위론과 관련이 있다. ③에서 감동(생각)을 말로 설명할 수 없는 것 역시 생각이 말보다 더 넓은 범위이기 때문이므로 사고 우위론의 예에 해당한다. 따라서 가장 적절한 것은 ③이다.

오답 분석

② 동일한 사물을 여러 언어로 표현하는 것은 언어의 의미(내용)와 말소리(형식) 사이에 필연적인 관계가 없다는 것을 의미한다. 따라서 ②는 '언어의 자의성'과 관련된 예이다.

④ 연속적인 시간의 흐름을 초, 분, 시간 단위로 나눈 것은 '언어의 분절성'과 관련되고, 이것이 인간의 사회적 약속이라는 것은 '언어의 사회성'과 관련된 예이다.

---

09 | 언어와 사고 간의 관계 [압축개념 04]   정답 ③

정답 설명

③ 제시문은 언어가 인간의 사고, 사회, 문화를 반영하고 특히 언어와 사고는 상호작용하며 깊은 관계를 맺고 있음을 말하고 있다. ③에서 '개념은 머릿속에서 맴도는 데도 그 명칭을 떠올리지 못할 때가 있다'라고 한 것은 사고한 것을 언어로 나타내지 못함을 의미하므로, 언어와 사고가 상호작용하지 못한 사례이다.

오답 분석

① 우리나라는 전통적으로 '쌀'을 중시하는 농경 문화를 지니고 있어 '쌀'과 관련된 언어가 발달하게 되었다는 것이므로 언어가 인간의 사회, 문화를 반영함을 보여주는 예로 적절하다.

---

② '산, 물, 보행 신호의 녹색등'의 실제 색은 모두 다르지만 사람에 따라 이를 모두 하나의 색(파랑)으로 규정한다는 것이므로 언어와 사고가 상호작용함을 보여주는 예로 적절하다.

④ 우리나라에서는 수박을 박의 한 종류로 여겨 '수박'이라 부르지만 다른 나라에서는 멜론에 가까운 것으로 여겨 'watermelon'으로 부른다는 것이므로 언어와 사고가 상호작용함을 보여주는 예로 적절하다.

---

02 말소리

p.24

01 ②	02 ③	03 ③	04 ③	05 ③	06 ①
07 ①	08 ③	09 ④	10 ③	11 ④	12 ①
13 ②					

---

01 | 음운의 변동 - 교체 [압축개념 02, 04, 05]   정답 ②

정답 설명

② 붙여[부쳐 → 부치]: 축약(×) → 교체(○)
'붙여'는 '붙- + -이어'의 결합으로, 끝소리가 'ㅌ'인 형태소가 모음 'ㅣ'로 시작되는 형식 형태소를 만나 구개음 'ㅊ'으로 발음되는 구개음화가 나타난다. 이는 음운 교체에 해당하므로 ②는 축약의 예로 적절하지 않다. 참고로 '붙이어'가 '붙여'로 축약될 때 [부쳐 → 부치]의 과정을 거치는데, 이는 용언의 활용형에 나타나는 '쳐'는 [처]로 발음하기 때문이다.

오답 분석

① 부엌[부억]: 교체(○)
'부엌'은 음절 끝소리 'ㅋ'이 대표음 'ㄱ'으로 발음되는 음절의 끝소리 규칙이 나타나는데, 이는 음운 교체에 해당한다.

③ 담가도[담가도]: 탈락(○)
'담가도'는 '담그- + -아도'의 결합으로, 어간의 끝소리 'ㅡ'가 'ㅏ'로 시작하는 어미 앞에서 탈락하는 음운 탈락(모음 탈락)이 나타난다.

④ 피어도[피여도]: 첨가(○)
'피어도'는 모음 'ㅣ'의 뒤에 오는 'ㅓ'(후설 모음)가 'ㅣ'(전설 모음)의 영향을 받아 [ㅕ]로 변하는 'ㅣ' 모음 순행 동화가 나타난다. 'ㅣ' 모음 순행 동화는 관점에 따라 반모음 'ǐ'가 첨가된 현상으로도 볼 수 있다.

---

02 | 음운 [압축개념 01]   정답 ③

정답 설명

③ 부고: 'ㅂ'은 양순음, 'ㄱ'은 연구개음이므로 [+양순음], [-치조음]으로 나타낼 수 있다.

오답
분석
① 가로: 'ㄱ'은 연구개음, 'ㄹ'은 치조음이므로 [-경구개음], [-후음]으로 고쳐야 한다.
② 미비: 'ㅁ', 'ㅂ' 둘 다 양순음이므로 [-경구개음], [-후음]으로 고쳐야 한다.
④ 효과: 'ㅎ'은 후음, 'ㄱ'은 연구개음이므로 [+후음], [+연구개음]으로 고쳐야 한다.

03 | 음운 [압축개념 01] 정답 ③

정답
설명
③ 음소는 마디로 나눌 수 있는 음운으로 자음과 모음이 해당한다. '쥐덫[쥐덛]'은 'ㅈ, ㅟ, ㄷ, ㅓ, ㄷ'으로 음소의 개수가 5개이지만, 나머지 '닭장, 맨입, 값어치, 웅덩이'는 음소의 개수가 6개이므로 답은 ③이다.

오답
분석
① ② ④ ⑤의 음소의 개수는 모두 6개이다.
① '닭장[닥짱]'은 'ㄷ, ㅏ, ㄱ, ㅉ, ㅏ, ㅇ'으로 음소의 개수는 6개이다.
② '맨입[맨닙]'은 'ㅁ, ㅐ, ㄴ, ㄴ, ㅣ, ㅂ'으로 음소의 개수는 6개이다.
④ '값어치[가버치]'는 'ㄱ, ㅏ, ㅂ, ㅓ, ㅊ, ㅣ'로 음소의 개수는 6개이다.
⑤ '웅덩이[웅덩이]'는 'ㅜ, ㅇ, ㄷ, ㅓ, ㅇ, ㅣ'로 음소의 개수는 6개이다.

04 | 음운의 변동 – 교체 [압축개념 02, 03, 05] 정답 ③

정답
설명
③ '꽃내음[꼰내음], 바깥일[바깐닐], 학력[항녁]'에는 모두 비음화 현상이 적용되므로 답은 ③이다.
• 꽃내음(음절의 끝소리 규칙, 비음화): '꽃내음'은 음절의 끝소리 규칙에 따라 '꽃'의 받침 'ㅊ'이 대표음 [ㄷ]으로 바뀌어 발음된 후 'ㄷ'이 비음 'ㄴ'과 만나 [ㄴ]으로 발음되는 비음화 현상이 나타나 [꼰내음]으로 발음된다.
• 바깥일(음절의 끝소리 규칙, 'ㄴ' 첨가, 비음화): '바깥일'은 '바깥(명사) + 일(명사)'이 결합한 합성어이다. 먼저 음절의 끝소리 규칙에 따라 '깥'의 받침 'ㅌ'이 대표음 [ㄷ]으로 바뀌고, 뒷말의 첫소리 모음 'ㅣ' 앞에서 [ㄴ] 소리가 첨가된다. 마지막으로 'ㄷ'이 비음 'ㄴ'과 만나 [ㄴ]으로 발음되는 비음화 현상이 나타나 [바깐닐]로 발음된다.
• 학력(비음화): '학력'은 'ㄹ'의 비음화 현상에 의해 '력'의 'ㄹ'이 앞의 'ㄱ' 받침의 영향을 받아 [ㄴ]으로 발음된다. 그리고 '학'의 받침 'ㄱ'이 비음 'ㄴ'의 영향으로 비음 [ㅇ]으로 발음되어 [항녁]으로 발음된다.

오답
분석
① 중화: 서로 다른 요소가 특정한 조건에서 변별 기능을 잃고 구별되지 않는 현상
예) '낟', '낫', '낮', '낱' 등에 쓰인 받침소리는 모두 'ㄷ'으로 발음됨

05 | 음운의 변동 – 교체, 축약과 탈락 [압축개념 02, 04, 05] 정답 ③

정답
설명
③ '입학생[이팍쌩]'은 자음 축약과 된소리되기 현상이 나타난다. 이때 음운의 변동 전 음운 개수는 8개(ㅣ, ㅂ, ㅎ, ㅏ, ㄱ, ㅅ, ㅐ, ㅇ)인 반면 음운의 변동 후 음운 개수는 7개(ㅣ, ㅍ, ㅏ, ㄱ, ㅆ, ㅐ, ㅇ)로 서로 달라진다. 따라서 답은 ③이다.

오답
분석
① '가을일[가을릴]'은 'ㄴ' 첨가와 유음화 현상이 나타난다. 따라서 ㉠은 첨가와 교체 두 가지 유형의 음운 변동이 나타난다.
② '텃마당[턴마당]'은 음절의 끝소리 규칙과 비음화 현상이 나타난다. 이때 '치조음'(조음 위치)이자 '마찰음'(조음 방법)인 받침 'ㅅ'이 음절의 끝소리 규칙의 영향으로 [ㄷ]이 된 후, '양순음'(조음 위치)이자 '비음'(조음 방법)인 [ㅁ]의 영향으로 '치조음'(조음 위치)이자 '비음'(조음 방법)인 [ㄴ]으로 발음된다. 따라서 조음 위치가 아니라 '조음 방법'이 같아지는 동화 현상(비음화)이 나타나는 것이다.
④ '흙먼지[흥먼지]'는 자음군 단순화와 비음화 현상이 나타난다. 이때 음절 끝에 'ㄱ, ㄴ, ㄷ, ㄹ, ㅁ, ㅂ, ㅇ' 이외의 자음이 오면 이 중 하나로 바뀌는 음절의 끝소리 규칙은 적용되지 않으므로 적절하지 않다.

06 | 음운의 변동 – 교체, 첨가 [압축개념 03, 04, 05] 정답 ①

정답
설명
① '집일[짐닐]'은 '집 + 일'이 결합한 합성어로, 합성어에서 뒤 단어의 첫음절이 'ㅣ'인 경우 'ㄴ' 음을 첨가하여 발음하므로 ('ㄴ' 첨가) [집닐]로 발음한다. 그리고 받침 'ㅂ'이 비음 'ㄴ'을 만나 비음 [ㅁ]으로 교체되므로(비음화) 첨가 및 교체가 일어나 음운의 개수가 늘었다는 ㉠은 옳은 설명이다. 따라서 답은 ①이다.

오답
분석
② '닭만[당만]'은 겹받침 'ㄺ'에서 'ㄹ'이 탈락하고(자음군 단순화) 받침 'ㄱ'이 비음 'ㅁ'의 영향을 받아 비음 [ㅇ]으로 교체되므로(비음화) 탈락과 교체가 일어나 음운의 개수가 줄었다.
③ '뜻하다[뜨타다]'는 받침 'ㅅ'이 [ㄷ]으로 교체되고(음절의 끝소리 규칙) 뒤이어 오는 'ㅎ'과 결합하여 [ㅌ]으로 축약되므로(자음 축약) 교체와 축약이 일어나 음운의 개수가 줄었다.
④ '맡는[만는]'은 받침 'ㅌ'이 [ㄷ]으로 교체되고(음절의 끝소리 규칙) 뒤이어 오는 비음 'ㄴ'의 영향을 받아 비음 [ㄴ]으로 교체되므로(비음화) 교체가 두 번 일어난 것은 맞으나, 음운의 개수에는 변화가 없다.

07 | 음운 [압축개념 01] 정답 ①

정답
설명
① 국어의 파열음은 삼중 체계를 보이나, 마찰음은 삼중 체계를 보이지 않으므로 ①의 설명은 옳지 않다.
• 파열음(ㄱ, ㄲ, ㅋ / ㄷ, ㄸ, ㅌ / ㅂ, ㅃ, ㅍ): 예사소리, 된소리, 거센소리의 삼중 체계를 보인다.
• 마찰음(ㅅ, ㅆ / ㅎ): 예사소리 'ㅅ'과 된소리 'ㅆ', 그리고 예사소리 'ㅎ'만 있으므로 삼중 체계를 보이지 않는다.

오답
분석
② 국어의 단모음에는 'ㅔ, ㅐ, ㅟ, ㅚ'도 포함되어 있으므로 ②는 옳은 설명이다. 10개의 단모음을 사전 등재 순서에 따라 모두 나열하면 다음과 같다.

- ㅏ, ㅐ, ㅓ, ㅔ, ㅗ, ㅚ, ㅜ, ㅟ, ㅡ, ㅣ

③ 'ㅈ, ㅊ, ㅉ'은 파찰음으로, 허파에서 나오는 공기를 막았다가 서서히 터뜨리는 과정에서 마찰을 일으키며 내는 소리이다. 즉 'ㅈ, ㅊ, ㅉ'은 파열음과 마찰음의 두 가지 성질을 모두 가지고 있는 소리이므로 ③은 옳은 설명이다.

④ 'ㅑ'는 [ja], 'ㅞ'는 [wə]로 발음을 표시할 수 있는데, 이때 [j]와 [w]는 반모음이므로 ④는 옳은 설명이다.

08 음운의 변동 – 축약과 탈락 `압축개념 04` 정답 ③

정답
설명
<보기>는 음운의 변동 중에서 동음 탈락에 관한 설명이다.
- 가자(가-+-자): 모음 'ㅏ'로 끝나는 어간에 종결 어미 '-자'가 결합한 경우이므로 모음의 동음 탈락이 일어나지 않는다.

오답
분석
① 자(자-+-아): 모음 'ㅏ'로 끝나는 어간에 종결 어미 '-아'가 결합하여 동일한 모음이 연속되었으므로, 하나가 탈락하는 현상이 나타난다.

② 서서(서-+-어서): 모음 'ㅓ'로 끝나는 어간에 연결 어미 '-어서'가 결합하여 동일한 모음이 연속되었으므로, 하나가 탈락하는 현상이 나타난다.

④ 가(가-+-아): 모음 'ㅏ'로 끝나는 어간에 연결 어미 '-아'가 결합하여 동일한 모음이 연속되었으므로, 하나가 탈락하는 현상이 나타난다.

09 음운의 변동 – 축약과 탈락 `압축개념 04` 정답 ④

정답
설명
④ '가서'에서는 음운 탈락이, ① '옳다'와 '옳지', ② '줘라', ③ '막혀'와 '맞힌'에서는 음운 축약이 나타나므로 음운 변동의 성격이 다른 것은 ④이다.
- 가서(가-+-아서): 모음 'ㅏ'로 끝나는 어간에 어미 '-아서'가 결합하여 동일한 음운인 'ㅏ'가 하나 탈락하는 음운 탈락 현상이 나타난다. (동음 탈락)

오답
분석
① 옳다[올타], 옳지[올치]: 받침 'ㅀ'의 'ㅎ'이 뒤 음절 첫소리 'ㄷ', 'ㅈ'과 만나 [ㅌ]과 [ㅊ]으로 발음되는 음운 축약 현상이 나타난다. (자음 축약)

② 줘라(주-+-어라): 모음 'ㅜ'와 'ㅓ'가 만나 'ㅝ'로 줄어드는 음운 축약 현상이 나타난다. (모음 축약)

③ • 막혀(막-+-히-+-어)[마켜]: 모음 'ㅣ'와 'ㅓ'가 만나 'ㅕ'로 줄어들고(모음 축약) 받침 'ㄱ'과 'ㅎ'이 만나 [ㅋ]으로 줄어드는(자음 축약) 음운 축약 현상이 나타난다.
- 맞힌(맞-+-히-+-ㄴ)[마친]: 받침 'ㅈ'과 'ㅎ'이 만나 [ㅊ]으로 발음되는 음운 축약 현상이 나타난다. (자음 축약)

10 음운 `압축개념 01` 정답 ②

정답
설명
② 'ㅓ'는 후설모음(뒤), 중모음(중간), 평순모음(안 둥긂)이므로, 입술이 둥글다는 ②의 설명은 옳지 않다.

오답
분석
① ㅣ: 전설모음(앞), 고모음(높음), 평순모음(안 둥긂)

③ ㅜ: 후설모음(뒤), 고모음(높음), 원순모음(둥긂)

④ ㅚ: 전설모음(앞), 중모음(중간), 원순모음(둥긂)

11 음운의 변동 – 교체, 축약과 탈락 `압축개념 02, 04` 정답 ④

정답
설명
④ 닫히다(음운 축약, 음운 교체): '닫히다[다티다 → 다치다]'에서는 'ㄷ + ㅎ → ㅌ'이 되는 음운 축약과, 'ㅌ'이 모음 'ㅣ'로 시작하는 형식 형태소를 만나 구개음 'ㅊ'으로 바뀌는 음운 교체(구개음화)가 나타난다.

오답
분석
① 놓치다(음운 교체): '놓치다[녿치다]'에서는 '놓'의 끝소리 'ㅎ'이 'ㄷ'으로 바뀌는 음운 교체(음절의 끝소리 규칙)가 나타난다.

② 헛웃음(음운 교체): '헛웃음[허두슴]'에서는 '헛'의 받침 'ㅅ'이 모음 'ㅜ'로 시작하는 실질 형태소 '웃-'과 만나 대표음 'ㄷ'으로 바뀐 뒤 연음하게 된다. 따라서 음운 교체(음절의 끝소리 규칙)가 나타난다.

③ 똑같이(음운 교체): '똑같이[똑까치]'에서는 안울림소리 'ㄱ'과 안울림소리 'ㄱ'이 만나 뒤의 [ㄱ]이 된소리 [ㄲ]으로 발음되는 음운 교체(된소리되기)가 나타난다. 그리고 '같'의 끝소리 'ㅌ'이 모음 'ㅣ'로 시작하는 형식 형태소를 만나 구개음 'ㅊ'으로 발음되는 음운 교체(구개음화)가 나타난다.

12 음운의 변동 – 축약과 탈락 `압축개념 03, 04, 05` 정답 ①

정답
설명
① '자음군 단순화'가 탈락 현상인 것은 맞으나, '겹받침을 가진 형태소 뒤에 모음으로 시작하는 문법(형식) 형태소가 결합할 때 일어나는 현상'은 '연음'이므로 자음군 단순화에 대한 설명이 아니다. 따라서 답은 ①이다. 참고로, '자음군 단순화'는 음절의 끝에 두 개의 자음(겹받침)이 올 때, 이 중에서 하나의 자음이 탈락하는 현상을 말한다.

13 음운의 변동 – 축약과 탈락, 첨가 `압축개념 02, 04, 05` 정답 ②

정답
설명
② ㉠과 ㉣ 모두 음운 변동 전과 후의 음운 개수가 다르므로 옳지 않다.
- ㉠'식용유[시굥뉴]'는 음운 변동 전의 음운 개수는 'ㅅ, ㅣ, ㄱ, ㅛ, ㅇ, ㅠ'로 6개이고, 음운 변동 후의 음운 개수는 'ㅅ, ㅣ, ㄱ, ㅛ, ㅇ, ㄴ, ㅠ'로 7개이므로 음운 변동 전과 후의 음운 개수가 서로 다르다.
- ㉣'입학생[이팍쌩]'은 음운 변동 전의 음운 개수는 'ㅣ, ㅂ, ㅎ, ㅏ, ㄱ, ㅅ, ㅐ, ㅇ'으로 8개이고, 음운 변동 후의 음운 개수는 'ㅣ, ㅍ, ㅏ, ㄱ, ㅆ, ㅐ, ㅇ'으로 7개이므로 음운 변동 전과 후의 음운 개수가 서로 다르다.

오답
분석
① ㉠'식용유[시굥뉴]'는 '식용 + 유'가, ㉢'안팎일[안팡닐]'은 '안팎 + 일'이 결합한 합성어이다. ㉠과 ㉢은 각각 뒷말이 반모음 'ㅣ'와 모음 'ㅣ'로 시작하므로 두 어근 사이에 'ㄴ' 음이 첨가되어(사잇소리 현상) [시굥뉴]와 [안팡닐]로 발음된다.

③ ⓒ'헛걸음[헏꺼름]'은 '헛- + 걸음'이 결합한 파생어로, 접두사 '헛-'의 받침 'ㅅ'이 [ㄷ]으로 바뀌는 음운 대치(음절의 끝소리 규칙)가 나타난 후, [ㄷ]에 의해 뒤 음절 첫소리 'ㄱ'이 [ㄲ]으로 바뀌는(된소리되기) 음운 대치가 나타난다. ⓒ'안팎일[안팡닐]'은 '안팎 + 일'이 결합한 합성어로, 어근 '안팎'의 받침 'ㄲ'이 [ㄱ]으로 바뀌는 음운 대치(음절의 끝소리 규칙)가 나타나며, 뒷말이 모음 'ㅣ'로 시작하여 두 어근 사이에 'ㄴ' 음이 첨가되는 음운 첨가(사잇소리 현상) 현상이 나타난다.

④ ⓒ과 ⓔ은 '음운 대치' 현상이 공통적으로 나타난다.
  • ⓒ'헛걸음[헏꺼름]'은 '헛- + 걸음'이 결합한 파생어로, 접두사 '헛-'의 받침 'ㅅ'이 [ㄷ]으로 바뀌는 음운 대치(음절의 끝소리 규칙)가 나타난 후, [ㄷ]에 의해 뒤 음절 첫소리 'ㄱ'이 [ㄲ]으로 바뀌는 음운 대치(된소리되기)가 나타난다.
  • ⓔ'입학생[이팍쌩]'은 '입학 + -생'이 결합한 파생어로, 어근 안에서 'ㅂ'과 'ㅎ'이 만나 [ㅍ]으로 바뀌는 음운 축약(자음 축약)이 나타나며, 어근 '입학'의 받침 'ㄱ'에 의해 뒤 음절 첫소리 'ㅅ'이 [ㅆ]으로 바뀌는 음운 대치(된소리되기)가 나타난다.

---

03 단어

p.42

01 ①	02 ③	03 ②	04 ①	05 ③	06 ①
07 ④	08 ②	09 ①	10 ③	11 ②	12 ②
13 ③					

01 | 형태소와 단어의 의미 압축개념 01   정답 ①

정답설명
① '떠내려갔다'는 형태소의 개수가 7개인 반면 ②, ③, ④는 5개이므로 형태소의 개수가 가장 많은 것은 ①이다.
  • 떠내려갔다(7개): 뜨-, -어, 내리-, -어, 가-, -았-, -다

오답분석
② 따라 버렸다(5개): 따르-, -아, 버리-, -었-, -다
③ 빌어먹었다(5개): 빌-, -어, 먹-, -었-, -다
④ 여쭈어봤다(5개): 여쭈-, -어, 보-, -았-, -다

02 | 형태소와 단어의 의미 압축개념 01   정답 ③

정답설명
③ '선생님께서'의 '님'은 접미사이므로 형식 형태소에 해당한다.

오답분석
① '선생님께서'의 '께서'는 조사, '우리들에게'의 '들'은 접미사, '주신다'의 '주'는 어간이므로 모두 의존 형태소이다.
② '선생님께서'의 '께서'는 조사, '숙제를'의 '를'은 조사, '주신다'의 '다'는 어미이므로 모두 형식 형태소이다.
④ '선생님께서'의 '선생', '우리들에게'의 '우리', '숙제를'의 '숙제'는 모두 체언이므로 자립 형태소이다.

03 | 용언(동사, 형용사)의 구별 압축개념 06   정답 ②

정답설명
② ⊙, ⓔ, ⓜ은 형용사이므로 품사가 같은 것으로만 묶인 것은 ②이다. 현재 시제 선어말 어미 '-는-/-ㄴ-'과의 결합 가능 여부를 확인하여 동사와 형용사를 구분할 수 있다.
  • ⊙ 흐드러지게: '흐드러진다'가 어색하므로 형용사이다.
  • ⓔ 충만한: '충만한다'가 어색하므로 형용사이다.
  • ⓜ 없는: '없는다'가 어색하므로 형용사이다.

오답분석
ⓛ 찍은: '찍는다'가 자연스러우므로 동사이다.
ⓒ 설레는: '설렌다'가 자연스러우므로 동사이다.

04 | 관계언(조사) 압축개념 04   정답 ①

정답설명
① 그렇게 천천히 가다가는: 이때 '는'은 강조의 뜻을 나타내는 보조사이므로 답은 ①이다.

05 | 주요 접미사의 쓰임 압축개념 14   정답 ③

정답설명
③ '정답게'는 '정답다'의 활용형으로, 어근 '정'과 접미사 '-답다'가 결합한 것이다. 이때 '정'의 품사가 명사인 반면 '정답게'의 품사는 형용사이므로, 접미사의 결합으로 인해 어근의 품사가 바뀌었다.

오답분석
① 어근 '낚시'와 접미사 '-질'이 결합한 것이다. 이때 '낚시'와 '낚시질'의 품사가 모두 명사이므로, 접미사의 결합으로 인해 어근의 품사가 변하지 않는다.
② 어근 '크-'와 명사형 어미 '-기'가 결합한 것이다.
④ 어근 '보-'와 명사형 어미 '-기'가 결합한 것이다.

06 | 본용언과 보조 용언의 구별 압축개념 07   정답 ①

정답설명
① 두 문장의 밑줄 친 부분이 모두 보조 용언인 것은 ①이다.
  • 읽어 보거라: 두 용언 사이에 어미 '-어서'를 넣었을 때 문맥상 그 의미가 어색하므로(읽어서 보거라 x) '읽어 보거라'는 '본용언+보조 용언'이다. 이때 '보거라'는 보조 동사로, 어떤 행동을 시험 삼아 함을 나타낸다.
  • 더운가 보다: 두 번째 용언인 '보다'가 단독으로 서술어가 되었을 때 문맥상 그 의미가 어색하므로(날씨가 매우 보다 x) '보다'는 보조 용언이다. 이때 '보다'는 보조 형용사로, 앞말이 뜻하는 상태를 추측함을 나타낸다.

오답
분석
② • 깨 먹었다: 이때 '먹었다'는 보조 용언(보조 동사)으로, 앞말이 뜻하는 행동을 강조하여 마음에 들지 않음을 나타낸다.
• 끓여 먹자: 이때 '먹자'는 본용언(동사)으로, 실질적인 뜻을 가져 단독으로 서술어가 되어도 문장이 성립한다.

③ • 가져다 드리렴: 이때 '드리렴'은 본용언(동사)으로, 실질적인 뜻을 가져 단독으로 서술어가 되어도 문장이 성립한다.
• 거들어 드린다: 이때 '드린다'는 보조 용언(보조 동사)으로, 앞말이 뜻하는 행위가 다른 사람의 행위에 영향을 미침을 나타내는 보조 동사 '주다'의 높임말이다.

④ • 이것 말고: 이때 '말고'는 본용언(동사)으로, 실질적인 뜻을 가져 단독으로 서술어가 되어도 문장이 성립한다.
• 떨어지고 말았다: 이때 '말았다'는 보조 용언(보조 동사)으로, 앞말이 뜻하는 행동이 끝내 실현됨을 나타낸다.

07 용언의 불규칙 활용 양상 [압축개념 09, 10] 정답 ④

정답
설명
④ ㉠, ㉡의 사례로 옳은 것만을 짝 지은 것은 ④이다.
• ㉠: '품'의 기본형 '푸다'는 어간에 모음으로 시작하는 어미가 결합할 때 '퍼'와 같이 어간의 끝소리 'ㅜ'가 탈락하는 불규칙 활용('ㅜ' 불규칙 활용)을 한다. 따라서 '품'은 ㉠의 사례로 옳다.
• ㉡: '이름'의 기본형 '이르다[至]'는 어간에 모음으로 시작하는 어미가 결합할 때 '이르러'와 같이 어미 '-어'가 '-러'로 바뀌는 불규칙 활용('러' 불규칙 활용)을 한다. 따라서 '이름'은 ㉡의 사례로 옳다.

오답
분석
① • ㉠: '빠름'의 기본형 '빠르다'는 어간에 모음으로 시작하는 어미가 결합할 때 '빨라'와 같이 어간의 끝소리 'ㅡ'가 탈락하고 'ㄹ'이 덧생기는 불규칙 활용('르' 불규칙 활용)을 한다. 따라서 ㉠의 사례에 해당한다.
• ㉡: '노람'의 기본형 '노랗다'는 어간에 모음으로 시작하는 어미가 결합할 때 '노래'와 같이 어간의 일부인 'ㅎ'이 탈락하고 어미도 바뀌는 불규칙 활용('ㅎ' 불규칙 활용)을 한다. 따라서 어간과 어미 둘 다 불규칙하게 바뀌는 부류에 해당한다.

② • ㉠: '치름'의 기본형 '치르다'는 어간에 모음으로 시작하는 어미가 결합할 때 '치러'와 같이 어간의 끝소리 'ㅡ'가 어미 앞에서 규칙적으로 탈락하는 활용을 한다.
• ㉡: '함'의 기본형인 '하다'는 어간에 모음으로 시작하는 어미가 결합할 때 '하여'와 같이 어미 '-아'가 '-여'로 바뀌는 불규칙 활용('여' 불규칙 활용)을 한다. 따라서 ㉡의 사례에 해당한다.

③ • ㉠: '불음'의 기본형 '붇다'는 어간에 모음으로 시작하는 어미가 결합할 때 '불어', '불으니'와 같이 어간의 끝소리 'ㄷ'이 모음 어미 앞에서 'ㄹ'로 바뀌는 불규칙 활용('ㄷ' 불규칙 활용)을 한다. 따라서 ㉠의 사례에 해당한다.
• ㉡: '바람'의 기본형 '바라다'는 어간에 모음으로 시작하는 어미가 결합할 때 '바라'와 같이 어간의 끝소리 'ㅏ'가 모음 어미 앞에서 규칙적으로 탈락하는 활용을 한다.

08 용언(동사, 형용사)의 구분 [압축개념 06, 11] 정답 ②

정답
설명
② 밑줄 친 단어가 같은 품사로 묶인 것은 ②로, 두 단어 모두 동사이다.
• ㉡ 크지 못한다: 이때 '크지'는 '동식물이 몸의 길이가 자라다'를 뜻하는 동사 '크다'의 어간에 그 움직임이나 상태를 부정하거나 금지하려 할 때 쓰이는 연결 어미 '-지'가 결합한 것이므로 품사는 동사이다.
• ㉢ 홍수가 나서: 이때 '나서'는 '홍수, 장마 등의 자연재해가 일어나다'를 뜻하는 동사 '나다'의 어간에 이유나 근거를 나타내는 연결 어미 '-아서'가 결합한 것이므로 품사는 동사이다.

오답
분석
㉠ 성격이 다른: 이때 '다른'은 '비교가 되는 두 대상이 서로 같지 않다'를 뜻하는 형용사 '다르다'의 어간에 관형사형 어미 '-ㄴ'이 결합한 것이므로 품사는 형용사이다.
㉣ 허튼 말: 이때 '허튼'은 '쓸데없이 헤프거나 막된'을 뜻하며 체언 '말'을 수식한다. 또한 서술성이 없어 활용하지 않으므로 품사는 관형사이다.
㉤ 사랑이 아닐까: 이때 '아닐까'는 '물음이나 짐작의 뜻'을 나타내는 형용사 '아니다'의 어간에 어떤 일에 대한 물음이나 추측을 나타내는 종결 어미 '-ㄹ까'가 결합한 것이므로 품사는 형용사이다.

09 파생어와 합성어의 형성 [압축개념 12] 정답 ①

정답
설명
① <보기>는 모두 실질 형태소인 어근과 형식 형태소인 접사가 결합한 파생어이다. ① '건어물'은 '건-(접두사) + 어물(어근)'이 결합하여 만들어진 파생어이다.
• 개살구: '개-(접두사) + 살구(어근)'이므로 파생어이다.
• 헛웃음: '헛-(접두사) + 웃음(어근)'이므로 파생어이다.
• 낚시질: '낚시(어근) + -질(접미사)'이므로 파생어이다.
• 지우개: '지우(어근) + -개(접미사)'이므로 파생어이다.

오답
분석
②③④는 모두 어근과 어근이 결합한 합성어이다.
② 금지곡: 금지(어근) + 곡(어근)
③ 한자음: 한자(어근) + 음(어근)
④ 핵폭발: 핵(어근) + 폭발(어근)

10 주요 접두사의 쓰임 [압축개념 13] 정답 ③

정답
설명
③ '강기침'에서 접두사 '강-'은 '마른' 또는 '물기가 없는'을 의미하는 것으로 한자에서 온 말이 아니다. 같은 의미의 접두사 '강-'이 사용된 예로는, '강더위, 강모, 강서리' 등이 있다.

오답
분석
① '강염기', ② '강타자', ④ '강행군'은 모두 '매우 센, 호된'을 의미하는 한자 '강(強)-'이 접두사로 결합한 단어이다. 같은 의미의 접두사 '강-'이 사용된 예로는 '강추위' 등이 있다.

11 | 헷갈리는 품사의 구별 [압축개념 06, 11] 정답 ②

정답 설명

② 밑줄 친 단어가 같은 품사로 묶인 것은 ②로, 두 단어 모두 동사이다.
- 나 <u>보기</u>가 역겨워: 이때 '보기'는 동사 '보다'의 어간에 명사형 전성 어미 '-기'가 붙은 말로, 서술성이 있으므로 동사이다.
- 떡국을 떠먹어 <u>보았다</u>: 이때 '보다'는 '어떤 행동을 시험 삼아 함'을 나타내는 보조 동사이다.

오답 분석

① • 이것 말고 <u>다른</u> 물건을: 이때 '다른[他]'은 '당장 문제가 되는 것 이외의'라는 뜻으로 체언 '물건'을 수식하며, 형태가 고정되고 서술성이 없으므로 품사는 관형사이다.
- 성질이 <u>다른</u> 원소이다: 이때 '다른[異]'은 '비교가 되는 두 대상이 서로 같지 않다'를 뜻하는 형용사 '다르다'의 어간에 관형사형 어미 '-ㄴ'이 붙은 활용형으로 품사는 형용사이다.

③ • 그 사과는 <u>크고</u> 빨개서: 기본형 '크다'의 어간에 현재 시제 선어말 어미 '-ㄴ-'의 결합이 불가능하므로(사과는 큰다 ×) '크고'의 품사는 형용사이다.
- 아이가 <u>크면서</u> 점점 총명해졌다: 기본형 '크다'의 어간에 현재 시제 선어말 어미 '-ㄴ-'의 결합이 가능하므로(아이가 큰다 ○) '크면서'의 품사는 동사이다.

④ • 그림은 <u>한국적</u>이다: 뒤에 조사 '이다'가 결합하였으므로 '한국적'의 품사는 명사이다.
- <u>한국적</u> 정취가 물씬 풍긴다: 조사가 결합하지 않고, 뒤에 오는 체언 '정취'를 수식하고 있으므로 '한국적'의 품사는 관형사이다.

12 | 통사적·비통사적 합성어의 구분 [압축개념 16] 정답 ②

정답 설명

② 비통사적 합성어끼리 묶인 것은 ②이다.
- 접-(용언의 어간) + 칼(명사): 용언의 어간이 연결 어미 없이 명사와 결합한 비통사적 합성어이다.
- 굶-(용언의 어간) + 주리다(용언): 용언의 어간이 연결 어미 없이 다른 용언과 결합한 비통사적 합성어이다.
- 부슬(부사의 일부) + 비(명사): 부사의 일부가 명사를 수식한 비통사적 합성어이다.
- 검-(용언의 어간) + 붉다(용언): 용언의 어간이 연결 어미 없이 다른 용언과 결합한 비통사적 합성어이다.

오답 분석

① '소나무, 빛나다, 살코기'는 통사적 합성어이고, '나가다'는 비통사적 합성어이다.
- 솔(명사) + 나무(명사): 명사와 명사가 결합한 통사적 합성어이다.
- 빛(이)(주어) + 나다(서술어): 주어와 서술어가 결합한 통사적 합성어이다.
- 살ㅎ(명사) + 고기(명사): 명사와 명사가 결합한 통사적 합성어이다.
- 나-(용언의 어간) + 가다(용언): 용언의 어간이 연결 어미 없이 다른 용언과 결합한 비통사적 합성어이다.

③ '감발, 묵밭, 오가다'는 비통사적 합성어이고, '새해'는 통사적 합성어이다.
- 감-(용언의 어간) + 발(명사) / 묵-(용언의 어간) + 밭(명사): 용언의 어간이 연결 어미 없이 명사와 결합한 비통사적 합성어이다.
- 오-(용언의 어간) + 가다(용언): 용언의 어간이 연결 어미 없이 다른 용언과 결합한 비통사적 합성어이다.
- 새(관형사) + 해(명사): 관형사와 명사가 결합한 통사적 합성어이다.

④ '큰집, 안팎'은 통사적 합성어이고, '늦더위, 촐랑새'는 비통사적 합성어이다.
- 큰(용언의 관형사형) + 집(명사): 용언의 관형사형과 명사가 결합한 통사적 합성어이다.
- 안ㅎ(명사) + 밖(명사): 명사와 명사가 결합한 통사적 합성어이다.
- 늦-(용언의 어간) + 더위(명사): 용언의 어간이 연결 어미 없이 명사와 결합한 비통사적 합성어이다.
- 촐랑(부사의 일부) + 새(명사): 부사의 일부가 명사를 수식한 비통사적 합성어이다.

13 | 형태소와 단어의 의미 [압축개념 01] 정답 ③

정답 설명

③ 밑줄 친 부분은 '또, 하나, 의, 기차, 가, 되어, 먼, 길, 을, 가요'와 같이 10개의 단어로 이루어져 있으므로 답은 ③이다. 참고로 종결 어미 '-아요'의 보조사 '요'를 한 개의 단어로 보고 밑줄 친 부분의 단어 수를 11개로 헷갈릴 수 있으나 '가요'는 '어간 + 어미'로 이루어진 하나의 단어로 보는 것이 옳다.

04 문장

p.50

01 ②	02 ③	03 ③	04 ④	05 ③	06 ②
07 ①	08 ④	09 ②	10 ③	11 ③	12 ④

01 | 문장 성분 [압축개념 01] 정답 ②

정답 설명

② '아주'는 부사어인 반면, 나머지 ① '어머니의', ③ '바로', ④ '예쁜'은 관형어이므로 문장 성분이 다른 하나는 ②이다.
- <u>아주</u> 새 사람이: 이때 '아주'는 관형어 '새'를 수식하고 있으므로 부사어이다.

① ③ ④는 모두 뒤따르는 체언을 수식하고 있으므로 관형어
이다.

① 어머니의 말씀: '어머니(명사) + 의(관형격 조사)'의 결합으로
체언 '말씀'을 수식하는 관형어이다.

③ 바로 옆집: 체언 '옆집'을 수식하는 관형어이다.

④ 예쁜 꽃: '예쁘-(형용사 어간) + -ㄴ(관형사형 전성 어미)'의 결
합으로 체언 '꽃'을 수식하는 관형어이다.

---

02 | 문장 성분 압축개념 01 정답 ③

③ 밑줄 친 부분이 목적어가 아닌 것은 ③이다. 밑줄 친 '건강하
지를'은 서술어이며, 보조 용언인 '않아'와 함께 본용언으로
쓰였다. 이때 '를'은 목적격 조사가 아니라 강조하는 뜻을 나
타내는 보조사이다.

① '그의 제안을 수용할지를'은 서술어 '결정하지'의 목적어이다.

② '바람이 불기를'은 서술어 '기다렸다'의 목적어이다.

④ '일이 어렵고 쉽고를'은 서술어 '가리지'의 목적어이다.

---

03 | 문장 성분 압축개념 01 정답 ③

③ 문장 성분에 관한 설명이 옳은 것은 ©, @, @으로, 답은
③이다.
- ©: '물이 얼음으로 되었다'의 문장 성분은 '주어(물이), 부
사어(얼음으로), 서술어(되었다)'이다. '되다, 아니다' 앞에
오는 체언에 보격 조사 '이/가'가 붙으면 보어이지만 체언
에 부사격 조사 '으로'가 붙으면 부사어이다.
- @: 부사어는 관형어나 다른 부사어를 수식하기도 한다.
  - [예] • 아주 새 옷이다. (부사어 '아주'가 관형어 '새'를 수식)
    • 꽤 빨리 간다. (부사어 '꽤'가 부사어 '빨리'를 수식)
- @: '체언 + 호격 조사(아/야/이여)'의 형태는 독립어에 해
당한다. [예] 민중이여, 궐기하라.

⊙ 주어는(×) → 서술어는(○): 성격에 따라 필요한 문장 성분의
숫자가 다른 것은 서술어이다.

© 주어, 서술어, 목적어, 부사어는(×) → 주어, 서술어, 목적
어, 보어는(○): 주성분에 속하는 것은 주어, 서술어, 목적어,
보어이다.

@ 목적어는 생략될 수 없다(×) → 목적어도 생략될 수 있다
(○): 이야기의 맥락상 목적어가 무엇인지 분명할 때는 문장
에서 목적어를 생략할 수 있다.
[예] 철수: 너 저녁을 먹었어?
    영희: 응, 먹었어. (목적어 '저녁을' 생략)

---

04 | 문장 성분 압축개념 01 정답 ④

④ '정부에서'에 사용된 '에서'는 단체를 나타내는 명사 뒤에 붙
어 앞말이 주어임을 나타내는 주격 조사로 사용된 것이므
로, 문장 성분은 주어이다. 하지만 다른 선택지의 '에서'는 부
사격 조사이므로, 문장 성분은 부사어이다.

① 시장에서 사 왔다: 이때 '에서'는 앞말이 행동이 이루어지고
있는 장소를 나타내는 처소 부사격 조사이다.

② 고마운 마음에서 드리는 말씀입니다: 이때 '에서'는 앞말이
근거의 뜻을 갖는 부사어임을 나타내는 부사격 조사이다.

③ 이에서 어찌 더 나쁠 수가 있겠어요?: 이때 '에서'는 앞말이
비교의 기준이 되는 점의 뜻을 갖는 부사어임을 나타내는 부
사격 조사이다.

---

05 | 문장 성분, 문장의 짜임 압축개념 01, 03 정답 ③

③ '아이들이 놀다 간 자리는 항상 어지럽다'는 '아이들이 놀
다 가다'를 관형절로 안은 문장인데, 이때 안긴문장인 '아
이들이 놀다 간'은 관형어의 역할을 한다. 주성분에는 주어,
서술어, 목적어, 보어만이 포함되므로 ③의 안긴문장은 주
성분이 아니다.

① ② ④의 안긴문장은 모두 주성분으로 쓰였다.

① '그 학교는 교정이 넓다'는 '교정이 넓다'를 서술절로 안은 문
장이다. 이때 안긴문장인 '교정이 넓다'는 서술어의 역할을
한다.

② '농부들은 비가 오기를 학수고대했다'는 '비가 오다'를 명사
절로 안은 문장이다. 이때 안긴문장인 '비가 오기'는 목적어
의 역할을 한다.

④ '대화가 어디로 튈지'는 종결 어미 '-ㄹ지'로 끝나는 명사절이
므로 '대화가 어디로 튈지 아무도 몰랐다'는 명사절을 안은
문장이다. 이때 안긴문장인 '대화가 어디로 튈지(를)'는 목적
격 조사 '를'이 생략된 것으로 목적어의 역할을 한다.

---

06 | 문장의 짜임 압축개념 03 정답 ②

② '제가 직접 그분을 만난'은 관형절 내 생략된 성분이 없으며,
수식을 받는 체언 '기억'과 동일한 의미를 갖는 동격 관형절
이다. 반면에 ① ③ ④는 모두 관계 관형절이므로 밑줄 친
부분의 문법적 성격이 다른 것은 ②이다.

① ③ ④ 모두 수식을 받는 체언과 관형절 내의 생략된 성분이
동일한 관계 관형절이다.

① '내가 어제 책을 산'은 부사어 '서점에서'가 생략된 관계 관
형절이다.

③ '이마에 흐르는'은 주어 '땀이'가 생략된 관계 관형절이다.

④ '횃불을 추켜든'은 주어 '사람들이'가 생략된 관계 관형절이
다.

---

07 | 시간 표현 압축개념 04 정답 ①

① '운동하는'은 발화시가 아닌 '사람들을 보았다'는 과거의 사
건시를 기준으로 하여 현재 시제로 쓰인 것이므로 상대 시
제의 예로 적절하다.

08 | 피동문과 사동문 [압축개념 07] 정답 ④

정답 설명
④ 단형 사동은 사동주의 직접 행위와 간접 행위를 모두 나타내는 것이 맞지만, 장형 사동('-게 하다'가 붙어 실현되는 사동문)은 대개 사동주의 간접 행위를 나타낸다.

오답 분석
① 사동사와 피동사의 형태가 같은 경우도 있다.
　예 동사 '물다'
　　• 사동사: 물리다 예 개에게 막대기를 물리다.
　　• 피동사: 물리다 예 사나운 개에게 팔을 물리다.
② 사동 접사는 타동사뿐 아니라 자동사나 형용사와도 결합할 수 있다.
　예 • 타동사 + 사동 접사: 먹이다, 입히다
　　• 자동사 + 사동 접사: 울리다, 숨기다
　　• 형용사 + 사동 접사: 높이다, 넓히다
③ 사동문과 피동문 각각에 대응하는 주동문과 능동문이 없는 경우도 있다.
　예 • 사동문만 있고 주동문이 없는 경우: 선생님이 종을 울렸다. (종이 울었다 ×)
　　• 피동문만 있고 능동문이 없는 경우: 구름이 걷히다. (구름을 걷다 ×)

09 | 높임 표현 [압축개념 05] 정답 ②

정답 설명
② '영희가 할머니께 과자를 드렸다'는 조사 '께'와 서술어 '드리다'를 통해 서술의 객체인 '할머니'를 높이고, 주체(영희)는 높이지 않았으므로, [- 주체], [+ 객체], [- 상대]와 같이 표시해야 한다.

10 | 문장의 짜임 [압축개념 03] 정답 ③

정답 설명
③ 밑줄 친 절 중 ③은 동격 관형절이고, ① ② ④는 모두 관계 관형절이다.
　• 나는 영수가 애쓴 사실을 알고 있다: '영수가 애쓰다'라는 문장이 관형절로 안겨 있는 문장으로, 피수식어 '사실'과 관형절이 동일한 의미를 가진다.

오답 분석
① 나는 영수가 만든 음식이 정말 맛있다: '영수가 (음식을) 만들다'라는 문장이 관형절로 안겨 있는 문장으로, 피수식어 '음식'이 관형절 내의 목적어가 되는 관계 관형절이다.
② 영수가 한 질문이 너무 어려웠다: '영수가 (질문을) 하다'라는 문장이 관형절로 안겨 있는 문장으로, 피수식어 '질문'이 관형절 내의 목적어가 되는 관계 관형절이다.
④ 영수가 들은 소문은 헛소문이었다: '영수가 (소문을) 듣다'라는 문장이 관형절로 안겨 있는 문장으로, 피수식어 '소문'이 관형절 내의 목적어가 되는 관계 관형절이다.

11 | 높임 표현 [압축개념 05] 정답 ③

정답 설명
③ 하십시오체 종결 어미 '-습니다'를 사용하여 대화의 상대를 높이고, 높임의 주격 조사 '께서'와 주체 높임 선어말 어미 '-시-'를 사용해 서술어의 주체인 '어머니'를 높인 문장이다. 또한 높임의 부사격 조사 '께'와 서술어 '드리다'를 사용하여 서술어의 객체인 '아주머니'를 높이고 있다.

12 | 문장 성분 [압축개념 01] 정답 ④

정답 설명
④ 문장의 서술어 '넓다'는 주어만을 필요로 하는 한 자리 서술어지만, 다른 선택지의 서술어는 모두 주어 이외에 또 하나의 필수적 문장 성분을 필요로 하는 두 자리 서술어이다.

오답 분석
① 문장의 서술어 '같다'는 주어와 필수적 부사어를 모두 필요로 하는 두 자리 서술어이다.
② 문장의 서술어 '아니다'는 주어와 보어를 모두 필요로 하는 두 자리 서술어이다.
③ 문장의 서술어 '울렸다'는 주어와 목적어를 모두 필요로 하는 두 자리 서술어이다.

05 의미·어휘

p.58

01 ③	02 ①	03 ③	04 ②	05 ②	06 ③
07 ①	08 ③	09 ②	10 ①	11 ④	12 ①

01 | 단어 간의 의미 관계 [압축개념 02] 정답 ③

정답 설명
③ ⓒ의 '잡았다'를 짐작하여 헤아린다는 뜻의 '어림하다'로 바꾸면 '술집 주인은 손님의 시계를 술값으로 짐작하여 헤아렸다'가 되므로 문맥상 자연스럽지 않다. 참고로 ⓒ의 '잡았다'는 '담보로 맡다'라는 뜻으로 사용되었다.

오답 분석
① ⓐ의 '잡아'는 '짐승을 죽이다'라는 뜻으로 사용되었다.
② ⓑ의 '잡고'는 '손으로 움키고 놓지 않다'라는 뜻으로 사용되었다.
④ ⓓ의 '잡았다'는 '기세를 누그러뜨리다'라는 뜻으로 사용되었다.

02 | 다의어 [압축개념 01] 정답 ①

정답 설명
① '터'의 문맥적 의미가 다른 것은 '추측'의 의미로 쓰인 ①이다. 문제의 발문과 ② ③ ④의 '터'는 모두 '형편'을 의미한다.

03 | 다의어 [압축개념 01] 정답 ③

정답 설명
③ ③의 '살다'는 '본래 가지고 있던 색깔이나 특징 등이 그대로 있거나 뚜렷이 나타나다'를 뜻하므로, 제시된 단어의 의미에 맞게 쓴 문장으로 적절하지 않은 것은 ③이다.

04 | 단어 간의 의미 관계 압축개념 02 정답 ②

정답 설명
② 의미 관계가 나머지 셋과 다른 것은 ②로, '부상 – 함지'는 반의 관계에 있으나, ① ③ ④는 유의 관계에 있다.
- 부상(扶桑: 도울 부, 뽕나무 상): 해가 뜨는 동쪽 바다
- 함지(咸池: 다 함, 못 지): 해가 진다고 하는 서쪽의 큰 못

오답 분석
① • 광정(匡正: 바를 광, 바를 정): 잘못된 것이나 부정(不正) 등을 바로잡아 고침
- 확정(廓正: 클 확, 바를 정): 잘못을 바로잡음
③ • 중상(中傷: 가운데 중, 다칠 상): 근거 없는 말로 남을 헐뜯어 명예나 지위를 손상시킴
- 비방(誹謗: 헐뜯을 비, 헐뜯을 방): 남을 비웃고 헐뜯어서 말함
④ • 갈등(葛藤: 칡 갈, 등나무 등): 칡과 등나무가 서로 얽히는 것과 같이, 개인이나 집단 사이에 목표나 이해관계가 달라 서로 적대시하거나 충돌함. 또는 그런 상태
- 알력(軋轢: 삐걱거릴 알, 칠 력): '수레바퀴가 삐걱거린다'라는 뜻으로, 서로 의견이 맞지 않아 사이가 안 좋거나 충돌하는 것을 이르는 말

05 | 다의어 압축개념 01 정답 ②

정답 설명
② ㉠은 인간의 성격을 심근성과 천근성으로 분류한 것이므로 문맥상 '여러 가지가 섞인 것을 구분하여 분류하다'의 의미로 쓰였다. 이때 ②의 '나누다'도 '청군과 백군으로 구분하여 분류하다'의 뜻으로 사용되었으므로 ㉠의 문맥적 의미와 가장 가깝다.

오답 분석
① 의견을 나누다: 이때 '나누다'는 '말이나 이야기, 인사 등을 주고받다'라는 뜻이다.
③ 한 부모의 피를 나누다: 이때 '나누다'는 '같은 핏줄을 타고 나다'라는 뜻이다.
④ 사과를 세 조각으로 나누다: 이때 '나누다'는 '하나를 둘 이상으로 가르다'라는 뜻이다.

06 | 다의어 압축개념 01 정답 ③

정답 설명
③ ㉠ '싼다'의 기본형 '싸다'는 '물건을 안에 넣고 보이지 않게 씌워 가리거나 둘러 말다'라는 뜻이다. ③의 '싼(싸다)'은 문맥상 '책을 보에 넣고 보이지 않게 씌어 가렸음'을 뜻하므로 ㉠의 의미와 같다.

오답 분석
① 이때 '싸다'는 '어떤 물체의 주위를 가리거나 막다'라는 뜻이다.
② ④ 이때 '싸다'는 '어떤 물건을 다른 곳으로 옮기기 좋게 상자나 가방 등에 넣거나 종이나 천, 끈 등을 이용해서 꾸리다'라는 뜻이다.

07 | 단어 간의 의미 관계 압축개념 02 정답 ①

정답 설명
① 반의 관계의 성격이 나머지 셋과 다른 것은 ①로, '살다-죽다'는 중간 항이 없는 '상보 반의어(모순 관계)'이다. 반면 ② '높다-낮다', ③ '늙다-젊다', ④ '뜨겁다-차갑다'는 중간 항이 있는 '정도 반의어(반대 관계)'이다.

08 | 단어 간의 의미 관계 압축개념 02 정답 ③

정답 설명
③ 상하 관계는 한쪽이 의미상 다른 쪽을 포함하거나 다른 쪽에 포함되는 관계이다. '할아버지'와 '손자'는 의미상 서로 포함하거나 포함되는 관계가 아니므로 의미 관계와 단어들의 연결이 옳지 않은 것은 ③이다.

오답 분석
① 동의 관계는 둘 이상의 단어가 서로 소리는 다르지만 의미가 같은 관계이다.
- 근심: 해결되지 않은 일 때문에 속을 태우거나 우울해함
- 시름: 마음에 걸려 풀리지 않고 항상 남아 있는 근심과 걱정
② 반의 관계는 의미상 서로 짝을 이루어 대립하는 관계이다.
- 볼록: 물체의 거죽이 조금 도드라지거나 쏙 내밀린 모양
- 오목: 가운데가 동그스름하게 폭 패거나 들어가 있는 모양
④ 부분 관계는 한 단어를 지시하는 대상이 다른 단어를 지시하는 대상의 일부분인 관계이다.
- 코: 포유류의 얼굴 중앙에 튀어나온 부분
- 얼굴: 눈, 코, 입이 있는 머리의 앞면

09 | 의미 변화의 유형 압축개념 04 정답 ②

정답 설명
② '말미'와 '휴가'는 제시글의 내용 중 현실 언어에서 동의어로 공존하면서 경쟁을 계속하는 경우에 해당하므로, ②의 설명은 적절하지 않다.
- 말미: 일정한 직업이나 일 등에 매인 사람이 다른 일로 말미암아 얻는 겨를
- 휴가: 직장·학교·군대 등의 단체에서, 일정한 기간 동안 쉬는 일. 또는 그런 겨를

10 | 전제와 함의의 구별 압축개념 03 정답 ①

정답 설명
① 의미 관계가 같은 것끼리 짝지어진 것은 둘 다 함의 관계인 ①이다. ㉠, ㉡은 함의 관계이고, ㉢, ㉣은 전제 관계이며, ㉤은 전제 또는 함의 어느 것에도 포함되지 않는다.
㉠, ㉡: 문장 안에 또 다른 정보가 들어가 있을 때, 주문장을 부정하면 포함되었던 정보의 참/거짓 여부를 더 이상 판단할 수 없게 되는 함의 관계에 해당한다.
- ㉠: '철수는 영희에게 돈을 갚았다(주문장)'라는 문장에 포함된 정보는 '철수는 영희에게 돈을 빌렸다'이다. 그런데 이 정보는 주문장이 '철수는 영희에게 돈을 갚지 않았다'와 같이 부정문으로 바뀌면 참/거짓 여부를 판단할 수 없게 되므로, ㉠의 문장은 함의 관계에 있다.
- ㉡: '우리 이제 디저트로 커피 한잔해요(주문장)'라는 문장에 포함된 정보는 '우리 방금 밥 먹었잖아요'이다. 그런데 이 정보는 주문장이 '우리 이제 디저트로 커피 한잔하지 마요'와 같이 부정문으로 바뀌면 참/거짓 여부를 판단할 수 없게 되므로, ㉡의 문장은 함의 관계에 있다.

ⓒ, ⓔ: 문장 안에 또 다른 정보가 들어가 있을 때, 주문장의 진위 여부와 상관없이 포함되었던 정보는 항상 참이 되는 전제 관계에 해당한다.

- ⓒ: '그의 집을 산 사람은 바로 그의 원수다(주문장)'를 '그의 집을 산 사람은 그의 원수가 아니다'로 부정하더라도 '그의 집은 팔렸다'는 내용은 참이 되므로 ⓒ의 문장은 전제 관계에 있다.
- ⓔ: '영희는 아직 시집을 가지 않았다(주문장)'를 '영희는 시집을 갔다'로 바꾸더라도 '영희는 여자다'는 참이 되는 내용이므로 ⓔ의 문장은 전제 관계에 있다.
- ⓓ: '나는 동생과 남매지간이다'에서 '동생은 여자다'는 참이 될 수도 있고, 참이 되지 못할 수도 있는 내용이다. 따라서 이 문장들은 전제 관계나 함의 관계로 볼 수 없다.

11 주요 한자어와 혼종어 [압축개념 06] 정답 ④

정답 설명
④ 혼종어로 나열된 것은 ④이다. ① ② ③은 모두 한자어이다.
- 양파: 한자어 '양(洋)'과 고유어 '파'가 결합한 것이다.
- 고자질: 한자어 '고자(告者)'와 고유어 접미사 '-질'이 결합한 것이다.
- 가지각색: 고유어 '가지'와 한자어 '각색(各色)'이 결합한 것이다.

오답 분석
① ② ③ 모두 한자어이다.
① 각각(各各), 무진장(無盡藏), 유야무야(有耶無耶)
② 과연(果然), 급기야(及其也). 막무가내(莫無可奈)
③ '의자'의 경우 동음이의어가 많은데, 모두 한자어이다.
 - 의자(椅子): 사람이 걸터앉는 데 쓰는 기구. 보통 뒤에 등받이가 있고 종류가 다양하다.
 - 의자(義子): 1. 의붓아들 2. 수양아들 3. 의로 맺은 아들
- 도대체(都大體), 언감생심(焉敢生心)

12 주요 한자어와 혼종어 [압축개념 06, 07] 정답 ①

정답 설명
① '하늘, 바람'은 고유어이지만, '심지어(甚至於), 어차피(於此彼), 주전자(酒煎子)'는 한자어이므로 ①의 설명은 옳지 않다.

오답 분석
② '학교(學校), 공장(工場), 도로(道路), 자전거(自轉車), 자동차(自動車)'는 모두 한자어이다.
③ '고무'는 프랑스어 'gomme'에서, '담배'와 '빵'은 포르투갈어 'tabaco', 'pão'에서, '가방'은 네덜란드어 'kabas'에서, '냄비'는 일본어 '鍋(なべ, 나베)'에서 유래한 말이지만 모두 우리말처럼 쓰이는 귀화어이다.
④ '눈깔'은 '눈알'을, '아가리'와 '주둥아리'는 '입'을, '모가지'는 '목'을, '대가리'는 '머리'를 속되게 이르는 말로 비어(卑語)에 속한다.

06 옛말의 문법

p.66

| 01 ③ | 02 ③ | 03 ① | 04 ④ | 05 ② | 06 ② |
| 07 ③ | 08 ① | 09 ③ | 10 ② | 11 ③ | 12 ② |

01 근대 국어의 특징 [압축개념 06] 정답 ③

정답 설명
③ 원순 모음화란 양순음 'ㅂ, ㅃ, ㅍ, ㅁ'의 영향으로 'ㅡ'가 'ㅜ'로 바뀌는 음운 현상이며 근대 국어에 나타나는 특징이다. 제시된 작품에서 '숫불빗'의 '불'은 '블'의 원순 모음화를 반영한 표기이므로 ③의 설명은 옳지 않다.

오답 분석
① '믈밋촐'은 '믈 + 밑 + 올'의 혼철 표기로, 앞말에 종성 'ㅅ'을 표기하고 뒷말의 초성에도 'ㅊ'를 내려 적었다. 참고로 '혼철'은 '거듭적기(중철)'라고 부르기도 한다.
② '붉기, 통낭ᄒ기'에 명사형 어미 '-기'가 사용되었다.
④ '의'가 현대 국어에서는 관형격 조사로 쓰이는 반면 제시된 작품에서는 '그믐밤의'와 같이 처소격 조사 '에'의 의미로 사용되었다.

02 고대 국어의 차자 표기 방법 [압축개념 01] 정답 ③

정답 설명
③ ⓒ '折(꺾을 절)'은 '꺾다'라는 한자의 뜻만 빌려 온 훈차이다.
- 花肹折叱可獻乎理音如(화힐절질가헌호리음여): 고졸 것거 바도림다 (꽃을 꺾어 바치겠습니다)

오답 분석
ⓐ 賜(줄 사): 음차
- 吾肹不喩慚肹伊賜等(오힐불유참힐이사등): 나롤 안디 붓그리샤ᄃᆞᆫ (나를 아니 부끄러워하시면)
ⓑ 肹(소리 울릴 힐), ⓔ 可(옳을 가): 음차
- 花肹折叱可(화힐절질가): 고졸 것거

03 훈민정음의 제자 원리 [압축개념 02] 정답 ①

정답 설명
① 'ㄹ'은 'ㄴ'의 이체자이므로, ㉠ '가획자'에 해당하는 글자가 아닌 것은 ①이다.

04 훈민정음의 제자 원리, 글자 운용 [압축개념 02, 03] 정답 ④

정답 설명
④ 'ㅸ'은 28 자모 체계에 포함되지 않으므로 답은 ④이다. ㅸ은 순음(ㅁ, ㅂ, ㅍ, ㅃ) 아래에 'ㅇ'을 이어 쓴 연서자이다.

오답 분석
① ㆆ는 초성의 기본자 'ㅇ'의 가획자로 후음에 해당하며 28 자모 체계에 포함된다.
② ㅿ는 초성의 기본자 'ㅅ'의 이체자로 치음에 해당하며 28 자모 체계에 포함된다.
③ ㅠ는 중성의 재출자로 이중 모음에 해당하며 28 자모 체계에 포함된다.

05 | 훈민정음의 제자 원리 [압축개념 02] 정답 ②

정답 설명 ② 'ㄴ'과 'ㄷ'은 윗잇몸 소리이므로 조음 위치가 동일하다. 또한 'ㄷ'은 기본자 'ㄴ'에 획을 더하는 가획의 원리에 따라 만들어진 가획자이다.

오답 분석 ① 'ㅎ'은 기본자 'ㅇ'의 가획자이나, 'ㅇ'은 여린입천장소리이고 'ㅎ'은 목청소리이므로 조음 위치가 동일하지 않다.

③ 'ㅋ'은 기본자 'ㄱ'의 가획자이나, 'ㄱ'과 'ㅋ'은 센입천장소리가 아닌 여린입천장소리에 해당한다.

④ 'ㅈ'은 기본자 'ㅅ'의 가획자이나, 'ㅅ'은 윗잇몸 소리이고 'ㅈ'은 센입천장소리이므로 조음 위치가 동일하지 않다.

06 | 중세 국어의 특징 [압축개념 06] 정답 ②

정답 설명 ② 중세 국어의 특징으로 옳지 않은 것은 'ㄴ, ㄷ'이므로 답은 ②이다. 중세 국어 시기에는 방점을 찍어 성조를 표기하였으며, 아래아(·)의 표기와 음가도 존재하였다. 참고로 'ㄴ'과 'ㄷ'은 모두 근대 국어 시기의 특징에 해당하는 설명이다.

오답 분석
- ㄱ: 고대 국어 시기에는 예사소리와 거센소리의 두 계열만 존재하다가, 중세 국어 시기에 들어서 된소리가 등장하기 시작하였다.
- ㄹ: 중세 국어 특유의 높임 표현으로 주체 높임법인 '-(으)시-', 객체 높임법인 '-숩-', 등이 존재한다.
- ㅁ: 중세 국어 시기에는 몽골어, 여진어 등의 외래어가 유입되었다.

07 | 중세 국어의 특징 [압축개념 06] 정답 ③

정답 설명 ③ 15세기 중세 국어 때는 주격 조사 '가'가 존재하지 않았다.

오답 분석 ① 'ㅸ(순경음 ㅂ)'은 15세기 중엽에 사라지고, 'ㅿ(반치음)'은 16세기 중반에 사라져 16세기 후반에는 거의 옛것을 본뜬 표기 정도만 남아 있었다.

② 중세 국어는 고려의 건국(10세기) 때부터 16세기 말까지의 국어를 말한다.

④ 중세 국어의 전기에는 원나라의 영향으로 말, 매, 군사, 관직명과 관련된 몽골어가 많이 유입되었다.

08 | 중세 국어의 표기법 [압축개념 04] 정답 ①

정답 설명 ① '나모[木]'는 'ㄱ' 곡용 체언으로, 모음으로 시작하는 조사 앞에서 '낢'으로 형태가 변화한다. ㉠ '남ᄀᆞᆫ'은 '낢[木] + ᄋᆞᆫ'이 결합한 것으로, 형태가 변한 명사(낢)가 포함된 것은 맞지만 주격 조사가 아닌 보조사 'ᄋᆞᆫ'이 결합된 것이다.

오답 분석 ② '곶'은 '꽃'의 옛 형태로, 중세 국어의 8종성법을 표기에 반영하지 않고, 원형을 밝혀 적은 예외 표기이다. 따라서 ㉡은 소리 나는 대로 적는 당시의 표기법에 어긋난다.

③ 'ᄀᆞᄆᆞ래'는 'ᄀᆞᄆᆞᆯ + 애(조사)'가 결합한 것인데 'ᄀᆞᄆᆞᆯ'은 '가뭄'의 옛 형태이다.

④ '내히'는 '냏[川] + 이(조사)'가 결합한 것이다. '냏'은 'ㅎ' 종성 체언으로, 말음 'ㅎ'이 조사 앞에서 실현된 것이다. ㉣에서 조사가 생략되었다면 '내'의 형태로 쓰였을 것이다.

09 | 중세 국어의 표기법 [압축개념 04] 정답 ③

정답 설명 ③ 제시글은 형태를 밝혀 적지 않고 소리 나는 대로 적는 중세 국어의 '이어적기[連綴(연철)]'에 대해 설명하고 있다. ③ '쟝긔판ᄂᆞᆯ 밍ᄀᆞᆯ어ᄂᆞᆯ'에서는 거듭적기[重綴(중철)]와 끊어적기[分綴(분철)]가 사용되었으므로 답은 ③이다.
- 쟝긔판ᄂᆞᆯ: 명사 '쟝긔판'과 조사 'ᄋᆞᆯ'의 결합에서 앞말의 종성 'ㄴ'을 뒷말의 초성에도 내려 적었으므로 거듭적기에 해당한다.
- 밍ᄀᆞᆯ어ᄂᆞᆯ: 용언의 어간 '밍ᄀᆞᆯ-'과 어미 '-어ᄂᆞᆯ'의 결합에서 앞말에 종성을 적고 뒷말의 초성에 'ㅇ'을 적었으므로 끊어적기에 해당한다.

오답 분석 ① 불휘 기픈: 용언의 어간 '깊-'과 어미 '-은'의 결합에서 앞말의 종성 'ㅍ'을 뒷말의 초성에 내려 적었으므로 이어적기에 해당한다.

② ᄇᆞᄅᆞ매 아니 뮐씨: 명사 'ᄇᆞᄅᆞᆷ'과 조사 '애'의 결합에서 앞말의 종성 'ㅁ'을 뒷말의 초성에 내려 적었으므로 이어적기에 해당한다.

④ 바ᄅᆞ래 가ᄂᆞ니: 명사 '바ᄅᆞᆯ'과 조사 '애'의 결합에서 앞말의 종성 'ㄹ'을 뒷말의 초성에 내려 적었으므로 이어적기에 해당한다.

10 | 근대 국어의 특징 [압축개념 06] 정답 ②

정답 설명 ② 근대 국어에는 중세 국어에서 찾을 수 없는 과거 시제 선어말어미가 등장하였으므로 설명이 적절한 것은 ②이다.

오답 분석 ① 언문일치는 20세기에 이르러 나타난 국어의 특징이다.

③ 유성 마찰음 'ㅸ, ㅿ'이 존재한 것은 중세 국어의 특징이며, 근대 국어 시기에는 존재하지 않았다.

④ 판정 의문과 설명 의문이 구별되는 것은 중세 국어의 특징이다.

11 | 주요 중세 문헌 [압축개념 07] 정답 ③

정답 설명 ③ 밑줄 친 '내'는 '내 이ᄅᆞᆯ 爲ᄒᆞ야 ~ 스믈여듧字ᄅᆞᆯ 밍ᄀᆞ노니'를 통해 세종대왕을 가리키는 표현임을 알 수 있다.

오답 분석 ① <보기>는 '나랏 말ᄊᆞ미 ~ 하니라'와 '내 이ᄅᆞᆯ ~ ᄯᆞᄅᆞ미니라'의 두 문장으로 이루어져 있다.

② 선택지에 제시된 한자는 '載(실을 재)'이나, 밑줄 친 '시러'는 '능히', '얻어'로 해석되므로 한자 '能(능할 능)', '得(얻을 득)'에 해당한다.

④ '·'는 'ㅏ'와 'ㅗ'의 중간 발음이므로 'ㅏ'와 '·'의 발음은 같지 않다.

12 | 주요 근대 국어학자 [압축개념 08] 정답 ②

정답 설명 ② 한국 최초의 근대 국문법 연구서인 『국문정리』는 1897년 이봉운이 지었다. 따라서 ②는 주시경의 업적이 아니다.

Ⅱ. 국어 규범

01 표준 발음법

p.78

01 ①	02 ③	03 ①	04 ②	05 ②	06 ③
07 ①	08 ②	09 ①	10 ②	11 ④	12 ①
13 ②	14 ④	15 ③			

01 | 된소리 발음 [압축개념 05]

정답 ①

정답 설명
① 잡고[잡꼬]: 앞말의 받침 'ㅂ' 뒤의 'ㄱ'이 된소리로 발음되는 된소리되기가 일어나는 것이므로 ㉠의 예로 적절하다.

오답 분석
② '손재주[손째주]'는 '손 + 재주'가 결합한 합성어이므로, 용언의 어간 받침 'ㄴ, ㅁ' 뒤에서 일어나는 된소리되기가 아니다.
③ '먹을 것[머글껃]'은 관형사형 어미 '-(으)ㄹ' 뒤에 의존 명사 '것'이 결합하여 일어나는 된소리되기이므로 ㉣에 해당하는 예이다.
④ '갈등[갈뜽]'은 'ㄹ'로 끝나는 한자와 'ㄷ, ㅅ, ㅈ'으로 시작하는 한자가 결합할 때 일어나는 된소리되기이므로 ㉢에 해당하는 예이다.

02 | 모음의 발음, 소리의 길이 [압축개념 01, 02]

정답 ③

정답 설명
③ 표준 발음으로 옳은 것은 ㉠, ㉣, ㉤이므로 답은 ③이다.
• ㉠ 협의[혀븨/혀비](○): 'ㅢ'는 [ㅢ]로 발음하는 것이 원칙이며 단어 첫음절 이외의 '의'는 [ㅣ]로 발음함도 허용한다.
• ㉣ 우리의[우리의/우리에](○): 조사 '의'는 [ㅔ]로 발음함도 허용한다.
• ㉤ 반신반의[반:신바:늬/반:신바:니](○): 단어의 첫음절에서만 긴소리가 나타나는 것이 원칙이나 첩어의 성격을 지닌 합성어는 둘째 음절 이하에서도 긴소리를 인정한다.

오답 분석
㉡ 띄어쓰기[띄어쓰기](✕) → [띠어쓰기/띠여쓰기](○): 자음을 첫소리로 가지고 있는 음절의 'ㅢ'는 [ㅣ]로 발음한다.
㉢ 썰물[썰:물](✕) → [썰물](○): '썰물'의 '썰'은 활용형의 경우, [썰:다]와 같이 긴소리로 발음하지만, 합성어에서는 짧게 발음해야 한다.

03 | 소리의 동화 [압축개념 04]

정답 ①

정답 설명
① '상견례, 의견란, 백리'의 'ㄹ'은 모두 [ㄴ]으로 발음되므로 표준 발음법상 'ㄹ'의 발음이 동일한 것으로 묶인 것은 ①이다.
• 상견례[상견녜], 의견란[의:견난]: '상견례'와 '의견란'은 유음화의 예외에 해당하는 것으로, 'ㄴ'과 'ㄹ'이 결합하면서도 [ㄹㄹ]로 발음되지 않고 [ㄴㄴ]으로 발음된다.

• 백리[뱅니]: '백리'는 받침 'ㄱ' 뒤에 연결되는 'ㄹ'이 [ㄴ]으로 발음되는 'ㄹ'의 비음화 현상이 발생한다. 또한 '백'의 받침소리 'ㄱ'은 [ㄴ] 앞에서 [ㅇ]으로 발음된다.

오답 분석
② '임진란, 공권력'의 'ㄹ'은 [ㄴ]으로 발음되나, '광한루'의 'ㄹ'은 [ㄹ]로 발음된다.
• 임진란[임:진난], 공권력[공꿘녁]: '임진란'과 '공권력'은 'ㄴ'과 'ㄹ'이 결합할 때 [ㄹㄹ]로 발음되지 않고 [ㄴㄴ]으로 발음되는 것으로, 유음화의 예외에 해당한다.
• 광한루[광:할루]: '광한루'는 'ㄴ'과 'ㄹ'이 결합해 [ㄹㄹ]로 발음되는 유음화 현상이 발생한다.
③ '입원료, 협력'의 'ㄹ'은 [ㄴ]으로 발음되나, '대관령'의 'ㄹ'은 [ㄹ]로 발음된다.
• 입원료[이붠뇨]: '입원료'는 'ㄴ'과 'ㄹ'이 결합할 때 [ㄹㄹ]로 발음되지 않고 [ㄴㄴ]으로 발음되는 것으로, 유음화의 예외에 해당한다.
• 협력[혐녁]: '협력'은 받침 'ㄱ' 뒤에 연결되는 'ㄹ'이 [ㄴ]으로 발음되는 'ㄹ'의 비음화 현상이 발생한다. 또한 '협'의 받침소리 'ㅂ'은 [ㄴ] 앞에서 [ㅁ]으로 발음된다.
• 대관령[대:괄령]: '대관령'은 'ㄴ'과 'ㄹ'이 결합해 [ㄹㄹ]로 발음되는 유음화 현상이 발생한다.
④ '동원령, 구근류'의 'ㄹ'은 [ㄴ]으로 발음되나, '난로'의 'ㄹ'은 [ㄹ]로 발음된다.
• 동원령[동:원녕], 구근류[구근뉴]: '동원령'과 '구근류'는 'ㄴ'과 'ㄹ'이 결합할 때 [ㄹㄹ]로 발음되지 않고 [ㄴㄴ]으로 발음되는 것으로, 유음화의 예외에 해당한다.
• 난로[날:로]: '난로'는 'ㄴ'과 'ㄹ'이 결합해 [ㄹㄹ]로 발음되는 유음화 현상이 발생한다.

04 | 모음의 발음 [압축개념 01]

정답 ②

정답 설명
② 차례[차레](✕) → [차례](○): '예, 례'의 'ㅖ'는 본음대로 [ㅖ]로 발음해야 한다. 따라서 표준 발음으로 옳지 않은 것은 ②이다.

오답 분석
① 연계[연계/연게](○): 모음 'ㅖ'는 [ㅖ]로 발음하는 것이 원칙이나, '예, 례' 이외의 'ㅖ'는 [ㅔ]로도 발음하는 것도 허용한다.
③ ④ 충의의[충의의/충이의/충의에/충이에](○), 논의[노늬/노니](○): 모음 'ㅢ'는 [ㅢ]로 발음하는 것이 원칙이나, 단어의 첫음절 이외의 '의'는 [ㅣ]로, 조사 '의'는 [ㅔ]로 발음하는 것도 허용한다.

05 | 모음의 발음, 받침의 발음, 소리의 첨가 [압축개념 01, 03, 06]

정답 ②

정답 설명
② 표준 발음이 옳은 것은 ㄱ, ㄴ, ㄹ이다.
• ㄱ. 계기[계:기](○): 모음 'ㅖ'는 [ㅖ]로 발음하는 것이 원칙이나, '예, 례' 이외의 'ㅖ'는 [ㅔ]로 발음함도 허용한다. 따라서 [계:기/게:기]는 모두 표준 발음이다.

- ㄴ. 송별연[송:벼련](○): 합성어에서 앞 단어의 끝이 자음이고 뒤 단어의 첫음절이 '이, 야, 여, 요, 유'인 경우에는 'ㄴ' 음을 첨가하여 발음한다. 다만, '송별연'은 'ㄴ' 음을 첨가하여 발음하지 않는 예외적인 단어에 해당하므로, [송:벼련]으로 발음한다.
- ㄹ. 밟고[밥:꼬](○): 겹받침 'ㄼ'은 어말 또는 자음 앞에서 [ㄹ]로 발음하지만 '밟-'은 예외적으로 [밥]으로 발음한다. 또한 받침 'ㅂ' 뒤에 연결되는 'ㄱ, ㄷ, ㅂ, ㅅ, ㅈ'은 된소리로 발음하므로, [밥:꼬]로 발음한다.

오답
분석

- ㄷ. 넓죽한[널쭈칸](×) → [넙쭈칸](○): 겹받침 'ㄼ'은 어말 또는 자음 앞에서 [ㄹ]로 발음하지만, '넓죽하다', '넓둥글다'는 표준 발음법에 따라 예외적으로 [ㅂ]으로 발음한다. 그리고 'ㅂ' 뒤의 'ㅈ'은 된소리 [ㅉ]로 발음하고 'ㄱ'과 'ㅎ'이 만나 [ㅋ]로 줄어드므로 '넓죽한'은 [넙쭈칸]으로 발음한다.
- ㅁ. 열병[열뼝](×) → [열병](○): 한자어에서 'ㄹ' 받침 뒤에 연결되는 'ㄷ, ㅅ, ㅈ'은 된소리로 발음하나, 'ㅂ'은 이에 해당하지 않으므로 '열병'은 [열병]으로 발음한다.

06 | 된소리 발음 [압축개념 05, 06] 정답 ③

정답
설명

③ 밑줄 친 단어의 표준 발음이 옳은 것은 'ㄱ, ㅁ'이므로, 답은 ③이다.
- ㄱ. 계절병[계:절뼝/게:절뼝](○): '계절병'은 한자어 '계절(季節)'과 '병(病)'의 합성어이다. 표기상으로 사이시옷은 없어도 관형격 기능을 지닌 사이시옷이 있어야 할 합성어의 경우, 뒤 단어의 첫소리 'ㅂ'을 된소리로 발음하므로 [계:절뼝]으로 발음한다. 참고로 '예, 례' 이외의 'ㅖ'는 [ㅔ]로도 발음하므로 [게:절뼝]으로 발음할 수 있다.
- ㅁ. 관세[관세](○): 받침 'ㄴ'과 뒤 음절 초성 'ㅅ'은 울림소리와 안울림소리가 만난 경우이므로 된소리되기가 적용되지 않아 [관세]로 발음한다.

오답
분석

- ㄴ. 신윤복[신뉸복](×) → 신윤복[시뉸복](○): 일반적으로 이름의 각 글자 사이에서는 경계를 인식하지 않으므로 'ㄴ' 음을 첨가하지 않고 연음하여 [시뉸복]으로 발음해야 한다.
- ㄷ. 논조[논쪼](×) → 논조[논조](○): 안울림소리와 안울림소리가 만날 때, 뒤의 예사소리를 된소리로 발음한다. 하지만 받침 'ㄴ'과 뒤 음절 초성 'ㅈ'은 울림소리와 안울림소리가 만난 경우이므로 된소리되기가 적용되지 않아 [논조]로 발음해야 한다.
- ㄹ. 과반수[과:반쑤](×) → 과반수[과:반수](○): 받침 'ㄴ'과 뒤 음절 초성 'ㅅ'은 울림소리와 안울림소리가 만난 경우이므로 된소리되기가 적용되지 않아 [과:반수]로 발음해야 한다.

07 | 받침의 발음 [압축개념 03] 정답 ①

정답
설명

① 풀꽃아[풀꼳다](×) → [풀꼬차](○): '꽃' 뒤에 모음으로 시작하는 형식 형태소가 오므로 받침 'ㅊ'을 제 음가대로 뒤 음절로 옮겨 [풀꼬차]로 발음해야 한다.

오답
분석

② 옷 한 벌[오탄벌](○): '옷'은 어말에서 대표음 [ㄷ]으로 발음하고 뒤 음절 첫 소리 'ㅎ'과 결합하여 [ㅌ]으로 축약되어 [오탄벌]로 발음된다.

③ 넓둥글다[넙뚱글다](○): '넓죽하다[넙쭈카다]', '넓둥글다[넙뚱글다]'의 경우에는 [넙]으로 발음된다. 또한 [넙]의 'ㅂ' 뒤의 'ㄷ'은 된소리로 발음되어 [넙뚱글다]로 발음된다.

④ 늙습니다[늑씀니다](○): 겹받침 'ㄺ'은 어말 또는 'ㄱ'을 제외한 자음 앞에서 [ㄱ]으로 발음해야 한다. 따라서 [늑]으로 발음되고, 안울림소리 'ㅅ'이 앞의 'ㄱ'과 만나 [ㅆ]로 발음된다. 또한 받침 'ㅂ'은 'ㄴ' 앞에서 [ㅁ]으로 발음하므로 [늑씀니다]로 발음된다.

08 | 소리의 동화 [압축개념 04] 정답 ②

정답
설명

② 문법[문뻡/뭄뻡](×) → [문뻡](○): [뭄뻡]은 양순음이 아닌 소리인 'ㄴ'이 양순음인 'ㅂ'에 동화되어 양순음 [ㅁ]으로 발음된 것(양순음화)으로, 표준 발음으로 인정되지 않는다. '문법'은 사잇소리 현상에 의해 [문뻡]만이 표준 발음이므로 답은 ②이다.

오답
분석

① 시계[시계/시게](○): 모음 'ㅖ'는 [ㅖ]로 발음하는데, 단 '예, 례' 이외의 'ㅖ'는 [ㅔ]로도 발음한다.

③ 읊고[읍꼬](○): 겹받침 'ㄿ'은 자음 앞에서 [ㅂ]으로 발음하고, 받침 'ㅂ' 뒤에 연결되는 'ㄱ'은 된소리로 발음한다.

④ 되어[되어/되여](○): 모음으로 끝난 용언의 어간 뒤에서 모음 어미 '어'는 [어] 또는 [여]로 발음한다.

09 | 받침의 발음 [압축개념 03] 정답 ①

정답
설명

① ㉠ 밭을[바슬](×) → [바틀](○): '밭' 뒤에 모음으로 시작되는 형식 형태소인 조사 '을'이 결합되었으므로, '밭'의 받침 'ㅌ'을 그대로 뒤 음절 첫소리로 옮겨 발음한다.

오답
분석

② ㉡ 밭만[반만](○): '밭'의 받침소리 'ㅌ'은 [ㄷ]으로 발음되며, 이때 받침 'ㄷ'은 'ㅁ' 앞에서 [ㄴ]으로 발음되므로 '밭만'은 [반만]으로 발음한다.

③ ㉢ 밭[받](○): 받침소리로는 'ㄱ, ㄴ, ㄷ, ㄹ, ㅁ, ㅂ, ㅇ'의 7개 자음 중 하나로만 발음되므로 '밭'은 [받]으로 발음된다.

④ ㉣ 밭이[바치](○): 실질 형태소 '밭'의 끝소리 'ㅌ' 뒤에 모음 'ㅣ'로 시작하는 형식 형태소가 결합하였으므로 구개음화가 일어난다. 따라서 '밭'의 받침 'ㅌ'은 [ㅊ]으로 바꾼 후, 뒤 음절 첫소리로 옮겨 발음한다.

10 | 소리의 동화 [압축개념 04] 정답 ②

정답
설명

② 신문[심문](×) → [신문](○): [심문]은 양순음이 아닌 소리인 'ㄴ'이 양순음인 'ㅁ'에 동화되어 양순음 [ㅁ]으로 발음된 것(양순음화)으로, 표준 발음으로 인정되지 않는다. 따라서 답은 ②이다.

오답 분석

① 물난리[물랄리](O): '물'의 받침 'ㄹ'의 영향을 받아 '난'의 첫소리 'ㄴ'이 [ㄹ]로 발음되고, '리'의 첫소리 'ㄹ'의 영향을 받아 '난'의 받침 'ㄴ'이 [ㄹ]로 발음된다.

③ 밟는다[밤:는다](O): 겹받침 'ㄼ'은 자음 앞에서 [ㅂ]으로 발음되고, 'ㅂ'은 비음인 'ㄴ'의 영향을 받아 [ㅁ]으로 발음된다.

④ 한여름[한녀름](O): '한-(접사) + 여름(명사)'이 결합한 것으로, 앞 단어의 끝이 자음 'ㄴ'이고 뒤 단어의 첫음절이 '여'인 경우 'ㄴ' 음을 첨가하여 발음한다.

---

11 │ 받침의 발음 압축개념 03 정답 ④

정답 설명

④ 않은[안는](×) → [아는](O): 겹받침 'ㄶ'은 뒤에 모음으로 시작하는 어미 '-은'이 결합하여 'ㅎ'을 발음하지 않고, 그대로 연음해 [아는]으로 발음한다.

---

12 │ 받침의 발음, 소리의 동화·첨가 압축개념 03, 04, 06 정답 ①

정답 설명

① 단어의 발음이 옳은 것끼리 묶인 것은 ①이다.

• 디귿이[디그시](O): 원칙적으로 한글 자모의 이름은 받침소리를 연음하여 발음해야 하지만, 'ㄷ'은 현실 발음을 고려하여 [디그시]로 발음한다.

• 홑이불[혼니불](O): '홑 + 이불[혼이불 → 혼니불 → 혼니불]'에서 '홑'의 받침 'ㅌ'은 음절 말에서 [ㄷ]으로 발음한다. 또한 파생어에서 접두사의 끝이 '홑'처럼 자음이고 뒤 단어의 첫음절이 '이'인 경우, [니]와 같이 'ㄴ' 음을 첨가하여 발음한다. 그리고 [ㄷ]은 비음 [ㄴ]의 영향을 받아 비음 [ㄴ]으로 발음되므로 '홑이불'은 [혼니불]로 발음한다.

오답 분석

② • 뚫는[뚤는](×) → [뚤른](O): 'ㄶ' 뒤에 'ㄴ'이 오는 경우에는 'ㅎ'을 발음하지 않으므로 [뚤는]이 된다. 그리고 'ㄴ'은 'ㄹ'의 뒤에서 [ㄹ]로 발음하므로 '뚫는'은 [뚤른]으로 발음한다.

• 밝히다[발키다](O): 'ㄺ' 뒤에 'ㅎ'이 오는 경우에는 'ㄱ'과 'ㅎ' 두 음을 합쳐서 [ㅋ]으로 발음한다. 따라서 '밝히다'는 [발키다]로 발음한다.

③ • 핥다[할따](O): 'ㄾ'은 자음 앞에서 [ㄹ]로 발음하고 어간 받침 'ㄾ' 뒤에 오는 어미의 첫소리 'ㄷ'은 된소리로 발음한다. 따라서 '핥다'는 [할따]로 발음한다.

• 넓죽하다[넙쭉카다](×) → [넙쭈카다](O): 겹받침 'ㄼ'은 자음 앞에서 [ㅂ]으로 발음하고, 'ㅂ' 뒤의 'ㅈ'은 [ㅉ]으로 발음한다. 그리고 'ㄱ'과 'ㅎ'이 [ㅋ]으로 줄어드는 축약 현상이 일어나므로 '넓죽하다'는 [넙쭈카다]로 발음한다.

④ • 흙만[흑만](×) → [흥만](O): 'ㄺ'은 'ㅁ' 앞에서 [ㅇ]으로 발음되므로 '흙만'은 [흥만]으로 발음한다.

• 동원령[동:원녕](O): '동원령'은 한자어에서 'ㄴ'과 'ㄹ'이 결합하면서도 [ㄹㄹ]로 발음되지 않고 [ㄴㄴ]으로 발음되는 예에 해당하므로, [동:원녕]으로 발음한다.

---

13 │ 소리의 동화·첨가 압축개념 04, 06 정답 ②

정답 설명

② 표준 발음법에 맞지 않는 것은 3개이다.

• 숙맥[쑥맥](×) → [숭맥](O): 어두의 'ㅅ'은 된소리로 나는 근거가 없으므로 'ㅅ'으로 발음하고, 받침의 'ㄱ'은 비음화 현상으로 인해 'ㅇ'으로 발음하는 것이 적절하다.

• 젖먹이[점머기](×) → [전머기](O): 양순음이 아닌 소리 [ㄷ]이 양순음 'ㅁ'의 영향을 받아 [ㅁ]으로 발음되는 양순음화는 표준 발음법에서 허용하지 않는다.

• 직행열차[지캥렬차](×) → [지캥녈차](O): 한자어에서 앞 단어가 자음으로 끝나고 뒤 단어의 첫 음절이 '이, 야, 여, 요, 유'인 경우에는 'ㄴ'을 첨가하므로 [지캥녈차]가 옳은 발음이다.

---

14 │ 소리의 동화·첨가 압축개념 04, 06 정답 ④

정답 설명

④ 막일[마길](×) → [망닐](O): '막일'은 '막-(접사) + 일(명사)'이 결합한 파생어이다. 접두사 '막-'이 자음으로 끝나고 뒤 단어의 첫음절이 '이'인 경우 'ㄴ' 음을 첨가하여 [닐]로 발음한다. 그리고 '막'의 받침 'ㄱ'은 첨가된 [ㄴ] 음의 영향을 받아 [ㅇ]으로 발음한다.

오답 분석

① 밝다[박따](O): 겹받침 'ㄺ'은 자음 앞에서 [ㄱ]으로 발음하고, 받침 'ㄱ' 뒤에 연결되는 'ㄷ'은 된소리로 발음한다.

② 등불[등뿔](O): 표기상으로는 사이시옷이 없지만 관형격 기능을 가지는 사이시옷이 있어야 할 합성어이므로, 뒤 단어의 첫소리 'ㅂ'을 된소리로 발음한다.

③ 앞마당[암마당](O): '앞'의 받침 'ㅍ'은 [ㅂ]으로 발음하며, 이때 받침 [ㅂ]은 비음인 'ㅁ'의 영향을 받아 [ㅁ]으로 발음한다.

---

15 │ 받침의 발음 압축개념 03 정답 ③

정답 설명

③ 맑다[막따](O): 겹받침 'ㄺ'은 자음 앞에서 [ㄱ]으로 발음하고 받침 'ㄱ' 뒤에 연결되는 'ㄷ'은 된소리로 발음하므로 '맑다'는 [막따]로 발음한다.

오답 분석

① 굵다[굴따](×) → 굵다[국:따](O): 겹받침 'ㄺ'은 자음 앞에서 [ㄱ]으로 발음하고 받침 'ㄱ' 뒤에 연결되는 'ㄷ'은 된소리로 발음하므로 '굵다'는 [국:따]로 발음해야 한다. 이때 [국]은 길게 발음한다.

② 넓다[넙따](×) → 넓다[널따](O): 겹받침 'ㄼ'은 자음 앞에서 [ㄹ]로 발음하고 어간 받침 'ㄼ' 뒤에 연결되는 'ㄷ'은 된소리로 발음하므로 '넓다'는 [널따]로 발음해야 한다. 참고로, '넓-'은 '넓죽하다[넙쭈카다]'와 '넓둥글다[넙뚱글다]'의 경우에는 [넙]으로 발음한다.

④ 얇다[얍따](×) → 얇다[얄:따](O): 겹받침 'ㄼ'은 자음 앞에서 [ㄹ]로 발음하고 어간 받침 'ㄼ' 뒤에 연결되는 'ㄷ'은 된소리로 발음하므로 '얇다'는 [얄:따]로 발음해야 한다. 이때 [얄]은 길게 발음한다.

01 ②	02 ①	03 ③	04 ③	05 ⑤	06 ④
07 ③	08 ②	09 ②	10 ②	11 ③	12 ①

01 사전 등재 순서 [압축개념 02] 정답 ②

정답 설명
② 제시된 단어들은 모두 첫 글자의 초성이 동일하므로 그 뒤에 쓰인 모음과 받침 글자를 통해 순서를 판단해야 한다. 이에 따르면 ㉠ 곬 → ㉢ 곳간 → ㉣ 광명 → ㉡ 규탄의 순서가 적절하다.
- 모음의 사전 등재 순서: ㅏ ㅐ ㅑ ㅒ ㅓ ㅔ ㅕ ㅖ ㅗ ㅘ ㅙ ㅚ ㅛ ㅜ ㅝ ㅞ ㅟ ㅠ ㅡ ㅢ ㅣ
- 받침 글자의 사전 등재 순서: ㄱ ㄲ ㄳ ㄴ ㄵ ㄶ ㄷ ㄹ ㄺ ㄻ ㄼ ㄽ ㄾ ㄿ ㅀ ㅁ ㅂ ㅄ ㅅ ㅆ ㅇ ㅈ ㅊ ㅋ ㅌ ㅍ ㅎ

02 두음 법칙의 적용 [압축개념 05] 정답 ①

정답 설명
① 실락원(失樂園)(×) → 실낙원(○): '실(失)'은 접두사처럼 쓰인 한자인데, '실락원'의 '락'을 두음 법칙에 따라 적지 않았으므로 [붙임 2]의 규정이 바르게 적용되지 않았다.

03 준말의 표기 [압축개념 15] 정답 ③

정답 설명
③ 익숙치(×) → 익숙지(○): 안울림소리(ㄱ) 뒤에서는 어간의 끝음절 '하'가 아주 줄어드므로 '익숙하지'의 준말은 '익숙지'이다.

오답 분석
① 섭섭지(○): 안울림소리(ㅂ) 뒤에서는 어간의 끝음절 '하'가 아주 줄어드므로 '섭섭하지'의 준말은 '섭섭지'이다.
② 흔타(○): 울림소리(ㄴ) 뒤에서는 어간의 끝음절 '하'의 'ㅏ'가 줄고 'ㅎ'이 다음 음절의 첫소리(ㄷ)와 어울려 거센소리(ㅌ)가 된다. 따라서 '흔하다'의 준말은 '흔타'이다.
④ 정결타(○): 울림소리(ㄹ) 뒤에서는 어간의 끝음절 '하'의 'ㅏ'가 줄고 'ㅎ'이 다음 음절의 첫소리(ㄷ)와 어울려 거센소리(ㅌ)가 된다. 따라서 '정결하다'의 준말은 '정결타'이다.

04 접미사가 붙어서 된 말의 표기 [압축개념 08] 정답 ③

정답 설명
③ '바깥(밖 + -앝)'은 명사 '밖'에 모음으로 시작된 접미사 '-앝'이 붙은 단어로, 품사는 명사이다. 파생 과정에서 품사가 바뀌지 않았으므로 ③은 제시된 규정과 관련이 없다.

오답 분석
① ② ④ 한글 맞춤법 제19항 [붙임]의 규정이 적용된 예이다.
① 마개(막- + -애): '마개'는 동사의 어간 '막-'에 접미사 '-애'가 붙어서 품사가 동사에서 명사로 바뀐 예로, 어간의 원형을 밝혀 적지 않는다.
② 너무(넘- + -우): '너무'는 동사의 어간 '넘-'에 접미사 '-우'가 붙어서 품사가 동사에서 부사로 바뀐 예로, 어간의 원형을 밝혀 적지 않는다.

④ 무덤(묻- + -엄): '무덤'은 동사의 어간 '묻-'에 접미사 '-엄'이 붙어서 품사가 동사에서 명사로 바뀐 예로, 어간의 원형을 밝혀 적지 않는다.

05 접미사의 예사소리 표기와 된소리 표기 [압축개념 17] 정답 ⑤

정답 설명
⑤ 한글 맞춤법 규정에 맞게 표기한 것은 ㄴ, ㅁ, ㅂ이다.
- ㄴ. 판때기(○), ㅁ. 거적때기(○): 명사 뒤에 붙어 비하의 뜻을 더하는 접미사 '-때기'는 '-대기'로 적지 않는다.
- ㅂ. 상판대기(○): 비슷한 발음의 여러 형태가 쓰일 경우 그 의미에 아무런 차이가 없고, 그중 하나가 더 널리 쓰이면, 그 한 형태만을 표준어로 삼는다는 표준어 사정 원칙에 따라 '상판대기'로 적는다. 참고로, '상판때기'나 '쌍판대기'는 표준어가 아니므로 주의해야 한다.

오답 분석
- ㄱ. 얼룩배기(×) → 얼룩빼기(○): '얼룩빼기'는 다른 형태소인 '얼룩' 뒤에서 [빼기]로 발음되는 경우이므로 '얼룩빼기'로 적는다.
- ㄷ. 나이빼기(×) → 나이배기(○): '나이배기'는 [빼기]가 아니라 [배기]로 발음되므로 '배기'로 적는다.
- ㄹ. 이맛배기(×) → 이마빼기(○): '이마빼기'는 다른 형태소인 '이마' 뒤에서 [빼기]로 발음되는 경우이므로 '이마빼기'로 적는다.

06 준말의 표기 [압축개념 15, 17] 정답 ④

정답 설명
④ 한글 맞춤법에 따른 표기로 적절한 것은 ④이다.
- 생각지 못한(○): '생각지 못한'은 '생각하지 못한'의 준말로, 어간의 끝음절 '하'는 안울림소리(ㄱ) 뒤에서 아주 줄어든다.
- 할게(○): 어떤 행동에 대한 약속이나 의지를 나타내는 종결 어미는 '-ㄹ게'이다. '-ㄹ께'로 잘못 표기하지 않도록 주의해야 한다.

오답 분석
① 회계년도(×) → 회계 연도(○): 단어의 첫머리에 오는 한자어 '년(年)'은 두음 법칙에 따라 '연'으로 적는다.
② 갯수(×) → 개수(個數)(○): 한자어로만 이루어진 단어이므로 사이시옷을 받쳐 적지 않는다.
③ 어떡해(×) → 어떻게(○): '어떡해'는 '어떻게 해'의 준말이므로, 문장에서 부사어로 사용될 때에는 '어떻다'의 활용형인 '어떻게'로 적는다.
- 번번히(×) → 번번이(○): '매 때마다'를 의미하는 경우에는 '번번이'로 적는다. 참고로 '번번히'는 '구김살이나 울퉁불퉁한 데가 없이 펀펀하고 번듯하다'를 뜻하는 '번번하다'에서 파생된 부사이다.
- 합격율(×) → 합격률(○): 'ㄴ' 받침을 제외한 받침 있는 명사 뒤에는 '비율'의 뜻을 더하는 접미사로 '-률'을 적는다.

정답
설명

③ 왜서(O): '글이나 말을 기억하여 두었다가 한 자도 틀리지 않게 그대로 말하다'를 뜻하는 '외우다'의 준말인 '외다'의 어간 '외-'에 어미 '-어서'가 결합한 것으로 '외어서'로 활용한다. 이때 '뇌' 뒤에 '-어'가 어울려 '내'로 될 적에는 준 대로 적으므로 '외어서'는 '왜서'로 표기할 수 있다. 따라서 밑줄 친 활용형 중 옳은 것은 ③이다.

오답
분석

① 데서(x) → 데워서(O): '데서'는 '불이나 뜨거운 기운으로 말미암아 살이 상하다. 또는 그렇게 하다'를 뜻하는 '데다'의 어간 '데-'에 어미 '-어서'가 결합한 것이다. 문맥상 '식었거나 찬 것을 덥게 하다'를 뜻하는 '데우다'의 어간 '데우-'에 어미 '-어서'가 결합한 '데우어서'로 활용하는 것이 적절하다. 이때 모음 'ㅜ'로 끝난 어간에 '-어'가 어울려 '궈'로 될 적에는 준 대로 적으므로 '데워서'로 표기할 수 있다.

② 펴서(x) → 피워서(O): '펴서'는 '접히거나 개킨 것을 젖히어 벌리다'를 뜻하는 '펴다'의 어간 '펴-'에 '-어서'가 결합한 것이다. 문맥상 일부 명사와 함께 쓰여 그 명사가 뜻하는 행동이나 태도를 나타내는 '피우다'의 어간 '피우-'에 어미 '-어서'가 결합한 '피우어서'로 활용하는 것이 적절하다. 이때 모음 'ㅜ'로 끝난 어간에 '-어'가 어울려 '궈'로 될 적에는 준 대로 적으므로 '피워서'로 표기할 수 있다.

④ 새서(x) → 새워서(O): '새서'는 '날이 밝아 오다'를 뜻하는 '새다'의 어간 '새-'에 어미 '-어서'가 결합한 것이다. 문맥상 '한숨도 자지 않고 밤을 지내다'를 뜻하는 '새우다'의 어간 '새우-'에 어미 '-어서'가 결합한 '새우어서'로 활용하는 것이 적절하다. 이때 모음 'ㅜ'로 끝난 어간에 '-어'가 어울려 '궈'로 될 적에는 준 대로 적으므로 '새워서'로 표기할 수 있다.

08 | 사이시옷 표기의 조건 [압축개념 12]   정답 ②

정답
설명

② 사이시옷 표기가 모두 옳지 않은 것은 ②이다.
  • 마굿간(x) → 마구간(O): '마구간(馬廐間)'은 한자어로만 이루어진 합성어이므로 사이시옷을 받쳐 적지 않는다.
  • 인삿말(x) → 인사말(O): 한자어와 순 우리말로 된 합성어로, 사잇소리 현상이 일어나지 않아 [인사말]로 발음하므로 사이시옷을 받쳐 적지 않는다.

오답
분석

① • 붕엇빵(x) → 붕어빵(O): 순우리말 합성어로, 뒷말의 첫소리 'ㅃ'이 된소리이므로 사이시옷을 받쳐 적지 않는다.
  • 공붓벌레(O): 한자어와 순우리말로 된 합성어로, 앞말이 모음 'ㅜ'로 끝나고 뒷말의 첫소리 'ㅂ'이 된 소리 [ㅃ]로 발음되므로 사이시옷을 받쳐 적는다.

③ • 공깃밥(O): 한자어와 순우리말로 된 합성어로, 앞말이 모음 'ㅣ'로 끝나고 뒷말의 첫소리 'ㅂ'이 된소리 [ㅃ]로 발음되므로 사이시옷을 받쳐 적는다.
  • 백짓장(x) → 백지장(O): '백지장(白紙張)'은 한자어로만 이루어진 합성어이므로 사이시옷을 받쳐 적지 않는다.

④ • 도맷값(O): 한자어와 순우리말로 된 합성어로, 앞말이 모음 'ㅐ'로 끝나고 뒷말의 첫소리 'ㄱ'이 된소리 [ㄲ]로 발음되므로 사이시옷을 받쳐 적는다.
  • 머릿털(x) → 머리털(O): 순우리말 합성어로, 뒷말의 첫소리 'ㅌ'이 거센소리이므로 사이시옷을 받쳐 적지 않는다.

09 | 두음 법칙의 적용 [압축개념 05, 08, 12]   정답 ②

정답
설명

② 맞춤법에 맞는 것만으로 묶은 것은 ②이다.
  • 흡입량, 구름양(O): 한자어 '량'를 포함하는 음절이 단어 첫머리 이외의 자리에 올 경우에는 두음 법칙이 적용되지 않아 본음대로 적어야 하므로 '흡입량(吸入量)'은 맞춤법에 맞는 표기이다. 또한 고유어나 외래어 뒤에 결합한 한자어는 독립적인 한 단어로 인식되어 두음 법칙이 적용되므로 고유어 '구름'과 한자어 '량(量)'이 결합하면 '구름양'으로 적는 것이 맞춤법에 맞는 표기이다.
  • 정답란, 칼럼난(O): 한자어 '란'를 포함하는 음절이 단어 첫머리 이외의 자리에 올 경우에는 두음 법칙이 적용되지 않아 본음대로 적어야 하므로 '정답란(正答欄)'은 맞춤법에 맞는 표기이다. 또한 고유어나 외래어 뒤에 결합한 한자어는 독립적인 한 단어로 인식되어 두음 법칙이 적용되므로 외래어 '칼럼(column)'과 한자어 '란(欄)'이 결합하면 '칼럼난'으로 적는 것이 맞춤법에 맞는 표기이다.

오답
분석

① 꼭지점(x) → 꼭짓점(O): '꼭짓점[꼭찌쩜/꼭찓쩜]'은 '꼭지 + 점(點)'이 결합한 순우리말과 한자어로 된 합성어이다. 앞말이 모음 'ㅣ'로 끝나고 뒷말의 첫소리 'ㅈ'이 된소리 [ㅉ]으로 발음되므로 사이시옷을 받쳐 적는다.

③ 딱다구리(x) → 딱따구리(O): '딱딱'과 '-우리'가 결합한 것(문법적 견해에 따라 단일어로도 볼 수 있음)으로, 받침 'ㄱ' 뒤에서 나는 된소리는 표기에 반영하지 않는 것이 원칙이나, 한 단어 안에서 같거나 비슷한 음절이 거듭되는 경우에는 예외적으로 된소리를 표기에 반영하여 적는다. 따라서 '딱닥'이 아닌 '딱딱'으로 적는다. 또한 '-하다'나 '-거리다'가 붙을 수 없는 어근에 '-이' 또는 다른 모음으로 시작되는 접미사가 붙어서 명사가 된 것은 그 원형을 밝혀 적지 않으므로 '딱따구리'로 적는다. 참고로 '딱따구리'와 관련 있는 '단단한 물건이 부러지거나 서로 부딪치는 소리가 자꾸 나다. 또는 그렇게 되게 하다'라는 뜻의 '딱딱거리다'가 사전에 등재되어 있으나, 한글 맞춤법을 만들던 당시에 우리말 큰사전에는 '딱딱한 말씨로 자꾸 올러대다'라는 의미만 올라 있어 당시의 쓰임을 기준으로 '딱따구리'는 원형을 밝혀 적지 않는다.

④ 홧병(火病)(x) → 화병(火病)(O): '화(火) + 병(病)'은 두 음절로 된 한자어이므로 사이시옷을 받쳐 적지 않는다. 예외적으로 두 음절로 된 한자어 '곳간(庫間)', 셋방(貰房), 숫자(數字), 찻간(車間), 툇간(退間), 횟수(回數)'의 경우에는 사이시옷을 받쳐 적는다.

10 | 접미사가 붙어서 된 말의 표기 [압축개념 08]   정답 ②

정답
설명

② '마개, 마감'은 (나)의 예로 적절하나, '지붕'은 (라)에 해당하는 예이므로 옳지 않다.
  • 마개(막- + -애), 마감(막- + -암): 어간 '막-'에 '-이'나 '-음' 이외의 모음으로 시작하는 접미사 '-애', '-암'이 붙어서 동사가 명사로 바뀌었다.
  • 지붕(집 + -웅): 명사 '집'에 '-이' 이외의 모음으로 시작하는 접미사 '-웅'이 붙은 것이며, 품사가 바뀌지 않고 명사로 유지되었다.

11 '-더라/-던/-든지'와 '-대/-데'의 쓰임 [압축개념 18] 정답 ③

정답 설명
③ 그렇게 좋던(○): '-던'은 과거에 직접 경험하여 새로이 알게 된 사실에 대한 물음을 나타내는 종결어미이다. ③에서는 연예인을 본 과거 경험에 대해 새로 알게 된 사실을 묻고 있으므로 어미 '-던'이 어법에 맞게 쓰였다.

오답 분석
① 야유회 간데요(×) → 야유회 간대요: 화자가 직접 경험한 사실이 아니라 남이 말한 내용을 간접적으로 전달하는 것이므로 '-대'가 적절하다.

② 아주 잘하대(×) → 아주 잘하데: 화자가 직접 경험한 사실을 나중에 보고하듯이 말하는 것이므로 '-데'가 적절하다.

④ 너무 크대요(×) → 너무 크데요(○): 화자가 직접 경험한 사실을 나중에 보고하듯이 말하는 것이므로 '-데'가 적절하다.

12 준말의 표기 [압축개념 15] 정답 ①

정답 설명
① 돼라는(×) → 되라는(○): '되다'의 어간 '되-'에 어미 '-라는'이 결합한 것이므로 '되라는'으로 쓰는 것이 옳은 표기이다.

오답 분석
② 되었다(○): 어간 '되-'에 선어말 어미 '-었-', 어말 어미 '-다'가 결합된 표기이다. 참고로, '되었-'이 줄어든 형태인 '됐다'도 옳은 표기이다.

③ 돼라(○): '돼라'는 '되어라'의 준말이다. 어간 '되-'에 어미 '-어라'가 결합된 것인데, 어간 모음 '되' 뒤에 '-어'가 붙었기 때문에 '돼'로 줄어질 수 있다.

④ 되고(○): 어간 '되-'에 연결 어미 '-고'가 결합된 것이다.

---

03 띄어쓰기와 문장 부호에 관한 한글 맞춤법 규정

p.108

01 ②	02 ④	03 ②	04 ①	05 ④	06 ④
07 ③	08 ②	09 ①	10 ⑤	11 ①	12 ①

01 접사의 띄어쓰기, 의존 명사의 띄어쓰기 [압축개념 03, 04] 정답 ②

정답 설명
② 제V3장의(×) → 제3V장의/제3장의(○): '제(第)-'는 '그 숫자에 해당되는 차례'의 뜻을 더하는 접두사이므로 붙여 써야 한다. 그리고 '장'은 단위를 나타내는 의존 명사이므로 띄어 쓰는 것이 원칙이나, 숫자와 어울려 쓰이는 경우에는 붙여 쓸 수 있다.

오답 분석
① 좋은V걸(○): 이때 '걸'은 의존 명사 '것'을 구어적으로 이르는 말인 '거'와 목적격 조사 'ㄹ'이 결합한 말이므로 앞말과 띄어 쓴다.

③ 진행한V지(○): 이때 '지'는 용언의 관형사형 뒤에서 경과한 시간을 나타내는 의존 명사이므로 앞말과 띄어 쓴다.

④ 10년V차에(○): 이때 '차(次)'는 주기나 경과의 해당 시기를 나타내는 의존 명사이므로 앞말과 띄어 쓴다.

02 어미·본용언과 보조 용언의 띄어쓰기 [압축개념 02, 05] 정답 ④

정답 설명
④ 밑줄 친 부분의 띄어쓰기가 모두 옳은 것은 ④이다.
- 있었던바(○): 이때 '바'는 뒤 절의 내용을 이야기하기 위해 관련된 상황을 제시할 때는 어미 '-ㄴ바'의 일부이므로 앞말에 붙여 쓴다.
- 찾아야V한다(○): 이때 '하다'는 보조 동사이다. 보조 용언은 본용언과 띄어 쓰는 것이 원칙이므로 '한다'는 본용언 찾다(찾아야)와 띄어 쓴다.

오답 분석
① • 걸어V온(×) → 걸어온(○): '지내 오거나 발전해 오다'를 뜻하는 '걸어오다'는 한 단어이므로 붙여 쓴다.
  • 참여하는데(×) → 참여하는V데(○): '데'가 '곳, 장소, 일, 것, 경우'를 뜻할 때는 의존 명사이므로 앞말과 띄어 쓴다.

② • 쓸V데V없는(×) → 쓸데없는(○): '아무런 쓸모나 득이 될 것이 없다'를 뜻하는 '쓸데없다'는 한 단어이므로 붙여 쓴다.
  • 골라V하니(○): 이때 '하다'는 '사람이나 동물, 물체 등이 행동이나 작용을 이루다'를 뜻하는 본용언이므로 앞말과 띄어 쓴다.

③ • 하는V지에(×) → 하는지에(○): 이때 '지'는 막연한 의문을 나타낼 때는 어미 '-는지'의 일부이므로 앞말에 붙여 쓴다.
  • 알아볼(○): '조사하거나 살펴보다'를 뜻하는 '알아보다'는 한 단어이므로 붙여 쓴다.

03 그 밖의 띄어쓰기 [압축개념 06] 정답 ②

정답 설명
② 옛V책을(○): '옛'은 '지나간 때의'를 뜻하는 관형사이므로 명사 '책'과 띄어 쓴다.

오답
분석

① 그∨중에(×) → 그중에(○): '그중'은 '범위가 정해진 여럿 가운데'를 뜻하는 한 단어이므로 붙여 쓴다.

③ 한∨번(×) → 한번(○): '한번'은 '지난 어느 때나 기회'를 뜻하는 한 단어이므로 붙여 쓴다. 참고로 '번'이 차례나 일의 횟수를 뜻하는 경우에는 의존 명사이므로 '한 번'과 같이 앞말과 띄어 쓴다.

④ 굴∨속으로(×) → 굴속으로(○): '굴속'은 '굴의 안'을 뜻하는 한 단어이므로 붙여 쓴다.

---

04 | 그 밖의 띄어쓰기 [압축개념 06] 정답 ①

정답
설명

① '한밤중'은 한 단어로 굳어진 것으로 붙여 쓴다.

오답
분석

② 잘할∨뿐더러(×) → 잘할뿐더러(○): '-ㄹ뿐더러'는 '어떤 일이 그것만으로 그치지 않고 나아가 다른 일이 더 있음을 나타내는 연결 어미이므로 앞말에 붙여 쓴다.

③ 시간만에(×) → 시간∨만에(○): '만'이 '앞말이 가리키는 동안이나 거리'를 뜻하는 의존 명사이므로 앞말과 띄어 쓴다.

④ 안∨된다(×) → 안된다(○): '안된다'가 '일, 현상, 물건 등이 좋게 이루어지지 않음'의 의미로 쓰일 때는 한 단어이므로 붙여 쓴다.

---

05 | 본용언과 보조 용언의 띄어쓰기 [압축개념 05] 정답 ④

정답
설명

④ 올∨듯도∨하다(○): '듯하다'는 한 단어이므로 붙여 쓰지만, 의존 명사 '듯'에 조사가 붙는 경우에는 보조 용언 '하다'를 띄어 쓴다.

오답
분석

① 먹은지(×) → 먹은∨지(○): '지'가 용언의 관형사형 뒤에서 경과한 시간을 나타낼 때는 의존 명사이므로 앞말과 띄어 쓴다.

② 관계∨없이(×) → 관계없이(○): '관계없이'는 한 단어이므로 붙여 쓴다.

③ 발리∨섬(×) → 발리섬(○): '섬'은 지명과 관련된 말이므로 붙여 쓴다.

---

06 | 조사의 띄어쓰기 [압축개념 01] 정답 ④

정답
설명

④ • 이끄는∨대로(○): 이때 '대로'는 '어떤 모양이나 상태와 같이'를 뜻하는 의존 명사이므로 앞말 '이끄는'과 띄어 쓴다.

• 갈밖에(○): '다른 수가 없다'라는 의미인 '-ㄹ밖에'는 어미이므로 앞말에 붙여 쓴다.

오답
분석

① 태권도에서∨만큼은(×) → 태권도에서만큼은(○): 이때 '만큼'은 앞말에 한정됨을 나타내는 조사이므로 앞말에 붙여 써야 한다. 또한 조사는 둘 이상 겹쳐질 경우에도 붙여 쓰므로 '에서', '만큼', '은'을 모두 붙여 쓴다.

② 할텐데(×) → 할∨텐데(○): 이때 '텐데'는 '터(의존 명사) + 이-(서술격 조사의 어간) + -ㄴ데(어미)'가 결합한 것으로, '터'는 '예정'이나 '추측', '의지'의 뜻을 나타내는 의존 명사이다. 따라서 앞말 '할'과 띄어 써야 한다.

---

③ 5년만인데(×) → 5년∨만인데(○): 이때 '만'은 앞말이 가리키는 동안이나 거리'를 나타내는 의존 명사이므로 앞말 '5년'과 띄어 써야 한다.

---

07 | 조사의 띄어쓰기, 어미의 띄어쓰기 [압축개념 01, 02] 정답 ③

정답
설명

③ • 떠날∨밖에(×) → 떠날밖에(○): '다른 수가 없다'라는 의미인 '-ㄹ밖에'는 어미이므로 앞말에 붙여 쓴다.

• 그밖에(×) → 그∨밖에(○): 이때 '그 밖에'는 '그 한도나 범위에 들지 않는 다른 것에'라는 뜻을 나타낸다. '밖에'는 '바깥'의 의미를 가진 명사 '밖'에 조사 '에'가 붙은 것이므로 앞말인 '그'와 띄어 쓴다.

오답
분석

① • 말한∨바(○): '바'는 앞에서 말한 내용 그 자체나 일 등을 나타내는 의존 명사이므로 동사의 관형사형 '말한'과 띄어 쓴다.

• 동창인바(○): '-ㄴ바'는 하나의 어미이므로 붙여 쓴다.

② • 배운∨대로(○): '대로'는 '어떤 모양이나 상태와 같이'를 뜻하는 의존 명사이므로 동사의 관형사형 '배운'과 띄어 쓴다.

• 규범대로(○): '대로'는 '앞에 오는 말에 근거하거나 달라짐이 없음'을 나타내는 조사이므로 앞말 '규범'에 붙여 쓴다.

④ • 다할∨뿐만∨아니라(○): '뿐'은 '다만 어떠하거나 어찌할 따름'을 뜻하는 의존 명사이므로 동사의 관형사형 '다할'과 띄어 쓴다.

• 젊은이들뿐만∨아니라(○): '뿐'은 '그것만이고 더는 없음'의 뜻을 나타내는 조사이므로 앞말 '젊은이들'에 붙여 쓴다.

---

08 | 쌍점의 쓰임 [압축개념 07] 정답 ②

정답
설명

② 쌍점은 마침표와 별개이며, 쌍점의 부호로는 ' : '이 옳다.

---

09 | 그 밖의 띄어쓰기 [압축개념 01, 04, 06] 정답 ①

정답
설명

① 뒤로∨하고(×) → 뒤로하고(○): 이때 '뒤로하다'는 '뒤에 남겨 놓고 떠나다'를 뜻하는 한 단어이므로 붙여 써야 한다.

오답
분석

② • 한쪽(○): 이때 '한쪽'은 '어느 하나의 편이나 방향'을 뜻하는 한 단어이므로 붙여 쓴다.

• 맞은편(○): 이때 '맞은편'은 '서로 마주 바라보이는 편'을 뜻하는 한 단어이므로 붙여 쓴다.

• 걸려∨있었다(○): '걸리다(본용언) + 있다(보조 용언)'가 결합한 단어이므로 띄어 쓴다.

③ • 그∨밖에(○): 이때 '밖에'는 '일정한 한도나 범위에 들지 않는 나머지 다른 부분이나 일'을 뜻하는 명사 '밖'과 조사 '에'가 결합한 말이므로 앞말과 띄어 쓴다.

• 흔적∨등이(○): 이때 '등'은 '그 밖에도 같은 종류의 것이 더 있음'을 나타내는 의존 명사이므로 앞말과 띄어 쓴다.

④ • 성안(○): 이때 '성안'은 '성벽으로 둘러싸인 안'을 뜻하는 한 단어이므로 붙여 쓴다.

• 남아∨있다(○): '남다(본용언) + 있다(보조 용언)'가 결합한 단어이므로 띄어 쓴다.

⑤ • 200∨미터나(○): 이때 '미터'는 단위를 나타내는 의존 명사이므로 앞말과 띄어 쓴다. 참고로 '200미터'와 같이 숫자와 어울려 쓰이는 경우에는 붙여 쓸 수 있다.

• 10여∨일간(○): '-여'는 '그 수를 넘음'의 뜻을 더하는 접미사이므로 수량을 나타내는 말과 붙여 쓴다. '일'은 날을 세는 단위를 나타내는 의존 명사이므로 '10여'와 띄어 쓰고 '-간'은 '동안'의 뜻을 더하는 접미사이므로 기간을 나타내는 일부 명사와 붙여 쓴다.

③ 전봇대∨만큼(×) → 전봇대만큼(○): '만큼'이 체언 뒤에서 앞말과 비슷한 정도나 한도임을 나타낼 때에는 조사이므로 앞말에 붙여 쓴다.

④ 주머니만들기(×) → 주머니∨만들기(○): '주머니'와 '만들기'는 각각의 단어이므로 띄어 쓴다.

---

10 | 괄호의 쓰임 압축개념 08 정답 ⑤

정답 설명
⑤ 자유 무역 협정(FTA)(×) → 자유 무역 협정[FTA](○): 한자어에 대응하는 외국어를 아울러 보일 때는 대괄호([])를 사용해야 한다.

오답 분석
① '1919. 3. 1.'(○): 아라비아 숫자만으로 연월일을 표시할 때는 마침표를 쓴다.

② 4,000원/명(○): 기준 단위당 수량을 표시할 때는 해당 수량과 기준 단위 사이에 빗금을 쓴다.

③ 성공할지는⋯⋯.(○): 줄임표는 6점, 마침표는 1점으로 표기하여 총 7점으로 표기한다. 또한 점은 가운데에 찍는 대신 아래쪽에 찍을 수도 있다.

④ 이○○, 박○○(○): 같은 자격의 어구를 열거할 때 그 사이에 쉼표를 쓴다.

---

11 | 쉼표의 쓰임 압축개념 07 정답 ①

정답 설명
① '낯익은' 다음에 쓰인 쉼표(,)는 앞말이 바로 다음 말과 직접적인 관계가 없음을 나타내는 문장 부호이다. 따라서 관형어 '낯익은'은 '철수'를 제외한 '동생'만을 수식한다.

오답 분석
② 문장 형식으로 된 제목이나 표어에는 마침표를 쓰지 않는다. 단, 꼭 필요하다고 판단될 때에는 예외적으로 제목이나 표어 등에 마침표를 쓸 수 있다.

③ 의문형 종결 어미가 쓰이지 않았거나 전형적인 문장 형식을 갖추지 않았더라도 의문을 나타낸다면 어구의 끝에 물음표를 쓴다.

④ 마음속으로 한 말을 인용할 때는 작은따옴표를 쓴다.

---

12 | 그 밖의 띄어쓰기 압축개념 06 정답 ①

정답 설명
① 띄어쓰기가 가장 옳은 것은 ①이다.
• 열∨길(○): 이때 '열'은 수 관형사이므로 명사 '길'과 띄어 쓴다.
• 물속(○): '물속'은 '물의 가운데'를 뜻하는 한 단어이므로 붙여 쓴다.
• 한∨길(○): 이때 '한'은 수 관형사이므로 명사 '길'과 띄어 쓴다.

오답 분석
② 데칸∨고원(×) → 데칸고원(○): 외래어 표기법에 따라 '산맥, 산, 강' 등의 뜻이 들어있는 것은 앞말에 붙여 쓴다.

---

04 | 표준어 사정 원칙

p.122

01 ③	02 ③	03 ③	04 ⑤	05 ④	06 ②
07 ③	08 ④	09 ④	10 ②	11 ④	12 ①
13 ④	14 ①	15 ③	16 ①, ④		

---

01 | 자음 표기를 주의해야 하는 표준어 압축개념 01, 06 정답 ③

정답 설명
③ '치켜세우다, 사글세, 설거지, 수캉아지'는 모두 표준어이다.

오답 분석
① 삵쾡이(×) → 살쾡이/삵(○), 떨어먹다(×) → 털어먹다(○)
• 끄나풀: 1. 길지 않은 끈의 나부랭이 2. 남의 앞잡이 노릇을 하는 사람을 낮잡아 이르는 말
• 털어먹다: 재산이나 돈을 함부로 써서 몽땅 없애다.

② 세째(×) → 셋째(○), 애닯다(×) → 애달프다(○)
• 뜨게질: 해지고 낡아서 입지 못하게 된 옷이나 빨래할 옷의 솔기를 뜯어내는 일
• 애달프다: 마음이 안타깝거나 쓰라리다.

④ 광우리(×) → 광주리(○), 강남콩(×) → 강낭콩(○)

---

02 | 자음 표기를 주의해야 하는 표준어 압축개념 01 정답 ③

정답 설명
③ 머무를(○): 맞춤법에 따라 바르게 표기된 문장이다.

오답 분석
① 열둘째(×) → 열두째(○): '순서가 열두 번째가 되는 차례'를 뜻하는 말은 '열두째'이다. '열둘째'는 맨 앞에서부터 세어 모두 열두 개째가 됨을 이르는 말이다.

② 떨어먹는(×) → 털어먹는(○): '재산이나 돈을 함부로 써서 몽땅 없애다'를 뜻하는 말은 '털어먹다'이다. '떨어먹다'는 '털어먹다'의 잘못된 표기이다.

④ 숫병아리(×) → 수평아리(○): '병아리의 수컷'을 뜻하는 말은 '수평아리'이다. '숫병아리'는 '수평아리'의 잘못된 표기이다.

03 주의해야 할 표준어 [압축개념 06]   정답 ③

정답 설명

③ <보기>에서 맞춤법에 맞는 문장은 ㄱ, ㄴ, ㄷ이므로 답은 ③이다.

- ㄱ. 앞집(O), 금실(O): '앞쪽으로 이웃하여 있는 집'을 뜻하는 '앞집'은 한 단어이므로 붙여 쓰며, '부부간의 사랑'을 뜻하는 단어는 '금실'이므로 맞춤법이 적절하다. '금실'을 '금슬'로 잘못 표기하지 않도록 주의해야 한다.
- ㄴ. 메워서(O): '뚫려 있거나 비어 있는 곳을 막거나 채우다'를 뜻하는 단어는 '메우다/메꾸다'이다.
- ㄷ. 언덕바지(O): '언덕의 꼭대기. 또는 언덕의 몹시 비탈진 곳을 뜻하는 단어는 '언덕바지/언덕배기'이다. '언덕빼기'로 잘못 쓰지 않도록 주의해야 한다.

오답 분석

ㄹ. 짖궂은(×) → 짓궂은(O): '장난스럽게 남을 괴롭고 귀찮게 하여 달갑지 않다'를 뜻하는 말은 '짓궂다'이다. '짖궂다'는 '짓궂다'의 잘못된 표기이다.

ㅁ. 삼가하시기(×) → 삼가시기(O): '몸가짐 또는 언행을 조심하다'를 뜻하는 단어는 '삼가다'이다. '삼가하다'는 '삼가다'의 잘못된 표기이다.

04 음식 관련 표준어 [압축개념 03]   정답 ⑤

정답 설명

⑤ 표기가 옳은 것은 ⑤ '창난젓'이다.

- 창난젓: 명태의 창자에 소금, 고춧가루 등의 양념을 쳐서 담근 젓

오답 분석

① 아구찜(×) → 아귀찜(O)

② 이면수구이(×) → 임연수어구이(O)

③ 쭈꾸미볶음(×) → 주꾸미볶음(O)

④ 칼치구이(×) → 갈치구이(O)

05 단수·복수 표준어 [압축개념 04]   정답 ④

정답 설명

④ 넝쿨(O) – 덩굴(O) – 덩쿨(×): '넝쿨', '덩굴'만 표준어이고 '덩쿨'만 비표준어이다.

06 추가 표준어 (2011) [압축개념 05]   정답 ②

정답 설명

② 장단지(×) → 장딴지(O) '종아리의 살이 불룩한 부분'을 뜻하는 단어는 '장딴지'이다. 참고로, 다른 선택지의 단어들은 모두 2011년에 새로 표준어로 인정된 것들이다.

오답 분석

① 만날/맨날(O): 매일같이 계속해서

③ 자장면/짜장면(O): 중국요리의 하나

④ • 괴발개발: '고양이의 발과 개의 발'이라는 뜻으로, 글씨를 되는대로 아무렇게나 써 놓은 모양을 이르는 말
   • 개발새발: '개의 발과 새의 발'이라는 뜻으로, 글씨를 되는대로 아무렇게나 써 놓은 모양을 이르는 말

07 모음 표기를 주의해야 하는 표준어 [압축개념 02]   정답 ③

정답 설명

③ 깨단하게(O): '깨단하다'는 '오랫동안 생각해 내지 못하던 일 등을 어떠한 실마리로 말미암아 깨닫거나 분명히 알다'를 뜻하는 표준어이다.

오답 분석

① 뉘연히(×) → 버젓이(O): '남의 시선을 의식하여 조심하거나 굽히는 데가 없이'를 뜻하는 단어는 '버젓이'이다. '뉘연히'는 '버젓이'의 잘못된 표기이다.

② 뒤어내고(×) → 뒤져내고(O): '샅샅이 뒤져서 들춰내거나 찾아내다'를 뜻하는 단어는 '뒤져내다'이다. '뒤어내다'는 '뒤져내다'의 잘못된 표기이다.

④ 허구헌(×) → 허구한(O): '날, 세월 등이 매우 오래다'를 뜻하는 단어는 '허구하다'이다. '허구허다'는 '허구하다'의 잘못된 표기이다.

08 단수·복수 표준어 [압축개념 04]   정답 ④

정답 설명

④ 안절부절하는(×) → 안절부절못하는(O): '마음이 초조하고 불안하여 어찌할 바를 모르다'를 뜻하는 표준어는 '안절부절못하다'이다. 따라서 '안절부절하다'는 표준어가 아니므로 답은 ④이다.

오답 분석

① 우연찮게(O): '-하지' 뒤에 '않-'이 어울려 '-찮-'이 될 때는 준 대로 적으므로, '우연찮게'는 어법상 적절하다.

② 변변한(O): '제대로 갖추어져 충분하다'를 뜻할 때는 '변변하다'를 써야 하므로 '변변한'은 어법상 적절하다.

③ 칠칠치 못하게(O): '칠칠치'는 '칠칠하-+ -지'가 결합한 것으로, 어간의 끝음절 '하'의 'ㅏ'가 줄고 'ㅎ'이 'ㅈ'과 어울려 거센소리 'ㅊ'으로 될 때는 거센소리로 적으므로, '칠칠치 못하게'는 어법상 적절하다.

09 주의해야 할 표준어 [압축개념 06]   정답 ④

정답 설명

④ '부스스하다'는 표준어이지만 '부시시하다'는 '부스스하다'의 북한어로, 비표준어이다.

오답 분석

① '마을/마실'은 복수 표준어로 '이웃에 놀러 다니는 일'을 뜻한다. '마실'은 2015년에 표준어로 인정되었다.

② '예쁘다/이쁘다'는 복수 표준어이다. '이쁘다'는 2015년에 표준어로 인정되었다.

③ '새초롬하다', '새치름하다'는 모두 표준어이다. 그러나 두 단어는 모음의 차이로 인한 어감 및 뜻 차이가 있다.

10 단수·복수 표준어 [압축개념 04]   정답 ②

정답 설명

② '고깃간'은 표준어이나 '정육간'은 비표준어이므로 답은 ②이다. 참고로 '고깃간'은 '푸줏간'과 복수 표준어이며 이를 '고깃관', '푸줏관'으로 잘못 표기하지 않도록 주의해야 한다.

<table>
<tr><td>오답
분석</td><td>① ③ ④ 모두 동일한 의미의 복수 표준어이다.</td></tr>
</table>

① 가는허리/잔허리: 잘록 들어간, 허리의 뒷부분

③ 관계없다/상관없다: 1. 서로 아무런 관련이 없다. 2. 문제 될 것이 없다.

④ 기세부리다/기세피우다: 남에게 영향을 끼칠 기운이나 태도를 드러내 보이다.

---

11 | 복수 표준어, 주의해야 할 표준어 [압축개념 04, 06] 정답 ④

정답 설명	④ 덩쿨 → 넝쿨/덩굴(○): '길게 뻗어 나가면서 다른 물건을 감기도 하고 땅바닥에 퍼지기도 하는 식물의 줄기'를 뜻하는 표준어는 '넝쿨' 또는 '덩굴'이다. 따라서 '덩쿨'은 표준어가 아니므로 답은 ④이다.

---

12 | 추가 표준어(2011년) [압축개념 05] 정답 ①

정답 설명	① 먹거리(○): '사람이 살아가기 위하여 먹는 온갖 것'을 뜻하는 말로, 옳은 표기이다. 2011년에 표준어로 인정되었고 이와 유사한 별도 표준어로는 '먹을거리'가 있다.

오답 분석	② 깎두기(×) → 깍두기(○): '깎두기'는 용언의 어간 '깎-'과는 관련이 없는 단어로, '깍두기'는 '깍두기'의 잘못된 표기이다. ③ 닥달(×) → 닦달(○): '남을 단단히 윽박질러서 혼을 냄'을 뜻하는 단어는 '닦달'이다. '닥달'은 '닦달'의 잘못된 표기이다. ④ 넓다란(×) → 널따란(○): 용언의 어간 뒤에 자음으로 시작된 접미사가 붙는 경우 그 원형을 밝혀 적는 것이 원칙이지만, 겹받침의 끝소리가 드러나지 않는 것은 소리 나는 대로 적는다. '널따랗다'는 '넓- + -다랗다'가 결합한 것으로, 이때 어간 '넓-'은 겹받침의 끝소리(ㅂ)가 드러나지 않으므로, 소리 나는 대로 적는다.

---

13 | 추가 표준어(2017, 2018) [압축개념 05] 정답 ④

정답 설명	④ 표준어로만 이루어진 문장은 ㄱ, ㄷ, ㄹ이므로 답은 ④이다. • ㄱ. 추켜올리다(○): '옷이나 물건, 신체 일부 등을 위로 가뜬하게 올리다'를 뜻하는 말로, 2018년에 표준어로 인정되었다. 참고로 이와 동일한 의미의 복수 표준어로는 '추어올리다, 치켜올리다'가 있다. • ㄷ. 께름직하다(○): '마음에 걸려서 언짢고 싫은 느낌이 꽤 있다'를 뜻하는 말로, 2018년에 표준어로 인정되었다. 참고로 이와 동일한 의미의 복수 표준어로는 '께름칙하다'가 있다. • ㄹ. 기다래지다(○): '기다랗게 되다'를 뜻하는 말로, 2017년에 표준어로 인정되었다. 참고로 '기다래지다'를 '길다래지다'로 잘못 표기하지 않도록 주의해야 한다.

오답 분석	ㄴ. 윗돈(×) → 웃돈(○): '돈'은 위아래의 대립이 있는 단어가 아니므로 '웃-'으로 발음되는 형태를 표준어로 삼는다.

---

14 | 단수·복수 표준어 [압축개념 04, 06] 정답 ①

정답 설명	① 표준어로만 묶인 것은 '놀놀하다, 숙덕이다, 볍씨, 너부렁이'이므로 답은 ①이다. • 놀놀하다(○): 털이나 풀 등의 빛깔이 노르스름하다. • 숙덕이다(○): 남이 알아듣지 못하도록 낮은 목소리로 은밀하게 이야기하다. • 볍씨(○): 못자리에 뿌리는 벼의 씨 • 너부렁이/나부랭이(○): 1. 종이나 헝겊 등의 자질구레한 오라기 2. 어떤 부류의 사람이나 물건을 낮잡아 이르는 말

오답 분석	② 땟갈(×) → 때깔(○): '눈에 선뜻 드러나 비치는 맵시나 빛깔'을 뜻하는 표준어는 '때깔'이다. ③ 꺼름하다(×) → 꺼림하다/께름하다(○): '마음에 걸려서 언짢은 느낌이 있다'를 뜻하는 표준어는 '꺼림하다/께름하다'이다. '꺼림하다'와 '께름하다'는 어감의 차이를 나타내는 단어 또는 발음이 비슷한 단어들이 다 같이 널리 쓰이는 경우에는, 복수 표준어로 인정하고 있다. ④ 새벽별(×) → 샛별(○): '금성'을 일상적으로 이르는 말은 '샛별'이다. ⑤ 짭잘하다(×) → 짭짤하다(○): '감칠맛이 있게 조금 짜다'를 뜻하는 표준어는 '짭짤하다'이다.

---

15 | 주의해야 할 표준어 [압축개념 06] 정답 ①

정답 설명	① 콧망울(×) → 콧방울(○): '코끝 양쪽으로 둥글게 방울처럼 내민 부분'을 뜻하는 표준어는 '콧방울'이다. '콧망울'은 '콧방울'의 잘못된 표기이다.

오답 분석	② ③ ④ '눈초리, 귓밥, 장딴지'는 모두 표준어이다. ② 눈초리: 1. 어떤 대상을 바라볼 때 눈에 나타나는 표정 2. 귀쪽으로 가늘게 좁혀진 눈의 가장자리 ③ 귓밥: 귓불(귓바퀴의 아래쪽에 붙어 있는 살) ④ 장딴지: 종아리의 살이 불룩한 부분

---

16 | 자음 표기를 주의해야 하는 표준어 [압축개념 01, 02] 정답 ①, ④

정답 설명	① '수캉아지, 수탕나귀, 수평아리'와 ④ '깡충깡충, 오뚝이, 아지랑이'는 복수 정답으로 모두 표준어이다.

오답 분석	② 돐(×) → 돌(○) • 장끼: 꿩의 수컷 ③ 삵괭이(×) → 살쾡이/삵(○), 끄나불(×) → 끄나풀(○) • 끄나풀: 1. 길지 않은 끈의 나부랭이 2. 남의 앞잡이 노릇을 하는 사람을 낮잡아 이르는 말 • 사글세: 1. 집이나 방을 다달이 빌려 쓰는 일. 또는 그 돈 2. 월세를 받고 빌려주는 방. 또는 월세를 주고 빌려 쓰는 방

05 외래어 표기법

p.130

01 ①	02 ②	03 ①	04 ③	05 ②	06 ②
07 ①	08 ②	09 ①	10 ②	11 ⑤	12 ③

01 외래어 표기의 기본 원칙 [압축개념 01] 정답 ①

정답 설명
① '콩트, 더블, 게임, 피에로'는 '꽁트, 떠블, 께임, 삐에로'로 적지 않는다. 이는 '파열음(ㅂ/ㅃ/ㅍ, ㄷ/ㄸ/ㅌ, ㄱ/ㄲ/ㅋ) 표기에는 된소리를 쓰지 않는 것을 원칙으로 한다'라는 규정이 공통적으로 적용되기 때문이다. 따라서 답은 ①이다.

오답 분석
② 외래어를 표기할 때는 받침으로 'ㄱ, ㄴ, ㄹ, ㅁ, ㅂ, ㅅ, ㅇ' 7개만을 쓰며, 'ㄷ'은 쓰지 않는다.
③ 외래어의 1음운은 원칙적으로 1기호로 적는다.
④ 이미 굳어진 외래어는 관용을 존중하여 적는다.
⑤ 외래어는 국어의 현용 24자모만으로 적는다. 새로 문자나 기호를 만들어 적지 않는다.

02 외래어 표기의 기본 원칙 [압축개념 01, 02] 정답 ②

정답 설명
② 'leadership[liːdərʃip]'을 '리더십'으로 표기하는 근거는 ㉠, ㉡이므로 정답은 ②이다.
• ㉠: [ʃ] 다음에 모음 [i]가 뒤따르므로 '시'로 적는다.
• ㉡: [p]는 어말(받침으로 올 때)에서 'ㅂ'으로 적는다.

오답 분석
• ㉢의 예: 'radio[reidiou]'를 '레이디오'가 아닌 '라디오', 'camera[kæmərə]'를 '캐머러'가 아닌 '카메라'로 표기한다.
• ㉣의 예: 'hotel[houtel]'을 '호텔'로, 'pulp[pʌlp]'를 '펄프'로 표기한다.

03 주의해야 할 외래어 표기 [압축개념 03] 정답 ①

정답 설명
① '옐로카드(yellow card)', '스태프 (staff)', '케이크(cake)'는 모두 옳은 외래어 표기이다.

오답 분석
② cardigan 가디건(×) → 카디건(○)
③ chocolate 초콜렛(×) → 초콜릿(○)
④ fanfare 팡파레(×) → 팡파르(○)

04 외래어 표기의 기본 원칙 [압축개념 01] 정답 ③

정답 설명
③ 외래어를 표기할 때 받침에는 'ㄱ, ㄴ, ㄹ, ㅁ, ㅂ, ㅅ, ㅇ'만을 쓰므로 'ㄷ'은 받침자에 포함되지 않는다. 따라서 답은 ③이다.

05 주의해야 할 외래어 표기 [압축개념 03] 정답 ②

정답 설명
② '재즈, 마니아, 브리지' 모두 옳은 표기이므로 답은 ②이다.

오답 분석
① 롭스터(×) → 랍스터/로브스터(○)
③ • 스윗치(×) → 스위치(○)
• 인디안(×) → 인디언(○)
④ • 유니온(×) → 유니언(○)
• 톱 크래스(×) → 톱클래스(○)

06 주의해야 할 외래어 표기 [압축개념 03] 정답 ②

정답 설명
② 외래어 표기가 옳은 것은 ㄴ, ㄷ, ㄹ이므로 답은 ②이다.

오답 분석
ㄱ. 게티스버그(×) → 게티즈버그(○)
ㅁ. 아쿠아마린(×) → 아콰마린(○)

07 주의해야 할 외래어 표기 [압축개념 03] 정답 ①

정답 설명
① 「외래어 표기법」에 맞지 않는 단어는 '플룻(flute)' 뿐이다.
• 플룻(flute)(×) → 플루트(flute)(○)

08 주의해야 할 외래어 표기 [압축개념 03] 정답 ②

정답 설명
② '파카'는 표기가 올바르므로 답은 ②이다.

오답 분석
① 다트(×) → 도트(○)
③ 플래트(×) → 플랫(○)
④ 코루스(×) → 코러스(○)

09 주의해야 할 외래어 표기 [압축개념 03] 정답 ①

정답 설명
① 'symposium'은 [sɪmpouziəm]으로 소리 나므로 '심포지엄'으로 표기한다. '심포지움' 또는 '씸포지엄'과 같이 표기하지 않도록 주의해야 한다. 따라서 답은 ①이다.

오답 분석
② 바리케이트(×) → 바리케이드(○)
③ 컨셉트(×) → 콘셉트(○)
④ 컨텐츠(×) → 콘텐츠(○)

10 주의해야 할 외래어 표기 [압축개념 03] 정답 ②

정답 설명
② 외래어 표기가 옳은 것은 ㄱ, ㄴ, ㄹ이므로 답은 ②이다.

오답 분석
ㄷ. 컨셉트(×) → 콘셉트(○)
ㅁ. 리모콘(×) → 리모컨(○)

정답
설명
⑤ 외래어 표기가 옳은 것은 '앙코르, 부티크, 앙케트'이므로 답은 ⑤이다.

오답
분석
① 기브스(×) → 깁스(○)
② • 도너츠(×) → 도넛(○)
　 • 래디오(×) → 라디오(○)
③ • 리모콘(×) → 리모컨(○)
　 • 렌트카(×) → 렌터카(○)
　 • 메세지(×) → 메시지(○)
④ 바베큐(×) → 바비큐(○)

정답
설명
③ 외래어 표기가 옳은 것은 ㄱ, ㄴ, ㄹ이므로 답은 ③이다.

오답
분석
ㄷ. 롭스터(×) → 랍스터/로브스터(○)
ㅁ. 콘테이너(×) → 컨테이너(○)

06　국어의 로마자 표기법

p.134

01 ④	02 ②	03 ①	04 ②	05 ③	06 ①
07 ①	08 ①	09 ③	10 ⑤	11 ③	12 ④
13 ④	14 ①	15 ①			

정답
설명
④ ㉣ 한라산[할:라산] Hallasan(○): 국어의 로마자 표기에서 유음화가 일어나는 경우 변화의 결과를 표기에 반영하고, 이때 'ㄹㄹ'은 'll'로 적는다. 또한 자연 지물명, 문화재명, 인공 축조물명은 붙임표(-)를 사용하지 않으므로, 답은 ④이다.

오답
분석
① ㉠ 다락골[다락꼴] Dalakgol(×) → Darakgol(○): 'ㄹ'은 모음 앞에서 'r'로 적고, 된소리되기는 음운 변동의 결과를 로마자 표기에 반영하지 않는다.
② ㉡ 국망봉[궁망봉] Gukmangbong(×) → Gungmangbong(○): 자음 동화의 결과는 로마자 표기에 반영하여 적는다.
③ ㉢ 낭림산[낭님산] Nangrimsan(×) → Nangnimsan(○): 자음 동화의 결과는 로마자 표기에 반영하여 적는다.

정답
설명
② '반구대'를 'Bangudae'로 표기할 경우 '반구대(Ban-gudae)' 또는 '방우대(Bang-udae)'로 읽을 수 있다. 이와 같이 '반구대'는 발음상 혼동의 우려가 있어서 음절 사이에 붙임표(-)를 쓸 수 있는 단어이다. 따라서 답은 ②이다.

오답
분석
① 독도 Dok-do(×) → Dokdo(○): 자연 지물명은 붙임표(-) 없이 써야 하므로 'Dokdo'가 옳은 표기이다.
③ 독립문 Dok-rip-mun(×) → Dongnimmun(○): 문화재명, 인공 축조물명은 붙임표(-) 없이 쓰며, 음운 변동이 일어날 때에는 결과를 표기에 반영해야 한다. 따라서 'Dongnimmun'이 옳은 표기이다.
④ 인왕리 Inwang-ri(○): 행정 구역 단위 '리'는 'ri'로 적고, 그 앞에는 붙임표(-)를 써야 하므로 'Inwang-ri'는 옳은 표기이다. 다만, 이때 붙임표(-)는 발음상 혼동의 우려로 인해 음절 사이에 쓴 것이 아니므로 정답으로 적절하지 않다.

정답
설명
① 인왕리 Inwang-li(×) → Inwang-ri(○): 행정 구역 단위인 '리'의 로마자 표기는 'ri'로 적어야 한다. 따라서 로마자 표기법이 잘못된 것은 ①이다.

오답
분석
② 독립문[동님문] Dongnimmun(○): 자음 동화의 결과는 로마자 표기에 반영한다.
③ 같이[가치] gachi(○): 구개음화의 결과는 로마자 표기에 반영한다.
④ 하회탈[하회탈/하훼탈] Hahoetal(○): '로마자 표기 용례집에서는 [하회탈]을 기준으로 로마자 표기를 제시하고 있으며, 이때 'ㅚ'는 'oe'로 적는다.

정답
설명
② 학여울[항녀울](○), Hangnyeoul(○): '학여울'은 'ㄴ' 첨가로 인해 [학녀울]이 되고, 받침 'ㄱ'이 'ㄴ' 앞에서 [ㅇ]으로 동화되어 [항녀울]로 발음된다. 또한 음운 변동의 결과 'ㄴ, ㄹ'이 덧나는 경우에는 이를 로마자 표기에 반영하여 적으므로 '학여울'은 'Hangnyeoul'로 표기한다. 따라서 표준 발음과 로마자 표기가 모두 옳은 것은 ②이다.

오답
분석
① 선릉[선능](×) → [설릉](○), Seonneung(×) → Seolleung(○): 받침 'ㄴ'이 'ㄹ'을 만나 [ㄹ]로 발음되므로 '선릉'의 표준 발음은 [설릉]이다. 또한 로마자 표기법에서 [ㄹㄹ]은 'll'로 적으므로 '선릉'은 'Seolleung'으로 표기한다.
③ 낙동강[낙똥강](○), Nakddonggang(×) → Nakdonggang(○): 안울림소리 'ㄱ'과 안울림소리 'ㄷ'이 만나서 뒤의 예사소리 'ㄷ'이 된소리 [ㄸ]으로 바뀌므로 '낙동강'의 표준 발음은 [낙똥강]이다. 그러나 된소리되기는 로마자 표기에 반영하지 않으므로 '낙동강'은 'Nakdonggang'으로 표기한다.
④ 집현전[지편전](○), Jipyeonjeon(×) → Jiphyeonjeon(○): 받침 'ㅂ'과 'ㅎ'이 만나 [ㅍ]으로 발음되므로 '집현전'의 표준 발음은 [지편전]이다. 그러나 체언에서 'ㅂ' 뒤에 'ㅎ'이 따를 때에는 발음상 거센소리가 나더라도 'ㅎ'을 밝혀 적으므로 '집현전'은 'Jiphyeonjeon'으로 표기한다.

05 국어의 로마자 표기 시 유의 사항 [압축개념 02] 정답 ③

정답
설명
③ 율곡로 Yulgongro(×) → Yulgok-ro(○): 도로명일 경우 '로'는 'ro'로 표기하고, 그 앞에 붙임표(-)를 쓴다. 또한 붙임표(-) 앞뒤에서 일어나는 음운 변화는 표기에 반영하지 않으므로 'Yulgok-ro'가 옳은 표기이다.

06 국어의 로마자 표기 시 유의 사항 [압축개념 02] 정답 ①

정답
설명
① 왕십리 Wangsimri(×) → Wangsimni(○): '왕십리'의 발음은 [왕심니]이다. 자음 사이에서 동화 작용이 일어나는 경우는 이를 로마자 표기에 반영하여 적으므로, 'Wangsimni'로 표기한다. 따라서 로마자 표기가 옳지 않은 것은 ①이다.

오답
분석
② 울릉 Ulleung(○): '울릉'의 발음은 [울릉]이다. 국어의 로마자 표기에서 'ㄹㄹ'은 'll'로 적으므로 'Ulleung'은 옳은 표기이다.

③ 백마 Baengma(○): '백마'의 발음은 [뱅마]이다. 받침 'ㄱ'이 'ㅁ'을 만나 [ㅇ]으로 바뀌었으므로 자음 동화가 일어났다. 자음 동화는 로마자 표기에 반영하여 적으므로 'Baengma'는 옳은 표기이다.

④ 학여울 Hangnyeoul(○): '학여울'의 발음은 [항녀울]이다. 음운 변화의 결과 'ㄴ, ㄹ'이 덧나는 경우에는 이를 반영하여 적으므로 'Hangnyeoul'은 옳은 표기이다.

07 국어의 로마자 표기 방법 [압축개념 01] 정답 ①

정답
설명
① 월곶[월곧] Weolgot(×) → Wolgot(○): 'ㅝ'는 'wo'로 적는다. 따라서 로마자 표기법이 바르지 않은 것은 ①이다.

오답
분석
② 벚꽃[벋꼳] beotkkot(○): 'ㄲ'은 'kk'로 적는다. 음운 변화에서의 된소리되기는 표기에 반영하지 않으나, '벚꽃'의 'ㄲ'처럼 본래 된소리인 것은 로마자 표기 시 된소리로 표기한다.

③ 별내[별래] Byeollae(○): 'ㄴ'은 'ㄹ'의 앞이나 뒤에서 [ㄹ]로 발음한다. 이와 같이 자음 사이에서 동화 작용이 일어나는 경우에는 변화의 결과를 로마자 표기에 반영한다.

④ 신창읍[신창읍] Sinchang-eup(○): 행정 구역 단위 '읍'은 'eup'으로 표기한다.

08 국어의 로마자 표기 시 유의 사항 [압축개념 02] 정답 ①

정답
설명
① 신리 Sin-li(×) → Sin-ri(○): 행정 구역 단위인 '리'는 'li'가 아닌 'ri'로 쓴다. 또한 '신리'는 [실리]로 발음되지만 붙임표(-) 앞뒤에서 일어나는 음운 변화는 표기에 반영하지 않으므로 'Sin-ri'로 표기한다. 따라서 로마자 표기법이 옳지 않은 것은 ①이다. 참고로 '도, 시, 군, 구, 읍, 면, 리, 동, 로'의 행정 구역 단위는 각각 'do, si, gun, gu, eup, myeon, ri, dong, ro'로 적고, 그 앞에는 붙임표(-)를 쓴다.

09 국어의 로마자 표기 방법 [압축개념 01, 02] 정답 ③

정답
설명
③ 로마자 표기가 옳은 것은 ㄴ, ㄹ이므로 답은 ③이다.
- ㄴ. 김복남[김봉남] Kim Bok-nam(○): 이름에서 일어나는 음운 변화는 로마자 표기에 반영하지 않으므로 'Kim Bok-nam'은 옳은 표기이다.
- ㄹ. 합덕[합떡] Hapdeok(○): 'ㄱ, ㄷ, ㅂ'은 모음 앞에서는 'g, d, b'로 자음 앞이나 어말에서는 'k, t, p'로 적는다. 또한 된소리되기는 표기에 반영하지 않으므로 'Hapdeok'은 옳은 표기이다.

오답
분석
ㄱ. 오죽헌[오주컨] Ojukeon(×) → Ojukheon(○): 체언에서 'ㄱ, ㄷ, ㅂ' 뒤에 'ㅎ'이 따를 때에는 발음상 거센소리가 나더라도 'ㅎ'을 밝혀 적으므로 'Ojukheon'이 옳은 표기이다.

ㄷ. 선릉[설릉] Sunneung(×) → Seolleung(○): 로마자 표기법에서 [ㄹㄹ]은 'll'로 적으므로 'Seolleung'이 옳은 표기이다.

10 국어의 로마자 표기 시 유의 사항 [압축개념 02] 정답 ⑤

정답
설명
⑤ 먹거리[먹꺼리] meokkeori(×) → meokgeori(○): 'ㄱ'은 모음 앞에서 'g'로, 자음 앞 또는 어말에서는 'k'로 적어야 하므로 '먹거리'는 'meokgeori'로 적는다. 참고로 된소리되기는 로마자 표기에 반영하지 않는다.

오답
분석
① 희망[히망] huimang(○): 'ㅢ'는 [ㅣ]로 소리 나더라도 'ui'로 적는다.

② 맏형[마텽] mathyeong(○): 'ㄷ'과 'ㅎ'이 합하여 거센소리로 소리 나는 경우 이를 표기에 반영해야 하지만, 체언에서는 'ㄷ' 뒤에 'ㅎ'이 따를 때 'ㅎ'을 밝혀 적는다.

③ 함경북도[함경북또] Hamgyeongbuk-do(○): '도'의 행정 구역 단위는 'do'로 적고 그 앞에는 붙임표(-)를 넣어야 한다. 또한 붙임표(-) 앞뒤에서 일어나는 음운 변화는 표기에 반영하지 않는다.

④ 음력[음녁] eumnyeok(○): 'ㄹ'을 제외한 자음 뒤에서 'ㄹ'이 'ㄴ'으로 바뀌는 'ㄹ'의 비음화 현상이 나타나므로 자음 동화의 결과를 로마자 표기에 반영하여 적어야 한다.

11 국어의 로마자 표기 시 유의 사항 [압축개념 02] 정답 ③

정답
설명
③ 극락전[긍낙쩐] Geukrakjeon(×) → Geungnakjeon(○): 자음 사이에서 동화 작용이 일어나는 경우에는 이를 로마자 표기에 반영해야 한다. 따라서 자음 동화를 반영하지 않은 ③ 'Geukrakjeon'은 잘못된 표기이다. 참고로, 된소리되기는 로마자 표기에 반영하지 않는다.

오답
분석
① 독도[독또] Dokdo(○): 된소리되기는 로마자 표기에 반영하지 않는다.

② 불국사[불국싸] Bulguksa(○): 'ㄹ'은 자음 앞에서 'l'로 적고, 된소리되기는 로마자 표기에 반영하지 않는다.

④ 촉석루[촉썽누] Chokseongnu(○): 자음 동화는 로마자 표기에 반영하나 된소리되기는 반영하지 않는다.

정답
설명

④ 오죽헌 Ojukeon(x) → Ojukheon(O): '오죽헌'의 발음은 [오주컨]이지만, 체언에서 'ㄱ, ㄷ, ㅂ' 뒤에 'ㅎ'이 따를 때에는 발음상 거센소리가 나더라도 'ㅎ'을 밝혀 적으므로 'Ojukheon'으로 써야 한다.

오답
분석

① 대관령 Daegwallyeong(O): '대관령'의 발음은 [대:괄령]이다. [ㄹㄹ] 발음은 'll'로 적으므로 'Daegwallyeong'은 바른 표기이다.

② 세종로 Sejong-ro(O): 도로명일 경우 'Sejong-ro'와 같이 'ro' 앞에 붙임표를 쓴다. '세종로'의 발음은 [세종노]이지만, 붙임표(-) 앞뒤에서 일어나는 음운 변화는 표기에 반영하지 않으므로 'Sejong-ro'는 바른 표기이다.

③ 샛별 saetbyeol(O): '샛별'의 발음은 [새:뼐/샌:뼐]인데, 로마자 표기 용례집에서는 [샌:뼐]을 기준으로 로마자 표기를 제시하고 있다. 로마자 표기에서 장모음의 표기는 따로 하지 않고 된소리되기도 표기에 반영하지 않으므로 'saetbyeol'은 바른 표기이다.

정답
설명

④ 압록강[암녹깡] Amrokgang(x) → Amnokgang(O): 자음 사이에서 동화 작용이 일어나는 경우에는 변화의 결과를 로마자 표기에 반영해야 한다. 따라서 로마자 표기법이 옳지 않은 것은 ④이다. 참고로, 된소리되기는 로마자 표기에 반영하지 않는다.

오답
분석

① 백령도[뱅녕도] Baengnyeongdo(O): 음운 변동으로 자음 동화가 일어나는 경우 이를 반영하여 적으므로 'Baengnyeongdo'는 옳은 표기이다.

② 울릉도[울릉도] Ulleungdo(O): 'ㄹㄹ'은 'll'로 적으므로 'Ulleungdo'는 옳은 표기이다.

③ 북한산[부칸산] Bukhansan(O): 체언에서 'ㄱ' 뒤에 'ㅎ'이 따를 때에는 발음상 거센소리가 나더라도 'ㅎ'을 밝혀 적으므로 'Bukhansan'은 옳은 표기이다.

정답
설명

① 압구정[압꾸정] Apgujeong(O): 된소리되기는 로마자 표기에 반영하지 않는다. 따라서 '압구정'은 [압꾸정]으로 발음되지만 'Apgujeong'으로 표기한다.

오답
분석

② 속리산[송니산] Songni-san(x) → Songnisan(O): 자연 지물명은 붙임표(-) 없이 붙여 쓰고, 음운 변화가 일어날 때에는 변화의 결과에 따라 표기해야 한다. 따라서 '속리산'은 'Songnisan'으로 표기한다.

③ 한복남[한봉남] Han Bongnam(x) → Han Boknam(O): 이름에서 일어나는 음운 변화는 표기에 반영하지 않는다. 참고로 이름의 각 음절 사이에 붙임표(-)를 쓸 수 있으므로 'Han Bok-nam'도 옳은 표기이다.

④ 집현전[지편전] Jipyeonjeon(x) → Jiphyeonjeon(O): 체언에서 'ㄱ, ㄷ, ㅂ' 뒤에 'ㅎ'이 따를 때에는 발음상 거센소리가 나더라도 'ㅎ'을 밝혀 적어야 한다. 따라서 '집현전'은 [지편전]으로 발음되지만 'Jiphyeonjeon'으로 표기한다.

정답
설명

① 종로[종노] Jongro(x) → Jongno(O): 음운 변동으로 비음화가 일어나는 경우 이를 반영하여 적으므로 '종로'는 'Jongno'로 표기한다.

오답
분석

② 알약[알략] allyak(O): [ㄹㄹ]은 'll'로 적으므로 'allyak'은 옳은 표기이다.

③ 같이[가치] gachi(O): 음운 변동으로 구개음화가 일어나는 경우 이를 반영하여 적으므로 'gachi'는 옳은 표기이다.

④ 좋고[조코] joko(O): 음운 변동으로 거센소리되기가 일어나는 경우 이를 반영하여 적으므로 'joko'는 옳은 표기이다.

07 올바른 문장 표현

p.146

| 01 ③ | 02 ④ | 03 ① | 04 ① | 05 ① | 06 ① |
| 07 ④ | 08 ④ | 09 ① | 10 ③ | 11 ① | |

01 | 문장 성분 간의 호응 [압축개념 01] 정답 ③

정답
설명

③ 내가 그 분을 처음 뵌 것은 ~ 이야기하고 있을 때였다(O): 주어와 서술어의 호응이 자연스러운 문장이다. 따라서 답은 ③이다.

오답
분석

① 왜냐하면 ~ 이루었다는 것이다(x) → 왜냐하면 ~ 이루었기 때문이다(O): 부사 '왜냐하면'과 서술어 '~것이다'의 호응이 자연스럽지 않다. '왜냐하면'은 이유를 설명하기 위한 부사이므로, 이와 호응을 이루기 위해서는 서술어를 '때문이다'로 고쳐 쓰는 것이 적절하다.

② 중요한 까닭은 ~ 합격했다는 사실이다(x) → 중요한 까닭은 ~ 합격했기 때문이다(O): 주어 '까닭은'과 서술어 '사실이다'의 호응이 자연스럽지 않다. 주어 '까닭은'과 호응을 이루기 위해서는 이유를 설명하는 서술어 '때문이다'로 고쳐 쓰는 것이 적절하다.

④ 국어 문법에 관심과 조명을 해 나가고(x) → 국어 문법에 관심을 가지고 이를 조명해 나가며(O): 목적어 '관심'과 서술어 '해 나간다'의 호응이 자연스럽지 않다. 따라서 목적어 '관심'과 호응을 이루는 적절한 서술어 '가지다'를 넣어 고쳐 써야 한다. 또한 '조명해 나가다'에 대한 목적어가 생략되어 있으므로 적절한 목적어를 넣어 고쳐 쓰는 것이 적절하다.

02 | 문장 성분의 불필요한 사용 [압축개념 05] 정답 ④

정답
설명

④ 의미의 중복이 없는 자연스러운 문장이다.

오답 분석	① <u>역전 앞에서</u>(×) → <u>역전에서/역 앞에서</u>(○): '역전'은 '역 앞'을 뜻하므로 의미가 중복된 표현이다.

① <u>역전 앞에서</u>(×) → <u>역전에서/역 앞에서</u>(○): '역전'은 '역 앞'을 뜻하므로 의미가 중복된 표현이다.

② <u>다시 재론할 필요가 없다</u>(×) → <u>다시 논할 필요가 없다/재론할 필요가 없다</u>(○): '재론'은 '이미 논의한 것을 다시 논의함'이라는 의미로, 의미가 중복되었다.

③ <u>여러 가지 제반 문제들이</u>(×) → <u>여러 가지 문제들이/제반 문제들이</u>(○): '제반'은 '어떤 것과 관련된 모든 것'이라는 의미로, 의미가 중복되었다.

⑤ <u>의미 변화가 왜 일어나는가의 원인을</u>(×) → <u>왜 일어나는가를/ 의미 변화의 원인을</u>(○): '원인'은 '어떤 것을 일으키게 하는 근본이 된 일이나 사건'이라는 의미로, 의미가 중복되었다.

② <u>경영 혁신이 요구되어지다</u>(×) → <u>경영 혁신이 요구된다</u>(○): '-되다'에 '-어지다'가 결합한 '-되어지다'는 피동 표현이 중복 사용된 것이므로 옳지 않다. 따라서 '요구되다'로 고쳐 쓰는 것이 적절하다.

③ <u>이것은 ~ 생각이 든다</u>(×) → <u>이것은 ~ 사실을 나타낸다</u>(○): 주어와 서술어의 호응이 옳지 않은 문장이다. 따라서 주어인 '이것은'과 호응하는 적절한 서술어를 넣어 고쳐 쓰는 것이 적절하다.

④ <u>16강 티켓 가능성이 높은 편이다</u>(×) → <u>16강 티켓을 얻게 될 가능성이 높은 편이다</u>(○): 목적어 '16강 티켓'과 호응하는 서술어가 생략되었으므로 옳지 않다. 따라서 '16강 티켓을 얻게 될 가능성이 높은 편이다'로 고쳐 쓰는 것이 적절하다.

---

03 | 문장 성분 간의 호응 `압축개념 01`   정답 ①

정답 설명
① 금융 당국은 ~ 내다보면서 ~ 예측하였다(○): 주어 '금융 당국은'과 연결 어미 '내다보면서', 서술어 '예측하였다'가 호응을 이루고 있으며, 서술어 '예측하다'에 필요한 주어(금융 당국은)가 문장에 포함되어 있으므로 어법상 맞게 쓰인 문장은 ①이다.

오답 분석
② 작성 내용의 <u>정정</u> 또는 신청인의 서명이 없는 서류는 무효입니다(×) → 작성 내용의 <u>정정이 있거나</u> 신청인의 서명이 없는 서류는 무효입니다(○): '작성 내용의 정정'과 호응하는 서술어가 생략되었으므로 서술어를 넣어 '작성 내용의 정정이 있거나'로 고쳐 쓰는 것이 적절하다.

③ 12월 중에 ~ <u>보여집니다</u>(×) → 12월 중에 ~ <u>보입니다</u>(○): '보여집니다'는 '보다'의 어간 '보-'에 피동 접미사 '-이-'와 피동 표현 '-어지다'가 결합한 형태로, 이중 피동 구성이다. 따라서 '보입니다'로 고쳐 쓰는 것이 적절하다.

④ 그의 목표는 ~ 되는 것이었고, 그래서 ~ 쉬지 않았다(×) → 그의 목표는 ~ 되는 것이었기 때문에 그는 ~ 쉬지 않았다(○): 뒤 문장의 서술어 '쉬지 않았다'와 호응하는 주어가 생략되었으므로 주어 '그는'을 넣어 고쳐 쓰는 것이 적절하다. 또한, 앞 문장과 뒤 문장은 인과 관계를 형성하고 있으므로 근거, 조건, 원인 등을 나타내는 '그래서' 보다는 원인, 까닭 등을 나타내는 '때문에'를 사용하는 것이 더 자연스럽다.

---

04 | 문장 성분 간의 호응 `압축개념 01`   정답 ①

정답 설명
① 유사한 내용의 제안이 접수되었을 때에는(×) → 유사한 내용의 제안이 <u>기관에</u> 접수되었을 때에는(○): '접수되다'는 주로 '~에/에게 접수되다'와 같은 형태로 쓰이므로, '기관에'와 같이 부사어를 넣는 것이 적절하다. 또한 '유사한 내용의 제안이 접수되었다'는 문맥상 사건이 이미 완료된 상황을 나타내는 것으로 해석하는 것이 적절하므로 '접수될 때에는'으로 바꾸는 것은 옳지 않다. 따라서 답은 ①이다.

---

05 | 올바른 문법 요소의 사용 `압축개념 07`   정답 ①

정답 설명
① 무정 명사인 '일본' 뒤에 조사 '에'를 사용하였으므로 ①은 어법상 옳은 문장이다. 참고로, 유정 명사 뒤에는 조사 '에게'를 사용한다.

---

06 | 문장 성분 간의 호응, 올바른 단어의 선택 `압축개념 01, 06`   정답 ①

정답 설명
① 관형어 '가능한'과 의존명사 '한'의 호응이 적절한 문장이다.

오답 분석
② <u>근거 없는 낭설</u>(×) → <u>낭설</u>(○): '낭설'은 '터무니없는 헛소문'을 뜻하므로, '근거 없는'과 의미가 중복된다.

③ <u>하고 싶은 이야기는 ~ 극복하길 바란다</u>(×) → 하고 싶은 이야기는 ~ 극복하길 바란다는 것이다(○): 주어 '이야기'와 서술어 '바란다'의 호응이 적절하지 않은 문장이다.

④ <u>일체</u>(×) → <u>일절</u>(○): 일체는 '모든 것을 다'라는 의미를 지닌 부사로, '아주, 전혀, 절대로의 뜻으로, 흔히 행위를 그치게 하거나 어떤 일을 하지 않을 때에 쓰는 말'인 '일절'을 사용하는 것이 문맥상 적절하다.

---

07 | 문장 성분의 불필요한 사용 `압축개념 05`   정답 ④

정답 설명
④ '-ㄹ뿐더러'는 '어떤 일이 그것만으로 그치지 않고 나아가 다른 일이 더 있음'을 나타내는 연결 어미이며 '무척'은 '다른 것과 견줄 수 없이'라는 의미를 지닌 부사이므로 의미의 중복이 나타나지 않는다.

오답 분석
① '부터'와 '먼저' 모두 '앞서다'라는 의미가 중복된다.
- 부터: '어떤 일이나 상태 등에 관련된 범위의 시작임'을 나타내는 보조사
- 먼저: 시간적으로나 순서상으로 앞서서
② '오로지'와 '만' 모두 '오직'이라는 의미가 중복된다.
- 오로지: 오직 한 곳으로
- 만: '다른 것으로부터 제한하여 어느 것을 한정함'을 나타내는 보조사
③ '마다'와 '각각' 모두 '하나씩'의 의미가 중복된다.
- 마다: '낱낱이 모두'의 뜻을 나타내는 보조사
- 각각: 사람이나 물건의 하나하나마다

---

08 | 문장 성분 간의 호응 `압축개념 01`   정답 ④

정답 설명
④ 그는 ~ 말을 하였다(○): 주어와 서술어의 호응이 자연스러운 문장이다.

① 내가 강조하고 싶은 점은 ~ 가졌다(×) → 강조하고 싶은 점은 ~ 가졌다는 것(점)이다(○): 주어와 서술어의 호응이 적절하지 않은 문장이다.

② 함께한 일은 즐거운 시간이었다(×) → 함께한 시간은 즐거웠다(○): 주어 '일'과 서술어 '시간이었다'의 호응이 적절하지 않은 문장이다.

③ 내 생각은 ~ 좋겠다고 결정했다(×) → 내 생각은 ~ 좋겠다는 것이었다(○): 주어 '내 생각'과 서술어 '결정했다'의 호응이 적절하지 않은 문장이다.

09 문장 성분의 불필요한 사용 [압축개념 05]　　　정답 ③

③ 의미의 중복 없이 사용된 문장이다.

① 투고한 원고(×) → 보낸 원고(○): '투고'는 '의뢰를 받지 않은 사람이 신문이나 잡지 등에 실어 달라고 원고를 써서 보냄. 또는 그 원고'를 뜻하므로 '원고'의 의미가 중복된다.

② 길거리를 도보로 걸었다(×) → 길거리를 걸었다(○): '도보'는 '탈것을 타지 않고 걸어감'을 뜻하므로 의미가 중복된다.

④ 버스 안에 탄 승객은 우리와 자매결연을 맺은 분들(×) → 버스 안에 탄 손님은 우리와 자매결연을 한 분들(○): '승객'은 '차, 배, 비행기 등의 탈것을 타는 손님'을 뜻하므로 '타다'의 의미를 포함하며, '결연'은 '인연을 맺음. 또는 그런 관계'를 뜻하므로 '맺다'의 의미를 포함한다. 따라서 '타다'와 '맺다'의 의미가 중복되었다.

10 문장 성분의 생략 [압축개념 02]　　　정답 ③

③ '동행하다'는 '~와(과) 동행하다'와 같이 쓰여 부사어가 필수적으로 요구되는 서술어이나, ③에서는 부사어가 생략되어 있다. 따라서 ③은 서술어와의 호응이 필요한 목적어가 누락된 경우가 아닌 필수적 부사어가 누락된 @의 경우에 해당하므로 ⓒ의 사례로 적절하지 않다.

① 주어 '내 말의 요점은'과 서술어 '열심히 노력하자'의 호응이 어색하므로 ㉠의 사례로 적절하다. 서술어를 '노력하자는 것이다'로 고쳐 쓰는 것이 자연스럽다.

② '내가 직접 되기로'의 서술어 '되다'와 호응하는 보어가 누락되었으므로 ⓒ의 사례로 적절하다. '적임자가'와 같은 보어를 넣어 '내가 직접 적임자가 되기로'와 같이 고쳐 쓰는 것이 자연스럽다.

④ '의지하다'는 '~에/에게 의지하다'와 같이 쓰여 부사어가 필수적으로 요구되는 서술어이나, ④에는 부사어가 생략되어 있으므로 @의 사례로 적절하다. '사람에'와 같은 부사어를 넣어 '동물은 사람을 경계하기도 하지만 때때로 사람에 의지하기도 한다'와 같이 고쳐 쓰는 것이 자연스럽다.

11 올바른 문법 요소의 사용 [압축개념 02, 03, 05, 07]　　　정답 ①

① '읽히다'는 '읽다'의 피동사로, 피동 표현이 적절하게 쓰여 자연스럽다. 또한 앞 절(날씨가 선선해지다)과 뒤 절(책이 잘 읽히다)이 '앞말이 뒷말의 원인이나 근거, 전제 등이 됨'을 뜻하는 연결 어미 '-니'에 의해 자연스럽게 연결되어 있으므로 적절하다.

② 어려운 책을 속독으로 읽는 것은(×) → 어려운 책을 속독하는 것은/어려운 책을 빠르게 읽는 것은(○): '속독'은 '책 등을 빠른 속도로 읽음'을 뜻하므로 '속독'의 '독(讀)'과 '읽는'의 의미가 중복된 표현이다. 따라서 '어려운 책을 속독하는 것은' 또는 '어려운 책을 빠르게 읽는 것은'으로 고쳐 써야 한다.

③ 책임자가 되기보다는 직접 찾기로(×) → 책임자가 되기보다는 책임자를 직접 찾기로(○): '찾다'는 '~에서/~에게서 ~을 찾다'와 같은 형태로 쓰이므로 ③은 '~을'에 해당하는 목적어가 누락되어 적절하지 않다. 따라서 '책임자를'과 같은 목적어를 넣어 주어야 한다.

④ 시화전을 홍보하는 일(A)과 시화전의 진행(B)에(×) → 시화전을 홍보하는 일과 시화전을 진행하는 일에/시화전의 홍보와 시화전의 진행에(○): 조사 '과'로 연결되어 있는 A와 B가 각각 절과 구로 제시되어 구조적으로 맞지 않으므로 적절하지 않다. 따라서 절과 절로 대응되도록 '시화전을 홍보하는 일과 (시화전을) 진행하는 일에'로 고쳐 쓰거나 구와 구로 대응되도록 '시화전의 홍보와 (시화전의) 진행에'로 고쳐 써야 한다.

01 ②	02 ③	03 ②	04 ②	05 ③	06 ②
07 ②	08 ①	09 ④	10 ③	11 ①	12 ④

01 | 주요 표준 언어 예절 [압축개념 03]

정답 ②

정답 설명
② 면담이 계시다 – 햄버거 나오셨습니다(과도한 높임 표현): '면담이 계시다'는 간접 높임의 대상인 '면담'을 직접 과도하게 높여서 오류가 생긴 표현이다. 이와 유사한 어법 사용의 오류가 드러나는 것은 높임의 대상이 아닌 햄버거를 높인 ②이다.

오답 분석
① ③ ④ A가 범한 어법 사용의 오류와는 관련이 없다.
① '서울역전'은 '서울역의 앞쪽'을 뜻하므로 '서울역전 앞'은 의미가 중복된 표현이다.
③ '국장님, 과장님이 외부에 나갔습니다'는 압존법이 적용된 표현인데, 국립국어원의 '표준 언어 예절'에 따르면 직장에서는 압존법을 적용하지 않는다. 윗사람(과장님)을 그보다 윗사람(국장님)에게 지칭하는 경우, 서술어에 주체를 높이는 '-시-'를 넣어 '과장님이 외부에 나가셨습니다'처럼 높여 말하는 것이 적절하다.
④ '선생님'은 높임의 대상이다. 따라서 문장의 주어를 높이는 조사 '께서'를 붙여 '선생님께서는'으로 쓰는 것이 적절하다.

02 | 가정에서의 호칭·지칭 [압축개념 01]

정답 ③

정답 설명
③ 남편의 누나는 '형님'이라고 부른다. 따라서 호칭어의 사용으로 적절한 것은 ③이다.

오답 분석
① 남편의 형은 '아주버님'이라고 부른다. '큰아빠'는 어린아이가 큰아버지를 가리키거나 부르는 말이므로 적절하지 않다.
② 시부모에게 남편을 지칭할 때는 '아범', '아비'를 써야하므로 적절하지 않다. 참고로 아이가 없을 때에는 '그이'로 지칭할 수도 있다.
④ '부인'은 남의 아내를 높여 이르는 말이므로 자신의 배우자에 대한 지칭어로 적절하지 않다. 남편이 자신의 배우자를 지칭할 때는 '당신', '집사람', '안사람', '○○[자녀] 엄마' 등을 사용해야 한다.

03 | 사회(직장)에서의 호칭·지칭 [압축개념 02]

정답 ②

정답 설명
② '사부님'은 스승의 남편에 대한 호칭 또는 지칭이므로 표준 언어 예절에 어긋난 것은 ②이다. 직장 상사의 남편을 해당 직장 상사에게 지칭할 때는 '바깥어른/선생님, ○ 선생님, ○○○ 선생님/(직장 상사 남편의 직함을 알면) 과장님, ○ 과장님, ○○○ 과장님'이라고 해야 한다.

오답 분석
① 직장 상사의 아내를 '여사님'으로 부를 수 있다. 그 밖에도 '○ 여사님, 사모님, 아주머님, 아주머니, ○ 선생님, ○○○ 선생님'으로 부를 수 있다.

③ 직장 상사(과장)의 아내를 직장 동료에게 '과장님 부인'이라고 지칭할 수 있다. 그 밖에도 '사모님, ○ 과장님 부인, ○○○ 과장님 부인, 과장님 사모님, ○ 과장님 사모님, ○○○ 과장님 사모님'으로 지칭할 수 있다.
④ 직장 상사(과장)의 남편을 직장 동료에게 '과장님 바깥어른(바깥양반)'이라고 지칭할 수 있다. 그 밖에도 '○ 과장님 바깥어른(바깥양반), ○○○ 과장님 바깥어른(바깥양반)' 등으로 지칭할 수 있다.

04 | 주요 표준 언어 예절 [압축개념 03]

정답 ②

정답 설명
② 과장님은 지금 자리에 안 계십니다. 뭐라고 전해 드릴까요?(○): 전화를 받았는데 상대방이 찾는 사람이 없을 경우 말할 수 있는 올바른 표현이므로 답은 ②이다.

오답 분석
① 귀하를 ~ 모시고자 하오니 많이 참석해 주시기(×) → 귀하를 ~ 모시고자 하오니 부디 참석해 주시기(○): 특정인을 이르는 '귀하'와 '많이 참석해'가 호응을 이루지 못하므로 적절하지 않다.
　• 귀하: 편지글에서 상대편을 높여 이름 다음에 붙여 쓰는 말로 쓰이거나, 듣는 이를 높여 이르는 2인칭 대명사로 쓰이는 말
③ 품절이십니다(×) → 품절입니다(○): '품절'은 청자의 소유물이거나 청자와 밀접한 관계를 맺고 있는 대상이 아니므로 간접 높임법을 적용하는 것은 적절하지 않다.
④ 저희나라(×) → 우리나라(○): '나라'를 말할 때는 자기의 나라나 민족을 남의 나라, 다른 민족 앞에서 낮출 필요가 없으므로 '우리'의 낮춤말인 '저희'를 쓰는 것은 적절하지 않다.

05 | 주요 순화 표현 [압축개념 04]

정답 ③

정답 설명
③ '살구색'은 '살구의 빛깔과 같이 연한 노란빛을 띤 분홍색'을 뜻하므로 차별적인 언어 표현이 드러나지 않는다. 따라서 답은 ③이다.

오답 분석
① 학부형(×) → 학부모(○): '학생의 아버지'나 '형'이란 뜻의 '학부형'은 한 성에 치우친 표현이므로 '학부모'와 같은 중립적인 표현으로 고쳐 쓰는 것이 적절하다.
② 처녀작(×) → 첫 작품(○): '처음으로 지었거나 발표한 작품'을 이르는 말인 '처녀작'은 한 성에 치우친 표현이므로 '첫 작품'과 같은 중립적인 표현으로 고쳐 쓰는 것이 적절하다.
④ 미망인(×): '남편을 여읜 여자'를 이르는 말인 '미망인'은 한 성에 치우친 표현이므로 '고 ○○○(씨)의 부인'과 같은 중립적인 표현으로 고쳐 쓰는 것이 적절하다.

06 | 주요 표준 언어 예절 [압축개념 03]

정답 ②

정답 설명
② '좌하(座下)'는 주로 편지글에서 받는 사람을 높이기 위해 붙이는 말로, 그의 이름이나 호칭 아래에 붙여 쓴다. 따라서 ②의 설명은 옳지 않다.

07 주요 표준 언어 예절 [압축개념 03]   정답 ②

정답 설명
② '들어가세요'는 명령형 표현이며, 일부 지역에서만 쓰는 말이 므로 피하는 것이 좋다.

08 주요 표준 언어 예절 [압축개념 03]   정답 ①

정답 설명
① 국립국어원에서 공개한 '표준 언어 예절'에서는 능동 형태 인 '전화 잘못 거셨습니다'가 전화도 제대로 못 거느냐는 느 낌이 들어 전화 건 사람의 자존심을 건드릴 수도 있는 표현 이므로 적절하지 않다고 설명한다. 따라서 피동 형태인 '아 닌데요/아닙니다. 전화 잘못 걸렸습니다'로 바꿔 써야 한다.

09 주요 순화 표현 [압축개념 04]   정답 ④

정답 설명
④ '노다지'는 고유어이므로 순화해야 할 일본어가 아니다. 따 라서 답은 ④이다.
• 노다지: 1. 캐내려 하는 광물이 많이 묻혀 있는 광맥 2. 손 쉽게 많은 이익을 얻을 수 있는 일감을 비유적으로 이르 는 말

오답 분석
① ② ③ ⑤ 모두 일본어 또는 일본어 투 용어이므로 순화해 야 한다.
① '돈가스'는 '돼지고기 너비 튀김, 돼지고기 튀김'으로 순화한다.
② '뗑깡'은 '생떼'로 순화한다.
③ '뗑뗑이'는 '물방울무늬'로 순화한다.
⑤ '아나고'는 '붕장어'로 순화한다.

10 주요 표준 언어 예절 [압축개념 03]   정답 ③

정답 설명
③ 압존법은 가족 간이나 사제 간처럼 사적인 관계에서 적용할 수 있으나 직장에서 쓰는 것은 어색하다. 따라서 압존법을 적용하지 않은 ③이 가장 적절한 우리말 표현이다.

오답 분석
① 선고(先考)는 남에게 돌아가신 자기 아버지를 이르는 말이 므로 적절하지 않다. 살아계신 남의 아버지를 지칭할 때는 춘부장(椿府丈) 혹은 춘당(春堂)을 사용하는 것이 적절하다.
② '커피'는 간접 높임의 대상이 아니므로 주체 높임 선어말 어 미 '-시-'를 사용하는 것은 적절하지 않다.
④ 주체 높임 선어말 어미 '-시-'와 자신이 어떤 행동을 할 것을 약속할 때 쓰이는 '-ㄹ게'는 서로 어울려 쓸 수 없다.

11 주요 순화 표현 [압축개념 04]   정답 ①

정답 설명
① '蒙利者(몽리자)'는 '이익을 얻는 사람', '덕을 보는 사람'을 가 리키므로, '이익에 어두운 자'로 순화하는 것은 옳지 못하다.

오답 분석
② 隱秘(은비)
③ 懈怠(해태)하다
④ 溝渠(구거)
⑤ 委棄(위기)하다

12 주요 표준 언어 예절 [압축개념 03]   정답 ④

정답 설명
④ 어머니를 선생님께 먼저 소개한다(○): 중간에서 다른 사람 을 소개할 때에는 자신과의 친소(親疏, 친함과 친하지 않음) 관 계를 따져 자기와 가까운 사람을 먼저 소개하는 것이 바르 다. 따라서 답은 ④이다.

오답 분석
① 저는 ○○[본관] ○씨입니다(×) → 저는 ○○[본관] ○가 (哥)입니다(○): '○씨(氏)'는 남의 성을 말할 때 쓰는 표현이 다. 자신의 성(姓)이나 본관을 다른 사람에게 소개할 때에는 '○가(哥), ○○[본관] ○가(哥)'라고 해야 한다.
② 저는 ○○○ 씨의 부인입니다(×) → 저는 ○○○[배우자] 씨의 아내/집사람/안사람/처입니다(○): '부인'은 다른 사람 의 아내를 높이는 말이므로 남편의 친구에게 자신을 소개할 때 쓰는 말로 적절하지 않다.
③ ○○○ 씨를 모시겠습니다(×) → ○○○ 씨를 소개하겠습 니다(○): 방송을 보는 시청자는 다양한 계층의 사람들이므 로 20대의 연예인보다 윗사람일 수도 있다. 따라서 높임 표 현을 과하게 사용하는 것은 바람직하지 않다.

Ⅲ. 비문학

01 작문

p.162

01 ① **02** ② **03** ④ **04** ④ **05** ④ **06** ③

01 문단의 구성 [압축개념 01]

정답 ①

정답 설명
① 개인 정보 유출 사례는 글의 주제인 '청소년 인터넷 중독의 현황과 문제 해결'과 거리가 멀기 때문에 글에 포함되어야 할 내용으로 보기 어렵다.

02 고쳐쓰기의 요건 [압축개념 03]

정답 ②

정답 설명
② 제시글은 지역 이기주의를 가진 주민들의 태도를 밝히고, 공공의 이익을 외면하는 지역 이기주의를 타파해야 한다는 내용이다. ⓒ은 지역 이기주의를 가진 사람들의 태도에 관한 내용이므로 문단의 통일성을 위해 삭제한다는 ②의 설명은 적절하지 않다.

오답 분석
① ㉠의 앞은 산업 폐기물 처리장이 필요하다는 것을 지역 주민들이 인정한다는 내용이고 ㉠의 뒤는 산업 폐기물 처리장이 자기가 사는 지역에 설치되는 것은 반대한다는 내용이므로, ㉠ '그리고'를 역접의 접속어 '그러나'로 바꾸는 것이 적절하다.
③ '~에 다름 아니다'는 일본어 번역 투 표현이므로 '지역 이기주의이다', '지역 이기주의나 다름없다' 등으로 고쳐 쓰는 것이 적절하다.
④ 주어부인 '잊지 말아야 할 사실은'과 서술부 '우리 모두에게 돌아온다'가 호응하지 않으므로 서술부를 '~는 것이다'로 고쳐 쓰는 것이 적절하다.

03 개요 작성의 요건 [압축개념 02]

정답 ④

정답 설명
④ ㉣: 컴퓨터 판매량을 늘리기 위한 인프라가 제대로 구축되어 있지 않다는 것은 글의 제목인 '인터넷 범죄 증가의 원인'과 관련 없는 내용이며, 컴퓨터 보안 프로그램 개발이 미흡한 것에 대한 원인으로도 적절하지 않다.

오답 분석
① ㉠: 글의 제목인 '인터넷 범죄 증가의 원인'으로 적합한 내용이며, 인터넷 범죄를 처벌하는 관련 규정이 신속하게 제정되지 않는다는 것의 원인으로도 적절하다.
② ㉡: 글의 제목인 '인터넷 범죄 증가의 원인'으로 적합한 내용이며, 개인 컴퓨터의 백신 프로그램 설치가 미흡한 것에 대한 원인으로도 적절하다.

③ ㉢: 글의 제목인 '인터넷 범죄 증가의 원인'으로 적합한 내용이며, 인터넷상에서 개인 신상 정보 취급이 소홀하게 다루어지는 것에 대한 원인으로도 적절하다.

04 주제문 작성의 요건 [압축개념 02]

정답 ④

정답 설명
④ 제시된 개요는 서론에서 최근의 수출 실적 부진 현상을 언급한 뒤, 본론에서 수출 경쟁력의 가격·비가격 경쟁력 요인을 분석하고, 결론에서 수출 경쟁력 향상 방안을 제시하고 있다. 따라서 글의 주제문으로는 이를 모두 포괄할 수 있는 ④가 적절하다.

05 고쳐쓰기의 요건 [압축개념 03]

정답 ④

정답 설명
④ '구속하다'에는 이미 동작의 대상에게 행위의 효력이 미친다는 의미가 포함되어 있으므로 '-시키다'를 무리하게 더하는 것은 적절하지 않은 표현이다.
• 구속하다: 법원이나 판사가 피의자나 피고인을 강제로 일정한 장소에 잡아 가두다

오답 분석
① '기간'과 '동안'은 서로 의미가 중복되므로 '공사하는 기간에는' 혹은 '공사하는 동안'으로 고쳐 쓰는 것이 적절하다.
• 기간: 어느 때부터 다른 어느 때까지의 동안
• 동안: 어느 한때에서 다른 한때까지 시간의 길이
② '회의를 가지다'는 영어의 'have a meeting'을 직역한 표현으로 '회의하다'로 고쳐 쓰는 것이 적절하다.
③ '열려져'는 '열 + 리 + 어지 + 어'의 구성으로, 피동을 나타내는 문법 요소가 불필요하게 두 번 사용된 이중 피동 표현이므로 '열려'로 고쳐 쓰는 것이 적절하다.

06 문단의 구성 [압축개념 01]

정답 ③

정답 설명
③ <보기>는 글의 통일성에 대한 설명으로, 이는 글이 하나의 주제로 긴밀하게 관련되어 있어야 함을 의미한다. 제시글의 중심 내용은 '수학 선생님의 재미있는 수업'인데, ⓒ은 수학 선생님의 아들에 관한 내용이므로 중심 내용에 부합하지 않는다.

오답 분석
① 수학 시간이 흥미로운 이유이므로 중심 내용에 부합한다.
② 재미있는 수학 수업의 사례이므로 중심 내용에 부합한다.
④ 재미있는 수학 수업으로 인한 결과이므로 중심 내용에 부합한다.

p.168

01 ① 02 ② 03 ③ 04 ④ 05 ④ 06 ②

---

01 화법의 원리 [압축개념 02] 정답 ①

정답 설명
① 대화(1)에서 ⓛ은 '키에 비해 가벼운 편'이라는 필요 이상의 정보를 제공하였으므로 양의 격률을 위배하였다. 하지만 체중을 묻는 질문에 55kg이라고 답하여 대화의 맥락과 관련된 말을 했으므로 관련성의 격률은 위배하지 않았다.

오답 분석
② '비행기보다 빠른 사람'은 존재하지 않으므로, 이는 진실한 정보가 아니다. 따라서 질의 격률을 위배하였다.

③ 나이를 묻는 질문에 '형이 열일곱 살'이라는 필요 이상의 정보를 제공하고 있으므로 양의 격률을 위배하였다.

④ 점심으로 무엇을 먹을지를 묻는 질문에 정확히 답변하지 않고 모호한 표현을 사용하고 있으므로 태도의 격률을 위배하였다.

---

02 화법의 원리 [압축개념 02] 정답 ②

정답 설명
② 제시된 상황에서 밑줄 친 부분의 말을 통해 이 부장은 김 대리에게 부담이 되는 표현을 최소화하고 있다. 참고로, 이는 공손성의 원리 중 '요령의 격률'에 대한 설명이다.

오답 분석
① 공손성의 원리 중 '동의의 격률'에 해당한다.

③ 공손성의 원리 중 '관용의 격률'에 해당한다.

④ 공손성의 원리 중 '칭찬의 격률'에 해당한다.

---

03 화법의 원리 [압축개념 02] 정답 ③

정답 설명
③ ⓒ은 문제를 자신의 탓으로 돌리는 '관용의 격률'에 대한 설명이다. ③에서 'B'는 상대방인 'A'의 목소리가 작아서 내용이 잘 안 들렸다고 말하며 문제를 상대방의 탓으로 돌리고 있으므로 ⓒ에서 설명하는 '관용의 격률'이 적용되지 않은 대답이다.

오답 분석
① ⓛ은 '겸양의 격률'에 대한 설명으로, 'B'는 자신을 칭찬하는 'A'에게 자신이 여러모로 부족한 부분이 많다고 대답하며 자신을 낮추어 겸손하게 대답하고 있으므로 적절하다.

② ⓛ은 '요령의 격률'에 대한 설명으로, 'B'는 약속 시간에 늦은 'A'에게 쇼핑을 하며 기다리니 시간 가는 줄 몰랐다며 상대방의 부담을 덜어주고 있으므로 적절하다.

④ ⓒ은 '동의의 격률'에 대한 설명으로, 'B'는 친구의 생일 선물을 제안하는 'A'의 의견에 먼저 동의한 후 자신의 생각을 말하고 있으므로 적절하다.

---

04 토론 [압축개념 03] 정답 ④

정답 설명
④ 반대 측은 '학교 폭력을 방관한 학생에게도 책임을 물어야 한다'라는 논제에 대해 '누구까지 학교 폭력의 방관자라고 규정지을 수 있을까요?'라고 의문을 제기하여 자신의 주장을 강화하고 있다. 따라서 적절한 것은 ④이다.

---

05 토론·토의 [압축개념 03, 04] 정답 ④

정답 설명
④ ⓘ 패널 토의는 토의의 유형 중 하나인데, 찬반 입장을 나누어 이야기하는 것은 토론의 특징이다.

오답 분석
① 끝에서 4~6번째 줄에서 확인할 수 있는 내용이다.

[관련 부분] 심포지엄(ⓒ)은 전문가가 참여한다는 점, 청중과 질의·응답 시간을 갖는다는 점에서 패널 토의(ⓘ)와 그 형식이 비슷하다.

② 1~3번째 줄에서 확인할 수 있는 내용이다.

[관련 부분] 토의는 어떤 공통된 문제에 대해 최선의 해결안을 얻기 위하여 여러 사람이 의논하는 말하기 양식이다. 패널 토의(ⓘ), 심포지엄(ⓒ) 등이 그 대표적 예이다.

③ 끝에서 1~6번째 줄에서 확인할 수 있는 내용이다.

[관련 부분] 심포지엄(ⓒ)은 ~ 토의 문제의 하위 주제에 대해 ~ 발표한다는 점에서는 차이가 있다.

---

06 토론 [압축개념 03] 정답 ②

정답 설명
② 사회자는 토론의 시작 단계에서 토론자들에게 토론의 배경과 논제를 소개하는 등 토론의 전반적인 방향과 유의점에 대해 안내하는 역할을 한다.

오답 분석
① 사회자는 토론을 시작할 때 토론의 배경 및 논제를 소개하지만 논제가 타당한지 토론자들의 의견을 묻지는 않는다.

③ 사회자는 청중의 의견을 수렴하기는 하지만 대안을 제시하여 쟁점을 약화시키지는 않는다.

④ 사회자는 토론자의 주장과 근거가 논제에서 벗어나지 않도록 조정하거나 이를 요약할 뿐, 이에 대한 비판적인 견해를 개진하지는 않는다.

정답 및 해설

해커스공무원 단권화 핵심정리 국어

p.174

01 ②	02 ④	03 ④	04 ①	05 ③	06 ①

01 | 논지 전개 방식 압축개념 01   정답 ②

정답 설명
② 1~2번째 줄을 통해 인공조명의 과도한 빛이나 조명 영역 밖으로 누출되는 빛이 빛 공해의 주요 요인임은 알 수 있다. 그러나 이러한 누출의 원인은 제시문을 통해 확인할 수 없다.

오답 분석
① 1~3번째 줄에서 빛 공해의 정의를 제시하고 있다.
③ 3~5번째 줄에서 국제 과학 저널에 실린 '전 세계 빛 공해 지도'를 인용하여 우리나라가 빛 공해가 심각한 국가임을 제시하고 있다.
④ 끝에서 1~3번째 줄에서 수면 부족, 면역력 저하, 농작물의 생산력 저하, 그리고 생태계 교란과 같은 사례를 들어 빛 공해의 악영향을 제시하고 있다.

02 | 논지 전개 방식 압축개념 01   정답 ④

정답 설명
④ 밑줄 친 부분은 '보살'과 '나한'의 특성을 차이점을 중심으로 설명하고 있으므로 밑줄 친 부분의 주된 설명 방식은 대조이다.

03 | 논지 전개 방식 압축개념 01   정답 ④

정답 설명
④ 제시글은 '1903년' 같은 구체적인 시기와 수치를 중심으로 일제 강점기 시기의 대표적 식민 농촌이었던 '옥구'에 대해 설명하고 있다.

오답 분석
① ③은 제시글과 관련 없는 설명이다.
② 일본에 대한 필자의 비판 의식을 엿볼 수 있으나, 반어적 수사는 활용하지 않았다.

04 | 논증의 오류 압축개념 03   정답 ①

정답 설명
① 제시글에는 '대중에의 호소' 오류(다수가 동의한다는 점을 들어 자신의 주장에 동조하도록 하는 오류)가 나타난다. 이와 같은 유형의 오류가 나타나는 것은 ①이다.
• 제시글: SNS에서 뜨고 있다는 것을 근거로 삼아, 이 식당의 음식이 맛있을 것이라고 말한다.
• ①: 만나는 사람들마다 이야기한다는 것을 근거로 삼아, 이 식당의 음식이 괜찮을 것이라고 말한다.

오답 분석
② 무지에의 호소: 반증된 적이 없으므로 어떤 주장을 받아들여야 한다고 말하거나, 증명된 적이 없으므로 어떤 결론이 거절되어야 한다고 주장하는 오류
③ 부적합한 권위에의 호소: 논점과 직접적인 상관관계가 없는 권위자의 견해를 근거로 하여, 자신의 주장을 받아들이도록 하는 오류

④ 동정(연민)에의 호소: 상대방의 동정심이나 연민에 호소하여 자신의 주장을 받아들이게 하는 오류

05 | 논지 전개 방식 압축개념 01   정답 ③

정답 설명
③ <보기>와 ③ 모두 '예시'의 설명 방식이 쓰였으므로 답은 ③이다.
• <보기>: 주희와 정약용의 사례를 들어 유학자들의 생각을 설명
• ③: 무지개 색깔을 사례로 들어 언어는 사고를 반영한다는 말을 설명

오답 분석
① 구분: 상위 항목인 '시'를 하위 항목인 '서정시, 서사시, 극시'로 나누어 설명하였다.
② 비유: '소'를 '권태자'에 빗대어 간접적으로 설명하였다.
④ 분석: 곤충을 머리, 가슴, 배로 나누어 설명하였다.

06 | 논지 전개 방식 압축개념 01   정답 ①

정답 설명
① 해수면의 상승(원인)으로 인한 기후 변화나 침수 등의 피해(결과)를 서술하는 '인과'의 방식으로 글을 전개하고 있다.

오답 분석
② 핵심 용어인 제로섬(zero-sum)의 개념을 밝히는 '정의'의 방식과 운동 경기의 예를 드는 '예시'의 방식으로 글을 전개하고 있다.
③ 찬호의 행동을 시간에 흐름에 따라 나열하는 '서사'의 방식으로 글을 전개하고 있다.
④ 소읍의 전경을 마치 그림을 그리듯이 표현하는 '묘사'의 방식으로 글을 전개하고 있다.

Ⅳ. 문학

01 문학 이론

p.188

01 ②	02 ④	03 ④	04 ③	05 ②	06 ②
07 ③					

01 | 문학 감상의 관점 압축개념 02   정답 ②

정답 설명
② 이광수의 '무정'을 읽은 독자가 작품을 통해 느낀 감동에 대해 서술하였으므로, 이에 해당하는 작품 감상의 관점으로 가장 옳은 것은 ② '효용론적 관점'이다.
- **'효용론적 관점'**: 외재적 관점(작품 외부에 존재하는 작가, 독자, 현실 세계의 관점에서 작품을 감상하는 것) 중 하나이며, 독자를 중심으로 작품을 감상하는 방법이다.

오답 분석
① 반영론적 관점: 외재적 관점에 해당하며 작품이 현실 세계를 어떻게 반영하고 있는지를 분석하는 방법
③ 표현론적 관점: 외재적 관점에 해당하며 작가가 자신의 체험, 사상, 감정 등을 작품에 어떻게 표현하였는지를 분석하는 방법
④ 객관론적 관점: 작품 외적인 요소와는 무관하게 문학 작품의 내재적인 요소만을 분석하는 방법

02 | 시나리오 압축개념 11   정답 ④

정답 설명
④ 영화나 드라마의 대본인 시나리오는 시간적·공간적 배경의 제약이 없다. 시간적·공간적 배경의 제약이 있는 것은 연극의 대본인 희곡에 대한 설명이므로 답은 ④이다.

오답 분석
① 시나리오는 영화 상영과 드라마 방영을 위한 대본이고, '시퀀스'와 '신'은 대본 구성의 단위이다. '신'이 모여 하나의 이야기 단위인 '시퀀스'를 구성한다.
- **시퀀스(sequence)**: 영화에서 하나의 이야기가 시작되고 끝나는 독립적인 구성단위로, 극의 장소, 행동, 시간의 연속성을 가진 장면들이 모여서 이루어짐
- **신(scene)**: 영화를 구성하는 극적 단위의 하나로, 같은 장소와 시간 내에서 일련의 행동이나 대사가 이루어지는 부분
② 시나리오는 촬영을 고려한 특수한 용어가 사용된다.
- F.I.(Fade In): 화면이 천천히 밝아지는 것
- F.O.(Fade Out): 화면이 천천히 어두워지는 것
- 익스트림 롱 쇼트(Extreme Long Shot): 피사체를 아주 먼 거리에서 넓게 잡는 촬영법

03 | 문학의 미적 범주 압축개념 03   정답 ④

정답 설명
④ 괄호 안에 들어갈 단어가 순서대로 바르게 나열된 것은 ④ '골계(滑稽) – 풍자(諷刺) – 해학(諧謔)'이다.
- ㄱ: ㄱ에는 풍자와 해학을 모두 포괄하면서, 있어야 할 것(이상)과 있는 것(현실) 중 전자를 외면하고 후자의 규범이나 부정적인 대상을 받아들이는 미적 범주가 들어가야 하므로 ㄱ에 들어갈 단어는 '골계'이다.
- ㄴ, ㄷ: 풍자와 해학은 모두 웃음을 불러일으키기 위한 문학적 장치라는 점에서 유사하나, 대상을 바라보는 시선에서 큰 차이가 있다. 풍자는 대상이 지닌 결점이나 악행을 부정적인 것으로 인식하고 이를 비판적인 시선으로 바라보며 웃음을 유발하는 반면, 해학은 대상을 비판 또는 비난의 시선으로 바라보기 전에 대상에 대해 호감과 연민을 느끼게 하여 웃음을 유발해 낸다. 따라서 있는 것을 깨뜨리는 것에 집중하는 ㄴ에는 '풍자'가, 있는 것이 지닌 긍정에 관심을 집중하는 ㄷ에는 '해학'이 들어가야 한다.

04 | 시의 심상 압축개념 06   정답 ③

정답 설명
③ 제시된 작품의 밑줄 친 부분에는 청각을 시각화한 공감각적 표현이 쓰였다. 반면 ③에서는 '서느런 옷자락'과 '열로 상기한 볼'이 촉각적으로 대조를 이루고 있을 뿐, 공감각적 표현은 쓰이지 않았다.

오답 분석
① 후각을 시각화한 공감각적 표현이 사용되었다.
② 시각을 청각화한 공감각적 표현이 사용되었다.
④ 청각을 시각화한 공감각적 표현이 사용되었다.

05 | 문학 감상의 관점 압축개념 02   정답 ②

정답 설명
② (나) 박목월의 '나그네'는 일제 강점기에 쓰여진 작품으로, 일제 강점기 고통스러웠던 현실 상황을 반영하지 않은 채, 나그네의 유유자적한 삶을 그렸다는 점에서 (가) '반영론적 관점'으로 비판할 수 있다.

06 | 소설의 시점과 거리 압축개념 09   정답 ②

정답 설명
② <보기>는 '일인칭 관찰자 시점'에 대한 설명이다. '일인칭 관찰자 시점'은 소설 속 부수적인 인물이 관찰자의 입장에서 주인공의 환경이나 행동 등을 객관적으로 관찰하여 서술하는 것을 말한다.

07 시의 표현(수사법) [압축개념 05] 정답 ③

정답 설명
③ 비유법이 사용되지 않은 문장은 ⓒ이다.

오답 분석
① ⑤ 은유법: 말을 '생각을 담는 그릇'에 비유하고 있다.
② ⓛ 직유법: 거침없이 쏟아 놓는 말을 '청산유수'에 비유하고 있다.
④ ⓔ 의인법: 말이 '사람을 죽일 수도 있다'라고 의인화하고 있다.

---

02 고전 문학사

p.194

01 ①	02 ①	03 ③	04 ⑤	05 ③	06 ④
07 ①	08 ③	09 ③	10 ②		

---

01 상고 시대 문학 (향가) [압축개념 01] 정답 ①

정답 설명
① '혜성가(彗星歌)'는 10구체 형식의 향가 중 가장 오래된 작품이고, 현전하는 향가 중 최초의 작품은 4구체 형식의 '서동요(薯童謠)'이다. 따라서 향가에 대한 설명으로 잘못된 것은 ①이다.

오답 분석
③ 《삼국사기》의 다음 기록을 통해 《삼대목(三代目)》이 존재했었다는 사실을 알 수 있다.
• 王素與角干魏弘通(왕소여각간위홍통): 왕(진성 여왕)이 평소에 각간 위홍과 더불어 통정하였는데
• 至是常入內用事(지시상입내용사): 이때에 이르러서는 (위홍은) 늘 궁에 들어와 정사에 간여했다.
• 仍命與大矩和尙(잉명여대구화상): (왕이) 누차 명하여 대구화상과 더불어
• 修集鄕歌謂之三代目(수집향가위지삼대목): 향가를 수집하니 그를 삼대목이라 일렀다.
④ '삼구육명(三句六名)'은 《균여전》에서 최행귀가 향가의 형식으로 언급한 말이다.
⑤ '원왕생가(願往生歌)'는 극락왕생을 기원하는 노래이고 '천수대비가(千手大悲歌)'는 실명한 자식의 개안(開眼)을 위해 부처님께 기원하는 노래로, 모두 불교 신앙을 담은 향가이다.

---

02 조선 후기 문학 (판소리) [압축개념 04] 정답 ①

정답 설명
① '만분가'는 가사로, 조선 성종 때의 문인인 조위가 귀양을 가게 되었을 때, 유배지에서 지은 작품이다. 따라서 판소리를 정리한 ⑤ '여섯 마당'에 해당하는 작품이 아닌 것은 ①이다.

오답 분석
② ③ ④ 신재효가 정리한 판소리 여섯 마당에는 '춘향가', '심청가', '적벽가', '수궁가', '흥부가', '변강쇠 타령'이 있다.

---

03 고려 시대 문학 (가전) [압축개념 02] 정답 ③

정답 설명
③ 가전체 문학은 고려 신흥 사대부들의 개인 창작물로, 설화와 소설을 잇는 교량적 역할을 하였다. 따라서 가전체 문학이 집단 창작물이라는 ③의 설명은 적절하지 않다.

---

04 조선 후기 문학 (사설시조) [압축개념 04] 정답 ⑤

정답 설명
⑤ 의성어, 의태어 등을 통해 과장되게 묘사된 화자의 행동에서 임을 애타게 기다리는 화자의 마음이 겉으로 드러나고 있다. 따라서 작품에 대한 설명으로 적절하지 않은 것은 ⑤이다.

[관련 부분]
보션 버서 품에 품고 신 버서 손에 쥐고 겻븨님븨 님븨곰븨 쳔방지방 지방쳔방 즌 듸 무른 듸 골희지 말고 워렁충창 건너가셔 (버선 벗어 품에 품고 신 벗어 손에 쥐고, 엎치락뒤치락 허둥거리며, 진 곳 마른 곳 가리지 않고 우당탕퉁탕 건너가서)

오답 분석
① 제시된 작품은 조선 후기(숙종 이후)에 등장한 문학 형태인 '사설시조'에 해당한다.
② 사설시조는 주로 평민 가객들이 노래하였으며, 작자 미상인 작품들이 대부분이다.
③ 제시된 작품은 자연물인 삼대(삼의 줄기)를 임으로 착각하는 화자의 모습을 통해 사설시조 특유의 해학성을 잘 표현하였다.
④ 임으로 착각한 대상을 향해 달려가는 화자의 모습이 구체적 사물인 '보션(버선)', '신' 등을 통해 실감나게 표현되고 있다.

---

05 고려 시대 문학 (경기체가) [압축개념 02] 정답 ③

정답 설명
③ 제시된 작품은 경기체가인 '한림별곡'이다. 경기체가는 신흥 사대부들에 의해 창작되었던 정형시로, 조선 전기 선조 때까지만 창작되었으므로 설명이 옳은 것은 ③이다.

오답 분석
① ④ ⑤ 경기체가는 고려 중엽 무신난 이후에 등장하여 조선 초기까지 향유된 시가로, 주로 신흥 사대부들의 향락적이고 풍류적인 생활을 표현하였다. 따라서 ① ④ ⑤는 옳지 않은 설명이다.
② 경기체가는 고려 가요보다 이후에 발달한 것으로, 현실의 향락적인 삶을 구체적인 사물을 통해 노래하였다. 그러나 유토피아적 동경은 나타나지 않으므로 옳지 않은 설명이다.

---

06 조선 후기 문학 (판소리) [압축개념 04] 정답 ④

정답 설명
④ 판소리 용어를 바르게 짝지은 것은 ④이다.
• 추임새: 장단을 짚는 고수(鼓手)가 창(唱)의 사이사이에 흥을 돋우기 위하여 삽입하는 소리
• 소리: 소리꾼이 부르는 노래. 창(唱)이라고도 한다.
• 아니리: 창을 하는 중간중간에 가락을 붙이지 않고 이야기 하듯 엮어 나가는 사설
• 발림: 소리의 극적인 전개를 돕기 위하여 몸짓이나 손짓으로 하는 동작

오답 분석
ⓛ 더늠: 판소리에서 명창이 자신의 독특한 방식으로 다듬어 부르는 어떤 마당의 한 대목

07 | 고려 시대 문학 (고려 가요) `압축개념 02` 정답 ①

정답 설명
① '동동(動動)'은 고려 가요에 속하는데, 고려 가요는 다양한 형식을 가진 갈래이므로 ①의 설명은 옳지 않다.

오답 분석
② 여음(후렴구)인 '아으 動動(동동)다리'가 반복되고 있다.
③ 고려 가요는 구전되다가 조선 시대에 훈민정음 창제 이후, 《악학궤범》, 《악장가사》, 《시용향악보》 등에 기록되었다.
④ 고려 가요는 남녀 간의 애정, 자연에 대한 예찬 등 주로 서민들의 소박하고 진솔한 감정을 노래한다.

08 | 고려 시대 문학 (한시) `압축개념 02` 정답 ③

정답 설명
③ 한시는 자수(字數)와 구수(句數)에 따라 분류할 수 있다. 이때 한 구(句)를 이루는 글자 수가 5개인 것을 5언, 7개인 것을 7언이라 한다. 또한 구수가 총 4구인 것을 절시라 하고 총 8구인 것을 율시라 한다. 제시된 한시는 한 구의 글자 수가 7자이고, 총 4구로 이루어져 있으므로 '7언 절구'에 해당하여 답은 ③이다.

09 | 고려 시대 문학 (가전) `압축개념 02` 정답 ③

정답 설명
③ 제시글은 ③ '가전(假傳)'에 대한 설명이다.

오답 분석
① 평전(評傳): 개인의 일생에 대하여 평론을 곁들여 적은 전기(傳記, 한 사람의 일생 동안의 행적을 적은 기록)
② 열전(列傳): 1. 여러 사람의 전기(傳記)를 차례로 벌여서 기록한 책 2. 역사에서, 임금을 제외한 사람들의 전기를 차례로 적어서 벌여 놓은 기전체 기록
  • 기전체: 역사 서술 체제의 하나. 역사적 인물의 개인 전기(傳記)를 이어 감으로써 한 시대의 역사를 구성하는 기술
④ 실전(實傳): 실제의 전승이나 전기(傳記)

10 | 상고 시대 문학 (향가) `압축개념 01` 정답 ②

정답 설명
② <보기>는 충담사의 '안민가'로 10구체 향가이다. '처용가'는 8구체 향가이므로 답은 ②이다.
  • 안민가: 신라 경덕왕 때 충담사가 지은 10구체 향가로, <삼국유사>에 실려 있는 유일한 유교적 성격의 노래이다.
  • 처용가: 신라 헌강왕 때 처용이 지은 8구체 향가로, <삼국유사>에 실려 있다. 아내를 범한 귀신을 물리치는 내용으로 주술적인 성격의 노래이다.

오답 분석
① 원왕생가: 신라 문무왕 때 광덕이 지은 10구체 향가로, 극락왕생에 대한 의지를 담은 기원적 성격의 노래이다.
③ 찬기파랑가: 신라 경덕왕 때 충담사가 지은 10구체 향가로, 고매한 인물의 기파랑을 추모하는 내용의 노래이다.
④ 혜성가: 신라 진평왕 때 융천사가 지은 10구체 향가로, 노래를 부르니 혜성의 변괴가 없어지고 왜병이 물러났다는 내용의 주술적인 성격의 노래이다.

---

03 현대 문학사

p.200

01 ②	02 ④	03 ②	04 ④	05 ④	06 ①
07 ④	08 ①	09 ③			

01 | 문학사적 사실의 발생 순서 `압축개념 02, 03, 05, 06` 정답 ②

정답 설명
② 예문의 시사를 순서대로 배열하면 'ⓛ - ② - ⓒ - ⓐ'이 되므로 답은 ②이다.

순서	시기	내용
ⓛ	1920년대	『님의 침묵』은 1926년에 발표되었고, 조선 프롤레타리아 예술가 동맹(KAPF)은 1925년에 결성되어 리얼리즘 계열의 시를 창작하기도 하였다.
②	1930년대	모더니즘은 1930년대에 활발하게 진행된 문예 사조이며, 「기상도」는 1936년에 발표되었다.
ⓒ	1950년대	1950년대에는 전후 비극을 그려낸 작품들이 등장하였는데, 그중 「초토의 시」는 1956년에 발표되었다.
ⓐ	1970년대	「농무」는 1973년에 발표되었으며, 1970년대의 참여 시인들은 작품을 통해 현실에 저항하는 등 문학의 실천성을 보여주었다.

02 | 1950년대 문학 `압축개념 05` 정답 ④

정답 설명
④ <보기>와 ④는 모두 6·25 전쟁 직후를 시대적 배경으로 하고 있다. <보기>는 구상의 '초토의 시 1'로, 전쟁의 비극을 극복할 수 있다는 희망을 제시하는 작품이고, ④의 '나무들 비탈에 서다'는 전쟁을 겪은 인물들의 상처와 후유증을 극복해 가는 과정을 그린 작품이다.

03 | 1950년대 문학 `압축개념 05` 정답 ②

정답 설명
② <보기>와 ②는 모두 6·25 전쟁 직후를 시대적 배경으로 하고 있다. <보기>는 구상의 '초토의 시 8 - 적군 묘지 앞에서'로, 적군의 죽음을 애도하며 통일을 염원하는 작품이고, ②의 '오발탄'은 전후의 부조리한 분단 현실을 형상화한 작품이다. 따라서 시대적 배경이 같은 것은 ②이다.

04 | 1950년대 문학 `압축개념 01, 02, 03, 05, 06` 정답 ④

정답 설명
④ 참여 문학의 형성은 1960년대 문학의 특징이므로 시대별 문학의 특징을 설명한 것으로 적절하지 않은 것은 ④이다. 1950년대에는 전쟁을 배경으로 한 전후 문학이 나타났으며, 전쟁에 대한 반동으로 서정적인 작품도 다수 창작되었다.

05 | 1960년대 문학 [압축개념 06] 정답 ④

정답 설명
④ 민중문학에 대한 논의는 1970년대에 급격한 산업화로 인해 소외된 계층의 문제가 사회 문제로 대두되면서 민족문학의 실천적 한계를 극복하기 위해 이루어졌다. 따라서 1960년대 한국 문학의 특징으로 옳지 않은 것은 ④이다.

오답 분석
① 1960년대에는 1950년대 활발히 전개되었던 전후 문학의 한계를 극복하는 것이 주요한 과제였다.
② 1960년에 일어난 4·19 혁명 이후 현실의 문제를 고발하는 참여적 경향의 현실 비판 문학이 등장하였다.
③ 1960년대에 문학의 현실 참여 문제를 두고, 참여 문학과 순수 문학 간의 논쟁이 수차례 전개되었다.

06 | 1930년대 문학 [압축개념 03] 정답 ①

정답 설명
① 동반자 작가는 1930년대 전후에 사회주의 문학에 동조한 작가들로 채만식, 이효석, 유진오 등이 있다. 김동리, 김유정은 순수 문학 작가이므로 답은 ①이다.

오답 분석
② 순수 문학은 예술지상주의에 입각한 것으로, 1930년대 시문학파와 구인회의 활동으로 활성화되었다.
③ 자본주의가 발달하고 서구 문예 사조의 영향으로 모더니즘 문학이 나타났으며, 1930년대 모더니즘 작가들은 의식의 흐름 등 다양한 기법적 실험을 시도하였다.
④ 전원파와 생명파는 1930년대에 등장하여 왕성히 활동했다. 청록파 시인인 조지훈, 박두진, 박목월은 1939년에 등단하였으므로 1930년대에 청록파가 등장했다는 것 역시 맞는 진술이다. 참고로 이들 세 시인이 공저한 시집 《청록집》은 해방 이후 1946년에 출간되었다.
⑤ 카프는 1935년에 공식적으로 해체되었다.

07 | 1940년대 문학 [압축개념 04] 정답 ④

정답 설명
④ ②은 1950년대의 문학 경향에 대한 설명이므로, 시대적 양상을 기술한 것으로 적절하지 않은 것은 ④이다. 1950년대에는 후반기 동인을 중심으로 한 모더니즘 문학과, 전쟁이라는 극한 상황 속에서의 실존적 경험을 형상화한 전후 문학이 창작되었다.

08 | 1960년대 문학 [압축개념 06] 정답 ①

정답 설명
① 서구 문예 사조의 영향으로 모더니즘 문학, 순수 문학이 대두되며 다양한 작품이 창작되던 시기는 1930년대이다. 1930년대에는 도시의 삶을 사실적으로 드러낸 모더니즘 문학이 유행하였으며, 시문학파가 중심이 되어 순수시 운동을 전개하였다. 따라서 1960년대 문학의 경향에 대한 설명으로 적절하지 않은 것은 ①이다.

09 | 문학사적 사실의 발생 순서 [압축개념 01, 02, 03, 04] 정답 ③

정답 설명
③ <보기>의 사실을 발생 순서대로 배열하면 'ⓜ − ⓛ − ⓒ − ⓖ − ⓔ'이므로 답은 ③이다.

순서	시기	문학사적 사실
ⓜ	개화기	「혈의 누」는 1906년에, 「자유종」은 1910년에 발표되었다.
ⓛ	1910년대	「무정」은 1917년에 매일신보에 연재되었다.
ⓒ	1920년대	『창조』는 1919년, 『백조』는 1922년, 『폐허』는 1920년에 등장하였고, 『조선일보』와 『동아일보』는 1920년에 발행되었다.
ⓖ	1930년대	「삼대」는 1931년, 「흙」은 1932~1933년, 「태평천하」는 1938년에 발표되었다.
ⓔ	1940년대	『인문평론』과 『문장』은 1941년에 폐간되었고, 한글 신문인 『조선일보』와 『동아일보』는 1940년에 폐간되었다. 참고로 현재 발행되는 『조선일보』와 『동아일보』는 이후 복간된 것이다.

V. 어휘

01 | 주제별 어휘 (나이)

정답 ③

정답 설명

③ '예로부터 드물구나'를 통해 괄호 안에 들어갈 말은 '고희(古稀)'임을 알 수 있다.
- 고희(古稀): 70세. 고래(古來)로 드문 나이라는 뜻으로, 일흔 살을 이르는 말

02 | 주제별 어휘 (단위)

정답 ②

정답 설명

② 수량이 적은 것부터 나열한 것은 ② '고등어 한 손 < 양말 한 타 < 북어 한 쾌 < 바늘 한 쌈'이다.
- 손: 조기, 고등어, 배추 등은 큰 것 하나와 작은 것 하나를 합한 것(2마리)을 이르고, 미나리나 파는 한 줌 분량을 이른다.
- 타: 물건 열두 개를 한 단위로 세는 말
- 쾌: 북어를 묶어 세는 단위. 한 쾌는 북어 스무 마리를 이른다.
- 쌈: 바늘을 묶어 세는 단위. 한 쌈은 바늘 스물네 개를 이른다.

03 | 혼동하기 쉬운 어휘

정답 ③

정답 설명

③ 재원(×) → 재자(○): '재원(才媛: 재주 재, 여자 원)'은 '재주가 뛰어난 젊은 여자'를 뜻하므로 '재주가 뛰어난 젊은 남자'를 뜻하는 '재자(才子: 재주 재, 아들 자)'로 고쳐 써야 한다.

오답 분석

① • 결딴: 1. 어떤 일이나 물건이 아주 망가져서 도무지 손을 쓸 수 없게 된 상태 2. 살림이 망하여 거덜 난 상태
- 결단: 결정적인 판단을 하거나 단정을 내림. 또는 그런 판단이나 단정
② • 사달: 사고나 탈
- 사단: 사건의 단서. 또는 일의 실마리
④ • 계발(啓發: 열 계, 필 발): 슬기, 재능 등을 일깨워 줌
- 개발(開發: 열 개, 필 발): 새로운 물건을 만들거나 새로운 생각을 내어놓음

04 | 주제별 어휘 (계절)

정답 ④

정답 설명

④ 제시된 작품에서 '버들가지', '살구', '복숭아', '진달래' 등의 소재를 통해 계절적 배경이 '봄'임을 알 수 있다. 또한 ㉠과 ㉡이 '우수(양력 2월 18일경)'가 지난 후라고 하였으므로 ㉠과 ㉡에는 시간적 순서에 따라 각각 '경칩'과 '청명'이 들어가는 것이 적절하다.
- ㉠ 경칩(驚蟄): 양력 3월 5일경으로, 겨울잠을 자던 개구리가 깨어난다는 시기
- ㉡ 청명(淸明): 양력 4월 5일경으로, 날이 풀리고 하늘이 차츰 맑아지는 시기

오답 분석

- 처서(處暑): 양력 8월 23일경으로, 가을로 접어들어 더위가 식고 일교차가 커지는 시기
- 입춘(立春): 양력 2월 4일경으로, 봄이 시작된다는 시기
- 곡우(穀雨): 양력 4월 20일경으로, 봄비가 내려서 곡식들이 윤택해지는 시기

05 | 주제별 어휘 (계절)

정답 ④

정답 설명

④ '사월이라 맹하(孟夏: 초여름, 음력 4월)되니' 시구를 통해, 빈칸에 들어갈 절기는 24절기 중 초여름에 해당하는 '입하, 소만'임을 알 수 있다.

오답 분석

① ② ③ '입춘, 우수, 경칩, 춘분, 청명, 곡우'는 사계절 중 '봄'에 해당하는 절기이다.

06 | 혼동하기 쉬운 어휘

정답 ①

정답 설명

① 늘이려고(○): '늘이다'는 '본디보다 길게 하다'를 뜻하므로 단어의 쓰임이 적절한 것은 ①이다.

오답 분석

② 받혀서(×) → 받쳐서(○): '물건의 밑이나 옆 등에 다른 물체를 대다'를 뜻할 때는 '받치다'를 써야 한다. 참고로 '받히다'는 '머리나 뿔 등에 세차게 부딪히다'를 뜻한다.
③ 부쳐서(×) → 붙여서(○): '어떤 감각이나 감정이 생기게 하다'를 뜻할 때는 '붙이다'를 써야 한다. 참고로 '부치다'는 '편지나 물건 등을 일정한 수단이나 방법을 써서 상대에게로 보내다'를 뜻한다.
④ 맞혀(×) → 맞춰(○): '둘 이상의 일정한 대상들을 나란히 놓고 비교하여 살피다'를 뜻할 때는 '맞추다'를 써야 한다. 참고로 '맞히다'는 '문제에 대한 답이 틀리지 않게 하다'를 뜻한다.

정답
설명

② 밑줄 친 어휘 중 잘못 쓰인 것으로만 묶은 것은 ②이다.
- ㉠ 붙인다는(×) → 부친다는(○): 문맥상 '먹고 자는 일을 제집이 아닌 다른 곳에서 하다'를 뜻하는 '부치다'를 써야 한다.
- ㉣ 부치고(×) → 붙이고(○): 문맥상 '맞닿아 떨어지지 않게 하다'를 뜻하는 '붙이다'를 써야한다.
- ㉤ 붙여(×) → 부쳐(○): 문맥상 '논밭을 이용하여 농사를 짓다'를 뜻하는 '부치다'을 써야한다.

오답
분석

- ㉡ 부치는(○): 문맥상 '모자라거나 미치지 못하다'를 뜻하는 '부치다'가 올바르게 쓰였다.
- ㉢ 붙여(○): 문맥상 '말을 걸거나 치근대며 가까이 다가서다'를 뜻하는 '붙이다'가 올바르게 쓰였다.
- ㉥ 붙였던(○): 문맥상 '어떤 감정이나 감각을 생기게 하다'를 뜻하는 '붙이다'가 올바르게 쓰였다.

정답
설명

④ 바늘 24개, 탕약 20첩, 오이나 가지 50개를 더하면 94이다.
- 쌈: 바늘을 묶어 세는 단위. 한 쌈은 바늘 24개를 이른다.
- 제(劑): 한약의 분량을 나타내는 단위. 한 제는 탕약 20첩을 이른다.
- 거리: 오이나 가지를 묶어 세는 단위. 한 거리는 오이나 가지 50개를 이른다.

정답
설명

④ 닫치며(×) → 닫히며(○): 문맥상 '닫다[閉]'의 피동사인 '닫히다'를 써야 하므로, 쓰임이 옳지 않은 것은 ④이다. 참고로 '닫치다'는 '닫다'에 강조의 뜻을 더하는 접미사 '-치-'가 결합한 것으로, '문을 닫치다'처럼 쓰인다.
- 닫치다: 1. 열린 문짝, 뚜껑, 서랍 등을 꼭꼭 또는 세게 닫다. 2. 입을 굳게 다물다.

오답
분석

① 안치다: 밥, 떡, 찌개 등을 만들기 위하여 그 재료를 솥이나 냄비 등에 넣고 불 위에 올리다.
② 부치다: 원고를 인쇄에 넘기다.
③ 벌이다: 여러 가지 물건을 늘어놓다.

정답
설명

③ 돼지 껍데기(×) → 돼지 껍질(○): 문맥상 '물체의 겉을 싸고 있는 단단하지 않은 물질'을 뜻하는 '껍질'을 써야 하므로 단어의 사용이 옳지 않은 것은 ③이다.
- 껍데기: 1. 달걀이나 조개 등의 겉을 싸고 있는 딱딱한 물질 2. 알맹이를 빼고 겉에 남은 물질

오답
분석

④ 조개껍질(○): '조개'는 '조개껍데기', '조개껍질'과 같이 '껍데기', '껍질'과 모두 어울려 쓸 수 있다.

정답
설명

② 승용차에 받쳐(×) → 승용차에 받혀(○): 문맥상 '부딪힘을 당하다'라는 의미의 '받히다'를 쓰는 것이 적절하다.

오답
분석

① 제물을 바쳐(○): 이때 '바치다'는 '신이나 웃어른에게 정중하게 드리다'는 의미로 쓰였다.
③ 아침에 먹은 것이 자꾸 받쳐서(○): 이때 '받치다'는 '먹은 것이 잘 소화되지 않고 위로 치밀다'라는 의미로 쓰였다.
④ 성화를 바쳤다(○): 이때 '바치다'는 '무엇을 지나칠 정도로 바라거나 요구하다'라는 의미로 쓰였다.
⑤ 시장 상인에게 받혀도(○): 이때 '받히다'는 '한꺼번에 많은 양의 물품을 사게 하다'라는 의미로 쓰였다.

03~04 관용어 ~ 속담

p. 230

01 ③	02 ①	03 ⑤	04 ③	05 ④	06 ②
07 ②	08 ②	09 ④	10 ④	11 ①	

정답
설명

③ 관용구가 적절하게 쓰인 문장은 ㄴ, ㄷ이므로 답은 ③이다.
- ㄴ. 입에 발린 소리: 마음에도 없이 겉치레로 하는 말
- ㄷ. 눈에 밟히다: 잊히지 않고 자꾸 눈에 떠오르다.

오답
분석

ㄱ. '배가 등에 붙다'는 '먹은 것이 없어서 배가 홀쭉하고 몹시 허기지다'를 뜻하므로 복권이 당첨되었다는 내용과 어울리지 않는다.
ㄹ. '손이 뜨다'는 '일하는 동작이 매우 굼뜨다'를 뜻하므로 일 처리가 빠르다는 내용과 어울리지 않는다.

정답
설명

① ㉠이 포함된 문장 다음에 어머니의 노력이 겉으로 드러나지 않았다는 내용이 이어지는 것으로 보아 ㉠에 들어갈 속담으로 가장 적절한 것은 ①이다.
- 비단옷 입고 밤길 걷기: 생색이 나지 않는 공연한 일에 애쓰고도 보람이 없는 경우를 비유적으로 이르는 말

오답
분석

② 솔밭에 가서 고기 낚기: 도저히 불가능한 일을 하려고 애쓰는 어리석음을 비유적으로 이르는 말
③ 원님 덕에 나팔 분다: 남의 덕으로 당치도 않은 행세를 하게 되거나 그런 대접을 받고 우쭐대는 모양을 비유적으로 이르는 말
④ 굽은 나무가 선산을 지킨다: '자손이 빈한해지면 선산의 나무까지 팔아 버리나 줄기가 굽어 쓸모없는 것은 그대로 남게 된다'라는 뜻으로, 쓸모없어 보이는 것이 도리어 제구실을 하게 됨을 비유적으로 이르는 말

03 | 속담 정답 ⑤

<table>
<tr><td>정답
설명</td><td>⑤ '노루 때린 막대기 세 번이나 국 끓여 먹는다'의 뜻풀이가 옳지 않으므로 답은 ⑤이다.
• 노루 때린 막대기 세 번이나 국 끓여 먹는다: 조금이라도 이용 가치가 있을까 하여 보잘것없는 것을 두고두고 되풀이하여 이용함을 비유적으로 이르는 말</td></tr>
</table>

04 | 속담 정답 ③

<table>
<tr><td>정답
설명</td><td>③ '권력의 무상함'을 나타내는 속담으로 가장 옳지 않은 것은 ③이다.
• 물도 가다 구비를 친다: 사람의 한평생에는 전환기가 있기 마련이라는 말</td></tr>
<tr><td>오답
분석</td><td>① 달도 차면 기운다: 세상의 온갖 것이 한번 번성하면 다시 쇠하기 마련이라는 말
② 열흘 붉은 꽃이 없다: 부귀영화란 일시적인 것이어서 그 한때가 지나면 그만임을 비유적으로 이르는 말
④ 꽃이 시들면 오던 나비도 안 온다: 사람이 세도가 좋을 때는 늘 찾아오다가 그 처지가 보잘것없게 되면 찾아오지 않음을 비유적으로 이르는 말</td></tr>
</table>

05 | 속담 정답 ④

<table>
<tr><td>정답
설명</td><td>④ '때리는 시늉하면 우는 시늉을 한다'의 뜻풀이가 적절하지 않으므로 답은 ④이다.
• 때리는 시늉하면 우는 시늉을 한다: 서로 손발이 잘 맞는다는 말</td></tr>
</table>

06 | 관용어 정답 ②

<table>
<tr><td>정답
설명</td><td>② '몇 달 만에 겨우 상대편을 만났다'라는 문맥을 통해, 밑줄 친 '말길이 되다'는 ② '자신을 소개하는 길이 트이다'의 의미로 쓰였음을 유추할 수 있다.
• 말길이 되다: 남에게 소개하는 의논의 길이 트이다.</td></tr>
<tr><td>오답
분석</td><td>① '말꼬리를 물다'의 뜻풀이이다.
③ '말이 있다'의 뜻풀이이다.
④ '맛(을) 붙이다'의 뜻풀이이다.</td></tr>
</table>

07 | 속담 정답 ②

<table>
<tr><td>정답
설명</td><td>② '재미난 골에 범 난다'의 뜻풀이가 적절하지 않으므로 답은 ②이다.
• 재미난 골에 범 난다: 1. 편하고 재미있다고 위험한 일이나 나쁜 일을 계속하면 나중에는 큰 화를 당할 수 있음을 이르는 말 2. 지나치게 재미있으면 그 끝에 가서는 좋지 않은 일이 생길 수 있음을 이르는 말</td></tr>
</table>

08 | 관용어 정답 ②

<table>
<tr><td>정답
설명</td><td>② '입이 되다'는 '맛있는 음식만 먹으려고 하는 버릇이 있어 음식에 매우 까다롭다'라는 뜻이므로, 무엇이든 잘 먹는다는 뒷 내용과 어울리지 않는다.</td></tr>
<tr><td>오답
분석</td><td>① 입에 붙다: 아주 익숙하여 버릇이 되다.
③ 입이 밭다: 음식을 심하게 가리거나 적게 먹다.
④ 입이 여물다: 말이 분명하고 실속이 있다.
⑤ 입이 쓰다: 어떤 일이나 말 등이 못마땅하여 기분이 언짢다.</td></tr>
</table>

09 | 관용어, 속담 정답 ④

<table>
<tr><td>정답
설명</td><td>④ '입이 질다'는 '속된 말씨로 거리낌 없이 말을 함부로 하다' 또는 '말을 수다스럽게 많이 하는 버릇이 있다'를 뜻하므로, 문맥상 교양이 있다는 내용과 어울리지 않는다. 따라서 관용어의 사용이 적절하지 않은 것은 ④이다.</td></tr>
<tr><td>오답
분석</td><td>① 입이 높다: 보통 음식으로 만족하지 않고 맛있고 좋은 음식만을 바라는 버릇이 있다.
② 입이 뜨다: 입이 무거워 말수가 적다.
③ 입 아래 코: 일의 순서가 바뀐 경우를 비유적으로 이르는 속담이다.</td></tr>
</table>

10 | 관용어 정답 ④

<table>
<tr><td>정답
설명</td><td>④ '땀을 들이다'는 '몸을 시원하게 하여 땀을 없애다. 또는 잠시 휴식하다'라는 의미이므로 뜻풀이가 옳지 않은 것은 ④이다.</td></tr>
<tr><td>오답
분석</td><td>① 입이 밭다[짧다]: 음식을 심하게 가리거나 적게 먹다.
② 흰 눈으로 보다: 업신여기거나 못마땅하게 여기다.
③ 허방(을) 짚다: 1. 잘못 알거나 잘못 예산하여 실패하다. 2. 발을 잘못 디디어 허방에 빠지다.</td></tr>
</table>

11 | 속담 정답 ①

<table>
<tr><td>정답
설명</td><td>① <보기>의 속담은 모두 '보람이 없음'을 뜻하므로, 이와 가장 관련이 깊은 말은 ① '헛수고'이다.
• ㉠ 가물에 도랑 친다: '한창 가물 때 애쓰며 도랑을 치느라고 분주하게 군다'라는 뜻으로, 아무 보람도 없는 헛된 일을 하느라고 부산스레 구는 것을 비유적으로 이르는 말
• ㉡ 까마귀 미역 감듯: 까마귀는 미역을 감아도 그냥 검다는 데서, 일한 자취나 보람이 드러나지 않음을 비유적으로 이르는 말</td></tr>
<tr><td>오답
분석</td><td>④ 뒷고생: 나이가 많이 들어서 하는 고생</td></tr>
</table>

p.268

01 ③	02 ③	03 ②	04 ④	05 ②	06 ②
07 ③	08 ④	09 ④	10 ③	11 ③	

01 | 한자 성어

정답 ③

정답 설명
③ <보기>의 괄호 안에는 부분적 결점을 바로잡으려다 본질을 해친다는 의미의 한자 성어가 들어가야 한다. 따라서 '잘못된 점을 고치려다가 그 방법이나 정도가 지나쳐 오히려 일을 그르침'을 뜻하는 ③ '교각살우(矯角殺牛)'가 들어가는 것이 적절하다.

오답 분석
① 개과불린(改過不吝): 허물을 고치는 것에 인색하지 않음
② 경거망동(輕擧妄動): 경솔하여 생각 없이 망령되게 행동함 또는 그런 행동
④ 부화뇌동(附和雷同): 줏대 없이 남의 의견에 따라 움직임

02 | 한자 성어

정답 ③

정답 설명
③ 제시글의 마지막 문장 '일부러 꾸미지 않았는데도 자연스럽고 아름답다'의 내용을 고려할 때, 괄호에는 이를 뜻하는 한자 성어가 들어가야 한다. 따라서 ③ '天衣無縫(천의무봉)'이 들어가는 것이 가장 적절하다.
• 天衣無縫(천의무봉): 천사의 옷은 꿰맨 흔적이 없다는 뜻으로, 일부러 꾸민 데 없이 자연스럽고 아름다우면서 완전함을 이르는 말

오답 분석
① 花朝月夕(화조월석): 1. '꽃 피는 아침과 달 밝은 밤'이라는 뜻으로, 경치가 좋은 시절을 이르는 말 2. 음력 2월 보름과 8월 보름
② 韋編三絕(위편삼절): '공자가 주역을 즐겨 읽어 책의 가죽끈이 세 번이나 끊어졌다'라는 뜻으로, 책을 열심히 읽음을 이르는 말
④ 莫無可奈(막무가내): 달리 어찌할 수 없음

03 | 한자 성어

정답 ②

정답 설명
② 업계 1위 자리를 탈환한 A사의 상황을 가장 적절하게 표현한 한자 성어는 ② '捲土重來(권토중래)'이다.
• 권토중래(捲土重來): '땅을 말아 일으킬 것 같은 기세로 다시 온다'라는 뜻으로, 어떤 일에 실패한 뒤에 힘을 가다듬어 다시 그 일에 착수함을 비유하여 이르는 말

오답 분석
① 토사구팽(兔死狗烹): '토끼가 죽으면 토끼를 잡던 사냥개도 필요 없게 되어 주인에게 삶아 먹히게 된다'라는 뜻으로, 필요할 때는 쓰고 필요 없을 때는 야박하게 버리는 경우를 이르는 말
③ 수불석권(手不釋卷): 손에서 책을 놓지 않고 늘 글을 읽음
④ 아전인수(我田引水): '자기 논에 물 대기'라는 뜻으로, 자기에게만 이롭게 되도록 생각하거나 행동함을 이르는 말

04 | 한자 성어

정답 ④

정답 설명
④ <보기>의 시적 화자는 초장과 중장에서 자신의 뛰어난 능력에도 불구하고 하찮은 일에 매달려 십년을 보냈음을 한탄하고 있다. 또한 종장에서는 무능하면서도 우쭐거리는 양반들을 쇠양마에 빗대어 우회적으로 비판하고 있다. 그러나 고국의 멸망과 관련된 내용은 제시되어 있지 않으므로, <보기>와 가장 관련이 없는 한자 성어는 고국의 멸망을 한탄함을 이르는 말인 ④ '麥秀之嘆(맥수지탄)'이다.

오답 분석
① 髀肉之嘆(비육지탄): 재능을 발휘할 때를 얻지 못하여 헛되이 세월만 보내는 것을 한탄함을 이르는 말
② 招搖過市(초요과시): '남의 이목을 끌도록 요란스럽게 하며 저자거리를 지난다'라는 뜻으로, 허풍을 떨고 요란하게 굴어 사람의 이목을 끄는 것을 비유적으로 이르는 말
③ 不識泰山(불식태산): '태산을 알지 못하다'라는 뜻으로, 큰 인물의 진면목을 알아보지 못함을 이르는 말

05 | 한자 성어

정답 ②

정답 설명
② <보기>의 시적 화자는 십년을 준비하여 마련한 초가 삼간 속에서, 편안한 마음으로 자연과 하나가 되어 살아가고자 하는 태도를 보이고 있다. 따라서 제시된 작품의 주제 의식과 관련된 한자 성어는 '가난한 생활을 하면서도 편안한 마음으로 도를 즐겨 지킴'을 뜻하는 ② '安貧樂道(안빈낙도)'이다.

오답 분석
① 敎學相長(교학상장): 가르치고 배우는 과정에서 스승과 제자가 함께 성장함
③ 走馬看山(주마간산): '말을 타고 달리며 산천을 구경한다'라는 뜻으로, 자세히 살피지 않고 대충대충 보고 지나감을 이르는 말
④ 狐假虎威(호가호위): 남의 권세를 빌려 위세를 부림

06 | 한자어

정답 ②

정답 설명
② 한자 표기가 옳은 것은 ②이다.
• 야박(野薄: 들 야, 엷을 박): 야멸치고 인정이 없음

오답 분석
① 현실(現室: 나타날 현, 집 실)(×) → 현실(現實: 나타날 현, 열매 실)(○): '현재 실제로 존재하는 사실이나 상태'를 뜻하는 '현실'의 '실'은 '實(열매 실)'을 쓴다.
③ 근성(謹性: 삼갈 근, 성품 성)(×) → 근성(根性: 뿌리 근, 성품 성)(○): '뿌리가 깊게 박힌 성질'을 뜻하는 '근성'의 '근'은 '根(뿌리 근)'을 쓴다.
④ 채용(債用: 빚 채, 쓸 용)(×) → 채용(採用: 캘 채, 쓸 용)(○): '사람을 골라서 씀'을 뜻하는 '채용'의 '채'는 '採(캘 채)'를 쓴다.
• 債用(빚 채, 쓸 용): 돈이나 물건 등을 빌려서 씀

정답
설명
③ ㉠, ㉡의 한자 표기로 옳은 것은 ㉠ '間髮', ㉡ '比肩'이다.
• ㉠間髮(간발: 사이 간, 터럭 발): 아주 잠시 또는 아주 적음을 이르는 말
• ㉡比肩(비견: 견줄 비, 어깨 견): 서로 비슷한 위치에서 견줌. 또는 견주어짐

오답
분석
㉠ 簡拔(간발: 대쪽 간, 뽑을 발): 여러 사람 중에서 골라 뽑음
㉡ 批(비평할 비), 腑(육부 부), 房(방 방)

정답
설명
④ 문맥상 ㉣ '선출'은 '여럿 가운데서 골라냄'을 뜻하므로 옳지 않은 표기는 ④이다.
• 선출(選出: 가릴 선, 날 출): 여럿 가운데서 골라냄
• 선출(先出: 먼저 선, 날 출): 과일, 푸성귀, 해산물 등에서 그 해의 맨 처음에 나는 것

오답
분석
① 규율(規律: 법 규, 법칙 율): 질서나 제도를 유지하기 위하여 정해 놓은 행동의 준칙이 되는 본보기
② 노쇠(老衰: 늙을 노, 쇠할 쇠): 늙어서 쇠약하고 기운이 별로 없음
③ 추대(推戴: 밀 추, 일 대): 윗사람으로 떠받듦

정답
설명
④ '단순호치(丹脣皓齒)'는 '붉은 입술과 하얀 치아'라는 뜻으로 아름다운 여자를 이르는 말이나, 나머지는 모두 친구 사이의 정을 이르는 한자 성어이다.

오답
분석
① 지란지교(芝蘭之交): '지초(芝草)와 난초(蘭草)의 교제'라는 뜻으로, 벗 사이의 맑고도 고귀한 사귐을 이르는 말
② 금란지계(金蘭之契): 친구 사이의 매우 두터운 정을 이르는 말
③ 문경지교(刎頸之交): '서로를 위해서라면 목이 잘린다 해도 후회하지 않을 정도의 사이'라는 뜻으로, 생사를 같이 할 수 있는 아주 가까운 사이, 또는 그런 친구를 이르는 말

정답
설명
③ ㉠~㉢에 들어갈 알맞은 낱말은 ㉠ '矛盾(모순)', ㉡ '現象(현상)', ㉢ '本質(본질)'이다.
• ㉠矛盾(모순): 어떤 사실의 앞뒤, 또는 두 사실이 이치상 어긋나서 서로 맞지 않음을 이르는 말
• ㉡現象(현상): 인간이 지각할 수 있는, 사물의 모양과 상태
• ㉢本質(본질): 본디부터 가지고 있는 사물 자체의 성질이나 모습

오답
분석
• 葛藤(갈등): 칡과 등나무가 서로 얽히는 것과 같이, 개인이나 집단 사이에 목표나 이해관계가 달라 서로 적대시하거나 충돌함. 또는 그런 상태
• 假象(가상): 주관적으로는 실제 있는 것처럼 보이나 객관적으로는 존재하지 않는 거짓 현상
• 根本(근본): 사물의 본질이나 본바탕

정답
설명
③ '몰래 쓰레기를 버리고'에서 '버리다'는 '가지거나 지니고 있을 필요가 없는 물건을 내던지거나 쏟거나 하다'를 뜻하므로 '내던져 버림'을 뜻하는 '投棄(투기)'로 바꿔 쓸 수 있다.

오답
분석
① 가수가 되려는 꿈을 버리고: 이때 '버리다'는 '품었던 생각을 스스로 잊다'를 뜻하므로 '遺棄(유기)'가 아닌 '抛棄(포기)'로 바꿔 쓰는 것이 적절하다.
• 遺棄(유기): 내다 버림
② 버려지는 반려견들: 이때 '버리다'는 '직접 깊은 관계가 있는 사람과의 사이를 끊고 돌보지 않다'를 뜻하므로 '根絶(근절)'이 아닌 '遺棄(유기)'로 바꿔 쓰는 것이 적절하다.
• 根絶(근절): 다시 살아날 수 없도록 아주 뿌리째 없애 버림
④ 지각하는 습관을 버려야: 이때 '버리다'는 '못된 성격이나 버릇 등을 떼어 없애다'를 뜻하므로 '抛棄(포기)'가 아닌 '根絶(근절)'로 바꿔 쓰는 것이 적절하다.
• 抛棄(포기): 하려던 일을 도중에 그만두어 버림

혼동하기 쉬운
표준어 · 외래어

[혼동하기 쉬운 표준어]

■ ㄱ ~ ㅁ

* 학습한 내용을 빈칸에 채워보세요. 정답은 하단에 있습니다.

1. 가까워	(O, X)	30. 갯펄	(O, X)
2. 가녀리다	(O, X)	31. 객쩍다	(O, X)
3. 가느다랗다	(O, X)	32. 꺼꾸로	(O, X)
4. 가뜩히	(O, X)	33. 거치장스럽다	(O, X)
5. 가랑이	(O, X)	34. 건너방	(O, X)
6. 가로나비	(O, X)	35. 건너마을	(O, X)
7. 가르마	(O, X)	36. 건더기	(O, X)
8. 가르렁거리다	(O, X)	37. 걷어부치다	(O, X)
9. 가리우다	(O, X)	38. 걸핏하면	(O, X)
10. 가입률	(O, X)	39. 검정색	(O, X)
11. 가자미	(O, X)	40. 겁쟁이	(O, X)
12. 가자미식해	(O, X)	41. 겉고삿	(O, X)
13. 가장자리	(O, X)	42. 곁다리	(O, X)
14. 가정난	(O, X)	43. 개거품	(O, X)
15. 간지르다	(O, X)	44. 게꽁지	(O, X)
16. 가지수	(O, X)	45. 게으르다	(O, X)
17. 각별이	(O, X)	46. 겨우살이	(O, X)
18. 간드러지다	(O, X)	47. 겹지르다	(O, X)
19. 갈매기살	(O, X)	48. 고깃간	(O, X)
20. 갑자기	(O, X)	49. 고깃국	(O, X)
21. 갓난애	(O, X)	50. 꼬깔	(O, X)
22. 강낭콩	(O, X)	51. 고들배기	(O, X)
23. 깡소주	(O, X)	52. 고랭지	(O, X)
24. 강팍하다	(O, X)	53. 고르다	(O, X)
25. 개다	(O, X)	54. 고이	(O, X)
26. 개피	(O, X)	55. 고즈넉이	(O, X)
27. 개뼈따구	(O, X)	56. 고춧가루	(O, X)
28. 개수	(O, X)	57. 곯병	(O, X)
29. 개숫물	(O, X)	58. 골목장이	(O, X)

[정답] 1. O   2. O   3. O   4. X(가뜩이)   5. O   6. O   7. O   8. X(가르랑거리다) 9. X(가리다)   10. O   11. O   12. O   13. O   14. X(가정란)
15. X(간질이다, 간지럽히다) 16. X(가짓수)   17. X(각별히)   18. O   19. O   20. O   21. O   22. O   23. X(강소주)   24. X(강퍅하다)   25. O   26. X(개비)
27. X(개뼈다귀)   28. O   29. O   30. X(개펄, 갯벌)   31. O   32. X(거꾸로)   33. X(거추장스럽다)   34. X(건넌방)   35. X(건넛마을)   36. O
37. X(걷어붙이다)   38. O   39. X(검은색)   40. O   41. O   42. X(게거품)   43. X(게거품)   44. O   45. O   46. O   47. X(겹질리다)   48. O   49. O   50. X(고깔)
51. X(고들빼기)   52. O   53. O   54. O   55. O   56. O   57. X(골병)   58. X(골목쟁이)

59. 골치꺼리	(O, X)	88. 귀지	(O, X)
60. 골치덩어리	(O, X)	89. 귓볼	(O, X)
61. 곰곰히	(O, X)	90. 그렇잖다	(O, X)
62. 곰팡이	(O, X)	91. 그을음	(O, X)
63. 곱빼기	(O, X)	92. 금이빨	(O, X)
64. 곱이곱이	(O, X)	93. 기준율	(O, X)
65. 공기밥	(O, X)	94. 기찻간	(O, X)
66. 곳감	(O, X)	95. 까무라치다	(O, X)
67. 과녁빼기	(O, X)	96. 깎이다	(O, X)
68. 관자놀이	(O, X)	97. 깔때기	(O, X)
69. 괄세	(O, X)	98. 깜깜하다	(O, X)
70. 광우리	(O, X)	99. 깜빡이	(O, X)
71. 괘다리쩍다	(O, X)	100. 깝치다	(O, X)
72. 괜스레	(O, X)	101. 깡그리	(O, X)
73. 교자상	(O, X)	102. 깡충깡충	(O, X)
74. 구더기	(O, X)	103. 깨끗이	(O, X)
75. 구두주걱	(O, X)	104. 깨나(돈깨나)	(O, X)
76. 구레나룻	(O, X)	105. 꺼려하다	(O, X)
77. 구르다	(O, X)	106. 꺼림직하다	(O, X)
78. 구슬르다	(O, X)	107. 꺾꽂이	(O, X)
79. 군더더기	(O, X)	108. 꼬라지	(O, X)
80. 굵따랗다	(O, X)	109. 꼭짓점	(O, X)
81. 굶주리다	(O, X)	110. 꼼꼼이	(O, X)
82. 굼뱅이	(O, X)	111. 꼼짝없이	(O, X)
83. 귀갓길	(O, X)	112. 곱추	(O, X)
84. 귓대기	(O, X)	113. 맨보리밥	(O, X)
85. 귀뜸	(O, X)	114. 꽃봉우리	(O, X)
86. 귀머거리	(O, X)	115. 꾸준히	(O, X)
87. 귀이개	(O, X)	116. 꼬매다	(O, X)

[정답] 59. X(골칫거리) 60. X(골칫덩어리, 골칫덩이) 61. X(곰곰이) 62. O 63. O 64. O 65. X(공깃밥) 66. X(곶감) 67. O 68. O 69. X(괄시) 70. X(광주리) 71. X(괘다리적다) 72. O 73. O 74. O 75. X(구둣주걱) 76. O 77. O 78. X(구슬리다) 79. O 80. X(굵다랗다) 81. O 82. X(굼벵이) 83. O 84. X(귀때기) 85. X(귀띔) 86. O 87. O 88. O 89. X(귓불) 90. O 91. O 92. O 93. O 94. X(기차간) 95. X(까무러치다) 96. O 97. O 98. O 99. O 100. X(깝죽거리다) 101. O 102. O 103. O 104. O 105. X(꺼리다) 106. O 107. O 108. X(꼬락서니) 109. O 110. X(꼼꼼히, 꼼꼼) 111. O 112. X(꼽추) 113. X(꽁보리밥) 114. X(꽃봉오리) 115. O 116. X(꿰매다)

[혼동하기 쉬운 표준어]

■ ㄱ ~ ㅁ

* 학습한 내용을 빈칸에 채워보세요. 정답은 하단에 있습니다.

117. 끄나불	(O, X)		146. 넓다랗다	(O, X)	
118. 끄트머리	(O, X)		147. 널부러지다	(O, X)	
119. 끌탕	(O, X)		148. 널판지	(O, X)	
120. 끝발	(O, X)		149. 널찍하다	(O, X)	
121. 끼여들다	(O, X)		150. 넓적다리	(O, X)	
122. 나날이	(O, X)		151. 노랫소리	(O, X)	
123. 나뭇꾼	(O, X)		152. 놀롤하다	(O, X)	
124. 나무때기	(O, X)		153. 놀래키다	(O, X)	
125. 나무래다	(O, X)		154. 농사일	(O, X)	
126. 나뭇가지	(O, X)		155. 농짓거리	(O, X)	
127. 나박김치	(O, X)		156. 높다랗다	(O, X)	
128. 나부끼다	(O, X)		157. 뇌졸증	(O, X)	
129. 나즈막	(O, X)		158. 누비옷	(O, X)	
130. 낙낙장송	(O, X)		159. 눈꼽	(O, X)	
131. 낚아채다	(O, X)		160. 눈살	(O, X)	
132. 낸들	(O, X)		161. 눈에가시	(O, X)	
133. 난쟁이	(O, X)		162. 눈칫밥	(O, X)	
134. 날갯짓	(O, X)		163. 늘어붙다	(O, X)	
135. 날개쭉지	(O, X)		164. 누른밥	(O, X)	
136. 날쌔다	(O, X)		165. 느지막이	(O, X)	
137. 납작하다	(O, X)		166. 늘상	(O, X)	
138. 낭떨어지	(O, X)		167. 늙으막	(O, X)	
139. 내노라하다	(O, X)		168. 늙수그레하다	(O, X)	
140. 내려꽂다	(O, X)		169. 늦깎이	(O, X)	
141. 너스레	(O, X)		170. 닐리리	(O, X)	
142. 너저분하다	(O, X)		171. 다달이	(O, X)	
143. 넉넉히	(O, X)		172. 닥달하다	(O, X)	
144. 넋두리	(O, X)		173. 단오날	(O, X)	
145. 넌즈시	(O, X)		174. 단출하다	(O, X)	

[정답] 117. X(끄나풀)   118. O   119. O   120. X(끗발)   121. X(끼어들다)   122. O   123. X(나무꾼)   124. O   125. X(나무라다)   126. O   127. O   128. O
129. X(나지막)   130. X(낙락장송)   131. O   132. X(난들)   133. O   134. O   135. X(날갯죽지)   136. O   137. O   138. X(낭떠러지)   139. X(내로라하다)
140. X(내리꽂다)   141. O   142. O   143. O   144. O   145. X(넌지시)   146. X(널따랗다)   147. X(널브러지다)   148. X(널빤지)   149. O   150. O   151. O
152. X(놀놀하다)   153. X(놀래다)   154. O   155. X(농지거리)   156. O   157. X(뇌졸중)   158. O   159. X(눈곱)   160. O   161. X(눈엣가시)   162. O
163. X(눌어붙다)   164. X(눌은밥)   165. O   166. X(늘)   167. X(늘그막)   168. O   169. O   170. X(늴리리)   171. O   172. X(닦달하다)   173. X(단옷날)
174. O

175. 담장이덩쿨	(O, X)	204. 마구간	(O, X)
176. 댓가	(O, X)	205. 마늘쫑	(O, X)
177. 더욱이	(O, X)	206. 마른빨래	(O, X)
178. 덤불	(O, X)	207. 맛쩍다	(O, X)
179. 덤테기	(O, X)	208. 망측하다	(O, X)
180. 덥석	(O, X)	209. 메생이	(O, X)
181. 덩쿨	(O, X)	210. 머리끄댕이	(O, X)
182. 도긴개긴	(O, X)	211. 머리말	(O, X)
183. 도떼기시장	(O, X)	212. 머리빼기	(O, X)
184. 도맷금	(O, X)	213. 머릿니	(O, X)
185. 돌맹이	(O, X)	214. 먼지털이	(O, X)
186. 돌하루방	(O, X)	215. 멋쩍다	(O, X)
187. 동댕이치다	(O, X)	216. 멍울	(O, X)
188. 돼먹지 않다	(O, X)	217. 며칠날	(O, X)
189. 되뇌이다	(O, X)	218. 몇 일	(O, X)
190. 됫박	(O, X)	219. 모자르다	(O, X)
191. 둘러쌓이다	(O, X)	220. 목돈	(O, X)
192. 둘러업다	(O, X)	221. 목메다	(O, X)
193. 뒤꼍	(O, X)	222. 무르다	(O, X)
194. 뒤꽁무니	(O, X)	223. 무릎팍	(O, X)
195. 뒷굼치	(O, X)	224. 무릅쓰다	(O, X)
196. 뒤치다거리	(O, X)	225. 무말랭이	(O, X)
197. 들입다	(O, X)	226. 무국	(O, X)
198. 딱다구리	(O, X)	227. 미숫가루	(O, X)
199. 딴기적다	(O, X)	228. 미장이	(O, X)
200. 딸꾹질	(O, X)	229. 미주알고주알	(O, X)
201. 떠벌이	(O, X)	230. 밀어붙이다	(O, X)
202. 뙤악볕	(O, X)	231. 밉살스럽다	(O, X)
203. 뜨개질	(O, X)	232. 밑둥	(O, X)

[정답] 175. X(담쟁이덩굴, 담쟁이넝쿨) 176. X(대가) 177. O 178. O 179. X(덤터기) 180. O 181. X(덩굴, 넝쿨) 182. O 183. O 184. X(도매금) 185. X(돌멩이) 186. X(돌하르방) 187. O 188. O 189. X(되뇌다) 190. O 191. X(둘러싸이다) 192. O 193. O 194. O 195. X(뒤꿈치) 196. X(뒤치다꺼리)197. O 198. X(딱따구리) 199. O 200. O 201. X(떠버리) 202. X(뙤약볕) 203. O 204. O 205. X(마늘종) 206. O 207. X(맛적다) 208. O 209. X(매생이) 210. X(머리끄덩이)211. O 212. O 213. O 214. X(먼지떨이) 215. O 216. O 217. X(며칠날) 218. X(며칠) 219. X(모자라다) 220. O 221. O 222. O 223. X(무르팍) 224. O 225. O 226. X(뭇국) 227. O 228. O 229. O 230. O 231. O 232. X(밑동)

[혼동하기 쉬운 표준어]

■ ㅂ~ㅎ

1. 박달나무	(O, X)		30. 빨간색	(O, X)
2. 반죽음	(O, X)		31. 뺨따귀	(O, X)
3. 반지르하다	(O, X)		32. 뾰족하다	(O, X)
4. 베넷저고리	(O, X)		33. 삭월세	(O, X)
5. 뱃대기	(O, X)		34. 사족	(O, X)
6. 백분율	(O, X)		35. 사주단지	(O, X)
7. 뱃놀이	(O, X)		36. 산봉오리	(O, X)
8. 벌칙금	(O, X)		37. 살살이	(O, X)
9. 법석	(O, X)		38. 삼우제	(O, X)
10. 배개	(O, X)		39. 삼짇날	(O, X)
11. 베갯잇	(O, X)		40. 샅바	(O, X)
12. 볍씨	(O, X)		41. 샛별	(O, X)
13. 보랏빛	(O, X)		42. 새침떼기	(O, X)
14. 복숭앗빛	(O, X)		43. 생떼같다	(O, X)
15. 본새	(O, X)		44. 생로병사	(O, X)
16. 볼쌍사납다	(O, X)		45. 섞박지	(O, X)
17. 부각	(O, X)		46. 섣달	(O, X)
18. 붓기	(O, X)		47. 설거지	(O, X)
19. 부서지다	(O, X)		48. 성대모사	(O, X)
20. 부수러기	(O, X)		49. 소꿉장난	(O, X)
21. 부잣집	(O, X)		50. 소매깃	(O, X)
22. 붓뚜껑	(O, X)		51. 소쿠리	(O, X)
23. 붙박이다	(O, X)		52. 소홀히	(O, X)
24. 비뚜로	(O, X)		53. 솔직히	(O, X)
25. 비로서	(O, X)		54. 수근거리다	(O, X)
26. 비비다	(O, X)		55. 수두룩하다	(O, X)
27. 비사치기	(O, X)		56. 쑥맥	(O, X)
28. 빈대떡	(O, X)		57. 술래잡기	(O, X)
29. 빈털털이	(O, X)		58. 숨박꼭질	(O, X)

[정답] 1. O　2. O　3. X(반지르르하다) 4. X(배냇저고리)　5. X(배때기)　6. O　7. O　8. X(범칙금)　9. O　10. X(베개)　11. O　12. O　13. O
14. O　15. X(본새)　16. X(볼썽사납다) 17. O　18. X(부기)　19. O　20. X(부스러기)　21. O　22. X(붓두껍)　23. X(붙박이다)　24. O
25. X(비로소)　26. O　27. O　28. O　29. X(빈털터리)　30. O　31. O　32. O　33. X(사글세)　34. O　35. X(사주단자)　36. X(산봉우리)　37. O
38. O　39. O　40. O　41. O　42. X(새침데기)　43. X(생때같다)　44. O　45. O　46. O　47. O　48. O　49. O　50. X(소맷귀)　51. O　52. O
53. O　54. X(수군거리다) 55. O　56. X(숙맥)　57. O　58. X(숨바꼭질)

59. 승낙	(O, X)		88. 암내	(O, X)
60. 시래깃국	(O, X)		89. 애달프다	(O, X)
61. 시렵다	(O, X)		90. 애먼	(O, X)
62. 시청률	(O, X)		91. 애면글면	(O, X)
63. 시셋말	(O, X)		92. 애띠다	(O, X)
64. 실낱	(O, X)		93. 야밤도주	(O, X)
65. 실죽하다	(O, X)		94. 야트막하다	(O, X)
66. 심보	(O, X)		95. 얄따랗다	(O, X)
67. 쉽상	(O, X)		96. 얄찍하다	(O, X)
68. 싸라기	(O, X)		97. 어릿광대	(O, X)
69. 싸전	(O, X)		98. 어물쩡	(O, X)
70. 쌀뜸물	(O, X)		99. 어슬렁거리다	(O, X)
71. 쌉쌀하다	(O, X)		100. 어울어지다	(O, X)
72. 쌍꺼풀	(O, X)		101. 어이없다	(O, X)
73. 씁쓸하다	(O, X)		102. 어중되다	(O, X)
74. 아귀찜	(O, X)		103. 어쭙잖다	(O, X)
75. 아둥바둥	(O, X)		104. 어거지	(O, X)
76. 아무튼지	(O, X)		105. 얼뜨기	(O, X)
77. 아연질색	(O, X)		106. 얼룩이	(O, X)
78. 악발이	(O, X)		107. 얽매다	(O, X)
79. 안다미씌우다	(O, X)		108. 엊그저께	(O, X)
80. 안성맞춤	(O, X)		109. 웬간하다	(O, X)
81. 안쓰럽다	(O, X)		110. 여지껏	(O, X)
82. 안줏거리	(O, X)		111. 연거퍼	(O, X)
83. 안밖	(O, X)		112. 예스럽다	(O, X)
84. 알멩이	(O, X)		113. 오도독뼈	(O, X)
85. 알쏭달쏭	(O, X)		114. 오도카니	(O, X)
86. 알아맞히다	(O, X)		115. 오무라지다	(O, X)
87. 앍둑빼기	(O, X)		116. 오지랖	(O, X)

[정답] 59. ○   60. ○   61. X(시리다)   62. ○   63. X(시쳇말)   64. ○   65. X(실쭉하다)   66. ○   67. X(십상)   68. ○   69. ○   70. X(쌀뜨물)   71. ○   72. ○   73. ○   74. ○   75. X(아등바등)   76. ○   77. X(아연실색)   78. X(악바리)   79. ○   80. ○   81. ○   82. ○   83. X(안팎)   84. X(알맹이)   85. ○   86. ○   87. ○   88. ○   89. ○   90. ○   91. ○   92. X(앳되다)   93. X(야반도주)   94. ○   95. ○   96. ○   97. ○   98. X(어물쩍)   99. ○   100. X(어우러지다)   101. ○   102. ○   103. ○   104. X(억지)   105. ○   106. X(얼루기)   107. ○   108. ○   109. X(웬만하다)   110. X(여태껏)   111. X(연거푸)   112. ○   113. ○   114. ○   115. X(오므라지다)   116. ○

[혼동하기 쉬운 표준어]

■ ㅂ~ㅎ

* 학습한 내용을 빈칸에 채워보세요. 정답은 하단에 있습니다.

117. 왁자지껄	(O, X)		146. 좁쌀	(O, X)
118. 왠지	(O, X)		147. 쭈꾸미	(O, X)
119. 요컨데	(O, X)		148. 주춧돌	(O, X)
120. 우윳빛	(O, X)		149. 쥐락펴락	(O, X)
121. 욱여넣다	(O, X)		150. 질르다	(O, X)
122. 웅큼	(O, X)		151. 질펀하다	(O, X)
123. 웃통	(O, X)		152. 짓무르다	(O, X)
124. 육개장	(O, X)		153. 짜집기	(O, X)
125. 으례	(O, X)		154. 짱알거리다	(O, X)
126. 으름장	(O, X)		155. 째째하다	(O, X)
127. 으스대다	(O, X)		156. 찌개	(O, X)
128. 윽박지르다	(O, X)		157. 찌들리다	(O, X)
129. 잎파리	(O, X)		158. 착찹하다	(O, X)
130. 인두껍	(O, X)		159. 창난젓	(O, X)
131. 임마	(O, X)		160. 채근하다	(O, X)
132. 인사말	(O, X)		161. 채신머리없다	(O, X)
133. 짜투리	(O, X)		162. 천상	(O, X)
134. 장딴지	(O, X)		163. 쳐부수다	(O, X)
135. 장롱	(O, X)		164. 초주검	(O, X)
136. 장아찌	(O, X)		165. 촐싹거리다	(O, X)
137. 재간둥이	(O, X)		166. 추스르다	(O, X)
138. 재털이	(O, X)		167. 치다꺼리	(O, X)
139. 저버리다	(O, X)		168. 치르다	(O, X)
140. 적이	(O, X)		169. 칠흙	(O, X)
141. 전세집	(O, X)		170. 케케묵다	(O, X)
142. 조무래기	(O, X)		171. 켕기다	(O, X)
143. 쪽집게	(O, X)		172. 켤레	(O, X)
144. 존댓말	(O, X)		173. 콧방아	(O, X)
145. 졸립다	(O, X)		174. 콧방귀	(O, X)

[정답] 117. O   118. O   119. X(요컨대)   120. O   121. O   122. X(움큼)   123. O   124. O   125. X(으레)   126. O   127. O   128. O   129. X(이파리)
130. X(인두겁)   131. X(인마)   132. O   133. X(자투리)   134. O   135. O   136. O   137. O   138. X(재떨이)   139. O   140. O   141. X(전셋집)   142. O
143. X(족집게)   144. O   145. X(졸리다)   146. O   147. X(주꾸미)   148. O   149. O   150. X(지르다)   151. O   152. O   153. X(짜깁기)   154. O
155. X(쩨쩨하다)   156. O   157. X(찌들다)   158. X(착잡하다)   159. O   160. O   161. O   162. X(천생)   163. O   164. O   165. O   166. O   167. O   168. O
169. X(칠흑)   170. O   171. O   172. O   173. X(코방아)   174. O

175. 콧망울	(O, X)		204. 헝겊	(O, X)
176. 터무니없다	(O, X)		205. 헝크러지다	(O, X)
177. 털어먹다	(O, X)		206. 헙수룩하다	(O, X)
178. 통채	(O, X)		207. 헹가래	(O, X)
179. 통털어	(O, X)		208. 호두과자	(O, X)
180. 트름	(O, X)		209. 호래자식	(O, X)
181. 티격태격	(O, X)		210. 혼구멍나다	(O, X)
182. 파란색	(O, X)		211. 홀홀단신	(O, X)
183. 파토	(O, X)		212. 화투	(O, X)
184. 푼소	(O, X)		213. 회계년도	(O, X)
185. 풍뎅이	(O, X)		214. 횡격막	(O, X)
186. 풍비박산	(O, X)		215. 후덥찌근하다	(O, X)
187. 핏대	(O, X)		216. 후두둑후두둑	(O, X)
188. 핑게	(O, X)		217. 흉측하다	(O, X)
189. 하루거리	(O, X)		218. 흐리멍텅하다	(O, X)
190. 할일없다	(O, X)		219. 휭하다	(O, X)
191. 하마터면	(O, X)		220. 흙받기	(O, X)
192. 하여튼	(O, X)		221. 흥부가	(O, X)
193. 한갓	(O, X)		222. 흐트리다	(O, X)
194. 해코지	(O, X)		223. 희끄무레하다	(O, X)
195. 햅쌀	(O, X)		224. 희로애락	(O, X)
196. 허구헌 날	(O, X)		225. 희안하다	(O, X)
197. 허깨비	(O, X)			
198. 허드래	(O, X)			
199. 허예지다	(O, X)			
200. 허위대	(O, X)			
201. 허우적거리다	(O, X)			
202. 허투루	(O, X)			
203. 헛탕	(O, X)			

[정답] 175. X(콧방울)　176. ○　177. ○　178. X(통째)　179. X(통틀어)　180. X(트림)　181. ○　182. ○　183. X(파투)　184. ○　185. ○　186. ○　187. ○ 188. X(핑계)　189. ○　190. X(하릴없다) 191. ○　192. ○　193. X(한갓)　194. ○　195. ○　196. X(허구한 날) 197. ○　198. X(허드레)　199. ○ 200. X(허우대)　201. ○　202. ○　203. X(허탕)　204. ○　205. X(헝클어지다) 206. ○　207. ○　208. ○　209. ○　210. X(혼꾸멍나다) 211. X(혈혈단신, 혈연단신) 212. ○　213. X(회계연도) 214. ○　215. X(후덥지근하다, 후텁지근하다)　216. X(후드득후드득)　217. ○　218. X(흐리멍덩하다)　219. ○　220. ○　221. ○ 222. X(흩뜨리다) 223. ○　224. ○　225. X(희한하다)

[혼동하기 쉬운 외래어]

■ ㄱ ~ ㅅ

* 학습한 내용을 빈칸에 채워보세요. 정답은 하단에 있습니다.

1. 가스	(O, X)		30. 더그아웃	(O, X)
2. 가스렌지	(O, X)		31. 데뷰	(O, X)
3. 가쉽	(O, X)		32. 데생	(O, X)
4. 가톨릭	(O, X)		33. 데스크톱 컴퓨터	(O, X)
5. 고흐(Gogh)	(O, X)		34. 데이터	(O, X)
6. 규슈	(O, X)		35. 덴마크	(O, X)
7. 그랜드 캐니언	(O, X)		36. 도우넛	(O, X)
8. 그러데이션(gradation)	(O, X)		37. 도스토예프스키	(O, X)
9. 글로브(globe)	(O, X)		38. 도요토미 히데요시	(O, X)
10. 기타	(O, X)		39. 도이칠란트	(O, X)
11. 기부스(Gips)	(O, X)		40. 드라이크리닝	(O, X)
12. 나르시즘	(O, X)		41. 드리블	(O, X)
13. 나일론	(O, X)		42. 디렉터리	(O, X)
14. 난센스	(O, X)		43. 디스켓	(O, X)
15. 나레이션	(O, X)		44. 디지탈	(O, X)
16. 네비게이션	(O, X)		45. 딜레머	(O, X)
17. 네트워크	(O, X)		46. 라디에이터	(O, X)
18. 노스탤지아	(O, X)		47. 라디오	(O, X)
19. 녹다운	(O, X)		48. 라벨(label)	(O, X)
20. 논픽션	(O, X)		49. 라스베가스	(O, X)
21. 뉴튼	(O, X)		50. 라이센스(license)	(O, X)
22. 니코틴	(O, X)		51. 라이터	(O, X)
23. 다이나믹	(O, X)		52. 랑데뷰	(O, X)
24. 다이너마이트	(O, X)		53. 랩톱 컴퓨터	(O, X)
25. 다이아몬드	(O, X)		54. 런닝셔츠	(O, X)
26. 다큐멘터리	(O, X)		55. 러키세븐	(O, X)
27. 달러	(O, X)		56. 레미콘	(O, X)
28. 달마시안	(O, X)		57. 레벨(level)	(O, X)
29. 댈러스	(O, X)		58. 레슨	(O, X)

[정답] 1. O 2. X(가스레인지) 3. X(가십) 4. O 5. O 6. O 7. O 8. O 9. O 10. O 11. X(깁스) 12. X(나르시시즘) 13. O 14. O 15. X(내레이션) 16. X(내비게이션) 17. O 18. X(노스탤지어) 19. O 20. O 21. X(뉴턴) 22. O 23. X(다이내믹) 24. O 25. O 26. O 27. O 28. X(달마티안) 29. O 30. O 31. X(데뷔) 32. O 33. O 34. O 35. O 36. X(도넛) 37. X(도스토옙스키) 38. O 39. O 40. X(드라이클리닝) 41. O 42. O 43. O 44. X(디지털) 45. X(딜레마) 46. O 47. O 48. O 49. X(라스베이거스) 50. X(라이선스) 51. O 52. X(랑데부) 53. O 54. X(러닝셔츠, 러닝샤쓰) 55. O 56. O 57. O 58. O

59. 레크레이션	(O, X)	88. 마오쩌둥	(O, X)
60. 레퍼토리	(O, X)	89. 말레이시아	(O, X)
61. 렌트카	(O, X)	90. 맘모스	(O, X)
62. 로보트	(O, X)	91. 매니큐어	(O, X)
63. 롭스터	(O, X)	92. 매시트포테이토	(O, X)
64. 로빈 후드	(O, X)	93. 매커니즘	(O, X)
65. 로션	(O, X)	94. 매킨토시	(O, X)
66. 로열티	(O, X)	95. 맨션	(O, X)
67. 로켓	(O, X)	96. 맨해튼	(O, X)
68. 록큰롤	(O, X)	97. 머플라	(O, X)
69. 로터리	(O, X)	98. 메들리	(O, X)
70. 롤러스케이트	(O, X)	99. 메세지	(O, X)
71. 루스벨트	(O, X)	100. 메신져	(O, X)
72. 루즈	(O, X)	101. 메이크업	(O, X)
73. 류마티스	(O, X)	102. 메타세쿼이아	(O, X)
74. 르누아르	(O, X)	103. 멜론	(O, X)
75. 리더십	(O, X)	104. 멜번	(O, X)
76. 리모콘	(O, X)	105. 모짜르트	(O, X)
77. 리어카	(O, X)	106. 모터	(O, X)
78. 리얼리즘	(O, X)	107. 몰핀	(O, X)
79. 레포트	(O, X)	108. 몽마르트르	(O, X)
80. 링거	(O, X)	109. 몽타주	(O, X)
81. 마가린	(O, X)	110. 미네럴	(O, X)
82. 마네킹	(O, X)	111. 미뉴에트	(O, X)
83. 매니아	(O, X)	112. 미스터리	(O, X)
84. 마다가스카르	(O, X)	113. 밀크쉐이크	(O, X)
85. 말티즈	(O, X)	114. 바게뜨	(O, X)
86. 마말레이드	(O, X)	115. 바겐세일	(O, X)
87. 마사지	(O, X)	116. 바리캉	(O, X)

[정답] 59. X(레크리에이션)　60. O　61. X(렌터카)　62. X(로봇)　63. X(로브스터, 랍스터)　64. O　65. O　66. O　67. O　68. X(록큰롤)　69. O　70. O　71. O　72. X(루주)　73. X(류머티즘)　74. O　75. O　76. X(리모컨)　77. O　78. O　79. X(리포트)　80. O　81. O　82. O　83. X(마니아)　84. O　85. X(몰티즈)　86. X(마멀레이드)　87. O　88. O　89. O　90. X(매머드)　91. O　92. O　93. X(메커니즘)　94. O　95. O　96. O　97. X(머플러, 마후라)　98. O　99. X(메시지)　100. X(메신저)　101. O　102. O　103. O　104. X(멜버른)　105. X(모차르트)　106. O　107. X(모르핀)　108. O　109. O　110. X(미네랄)　111. O　112. O　113. X(밀크셰이크)114. X(바게트)　115. O　116. O

[혼동하기 쉬운 외래어]

■ ㄱ ~ ㅅ

* 학습한 내용을 빈칸에 채워보세요. 정답은 하단에 있습니다.

117. 바리케이트	(O, X)	146. 비스켓	(O, X)
118. 바비큐	(O, X)	147. 비지니스	(O, X)
119. 바스킷	(O, X)	148. 비타민	(O, X)
120. 바텐더	(O, X)	149. 비틀즈	(O, X)
121. 바통	(O, X)	150. 사이클	(O, X)
122. 바흐	(O, X)	151. 사인(sign)	(O, X)
123. 발레파킹	(O, X)	152. 사카린	(O, X)
124. 배지(badge)	(O, X)	153. 산타크로스	(O, X)
125. 밧데리	(O, X)	154. 살리에리	(O, X)
126. 백미러	(O, X)	155. 삿뽀로	(O, X)
127. 발렌타인데이	(O, X)	156. 상트페테르부르크	(O, X)
128. 밸런스	(O, X)	157. 상파울루	(O, X)
129. 버밍엄(Birmingham)	(O, X)	158. 상하이	(O, X)
130. 버저	(O, X)	159. 새시(sash)	(O, X)
131. 베르사유	(O, X)	160. 색소폰	(O, X)
132. 본네트	(O, X)	161. 샌들	(O, X)
133. 바디로션	(O, X)	162. 사라다	(O, X)
134. 보이콧	(O, X)	163. 생떽쥐페리	(O, X)
135. 보일러	(O, X)	164. 샤머니즘	(O, X)
136. 부르주아	(O, X)	165. 샴페인	(O, X)
137. 불독	(O, X)	166. 샹들리에	(O, X)
138. 부페	(O, X)	167. 섀미(chamois)	(O, X)
139. 브러시	(O, X)	168. 섀시(chassis)	(O, X)
140. 블라디보스토크	(O, X)	169. 서비스	(O, X)
141. 브라우스	(O, X)	170. 썬글라스	(O, X)
142. 블라인드	(O, X)	171. 선탠	(O, X)
143. 블로킹	(O, X)	172. 세트(set)	(O, X)
144. 부루스	(O, X)	173. 센트럴 파크	(O, X)
145. 벨벳	(O, X)	174. 쎈터	(O, X)

[정답] 117. X(바리케이드)118. ○ 119. X(바스켓) 120. ○ 121. ○ 122. ○ 123. ○ 124. ○ 125. X(배터리) 126. ○ 127. X(밸런타인데이) 128. ○ 129. ○ 130. ○ 131. ○ 132. X(보닛) 133. X(보디로션)134. ○ 135. ○ 136. ○ 137. X(불도그) 138. X(뷔페) 139. ○ 140. ○ 141. X(블라우스) 142. ○ 143. ○ 144. X(블루스) 145. ○ 146. X(비스킷) 147. X(비즈니스) 148. ○ 149. X(비틀스) 150. ○ 151. ○ 152. ○ 153. X(산타클로스)154. ○ 155. X(삿포로) 156. ○ 157. ○ 158. ○ 159. ○ 160. ○ 161. ○ 162. X(샐러드) 163. X(생텍쥐페리)164. ○ 165. ○ 166. ○ 167. ○ 168. ○ 169. ○ 170. X(선글라스) 171. ○ 172. ○ 173. ○ 174. X(센터)

175. 센치미터	(O, X)	204. 스텝(step)	(O, X)
176. 셀러리(celery)	(O, X)	205. 스튜어디스	(O, X)
177. 셔벗	(O, X)	206. 스트로우(straw)	(O, X)
178. 샤쓰	(O, X)	207. 스티로폼	(O, X)
179. 샷다	(O, X)	208. 스펀지	(O, X)
180. 셔틀콕	(O, X)	209. 스페셜	(O, X)
181. 세익스피어	(O, X)	210. 스포이드	(O, X)
182. 셰퍼드	(O, X)	211. 스프링쿨러	(O, X)
183. 쏘나타	(O, X)	212. 슬래브(slab)	(O, X)
184. 소세지	(O, X)	213. 슬로바키아	(O, X)
185. 소파(sofa)	(O, X)	214. 시가(cigar)	(O, X)
186. 쇼윈도	(O, X)	215. 시너(thinner)	(O, X)
187. 스프(soup)	(O, X)	216. 시멘트	(O, X)
188. 쉬림프	(O, X)	217. 시추에이션	(O, X)
189. 수퍼마켓	(O, X)	218. 시폰	(O, X)
190. 슈트(suit)	(O, X)	219. 심벌즈	(O, X)
191. 슈퍼맨	(O, X)	220. 심볼	(O, X)
192. 스넥	(O, X)	221. 심포지움	(O, X)
193. 스노보드	(O, X)	222. 싱가폴	(O, X)
194. 스웨터	(O, X)	223. 쓰촨성	(O, X)
195. 스위치	(O, X)	224. 아랍 에미리트	(O, X)
196. 스켈링	(O, X)	225. 아마추어	(O, X)
197. 스케줄	(O, X)	226. 아메리칸드림	(O, X)
198. 스케치북	(O, X)	227. 아울렛	(O, X)
199. 스태미나	(O, X)	228. 아이섀도우	(O, X)
200. 스탭(staff)	(O, X)	229. 아이슬란드	(O, X)
201. 스탠다드	(O, X)	230. 아프가니스탄	(O, X)
202. 스테플러	(O, X)	231. 알러지	(O, X)
203. 스텐레스	(O, X)	232. 액센트	(O, X)

[정답] 175. X(센티미터) 176. ○ 177. ○ 178. ○ 179. X(셔터) 180. ○ 181. X(셰익스피어)182. ○ 183. X(소나타) 184. X(소시지) 185. ○ 186. ○ 187. X(수프) 188. X(슈림프) 189. X(슈퍼마켓) 190. ○ 191. ○ 192. X(스낵) 193. ○ 194. ○ 195. ○ 196. X(스케일링) 197. ○ 198. ○ 199. ○ 200. X(스태프) 201. X(스탠더드) 202. X(스테이플러)203. X(스테인리스)204. ○ 205. ○ 206. X(스트로) 207. ○ 208. ○ 209. ○ 210. X(스포이트) 211. X(스프링클러)212. ○ 213. ○ 214. ○ 215. ○ 216. ○ 217. ○ 218. ○ 219. ○ 220. X(심벌) 221. X(심포지엄) 222. X(싱가포르) 223. ○ 224. ○ 225. ○ 226. ○ 227. X(아웃렛) 228. X(아이섀도) 229. ○ 230. ○ 231. X(알레르기) 232. X(악센트)

[혼동하기 쉬운 외래어]

■ ㅇ ~ ㅎ

* 학습한 내용을 빈칸에 채워보세요. 정답은 하단에 있습니다.

1. 알카리	(O, X)		30. 워크숍	(O, X)
2. 알코올	(O, X)		31. 윈도	(O, X)
3. 앙케이트	(O, X)		32. 이디오피아	(O, X)
4. 앙코르	(O, X)		33. 인디안	(O, X)
5. 애드립	(O, X)		34. 자이언트(giant)	(O, X)
6. 애프터서비스	(O, X)		35. 장르	(O, X)
7. 액세서리	(O, X)		36. 잠바	(O, X)
8. 액셀레이터	(O, X)		37. 잼	(O, X)
9. 앰보싱	(O, X)		38. 재킷	(O, X)
10. 앰블런스	(O, X)		39. 제스춰	(O, X)
11. 앰풀	(O, X)		40. 제트기	(O, X)
12. 어댑터	(O, X)		41. 주니어	(O, X)
13. 언밸런스	(O, X)		42. 주라기	(O, X)
14. 에메랄드	(O, X)		43. 주스	(O, X)
15. 에스컬레이터	(O, X)		44. 지그재그	(O, X)
16. 에스파냐	(O, X)		45. 지프(jeep)	(O, X)
17. 에피타이저	(O, X)		46. 째즈	(O, X)
18. 엔도르핀	(O, X)		47. 차이콥스키	(O, X)
19. 엘레베이터	(O, X)		48. 차트	(O, X)
20. 엘리뇨	(O, X)		49. 챔피언	(O, X)
21. 옐로	(O, X)		50. 초콜렛	(O, X)
22. 오디세이	(O, X)		51. 추리닝	(O, X)
23. 오렌지	(O, X)		52. 취리히	(O, X)
24. 오리지날	(O, X)		53. 침팬지	(O, X)
25. 오셀로	(O, X)		54. 칭기즈 칸	(O, X)
26. 옥스포드	(O, X)		55. 카디건	(O, X)
27. 옵사이드	(O, X)		56. 카바레	(O, X)
28. 옵서버	(O, X)		57. 카세트	(O, X)
29. 요거트	(O, X)		58. 카스테라	(O, X)

[정답] 1. X(알칼리)　2. ○　3. X(앙케트)　4. ○　5. X(애드리브)　6. ○　7. ○　8. X(액셀, 액셀러레이터)　9. X(엠보싱)　10. X(앰뷸런스)　11. ○
12. ○　13. ○　14. ○　15. ○　16. ○　17. X(애피타이저)　18. ○　19. X(엘리베이터) 20. X(엘니뇨)　21. ○　22. ○　23. ○　24. X(오리지널)　25. ○
26. X(옥스퍼드)　27. X(오프사이드) 28. ○　29. X(요구르트)　30. ○　31. ○　32. X(에티오피아) 33. X(인디언)　34. ○　35. ○　36. ○　37. ○　38. ○
39. X(제스처)　40. ○　41. ○　42. X(쥐라기)　43. ○　44. ○　45. ○　46. X(재즈)　47. ○　48. ○　49. ○　50. X(초콜릿)　51. ○　52. ○
53. ○　54. ○　55. ○　56. ○　57. ○　58. X(카스텔라)

59. 카라멜	(O, X)		88. 콘사이즈	(O, X)
60. 카운슬링	(O, X)		89. 콘서트	(O, X)
61. 카이사르	(O, X)		90. 콘텍트렌즈	(O, X)
62. 카탈로그	(O, X)		91. 콘테스트	(O, X)
63. 카펫	(O, X)		92. 콘트롤	(O, X)
64. 칼라(collar)	(O, X)		93. 콜럼버스	(O, X)
65. 칼럼	(O, X)		94. 콜렉션	(O, X)
66. 캐럴	(O, X)		95. 콤비네이션	(O, X)
67. 캐비닛	(O, X)		96. 콤팩트	(O, X)
68. 캘린더(calendar)	(O, X)		97. 콩쿠르	(O, X)
69. 캠브리지	(O, X)		98. 쿠데타	(O, X)
70. 커리어(career)	(O, X)		99. 쿵푸	(O, X)
71. 커버(cover)	(O, X)		100. 크레디트 카드	(O, X)
72. 커텐	(O, X)		101. 크렘린	(O, X)
73. 커피숍	(O, X)		102. 크로켓	(O, X)
74. 컨닝	(O, X)		103. 크리스찬	(O, X)
75. 컨디션	(O, X)		104. 크리스탈	(O, X)
76. 컨셉	(O, X)		105. 클라이막스	(O, X)
77. 컨소시엄	(O, X)		106. 클락션	(O, X)
78. 컨테이너	(O, X)		107. 클래스	(O, X)
79. 컨텐츠	(O, X)		108. 클리너	(O, X)
80. 컴퍼스	(O, X)		109. 클리닉	(O, X)
81. 컴플렉스	(O, X)		110. 킬로그램	(O, X)
82. 케익	(O, X)		111. 까망베르	(O, X)
83. 케첩	(O, X)		112. 까페	(O, X)
84. 코르덴	(O, X)		113. 꼬냑	(O, X)
85. 코메디	(O, X)		114. 꽁트	(O, X)
86. 코즈모폴리턴	(O, X)		115. 타겟	(O, X)
87. 코커스패니얼	(O, X)		116. 타슈켄트	(O, X)

[정답] 59. X(캐러멜)　　60. O　　61. O　　62. O　　63. O　　64. O　　65. O　　66. O　　67. X(캐비닛)　　68. O　　69. O　　70. O　　71. O　　72. X(커튼)　　73. O
74. X(컨닝)　　75. O　　76. X(콘셉트)　　77. O　　78. O　　79. X(콘텐츠)　　80. O　　81. X(콤플렉스)　　82. X(케이크)　　83. O　　84. O　　85. X(코미디)
86. O　　87. O　　88. X(콘사이즈)　　89. O　　90. X(콘택트렌즈)　　91. O　　92. X(컨트롤)　　93. O　　94. X(컬렉션)　　95. O　　96. O　　97. O　　98. O
99. X(쿵후)　　100. O　　101. O　　102. O　　103. X(크리스천)　　104. X(크리스털)　　105. X(클라이맥스)　106. X(클랙슨)　　107. O　　108. O　　109. O　　110. O
111. X(카망베르)　112. X(카페)　　113. X(코냑)　　114. X(콩트)　　115. X(타깃)　　116. O

[혼동하기 쉬운 외래어]

■ ㅇ~ㅎ

* 학습한 내용을 빈칸에 채워보세요. 정답은 하단에 있습니다.

117. 타올	(O, X)	146. 패러독스	(O, X)
118. 타이베이	(O, X)	147. 패키지	(O, X)
119. 탤런트	(O, X)	148. 팬더	(O, X)
120. 터미널	(O, X)	149. 퍼머	(O, X)
121. 터부(taboo)	(O, X)	150. 페널티	(O, X)
122. 터키	(O, X)	151. 페디큐어	(O, X)
123. 텀블링	(O, X)	152. 페스티벌	(O, X)
124. 테입	(O, X)	153. 펜션	(O, X)
125. 테제베	(O, X)	154. 포크레인	(O, X)
126. 텔레마케팅	(O, X)	155. 푸껫섬	(O, X)
127. 텔레비젼	(O, X)	156. 퓨즈	(O, X)
128. 템즈강	(O, X)	157. 프라이팬	(O, X)
129. 토마토	(O, X)	158. 프랑크톤	(O, X)
130. 토탈(total)	(O, X)	159. 프로포즈	(O, X)
131. 튤립	(O, X)	160. 프런트	(O, X)
132. 트랙터	(O, X)	161. 프레시(fresh)	(O, X)
133. 트레이닝	(O, X)	162. 프로듀서	(O, X)
134. 트로트	(O, X)	163. 프로펠러	(O, X)
135. 트리	(O, X)	164. 프리젠테이션	(O, X)
136. 티베트	(O, X)	165. 플라멩코	(O, X)
137. 팀워크	(O, X)	166. 플라자	(O, X)
138. 파레트	(O, X)	167. 플랜카드	(O, X)
139. 파운데이션	(O, X)	168. 플룻	(O, X)
140. 파일	(O, X)	169. 하얼빈	(O, X)
141. 파일럿	(O, X)	170. 하일라이트	(O, X)
142. 판넬	(O, X)	171. 할리우드	(O, X)
143. 판타지	(O, X)	172. 할로윈	(O, X)
144. 팜플렛	(O, X)	173. 헬맷	(O, X)
145. 팡파레	(O, X)	174. 호르몬	(O, X)

[정답] 117. X(타월)　　118. O　119. O　120. O　121. O　122. O　123. O　124. X(테이프)　　125. O　126. O　127. X(텔레비전)　128. X(템스강)　129. O
130. X(토털)　　131. O　132. O　133. O　134. O　135. O　136. O　137. O　138. X(팔레트)　139. O　140. O　141. O　142. X(패널)　　143. O
144. X(팸플릿)　145. X(팡파르)　146. O　147. O　148. X(판다)　　149. X(파마)　　150. O　151. O　152. O　153. O　154. X(포클레인)　155. O　156. O
157. O　158. X(플랑크톤)　159. X(프러포즈)　160. O　161. O　162. O　163. O　164. X(프레젠테이션)　165. O　166. O　167. X(플래카드)　168. X(플루트)
169. O　170. X(하이라이트)171. O　172. X(핼러윈)　173. X(헬멧)　174. O

해커스공무원

단권화 핵심정리 국어

개정 6판 3쇄 발행 2022년 10월 12일
개정 6판 1쇄 발행 2021년 9월 6일

지은이	해커스 공무원시험연구소
펴낸곳	해커스패스
펴낸이	해커스공무원 출판팀

주소	서울특별시 강남구 강남대로 428 해커스공무원
고객센터	1588-4055
교재 관련 문의	gosi@hackerspass.com
	해커스공무원 사이트(gosi.Hackers.com) 교재 Q&A 게시판
	카카오톡 플러스 친구 [해커스공무원강남역], [해커스공무원노량진]
학원 강의 및 동영상강의	gosi.Hackers.com

ISBN	979-11-6662-576-3 (13710)
Serial Number	06-03-01

최단기 합격 공무원학원 1위,
해커스공무원 gosi.Hackers.com

해커스공무원

· 해커스공무원 학원 및 인강(교재 내 인강 할인쿠폰 수록)

· '회독'의 방법과 공부 습관을 제시하는 **해커스 회독증강 콘텐츠**(교재 내 할인쿠폰 수록)

· 필수어휘와 사자성어를 편리하게 학습할 수 있는 **해커스 매일국어 어플**

· 해커스 스타강사의 **공무원 국어 무료 동영상강의**

헤럴드미디어 2018 대학생 선호 브랜드 대상 '대학생이 선정한 최단기 합격 공무원학원' 부문 1위